Linguistik

Ralf Klabunde · Wiltrud Mihatsch
Hrsg.

Linguistik

Eine Einführung (nicht nur) für Germanisten,
Romanisten und Anglisten

2., aktualisierte und erweiterte Auflage

 J.B. METZLER

Hrsg.
Ralf Klabunde
Ruhr-Universität Bochum
Bochum, Deutschland

Wiltrud Mihatsch
Universität Tübingen
Tübingen, Deutschland

ISBN 978-3-662-66611-1   ISBN 978-3-662-66612-8 (eBook)
https://doi.org/10.1007/978-3-662-66612-8

Die Deutsche Nationalbibliothek verzeichnet diese Publikation in der Deutschen Nationalbibliografie; detaillierte bibliografische Daten sind im Internet über http://dnb.d-nb.de abrufbar.

J.B. Metzler
© Der/die Herausgeber bzw. der/die Autor(en), exklusiv lizenziert an Springer-Verlag GmbH, DE, ein Teil von Springer Nature 2018, 2023
Das Werk einschließlich aller seiner Teile ist urheberrechtlich geschützt. Jede Verwertung, die nicht ausdrücklich vom Urheberrechtsgesetz zugelassen ist, bedarf der vorherigen Zustimmung des Verlags. Das gilt insbesondere für Vervielfältigungen, Bearbeitungen, Übersetzungen, Mikroverfilmungen und die Einspeicherung und Verarbeitung in elektronischen Systemen.
Die Wiedergabe von allgemein beschreibenden Bezeichnungen, Marken, Unternehmensnamen etc. in diesem Werk bedeutet nicht, dass diese frei durch jedermann benutzt werden dürfen. Die Berechtigung zur Benutzung unterliegt, auch ohne gesonderten Hinweis hierzu, den Regeln des Markenrechts. Die Rechte des jeweiligen Zeicheninhabers sind zu beachten.
Der Verlag, die Autoren und die Herausgeber gehen davon aus, dass die Angaben und Informationen in diesem Werk zum Zeitpunkt der Veröffentlichung vollständig und korrekt sind. Weder der Verlag noch die Autoren oder die Herausgeber übernehmen, ausdrücklich oder implizit, Gewähr für den Inhalt des Werkes, etwaige Fehler oder Äußerungen. Der Verlag bleibt im Hinblick auf geografische Zuordnungen und Gebietsbezeichnungen in veröffentlichten Karten und Institutionsadressen neutral.

Einbandabbildung: Siegfried Süßbier

Planung/Lektorat: Ferdinand Pöhlmann
J.B. Metzler ist ein Imprint der eingetragenen Gesellschaft Springer-Verlag GmbH, DE und ist ein Teil von Springer Nature.
Die Anschrift der Gesellschaft ist: Heidelberger Platz 3, 14197 Berlin, Germany

Vorwort

Mit der 2. Auflage dieser Linguistik-Einführung wollen wir Studierende sprachenrelevanter Fächer mit den Beschreibungsebenen, Teilgebieten und Methoden der Sprachwissenschaft bzw. Linguistik vertraut machen. Dieses Werk stellt die Grundbegriffe für die Analyse von Sprachdaten vor und ist daher für Studierende der Allgemeinen Sprachwissenschaft sowie aller sprachorientierten Philologien (Germanistik, Romanistik, Anglistik usw.) eine ideale Basis.

Die Kapitel in der Erstauflage wurden um aktuelle Literatur für das vertiefte Studium ergänzt und punktuell um aktuelle Inhalte erweitert. Das Kapitel in der Erstauflage zur Geschichte der Sprachwissenschaft ist nun als Online-Anhang zur Einleitung verfügbar. Neu hinzugekommen ist ein Kapitel zur empirischen Linguistik, in dem moderne Forschungsmethoden vorgestellt werden.

Die mit diesem Lehrbuch verbundenen Lernziele sind:
- Kenntnis und korrekte Verwendung der wichtigsten Begriffe für ein sprachwissenschaftliches Studium
- Analysekompetenz auf der Basis der vermittelten Begrifflichkeiten auf allen linguistischen Struktur- und Bedeutungsebenen
- Einblick in die linguistischen Kerngebiete der Phonetik und Phonologie, der Syntax, der Morphologie, der Semantik und der Pragmatik
- Einblick in weitere wichtige linguistische Themengebiete: Die Textlinguistik, die Varietäten- und Soziolinguistik, die historische Linguistik und die Graphematik
- Einblick in die Geschichte der Linguistik anhand von Leben und Werk bedeutender Linguisten

Wir haben versucht, dieses Lehrbuch lesefreundlich zu gestalten. Wir verwenden mehrere didaktische Elemente, um die Leserinnen und Leser zu einem fundierten Verständnis der linguistischen Fragestellungen und Konzepte zu bringen und damit das Interesse an weiteren Inhalten zu wecken:
- In **Merkboxen** werden zentrale Begriffe definiert.
- **Selbstfragen** sind im Text grafisch markiert. Sie dienen der Reflexion über vorgestellte Inhalte. Die Lösungen zu den Selbstfragen sind am Ende jedes Kapitels angegeben.
- In **Vertiefungsboxen** werden Themen angerissen, die über den eigentlichen Inhalt des jeweiligen Abschnitts hinausgehen. Die Vertiefungsboxen liefern einen ersten Einblick in komplexere Sachverhalte. Literaturangaben am Ende dieser Boxen verweisen den interessierten Leser auf einschlägige Literatur.
- Mit einer **Achtung**-Umgebung wird auf inhaltliche oder terminologische Fallstricke hingewiesen.

Aufbau und Verwendung des Buchs

Dieses Lehrbuch vermittelt in elf Kapiteln das grundlegende Wissen zur Linguistik, das sämtliche Studierende eines sprachwissenschaftlich relevanten Fachs kennen sollten. Die Inhalte dieser Kapitel können als Gegenstand einer ein- oder zweisemestrigen Lehrveranstaltung im Bachelorstudium aufgefasst werden, je nach zeitlichem Umfang dieser Lehrveranstaltung.

Die Reihenfolge der Kapitel ist wie folgt motiviert: Nach einer grundlegenden Betrachtung der Ziele der Linguistik und der in der Linguistik verwendeten Methoden wird im Kapitel zur Phonetik und Phonologie das Lautsystem von Sprachen thematisiert. Dieses Kapitel macht über die Betrachtung der Sprachlaute hinaus mit grundlegenden Strukturen vertraut, die sich auch in der Beschreibung von Satz- und Wortstrukturen wiederfinden. Es folgt ein Kapitel zur Syntax, das aufbauend auf Schulwissen zur Grammatik in die syntaktische Analyse einführt. Das anschließende Kapitel zur Morphologie beschäftigt sich mit Wortstrukturen. Die folgenden Kapitel zur Semantik und Pragmatik behandeln unterschiedliche Bedeutungsphänomene; sie schließen die Darstellung der Kerngebiete der Linguistik ab. Die darauf folgenden Kapitel zur Textlinguistik, Varietäten- und Soziolinguistik, Historischen Linguistik, Graphematik sowie der experimentellen Linguistik erweitern die kernlinguistische Analyse sprachlicher Daten um eine Betrachtung textueller Phänomene, eine Auseinandersetzung mit der Variationsbreite bei der Sprachverwendung, die historische Perspektive bei der Entwicklung von Sprachen, die Analyse der Beziehungen zwischen Sprache und Schrift sowie aktuelle Methoden der Datengewinnung und -analyse.

Zu diesem Lehrbuch liegt ein Fortführungswerk vor: Klabunde, R., Mihatsch, W. & Dipper, S. (Hrsg.) (2022). *Linguistik im Sprachvergleich*. Stuttgart: Metzler Verlag.

Dieses Fortführungswerk vermittelt Inhalte, die über einen Einführungskurs hinausgehen und Themen von Proseminaren im Bachelorstudium, aber auch für Kurse eines Masterstudiums relevant sein können. Es werden zum einen die grundlegenden Inhalte der Kapitel aus dem vorliegenden Lehrbuch aufgegriffen und weitergeführt bzw. vertieft. Zum anderen werden die hiesigen Inhalte auf die Einzelsprachen Deutsch, Spanisch, Französisch, Italienisch und Englisch bezogen vertiefend ausgeführt. Vergleichsboxen helfen hier, die Gemeinsamkeiten der Sprachen und ihre Besonderheiten zu verdeutlichen.

Die Autorinnen und Autoren

Die Autoren der einzelnen Kapitel dieses Werks sind:
- ▶ Kap. 1 (Was will die Linguistik und wozu?): Ralf Klabunde
- ▶ Kap. 2 (Phonetik und Phonologie – Sprachlaute und Lautstrukturen): Martin Hoelter
- ▶ Kap. 3 (Syntax – die Analyse des Satzes und seiner Bestandteile): Björn Rothstein
- ▶ Kap. 4 (Morphologie – die Form und Struktur von Wörtern): Ralf Klabunde
- ▶ Kap. 5 (Semantik – die Bedeutung von Wörtern und Sätzen): Ralf Klabunde
- ▶ Kap. 6 (Pragmatik – sprachliches Schließen und Handeln): Ralf Klabunde
- ▶ Kap. 7 (Textlinguistik): Monika Schwarz-Friesel und Konstanze Marx
- ▶ Kap. 8 (Varietäten- und Soziolinguistik): Gerald Bernhard
- ▶ Kap. 9 (Historische Linguistik): Melanie Uth
- ▶ Kap. 10 (Graphematik): Martin Evertz-Rittich, Kristian Berg und Trudel Meisenburg
- ▶ Kap. 11 (Empirische Linguistik): Désirée Kleineberg und Inga Hennecke

Wir wünschen viel Freude beim Studium der Linguistik auf der Basis dieses Lehrbuchs!

Ralf Klabunde
Wiltrud Mihatsch

Inhaltsverzeichnis

1	**Was will die Linguistik und wozu?**	1
	Ralf Klabunde	
1.1	Was die Linguistik nicht will	2
1.2	Daten in der Linguistik	6
1.3	Teilbereiche der Linguistik	12
1.4	Nützliche Korpora für das Linguistikstudium	20
1.5	Weiterführende Literatur	21
	Literatur	22
2	**Phonetik und Phonologie – Sprachlaute und Lautstrukturen**	25
	Martin Hoelter	
2.1	Phonetik	26
2.2	Phonologie	46
2.3	Weiterführende Literatur	72
	Literatur	74
3	**Syntax – die Analyse des Satzes und seiner Bestandteile**	75
	Björn Rothstein	
3.1	Einführung	76
3.2	Syntaktische Bestandteile von Sätzen	77
3.3	Argumente	87
3.4	Semantische Rollen	87
3.5	Satztypen	88
3.6	Satzarten	88
3.7	Weiterführende Literatur	88
	Literatur	91
4	**Morphologie – die Form und Struktur von Wörtern**	93
	Ralf Klabunde	
4.1	Einführung	94
4.2	Warum gibt es Morphologie?	95
4.3	Grundbegriffe der Morphologie	95
4.4	Die morphologische Analyse	103
4.5	Morphologische Strukturen	103
4.6	Beziehungen zwischen Morphologie, Phonologie und Syntax	105
4.7	Morphologische Skizzen	106
4.8	Weiterführende Literatur	107
	Literatur	110
5	**Semantik – die Bedeutung von Wörtern und Sätzen**	111
	Ralf Klabunde	
5.1	Was ist die Bedeutung eines sprachlichen Ausdrucks?	112
5.2	Bedeutungsebenen und Bedeutungsarten	116
5.3	Ein Grundproblem der Semantik: Ambiguität	119
5.4	Lexikalische Semantik	121
5.5	Satzsemantik	125
5.6	Grundlegende semantische Domänen	127
5.7	Semantik und Sprachvergleich	130
5.8	Weiterführende Literatur	130
	Literatur	132

6 Pragmatik – sprachliches Schließen und Handeln 133
Ralf Klabunde

6.1 Logisches Schließen und sprachliches Schließen 134
6.2 Die Konversationsmaximen und Implikaturen 136
6.3 Präsuppositionen 140
6.4 Referenz 143
6.5 Sprechakte: Sprachliches Handeln 146
6.6 Pragmatik und Sprachvergleich 148
6.7 Weiterführende Literatur 149
Literatur 150

7 Textlinguistik – was macht einen Text aus? 151
Monika Schwarz-Friesel und Konstanze Marx

7.1 Die Textlinguistik als wissenschaftliche Disziplin 152
7.2 Was ist ein Text? 152
7.3 Textsorten 156
7.4 Texte in Prozessen 158
7.5 Weiterführende Literatur 158
Literatur 159

8 Varietäten- und Soziolinguistik – Variationen einer Sprache 161
Gerald Bernhard

8.1 Variabilität, Variation, Varietät 162
8.2 Dimensionen der Variation von Sprache 165
8.3 Weiterführende Literatur 174
Literatur 174

9 Historische Linguistik – die Entwicklung von Sprachen über die Zeit 177
Melanie Uth

9.1 Sprachgeschichte und Sprachwandel 178
9.2 Ebenen und Phänomene 179
9.3 Phasen und Verlauf 187
9.4 Sprachwandelmodelle 187
9.5 Historische Daten 193
9.6 Weiterführende Literatur 193
Literatur 194

10 Graphematik – die Beziehung zwischen Sprache und Schrift 197
Martin Evertz-Rittich, Kristian Berg und Trudel Meisenburg

10.1 Definition und Abgrenzung 198
10.2 Graphematik von Alphabetschriften 198
10.3 Die Graphematik des Deutschen 204
10.4 Graphematik der romanischen Sprachen 205
10.5 Weiterführende Literatur 216
Literatur 217

11 Empirische Linguistik 219
Désirée Kleineberg und Inga Hennecke

11.1 Einführung 220
11.2 Grundlagen des empirischen Arbeitens 221
11.3 Nicht-experimentelle Verfahren 221
11.4 Experimentelle Verfahren 227
11.5 Weiterführende Literatur 232
Literatur 233

Serviceteil 235
Sachregister 237

Was will die Linguistik und wozu?

Ralf Klabunde

Inhaltsverzeichnis

1.1 Was die Linguistik nicht will – 2

1.2 Daten in der Linguistik – 6

1.3 Teilbereiche der Linguistik – 12

1.4 Nützliche Korpora für das Linguistikstudium – 20

1.5 Weiterführende Literatur – 21

Literatur – 22

Ergänzende Information Die elektronische Version dieses Kapitels enthält Zusatzmaterial, auf das über folgenden Link zugegriffen werden kann https://doi.org/10.1007/978-3-662-66612-8_1.

© Der/die Autor(en), exklusiv lizenziert an Springer-Verlag GmbH, DE, ein Teil von Springer Nature 2023
R. Klabunde, W. Mihatsch (Hrsg.), *Linguistik*, https://doi.org/10.1007/978-3-662-66612-8_1

Die Sprachwissenschaft, auch Linguistik genannt, ist die Wissenschaft, die Sprachen wie Deutsch, Spanisch, Mandarin usw. beschreibt und analysiert und die Zusammenhänge zwischen Sprache und Gehirn, Sprache und Kultur sowie Sprache und Gesellschaft klären will. Sie will herausfinden, wie sprachliche Einheiten (Laute, Sätze, Äußerungen usw.) aufgebaut sind, welche Prinzipien diesen Aufbau steuern, und wie Menschen in unterschiedlichen Situationen mithilfe ihrer Sprache mehr oder weniger erfolgreich kommunizieren.

Bei etlichen an Sprache(n) interessierten Menschen hält sich das Vorurteil, die Sprachwissenschaft wolle sich dafür einsetzen, dass bestimmte Wörter nicht verwendet werden bzw. eine Sprache „richtig" gesprochen wird. Die Sprachwissenschaft betreibe also eine Art Sprachpflege. Warum eine solche Sprachpflege keine wissenschaftliche Arbeit und somit nicht Gegenstand der Linguistik ist, wird zu Beginn dieses Kapitels erläutert.

Anschließend werden wir sehen, mit welchen Daten sich Linguisten beschäftigen, seien dies selbst ausgedachte Daten oder Sammlungen großer Datenmengen, die Korpora.

Eine wichtige Unterscheidung in der Linguistik betrifft die Kenntnisse, die ein Sprecher über seine Sprache(n) besitzt, und der Anwendung dieser Kenntnisse beim Sprechen und Schreiben. Ersteres wird in der Sprachwissenschaft als *Kompetenz* bezeichnet, letzteres als *Performanz*. Die Unterscheidung zwischen Kompetenz und Performanz wirft einige Fragen zum Untersuchungsgegenstand der Linguistik auf, die wir erörtern werden.

Linguisten verwenden – wie andere Wissenschaftler in ihren jeweiligen Disziplinen auch – präzise Begriffe für bestimmte Sachverhalte, sodass die Kenntnis dieser Begriffe und deren sichere Handhabung in der linguistischen Analyse einer der wichtigsten Studienziele in den ersten Semestern darstellt. Dabei ist es unerheblich, welche Sprache beschrieben bzw. analysiert werden soll, sei es Deutsch, Spanisch, Englisch, Altgriechisch oder Guugu Yimidhirr (eine der Sprachen, die von den Ureinwohnern Australiens gesprochen werden), da sämtliche Sprachen der Welt dieselben Strukturebenen und letztlich auch dieselbe Komplexität aufweisen. Diese Strukturebenen sind die Lautebene, die Wortebene, die Satzebene, sowie die Bedeutungsebene. Mit diesen Ebenen beschäftigen sich die PHONETIK und PHONOLOGIE (Lautebene), die MORPHOLOGIE (Wortebene), die SYNTAX (Satzebene) sowie die SEMANTIK und die PRAGMATIK (Bedeutungsebenen). Zentrale Fragen aus diesen Teilbereichen werden in diesem Kapitel vorgestellt.

Zusätzlich werfen wir einen einführenden Blick auf weitere wichtige Teilgebiete der Linguistik. Dies sind die Textlinguistik, die Varietäten- und Soziolinguistik, die Historische Linguistik, die Graphematik, die Psycho- und Neurolinguistik, die Computerlinguistik sowie abschließend die Arbeit mit empirischen Methoden.

In unserer medialisierten Welt werden wir fast ununterbrochen mit Texten konfrontiert, die uns informieren, zum Kaufen animieren, instruieren oder einfach nur unterhalten sollen. Was unterscheidet einen Text von einer Aneinanderreihung von Sätzen, und wie wird ein Text in seinem situativen Zusammenhang von den Lesern verstanden? Mit Fragen dieser Art beschäftigt sich die TEXTLINGUISTIK.

Die Botschaft, die Menschen mitteilen wollen, wird in unterschiedlichen gesellschaftlichen Situationen unterschiedlich sprachlich realisiert. So kann eine Begrüßung sehr unterschiedlich ausfallen, abhängig davon, wie nahe sich die Personen stehen und welcher sozialen Gruppierung sie angehören. Mögliche Äußerungen reichen von *Guten Tag, Herr Krause!* über *Hallo!* bis zu *Hi, Digga!* Jugendliche verwenden ihre eigenen Grußformeln, die für Außenstehende nicht immer nachvollziehbar sind. In der VARIETÄTEN- UND SOZIOLINGUISTIK werden solche Beziehungen zwischen Sprache und gesellschaftlichen Bedingungen beschrieben. Die grundlegenden Begriffe der Varietätenlinguistik und der Soziolinguistik werden in diesem Kapitel ebenfalls vorgestellt.

Sprachen ändern sich über die Zeit hinweg. Das im späten 9. Jahrhundert entstandene Ludwigslied enthält z. B. den althochdeutschen Satz *einan kuning uueiz ich*, der als *Ich kenne einen König* ins heutige Deutsch übersetzt werden kann. Wenn man davon ausgeht, dass das heutige Deutsch mit dem Althochdeutschen in einer geschichtlichen Verbindung steht, stellt sich z. B. die Frage, welche Faktoren die Überführung des Althochdeutschen in das heutige moderne Deutsch gesteuert haben. Die romanischen Sprachen wie z. B. Französisch, Spanisch, Italienisch, Portugiesisch oder Rumänisch entwickelten sich aus dem Latein als Ausgangssprache, wobei es „das Latein" nicht gibt, sondern sich auch diese Sprache über 2000 Jahre entwickelt hat. Der Bezug der romanischen Sprachen zum Latein macht die HISTORISCHE LINGUISTIK zu einem wichtigen Eckpfeiler für die Wissenschaft von den romanischen Sprachen, die Romanistik.

Warum gibt es z. B. im Französischen eine scheinbare Diskrepanz zwischen dem Geschriebenen *Qu'est-ce c'est?* (*Was ist das?*) und dessen Aussprache als /kɛs kə sɛ/? Wieso werden im Deutschen für ein langes „e" mehrere Dehnungsformen realisiert (*mehr, Meer*) und warum ist manchmal keines nötig wie bei *lese*? Mit Fragen dieser Art beschäftigt sich die GRAPHEMATIK.

Die PSYCHO- UND NEUROLINGUISTIK beschäftigt sich mit der mentalen Verarbeitung von Sprache beim Verstehen und beim Sprechen bzw. Schreiben sowie dem Erwerb einer Sprache. Die COMPUTERLINGUISTIK untersucht die maschinelle Analyse von Sprachdaten, die z. B. in der maschinellen Übersetzung und in Chatbots eingesetzt wird.

1.1 Was die Linguistik nicht will

Bevor wir uns mit der Frage beschäftigen, was die Linguistik will, wollen wir zuerst umreißen, was die Linguistik *nicht* will. Jeder kennt die Klagen, dass Jugendliche kein anständiges Deutsch mehr reden, dass die deutsche Sprache durch einen übermäßigen Gebrauch von Anglizismen verunstaltet wird (mittlerweile ist ein *Wörterbuch überflüssiger Anglizismen* in der 9. Auflage auf dem Markt; Bartzsch et al. 2012) oder dass aus Gründen der Political Correctness Ausdrücke verwendet werden, deren Bedeutung die eigentlich anzusprechenden Sachverhalte beschönigen oder verwässern. Solche Klagen laufen auf eine Sprachpflege hinaus, die auf der Annahme basiert, eine bestimmte Art des Sprechens einer Sprache sei korrekt, und gewisse Ausdrücke seien minderwertig oder falsch und sind somit zu korrigieren.

Mit dieser Art von Sprachpflege beschäftigt sich die Linguistik nicht. Linguisten wollen weder vorschreiben, was eine grammatisch korrekte Äußerung ist, noch wollen sie eine Sprache normieren. Diese Vorstellung ist für eine wissenschaftliche Disziplin absurd. Es käme auch kein Chemiker auf die Idee, vorzuschreiben, wie ein Wassermolekül aufgebaut zu sein hat – die Entdeckung molekularer Strukturen ist ein Findungsprozess.

Ein linguistisches Beispiel soll die Irrelevanz der Sprachpflege für die Linguistik verdeutlichen. Grammatiken zum Deutschen beschreiben den Nebensatz u. a. dadurch, dass das finite Verb (das Verb mit grammatischer Form) am Ende des Nebensatzes steht. Dies gilt also auch für Nebensätze, die mit *weil* eingeleitet werden wie z. B.:

> ▶ **Beispiel**
>
> *Der Fall Eisler war spektakulär, weil ein Prominenter auf der Anklagebank saß, [...]*
> (DIE ZEIT 21.10.1999) ◀

Nun finden wir aber insbesondere in gesprochener Sprache *weil*-Sätze mit Hauptsatzstellung. Unser obiges Beispiel aus einem Zeitungskorpus würde dann also lauten:

> ▶ **Beispiel**
>
> *Der Fall Eisler war spektakulär, weil ein Prominenter saß auf der Anklagebank.* ◀

Linguisten würden nun nicht klagen, dass die deutsche Sprache verhunze, da Sprecher mittlerweile in *weil*-Sätzen nicht mal mehr merken, dass sie mit dieser Konjunktion einen Nebensatz einleiten. Stattdessen – und das ist dann eine wissenschaftliche Fragestellung im Gegensatz zur Sprachpflege – wollen Linguisten wissen, ob *weil*-Sätze mit Hauptsatzstellung sowohl in Texten als auch in mündlichen Äußerungen auftreten, unter welchen Bedingungen Sprecher diese Konstruktion verwenden, und ob mit *weil*-Sätzen mit Hauptsatzstellung andere Bedeutungen oder Funktionen ausgedrückt werden als mit *weil*-Sätzen, in denen die Nebensatzstellung beibehalten wird.

Analog zu diesem Beispiel wird kein Linguist ernsthaft behaupten, dass im Deutschen statt *Notebook* besser *tragbarer Rechner* zu verwenden sei, dass Jugendliche nicht *abgefuckt* oder *epic fail* verwenden sollen, um ihre persönliche Einstellung zu einer Situation auszudrücken, dass man nicht *scheißen* sagt, oder dass Türkendeutsch wie in *guck mal früh MORgens, NEE, nach der ARbeit, isch geh so DINGS;= zu a äh' zum AUto; weißt du* (Kern und Selting 2006, S. 245) eine nicht nur grammatische Zumutung sei.

> **Objektsprache und Metasprache**
>
> Man nennt die Sprache, aus der Daten untersucht werden, die **Objektsprache**. Die sprachlichen Ausdrücke, die untersucht werden, werden kursiv gesetzt, um sie von der **Metasprache**, d. h. der Sprache der Analyse, abzugrenzen. Übersetzungen in die Metasprache stehen zwischen Hochkommata.

> ▶ **Beispiel**
>
> Das englische Substantiv *wine* ‚Wein' ist ein Massenomen.
>
> In diesem Beispielsatz ist Englisch die Objektsprache und Deutsch die Metasprache. Die Übersetzung des objektsprachlichen Ausdrucks *wine* in die Metasprache Deutsch ist in dem Beispielsatz in Hochkommata angegeben. ◀

Linguisten machen nichts anderes als Wissenschaftler in anderen empirischen Wissenschaften auch: Sie beobachten oder erzeugen Daten und versuchen, diese Daten mithilfe von Modellen zu beschreiben und mittels Theorien zu erklären. Die Daten der Linguistik stellen damit die Gesamtheit der geschriebenen Texte sowie die mündlichen Äußerungen der Sprecher dar. Dabei werden keine Daten ausgelassen, weil man diese persönlich als negativ empfindet oder weil diese laut Grammatikhandbuch nicht vorkommen dürften.

Die Daten, mit denen sich Sprachwissenschaftler befassen, sind extrem heterogen. Hierzu einige Beispiele:

> ▶ **Beispiel**
>
> 1. *Es war ein heller Abend; der Schnee leuchtete, und der Halbmond stand matt und ein bißchen verschwommen am Himmel. Man konnte weit sehen von der Chaussee aus, die durch das Sundewitt nach Sonderburg hinüberführte, aber es war ein Bild ohne Licht und Farben, das fern am Horizont in unbestimmten, grauen Tönen zusammenfloß.*
> (Aus: Elisabeth Goedicke, 1926. *Jens Larsen*.)
>
> 2. *Es war ein Zufall, daß Studer an jenem Abend in Pfründisberg abgestiegen war. In Olten hatte er vergessen zu tanken. Deshalb war er damals in der ›Wirtschaft zur Sonne‹ eingekehrt...*
> *Er trat ein. An der Tür, die ins Nebenzimmer führte, stand ein Eisenofen, der silbern schimmerte, weil er mit Aluminiumfarbe bestrichen war. Vier Männer saßen um einen Tisch und jaßten. Studer schüttelte sich wie ein großer Neufundländer, denn auf seiner Lederjoppe lag viel Staub. Er nahm Platz in einer Ecke... Niemand kümmerte sich um ihn. Nach einer Weile fragte er, ob man hier eine Kanne Benzin haben könne. Einer der Jasser, ein uraltes*

Vertiefung: Sprache und Politik

Politik und Wissenschaft sind zwei grundsätzlich verschiedene Bereiche menschlichen Handelns – der eine dient dem Formulieren von Gesetzen für das Erreichen von Zielen, der andere strebt mit wissenschaftlichen Methoden nach Erkenntnis. Da politische Akteure ihre Überlegungen und Entscheidungen für die Zustimmung der Mehrheit der Öffentlichkeit zu den Gesetzesvorhaben sprachlich vermitteln müssen, lassen sich an der Sprache der Politik grundlegende Aspekte der Perspektivierung durch Sprache aufzeigen. Dies gilt auch für Identitätspolitik, die das Ziel verfolgt, den Einfluss unterrepräsentierter Gruppen auf gesellschaftliche und politische Entscheidungen zu stärken.

Politik ist nie idelogiefrei; die Denkmuster oder „Frames" der Akteure orientieren sich an bestimmten Werten und Überzeugungen und diese Frames spiegeln sich in der Sprache der Politik wieder.

So werden z. B. Metaphern verwendet, um komplexe Sachverhalte entsprechend den ideologischen Überzeugungen zu übermitteln. Z. B. wurde von Bundeskanzler Scholz *Bazooka* (eine Panzerabwehrwaffe) als Ausdruck für finanzpolitische Maßnahmen während des Corona-Lockdowns verwendet. Weitere Beispiele sind *Regelungsmauer*, *Aufschwung* oder *Schuldenbremse*. Im Zusammenhang mit dem Migrationsdiskurs finden sich häufig Metaphern mit Flutungsbedeutung: *Flüchtlingsstrom*, *Migrantenwelle*.

Wenn sich gesellschaftliche oder soziale Realitäten geändert haben oder wenn es um eine gleichwertige Anerkennung diskriminierter sozialer Gruppen geht, sollten diese Anerkennungen bzw. Änderungen sprachlich adäquat übermittelt werden. Am bekanntesten sind in diesem Bereich die Versuche einer gendergerechten Referenz auf Personen oder Personengruppen, die das grammatische Genus überwindet, da aus Sicht bestimmter Gruppen das generische Maskulinum die Referenz auf nicht-männliche Personen nicht sichtbar macht. In der Schriftsprache werden verschiedene Schreibvarianten verwendet (z. B. *Student:innen*, *Student*innen*, *StudentInnen*, *Student/innen*), oder man versucht, über die Partizipform eines Verbs, dass die mit der sozialen Rolle verbundene Tätigkeit ausdrückt, eine geschlechtsneutrale Bezeichnung zu kreieren: *Studierende* wie in *zwei Studierende*, *Studierendensekretariat* oder *Studierendenportal*.

Interessant ist an der letztgenannten Strategie, dass die Kraft der Ideologie die Verbiegung der Semantik der kreierten Formen zulässt. Z. B. ist ein Ausdruck wie *studierende Studentin* kein Pleonasmus, sondern drückt aus, dass eine weibliche Person, die die Rolle des Student-Seins innehat, aktiv ihr Studium betreibt. Die Ignoranz der Semantik führt dann z. B. dazu, dass dem Autoren bzw. der Autorin von *Viele Wählende blieben diesmal zu Hause* (DIE ZEIT, 16.5.2022) gar nicht aufgefallen ist, dass diese Aussage semantisch unsinnig ist; wer nicht gewählt hat, ist kein Wählender, sondern bestenfalls *Wahlberechtigte/r*.

Eine Strategie zur Vermittlung neu konstruierter sozialer Kategorien ist die Verwendung von Akronymen. Beispiele sind *FINTA* (Frauen, Inter Menschen, Nichtbinäre Menschen, Trans Menschen und Agender Menschen), *LGBT* (Lesbian, Gay, Bisexual and Transgender) oder *LSBTI** (Lesbisch, Schwul, Bisexuell, Trans* und Inter*), wobei der Asterisk * anzeigt, dass diese Identitätskategorien prinzipiell offen sind.

Eine weitere Strategie besteht darin, Wörter, die aus unterschiedlichen Gründen abzulehnen sind, durch andere Wörter oder Phrasen zu ersetzen. Ein Beispiel ist der Vorschlag, Wörter aus dem angloamerikanischen Raum durch „deutsche" Wörter zu ersetzen wie im *Wörterbuch überflüssiger Anglizismen* zum „Erhalt der deutschen Sprache", s. Bartzsch et al. (2012). Aus einem gänzlich anderen politischem Lager stammt der Vorschlag, *Muttertag* durch *feministischer Kampftag* zu ersetzen, da ersteres nicht (mehr) mit emanzipatorischen Bestrebungen assoziiert wird.

Die Debatte, welche Ausdrücke (nicht) verwendet werden sollen bzw. was der korrekte sprachliche Ausdruck für einen Sachverhalt oder eine soziale Gruppe ist, wird häufig mit harten Bandagen geführt und ist insbesondere in den sozialen Medien ein hochemotionales Diskursthema. Der Grund hierfür ist, dass diese Ausdrücke nie nur der Referenz dienen, sondern immer auch eine politische und somit ideologische Perspektive transportieren.

Eine tiefgehende Analyse des Verhältnisses zwischen Sprache und Politik liefert Josep (2006). Girnth (2015) zeigt, welche sprachlichen Mittel wie in der politischen Kommunikation verwendet werden.

Vertiefende Literatur

- Josep, J. E. (2006). *Language and politics*. Edinburgh: Edinburgh University Press.
- Girnth, H. (2015). *Sprache und Sprachverwendung in der Politik: Eine Einführung in die linguistische Analyse öffentlich-politischer Kommunikation* (2. Aufl.). Berlin: De Gruyter.

Vertiefung: Eskimos haben über 100 Wörter für Schnee

Der wohl bekannteste sprachwissenschaftliche Mythos besagt, dass „die Eskimos sehr viele Wörter für Schnee haben", wobei die Anzahl dieser Wörter von den Schreibern populärwissenschaftlicher Artikel gerne zwischen 20 und 200 angesiedelt wird – 100 wird aber am häufigsten genannt. Eine Zahl, die Exaktheit der Analyse suggerieren würde – wie z. B. 87 – wird jedoch nie genannt.

Die Behauptung, dass Eskimos sehr viele Wörter für Schnee haben, ist in den Dokumenten im World Wide Web relativ häufig belegt. Wir finden z. B. in Spiegel Online vom 29.11.2010:
1. *Eine beliebte Legende besagt, dass die alten Eskimos mehr als hundert Wörter für Schnee kennen.*

Aber nicht nur Eskimos, auch anderen Volksgruppen, die in einer Gegend mit einem langen und harten Winter leben, werden viele Wörter für Schnee zugeschrieben:
2. *Die Samen, Ureinwohner Nordskandinaviens, kennen mehr als 200 Wörter für Schnee.*
(▶ www.spiegel.de/auto/werkstatt/0,1518,274446,00.html)

Leben Volksgruppen in wüstenähnlichen Regionen, darf es gerne auch der Sand sein, auf den viele Wörter verweisen:
3. *Im Fernsehsender Aljazeera hört man eine alte Hochsprache, in der Araber verschiedenster Länder und Dialekte miteinander sprechen können. Eine Sprache, deren Alphabet nur Konsonanten hat, dafür aber an die 20 Wörter für „Sand" kennt.*
(▶ www.abendblatt.de/wirtschaft/weiterbildung-in-hamburg/article762315/Die-Exoten-sind-Programm.html)

Diese anscheinend ungewöhnliche Anzahl von Wörtern soll als Beleg dafür dienen, dass die Welt in unterschiedlichen Kulturen unterschiedlich kategorisiert wird. Die Existenz vieler Wörter für einen Bereich, für den eine andere Sprache weniger Wörter verwendet, dient als Beleg, dass in der jeweiligen Kultur in diesem Bereich stärker differenziert werden muss. Unter anderem bedeutet dies für einige Autoren, dass nicht nur detaillierter kategorisiert wird, sondern dass hierfür auch entsprechend die Unterschiede erkannt werden müssen – gäbe es z. B. in einer Sprache 100 Wörter für das, worauf man im Deutschen mit *Schnee* verweist, müssen all die Unterschiede zwischen diesen Schneesorten auch erkannt werden. Diese visuellen Unterschiede sind einem Sprecher des Deutschen eventuell nicht zugänglich, *weil* dieser Sprecher sprachlich gar nicht so stark differenzieren muss.

Pullum (1991) zeigt, dass der Ursprung dieses Mythos auf eine Arbeit des Anthropologen Franz Boas aus dem Jahr 1911 zurückgeht, in der Boas lediglich angibt, dass im Englischen die Wurzel *snow* in Ausdrücken für verschiedene Schneeformen verwendet wird (z. B. *powder snow*), während im Eskimo vier unterschiedliche Wurzeln verwendet werden, nämlich *aput* mit der Bedeutung ‚Schnee auf dem Erdboden', *gana* mit der Bedeutung ‚fallender Schnee', *piqsirpoq* ‚wegtreibender Schnee', und *qimuqsuq*, etwa ‚Schneeverwehung'. Die linguistische Aussage ist also nur: Es muss nicht so sein, dass eine einzige Wurzel in Wörtern verwendet wird, die auf ähnliche Dinge verweisen. In anderen Sprachen als Englisch werden auch mehrere Wurzeln mit verwandter Bedeutung verwendet.

Dies ist keine besonders aufregende Erkenntnis und war es auch nicht für Franz Boas.

Eher humorig ist der in Pullum (1991) nachgezeichnete Weg, wie sich aus Boas unspektakulärer Aussage ein linguistischer Mythos mit einem anscheinend sehr tiefgründigen Sinn entwickelt hat. Hier ist aber eher interessant, warum die obige Behauptung, dass Eskimos sehr viele Bezeichnungen für Schnee haben, keine wissenschaftliche Aussage ist, warum also solche Aussagen eher in den Boulevard-Journalismus gehören als in einen wissenschaftlichen Aufsatz.

Erstens gibt es nicht *die* Eskimo-Sprache, genau so wenig wie es *die* Eskimos gibt. Der Name „Eskimo" bezeichnet mehrere Volksgruppen, die in Sibirien, Kanada, Grönland und Alaska leben. Entsprechend vielfältig sind die Sprachen, die in diesen Volksgruppen gesprochen werden (u. a. Aleut, Inuktitut, Inupiaq, Yupik). Außerdem ist bzgl. des Wortschatzes zwischen Eskimos, die in Städten leben, und den Eskimos als Nomaden, sowie zwischen alten und jungen Sprechern zu unterscheiden (Pullum 1991, S. 168ff.). Dies bedeutet, dass die Liste der Schnee-Wörter von Gruppe zu Gruppe variiert.

Zweitens ist zu klären, was wir unter einem Wort verstehen. Dies kann man auch anhand des Deutschen verdeutlichen: Zählt *Schnee* als ein anderes Wort als *schneeig*? Wir berühren hier grundlegende Fragen der Morphologie, des Teilgebiets der Linguistik, das sich mit Wortstrukturen beschäftigt. Die Eskimosprachen zeichnen sich unter anderem durch reichhaltige Möglichkeiten grammatischer Endungen aus, im Gegensatz zum deutschen Nomen *Schnee* mit seinen zwei Formen (*Schnee*, *Schnees*).

Vertiefende Literatur
- Pullum, G. K. (1991). *The great Eskimo vocabulary hoax and other irreverent essays on the study of language.* University of Chicago Press.

Mannli in einer Weste mit angesetzten Leinenärmeln, sagte zu seinem Partner:
»Er wott es Chesseli Benzin...«
»Mhm... Er wott es Chesseli Benzin...«
(Aus: Friedrich Glauser, 1938. *Der Chinese*.)

3. *colorless green ideas sleep furiously.*
furiously sleep ideas green colorless.
(Chomsky 1957)

4. *der alte affe fraß schmatzend eine kategoriensyntax*
(Kratzer et al. 1974)

5. *Und der sah gut aus, der ganze Partner da, nicht. Da dacht ich: das ist doch eine blöde Gans, kommt sie da mit so einem Krawallek da rauf! Das war mir dann irgendwie, ich dachte: das kannste dir aus dem Kopf schlagen.*
(Aus: Erika Runge (Hrsg.), 1968. *Bottroper Protokolle.*
▶ retro.dwds.de)

6. *Fater unsêr, thû pist in himile, uuîhi namun dînan, qhueme rîhhi dîn, uuerde uuillo diin, sô in himile sôsa in erdu.*
(Alemannisches „Vaterunser", 8. Jahrhundert; Handschrift St. Gallen)

7. *Feschtleszeit*
Äll Woch a Feschtle, en dera Zeit,
bei so-ma Wetter da ischs so weit.
Dia oine hent-a Jubiläom,
ond andre hocket so halt rom.
Älle freiat sich gottsallmächtig,
wenn's z-trenket geit ond-s Wetter isch prächtig.
(Schwäbisches Gedicht; ▶ http://www.schwobaseita.de/feschtleszeit.html)

8. *Ulle? ja ne, is klar*
Sorry, wollte einfach auch mal einen Ullefred aufmachen. Das ist ja im Moment In. Da will ich doch nicht daneben stehen und Out sein.
Also fleissig in meinem Fred posten, damit ich ganz schnell 1001 Eintrag hier bekomme.
(Aus: ▶ http://www.radsport-aktiv.de/forum/forum.php?FID=6&NID=92009&Seite=THEMA)

9. *sieh mal, mitze aufgesetzt hat – de eva*
(Stern und Stern 1965) ◀

Beispiel 1 ist ein Ausschnitt aus einem literarischen Text im Standarddeutschen. Beispiel 2, ebenfalls ein literarischer Text (ein Krimi), wurde von einem Schweizer Autor geschrieben. Die Besonderheiten des Schweizerdeutschen im Wortschatz und in den angegebenen wörtlichen Reden werden in diesem Text deutlich.

Im Gegensatz zu diesen ersten beiden Ausschnitten aus existierenden Texten sind in Beispiel 3 und 4 Sätze angegeben, die von Linguisten konstruiert wurden, um bestimmte syntaktische Gegebenheiten zu verdeutlichen. Solche Daten zeichnen sich in der Regel dadurch aus, dass nur solche sprachlichen Einheiten verwendet werden, die im Fokus des Interesses liegen. Wir sehen insbesondere, dass auch Daten herangezogen werden, die in der Realität nie vorkommen – man sagt dazu: die nie beobachtet werden

können –, da sie ungrammatisch sind (*furiously sleep ideas green colorless*). Hier handelt es sich um ein konstruiertes Datum, das vom Autoren erzeugt wurde, um in diesem Fall zu zeigen, welche Wortreihen im Englischen nicht möglich sind.

Beispiel 5 ist eine einfache Verschriftlichung eines Gesprächsbeitrags, eine **Transkription**. Diese Transkription zeigt einige Besonderheiten gesprochener Sprache wie z. B. Replanungen, bei denen eine satzartige Äußerung nicht weitergeführt, sondern modifiziert wird (*das war mir dann irgendwie, ich dachte*).

Das althochdeutsche Beispiel 6 steht für historische Daten, die z. B. die Änderungen in der Grammatik vom Althochdeutschen bis zum heutigen Deutsch belegen.

Beispiel 7 zeigt, dass neben historischen Daten auch Dialektdaten für bestimmte Fragestellungen herangezogen werden können. Zum Beispiel kann man die grammatischen Besonderheiten des Schwäbischen im Gegensatz zum Standardhochdeutsch bestimmen. Ein weiterer Aspekt betrifft weniger die grammatischen Besonderheiten des Schwäbischen, sondern die Stellung des Schwäbischen als Dialekt im Gegensatz zum Hochdeutschen aus Sicht des Schreibers. Im Internet in einem Dialekt veröffentlichte Texte geben Aufschluss über den Status, den die Schreiber ihrem Dialekt zuweisen – handelt es sich um Brauchtumspflege, oder wird der Dialekt von den Schreibern nicht nur selbst verwendet, sondern gegenüber dem Standarddeutschen als gleichwertig betrachtet?

Im Forenbeitrag in Beispiel 8 wird deutlich, dass internetbasierte Kommunikation sprachliche Formen ermöglicht, die in dieser Form vorher nicht bekannt waren. Foren-, aber insbesondere Chatbeiträge sowie Tweets weisen ihre eigenen Spezifika auf wie z. B. eine gewisse Toleranz in der Schreibung, die von den anderen Nutzern weitestgehend akzeptiert wird.

Beispiel 9 schließlich ist ein Datum zum Erstspracherwerb; es handelt sich um die Äußerung eines zweijährigen Kindes. Solche Daten spielen in der Psycholinguistik eine große Rolle, da aus ihnen die unterschiedlichen Phasen beim Erwerb einer Sprache abgeleitet werden können.

1.2 Daten in der Linguistik

Die oben angegebenen Beispieldaten deuten die Vielfalt an Phänomenen an, mit denen sich Linguisten beschäftigen. Die unterschiedlichen Daten lassen sich danach klassifizieren, wie sie zustande gekommen sind. Wir können die folgenden drei Datenklassen ausmachen:
1. Von Linguisten ausgedachte Daten, basierend auf der Intuition und Sprachkompetenz der Linguisten
2. Eine Sammlung bereits existierender Daten (ein **Korpus**)
3. Experimentell erhobene Daten

Kapitel 1 · Was will die Linguistik und wozu?

- **Introspektiv gewonnene Daten bergen die Gefahr einer unvollständigen Abdeckung und subjektiver Bewertung**

Eine Besonderheit der Linguistik ist, dass die Wissenschaftler/innen ihre Daten selbst produzieren und bewerten können. Linguisten sind unter anderem kompetente Sprecher, d. h., sie haben als Kinder eine oder mehrere Sprachen erworben und können mittels dieses Wissens einschätzen, ob z. B. ein Satz grammatisch korrekt ist oder nicht. Die übliche Notation für die Angabe der Grammatikalität ist die Verwendung eines Asterisks * für Ungrammatikalität, eines Fragezeichens für eine leichte Abweichung von der korrekten Form und der Angabe von zwei Fragezeichen für eine stärkere Abweichung. Das Prozentzeichen wird verwendet, wenn ein Satz oder eine Äußerung in einer Variation wie z. B. einem Dialekt möglich ist.

> **Grammatikalitätsangaben**
> Keine Markierung: die sprachliche Einheit ist grammatisch
> ? leichte Abweichung
> ?? stärkere Abweichung
> * ungrammatisch
> % in einem Dialekt möglich

▶ **Beispiel**
Der Bote hat es ihm durch den Türspalt geschoben.
? *Der Bote hat ihm es durch den Türspalt geschoben.*
?? *Der Bote hat es durch den Türspalt ihm geschoben.*
* *Der Bote hat ihm durch den Türspalt geschoben es.*
% *Der Mo, wo die Nochricht brocht hot, der hot se undr dr Tür durchgschobe* (schwäbisch) ◀

Solche Daten sind für den Linguisten einfach zu erzeugen – man überlegt sich z. B., welcher Satz korrekt, welcher Satz inakzeptabel, und welcher Satz noch akzeptabel ist, aber nicht wirklich korrekt. Anschließend beginnt die eigentliche wissenschaftliche Aufgabe, nämlich herauszufinden, warum diese Akzeptabilitätsunterschiede vorhanden sind.

❓ **Frage 1.1**
Geben Sie zu dem Satz *Er muss es ihm mit einer Schere öffnen* sämtliche Stellungsvarianten der Pronomen *er*, *es* und *ihm* sowie von *mit einer Schere* an wie u. a. *Es muss er ihm mit einer Schere öffnen*, *Mit einer Schere muss es er ihm öffnen* usw. Vergeben Sie dann Ihre eigenen Akzeptabilitätsurteile für diese Varianten des Ursprungssatzes. Warum haben Sie diese Sätze so bewertet? Fragen Sie Freunde oder Familienmitglieder nach deren Einschätzung der Akzeptabilität der Sätze und prüfen Sie, inwieweit deren Beurteilung mit Ihrer Beurteilung der Satzakzeptabilität übereinstimmt.

Schauen Sie sich sämtliche Varianten des Ausgangssatzes nach zwei Tagen noch einmal an und bewerten Sie die Sätze erneut. Gibt es Unterschiede zu Ihrer anfänglichen Bewertung?

Das obige Beispiel verdeutlicht die Gefahr, die besteht, wenn man sich nur auf seine eigene Sprachkompetenz verlässt: Die Auswahl der Daten bleibt bruchstückhaft, und die Beurteilung der Akzeptabilität dieser Daten ist subjektiv. Die eigene Intuition schützt einen nicht davor, weitere Daten zu übersehen, die für die wissenschaftliche Fragestellung ebenfalls relevant sein können. Akzeptabilitätsurteile können erheblich zwischen Sprechern variieren, sodass die eigene Einschätzung der Wohlgeformtheit eines sprachlichen Ausdrucks nur ein kleines Spektrum der möglichen Bewertungen wiedergibt.

> **Introspektiv gewonnene Daten**
> Insgesamt sind von Linguisten selbst konstruierte Daten und die Bewertung ihrer Akzeptabilität durch die Linguisten selbst ein einfaches Verfahren zur Datengewinnung und Bewertung dieser Daten, aber sie bergen die Gefahr der unvollständigen Abdeckung der relevanten sprachlichen Phänomene und der subjektiven Einschätzung der Akzeptabilität der Daten.

- **Korpora sind Sammlungen sprachlicher Daten mit im Idealfall umfassender Abdeckung sprachlicher Phänomene**

Eine gänzlich andere Methode der Datengewinnung ist die Verwendung von **Korpora**.

> **Korpus**
> Ein Korpus (Plural: *Korpora*; das Nomen *Korpus* ist Neutrum, es heißt also *das Korpus*) ist eine Sammlung von sprachlichen Daten, die in schriftlicher Form oder als gesprochene Äußerungen vorliegen.

Die Definition des Korpusbegriffs ist bewusst recht allgemein gehalten. Die Mindestanforderung an ein Korpus ist nach der obigen Definition lediglich die Existenz von mindestens zwei Daten. Moderne Korpora für linguistische Untersuchungen sind deutlich umfangreicher, und sie liegen in maschinenlesbarer Form vor, sodass z. B. ein Zugriff auf diese Korpora über das Internet möglich ist und diese Korpora auch maschinell ausgewertet werden können. Die Korpora des Digitalen Wortschatzes der deutschen Sprache (DWDS) umfassen z. B. derzeit 28 Milliarden Belege, auf die elektronisch unter ▶ www.dwds.de zugegriffen werden kann. Das Korpusabfragesystem COSMAS

II des Mannheimer Instituts für Deutsche Sprache unter ▶ https://www2.ids-mannheim.de/cosmas2/uebersicht.html beinhaltet in 571 Korpora ca. 64,4 Milliarden Wortformen.

Korpora können sehr unterschiedlich bzgl. Inhalt und Struktur sein. Wir können mehrere Dimensionen einführen, die uns helfen, Korpora zu klassifizieren.

- **Gesprochene vs. geschriebene Sprache**

Die Medialisierung unserer heutigen Gesellschaft macht die Erstellung eines Korpus geschriebener Sprache, also eines Korpus bestehend aus Texten und Dialogen, prinzipiell sehr einfach: Zeitungen liegen digitalisiert vor und können somit leicht zu einem Korpus zusammengeführt werden, und das Internet ist immer noch primär eine gigantische Sammlung von Texten in den unterschiedlichsten Formen.

Das Erstellen eines Korpus zur gesprochenen Sprache benötigt einen erheblichen Mehraufwand gegenüber einer Textsammlung. Wir haben oben bei den Datenbeispielen bereits gesehen, dass gesprochene Sprache zuerst verschriftlicht werden muss, damit diese Daten als Korpus gesammelt werden können. Aus diesem Grund sind Korpora gesprochener Sprache deutlich kleiner als Textsammlungen. Das Kiel Korpus der gesprochenen Sprache (▶ https://www.isfas.uni-kiel.de/de/linguistik/forschung/kiel-corpus) umfasst ca. 8,5 Stunden aufgezeichnete Spontansprache. Der Grund hierfür ist klar: Die Sprachaufnahmen müssen mit einem erheblichen Zeit- und Geldaufwand verschriftlicht werden.

- **Annotierte vs. nichtannotierte Korpora**

Eine wichtige Unterscheidung betrifft die Zuordnung von Kategorien zu den sprachlichen Daten, die Annotation. Ein Korpus ist im einfachsten Fall lediglich die Sammlung der sprachlichen Daten. Werden diese Daten noch mit linguistischer Information versehen wie z. B. der Angabe der Wortart zu den einzelnen Wortvorkommen, spricht man von der **Annotation der Primärdaten**. Die sprachlichen Einheiten bilden die Primärdaten, und diese bilden zusammen mit den Annotationen ein annotiertes Korpus.

> **Annotation**
> Eine Annotation ist die Zuweisung linguistischer Beschreibungen an die sprachlichen Daten, die sog. Primärdaten.

Annotationen können je nach Zweck des erstellten Korpus recht unterschiedlich sein. Die häufigste Annotation ist die Angabe der Wortart, wobei in der Regel nicht die Wortarten aus dem Schulgrammatikunterricht angegeben werden, sondern weitergehende Klassifizierungen. Daneben können auch Satzteile (Konstituenten, ▶ Kap. 3) annotiert werden, Wortbestandteile (Morpheme, ▶ Kap. 4), aber auch Bedeutungen können annotiert werden.

Der folgende Ausschnitt (Satz Nr. 4815) aus der Tübinger Baumbank des Deutschen/Zeitungskorpus (TüBa-D/Z) zeigt die Angabe einer Identifikationsnummer für ein Wort, das im Korpus auftretende Wort, dessen Grundform (das sog. Lemma), die Wortart (pos; dies steht für *part of speech*), sowie die morphologische Information. So steht z. B. „nsm" für „Nominativ, Singular, maskulin".

Allgemein spricht man bei der eigentlichen Annotation von einem **Tag** (ausgesprochen als *Täg* bzw. mithilfe des internationalen phonetischen Alphabets (IPA; ▶ Kap. 2) angegeben als /tæg/), und das Zuweisen der Annotation wird als **annotieren** bezeichnet. Die Menge der verwendbaren Tags heißt **Tagset**.

> **Tag und Tagset**
> Ein Tagset ist die Menge aller Bezeichnungen, die als Tag bei einer Annotation verwendet werden dürfen.

Für die Angabe der Wortarten im Deutschen hat sich als Tagset das Stuttgart-Tübingen Tagset (STTS) etabliert. Das STTS umfasst in seiner kleinen Version 54 Tags, die entsprechende Wortarten angeben. Richtlinien für das Annotieren mithilfe des STTS sind unter ▶ https://www.ims.uni-stuttgart.de/documents/ressourcen/lexika/tagsets/stts-1999.pdf angegeben. Jedes Wortvorkommen im Korpus wird mit genau einem Tag versehen, d. h., die Zuordnung einer Wortart zu einem Wort ist eindeutig. Die hohe Anzahl von 54 Wortarten mag irritieren, kennen wir aus dem Schulunterricht doch nur evtl. neun Wortarten. Im STTS werden jedoch z. B. Verben nicht einfach als VERB klassifiziert, sondern als finites Vollverb (VVFIN), finites Hilfsverb (VAFIN), Vollverb im Imperativ (VVIMP), oder sie werden einer weiteren der insgesamt zwölf Verbarten zugeordnet. Entsprechend verhält es sich mit anderen klassischen Kategorien wie z. B. den Pronomen oder den Konjunktionen.

Ein Korpus enthält aber nicht nur die Primärdaten sowie ggf. Annotationen; zusätzlich werden **Metadaten** angegeben, also Daten über Daten. Die Metadaten geben z. B. den Entstehungszeitraum des Korpus an, die an der Erstellung des Korpus beteiligten Personen, oder die Art des Tonträgers, wenn es sich um ein Korpus gesprochener Sprache handelt. Allgemein werden als Metadaten sämtliche Informationen angegeben, die den Korpusbenutzern die Interpretation der Daten erleichtern.

So sind z. B. im Map Task Korpus (Anderson et al. 1991), einem englischsprachigen Korpus von Dialogdaten über Wegfindungen und -beschreibungen, die unter kontrollierten Bedingungen erhoben wurden, Metadaten angegeben, die über die Dialogteilnehmer informieren, deren Beziehung zueinander, die Dauer des Dialogs und insbesondere die nichtsprachlichen Bedingungen, unter denen die Äußerungen produziert wurden. Der erste Dialog in dem Korpus beginnt wie in der folgenden Beispielbox angegeben.

Beispiel: Annotierte Daten im Korpus TüBa-D/Z 9.0: Satz Nr. 4815.

```
<t id="s4815_1" word="Ein" lemma="ein" pos="ART" morph="nsm" />
<t id="s4815_2" word="Tag" lemma="Tag" pos="NN" morph="nsm" />
<t id="s4815_3" word="blieb" lemma="bleiben" pos="VVFIN" morph="3sit" />
<t id="s4815_4" word="Rangnick" lemma="Rangnick" pos="NE" morph="dsm" />
<t id="s4815_5" word="," lemma="," pos="\$," morph="--" />
<t id="s4815_6" word="um" lemma="um" pos="KOUI" morph="--" />
<t id="s4815_7" word="den" lemma="der" pos="ART" morph="dpm" />
<t id="s4815_8" word="Spielern" lemma="Spieler" pos="NN" morph="dpm" />
<t id="s4815_9" word="einzutrichtern" lemma="ein#trichtern" pos="VVIZU" morph="--" />
<t id="s4815_10" word="," lemma="," pos="\$," morph="--" />
<t id="s4815_11" word="worum" lemma="worum" pos="PWAV" morph="--" />
<t id="s4815_12" word="es" lemma="es" pos="PPER" morph="nsn3" />
<t id="s4815_13" word="ihm" lemma="er" pos="PPER" morph="dsm3" />
<t id="s4815_14" word="geht" lemma="gehen" pos="VVFIN" morph="3sis" />
<t id="s4815_15" word="." lemma="." pos="\$." morph="--" /> </terminals>
```

Beispiel: Angabe von Metadaten im Map Task Korpus

(Aus: HCRC Map Task Corpus LDC93S12. DVD. Philadelphia: Linguistic Data Consortium. 1993.)

```
<text id=q1ec1> \\
<!-- Conversation: Quad 1, eye contact, conversation 1, --> \\
<!--               unfamiliar talkers, duration 5301780 --> \\
<!--       Giver: q1eta1 --> \\
<!--               NAME1, age 20, birth.place Glasgow, male --> \\
<!--       Follower: q1etb1 --> \\
<!--               NAME2, age 18, birth.place Kilmarnock, female --> \\
<!--       Map: m12, +giver contrast, +follower match, reduction type 1 --> \\
<!-- Copyright 1992, Human Communication Research Centre --> \\

<u who=G n=1> \\
<sfo samp=0> \\
Okay, starting off we are above a caravan park. \\

<u who=F n=2> \\
{gg|Mmhmm}. \\
```

■ **Historische Texte vs. Gegenwartstexte**

Korpora mit Texten älterer Sprachstufen enthalten andere Textrepräsentationen als Korpora mit Gegenwartstexten. Um sich dies klar zu machen, schaue man sich die mittelalterlichen Handschriften unter ▶ https://digital.dombibliothek-koeln.de/handschriften/ an. Diese Webseite stellt digitalisierte Versionen der mittelalterlichen Schriften (Kodizes) der Erzbischöflichen Diözesan- und Dombibliothek Köln bereit.

Werden solche Dokumente für die Aufnahme in ein Korpus elektronisch verfügbar gemacht, so müssen die besonderen Eigenschaften dieses Dokumenttyps repräsentiert werden. Hierzu zählen die Zeilenumbrüche, die spezifischen Schreibungen sowie evtl. eine besonders hervorgehobene Initiale in dem Text. Außerdem ist zu beachten, dass historische Texte in der Regel nichtstandardisierte Texte sind, da es z. B. im 15. Jahrhundert noch keine einheitlichen und verbindlichen Schreibregeln gab. Die Schreiber schrieben die Wörter und Sätze so, wie sie es für passend hielten. Diese Informationen können für die linguistische Auswertung des mittelalterlichen Textes sehr wertvoll sein. So können z. B. die unterschiedlichen Schreibvarianten Hinweise auf Dialektregionen liefern.

■ **Nichtkategorisierte vs. kategorisierte Texte**

Schließlich lassen sich Korpora danach unterteilen, ob sie eine unstrukturierte Datensammlung darstellen, oder ob die Daten bestimmten Kategorien zugeordnet sind. Diese Unterscheidung kann man an einem Zeitungskorpus verdeutlichen. Angenommen, sämtliche Artikel eines Jahrgangs einer Zeitung – z. B. des fiktiven *Landauer Lokalblatts* – werden als Einzeltexte zu einem Korpus zusammengeführt. Dann besitzt das Korpus keine interne Struktur, insbesondere sind die Einzelartikel nicht ihren Ressorts Politik,

Wirtschaft, Sport usw. zugeordnet. Würden die Einzelartikel genau einem Ressort zugeordnet, erhielten wir sich nicht überlappende Teilkorpora in dem Korpus. Würden die Artikel mehr als einem Ressort zugeordnet (z. B. kann ein Artikel über den Verkauf eines Fußballprofis dem Ressort Wirtschaft sowie dem Ressort Sport zugewiesen werden), erhielten wir ein Korpus mit sich überschneidenden Teilkorpora. Wenn wir die Texte in einem Korpus zeitlich ordnen würden, erhielten wir als vierte Korpusklasse ein temporal geordnetes Korpus.

Das TIGER-Korpus (Brants et al. 2004), eine Sammlung von Zeitungstexten aus der *Frankfurter Rundschau*, ist ein reales Beispiel für ein Korpus der ersten Kategorie. Das englischsprachige Brown Corpus enthält neben Zeitungsartikeln auch Gebrauchsanweisungen, Romane, Witze usw., die genau einem Ressort zugeordnet sind, und das englischsprachige Reuters Corpus enthält sich überlappenden Kategorien. Hätten wir sämtliche Neujahrsansprachen der Bundespräsidenten, Bundeskanzler bzw. der Bundeskanzlerin der Bundesrepublik Deutschland als Korpus zusammengefasst, wäre dies ein Beispiel für ein temporal geordnetes Korpus.

> **Korpustypen**
> Korpora können danach klassifiziert werden, ob sie (1) geschriebene oder gesprochene Sprache enthalten, (2) ob sie annotierte oder nichtannotierte Daten enthalten, (3) ob sie historische Texte oder Gegenwartstexte enthalten oder diachron sind, also Texte verschiedener Epochen enthalten, und (4) ob sie kategorisiert sind.

? Frage 1.2
Überlegen Sie sich, welche Daten in einem kategorisierten Korpus gesprochener Sprache mit disjunkten Kategorien angegeben werden können.

Korpora sind Sammlungen von Sprachdaten, also Belege. Einen Spezialfall von Korpora können aber auch Wörterbücher und Grammatiken darstellen, allerdings mit Einschränkungen durch präskriptive Aspekte und in Abhängigkeit von der Zielgruppe. Eine beschreibende (deskriptive) Grammatik ist eine Sammlung grammatischer Regeln, die zu einem bestimmten Zeitpunkt für eine Sprache gilt. Daher kann z. B. die Bildungsweise von Relativsätzen in den Sprachen der Welt durch eine Auswertung vorliegender deskriptiver Grammatiken zu entsprechend vielen, typologisch unterschiedlichen Sprachen erfolgen. Ein weiteres Beispiel liefern Grammatiken, die Missionare während der Kolonisierung – insbesondere zum Zwecke der christlichen Bekehrung als Teil der geistigen Kolonisierung – zu den Sprachen der indigenen Bevölkerung verfasst hatten. Diese Grammatiken liefern nicht nur interessante Daten zu den Strukturen der jeweiligen Sprache, sondern z. B. auch zum Verhältnis zwischen Sprachpolitik und Sprachdokumentation während der Kolonialzeit.

Voraussetzung für die Analyse der Grammatiken und Wörterbücher ist selbstverständlich deren empirische Detailliertheit und Korrektheit. Gerade bei älteren Grammatiken können diese beiden Bedingungen aber nicht immer sichergestellt werden.

- **Mit experimentellen Methoden gewonnene Daten ermöglichen Einblicke in spezifische Verarbeitungsmechanismen beim Sprachverstehen oder der Sprachproduktion**

Mit experimentellen Arbeiten wie z. B. Bildbenennungstests oder der Messung der Augenbewegung beim Lesen werden bestimmte Modelle zum Verstehen oder zur Produktion von sprachlichen Einheiten auf ihre Tragfähigkeit geprüft. Die Ergebnisse dieser Studien zeigen dann, ob die aus dem Modell abgeleiteten Hypothesen korrekt sind oder nicht. Zeigt sich aber, dass aus einem bestimmten Modell Hypothesen folgen, die mit den experimentellen Ergebnissen nicht übereinstimmen, muss dieses Modell in dieser Hinsicht modifiziert werden. Im Idealfall führen experimentelle Studien also zu einer sukzessiven Modifikation eines Modells bis zu dessen adäquater Beschreibung eines (linguistischen) Sachverhalts.

Damit die experimentellen Methoden zu einem aussagekräftigen Ergebnis führen, müssen die Bedingungen, unter denen die experimentellen Untersuchungen durchgeführt werden, streng kontrolliert werden. Will man z. B. wissen, wie die Benennung von Objekten erfolgt, z. B. nach welchen Kriterien ein Sprecher einen auf einem Bild dargestellten Hund als *Hund*, als *Pudel* oder als *Königspudel* bezeichnet, so muss z. B. die Häufigkeit dieser Wörter kontrolliert werden, aber auch die lautliche Komplexität der Wörter oder die Menge der inhaltlich oder lautlich konkurrierenden Bezeichnungen.

Experimentell erhobene Daten liefern somit detaillierte Einsichten in die mentale Organisation einer Sprache und zu den mentalen Verarbeitungsschritten beim Sprechen und Verstehen. Die Kontrolle der Bedingungen und die Auswertung der Daten erfordern entsprechende Kenntnisse in der Psycho- und Experimentellen Linguistik zur Durchführung experimenteller Studien und zur daran anschließenden statistischen Auswertung der Daten.

Die mit experimentellen Methoden gewonnenen Daten selbst können sehr unterschiedlicher Natur sein. Dies können Messwerte sein, z. B. die Messung der Reaktionszeit beim Erkennen eines Worts oder die Anzahl der von einem Hörer erkannten grammatischen Einheiten, aber auch von Sprechern produzierte Einheiten (Laute, Wörter, grammatische Einheiten, Dialogbeiträge).

Kapitel 1 · Was will die Linguistik und wozu?

- **Linguisten arbeiten mit Performanzdaten, interessieren sich aber auch für sprachliche Kompetenz**

Schauen wir uns noch einmal Beispiel 5 an, die schriftliche Darstellung eines Gesprächsbeitrags einer Sprecherin. Wir finden dort die Äußerung *Das war mir dann irgendwie, ich dachte: das kannste dir aus dem Kopf schlagen*. Grammatisch betrachtet ist diese Äußerung ungrammatisch, nach dem *irgendwie* müsste eine weitere syntaktische Einheit kommen wie z. B. *zu doof* oder *nicht geheuer*. Die Sprecherin dieser Äußerung weiß dies sicherlich auch (wahrscheinlich ohne sagen zu können, warum dies so ist bzw. nur mittels Verwendung einer Grammatik des Deutschen), aber beim Sprechen kann dieses Wissen über die Bildung korrekter sprachlicher Einheiten gestört werden, etwa durch Unaufmerksamkeit oder durch kognitive Belastungen.

Eine abweichende Grammatikalität ist in gesprochener Sprache relativ häufig zu beobachten. Äußerungen von Sprechern weisen zudem manchmal Verzögerungen auf, die im Deutschen z. B. durch *äh* signalisiert werden, und/oder Brüche im Satzbau. Ein Beispiel wäre:

> ▶ **Beispiel**
>
> *Paula hat drei ... äh vier Tickets dabei.* ◀

Werden solche mündlichen Äußerungen verschriftlicht, fällt sofort auf, dass diese Äußerung als Satz eigentlich ungrammatisch ist. Der Sprecher fängt mit seiner Äußerung an, merkt, dass er sich korrigieren muss, revidiert das genannte Numeral *drei*, und fährt dann mit dem neuen Numeral *vier* und dem Rest der Äußerung fort.

Diese Beispiele weisen auf eine wichtige Unterscheidung hin, die in der Linguistik heutzutage als **Kompetenz** vs. **Performanz** bezeichnet wird, und die die beobachtbaren Daten betrifft.

> **Kompetenz und Performanz**
> Die Sprachkompetenz ist das erworbene Wissen über die grammatischen Regeln einer Sprache. Die Performanz hingegen ist der individuelle Gebrauch dieser Regeln.

Die Daten, die wir beobachten können, sind immer Performanzdaten: Jemand hat einen Text nach seinem Verständnis von Sprache formuliert oder spricht mit seinem eigenen, persönlichen Stil. Wollen wir hingegen wissen, wie das grammatische System einer Sprache ausgearbeitet ist, wollen wir also z. B. wissen, welche grammatischen Regeln für das heutige Standarddeutsch gelten, so müssen wir aus diesen Daten auf die Sprachkompetenz schließen. Die von Linguisten selbst formulierten Daten mit introspektiver Bewertung sind häufig so formuliert, dass man von diesen Performanzdaten direkt zur Sprachkompetenz übergehen kann.

Um diese Überlegung zu konkretisieren, folgt hier ein Beispiel:

> ▶ **Beispiel**
>
> *Da der durstige Dichter dieser durchaus durchschlagenden Dokumentation derweil denkt, dass diese Debatte, die dem Deckmantel der dauerhaft dargebotenen, dämlichen Darstellung des Defizites, Dialoge demonstrativ dechiffriert darzustellen, der Demontage der diversen Dummköpfe dient, deklariert dieser die Definition der durchzuführenden Diskussion durchschnittlich deutsch:* (▶ http://witzeklopfer.xobor.de/t15f10-Ein-moeglichst-langer-Satz-in-dem-jedes-Wort-mit-dem-selben-Buchstaben-beginnt.html) ◀

Zur Kompetenz eines Sprechers des Deutschen gehört, diesen Satz bilden zu können und ihn zu verstehen. Das heißt, dass die Sprachkompetenz die Fähigkeit umfasst, die Grammatikalität einer Äußerung sowie eventuelle Mehrdeutigkeiten einer Äußerung zu erkennen, die Äußerung in ihre Bestandteile (z. B. Wörter und Laute) zu zerlegen und die Bedeutung der gesamten Äußerung zu erkennen. Der obige Satz wird von kompetenten Sprechern des Deutschen in der Regel als grundsätzlich grammatisch bewertet, er kann die einzelnen Wörter identifizieren sowie die Einzellaute, und er hat eine Vorstellung von der Bedeutung dieses Satzes.

Der obige Beispielsatz ist aber komplex aufgebaut und enthält mehrere ineinander verschachtelte Teilsätze, sodass die genaue Bedeutung dieses Satzes nur durch äußerst sorgfältiges Lesen gelingt, aber im gesprochenen Fall dies wahrscheinlich gar nicht möglich ist.

Wir haben es hier mit einem Performanzproblem zu tun: Grundsätzlich ist es möglich, dem Satz ohne zusätzliches Kontextwissen eine Bedeutung zuzuweisen, da dieser Satz grammatisch ist, aber Satzlänge und die komplexe Verschachtelung führen dazu, dass für das Verstehen dieses Satzes so viel Zeit in Anspruch genommen wird, dass beim Hören des Satzes nur noch eine oberflächliche Interpretation möglich ist. Der individuelle Gebrauch des sprachlichen Wissens für das Verstehen dieses Satzes stößt an seine Grenzen, obwohl die Kompetenz für das Verstehen dieses Satzes grundsätzlich vorhanden ist. Das heißt, in einer Syntaxtheorie zum Aufbau dieses Satzes kann man dem Satz eine Struktur zuweisen, und eine Semantiktheorie, die die Bedeutung dieses Satzes erklärt, kann auf der Basis der syntaktischen Struktur diese Bedeutung herleiten. Beides sind Theorien zur Kompetenz (der syntaktischen bzw. semantischen Kompetenz), die vom erläuterten Performanzproblem (der Satz ist zu komplex zum Verstehen) abstrahieren.

Viele Linguisten sind an Performanzfaktoren nicht interessiert, denn sie wollen wissen, welches grammatische Wissen vorhanden ist, nicht, wie es angewendet wird. Das

Ausblenden von Performanzfaktoren ist in der Theoriebildung auch vollkommen legitim, aber man muss immer im Hinterkopf behalten, dass Korpusdaten sowie die meisten durch Introspektion erhobenen Daten Performanzdaten sind.

> **Frage 1.3**
> Wie beurteilen Sie den Status von Beispiel 4 (*der alte affe fraß schmatzend eine kategoriensyntax*)? Handelt es sich um ein Performanzdatum oder eine Art von Kompetenzdatum?

1.3 Teilbereiche der Linguistik

Die Linguistik will also die beobachteten oder erzeugten Daten beschreiben und eine Erklärung für diese Daten mittels einer linguistischen Theorie finden. Im Folgenden soll exemplarisch anhand von Beispielen gezeigt werden, mit welchen Fragen man sich in den Teilgebieten der Linguistik auseinandersetzt.

- **Die Phonetik und die Phonologie untersuchen Lautphänomene**

Die Teilgebiete der Phonetik und Phonologie befassen sich mit den lautlichen Phänomenen einer Sprache. Die **Phonetik** untersucht dabei die Sprachlaute als physikalisches Phänomen, während die **Phonologie** das System dieser Laute in einer Sprache und über Einzelsprachen hinaus untersucht. Hier sind einige elementare Fragestellungen:
- Wie werden Sprachlaute von Menschen produziert?
- Wie werden Sprachlaute von Menschen wahrgenommen?
- Wie können Sprachlaute gemessen und dargestellt werden?
- Wie viele Laute werden in einer Sprache verwendet?
- Wie werden Sprachlaute zu größeren Einheiten wie Silben und Wörtern zusammengeführt?

Das Sprechen, d. h. die Produktion sprachlicher Laute, erscheint uns ein müheloser Vorgang zu sein, und etliche Menschen können dies über einen sehr langen Zeitraum ohne größere Anstrengung durchführen. Tatsächlich handelt es sich aber um einen äußerst komplexen Vorgang, der neben mentalen Aktivitäten vor allem ein komplexes Zusammenspiel unterschiedlichster Muskeln und Organe erfordert, damit der Lautstrom zustande kommt. Die Beschreibung dieses komplexen Vorgangs ist ein Teilgebiet der Phonetik.

Das Hörsystem eines Menschen ermöglicht nicht nur das Erkennen von Sprachlauten, sondern selbstverständlich auch das Hören anderer Laute. Die Phonetik untersucht, nach welchen Kriterien Menschen die spezifischen Eigenschaften von Sprachlauten erkennen. Hierunter fallen z. B. die Eigenschaften, die es Menschen ermöglicht, eine Stimme als männliche oder weibliche Stimme zu erkennen, Aspekte der Sprechgeschwindigkeit und der Intonation.

Darüber hinaus stellt sich die grundlegende Frage, wie Sprachlaute überhaupt gemessen und dargestellt werden können. Wurde vor der Verwendung von Computerprogrammen zur digitalen Lautanalyse noch mit Kohlestaub gearbeitet, der durch die Schwingungen der Sprachlaute spezifische Formen bildete, die dann mehr oder weniger präzise ausgewertet werden konnten, können wir heute mithilfe von Mikrofonen und Computern die Schallwellen exakt aufzeichnen, messen und die Ergebnisse anschließend sehr genau analysieren.

Von Geburt an sind Menschen prinzipiell in der Lage, eine sehr große Menge an Sprachlauten zu produzieren, aber im Laufe des Spracherwerbs verlieren Kinder diese Fähigkeit. Man denke z. B. nur an das Lernen der Aussprache des *th* im Englischunterricht, das vielen deutschen Schülern nicht leichtfällt. In einer Sprache werden also nur eine begrenzte Anzahl von Lauten aus dem Spektrum der möglichen Sprachlaute realisiert. In der Phonologie wird unter anderem untersucht, wie und in welchen Lautumgebungen diese Laute eingesetzt werden.

Hören wir eine Äußerung einer uns bekannten Sprache, so können wir meistens ohne Probleme die einzelnen Wörter erkennen, d. h., wir haben den Eindruck, als ob die Äußerung aus einzelnen Wörtern besteht, die klar voneinander abgegrenzt sind. Schauen wir uns aber eine durch Messverfahren erzeugte Darstellung dieser Äußerung an, so kann man erkennen, dass bzgl. der Sprachlaute keine Wortgrenzen zu sehen sind. Die einzelnen Wörter scheinen ineinander überzugehen; nichtsdestotrotz haben wir die einzelnen Wörter eindeutig erkannt. Auch dieses Phänomen der Worterkennung ist ein Untersuchungsbereich der Phonetik und Phonologie.

> **Phonetik und Phonologie**
> Die Phonetik untersucht die physikalischen und (neuro)anatomischen Aspekten menschlicher Sprachlaute, insbesondere die Lautproduktion, die Lauterkennung sowie die Schalleigenschaften menschlicher Sprachlaute.
> Die Phonologie hingegen untersucht, nach welchen Prinzipien und Regeln sowie in welchen sprachlichen Umgebungen Laute umgesetzt werden. Die Phonologie will also die Systematik der Lautorganisation in einer Sprache beschreiben.

- **Die Morphologie untersucht Wortstrukturen**

Die Morphologie ist das Teilgebiet der Linguistik, das sich mit dem Aufbau von Wörtern beschäftigt. Die elementaren Fragen sind hier:
- Aus welchen Elementen bestehen Wörter?
- Wie werden neue Wörter gebildet?

Vertiefung: Kompetenz und Performanz vs. Langue und Parole

Der Schweizer Sprachwissenschaftler Ferdinand de Saussure (1857–1913) gilt als Wegbereiter der modernen Sprachwissenschaft. In seinem Werk *Cours de linguistique générale*, erschienen posthum 1916, führte Saussure die Unterscheidung zwischen der sog. Langue und der Parole ein, die auf eine ähnliche Unterscheidung wie die zwischen Kompetenz und Performanz abzielt.

Während die Kompetenz-Performanz-Unterscheidung die Trennung zwischen gelernten Grammtikregeln bzw. dem Grammatikwissen im Gedächtnis und der Verwendung dieser Regeln beim eigentlichen Sprachgebrauch deutlich macht, ist Saussures Unterscheidung zwischen Langue und Parole etwas anders gelagert. Das französische *langue* vs. *parole* lassen sich als *Sprache* vs. *Sprechen* übersetzen.

Nach Saussure ist die Langue eine soziale Errungenschaft einer Gemeinschaft. In einem Gespräch zwischen zwei Gesprächspartnern wird beim Sprecher zuerst ein Begriff im Gedächtnis aktiviert, der mit sprachlichen Zeichen bzw. einem „akustischen Bild" (Szemerényi 1971) assoziiert ist. Dieses Zeichen wird mit Muskelbewegungen in ein Schallereignis überführt, das der Hörer aufnimmt und in ein Zeichen überführt, das wiederum mit einem Begriff assoziiert ist. Die Kommunikation ist geglückt, wenn der Begriff des Sprechers mit dem des Hörers identisch ist. Diese Gleichheit der beiden Begriffe ist nur dadurch möglich, dass die Sprache eine soziale Verbindung zwischen den Sprechern/Hörern darstellt: „Zwischen allen Individuen, die so durch die menschliche Rede verknüpft sind, bildet sich eine Art Durchschnitt aus: alle reproduzieren – allerdings nicht genau, aber annähernd – dieselben Zeichen, die an dieselben Vorstellungen geknüpft sind" (de Saussure 1967, S. 15).

Und weiter: „Wenn wir die Summe der Wortbilder, die bei allen Individuen aufgespeichert sind, umspannen könnten, dann hätten wir das soziale Band vor uns, das die Sprache ausmacht. Es ist ein Schatz, den die Praxis des Sprechens in den Personen, die der gleichen Sprachgemeinschaft angehören, niedergelegt hat, ein grammatikalisches System, das virtuell in jedem Gehirn existiert, oder vielmehr in den Gehirnen einer Gesamtheit von Individuen; denn die Sprache ist in keinem derselben vollständig, vollkommen existiert sie nur in der Masse.

Indem man die Sprache vom Sprechen scheidet, scheidet man zugleich: 1. das Soziale vom Individuellen; 2. das Wesentliche vom Akzessorischen und mehr oder weniger Zufälligen" (de Saussure 1967, S. 16).

Saussure unterscheidet nicht nur zwischen der Sprache als sozialem Produkt (der Langue) und dem individuellen Sprechen (der Parole), er betont zudem, dass die Langue Gegenstand sprachwissenschaftlicher Forschung sein kann: „Die Sprache, vom Sprechen unterschieden, ist ein Objekt, das man gesondert erforschen kann. Wir sprechen die toten Sprachen nicht mehr, aber wir können uns sehr wohl ihren sprachlichen Organismus aneignen. Die Wissenschaft von der Sprache kann nicht nur der andern Elemente der menschlichen Rede entraten, sondern sie ist überhaupt nur möglich, wenn diese andern Elemente nicht damit verquickt werden" (de Saussure, 1967, S. 17).

Der soziale Aspekt, der mit der Unterscheidung zwischen Langue und Parole einhergeht, wird bei der Unterscheidung zwischen Kompetenz und Performanz nicht berücksichtigt. Allerdings verdeutlichen beide Begriffspaare das Spannungsverhältnis zwischen Sprachwissen und individueller Sprachverwendung.

Vertiefende Literatur
- de Saussure, F. (1967). *Grundfragen der Allgemeinen Sprachwissenschaft* (2. Aufl.). Berlin: Walter de Gruyter.
- de Saussure, F. (2013). *Cours de linguistique générale*. Tübingen: Narr. Zweisprachige Ausgabe französisch–deutsch, mit einer Einleitung, Anmerkungen und Kommentar, hrsg. von Peter Wunderli.
- Szemerényi, O. (1971). *Richtungen der modernen Sprachwissenschaft*. Heidelberg: Carl Winter Universitätsverlag.

- Wie hängt die Wortbildung mit der Phonologie und der Syntax zusammen?

Von kompetenten Sprechern des Deutschen wird z. B. das Wort *Unbemalbarkeit* als ein mögliches Wort des Deutschen eingeschätzt, auch wenn die Sprecher dieses Wort noch nie vorher gehört haben sollten. Ebenso verhält es sich mit dem Wort *Dienstaufsichtsbeschwerdenbeauftragte*. Jeder kompetente Sprecher des Deutschen würde aber auch das „Wort" *Unbemalkeit* als nicht möglich einschätzen. Die Morphologie untersucht, was die kleinsten Einheiten sind, die in einer Sprache zu Wörtern zusammengeführt werden können, welche Wörter in einer Sprache grundsätzlich möglich sind und warum dies so ist.

Die Wortbildung interagiert manchmal mit der Phonologie. So kann z. B. der Plural im Deutschen durch eine Endung, aber auch durch eine lautliche Änderung am Stamm realisiert werden, wie die Beispiele *Kind, Kinder* vs. *Hammer, Hämmer* zeigen. Wenn also im Deutschen der Plural gebildet wird, will man erklären können, unter welchen Bedingungen bei der Pluralbildung ein Umlaut verwendet wird.

Die Bildung eines Worts beeinflusst manchmal auch die Funktion und Position dieses Wortes im Satz. Wird im Deutschen ein Verb wie z. B. *besteigen* mittels Kombination mit *-ung* zu einem Nomen (*Besteigung*), ist u. a. eine Konsequenz dieser Wortbildung dessen andere Funktion und Positionierung im Satz. Insbesondere muss nun ein anderes Verb die syntaktische Funktion des ursprünglichen Verbs *besteigen* übernehmen.

> ▶ **Beispiel**
>
> *Karl I. ergibt sich in sein Schicksal. Am 30. Januar 1649 besteigt er mit hoheitsvoller Geste zu Whitehall das Schafott.* (▶ http://www.zeit.de/2008/36/A-OliverCromwell/)
> *Die Besteigung des Schafotts am 30. Januar 1649 (durch Karl I.) [war für Cromwell eine Genugtuung.]* ◀

Die Bildung des Nomens ändert nicht nur die Stelligkeit, denn das Verb *besteigen* ist zweistellig, während das Nomen einstellig ist (*Reinhold besteigt den Berg*, **Reinhold besteigt*; aber: *die Besteigung*). Ein Genitivattribut wie in *die Besteigung des Bergs* ist nur optional. Das obige Beispiel zeigt auch, dass das gebildete Nomen nicht mehr dieselbe Bedeutungsspannbreite wie das Verb besitzt, denn der Satzteil *Die Besteigung des Schafotts am 30. Januar 1649 zu Whitehall durch Karl I. mit hoheitsvoller Geste* wirkt stilistisch nicht nur unschön, sondern fast schon unfreiwillig komisch.

> **Morphologie**
> Die Morphologie als Teilgebiet der Linguistik untersucht, wie Wortstrukturen aufgebaut werden und wie diese Strukturen die Wortbedeutung beeinflussen.

- **Die Syntax beschäftigt sich mit (Teil)Satzstrukturen**

Die Syntax ist das Teilgebiet der Linguistik, das sich mit dem Aufbau von Sätzen und Satzteilen beschäftigt. Elementare syntaktische Fragestellungen sind z. B.:
- Was sind die Bestandteile eines Satzes?
- Welche Wortstellungsvariationen sind in einer bestimmten Sprache möglich, und welche sind warum beschränkt?
- Wie beeinflusst die Stelligkeit eines Verbs (und anderer Wortarten) die Struktur eines Satzes?
- Wie beeinflusst die syntaktische Struktur die Bedeutung eines Satzes?

Der erste Punkt betrifft unser intuitives Urteil über die Bestandteile eines Satzes wie z. B. *Die Hochschule muss sich bewegen, und das tut sie bereits*. Wir haben den Eindruck, dass *die Hochschule* und *muss sich bewegen* irgendwie zusammengehören, aber *Hochschule muss* nicht. Warum ist das so? Außerdem können wir den Satz auch anders formulieren, indem wir Satzteile in andere Positionen verschieben:

> ▶ **Beispiel**
>
> — *Bewegen muss sich die Hochschule, und das tut sie bereits.*
> — *Bewegen muss sich die Hochschule, und sie tut das bereits.*
> — *Muss sich die Hochschule bewegen, und tut sie das bereits?* ◀

Diese relativ freie Wortstellung ist charakteristisch für das Deutsche; „relativ frei" bedeutet, dass bestimmte Wortstellungen im Deutschen nicht möglich sind wie z. B. das Versetzen des Artikels hinter das Nomen (**Hochschule die*). Viele Sprachen lassen eine Freiheit im Satzbau überhaupt nicht zu oder sind gegenüber dem Deutschen deutlich eingeschränkter. Andererseits existieren auch Sprachen, die in dieser Hinsicht noch mehr Variation zulassen. Warum ist dies so, und was regelt in den jeweiligen Sprachen die Wortstellungsfreiheit?

Die dritte Frage betrifft die Beobachtung, dass die von einem Verb verlangten Stellen in der Regel sprachlich realisiert sein müssen, da ansonsten der Satz ungrammatisch ist oder wir einen anderen Satztyp erhalten. Schauen wir uns z. B. Korpusbelege aus dem DWDS-Korpus für das Verb *schieben* an, so scheint dieses Verb syntaktisch dreistellig zu sein (die Argumente des Verbs sind in eckigen Klammern angegeben):

> ▶ **Beispiel**
>
> — *[Kröttmann] drehte die zischende Flamme am Schweißbrenner auf Erbsengröße herunter, schob [die Schutzbrille] [von den Augen].*
> — *[Fünf Seiten Papier] schieben [sich] [aus dem Schlitz].*
> — *Die letzten Meter schiebe [ich] [das Rad] [durch den feinen Sand].* ◀

Aber eine einstellige und eine zweistellige Version von *schieben* sind ebenfalls denkbar: *Die letzten Meter schiebe ich* sowie *Die letzten Meter schiebe ich das Rad*. Wird das Subjekt ausgelassen, erhalten wir aber einen Imperativsatz: *Schiebe das Rad die letzten Meter durch den feinen Sand!* Und mit anderer Wortstellung wird der Satz grammatisch abweichend: ??*Die letzten Meter schiebe das Rad durch den feinen Sand*.

Viele Verben erlauben aber nicht die Reduktion ihrer Stelligkeit, da sich dadurch die Verbbedeutung ändert oder da dies zu Ungrammatikalität führt. Der Satz *Peter trinkt einen Kakao* drückt das Kakaotrinken aus, während der Satz *Peter trinkt* u. a. die regelmäßige Einnahme von Alkoholika ausdrücken kann.

Das Verb *schenken* erlaubt hingegen nur das Weglassen des indirekten Objekts: *Sie schenkt ihm eine Rose*; *Sie schenkt eine Rose*, aber **Sie schenkt ihm*. Das Verb *verlassen* benötigt dagegen immer zwei belegte Stellen: *Sie verlässt Bochum*, aber **Sie verlässt*.

Die vierte Frage betrifft die Beziehung zwischen Satzstruktur und Satzbedeutung. Der Satz *Lena sieht den Mann mit dem Fernglas* ist mehrdeutig, da dieser Satz unterschiedliche Strukturen besitzt. In der einen Lesart ist das Fernglas das Instrument, mit dem Lena den Mann sieht. In der zweiten Lesart ist das Fernglas mit dem Mann assoziiert; eventuell trägt der Mann das Fernglas mit sich herum. Die erste Lesart ergibt sich aus der syntaktischen Struktur des Satzes, in der *mit dem Fernglas* vom Verb *sehen* abhängig ist. Die zweite Lesart ergibt sich aus einer syntaktischen Struktur, in der *Mann mit dem Fernglas* eine syntaktische Einheit darstellt.

> **Syntax**
> Die Syntax als Teilgebiet der Linguistik untersucht die Strukturen von Sätzen. Sie will herausfinden, welche Faktoren den Aufbau von Satzstrukturen wie beeinflussen.

■ **Die Semantik beschäftigt sich mit Bedeutungen**

Die Semantik untersucht die Bedeutung von Wörtern und Sätzen. In diesem Gebiet sind die grundlegenden Fragen:
- Welche Arten von Bedeutungen treten auf?
- Welche Bedeutungen haben Wörter?
- Wie werden Wortbedeutungen zu Satzbedeutungen kombiniert?

Schauen wir in einem Bedeutungswörterbuch nach, welche Bedeutung ein Wort wie *klein* hat, dann finden wir z. B. im Wahrig-Wörterbuch (Wahrig-Burfeind 2007) unter anderem diese Angaben: *von geringem Ausmaß, von geringer Größe*. Hier werden die Bedeutungen also sprachlich umschrieben. Allerdings sind Bedeutungen nichts Sprachliches, sondern Gegebenheiten, die außerhalb des Sprachlichen liegen und auf die sprachliche Einheiten Bezug nehmen. Die Bedeutung des Pronomens *du* in der Äußerung *Du hast meine Handtasche gestohlen!* liegt darin, auf den Adressaten der Äußerung zu verweisen; die Bedeutung liegt in dieser Möglichkeit des Verweisens. Entsprechend kann man jemanden mit einer Äußerung beleidigen (z. B.: *Blödmann*). Hier ist die Bedeutung, den Angesprochenen zu missachten und in seiner Ehre zu kränken.

Die Semantik will jedoch nicht lexikografisch die Bedeutungen beschreiben, sondern erklären, warum z. B. das Adjektiv *klein* so unterschiedliche Bedeutungen besitzt wie in den folgenden Beispielen, es sich jedoch trotzdem immer um dasselbe Wort handelt:

> ▶ **Beispiel**
> - *kleines Kind* (sehr junges Kind)
> - *kleiner Schriftsteller* (Schriftsteller mit wenig Talent)
> - *kleiner Preis* (preisgünstig)
> - *kleine Studienleistung* (geringer Arbeitsaufwand nötig)
> - *kleine Partei* (geringe Mitgliederzahl oder geringer Einfluss in der Politik) ◀

Die Systematik hinter den Bedeutungen von Wörtern ist das Thema der lexikalischen Semantik.

Wortbedeutungen werden im Laufe des Spracherwerbs gelernt. Die Bedeutungen von Sätzen hingegen werden in der Regel nicht gelernt, sondern aus den Wortbedeutungen und grammatischer Information „berechnet". So können Sprecher des Deutschen die Bedeutung des Satzes *Zwei Sprachen sprechen viele Menschen* problemlos ermitteln, und manche Sprecher erkennen auch, dass dieser Satz zwei Bedeutungen hat. In der ersten Lesart spricht jede Person aus der Menge der vielen Menschen seine eigenen zwei Sprachen (der eine spricht Deutsch und Türkisch, jemand anderes Englisch und Arabisch, eine Sprecherin spricht Niederländisch und Französisch usw.). Die andere Lesart ist die, dass jeder Mensch aus dieser Menge dieselben zwei Sprachen spricht (alle relevanten Personen sprechen z. B. Deutsch und Englisch). Beide Bedeutungen werden im Satz auf der Basis der Bedeutungen der einzelnen Wörter sowie der grammatischen Struktur des Satzes bestimmt. In der Satzsemantik wird geklärt, wie diese Satzbedeutungen zustande kommen.

> **Semantik**
> Die Semantik beschäftigt sich mit den Bedeutungen einzelner Wörter, den Bedeutungsbeziehungen zwischen Wörtern sowie der Frage, wie die Bedeutungen von Sätzen festgelegt werden.

■ **Die Pragmatik untersucht den Sprachgebrauch**

Die Pragmatik untersucht die Sprachverwendung in unterschiedlichen Situationen; eines der Ziele der Pragmatik ist dabei, herauszufinden, wie nichtsprachliche Einflüsse bestimmte Bedeutungen ermöglichen. Hier sind die elementaren Fragestellungen:
- Wie schließen Hörer in konkreten Situationen auf weitere Information, die nicht durch die Semantik gegeben ist?
- Wie gestalten Sprecher ihren Redebeitrag in einem Gespräch?
- Welche Information setzt ein Sprecher als gegeben voraus?
- Welchen Effekt will ein Sprecher mit seiner Äußerung beim Hörer erzielen?
- Wie wird eine Äußerung im „Hier und Jetzt" des Sprechers verankert?

Angenommen, jemand sucht eine Wohnung und wendet sich hierfür an einen Makler, der ihm mehrere Wohnungen in einem Katalog präsentiert. Zu einer der Wohnungen fragt der Mietinteressent: *Hat die Wohnung einen Balkon?*, und der Makler antwortet: *Sie hat einen schönen Garten*. Wir erschließen aus dieser Antwort, dass die Wohnung wohl keinen Balkon besitzt, obwohl der Makler dies nicht geäußert hat. Angenommen, der Makler sagt nur: *kein Balkon*. Damit hat er die Frage letztlich beantwortet, aber war dies in dem Kontext eines Verkaufsgesprächs eine strategisch kluge Antwort? Eine weitere mögliche Antwort des Maklers hätte auch sein können: *Meine Kollegin Baydar kann Ihnen Wohnungen mit Balkon zeigen.* Auch aus dieser Antwort erschließt der Hörer, dass die präsentierte Wohnung keinen Balkon hat. Zudem macht diese Antwort nur Sinn, wenn es die Kollegin Baydar auch wirklich gibt; würde der Makler keine Kollegin haben, wäre seine Aussage nicht falsch, sondern unsinnig.

Der potenzielle Mieter hätte übrigens statt der obigen Frage auch fragen können: *Kann ich mich auf einem Balkon sonnen?* Gemeint ist mit dieser Entscheidungsfrage (auf die man eigentlich mit *ja* oder *nein* antwortet) aber eine Bitte um Auskunft, ob die Wohnung einen Balkon hat.

Schließlich kann man sich im Kontext der Wohnungssuche auch vorstellen, dass der Makler diverse Wohnungen in einem Katalog zeigt und dabei sagt: *Die ist jetzt noch vermietet.* Für das Verständnis dieser Äußerung muss der Hörer wissen, auf welche Wohnung sich das Pronomen *die* bezieht und was das Adverb *jetzt* bedeutet: Ist der Sprechzeitpunkt gemeint, sodass nach der Beendigung des Gesprächs die Wohnung frei ist? Oder ist eine Zeitspanne gemeint, die zwar den Sprechzeitpunkt beinhaltet, ansonsten aber deutlich länger andauert?

Dieses Schließen vom Gesagten zum Gemeinten ist das Themengebiet der **Pragmatik**. Die Pragmatik untersucht, wie wir aus dem wörtlich Gesagten auf weitere Information im jeweiligen Gesprächskontext schließen, welche Bedingungen erfüllt sein müssen, damit eine Äußerung überhaupt sinnvoll interpretiert werden kann, und wie Sprecher und Hörer in Konversationen ihre Redebeiträge aufeinander abstimmen – sowohl zeitlich als auch inhaltlich.

> **Pragmatik**
> Die Pragmatik als linguistische Teildisziplin untersucht die im jeweiligen Kontext angemessene Verwendung von Äußerungen und deren kontextabhängige Interpretation.

Die bisherigen Abschnitte behandelten grundlegende Fragen, die die verschiedenen Ebenen der Sprachdaten bzgl. Struktur und Inhalt betreffen. Diese Ebenen stellen jedoch nur einen Forschungsbereich der Linguistik dar. Weitere Bereiche, die nicht durch sprachliche Ebenen definiert werden, sondern durch den Bezug auf bestimmte Dimensionen von Sprache, sind die Textlinguistik, die Varietäten- und Soziolinguistik, die Historische Linguistik, die Graphematik, die Psycho- und Neurolinguistik sowie die Computerlinguistik. Empirische Methoden der Linguistik werden ebenfalls vorgestellt.

■ Textlinguistik: Was macht einen Text aus?

Das folgende Satzpaar wird sicherlich intuitiv als ein Text wahrgenommen:

> ▶ **Beispiel**
> *Noch dominiert auch an den Ampeln im brandenburgischen Fürstenwalde das bekannte Ampelmännchen. Doch an der Kreuzung von Kirchhofstraße, Geschwister-Scholl-Straße und Frankfurter Straße wurde in dieser Woche die erste Lichtsignalanlage mit einer Ampelfrau eingeweiht.* (▶ http://www.neues-deutschland.de/artikel/220653.signal-mit-zoepfen.html) ◀

Die folgende Satzfolge wird wahrscheinlich als kein "guter" Text wahrgenommen:

> ▶ **Beispiel**
> *Noch dominiert dort auch an ihnen das bekannte Ampelmännchen. Doch an der Kreuzung der drei Straßen wurde sie in dieser Woche mit einer Ampelfrau eingeweiht.* ◀

In diesem Satzpaar wird nicht deutlich, worauf sich die Pronomen *ihnen* und *sie* beziehen. Das folgende Satzpaar wird wahrscheinlich nicht mehr als akzeptabler Text wahrgenommen:

> ▶ **Beispiel**
> *Die Aktion in Fürstenwalde/Spree ist ein pfiffiger Beitrag zur Brandenburgischen Frauenwoche. Sie können die meisten Inhalte der Tageszeitung Neues Deutschland auf neues-deutschland.de kostenlos lesen.* ◀

Hier wird nicht klar, was die beiden Sätze inhaltlich verbinden soll.

Die Frage, was ein Text ist und welche Eigenschaften einen Text ausmachen, ist Gegenstand der Textlinguistik. In der Textlinguistik geht es nicht nur um die inhaltlichen und sprachlichen Eigenschaften eines Textes, sondern auch um die Charakteristika bestimmter Textsorten (Behördenbriefe, Privatbriefe, Leserbriefe, Zeitungsartikel, Beschwerde usw.) sowie um die vielfältigen Parameter, die zum Textverständnis beitragen.

■ Varietäten- und Soziolinguistik: Sprache als gesellschaftliches Phänomen

Sprecher sind immer auch Mitglieder mehrerer sozialer Gruppen; sie sind Familienmitglieder, aber auch Schul- bzw. Studienfreunde oder Arbeitskollegen und damit in soziale Institutionen eingebunden, und sie sind eventuell auch Mitglied in einem Verein oder einer religiösen Gemeinschaft. Kommunikation dient daher nicht nur dem Austausch von Meinungen oder dem Ausdrücken eines emotionalen Zustands wie z. B. des Sichärgerns, sondern hat außerdem eine soziale Funktion, da der Sprecher mit seiner Äußerung seine Stellung zum Hörer ausdrückt sowie seine soziale Position innerhalb der jeweiligen Gruppe.

Sprecher adaptieren ihre Äußerungen an den Hörer ihrer Äußerung und berücksichtigen dabei in der Regel die sozialen Funktionen, die sie selbst und die Hörer übernehmen, sowie die gesamte Kommunikationssituation. Jugendliche z. B. kommunizieren untereinander auf andere Weise als mit ihren Eltern und wieder anders mit ihren Großeltern. Anders ausgedrückt: Sprecher verwenden unterschiedliche Varietäten einer Sprache. Warum Sprecher bestimmte Varietäten in bestimmten sozialen Konstellationen verwenden und wie sie dies tun, ist Gegenstand der Soziolinguistik.

Wenn sich Sprecher bewusst sind, in welcher sozialen Gruppe sie gerade kommunizieren, passen sie ihre sprachlichen Äußerungen den sozialen Konventionen innerhalb dieser Gruppe an: Sie verwenden spezifische Wörter, eigene Betonungen, aber auch besondere grammatische Strukturen. Man stelle sich z. B. die verschiedenen sozialen Kontexte vor, in denen man jemanden bittet, an einem Tisch Platz zu nehmen. Die Äußerungen reichen von *Bitte nehmen Sie Platz* über *Setz dich, Alter* und *Nimm dir nen Stuhl* bis zu *Fläz dich da hin*. Diese Äußerungen sind in den jeweiligen Situationen nicht nur angemessen, sie erfüllen für den Sprecher auch einen sozialen Zweck, der mit Identität und Gesichtswahrung zusammenhängt.

Varietäten lassen sich nach unterschiedlichen Kriterien erfassen:

- **Regionale Varietäten** (z. B. Dialekte) spiegeln sprachliche Unterschiede wieder, die regional bedingt sind, z. B. durch geografische Grenzen, die den (kommunikativen) Austausch behindern (z. B. Flüsse oder Gebirgsketten), oder politisch motivierte Grenzen, die ebenfalls die ungehinderte Kommunikation zwischen Personen erschweren.
- **Soziale Varietäten** hingegen weisen Sprecher als Mitglieder einer bestimmten sozialen Gruppe aus. Soziale Varietäten können gesellschaftliche Schichten widerspiegeln, aber auch das (soziale) Geschlecht sowie das (soziale) Alter können eine soziale Varietät beeinflussen oder sogar bestimmen. Jugendsprachen sind deutliche Indikatoren für die Relevanz des Faktors Alter, ebenso die Kommunikation zwischen alten Menschen und Menschen im mittleren Lebensalter, wie sie in ihrer extremen Form im Pflegeheim beobachtet werden kann.

Dass der Faktor „Alter" das Gesprächsverhalten beeinflusst, scheint deutlich zu sein, wie insbesondere die Jugendsprache zeigt. Doch warum ist „Geschlecht" ein relevanter Faktor? Gemeint ist hier nicht das biologische Geschlecht (männlich vs. weiblich), sondern das, was in einer Kultur bzw. Gesellschaft als geschlechtstypisch angesehen wird. Um den Unterschied zum biologischen Geschlecht zu verdeutlichen, wird für die soziale Geschlechterunterscheidung der aus dem englischen Sprachraum geläufige Begriff *Gender* verwendet.

Allgemein formuliert betrifft in der Soziolinguistik der Faktor „Gender" die Frage, ob Frauen sich sprachlich anders verhalten als Männer. Während frühere Arbeiten untersuchten, ob es eine typische Frauen- bzw. Männersprache gibt, die sich im Wortschatz, in der Satzkomplexität und der Art der übermittelten Bedeutungen unterscheiden, wird heute vielmehr untersucht, inwieweit die unterschiedlichen sozialen Rollen, die Männern bzw. Frauen in einer Gesellschaft zugewiesen werden, auch sprachlich mitbestimmt werden bzw. das Sprachverhalten beeinflussen.

So behauptete Lakoff (1975), dass amerikanische Frauen in Gesprächen zu einer schwächeren Darstellung ihrer Meinung tendieren, was sich unter anderem an der Verwendung von Bestätigungsfragen (ein deutsches Beispiel: *nicht wahr?*) und der Verwendung von Ausdrücken mit unscharfer Bedeutung (z. B. engl. *kind of*) belegen lässt sowie der Verwendung von Euphemismen und Ausdrücken, die Respekt gegenüber dem Hörer signalisieren.

Als Konsequenz aus dieser Studie könnte man nun fordern, dass Frauen ihre Redeweise gezielt ändern sollen, um diese anscheinend im Dialog ausgedrückte relative Schwäche zu überwinden.

Die heutige Genderlinguistik würde die beobachteten Daten hingegen anders interpretieren. Unter der Annahmen, dass die sprachlichen Daten multifunktional zu interpretieren sind, ergibt sich ein differenzierteres Bild von den übermittelten Bedeutungen. Die Verwendung von Bestätigungsfragen wie z. B. in *Der Chef ist dauernd miesepetrig, nicht wahr?* dient nicht unbedingt dazu, die eigene Meinung abzuschwächen, sondern sie kann auch die Stellung der Sprecherin in der Gesprächsrunde stärken. Falls nun Frauen häufiger Bestätigungsfragen verwenden als Männer, bedeutet dies also nicht zwingend, dass Frauen in Gesprächen eher abgeschwächt ihre Meinung äußern im Gegensatz zu Männern. Eine mögliche Erklärung wäre ebenfalls eine gewisse stärkere soziale Orientierung, die Frauen in Gesprächen auszeichnet (Eckert und McConnell-Ginet 2003, S. 158ff.).

- **Historische Linguistik: Sprache als geschichtliches Phänomen**

Sprachen sind kulturelle Güter; sie werden von den Sprechern einer Gemeinschaft verwendet, um über die unterschiedlichsten Sachverhalte, Vorstellungen und Einstellungen zu kommunizieren, die in diesen Gesellschaften möglich sind. Als Teil einer Kultur wandeln sich Sprachen permanent, zumal sich auch die anderen kulturellen Errungenschaften ändern. Dieser Sprachwandel ist das Aufgabengebiet der Historischen Linguistik.

Die verschiedenen Sprachstufen einzelner Sprachen werden üblicherweise mit Abkürzungen bezeichnet. Wir verwenden in diesem Lehrbuch die in der folgenden Merkbox angegebenen Abkürzungen. Mit diesen Abkürzungen decken wir nicht sämtliche Sprachstufen für sämtliche Varietäten der Sprachen Deutsch, Spanisch, Französisch und

Englisch ab. Die genannten Sprachstufen werden exemplarisch im Folgenden bei der linguistischen Analyse erwähnt.

> **Einige Abkürzungen für Sprachstufen**
> - *ahd.*: Althochdeutsch (ca. 750–1050);
> - *mhd.*: Mittelhochdeutsch (ca. 1050–1350);
> - *fnhd.*: Frühneuhochdeutsch (ca. 1350–1650);
> - *nhd.*: Neuhochdeutsch (ca. 1650–1900);
> - *vlat.*: Vulgärlatein (das gesprochene Latein);
> - *aspan.*: Altspanisch (ca. 1200–1450);
> - *nspan.*: Neuspanisch (seit 1650);
> - *afranz.*: Altfranzösisch (ca. 9. Jh.–Ende 14. Jh.);
> - *nfranz.*: Neufranzösisch (seit dem 17. Jh.);
> - *aengl.*: Altenglisch (ca. 5. Jh.–12. Jh.);
> - *nengl.*: Modernes Englisch (ca. seit 16. Jh.)

Am deutlichsten lässt sich der historische Wandel einer Sprache im Wortschatz beobachten. Manche Wörter werden nicht mehr verwendet, z. B. weil die Dinge, auf die sie sich beziehen, nicht mehr verwendet werden. Oder wissen Sie noch, was das Nomen *Bonanzarad* bezeichnet? Wörter werden aber auch aus anderen Sprachen übernommen oder neu konzipiert, um Änderungen in der Lebenssituation sprachlich zu bezeichnen. Viele Wörter werden zwar über Jahrhunderte hinweg verwendet, aber ihre Bedeutung ändert sich. Das Wort *Arbeit* z. B. ist im Althochdeutschen als *arbeit* belegt, hatte aber eine andere Bedeutung als das heutige Nomen *Arbeit*: *arbeit* hieß soviel wie ‚Mühe' oder auch ‚Plage', während *Arbeit* heute eine Bedeutung hat, die mit dieser älteren Bedeutung nur noch lose in Beziehung steht (siehe den etymologischen Eintrag zu „Arbeit" in ▶ www.dwds.de).

Nicht nur der Wortschatz und die Bedeutung der Wörter können sich ändern, auch Satzstrukturen unterliegen einem historischen Wandel. Zum Beispiel sind im Althochdeutschen Reihungen ohne Konjunktionen häufig belegt (ähnlich zum Beispiel *Ich kam, sah, siegte*), während im heutigen Deutsch solche Konstruktionen eher selten sind. Stattdessen werden eher durch Konjunktionen verbundene Aussagesätze realisiert (z. B. *Ich kam und sah, und schließlich siegte ich*).

Ein besonders spannendes Gebiet der Historischen Linguistik ist der Versuch, aus Vergleichen von Daten Regeln über Lautänderungen zu erstellen und mithilfe dieser Regeln Wörter aus Sprachstufen zu rekonstruieren, zu denen wenige oder keine schriftlichen Zeugnisse vorliegen können. Germanisch als Ursprache der heutigen germanischen Sprachen wie z. B. Deutsch, Isländisch und Friesisch kann in Teilen des Wortschatzes rekonstruiert oder erschlossen werden, indem man versucht, die beobachtbaren oder bereits bekannten lautlichen Unterschiede zwischen verwandten Sprachen so auszunutzen, dass deren gemeinsamer Ursprung erkennbar wird.

Der Begriff *Germanisch* bezieht sich auf die Sprache der Germanen. Als Germanen bezeichnete ursprünglich Cäsar einen rechtsrheinisch ansässigen Stamm, aber diese Bezeichnung wurde später auf größere Volksgruppen übertragen. Man darf daher nicht davon ausgehen, dass Germanisch genau eine Sprache ist, die von einem Stamm oder einer kleinen Volksgruppe gesprochen wurde; Germanisch ist in der Historischen Linguistik vielmehr eine **linguistische Abstraktion** als anzunehmende Ursprache. Diese Sprache sollte man daher nicht mit wie auch immer gearteten vorchristlichen Gesellschaften in Verbindung bringen, denn die Vorstellung, dass Germanisch von einer bestimmten Volksgruppe über einen gewissen Zeitraum hinweg gesprochen wurde, ist rein spekulativ; solche völkischen Überlegungen haben mit dem Versuch der Historischen Linguistik, Eigenschaften einer Vorgängersprache heutiger Sprachen zu rekonstruieren, nichts zu tun.

Das Germanische ist in Teilen durch Runeninschriften dokumentiert, die vom 3. bis 5. Jahrhundert angefertigt wurden (Stedje 2007, S. 54). Die Vorstufen zu den in diesen Inschriften dokumentierten Sprachen sind nicht belegt und können nur in Teilen rekonstruiert werden.

> ▶ **Beispiel**
>
> Köbler (2007) führt die folgenden belegten Formen auf die rekonstruierte germanische Form **fiskaz* für *Fisch* zurück (der Asterisk * gibt hier an, dass diese Form nicht belegt ist, sondern rekonstruiert wurde): altnordisch *fiskr*, gotisch *fisks*, altenglisch *fisc*, altfriesisch *fisk*, altsächsisch *fisk* sowie althochdeutsch *fisc*.
>
> Germanisch **fiskaz* und das lateinische Wort für *Fisch*, *piscis*, gehen auf dieselbe indogermanische Form zurück, die ebenfalls mittels Lautgesetzen rekonstruiert werden kann. ◀

> ❗ **Achtung**
>
> Der Asterisk * signalisiert hier also, dass die sprachliche Einheit nicht belegt ist, sondern rekonstruiert wurde. In der Grammatikforschung steht der * jedoch für die Ungrammatikalität eines Satzes bzw. eines Satzteils.

▪ **Graphematik: Regeln des Schreibens**

Wenn eine Alphabetschrift mit einem Basisinventar schriftlicher Zeichen für entsprechende Laute verwendet wird, legt dies eine enge Beziehung zwischen Laut und Schrift nahe. Ein genauer Blick auf die Beziehung zwischen Sprache und Schrift zeigt aber, dass die Beziehung zwischen Laut und Buchstabe sowohl innerhalb einer Sprache als auch sprachübergreifend komplex ist. Zum Beispiel wird im Deutschen die Dehnung eines Vokals unterschiedlich signalisiert: durch Verdopplung des Vokals (*Meer*), mittels Verwendung eines *h* wie in *mehr*, oder auch gar nicht wie in *lese*. Im Französischen hingegen werden diakritische Zeichen u. a. eingesetzt, um die Vokaldehnung anzuzeigen (z. B. die Unterscheidung *é* vs. *è*).

Die Graphematik untersucht das Verhältnis zwischen Laut und Graphem. Als Grapheme bezeichnet man die kleinsten unterscheidenden Einheiten eines Schriftsystems. So ist z. B. *sch* ein Graphem des Deutschen, das für den Laut /ʃ/ steht. Fragen, mit denen sich die Graphematik beschäftigt, sind unter anderem:

- Wie ist das Verhältnis zwischen gesprochener Sprache (Mündlichkeit) und geschriebener Sprache (Schriftlichkeit)?
- Wie wird grammatische Information in geschriebener Sprache realisiert (vs. in gesprochener Sprache)?
- Wie beeinflusst das Schreiben als „normierte" Sprachrealisierung die Mündlichkeit?
- Wie erwerben Kinder die Fähigkeit zum Schreiben; welche Fehler treten dabei typischerweise auf?
- Welche Funktionen kann die Interpunktion übernehmen?

Psycho- und Neurolinguistik: Sprache als psychologisches bzw. biologisches Phänomen

Sprache ist nicht nur ein historisches und/oder ein soziales Phänomen; Sprache beinhaltet auch eine psychologische und biologische Dimension. Unabhängig von der Kultur, in der Kinder aufwachsen, erwerben alle Kinder auf unserem Planeten in den gleichen Erwerbsphasen ihre jeweilige(n) Erstsprache(n). Der Erwerb erfolgt also in jeder Sprache mehr oder weniger gleich.

Kinder erwerben ihren Wortschatz, d. h., sie speichern ihn in ihrem Gedächtnis ab, und sie lernen die Bildung grammatisch wohlgeformter Äußerungen. Auch Erwachsene, bei denen die Phase des Spracherwerbs ja abgeschlossen zu sein scheint, lernen neue Wörter und entwickeln ihren ganz eigenen Sprachstil, der sich z. B. in der Vorliebe für bestimmte grammatische Strukturen und Redewendungen zeigt. Dieses sprachliche Wissen ist im Gedächtnis gespeichert und letztlich im Gehirn neurologisch verankert. Die Psycholinguistik beschäftigt sich mit der Frage, wie dieses sprachliche Wissen im Verlauf der Produktion einer Äußerung bzw. beim Sprachverstehen aktiviert und eingesetzt wird, sowie mit der Frage, in welchen Stadien der Spracherwerb bei Kindern vonstattengeht. Die Neurolinguistik hingegen untersucht die neurologische Basis des sprachlichen Wissens. Hier geht es um die Frage, in welchen Arealen des Gehirns welches sprachliche Wissen gespeichert wird.

Erkenntnisse über die Verortung des sprachlichen Wissens im Gehirn liefert die Forschung zu Aphasien. Aphasien sind Sprachstörungen aufgrund von Schädigungen des Gehirns, häufig infolge eines Schlaganfalls. Diese Schädigungen betreffen bei Aphasien Areale, in denen unter anderem das sprachliche Wissen repräsentiert ist, sodass die jeweilige Aphasie zu spezifischen sprachlichen Ausfällen führt, die wiederum Hinweise auf die mentale Organisation des sprachlichen Wissens führen. Eine erste, grobe Unterscheidung ist die Unterscheidung zwischen der Wernicke- und der Broca-Aphasie, benannt nach Carl Wernicke und Paul Broca, zwei Neurologen bzw. Ärzten, die im 19. Jahrhundert bahnbrechende Arbeiten in der Neurologie zur Verortung des Sprachwissens im Gehirn durchführten. Bei der **Wernicke-Aphasie** sind – recht allgemein formuliert – Gehirnareale geschädigt, in denen die Bedeutungen der einzelnen Wörter gespeichert sind, sodass die Patienten zwar grundsätzlich fließend sprechen könnten, die Äußerungen jedoch nicht die intendierten Bedeutungen wiedergeben. Bei der **Broca-Aphasie** hingegen ist das grammatische Wissen beeinträchtigt – die Patienten sprechen telegrammstilartig und leiden zudem häufig an Wortfindungsstörungen.

Ein weiterer Bereich der Psycholinguistik sind die Untersuchungen zum Zeitverlauf bei der Sprachproduktion und beim Sprachverstehen. Wann wird welches Wissen bei der Produktion einer Äußerung aktiviert, bzw. wie werden Äußerungen verstanden? Wann erfolgt z. B. der Zugriff auf die Lautinformation zu einem Wort und zu dem grammatischen Wissen über ein Wort? Antworten auf diese Fragen liefert die Psycholinguistik mithilfe moderner, computergestützter Messmethoden, bei denen im Rahmen von experimentellen Studien die Reaktionszeiten aufgezeichnet und ausgewertet werden. Diese Studien zeigen z. B., dass der Zugriff auf das Wissen über Wörter im Millisekundenbereich erfolgt und dass die Sprachproduktion sowie das Sprachverstehen interaktive Prozesse darstellen, bei denen eine Vielzahl von Faktoren das Sprechen bzw. Verstehen beeinflussen.

Computerlinguistik: Sprache digital betrachtet

Die Computerlinguistik beschäftigt sich mit der maschinellen Analyse von Texten bzw. gesprochenen Äußerungen, deren Produktion und Erkennung.

Computer sind für unser alltägliches Leben selbstverständliche Begleiter geworden. Viele Programme bzw. computerbasierte Geräte teilen Informationen mittels geschriebener oder gesprochener Sprache mit, z. B. das Navigationsgerät und diverse Smartphone-Applikationen, aber auch Strategiespiele.

Ergebnisse computerlinguistischer Forschung finden bereits im Alltag Anwendung.

Moderne Office-Anwendungen erkennen falsch geschriebene Wörter und mittlerweile sogar Kongruenzfehler in Sätzen. Die Techniken hierfür stammen aus der Frühphase der Computerlinguistik.

Im April 2022 wurden von Google ca. 50 Milliarden Websites indexiert (suchen Sie für aktuelle Zahlen im Web nach „How many website are indexed by Google?"). Jede dieser Adressen kann mehr als ein Dokument umfassen (nicht wenige umfassen Hunderte von Dokumenten), und fast jedes dieser Dokumente im World Wide Web enthält Texte oder Wörter, wobei ein Großteil der Dokumente auf Englisch verfasst ist, aber etliche andere Sprachen ebenfalls vertreten sind. Die Suche im Internet besitzt somit eine linguistische Komponente, und gute Suchmaschinen müssen beim Abgleich einer Suchanfrage mit den Dokumenten sprachliches Wissen berücksichtigen. Sucht z. B. ein Hausbesitzer auf Sylt eine lokale Firma, die ein Wespennest am

Haus entfernt, sollten auf seine Suchanfrage *Wespennest entfernen Sylt* idealerweise als Dokumente die Websites von Schädlingsbekämpfungsfirmen aus Kampen, Reitum, Westerland und anderen Städten auf Sylt genannt werden. Das Finden dieser Dokumente benötigt Wissen, welche Städte es auf Sylt gibt, aber auch sprachliches Wissen. Zum Beispiel sollte auch ein Dokument gefunden werden, in dem *Beseitigung von Wespennestern* angegeben ist, denn die Verben *entfernen* und *beseitigen* besitzen ähnliche Bedeutungen, die für ein gutes Suchergebnis erkannt werden müssen.

Als Königsdisziplin der Computerlinguistik gilt sicherlich die maschinelle Übersetzung. Im Internet verfügbare Übersetzungssysteme zeigen jedoch, dass die Übersetzung eines Textes von einer Ausgangs- in eine Zielsprache häufig noch eine manuelle Nachbearbeitung benötigt, da das Textverständnis ein komplexes, vielschichtiges Problem darstellt. Übersetzen Sie z. B. mit dem Übersetzer von Google Hotelbewertungen, die bei ▶ www.tripadvisor.de eingestellt wurden. Eine Übersetzung wird auf dieser Webseite auf Wunsch sofort erstellt. Die englische Bewertung *Do not even think! When we got to the room, the bed sheets had hair on it. The maid came up to change the sheets and left a stench in the room. There were holes in the bedroom and the shower never stops. Pay a bit more and stay somewhere else. I strongly do not recommend staying here. Move on to the next* wird wie folgt auf der Webseite ins Deutsche übersetzt: *Denk nicht mal daran! Als wir ins Zimmer kamen, die Bettwäsche hatte Haare drauf. Das Dienstmädchen kam, um die Bettwäsche zu wechseln und einen Gestank im Zimmer hinterlassen. Im Schlafzimmer waren Löcher und die Dusche hört nie auf. Zahlen Sie ein bisschen mehr und woanders bleiben. Ich empfehle dringend nicht zu bleiben hier. Weiter zum nächsten.* Diese Übersetzungsqualität macht die Komplexität des Problems sicherlich deutlich.

Neben konkreten Anwendungen helfen computerlinguistische Systeme aber auch, unser Wissen über Sprache zu vermehren. Große Korpora z. B. können nur noch mithilfe von Computersystemen erstellt und ausgewertet werden, und die Komplexität z. B. eines Verfahrens zur automatischen Satzanalyse kann zeigen, ob die zugrunde liegende Grammatiktheorie auch tragfähig ist.

In den letzten Jahren hat sich in der Computerlinguistik ein Paradigmenwechsel vollzogen. Wurden vor ca. 20 Jahren noch fast ausschließlich regelbasierte Systeme entwickelt, basieren moderne Ansätze zur Verarbeitung natürlicher Sprache auf maschinellen Lernverfahren, die es ermöglichen, aus Beispielen regelhafte Zusammenhänge zu erschließen.

- **Empirische Methoden**

Die empirische Linguistik hat sich als ein Zweig der Linguistik entwickelt, der neben korpuslinguistischen Analysen verschiedene experimentelle Methoden der Datenanalyse umfasst. Einige korpuslinguistische Grundlagen haben wir bereits in diesem Kapitel kennengelernt. Die eigentliche Arbeit mit Korpora, d. h. der Aufbau eines Korpus und die Analyse der Korpusdaten, werden zusammen mit experimentellen Arbeiten in ▶ Kap. 11 zur experimentellen Linguistik vorgestellt.

1.4 Nützliche Korpora für das Linguistikstudium

In diesem Abschnitt listen wir eine Auswahl von Korpora auf, die hilfreiche Quellen für eigene linguistische Analysen darstellen. Selbstverständlich ist diese Liste nicht vollständig; Internetrecherchen führen Sie zu einer Vielzahl weiterer Korpora. Die Korpora sind sprachspezifisch geordnet, aber wir verzichten auf eine detaillierte Beschreibung. Am besten gehen Sie auf die angegebenen Webseiten und machen sich ein eigenes Bild von den Analysemöglichkeiten, die die verschiedenen Korpora bieten.

Webkorpora zu einer Vielzahl von Sprachen sind unter ▶ https://www.sketchengine.eu/documentation/tenten-corpora/ zu finden.

Zum Deutschen sind die folgenden Korpora hilfreich:
- Digitales Wörterbuch der deutschen Sprache: ▶ www.dwds.de
- Cosmas II, das Korpusanalysesystem des Instituts für Deutsche Sprache: ▶ https://www2.ids-mannheim.de/cosmas2/
- Deutsches Textarchiv, mit Texten von 1600 bis 1900: ▶ https://www.deutsches-textarchiv.de/
- Referenzkorpora zur deutschen Sprachgeschichte: ▶ https://www.deutschdiachrondigital.de/
- Referenzkorpus Mittelhochdeutsch (1050–1350): ▶ https://www.linguistics.rub.de/rem/
- Tübinger Baumbank des Deutschen/Zeitungskorpus: ▶ https://uni-tuebingen.de/fakultaeten/philosophische-fakultaet/fachbereiche/neuphilologie/seminar-fuer-sprachwissenschaft/arbeitsbereiche/allg-sprachwissenschaft-computerlinguistik/ressourcen/corpora/tueba-dz.html
- TIGER-Zeitungstextkorpus: ▶ https://www.ims.uni-stuttgart.de/forschung/ressourcen/korpora/tiger
- Wortschatzportal: ▶ wortschatz.uni-leipzig.de
- Kiel Corpus gesprochener Sprache: ▶ https://www.isfas.uni-kiel.de/de/linguistik/forschung/kiel-corpus

Für alle großen europäischen romanischen Sprachen siehe Cresti und Moneglia (2005). Weitere Informationen sind zu finden unter: ▶ lablita.dit.unifi.it/corpora/descriptions/coralrom/

Französischsprachige Korpora sind zum Beispiel:
- CFPP2000 ▶ http://cfpp2000.univ-paris3.fr/Corpus.html
- CFPQ ▶ https://applis.flsh.usherbrooke.ca/cfpq/index.php/site/index
- CLAPI ▶ http://clapi.ish-lyon.cnrs.fr/
- ESLO ▶ http://eslo.huma-num.fr/index.php

- FRANTEXT ▶ https://www.frantext.fr/repository/frantext/corpora
- OFROM ▶ http://www11.unine.ch/
- PFC ▶ https://www.projet-pfc.net/
- Portail BFM-TXM ▶ http://txm.ish-lyon.cnrs.fr/bfm/

Einige Korpora zum Spanischen:
- CDH ▶ https://apps.rae.es/CNDHE/
- CORDE ▶ http://corpus.rae.es/cordenet.html
- CORLEC ▶ http://www.lllf.uam.es/ESP/Corlec.html
- CORPES XXI ▶ web.frl.es/CORPES/
- Corpus del Español ▶ https://www.corpusdelespanol.org/
- CREA ▶ http://corpus.rae.es/creanet.html
- PRESEEA ▶ https://preseea.linguas.net/Corpus.aspx
- Val.Es.Co 3.0 r ▶ http://www.valesco.es/
- Ameresco ▶ https://esvaratenuacion.es/

Korpora zum Italienischen:
- „La Repubblica" Corpus ▶ https://corpora.dipintra.it/public/run.cgi/first?corpname=repubblica
- CORIS/CODIS/DiaCORIS ▶ http://corpora.dslo.unibo.it/coris_eng.html
- Corpus of Italian Newspapers (OTA) ▶ https://ota.bodleian.ox.ac.uk/repository/xmlui/handle/20.500.12024/1723
- KIParla corpus ▶ http://kiparla.it/search/
- MIDIA ▶ https://www.corpusmidia.unito.it/BADIP ▶ http://badip.uni-graz.at/en/
- OVI vor 1400 ▶ http://gattoweb.ovi.cnr.it/
- PAISÀ ▶ http://www.corpusitaliano.it/
- PEC ▶ https://www.unistrapg.it/

Für das Englische existiert ebenfalls eine Vielzahl von Korpora. Hier sind einige genannt:
- British National Corpus (BNC; Textkorpus und gesprochene Sprache): ▶ www.natcorp.ox.ac.uk
- Reuters Corpus (Textkorpus): ▶ https://trec.nist.gov/data/reuters/reuters.html
- Brown Corpus of Standard American English (Textkorpus)
- London-Lund Corpus of Spoken English (britisches Englisch)
- Lancaster-Oslo/Bergen corpus of British English (Textkorpus)
- International Corpus of English: ▶ http://ice-corpora.net/ice/
- Map Task Corpus (empirisch erhobene Dialogdaten): ▶ groups.inf.ed.ac.uk/maptask/

Für das Brown-, London-Lund- und Lancaster-Oslo/Bergen-Korpus sei auf die Website ▶ http://korpus.uib.no/icame/manuals/ verwiesen.

1.5 Weiterführende Literatur

- Lesenswerte Einführungsbücher in die Linguistik sind z. B. Fasold und Connor-Linton (2006) sowie O'Grady et al. (2011).
- Einführungen in die allgemeine Methodik sind z. B. Albert und Koster (2002), Bortz und Döring (2006) sowie Schütze (2016).
- Als germanistische Einführungen sind Lüdeling (2009) sowie Meibauer et al. (2015) zu nennen. Eine Einführung in die Linguistik für Romanisten ist z. B. Gabriel und Meisenburg (2017). Spezielle Einführungen in die spanische Sprachwissenschaft sind z. B. Becker (2013) sowie Kabatek und Pusch (2011). Stein (2014) sowie Pustka (2022) sind Einführungen in die französische Sprachwissenschaft. Haase (2012) sowie Michel (2016) führen in die italienische Sprachwissenschaft ein. Anglistische Einführungen sind z. B. Kortmann (2020) oder Bieswanger und Becker (2021).
- Methoden und Aspekte der Korpuslinguistik werden in Lemnitzer und Zinsmeister (2015) sowie Hirschmann (2019) eingehend erläutert.
- Als Einstieg in die Historische Linguistik empfiehlt sich z. B. Stedje (2007) zur Sprachgeschichte des Deutschen.
- Eine umfassende Einführung in die Soziolinguistik liefern Wardhaugh (2010) sowie Spitzmüller (2022).
- Dietrich und Gerwien (2017) ist eine deutschsprachige Einführung in die Psycholinguistik.
- Grundlagen und Methoden des maschinellen Lernens in der aktuellen Computerlinguistik werden in Eisenstein (2019) ausführlich erläutert.

Antworten zu den Selbstfragen

Selbstfrage 1 Die grundlegende Frage hinter dieser Aufgabe lautet: Wie viele Varianten zu dem Satz existieren **theoretisch**, und welche sollten bei diesem Test betrachtet werden?

Wir haben vier Einheiten (*er*, *es*, *ihm*, *mit einer Schere*), also $4! = 24$ mögliche Anordnungen dieser vier Ausdrücke. Die Anzahl der Stellungsvarianten ist aber höher, denn die vier Ausdrücke können sich an unterschiedlichen Positionen im Satz befinden.

Angenommen, wir haben für die vier Ausdrücke zwölf Positionen im Satz (diese Annahme von zwölf möglichen Positionen in einem Satz des Deutschen ist zwar falsch, aber wir tun so, als wäre dies tatsächlich der Fall): vier vor dem finiten Verb *muss*, vier zwischen dem finiten Verb und dem infiniten *öffnen*, sowie vier nach *öffnen*. Gemäß Kombinatorik resultiert dies in $n!/(n-k)!$ Möglichkeiten, i.e. $12!/(12-4)! = 11.880$ mögliche Stellungsvarianten! Real reduzieren sich diese Varianten auf deutlich weniger Fälle, da z. B. auch die Fälle berücksichtigt wurden, bei denen z. B. nur ein Element vor dem finiten Verb positioniert ist, sich dieses Element aber auf den vier verschiedenen „freien" Positionen befindet.

Unter die Varianten fallen auch Beispiele wie *Es mit einer Schere ihm er öffnen muss* (eine der 24 Permutationen belegt sämtliche vier Positionen vor dem finiten Verb) oder *Es muss er öffnen mit einer Schere ihm* (bei einer anderen der Varianten belegt das erste Element eine der vier Positionen vor dem finiten Verb, das zweite eine Position zwischen dem finiten und dem infiniten Verb, und die beiden restlichen Elemente befinden sich nach dem infiniten Verb). Solche Varianten sind sicherlich ohne Zweifel nicht grammatisch, so dass es für diese Übung durchaus sinnvoll ist, Reihungen auszulassen, die Akzeptabilität grundsätzlich ausschließen (Obacht: Die Grenze zwischen den klaren Fällen von Ungrammatikalität und den Zweifelsfällen ist nicht immer klar zu ziehen).

Sie bewerten also z. B. die folgenden Sätze:
- *Er muss es ihm mit einer Schere öffnen.*
- *Er muss es ihm öffnen mit einer Schere.*
- *Er muss es mit einer Schere ihm öffnen.*
- *Er muss mit einer Schere es ihm öffnen.*
- *Er mit einer Schere muss es ihm öffnen.*
- *Mit einer Schere er muss es ihm öffnen.*
- …

Wenn Sie diese Daten nach zwei Tagen ein weiteres Mal bewerten, kann es sein, dass diese Bewertung von der ersten Bewertung abweicht.

Selbstfrage 2 Beispiele sollten auf disjunkten Kategorien basieren, die insbesondere für gesprochene Sprache einschlägig sind. So könnte z. B. ein Korpus von Gesprächen von Männern und Frauen angelegt werden oder ein Korpus, in dem die Daten nach Gesprächstypen kategorisiert sind (Tratsch, Diskussion, Streitgespräch u. a.), oder ein Korpus nach der Anzahl der Gesprächsteilnehmer (Monolog, Dialog, 3er-Gespräch usw.).

Selbstfrage 3 Bereits die Schreibung zeigt, dass es sich wahrscheinlich nicht um einen Satz handelt, den ein Sprecher des Deutschen als Teil eines Textes geschrieben hat. Der Sprachgebrauch steht hier also nicht im Vordergrund; vielmehr geht es bei diesem Beispiel um Fragen der syntaktischen Struktur. Das Beispiel wurde von Linguisten ausgedacht, um Aspekte der Grammatik zu verdeutlichen. Es betrifft somit nicht die Performanz.

Literatur

Albert, R., & Koster, C. J. (2002). *Empirie in die Linguistik und Sprachlehrforschung*. Tübingen: Narr.

Anderson, A., Bader, M., Bard, E., Boyle, E., Doherty, G. M., Garrod, S., Isard, S., Kowtko, J., McAllister, J., Miller, J., Sotillo, C., Thompson, H. S., & Weinert, R. (1991). The HCRC Map Task Corpus. *Language and Speech, 34*, 351–366.

Bartzsch, R., Pogarell, R., & Schröder, M. (Hrsg.). (2012). *Wörterbuch überflüssiger Anglizismen* (9. Aufl.). Ifb Verlag.

Becker, M. (2013). *Einführung in die spanische Sprachwissenschaft*. Stuttgart: Metzler.

Bieswanger, M., & Becker, A. (2021). *Introduction to English Linguistics* (5. Aufl.). UTB.

Bortz, J., & Döring, N. (2006). *Forschungsmethoden und Evaluation für Human- und Sozialwissenschaftler*. Heidelberg: Springer.

Brants, S., Dipper, S., Eisenberg, P., Hansen, S., König, E., Lezius, W., Rohrer, C., Smith, G., & Uszkoreit, H. (2004). TIGER: Linguistic Interpretation of a German Corpus. *Research on Language and Computation, 2*, 597–620.

Chomsky, N. (1957). *Syntactic Structures*. The Hague: Mouton.

Cresti, E., & Moneglia, M. (Hrsg.). (2005). *C-ORAL-ROM. Integrated Reference Corpora for Spoken Romance Languages*. Amsterdam: Benjamins.

Dietrich, R., & Gerwien, J. (2017). *Psycholinguistik: Eine Einführung*. Stuttgart: Metzler.

Eckert, P., & McConnell-Ginet, S. (2003). *Language and Gender*. Cambridge: Cambridge University Press.

Eisenstein, J. (2019). *Introduction to Natural Language Processing*. MIT Press.

Fasold, R., & Connor-Linton, J. (2006). *An Introduction to Language and Linguistics*. Cambridge: Cambridge University Press.

Gabriel, C., & Meisenburg, T. (2017). *Romanische Sprachwissenschaft* (3. Aufl.). Paderborn: Fink. UTB 2897

Girnth, H. (2015). *Sprache und Sprachverwendung in der Politik: Eine Einführung in die linguistische Analyse öffentlich-politischer Kommunikation* (2. Aufl.). Berlin: De Gruyter.

Glauser, F. (1938). Der Chinese. Erstdruck in der National-Zeitung. 1939 als Buch erschienen bei Morgarten (Zürich).

Goedicke, E. (1926). *Jens Larsen*. Leipzig: Hesse und Becker Verlag.

Haase, M. (2012). *Italienische Sprachwissenschaft: Eine Einführung*. Tübingen: Narr.

Hirschmann, H. (2019). *Korpuslinguistik: Eine Einführung*. Stuttgart: Metzler.

Josep, J. E. (2006). *Language and politics*. Edinburgh: Edinburgh University Press.

Kabatek, J., & Pusch, C. D. (2011). *Spanische Sprachwissenschaft* (2. Aufl.). Tübingen: Narr.

Kern, F., & Selting, M. (2006). Einheitenkonstruktion im Türkendeutschen: Grammatische und prosodische Aspekte. *Zeitschrift für Sprachwissenschaft, 25*(2), 239–272.

Köbler, G. (2007). *Germanisches Wörterbuch*. Arbeiten zur Rechts- und Sprachwissenschaft. http://books.google.de/books?id=evYZAAAAMAAJ.

Kortmann, B. (2020). *English Linguistics: Essentials* (2. Aufl.). Berlin: Cornelsen.

Kratzer, A., Pause, E., & von Stechow, A. (1974). *Einführung in Theorie und Anwendung der generativen Syntax*. Frankfurt: Athenäum.

Lakoff, R. (1975). *Language and Woman's Place*. New York: Harper and Row.

Lemnitzer, L., & Zinsmeister, H. (2015). *Korpuslinguistik: Eine Einführung*. Bd. 3. Tübingen: Narr Verlag.

Lüdeling, A. (2009). *Grundkurs Sprachwissenschaft*. Stuttgart: Klett Lerntraining.

Meibauer, J., Demske, U., Geilfuß-Wolfgang, J., Pafel, J., Ramers, K. H., Rothweiler, M., & Steinbach, M. (2015). *Einführung in die germanistische Linguistik* (3. Aufl.). Stuttgart: Metzler.

Michel, A. (2016). *Einführung in die italienische Sprachwissenschaft*. Berlin: de Gruyter.

O'Grady, W., Archibald, J., & Katamba, F. (2011). *Contemporary Linguistics: An Introduction*. Harlow: Pearson.

Pullum, G. K. (1991). *The Great Eskimo Vocabulary Hoax and Other Irreverent Essays on the Study of Language*. Chicago: University of Chicago Press.

Pustka, E. (2022). *Französische Sprachwissenschaft: Eine Einführung*. Tübingen: Narr.

Runge, E. (Hrsg.) (1968). *Bottroper Protokolle*. Frankfurt: Suhrkamp.

de Saussure, F. (1967). *Grundfragen der Allgemeinen Sprachwissenschaft* (2. Aufl.). Berlin: Walter de Gruyter.

de Saussure, F. (2013). *Cours de linguistique générale*. Tübingen: Narr. Zweisprachige Ausgabe französisch–deutsch, mit einer Einleitung, Anmerkungen und Kommentar, hrsg. von Peter Wunderli.

Schütze, C. T. (2016). *The empirical base of Linguistics: Grammaticality judgements and linguistics methodology*. Berlin: Language Science Press.

Spitzmüller, J. (2022). *Soziolinguistik: Eine Einführung*. Stuttgart: Metzler.

Stedje, A. (2007). *Deutsche Sprache gestern und heute* (6. Aufl.). München: Wilhelm Fink Verlag.

Stein, A. (2014). *Einführung in die französische Sprachwissenschaft*. Stuttgart: Metzler.

Stern, C., & Stern, W. (1965). *Die Kindersprache*. Darmstadt: Wissenschaftliche Buchgesellschaft.

Szemerényi, O. (1971). *Richtungen der modernen Sprachwissenschaft*. Heidelberg: Carl Winter Universitätsverlag.

Wahrig-Burfeind, R. (2007). *Wörterbuch der deutschen Sprache*. München: DTV.

Wardhaugh, R. (2010). *An Introduction to Sociolinguistics* (6. Aufl.). Chichester: John Wiley & Sons.

Phonetik und Phonologie – Sprachlaute und Lautstrukturen

Martin Hoelter

Inhaltsverzeichnis

2.1 Phonetik – 26

2.2 Phonologie – 46

2.3 Weiterführende Literatur – 72

Literatur – 74

© Der/die Autor(en), exklusiv lizenziert an Springer-Verlag GmbH, DE, ein Teil von Springer Nature 2023
R. Klabunde, W. Mihatsch (Hrsg.), *Linguistik*, https://doi.org/10.1007/978-3-662-66612-8_2

Die Phonetik und die Phonologie sind die beiden Bereiche der Linguistik, die sich mit der Analyse der Lautung menschlicher Sprachen beschäftigen. Die Phonetik untersucht dabei die Gegebenheiten bei der Produktion von Sprachlauten (dies ist Gegenstand der *artikulatorischen Phonetik*), die Charakteristika unserer so produzierten Laute, die von der *akustischen Phonetik* als Sprachschallereignisse messtechnisch erfasst und analysiert werden können, sowie die Bedingungen und Parameter für die Wahrnehmung dieser Laute beim Hören (dies bearbeitet die *perzeptive Phonetik*).

Die Phonologie baut zwar in erheblichem Maße auf phonetische Erkenntnisse auf, ist aber weniger an den physiologischen oder physikalischen Eigenschaften von Sprachlauten oder deren Wahrnehmung interessiert, sondern stattdessen primär an den Gesetzmäßigkeiten, denen die lautlichen Strukturen einer Sprache folgen. Sie untersucht also stark abstrahierend, wie unser Wissen über die lautliche Gestalt unserer Sprachen organisiert ist, und welchen Regeln wir folgen, wenn wir es bei Produktion und Verständnis gesprochener Sprache einsetzen.

In diesem Kapitel werden die Grundlagen beider Bereiche vorgestellt.

Der Abschnitt zur Phonetik führt die anatomischen Voraussetzungen für die Lautproduktion ein, die sich daraus ergebenden Klassifikationen dieser Laute sowie die Möglichkeiten der Messung von Sprachlauten.

Im Abschnitt zur Phonologie werden aufbauend auf den Merkmalen von Sprachlauten diverse phonologische Prozesse vorgestellt sowie Regeln zur Beschreibung dieser Prozesse. Dabei werden neben Prozessen, die die Realisierung einzelner Laute im jeweiligen sprachlichen Kontext betreffen, auch der Aufbau von Silben und deren Entstehung thematisiert sowie der Intonationsverlauf bei der Produktion von Sätzen.

2.1 Phonetik

Wenn Sie morgens Ihren Tag beginnen, werden Sie früher oder später so etwas äußern wie *Guten Morgen!*, *Good morning!*, *Bonjour!*, *¡Buenos días!* oder eine der etlichen regionalen oder umgangssprachlichen Varianten davon, z. B. *Moin!*, *G'day!*, *Salut!* oder *¡Hola!* – je nachdem wo Sie sich gerade aufhalten. Welchen dieser Grüße Sie auch immer wählen: Es wird eine Äußerung sein, die Sie vergleichsweise oft in Ihrem Leben von sich geben und die Ihnen ziemlich alltäglich und trivial erscheinen. Aus phonetischer Perspektive ist so eine Äußerung – bleiben wir mal bei *Guten Morgen* – eine ziemlich komplexe Angelegenheit.

Schauen wir zunächst nur auf den Anfang Ihres möglichen ersten Wortes am Tag, also z. B. den Buchstaben *G*. Nun ist es aber so, dass Sie allmorgendlich nicht diesen (Groß-)Buchstaben schreiben, sondern einen Sprachlaut äußern, genau genommen einen sog. **velaren Plosiv**.

Das ist ein Laut, den Sie wie alle anderen auch mit Ihren Artikulationsorganen bilden. Sie tun dies im spezifischen Fall des *g*-Lauts, indem Sie (1) zunächst einatmen und danach auch gleich wieder beginnen, auszuatmen, aber dabei (2) Ihren Zungenrücken im Mund nach oben an Ihren weichen Gaumen (das Velum – daher **velar**) führen, (3) dadurch dort einen Verschluss im Mund herstellen, durch den die Luft beim Ausatmen nicht entweichen kann, (4) nachdem die Luft beim Ausatmen eine Zeitlang an dieser Stelle blockiert war, den Zungenrücken sehr schnell und schlagartig wieder absenken, damit (5) Ihre Atemluft mit einem kleinen Knall (daher **Plosiv**) endlich entweichen kann. Dabei haben Sie (6) aber schon Ihre Artikulationsorgane teilweise in die Position gebracht, den folgenden Laut (also der, der dem schriftsprachlichen *u* entspricht) zu artikulieren. Soweit in etwas verzerrender Kürze und stark vereinfachend zum ersten Laut. In *Guten Morgen* gibt es aber noch zehn weitere, allerdings nur bei eher formaler, „korrekter" Aussprache; bei schneller, informeller Aussprache sind es ein paar weniger, und diese Korrelation verschiedener Aussprachevarianten bildet einen weiteren umfangreichen Untersuchungsgegenstand der Phonetik und Phonologie.

Die Qualität eines lautlichen Segments wie unseres obigen *g*-Lauts oder auch z. B. des ersten Lauts im deutschen Wort *Punkt* kann man übrigens sowohl abstrahierend als auch unabhängig von seiner orthografischen Abbildung betrachten. Diesen in *Punkt* orthografisch durch *P* repräsentierten Laut gibt es nämlich nicht nur im Englischen, Französischen und Spanischen, sondern auch in den meisten aller anderen auf der Welt gesprochenen Sprachen, und zwar repräsentiert durch lateinische, chinesische, arabische Schrift und etliche weitere. Bei einer konkreten Betrachtung der Äußerung eines lautlichen Segments in spezifischen lautsprachlichen Kontexten ergeben sich jedoch (sprach)spezifische Besonderheiten: In wortinitialer Position (erster Laut in einem Wort) wird unser obiges lautliches Segment im Deutschen und Englischen „anders" ausgesprochen als z. B. im Französischen und Spanischen in dieser Position. Die beiden mit den Buchstaben *P/p* korrelierenden Laute in *Punkt* (deutsch) und *point* (englisch) klingen anders als die lautlichen Realisierungen der beiden *p* in *point* (französisch) und *punto* (spanisch) (siehe ▶ Abschn. 2.1.1).

Unerwähnt blieb bislang der Umstand, dass es mit Ihrer lautsprachlichen Äußerung von *Guten Morgen* ja nicht getan ist: Ihr netter Wunsch alleine macht ja noch keine Kommunikation. Dafür, dass Ihr geäußerter Gruß bei der gewünschten Zielperson auch ankommt, sorgen u. a. die Schallwellen, die Sie beginnend mit dem kleinen *g*-Knall ausgelöst haben. Mit Ihrer Äußerung haben Sie nämlich kleine Luftdruckschwankungen in der Umgebung ausgelöst, die unser für so etwas optimiertes Hörvermögen relativ mühelos als Sprachäußerung wahrnehmen kann und nicht mit einem untypisch moderaten Gewitter oder mit für das Sprachverständnis irrelevanten, nicht-sprachlichen Geräuschen verwechselt.

Wenn Ihr *Guten Morgen* dann in seiner akustischen Erscheinungsform (Sie schreiben ja, wie gesagt, keinen

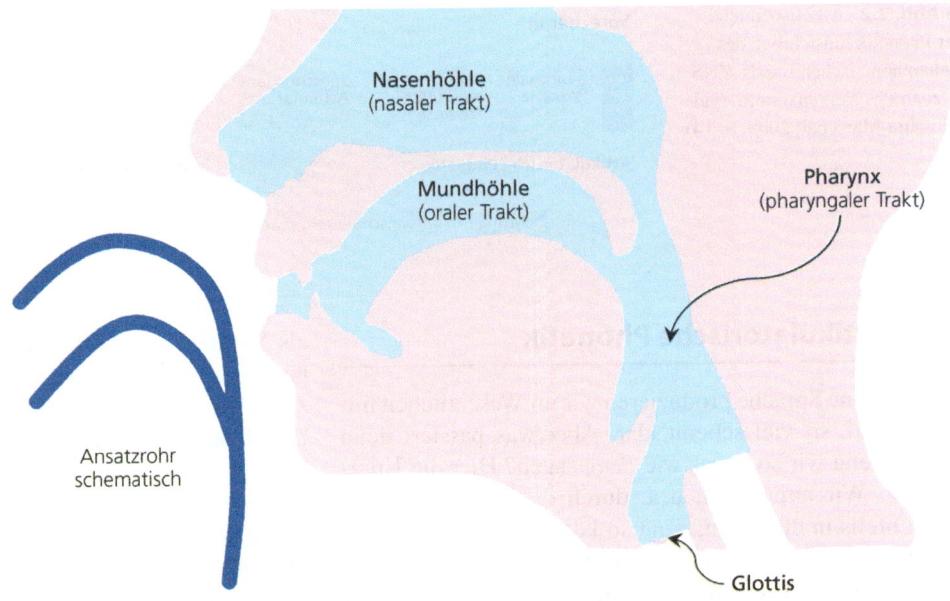

Abb. 2.1 Der Vokaltrakt umfasst den pharyngalen Trakt oberhalb der Glottis und gliedert sich dann in den oralen sowie den nasalen Trakt, so dass sich eine grob F-förmige Konstellation des Ansatzrohres ergibt, die links schematisch dargestellt ist (vgl. Seikel et al. 2010, S. 268)

Brief …) nach der Reise durch die umgebende Atmosphäre schließlich auf die Ohren Ihres Gesprächsgegenübers trifft, setzt dort ein äußerst komplexer auditiver Signalverarbeitungs- und Erkennungsprozess ein, der schließlich in eine zentralnervöse Verarbeitung mündet, deren Ergebnis dann im dortigen Gehirn für die weiteren kognitiven Prozesse der Sprachverarbeitung (denen bzw. deren theoretischen Grundlagen weitere Kapitel gewidmet sind) zur Verfügung steht.

Aus der obigen anekdotischen *Guten Morgen*-Skizze lassen sich drei zentrale Arbeitsbereiche der Phonetik ableiten, die sich respektive mit Produktion, Übertragung und Perzeption von Sprachlauten befassen:

1. Untersuchungsgegenstand der **artikulatorischen Phonetik** ist die Produktion von Sprachlauten. Hierbei geht es u. a. um physiologische Aspekte unseres Sprechapparats, lautspezifische Ausprägungen des **Vokaltrakts** und die darauf basierende Klassifikation von Sprachlauten. Funktionen des **Larynx** (Kehlkopfes) und die daraus resultierenden möglichen Parametrisierungen unserer Sprachlaute werden ebenfalls in der artikulatorischen Phonetik behandelt, obwohl sie streng genommen nicht Bestandteil der Artikulation sind.
2. Die **akustische Phonetik** befasst sich mit der akustischen Übertragung und damit den messtechnisch erfassbaren akustischen Korrelaten unserer Sprachlautproduktion. Untersuchungsgegenstand sind also **Sprachschallereignisse**, und die Arbeitsweise der akustischen Phonetik ist vornehmlich instrumentell.
3. Die **perzeptive Phonetik** widmet sich der auditiven Wahrnehmung der akustisch übertragenen gesprochenen Sprache durch unseren Hörapparat sowie den weiteren Prozessen der Sprachperzeption. Übrigens sind mit „Hörapparat" und dem weiter oben genannten Sprechapparat natürlich keineswegs „Hörgerät (im Ohr)" respektive „Telefon" oder „Megafon" gemeint, sondern die physiologischen Komponenten unserer Sprachfähigkeit. Die Arbeitsweise der perzeptiven Phonetik ist vornehmlich experimentell.

> **Vokaltrakt**
> Als Vokaltrakt oder **Ansatzrohr** bezeichnen wir einen F-ähnlich geformten anatomischen Hohlraumbereich bestehend aus pharyngalem Trakt (Rachenraum), oralem Trakt (Mundhöhle) und nasalem Trakt (Nasenhöhle), der insgesamt eine stark veränderliche Geometrie aufweist (d. h., das Ansatzrohr ist unterschiedlich geformt und nicht überall gleich dick und rund wie ein Heizungsrohr; Abb. 2.1). Der Vokaltrakt beginnt also mit dem pharyngalen Trakt unmittelbar oberhalb der Glottis (auch „Stimmritze", d. h. die Öffnung zwischen den Stimmlippen) und endet einerseits an den Lippen (Ende des oralen Trakts), und andererseits mit den Nasenlöchern (Ende des nasalen Trakts). Durch die variable Geometrie unseres Ansatzrohres können wir vielfältig unterschiedliche Strömungsparameter für den Luftstrom aus der Lunge und damit ebenso unterschiedliche Resonanzräume gestalten, die für die Produktion unserer verschiedenen Sprachlaute nötig sind. Die Begriffe „Ansatzrohr" und „Vokaltrakt" werden wie hier meist synonym verwendet.

Die Zuständigkeiten der Teilgebiete der Phonetik innerhalb der **phonetischen Kommunikationskette** (*speech chain*) lassen sich aus dem **signalphonetischen Band** (vgl. Pompino-Marschall 2009, S. 14) ableiten, das den Weg eines Sprachsignals von der sprechenden zur hörenden Person darstellt (Abb. 2.2).

◘ **Abb. 2.2** Arbeitsbereiche der Phonetik hinsichtlich des signalphonetischen Bands. ZNS = zentrales Nervensystem. (vgl. Pompino-Marschall 2009, S. 14)

2.1.1 Artikulatorische Phonetik

Gesprochene Sprache produzieren wir im Wesentlichen mit dem Mund, so viel scheint klar. Aber was passiert denn genau, wenn wir so etwas wie *Peng* sagen? Hier die Kurzfassung: Wir atmen ein, u. a. durch die Absenkung des Zwerchfells in der Brust, denn so können sich die Lungen ausdehnen und sich dabei mit Luft füllen. Damit schaffen wir in den Lungen den nötigen Luftdruck, den wir zum Sprechen brauchen. Wenn wir dann zu sprechen beginnen, lassen wir die eben eingeatmete Lungenluft zuerst durch die **Luftröhre** (**Trachea**), anschließend zwischen den **Stimmlippen** in dem auf der Luftröhre aufsitzenden **Kehlkopf** (**Larynx**) und danach durch den Mund und ggf. auch die Nase wieder entweichen.

Im Mundraum stellen wir für unsere Ausatmungsluft durch subtil abgestimmte Formgebung und Position der Zunge sowie weitere Parametrisierungen unserer Artikulationsorgane (z. B. Lippen und weicher Gaumen) verschiedenste Ausprägungen eines Strömungskanals her. Dieser sorgt dann auf artikulatorischem Wege für die spezifischen Qualitäten unserer Sprachlaute, die natürlich entsprechende akustische Korrelate haben. So entstehen im dann umgebenden Raum Luftdruck- bzw. Schalldruckänderungen, die wir als Sprachlaute wahrnehmen. Das ist in Kürze der Ablauf der wichtigsten Prozesse beim Sprechen.

> **Larynx**
> Der Larynx oder **Kehlkopf** ist Bestandteil des Atmungstrakts und schließt die Luftröhre (**Trachea**) an ihrem oberen Ende ab. Der Larynx ist eine Knorpelstruktur, die u. a. das Schlucken ermöglicht und den Strom der Atemluft reguliert. Linguistisch relevant ist die Eigenschaft des Kehlkopfes, über das Schwingungsverhalten der Stimmlippen den für das Sprechen erforderlichen Rohschall zu erzeugen, der im über dem Larynx liegenden Vokaltrakt zu spezifischen Sprachlauten geformt wird.

Basis für die Produktion unserer Sprachlaute ist also die aus den Lungen entweichende Luft, die wir entsprechend ihrer Herkunft **pulmonal** oder **pulmonisch** nennen. Zur Verdeutlichung der Relevanz und Wirkung der ausströmenden Lungenluft beim Sprechen hier ein kleines Szenario als Vorgriff auf anschließende Themen: Im Falle der Äußerung unseres *Peng* verschließen wir nach dem Einatmen zunächst die Lippen, was das Entweichen der pulmonalen Luft beim anschließenden Ausatmen so lange verhindert, bis sich ein bestimmter Luftdruck im Mundraum aufgebaut hat, den wir dann durch sehr schnelles Öffnen der Lippen schlagartig abbauen: Die Lungenluft entweicht folglich explosionsartig. Diese rasche Öffnung der Lippen verursacht den ersten Laut in *Peng*, also den, der dem geschriebenen *P* entspricht. Der zweite Laut in *Peng*, sprich der Vokal, der schriftsprachlich durch den Buchstaben *e* wiedergegeben wird, entsteht durch die weiter nachströmende Lungenluft. Diese wird nun zwar nicht mehr am Austreten durch den Mund gehindert, aber beim Durchströmen des Kehlkopfs verursacht sie eine Vibration der Stimmlippen und damit Schallschwingungen. Schließlich erhält der Luftstrom durch einen bestimmten Öffnungsgrad des Mundes und eine bestimmte Formung und Positionierung der Zunge ein Strömungsverhalten, das spezifisch für unterschiedliche Laute ist. Dieses ganz bestimmte Strömungsverhalten in der als Resonanzraum dienenden Mundhöhle sorgt dafür, dass unser zweiter Laut wie in *Peng* klingt und nicht wie z. B. in *p*i*ng*, *p*o*ng*, *p*a*ng*, *p*ö*ng* oder *p*ü*ng*. Beim letzten Laut in *Peng* stoppen wir wieder die austretende Lungenluft, dieses Mal aber nicht durch verschlossene Lippen, sondern durch Platzierung des Zungenrückens am hinteren Gaumen, bei gleichzeitiger Absenkung des **Gaumensegels** (des **Velums**). So kann die Lungenluft durch die Nase entweichen, was wir dann als einen **nasalen** Laut (vgl. hierzu „Konsonanten" und „Vokale" im Abschnitt „Sprachlautklassifikation") wahrnehmen. Und ja, wir haben tatsächlich insgesamt nur drei Laute in *Peng*, da orthografisch *ng* hier nur als ein Laut realisiert wird. Dieser Laut ist ein sog. nasaler Laut, den wir übrigens künftig durch ein Symbol namens *Eng* wiedergeben werden, das wir als [ŋ] notieren (mehr zu dieser Notation in ▶ Abschn. 2.1.4). Auf die oben beschriebenen physiologischen Gegebenheiten kommen wir zurück.

> **Velum**
> Das Velum ist der hintere Teil des Gaumens und wird wegen seiner vom vorderen Gaumen unterschiedlichen Gewebestruktur auch **weicher Gaumen** und wegen seiner

Kapitel 2 · Phonetik und Phonologie – Sprachlaute und Lautstrukturen

> Beweglichkeit auch **Gaumensegel** genannt. Das Velum kann abgesenkt oder angehoben werden. So kann das Velum den Rachenraum gegenüber dem Nasenraum entweder abschließen oder öffnen. Phonetisch relevant ist dabei, dass Sprachlaute bei angehobenem bzw. geschlossenem Velum oral produziert werden: Der Phonationsstrom entweicht durch den Mund. Bei gesenktem Velum entweicht der Phonationsstrom entweder ganz (bei nasalen Konsonanten wie einem *n*-Laut oder *m*-Laut) oder teilweise durch die Nase (bei nasalen Vokalen wie im französischen *bon* oder portugiesischen *bom*).

Sie können den Übergang zwischen hartem und weichem Gaumen erfühlen, indem Sie die Zungenspitze zunächst fest hinten an die oberen Schneidezähne pressen und dann bei gleichbleibendem Druck die Zungenspitze am Gaumen entlang nach hinten bewegen, bis Sie den Übergang zu dem weicheren Gewebe des Velums spüren.

> **Glottis**
> Die Öffnung zwischen den Stimmlippen im Larynx nennen wir Glottis oder **Stimmritze**. Das durch ausströmende Lungenluft ermöglichte Schwingungsverhalten der Stimmlippen sorgt für die Differenzierung zwischen stimmhaften und stimmlosen Lauten, und die Öffnungsparameter der Glottis bringen verschiedene Ausprägungen der Stimme hervor. Den Bereich des Atmungstrakts unter der Glottis nennen wir **subglottal**, den Bereich über der Glottis **supraglottal**.

Entscheidend ist an dieser Stelle Folgendes: Unsere Sprechprozesse beginnen mit der Atmung und mit dem einhergehenden Luftdruckaufbau in der Lunge. Die beim Ausatmen entweichende pulmonale Luft erzeugt beim Durchströmen des Kehlkopfs alternativ Vibrationen der Stimmlippen, die in Schwingungen resultieren, oder eben keine Vibrationen, was jeweils andere Lautqualitäten zur Folge hat. Schließlich werden in Mundhöhle, Nasenhöhle und Rachenraum durch variable Positionen und Formveränderungen der Zunge sowie Grad der Lippen-/Mundöffnung und einige weitere Parameter die spezifischen akustischen Eigenschaften der Sprachlaute erzeugt. Wir unterscheiden folglich drei Bereiche der Sprachlautproduktion:

1. **Initiation**: Schaffung des für die Sprachlautproduktion erforderlichen Luftstroms und Ausprägung spezifischer Luftstrommechanismen.
2. **Phonation**: Oszillatorische Zustände (Vibrationsverhalten) der Stimmlippen im Larynx.
3. **Artikulation**: Spezifische Ausprägung unterschiedlicher Lautqualitäten durch Formgebung und Kontakte im Vokaltrakt.

■ **Initiation: Schaffung des Luftstroms**

Den Teil des Prozesses der Sprachlautproduktion, der die luftstrommechanischen Voraussetzungen für den Sprechprozess und seinen Beginn herstellt, nennen wir **Initiation**. Die Initiation ist untrennbar mit Prozessen der Ein- und Ausatmung verbunden: Die Einatmung (**Inspiration**) schafft die pulmonalen Druckvoraussetzungen für den Luftstrom, der beim Ausatmen (**Exspiration**) die spezifischen Prozesse der Sprachlautproduktion wie Phonation und Artikulation erst ermöglicht. Die Atmung hat daher eine Reihe von Auswirkungen auf die Eigenschaften der Sprachlautproduktion:

- Wir können die uns bekannten Sprachlaute nur beim Ausatmen produzieren, nicht beim Einatmen.
- Die Höhe des Luftdrucks beim Sprechen bestimmt die Lautstärke/Lautheit unserer Äußerungen. Für eine besonders laute Äußerung brauchen wir einen hohen Druck und müssen entsprechend tief einatmen, damit wir z. B. in der Lage sind zu schreien.
- Das, was wir umgangssprachlich unter „Betonung" verstehen, ist in vielen Fällen primär eine Differenz in der Lautstärke. Wir unterscheiden z. B. den Vornamen *August* vom orthografisch identischen Namen des Monats August u. a. durch unterschiedlich „laute" Aussprache der beiden Silben. Im Vornamen ist die erste Silbe forcierter und damit lauter artikuliert, also etwa *Áugust*, im Monatsnamen die zweite: *Augúst*. Allerdings sind bei dieser Unterscheidung noch weitere wichtige phonetische Parameter wie etwa die Anhebung der Grundfrequenz relevant. Die sprachwissenschaftlich korrekte Bezeichnung für dieses Phänomen ist **Wortakzent**, nicht „Betonung". Im Englischen wird dazu *stress* gesagt. Dieser Ausdruck bedeutet auch „Betonung", ist aber belastbarer als der deutsche, weil für den sprachwissenschaftlichen Gebrauch definiert. Wir kommen in ▶ Abschn. 2.2.5 darauf zurück.
- Unser Sprechrhythmus ist wesentlich durch unsere Atmung bestimmt, die uns zu meist kaum bemerkbaren Pausen zur Einatmung während des Sprechens zwingt. Am deutlichsten wird dies, wenn wir „außer Atem" sind, und infolgedessen die Sprechpausen erheblich größer und deutlich wahrnehmbar werden, denn nach oder während erheblicher körperlicher Anstrengung mit entsprechend intensiven Einatmungsphasen sind wir kaum in der Lage zu sprechen. Allerdings machen wir auch willkürliche Pausen, und diese spielen eine wichtige Rolle bei unseren sprachlichen Äußerungen: Wenn Sie *Rosinen, Stuten und Plätzchen* äußern, tun Sie dies mit anders gewichteten Wortakzenten und mit minimalen Pausen an anderen Stellen als bei *Rosinenstuten und Plätzchen* (▶ Abschn. 2.1.2).

Auf die physiologischen Abläufe bei der Atmung wollen wir nicht detailliert eingehen. Hier genügt es zu wissen, dass das **Zwerchfell** (**Diaphragma**) zusammen mit der Brustmuskulatur für die Vergrößerung und Verkleinerung des Brustkorbvolumens sorgt. Mit dem so entstehenden unterschiedlichen Volumen des Brustkorbes geht dann auch ein unterschiedliches Volumen der Lunge einher, das schließlich die uns phonetisch interessierenden Druckverhältnisse schafft.

Der Luftstrom, den wir zum Sprechen benötigen, hat, wie wir gesehen haben, seinen Ursprung in der Lunge, und wir nennen ihn folglich pulmonal oder pulmonisch. Die meisten Laute natürlicher Sprachen werden durch ausströmende Lungenluft wie oben beschrieben produziert, und damit ist der vorherrschende **Luftstrommechanismus** bei der Produktion natürlicher Sprachlaute **pulmonisch egressiv** oder **exspiratorisch** (ausatmend). Wir klassifizieren und benennen Luftstrommechanismen also nach dem Ursprung und nach der Strömungsrichtung des für die spezifische Lautproduktion benötigten Luftstroms.

Es gibt in vielen Sprachen der Welt allerdings auch Laute, die nicht pulmonisch egressiv produziert werden, z. B. **Klicks**, bei denen der entsprechende Luftstrommechanismus einen anderen Ursprungsort und ggf. auch eine andere Strömungsrichtung hat, z. B. **velar ingressiv**. In letzterem Fall ist der Ursprung des Luftstroms in der Mundhöhle vor dem Velum, und die Strömungsrichtung ist nicht nach außen (egressiv), sondern – durch eine saugende Bewegung der Zunge ausgelöst – nach innen (**ingressiv**). Diese Konstellation finden wir etwa bei dem doppelten „Schnalzlaut", den wir von Reitern hören, die so ihren Pferden signalisieren, dass sie lostraben sollen, oder dem *klck-klck*, mit dem wir das Klackern von Hufen trabender Pferde nachahmen. Aber obwohl wir einige solcher Laute kennen und auch produzieren können, gehören sie nicht zum lautsprachlichen Inventar europäischer Sprachen wie Deutsch, Englisch, Französisch, Italienisch oder Spanisch (wir bilden schließlich keine sinnvollen Wörter mit diesen Lauten). Klicks finden wir übrigens nahezu ausschließlich in afrikanischen Sprachen. Laute, die mit pulmonal egressivem Luftstrom gebildet werden, kommen hingegen in allen Sprachen der Welt vor, und etwa zwei Drittel aller Sprachen der Welt kennen wie Deutsch, Englisch, Französisch, Italienisch und Spanisch ausschließlich pulmonal egressiv gebildete Laute.

Die beim Sprechen durch die Glottis im Kehlkopf ausströmende Lungenluft erzeugt eine Vibration der Stimmlippen, die den so genannten **Rohschall** erzeugt. Wenn man dieses Vibrationsgeräusch direkt an den Stimmlippen abgreift, ist lediglich ein (nichtsprachliches) Geräusch etwa wie ein Kreischen oder Pfeifen vernehmbar. Zu Sprachlauten wird dieser Rohschall erst durch seine akustische Filterung im supralaryngalen Bereich (also oberhalb des Kehlkopfes), wo z. B. der Resonanzraum im Mund eine entscheidende Rolle spielt.

▪ Phonation: Vibrationsverhalten der Stimmlippen

Zwischen der Initiation der Sprachlautproduktion, also der Herstellung des pulmonisch egressiven Luftstroms, und der vollständigen Artikulation von Sprachlauten findet sich noch ein Teilprozess, den wir **Phonation** nennen (im weitesten Sinne „Stimmgebung") und der während der Strömung der Lungenluft durch die **Glottis** (**Stimmritze**) im Larynx stattfindet. Wegen seines Durchlaufens des Phonationsprozesses nennen wir den für die Artikulation benötigten Luftstrom in dieser Phase daher auch (exspiratorischen) **Phonationsstrom**. Die zentrale Bedeutung bei diesem Teilprozess der Sprachlautproduktion fällt dem Schwingungsverhalten der **Stimmlippen** zu.

Zunächst eine kleine Übung: Legen Sie Mittel- und Zeigefinger einer Hand auf Ihren Kehlkopf, also bei Männern auf den sog. Adamsapfel, und artikulieren Sie dann einmal einen „scharfen" *s*-Laut wie in der Mitte des Wortes *hassen* (wie in *etwas hassen*). Sagen Sie also eine Weile lang *sssss*. Anschließend artikulieren Sie einen „weichen" *s*-Laut wie in *Hasen* (wie in *die Hasen im Walde*), ebenfalls eine ganze Weile lang und ebenfalls mit zwei Fingern am Kehlkopf. Im ersten Fall (*ss* wie in *hassen*) haben Sie an den Fingern nichts gespürt, im zweiten Fall (*s* wie in *Hasen*) haben Sie mit den Fingern deutlich eine Vibration im Kehlkopf gespürt. Was dort vibriert, sind die sich schnell öffnenden und schließenden Stimmlippen. Es ist genau diese Oszillation bzw. Nichtoszillation der Stimmlippen, die letztlich den Unterschied zwischen beiden verschiedenen *s*-Lauten ausmacht und zur unterschiedlichen Bedeutung zweier ansonsten fast identischer Wörter wie *hassen* und *Hasen* führt. Sie können sich das übrigens auch verdeutlichen, indem Sie während der langen Produktion der beiden *s*-Laute Ihre Hände fest auf Ihre Ohren legen.

> **❗ Achtung**
>
> Die Wörter *hassen* und *Hasen* unterscheiden sich phonetisch in zwei Punkten: (1) In *Hasen* finden wir einen langen *a*-Laut, in *hassen* einen kurzen. (2) Die Qualität der beiden *s*-Laute ist, wie oben angemerkt, unterschiedlich hinsichtlich des Schwingungsverhaltens der Stimmlippen, nicht aber hinsichtlich der Länge/Dauer der Artikulation. Bedenken Sie dabei, dass es uns hier ausschließlich um die Lautung der Wörter und nicht um ihre Schreibweise geht: Die Beziehung zwischen Lautung und schriftsprachlicher Repräsentation ist kompliziert (▶ Kap. 10), und wir beschränken uns hier auf die phonetisch/phonologische Realisierung von Sprachlauten. Im aktuellen Fall heißt das, dass wir uns nicht dafür interessieren, dass der „scharfe" *s*-Laut schriftsprachlich durch die Buchstaben(kombination) *ss* (deutsch *Masse*), *ß* (deutsch *Maße*), *s* (deutsch *Mast*) wiedergegeben wird, und der „weiche" *s*-Laut wiederum durch den Buchstaben *s* (deutsch *rasen*) oder auch durch *z/Z* in Lehnwörtern wie *Ground Zero* oder *Côte d'Azur* (▶ Abschn. 2.1.4).

Der phonetische Unterschied zwischen beiden *s*-Lauten besteht also in ihrer Ausprägung als Laut, der entweder mit vibrierenden Stimmlippen produziert wird, oder eben als ein mit nichtvibrierenden Stimmlippen produzierter Laut. Erstere Laute nennen wir **stimmhaft**, letztere

stimmlos. Der entsprechende phonetische Parameter ist folglich die **Stimmhaftigkeit** oder **Stimmtonbeteiligung**. Es gibt eine ganze Reihe von Sprachlauten, die sich lediglich hinsichtlich ihrer Stimmhaftigkeit unterscheiden. Die initialen Laute in *fischen* und *wischen* unterscheiden sich z. B. ausschließlich hinsichtlich ihrer Stimmhaftigkeit. Ansonsten werden sie in genau derselben Weise gebildet, was Sie leicht testen können, wenn Sie sich bei der Artikulation eines langen *fffff* und eines langen *wwww* selbst beobachten: Die oberen Schneidezähne liegen in beiden Fällen leicht auf der Unterlippe auf, und während im ersten Fall keine Oszillation der Stimmlippen spürbar ist (Finger wieder an den Kehlkopf!), ist diese im zweiten Fall hingegen spürbar. Weitere Beispiele einer Stimmhaft-stimmlos-Opposition bei ansonsten identischer Artikulation sind die Laute, die den hervorgehobenen Buchstaben in *rasche* (stimmlos) vs. *Garage* (stimmhaft) entsprechen.

Ein weiterer wichtiger Aspekt der Phonation ist die **Aspiration**, die oft auch **Behauchung** genannt wird und vornehmlich Plosive betrifft. Das sind z. B. *p*-, *t*-, oder *k*-Laute. Betrachten wir dazu einmal einige Vornamen: *Paul* (deutsch), *Paul* (englisch), *Paul* (französisch), *Paolo* (italienisch) und *Pablo* (spanisch). An dieser Stelle interessieren uns nur die Unterschiede bei der Artikulation des jeweils initialen *p*-Lauts, die Lautung des restlichen Namens ist hier nicht relevant. Diejenigen von Ihnen, die Spanisch, Italienisch oder Französisch sprechen oder lernen, wissen, dass man in diesen beiden Sprachen den *p*-Laut am Anfang des Wortes nicht so aussprechen darf wie im Deutschen oder Englischen. Tut man es dennoch und produziert das *p* mit einem vernehmbaren Hauchgeräusch, fällt man sofort als nichtmuttersprachlicher Sprecher auf. Sie können Ihre korrekte französische, italienische oder spanische Aussprache testen, indem Sie ein Blatt Papier oder ein brennendes Streichholz dicht vor Ihren Mund halten, während Sie *Paul* (französisch) oder *Paolo/Pablo* sagen. Das Blatt sollte sich bei der Äußerung des *P* nicht bewegen, und die Flamme sollte nur unwesentlich flackern. Anders hingegen beim deutschen/englischen *Paul*, das wir der Deutlichkeit halber als *P^{h}aul* wiedergeben wollen: Hier bewegen sich Blatt und Flamme deutlich. Wenn Ihnen nicht klar ist, was gemeint ist, können Sie denselben Effekt beobachten, wenn Sie das Experiment mit *pulen* vs. *spulen* durchführen: Sie beobachten ein Flackern beim aspirierten *p^h* in *p^{h}ulen*, aber kaum Flackern beim nichtaspirierten *p* in *spulen*.

Das Phänomen der Aspiration ist aber durch die Gleichsetzung mit einer Behauchung oder mit einer Realisation eines zusätzlichen Luftschwalls nur unzureichend beschrieben. Genauer ist es so, dass es sich bei unserem *p*-Laut oben um einen stimmlosen Laut handelt, bei den jeweils nachfolgenden Vokalen aber um stimmhafte Laute. Während also bei der Produktion des obigen *p* keine Oszillation der Stimmlippen vorliegt, muss diese Oszillation aber für die Stimmgebung und Artikulation des folgenden *au* oder *a* wieder einsetzen. Den Zeitraum vom Lösen des Verschlusses bis zum Einsetzen der Stimmgebung des folgenden Vokals nennen wir **VOT** (**Voice Onset Time**), die in Millisekunden gemessen wird. Beim deutschen und englischen aspirierten *p^h* ist die VOT erheblich größer als beim französischen und spanischen nichtaspirierten *p*. Der entscheidende messtechnische Parameter bei der Aspiration ist damit also die VOT: Je größer die VOT, umso stärker ist die Aspiration. Mit der VOT lassen sich denn auch einzelsprachliche Spezifika bei der Plosivproduktion erfassen, die erheblich voneinander abweichen können. So finden wir in verschiedenen Sprachen VOTs von 0 bis wenigen Millisekunden bei nichtaspirierten Plosiven bis zu z. B. 140 ms bei besonders stark aspirierten Plosiven im Koreanischen. Generell bewerten wir wahrnehmungsbedingt stimmlose Plosivproduktionen mit einer VOT über 20–30 ms als aspiriert (Pompino-Marschall 2009, S. 131). Während der Aspiration bleiben die Stimmbänder übrigens geöffnet, wodurch das wahrgenommene bzw. kennzeichnende Hauchgeräusch entsteht.

■ **Artikulation: Ausprägung der Lautqualitäten**

Wenn wir uns mit der Artikulation von Sprachlauten befassen, sind unser Untersuchungsgegenstand die unterschiedliche Konstellationen im Mund-, Rachen- und Nasenraum bei der Sprachlautproduktion, sprich die **supraglottalen** (die oberhalb der Glottis zu verortenden) Parameter unserer Sprachlaute. Die Sprachlaute, die wir produzieren, haben also jeweils spezifische artikulatorische Eigenschaften, die sie für uns unterschiedlich klingen und sich dementsprechend verstehen lassen. Betrachten wir zum Beispiel einmal einige solcher Konstellationen: Variieren wir die uns inzwischen bekannte [p]-Version in *pellen* mit einem [b], also dem ersten Laut von z. B. *bellen*, die beide gleich gebildet werden. Wir haben ja beobachtet, dass wir unsere Lippen schließen und ein wenig Lungenluft in unseren Mundraum lassen müssen, um dann die Luft aus dem Mund schlagartig entweichen zu lassen.

> **! Achtung**
> Wann immer wir künftig einen oder mehrere lateinische, griechische oder sonstige Buchstaben oder ähnliche Symbole in eckigen Klammern sehen, also so etwas wie [p], [ç], [s], [z], [a], [ə], [ʃ], [ɛ], [ʁ], [ɑː], [ɣ], [ʔ], [i], verstehen wir dieses jeweilige Element als Benennung eines Sprachlauts bzw. schriftliche (aber eben nicht orthografische) Abbildung eines Teils einer sprachlichen (gesprochenen) Äußerung. Wenn aber von Buchstaben die Rede ist, also schriftsprachlichen Elementen, werden wir diese künftig in spitzen Klammern notieren, wie z. B. <p>, <m>, <ä>, <ß>, <ç>, <ñ>, <s>, <a>, <i>. Bei unserer Repräsentation von lautsprachlichen Segmenten in diesem Buch werden wir uns an das **IPA** (**International Phonetic Alphabet**) halten. Mehr dazu in ▶ Abschn. 2.1.4.

Beide Laute werden also mit einer Blockierung des pulmonalen Luftstroms gebildet, und fallen daher in die Klasse der **Konsonanten**. Bei der Artikulation von **Vokalen** verhält es sich anders. Das kann man sehr gut am Szenario einer zahnärztlichen Untersuchung sehen, wo es bei Kindern gerne heißt: „Sag mal ah." Bei der Untersuchung geschieht dies natürlich, um einen möglichst tiefen Blick in den Mund- und Rachenraum zu ermöglichen. Die Konstellation des Vokaltrakts, die dies gewährleistet, entspricht auch weitgehend derjenigen, die wir für die Artikulation eines bestimmten Sprachlauts – [ɑ:] – herstellen. Das ist übrigens nicht der, der dem langen Laut [a:] wie z. B. im deutschen *Wahl/Wal* entspricht, sondern eher der des englischen [ɑ:] wie in *father* oder (dialektabhängig) der Laut [ɒ] im englischen *lot*. Wir öffnen zu dieser Lautproduktion den Mund sehr weit – wie bei der zahnärztlichen Untersuchung –, lassen dabei die Zunge ganz unten im Mund (als ob die Ärztin einen dieser leckeren Spatel drauflegt) und stoßen dabei Luft aus, die im Mundraum nicht mehr blockiert wird.

> **Konsonanten**
> Konsonanten sind Laute, die mit einer Einengung oder Blockade des Phonationsstroms im Vokaltrakt gebildet werden, wodurch sich ein jeweils entsprechender Druckaufbau und damit unterschiedliches Strömungsverhalten der pulmonalen Luft bei der Produktion dieser Laute und damit auch unterschiedliche akustische Eigenschaften der konsonantischen Laute ergeben. Laute wie [t] oder [d] werden mit einem kompletten oralen Verschluss gebildet, Laute wie [s] oder [f] mit einer starken Engebildung des Vokaltrakts.

> **Vokale**
> Vokale sind Laute, die im Gegensatz zu Konsonanten ohne eine druckaufbauende Engebildung im Vokaltrakt produziert werden, weshalb die pulmonale Luft bei ihrer Äußerung weitgehend ungehindert aus dem Mund entweichen kann. Die unterschiedlichen Vokalqualitäten ergeben sich u. a. aus dem Öffnungsgrad des Mundes und der Position der Zunge bei der jeweiligen Vokalproduktion. Bei der Bildung eines Vokals wie [i] ist der Mund nur wenig geöffnet und die Zunge weit vorne, beim [a] ist der Mund weit geöffnet und die Zunge weiter hinten positioniert als beim obigen [i]. Dies führt zu einer unterschiedlichen Gestaltung des Resonanzraumes im Mund und damit zu den unterschiedlichen akustischen Qualitäten der Vokale.

- **Artikulatorische Parameter**

Wir werfen nun einen Blick auf die Anatomie und die spezifischen Funktionen einzelner Bereiche unseres Vokaltrakts, die entscheidend an der Artikulation der Sprachlaute beteiligt sind: die **Artikulatoren**. Sie sollten sich ab jetzt bemühen, sich die wesentlichen Elemente des Sprechapparates zu merken und parat zu haben, denn die Bezeichnung der Artikulatoren (bzw. deren Funktionen oder Teile) ist wesentlich für die Beschreibung und Klassifikation von Sprachlauten. In Abb. 2.3 sehen wir die für die Produktion von Sprachlauten wichtigsten anatomischen Bereiche des Vokaltrakts, und aus ebendiesen anatomischen Gegebenheiten des Vokaltrakts resultieren die Benennungen unserer Artikulatoren.

Wir unterscheiden zunächst zwischen aktiven und passiven Artikulatoren: Aktive Artikulatoren sind die beweglichen Teile des Ansatzrohres:
- Zunge (*lingua*)
- Lippen (*labia*)
- Unterkiefer (*mandibulum*)

Das Velum ist zwar auch (eingeschränkt) beweglich, wird aber meist den passiven Artikulatoren zugerechnet. Über die Beteiligung der passiven Artikulatoren (nicht oder nur eingeschränkt bewegliche Teile wie das Velum), die den **Artikulationsort** der Sprachlaute beschreiben, definieren wir einen erheblichen Teil unserer Sprachlaute (Tab. 2.1).

Wie haben wir uns das nun vorzustellen? Nehmen wir den Fall eines uvular artikulierten Lauts wie dem [χ] in *Dach*. Dafür wird der Zungenrücken in eine Position gebracht, aus der sich eine Verengung des Strömungskanals direkt unter dem Zäpfchen ergibt. Bringen wir unseren Zungenrücken aber weiter vorne in Position und bilden eine verengte Passage direkt unter dem Palatum, resultiert ein palataler Laut wie in *dicht* – das [ç].

Über diese wichtigsten Artikulationsorte hinaus unterscheiden wir bei der Zunge noch etwas feiner und nehmen für unsere Zwecke eine Aufteilung der Zunge nach artikulatorisch-phonetischen Kriterien an, die allerdings nur bedingt einer präzisen medizinischen bzw. anatomischen Aufteilung entspricht. Wir ordnen die uns interessierenden Bereiche der oberen Zungenfläche von vorne nach hinten zu (Tab. 2.2).

Tab. 2.1 Artikulatoren

Artikulator	Benennung des Artikulationsorts
Unterlippe	labial
Obere Schneidezähne	labiodental
Zahndammn (Alveolen)	alveolar
Harter Gaumen (Palatum)	palatal
Gaumensegel (Velum)	velar
Zäpfchen (Uvula)	uvular
Kehldeckel (Epiglottis)	epiglottal
Rachenwand (Pharynx)	pharyngal
Glottis	glottal/laryngal

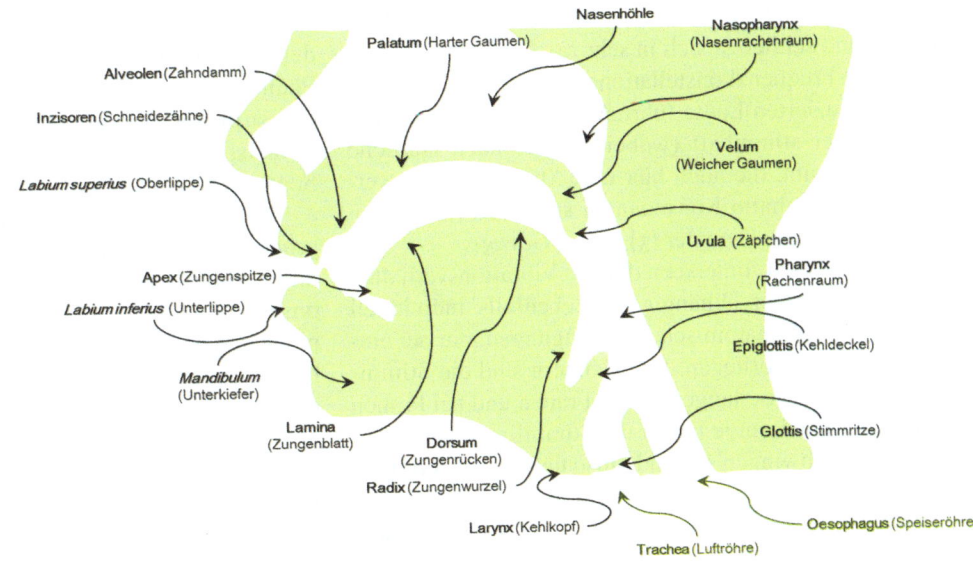

Abb. 2.3 Sagittalschnitt mit Vokaltrakt und Benennung der Artikulatoren

Tab. 2.2 Aufteilung der Zunge nach artikulatorisch-phonetischen Kriterien

Artikulator: Zunge	Benennung des Artikulationsorts
Zungenspitze (Apex)	apikal
Zungenblatt (Lamina)	laminal
Zungenkranz (Corona)	koronal
Unterseite des Zungenblatts	sublaminal
vorderer Zungenrücken (Prä-Dorsum)	prädorsal
hinterer Zungenrücken (Post-Dorsum)	postdorsal
Zungenwurzel (Radix)	radikal

Wir benötigen solche Unterscheidungen u. a. bei der Beschreibung dialektaler Variationen. So kann etwa der Laut [s] sehr unterschiedlich artikuliert werden, u. a. mit apikaler und zugleich dentaler Beteiligung wie bei [s̪]. Diese Variante und weitere spielen eine erhebliche Rolle z. B. bei der Beschreibung spanischer Dialekte, was Sie an unterschiedlichen lautlichen Qualitäten des *s*-Lauts des Spanischen z. B. in Nordspanien einerseits und Andalusien sowie in den Amerikas andererseits bemerken.

Das kleine, wie eine Brücke aussehende Zeichen unter dem Symbol für den *s*-Laut [s̪] nennen wir übrigens ein **Diakritikon**, ein Zeichen, das (nur) in Verbindung mit Segmentsymbolen erscheint. Diakritika drücken subtile phonetische Unterscheidungen aus, die (1) bei einer Darstellung nur durch ein Segmentsymbol nicht zu erfassen wären und (2) bei mehreren Sprachlauten und -klassen auftreten können (vgl. ▶ Abschn. 2.1.4).

Neben der Unterscheidung der verschiedenen Artikulationsorte benötigen wir auch eine Unterscheidung hinsichtlich der **Artikulationsarten** oder auch des **Artikulationsmodus**. Hier geht es also nicht darum, wo ein Laut produziert wird, sondern wie. Eine der wichtigsten Differenzierungen zwischen Artikulationsarten, die wir kennen müssen, ist die Unterscheidung zwischen Lauten, die mit einer Verengung des Phonationsstroms einhergehen, und solchen, die diesen Luftstrom zeitweise komplett blockieren: Laute, die mit einer Engebildung produziert werden, sind z. B. die **Frikative**, zu denen unsere oben diskutierten Laute [χ] und [ç] gehören. Laute, die mit einem kompletten Verschluss im Vokaltrakt gebildet werden, sind die **Verschlusslaute** (*stops*), zu denen die uns schon bekannten Plosive [p] und [g] gehören, aber auch die nasalen Laute wie [n] oder [m].

▪ Laryngale Parameter

Im Gegensatz zu den bislang betrachteten artikulatorischen Kriterien für die lautsprachliche Produktion handelt es sich bei den hier nur kurz dargestellten Aspekten um Parameter, die entweder innerhalb des Kehlkopfes oder unterhalb der Glottis variieren. Sie sind damit separat von den Gegebenheiten des Vokaltrakts zu betrachten. Allen voran ist hier die schon gemachte Unterscheidung zwischen **stimmhaft** (*voiced*) und **stimmlos** (*voiceless*) wichtig. Sprachlaute, die mit geöffneter Glottis produziert werden, sind ebendeshalb stimmlos. Zu nennen wären hier etwa [s, f, h], das [ʃ] wie der initiale Laut vom deutschen *Schiff*, das [ç] wie im deutschen *Ich*-Laut und das [χ] im *Ach*-Laut, oder auch [θ] wie im englischen *ether* ‚Äther' (aber nicht wie im stimmhaften englisch *either* [ð] ‚entweder'!). Aufgrund der geöffneten Glottis können bei der Produktion die Stimmlippen nicht vibrieren, was charakteristische akustische Eigenschaften dieser Laute mit sich bringt. Bei der Produktion von stimmhaften Lauten hingegen vibrieren die Stimmlippen, d. h., sie öffnen und schließen sich in sehr rascher Folge, was zu spezifischen Frequenzkonstellationen unserer Stimme und unserer produzierten Laute führt. Vokale sind z. B. grundsätzlich immer stimmhaft (wobei es aber auch lautliche Umgebungen gibt, die auch hier eine Stimmlosigkeit verursachen). Stimmhafte Konsonanten sind z. B. [w] wie in *wollen*, [z] wie in *sollen* oder [ʒ] wie in *Garage*.

Das individuell unterschiedliche Vibrationsverhalten der Stimmlippen ist abhängig von ebenfalls individuell unterschiedlichen anatomischen Bedingungen, die bei einzelnen Sprechern vorliegen. Bei Männern sind die Stimmlippen typischerweise länger als bei Frauen und bei Frauen länger als bei Kindern. Je länger die Stimmlippen sind, umso langsamer schwingen sie, und umso tiefer ist die **Grundfrequenz** (*fundamental frequency*), mit der wir sprechen: Bei Männern ist sie in aller Regel tiefer als bei Frauen, und bei Frauen etwas tiefer als bei Kindern. Natürlich gibt es hier erhebliche individuelle Abweichungen. Die Grundfrequenz – meist als **F$_0$** bezeichnet – berechnen wir in Schwingungen pro Sekunde, sprich in **Hertz (Hz)**. Die Durchschnittswerte für die F$_0$ bei Männern werden meist mit 120 bis 125 Hz und die von Frauen mit etwa 210 bis 220 Hz angegeben. Wie gesagt gibt es auch hier erhebliche individuelle Abweichungen.

Der Umstand, dass wir unsere Grundfrequenz beim Sprechen auch selbst beeinflussen können, ist von entscheidender Bedeutung für bestimmte **prosodische** Eigenschaften unserer gesprochenen Sprache. Dies betrifft unsere Fähigkeit, beim Sprechen über z. B. Rhythmus und „Betonung" zu variieren. Eine wichtige prosodische Eigenschaft unserer Sprachen ist die **Intonation**, worunter wir in erster Linie den Tonhöhenverlauf, also die Variation unserer Grundfrequenz, bei Äußerungen von Wörtern und Sätzen verstehen. Sie können den deutschen Satz *Der Ball ist rund* auf unterschiedliche Weise artikulieren. Wenn Sie den Satz mit leicht fallender Intonation äußern, drücken Sie damit eine Feststellung aus: *Der Ball ist rund*. Sie können aber gegen Ende der Äußerung (bei *rund*) Ihre Grundfrequenz leicht anheben, und damit formulieren Sie dann eine Frage: *Der Ball ist rund?* Dies ist zu unterscheiden vom **Satzakzent**, der sich auch durch eine erhöhte Lautheit an bestimmten Positionen im Satz manifestiert: *Der **Ball** ist rund* (nicht der Karton), *Der Ball ist **rund*** (nicht eckig), ***Der** Ball ist rund* (dieser Ball, nicht der andere). Neben dem Satzakzent gibt es auch den **Wortakzent**, erkennbar an Beispielen wie ***um**fahren* (darüber fahren) vs. *um**fahren*** (um etwas herum fahren) oder dem beliebten englischen Beispiel ***per**vert* („Perversling" = Nomen) vs. *per**vert*** („pervers" = Adjektiv). Die lautliche Hervorhebung entsteht artikulatorisch u. a. durch einen erhöhten Druckaufbau in der Lunge (zum Schreien holen Sie ja auch tief Luft), der wiederum akustisch in einer erhöhten **Amplitude** resultiert. Da dieser Druckaufbau ja durch die geschlossene Glottis bzw. geschlossene Stimmlippen entsteht, ist er **subglottal** und entsteht damit im subglottalen System,

was diesen Parameter von den in unserem Fokus stehenden supraglottalen Parametern unterscheidet. Prosodische Phänomene wie Intonation und Akzent sind außerdem immer **suprasegmental**, das heißt, sie finden ihre Anwendung in lautsprachlichen Einheiten, die größer als ein einzelnes Segment sind, also Silben, Wörter, Phrasen etc.

Außer dem Öffnungsgrad und den Vibrationseigenschaften der Stimmlippen können wir auch deren Öffnungswinkel variieren, was wiederum zu anderen Phonationseigenschaften von Sprachlauten führt, auf die wir hier nicht näher eingehen. Übrigens: Wenn Sie flüstern oder heiser sind, vibrieren Ihre Stimmlippen entweder gar nicht oder nicht in normalem Maße.

■ **Sprachlautklassifikation**

Konsonanten: Konsonanten wie [p], [s], [g] oder [ʃ] werden also durch eine wie auch immer geartete Obstruktion im Vokaltrakt gebildet. Wir beschreiben die konsonantische Artikulation entsprechend durch Spezifikation der Gegebenheiten bei dieser Obstruktion:

- **Artikulationsstelle** oder **Artikulationsort**: Die Position der Obstruktion im Vokaltrakt.
- **Artikulationsmodus** (auch **Artikulationsart**): Die spezielle(n) Eigenschaft(en) der Obstruktion. Ist sie z. B. komplett wie bei den uns schon bekannten Plosiven oder (graduell) partiell wie etwa bei den „Zischlauten" (z. B. [s] und [ʃ])?
- **Stimmtonbeteiligung** oder **Stimmhaftigkeit**: Liegt eine Vibration der Stimmlippen vor oder nicht?

Artikulationsort: Wir betrachten hier zunächst einige schematische Darstellungen der Interaktion unserer artikulierenden Organe bei der Produktion von Konsonanten. ◘ Abb. 2.4 zeigt den Status der Artikulatoren bei der Produktion der Konsonanten [k] und [g] (wie bei den wortinitialen Konsonanten im deutschen *kann*, *gehen*, im englischen *can*, *go*, im spanischen *carro*, *guerra* und im

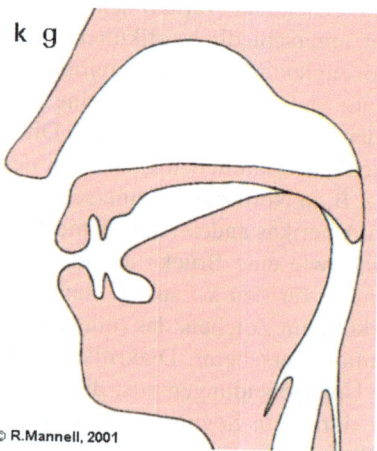

◘ **Abb. 2.4** Vokaltrakt bei der Artikulation der Plosive [k] und [g] (© Robert Manell)

französischen *Cannes*, *gâteau*). Das Zungendorsum bildet am Velum einen kompletten Verschluss des Oraltrakts. Das Velum wiederum ist angehoben und berührt die Pharynxwand, so dass keine pulmonale Luft durch die Nasenhöhle entweichen kann. Folglich wird ein oraler (nicht nasaler) Laut mit Verschluss produziert. Diese Konstellation ist bei beiden Lauten identisch. Der deutlich wahrnehmbare und für die gesprochenen Sprache überaus wichtige Unterschied zwischen [g] und [k] kommt im Spanischen und Französischen dadurch zustande, dass im Falle von [g] beim Öffnen des velaren Verschlusses die Stimmlippen bereits vibrieren, beim [k] hingegen noch nicht (was wir in der Abbildung natürlich nicht beobachten können). Im Deutschen und Englischen ist die Sache komplexer, da das initiale [g̊] dort ebenfalls stimmlos, aber mit geringerer Energie als das [k] realisiert wird (**lenis**).

Nun zum Zustand des Vokaltraktes bei der Artikulation von [ŋ], einen Laut den wir im deutschen *lang*, englischen *long* und spanischen *rincón* ‚Ecke' finden: Das Velum ist im Gegensatz zur Produktion der beiden Plosive [k] und [g] abgesenkt, und die pulmonale Luft kann durch den nasopharyngalen Trakt entweichen: Es wird also ein nasaler Laut produziert. Der Verschluss des Oraltraktes durch Dorsum und Velum entspricht aber wiederum dem der Artikulation von [k] und [g] (◘ Abb. 2.5).

Nun noch die hier wichtigsten Nasale im Vergleich: Neben unserem obigen [ŋ] finden wir auch [m], [n] und [ɲ]. Dabei sind [m] und [n] problemlos für die Sprecher/innen europäischer Sprachen: Wir finden sie im Deutschen, Englischen, Französischen, Italienischen und Spanischen (und vielen weiteren Sprachen) durch die Schreibweise mit <m> bzw. <n> repräsentiert. Mit [ɲ] verhält es sich anders: Dieser Laut wird im Spanischen orthografisch durch <ñ> repräsentiert und findet sich z. B. in *caña* (‚Angel', ‚Schilf(rohr)', ‚kleines Bier' etc.). Ein italienisches Beispiel ist *lasagne*, wobei unser palataler Nasal hier lang artikuliert wird (also [ɲ:]). Im Französischen haben wir z. B. *agneau* ‚Lamm', (wobei der Laut im modernen Französisch immer öfter durch [nj] ersetzt wird). Im Vergleich werden Gemeinsamkeiten und Unterschiede deutlich (◘ Abb. 2.6).

Noch ein paar Beispiele: Betrachten Sie dazu die Konstellation des Vokaltrakts bei der Artikulation der beiden Konsonanten [s] und [z] wie jeweils im deutschen *Kasse* ([s]), *Käse* ([z]), englischen *suit* ([s]), *zoo* ([z]), spanischen *sueño* ([s]), *mismo* ([z]), französischen *sous* ([s]), *zoo* ([z]) in ◘ Abb. 2.7.

Eine Übersicht über alle Artikulationsorte findet sich in der IPA-Tabelle in ◘ Abb. 2.21.

Artikulationsmodus: Das nächste wichtige Kriterium für die spezifische Ausprägung von konsonantischen Sprachlauten ist der Artikulationsmodus. Er beschreibt den Zustand spezifischer Artikulatoren bei der Lautproduktion bei pulmonalen Konsonanten:

- **Plosive** sind Verschlusslaute. Diese Eigenschaft teilen sie mit den nasalen Konsonanten (siehe unten), die aber keine Plosive sind, d. h., sie werden durch einen totalen oralen Verschluss bei gehobenem Velum produziert (◘ Abb. 2.4). Beispiele: [p], [b]. [k], [g], [t], [d] wie z. B. in *parken*, *bellen*, *gehen*, *denken*.

- **Nasale** werden ebenfalls mit einem kompletten oralen Verschluss produziert (wie Plosive auch), aber bei gesenktem Velum. Entscheidend ist beim Velum dessen jeweiliger Status bei der Artikulation eines Lautes. Ist es abgesenkt, dann ist der naso-pharyngale Trakt geöffnet, und der Luftstrom entweicht nasal. Es werden dementsprechend Nasallaute produziert. Ist das Velum aber nicht abgesenkt, ist der naso-pharyngale Trakt folglich geschlossen, und der Luftstrom entweicht nur oral. Es werden dementsprechend Orallaute produziert. Beispiele für nasale Konsonanten sind die schon erwähnten [n], [m], [ŋ].

- **Vibranten** (gerollt, trill) werden mit intermittierendem oralen Verschluss gebildet. Zu nennen ist hier in erster Linie das [r], auch als „gerolltes r" bezeichnet, das wir z. B. im Spanischen, wie *perro* (‚Hund'), aber auch dialektal im Deutschen finden.

- **Getippte/Geschlagene Laute** (vielfach wird hierfür die englische Terminologie **Tap** oder **Flap** verwendet): kurzzeitiger oraler Verschluss. Der für uns wichtigste Flap ist das [ɾ], das wir in vielen amerikanischen Dialekten des Englischen finden, so etwa in *better* oder *writer*. Im Spanischen finden wir den Tap z. B. in *pero* (‚aber'), was dieses vom obigen *perro* (‚Hund') unterscheidet.

- **Frikative** sind Laute, die mit einer zentralen Engebildung einhergehen, die Geräusch verursachen. Auffällig ist z. B. das Friktionsrauschen bei sog. Zischlauten: Sibilanten wie z. B. [s] oder [ʃ]. Weitere Frikative sind [f] (wie im deutschen *Phase*) und [w] (wie im deutschen *Vase*). [h] (wie im deutschen *Hase*) ist ein glottaler Frikativ. Er wird folglich durch die Glottis gebildet.

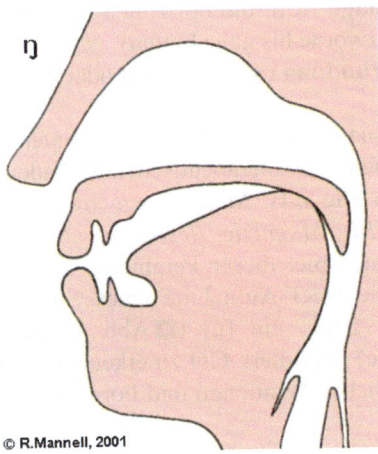

◘ **Abb. 2.5** Vokaltrakt bei der Artikulation des Nasals [ŋ] (© Robert Mannell)

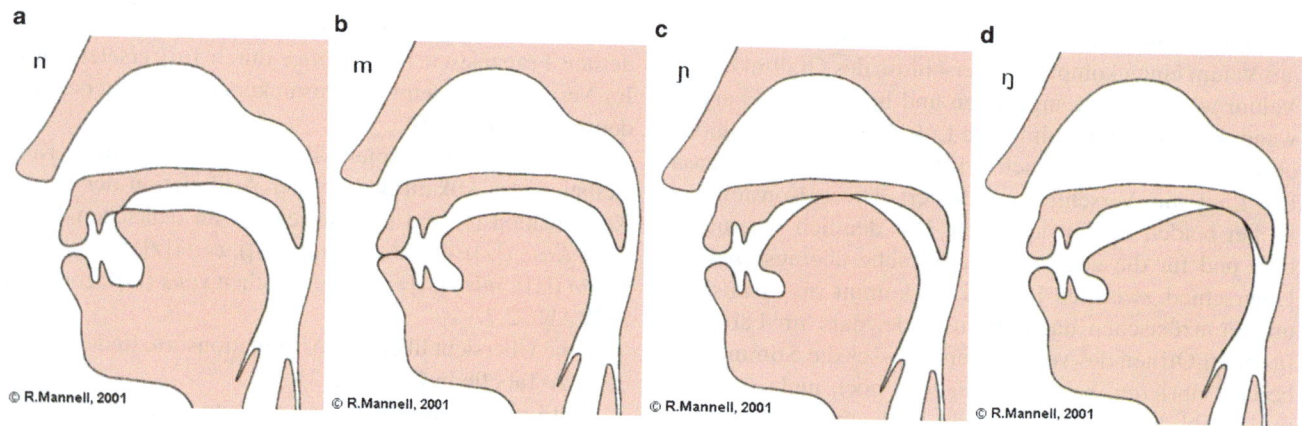

Abb. 2.6 Vokaltrakt bei der Artikulation der Nasals [n], [m], [ɲ] und [ŋ] (© Robert Manell)

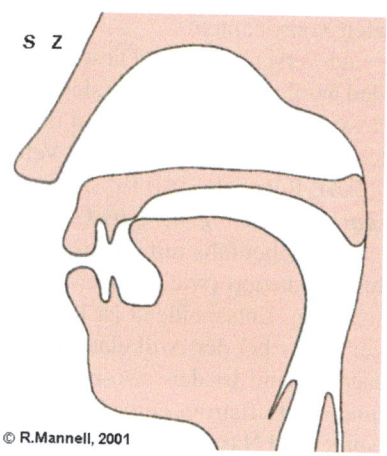

Abb. 2.7 Vokaltrakt bei der Artikulation der Frikative [s] und [z] (© Robert Manell)

- **Lateralfrikative** werden durch eine seitliche Engebildung produziert und sind eher selten.
- **Approximanten** werden mit zentraler Engebildung produziert, die aber nicht so stark ist wie bei Frikativen und daher kein Friktionsrauschen erzeugt. Beispiele für Approximanten sind [j] (wie im deutschen *jagen* oder englischen *yes*) und das englische [ɹ] wie in *round*.
- **Lateral**(-Approximant)**e** sind zentrale Verschlusslaute, die aber seitlich eine Passage für den Luftstrom offen lassen, die zwar verengt ist, aber kein Friktionsrauschen verursacht. [l] (wie im deutschen *leise*) ist hier der am häufigsten auftretende Laut.

Spezifikationsschema für die Definition von Konsonanten: Unter Hinzunahme des dritten Kriteriums, der Stimmhaftigkeit, die wir schon eingangs diskutiert haben, lässt sich aus den obigen Parametern ein Schema für die Definition und Klassifikation der Konsonanten ableiten (◘ Tab. 2.3). Unter der deutschen Beschreibung steht die englische Entsprechung gemäß IPA.

◘ Tab. 2.3 Ein Beispiel für die Klassifikation von Konsonanten

Symbol	Lautbeschreibung		
	Stimmtonbeteiligung	Artikulationsort	Artikulationsmodus
[p]	stimmloser	bilabialer	Plosiv
	voiceless	*bilabial*	*plosive*

Die Qualität des o. a. *r*-Lautes im Deutschen variiert allerdings erheblich, insbesondere auch dialektal. Wir kommen in ▶ Abschn. 2.2.2 darauf zurück.

Vokale: Für Vokale müssen wir andere Parameter bei der Lautbeschreibung und Klassifizierung verwenden, als wir sie bislang bei den Konsonanten kennengelernt haben, da wir ja deren Obstruktionsparameter nicht heranziehen können. Die Unterscheidung der verschiedenen Vokalqualitäten erfolgt durch Beschreibung der folgenden drei Parameter:

1. **Zungenhöhe** (d. h. die vertikale Position der Zunge von ganz oben nach ganz unten, alternativ: der Öffnungsgrad des Mundes, von ganz offen bis ganz geschlossen)
2. **Zungenlage** (d. h. die horizontale Position der Zunge von ganz vorne bis ganz hinten)
3. **Lippenrundung** (d. h. gerundet oder nicht gerundet)

Diverse Visualisierungsverfahren, die unter anderem aus medizinischen und therapeutischen Gründen herangezogen werden wie z. B. MRT (Magnetresonanztomografie, englisch *MRI* (*Magnetic Resonance Imaging*)), zeigen das Zusammenspiel dieser Parameter. In ◘ Abb. 2.8 sehen wir eine MRT-Aufnahme eines Sprechers, der ein [i] (◘ Abb. 2.8a), ein [u] (◘ Abb. 2.8b) und ein [ɑ] (◘ Abb. 2.8c) artikuliert. Gut zu erkennen sind die jeweils unterschiedlichen Positionen und Formgebungen der Zunge.

Ist der höchste Punkt des Zungenrückens weit oben und vorne im oralen Trakt positioniert, wird ein hoher vorde-

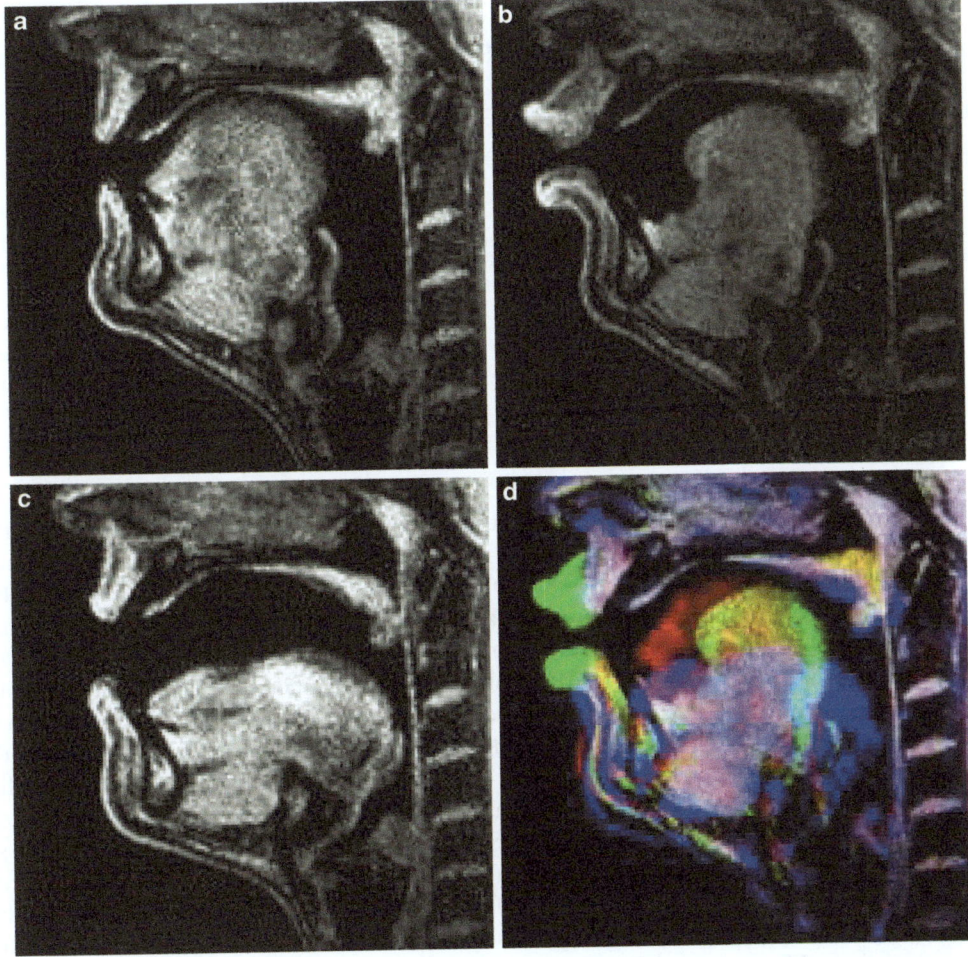

Abb. 2.8 Einzelne MRTs der Vokale [i], [u] und [ɑ], sowie alle drei jeweils unterschiedlich eingefärbt und übereinandergelegt (**d**) (Munhall 2001, S. 102)

rer Vokal wie [i] (Abb. 2.8a) produziert. Ist der höchste Punkt des Zungenrückens weiter hinten, aber immer noch oben in der Nähe des Gaumens platziert, erhalten wir ein [u] (Abb. 2.8b). Beim [ɑ] (Obacht: Das ist kein [a] wie im Deutschen!) schließlich sehen wir (Abb. 2.8c) eine deutlich niedrigere Position des Zungenrückens, die aber fast so weit hinten liegt wie beim [u]. Beim [u] ist auch deutlich die Lippenrundung zu erkennen, die diesen Laut im Gegensatz zu den anderen auszeichnet.

Zu den bislang erwähnten drei wichtigsten Artikulationsparametern der Vokale kommen dann noch weitere hinzu:

— **Nasalität**: Zum einen können Vokale genau wie Konsonanten auch mit abgesenktem Velum produziert werden, sodass sie durch die dann teilweise nasal entweichende pulmonale Luft eben als nasal zu klassifizieren sind und auch als „nasal klingend" wahrgenommen werden. Notiert wird Nasalität in der Transkription mit einer Tilde über dem relevanten Vokalsymbol, etwa wie in [ã]. Wir müssen hier streng genommen aber zwischen sog. nasalierten Vokalen einerseits und Nasalvokalen andererseits unterscheiden. Nasalierte Vokale finden wir typischerweise in der Umgebung vor nasalen Konsonanten. Das liegt daran, dass wir dort bei der Artikulation dieser Vokale bereits die Artikulation des darauf folgenden nasalen Konsonanten antizipieren und die betroffenen Vokale ebenfalls nasal realisieren. Besonders auffällig ist die oft sehr deutliche Nasalierung in einigen Varianten des amerikanischen Englisch, etwa zu beobachten in *can* [æ̃], das je nach Dialekt unterschiedlich stark „nasal" klingen kann. Nasalvokale hingegen finden wir sehr prominent z. B. im Französischen (wie beim nasalen Vokal in *son* [sɔ̃] ‚sein' (Pronomen) im Gegensatz zum oralen Vokal in *sot* [so] ‚dumm') und Portugiesischen (wie in *São* [sɐ̃w̃] *Paulo*). Die französischen und portugiesischen Nasalvokale sind also unabhängig von ihrer Umgebung immer nasal, was im Übrigen auf (historische) Lautwandelprozesse zurückzuführen ist. Die oralen Vokale des Englischen und Deutschen werden nur manchmal nasal artikuliert, sprich in der Umgebung von nasalen Konsonanten. Die Unterscheidung zwischen „nasal" und „nasaliert" wird aber weniger nach phonetischen Kriterien getroffen, als nach phonologischen, wie wir im nächsten Abschnitt sehen werden.

— **Länge**: Vokale können mit unterschiedliche Dauer produziert werden, ein Umstand, der sich z. B. im Deutschen recht gut beobachten lässt: Die beiden Wörter

Beispiel: Einige Konsonantenklassifikationen

Symbol	Lautbeschreibung	Beispiel
[ʃ]	stimmloser postalveolarer (auch „palato-alveolarer") Frikativ *voiceless postalveolar fricative*	*Schuh*
[ʥ]	stimmhafte alveo-palatale Affrikate *voiced alveo-palatal affricate*	*Dschungel*
[ʁ]	stimmhafter uvularer Frikativ *voiced uvular fricative*	*lehren*

Abb. 2.9 Trapez mit den Artikulationspositionen der Vokale [i], [u] und [ɑ]. Diese Positionen bekleiden also drei extreme Punkte eines trapezförmigen Raums, innerhalb dessen auch die anderen Vokalartikulationspositionen (zu erkennen an den weiteren Punkten) dargestellt werden können

Masse und *Maße* unterscheiden sich (abgesehen von der Schreibung) nur in der Länge des Vokals – kurzes [a] im ersten Fall und langes [a:] im zweiten. Die Unterscheidung zwischen langen und kurzen Vokalen korreliert vielfach mit der phonologischen Dichotomie gespannt/ungespannt bzw. *tense/lax*, es gibt aber subtile Differenzierungen, auf die in den einzelsprachlichen Kapiteln zur Phonetik und Phonologie in Klabunde et al. (2022) noch eingegangen wird.

- **Phonation**: Die Stimmgebung bei Vokalen ist für die uns hier interessierenden europäischen Sprachen phonetisch/phonologisch weniger relevant (außer im klinisch-linguistischen Bereich) und betrifft eher wenige Sprachen wie z. B. Mon (eine austroasiatische Sprache, die in Myanmar und Thailand gesprochen wird). Dort werden hohe Vokale mit **Knarrstimme** (*creaky voice*), sprich eng zusammengepressten Stimmlippen, gesprochen, was dann eben „knarrend" klingt. Ein bekanntes europäisches Beispiel für eine Realisation mit Knarrstimme ist der dänische *Stød*, ein auch Stoßlaut genanntes Phänomen.
- **Advanced Tongue Root (ATR)** bzw. **Retracted Tongue Root (RTR)**, d. h. vor- oder zurückbewegte Zungenradix. ATR oder RTR können alternativ verwendet werden und werden vornehmlich, aber keineswegs ausschließlich, zur Beschreibung afrikanischer Sprachen herangezogen (für das Deutsche vgl. z. B. Wiese 1996).

Das Vokaltrapez

Die verschiedenen Positionen, die der jeweils höchste Punkt des Zungendorsums bei der Vokalproduktion einnehmen kann, werden typischerweise stark abstrahiert in Form eines Trapezes dargestellt. In Abb. 2.9 ist dieses idealisierte Trapez mit den uns aus Abb. 2.8 bekannten Beispielpositionen des Zungenrückens für [i], [u] und [ɑ] zu sehen.

Zwei Aspekte hinsichtlich der Abstraktion des Trapezes sind zu beachten (neben anderen): Erstens sind die Artikulationspositionen im Trapez äquidistant, aber unsere Artikulationsbewegungen sind hochgradig dynamisch und keineswegs auf bestimmte Positionen fixiert. Zweitens kann unsere Zunge innerhalb ihres Bewegungs- und Formausprägungsraumes daher nahezu unendlich viele andere Positionen als die im Trapez angegebenen Punkte einnehmen. Wenn man die tatsächlichen Artikulationspositionen über MRTs kartografieren würde, ergäbe sich darüber hinaus eher ein elliptisches Bild der äußeren Vokalpositionen als ein Trapez. Die tatsächlichen artikulatorischen Bewegungen der Zunge sind also „natürlich", d. h., sie sind weder zackig, noch rasten sie an bestimmten Positionen ein, noch sind sie exakt normgerecht festlegbar (s. unten). Aber in diesem stark abstrahierten Trapez lassen sich sehr schön einige idealisierte Referenzpunkte bestimmen, die in Abb. 2.10 dargestellten **Kardinalvokale**.

Kardinalvokale

Zur Klassifikation von Vokalen verwendet man eine Menge von Referenzvokalen, die Kardinalvokale (*cardinal vowels*), die zuerst von dem britischen Phonetiker Daniel Jones (1881–1967) definiert wurden. Dabei handelt es sich im weitesten Sinne um so etwas wie „Normvokale", also abstrakte Muster, an denen sich die Beschreibung der Vokalsysteme verschiedener Sprachen orientiert.

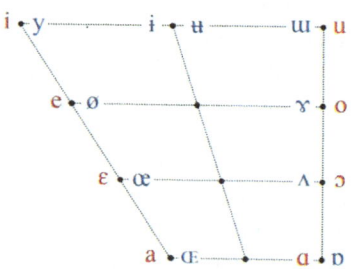

Abb. 2.10 Die 18 Kardinalvokale. Die acht primären Kardinalvokale sind *rot* gesetzt, die zehn sekundären Kardinalvokale *blau*. Die jeweils *rechts* erscheinenden Vokale der Paare sind gerundet, die *linken* ungerundet

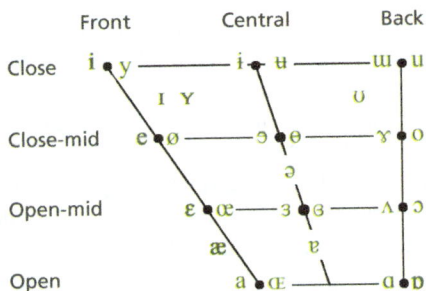

Abb. 2.11 Vokaltrapez mit den idealisierten Positionen aller in natürlichen Sprachen vorkommenden Vokale. Die Kardinalvokale darunter sind nicht mehr hervorgehoben. Die jeweils rechts erscheinenden Vokale bei Paaren sind gerundet, die linken sowie die einzeln dargestellten Vokale (mit Ausnahme des gerundeten ʊ) ungerundet. Zusätzlich finden wir in dieser Darstellung noch die Benennungen der Positionen, die wir für die Definition der Vokaleigenschaften benötigen. Die Darstellung entspricht der *vowel chart* des IPA in ▶ https://www.internationalphoneticassociation.org/content/full-ipa-chart

Diese Kardinalvokale stellen denn auch so etwas wie normierte Vokalqualitäten dar, aufgrund derer man die Artikulation und auch die akustischen Qualitäten tatsächlicher Vokaläußerungen bestimmen kann: Ein Vokal, sagen wir [i], den Sie äußern, entspricht dann eventuell genau der Referenzqualität des Kardinalvokals [i] oder eben nicht, und wäre dann im Trapez z. B. etwas weiter hinten oder unten platziert. Deutsche [i]s tendieren z. B. dazu, etwas höher und weiter vorne im Trapez zu liegen als z. B. amerikanische [i]s.

Über die Kardinalvokale hinaus verfügt das Vokalinventar unserer Sprachen auf der Welt noch über einige weitere, ebenfalls als Punkte im Trapez zu verortende Vokalqualitäten, wie in ▯ Abb. 2.11 zu sehen. Um diese Positionen benennen zu können, brauchen wir eine präzise Terminologie. Wir greifen hier zunächst auf die englischen Standardbezeichnungen zurück.

> **❗ Achtung**
> Etwas genauer betrachtet beinhaltet das Konzept des Vokaltrapezes einige Aspekte, über die man sich bei der Arbeit klar sein muss. Man ist geneigt, die im Trapez positionierten Vokalqualitäten als präzise und unveränderliche Fixpunkte bei ihrer Artikulation zu verstehen: Ein [a], könnte man meinen, wird exakt und nur mit dieser einen Zungenparametrisierung gebildet, und zwar von jedem Sprecher. Und deswegen könnte man ebenfalls meinen, dass ein [a] auch immer ganz genau gleich klingt – normgerecht gewissermaßen. Dies ist aber keineswegs so, sondern gilt im besten Fall für den Kardinalvokal [a], nicht aber für seine tagtäglich milliardenfach tatsächlich ausgesprochenen [a]-Vertreter – sie variieren sogar bei individuellen Sprechern teilweise erheblich, ganz zu schweigen von den Varianten zwischen Sprechern und Sprachen. Bedenken Sie, dass im Vokaltrapez ordentlich Platz zwischen den einzelnen Punkten ist. Wenn wir uns vorstellen, dass Variationen innerhalb dieses freien Platzes möglich sind, kommen wir der Sache näher:
> - Das Vokaltrapez (*vowel quadrilateral*) kann also genau genommen nicht als ein artikulatorischer Raum betrachtet werden, innerhalb dessen sich Vokalqualitäten millimetergenau exakt definieren lassen. Die präzisen Vokalqualitäten sind nämlich abhängig von der Gesamtkonstellation des Vokaltrakts – und dazu zählen noch eine ganze Reihe weiterer Faktoren außer den Zungenpositionen und -ausprägungen. Insbesondere gibt es da sprecher- und dialektspezifische graduelle Variationsmöglichkeiten.
> - Man sollte sich das Vokaltrapez eher als einen Raum innerhalb eines Koordinatensystems vorstellen, der durch die tatsächlichen akustischen Parameter durchschnittlicher Vokaläußerungen definiert ist. Dann erscheinen die Vokale im Trapez auf der Basis ihrer akustischen Frequenzeigenschaften über eine x-Achse und y-Achse verteilt (▶ Abschn. 2.1.2). Die Vokalpositionen im Trapez sind dann auch nicht mehr äquidistant, sondern liegen unterschiedlich weit auseinander.
> - Somit ist das Vokaltrapez letztlich ein sehr abstraktes Modell, das nur einige idealisierte (dabei aber ungemein wichtige) Referenzpunkte vorgibt, um die herum sich die tatsächlichen Vokalqualitäten und auch die akustischen Werte einzelner Äußerungen statistisch verteilen.
> - Da man mit dem Trapez und der Vorstellung der jeweiligen Artikulationspositionen (die ja nun zweifellos existieren) aber die Vokalqualitäten so wunderbar darstellen kann, und es auch mnemonisch äußerst wertvoll ist, wird es seit etwa 100 Jahren und sicher auch weiterhin als eine hilfreiche Basis für die Beschreibung von Vokaleigenschaften beibehalten. ◀

■ Spezifikationsschema für die Definition von Vokalen

Bei der Lautbeschreibung der Vokale haben wir es immer mit Schemen wie in ▯ Abb. 2.12 zu tun, wobei die Parameter **Zungenhöhe** und **Öffnungsgrad** alternativ verwendet werden (in der Abbildung gezeigt am Beispiel des Vokals [y:] wie in *Tür*). Nach diesem Schema nennen wir dann z. B. den Vokal [u] einen gerundeten hinteren geschlossenen Vokal oder [a] einen ungerundeten vorderen tiefen Vokal.

2.1.2 Akustische Phonetik

Wir haben bisher so einiges über die Artikulation von Sprachlauten gehört, wissen aber noch nicht, auf welchem Wege diese kompliziert produzierten Klänge und Geräusche denn nun auf der anderen Seite ankommen – gehört werden wollen wir ja schließlich auch. Denn bevor konkrete Sprachlaute an unsere jeweiligen Trommelfelle klopfen, müssen sie den Raum zwischen den Lippen der

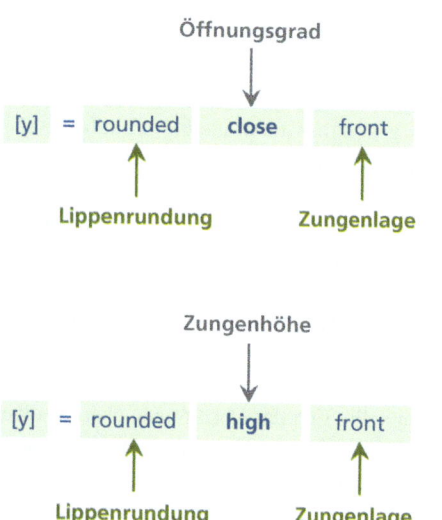

Abb. 2.12 Definition des Vokals [y] durch Benennung der Lippenrundung, der Zungenhöhe oder des Öffnungsgrads (beide vertikale Position) und der Zungenlage (horizontale Position) bei dessen Artikulation

sprechenden Person und den Ohren der hörenden Person überwinden. Wenn Sie jemandem süß ins Öhrchen flüstern, ist die zu bewältigende Strecke relativ kurz; wenn Sie in Düsseldorf-Altstadt nach Oberkassel auf der anderen Rheinseite brüllen, ist die Strecke relativ lang. Ihre Phonation variiert zwischen beiden Ereignissen stark, aber die lautspezifischen Charakteristika müssen dabei erhalten bleiben: Ein geschrienes *a* muss ja genau wie ein geflüstertes *a* als solches wahrnehmbar sein.

Die akustische Phonetik befasst sich – nicht ganz überraschend – mit den akustischen Eigenschaften der durch die artikulatorischen Parameter geformten Sprachlaute, die als Schallereignisse untersucht werden. Die Messmethoden und Visualisierungsverfahren für die Laute „in der Luft" sind folglich gänzlich andere als bei der Untersuchung von Lauten während der Produktion innerhalb des Sprechapparates. Dies zeigt sich recht deutlich, wenn man einmal einschlägige Darstellungen gegenüberstellt.

In ❏ Abb. 2.8 (hier wiederholt als ❏ Abb. 2.13) sehen wir eine schematisierte Darstellung von per MRT ermittelten Konstellationen des oralen und pharyngalen Traktes bei der Artikulation der englischen Vokale [i], [u] und [ɑ].

So anschaulich dies auch darstellt, wie wichtig die vertikale und horizontale Position der Zunge und ihrer Kontur für die Produktion der unterschiedlichen Vokalqualitäten ist: Etliche Faktoren für weitere Unterscheidungen, die wir bei jeder Äußerung machen und auch wahrnehmen, sind hier nicht sichtbar. So wäre die Lippenrundung, wie bei den Vokalen [y] oder [ø] eher schwer ersichtlich, ebenso wie der Umstand, dass die Qualitäten der einzelnen Vokale sich graduell unterscheiden, und die Übergänge entsprechend fließend und gelegentlich äußerst subtil (aber hörbar) sind. Hierzu brauchten wir ja zur Orientierung und Beschreibung auch schon das Referenzsystem der Kardinalvokale.

Anders sieht es bei einer akustischen Analyse aus. In ❏ Abb. 2.14 sehen wir eine akustische Messwertvisualisierung einiger durch eine einzelne Versuchsperson realisierten Vokale des amerikanischen Englisch (General American English, GAE).

Es handelt sich hier um **Breitbandspektrogramme** mit den Frequenzspektren der akustischen Signale der einzelnen und einzigartigen Vokaläußerungen. Wenn ein und dieselbe Versuchsperson nach einem ersten [i] ein zweites Mal [i] sagen würde, würden wir im Spektrogramm etwas (minimal) anderes sehen, genauso wie in dem Fall, dass eine zweite Versuchsperson oder tausend andere diesen Laut äußern. Ebenso würden wir etwas anderes sehen, wenn unsere Versuchspersonen die Vokale nicht einzeln in Isolierung, sondern im Kontext mit weiteren Lauten in ganzen Wörtern oder Sätzen äußern. Dann nämlich würden sich die spezifischen Vokalqualitäten im Spektrum sichtbar ändern, weil sie durch die Nachbarschaft zu anderen Sprachlauten beeinflusst werden: Ein [æ] nach einem [b] hat andere Ausprägungen im Spektrum als ein [æ] nach einem [g].

Die Pfeile in ❏ Abb. 2.14 deuten auf die **Vokalformanten**. Das sind im Spektrogramm als stärkere Einschwärzungen sichtbare spezifische Ausprägungen der einzelnen Vokale, die die für sie charakteristischen unterschiedlichen Amplituden im Spektralbereich visuell wiedergeben.

Wichtig ist zu wissen, dass Breitbandspektrogramme nicht die einzigen Visualisierungsmöglichkeiten der akustischen Phonetik sind und insbesondere, dass natürlich auch die Möglichkeit der Digitalisierung von Messwerten gesprochener Sprachen existieren. In der akustischen Phonetik können wir so z. B. auf größere Mengen von Äußerungen durch viele Versuchspersonen schauen und uns so einen Überblick über die verschiedenen Varianten von z. B. Vokalen machen, wie sie in einer Einzelsprache geäußert werden. In ❏ Abb. 2.15 sehen wir z. B. eine Darstellung der Durchschnittswerte zweier Formanten wiederum von Vokalen des amerikanischen Englisch.

Mit ein bisschen Mühe erkennt man eine entfernte Ähnlichkeit der Position der grauen Punkte mit ihrer Position im Vokaltrapez. Das ist kein Zufall, da die Anordnung der Achsen entsprechend gewählt worden ist. Festzuhalten ist hier der zentrale Unterschied: Im Vokaltrapez sehen wir idealisierte Positionen zur Orientierung, bei Darstellungen der akustischen Phonetik sehen wir Abbildungen der erfassten Messwerte tatsächlich gemachter Äußerungen.

Ein weiterer wichtiger Untersuchungsgegenstand der akustischen Phonetik ist der schon angesprochene Grundfrequenzverlauf bei unseren lautsprachlichen Äußerungen, der entscheidende Aufschlüsse für die phonologischen Untersuchungen prosodischer Phänomene wie der Intonation liefert (▶ Abschn. 2.2.5). In ❏ Abb. 2.16 sehen wir den Tonhöhenverlauf bei einer Äußerung der Frage *I'm sorry?* gegenüber der Kontur bei der Aussage *I'm sorry*.

Ebenso wichtig sind die schon erwähnten minimalen Pausen bei unseren Äußerungen, die letzteren je nach bewusster Platzierung ganz erhebliche Bedeutungsunter-

Kapitel 2 · Phonetik und Phonologie – Sprachlaute und Lautstrukturen

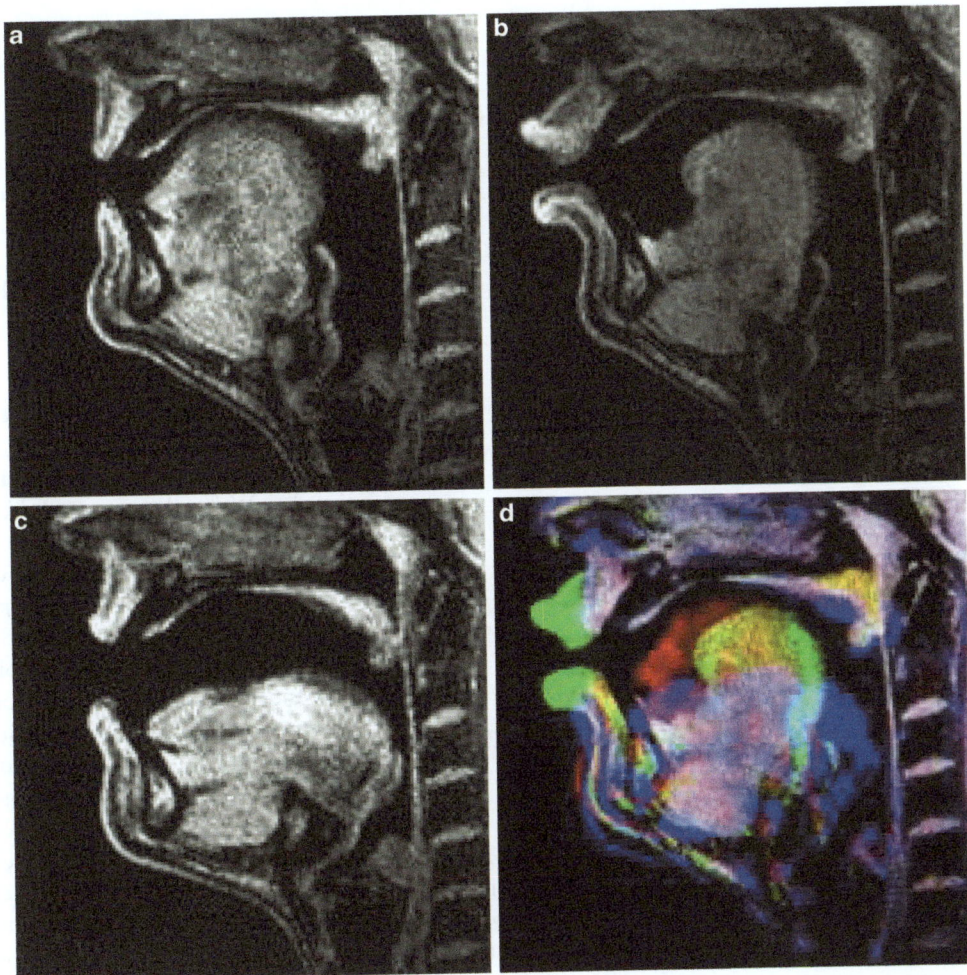

Abb. 2.13 Einzelne MRTs der Vokale [i], [u] und [ɑ] sowie alle drei jeweils unterschiedlich eingefärbt und übereinandergelegt (**d**) (Munhall 2001, S. 102)

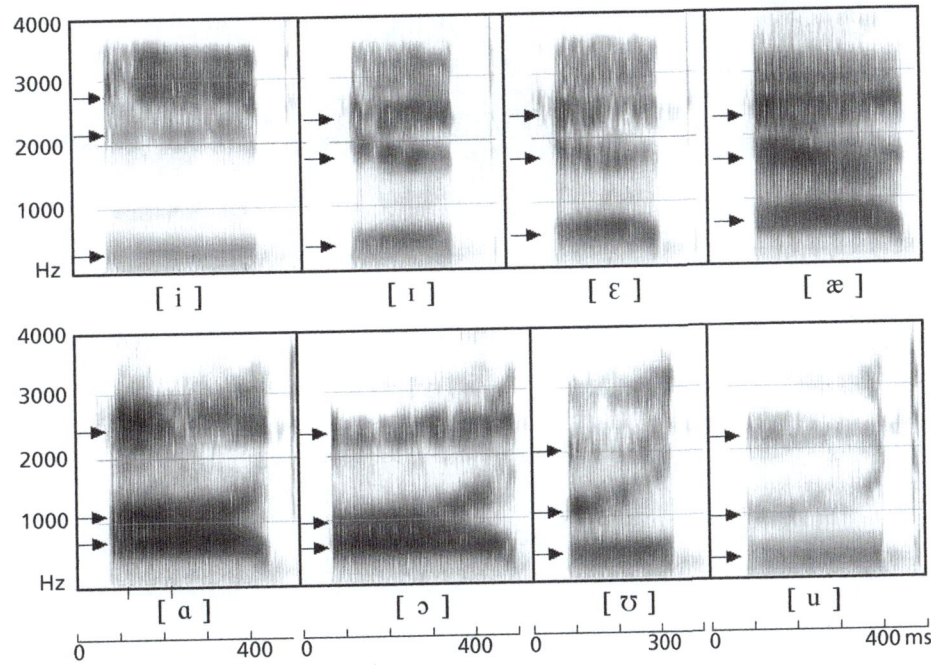

Abb. 2.14 Breitbandspektrogramme von der Produktion verschiedener Vokale des amerikanischen English (► www.phonetics.ucla.edu/course/chapter8/8.3.htm, CC-BY-SA)

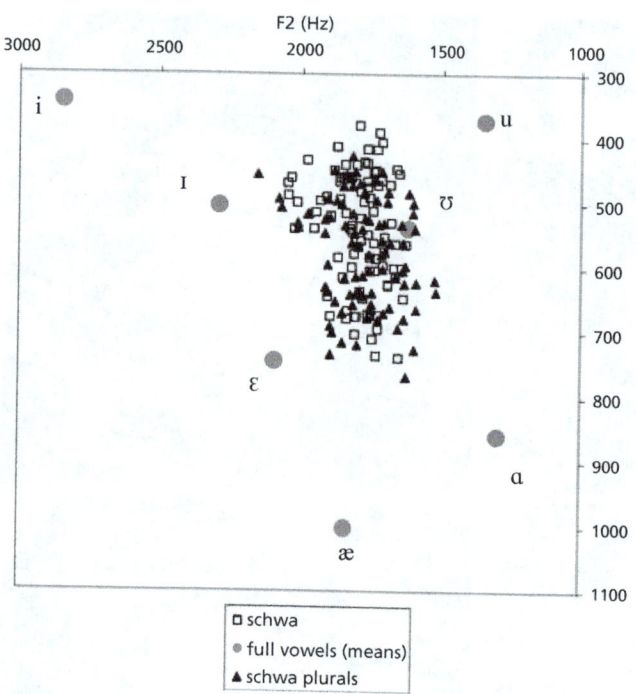

• **Abb. 2.15** Vokalplot amerikanisches Englisch (Flemming und Johnson 2007, S. 87)

Oszillogramm darüber an derselben Stelle fehlenden Ausschlägen erkennen kann, macht den Unterschied zwischen der vermittelten Information aus, dass Hunde dort sind oder eben nicht.

An dieser Stelle kann nur eine kleiner Eindruck vom Arbeitsgebiet der akustischen Phonetik geliefert werden, das entsprechend einer wissenschaftlichen Teildisziplin natürlich weit mehr Aspekte umfasst, als auf so knappem Raum überhaupt angesprochen werden können.

2.1.3 Perzeptive Phonetik

Die perzeptive oder **auditive** Phonetik befasst sich mit der Wahrnehmung und Verarbeitung des Sprachschalls der gesprochenen Sprache durch Hörer/innen. Ihr zentraler Gegenstand ist also die Sprachwahrnehmung oder Sprachperzeption (*speech perception*). Unsere Wahrnehmung lautlicher Sprache erfolgt zunächst über Außenohr, Mittelohr und Innenohr. Folglich sind deren anatomische und physiologische Gegebenheiten Gegenstand der auditiven Phonetik, ebenso wie die sich an die akustische Wahrnehmung anschließende neurophysiologische Verarbeitung der von uns wahrgenommenen Sprachsignale in unserem auditorischen Nervensystem. Wichtige Fragestellungen betreffen dabei (neben vielen anderen):

- Wahrnehmung von Lauten und Lautklassen,
- Segmentierung von Lauten,
- *acoustic cues*, Merkmalsdetektoren,

schiede mitgeben können, wie in • Abb. 2.17 zu erkennen. Die für einige Millisekunden fehlende lautliche Aktivität, die man bei der Visualisierung von *No. Dogs are here.* an der länger unterbrochenen Linie bei der Kontur und der im

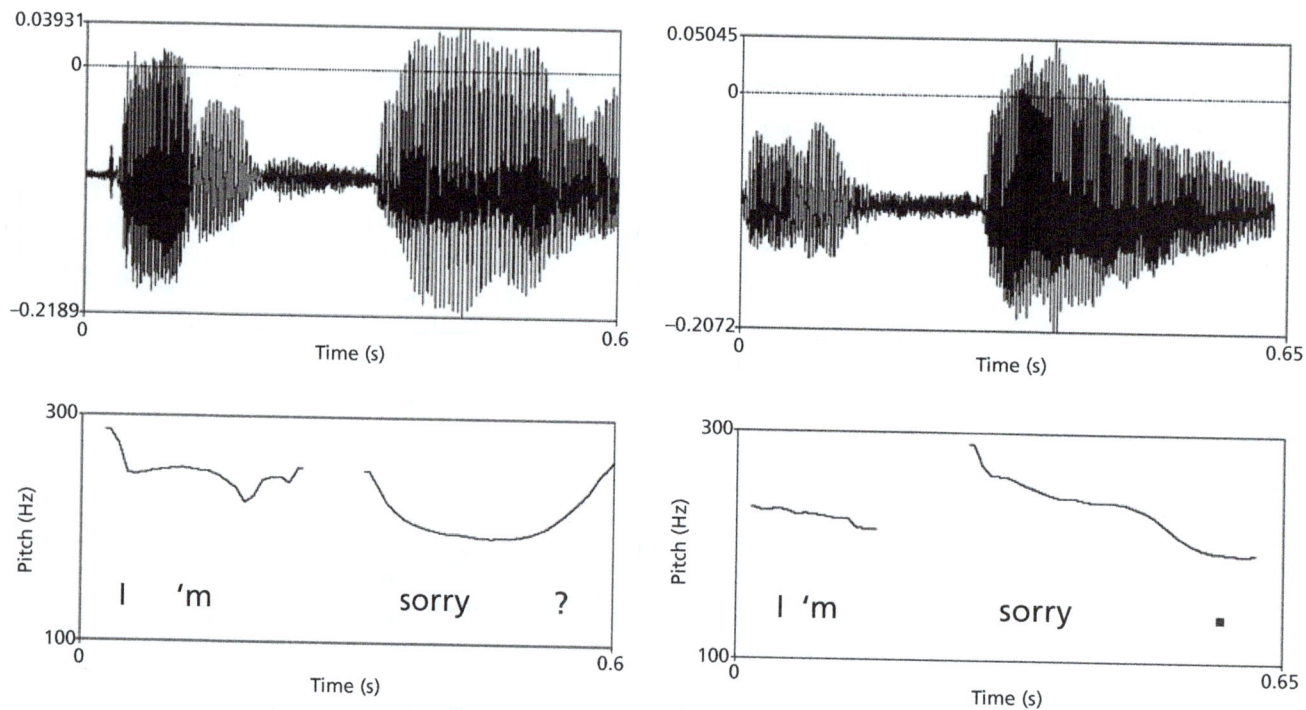

• **Abb. 2.16** Tonhöhenverlauf bei einer Frage (*I'm sorry?*) gegenüber einem Deklarativsatz (*I'm sorry.*) (▶ http://acoustics.org/pressroom/httpdocs/152nd/Liu.html)

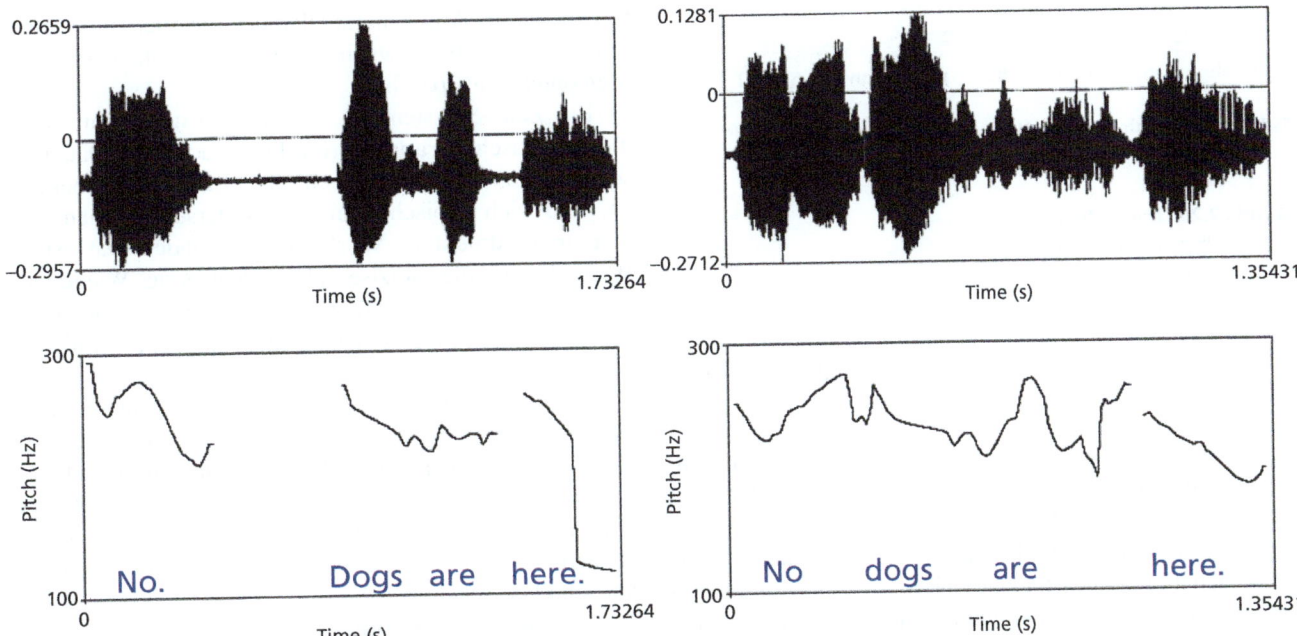

Abb. 2.17 Tonhöhenverlauf und Pausen bei der Äußerung von *No. Dogs are here* vs. *No dogs are here*. (► http://acoustics.org/pressroom/httpdocs/152nd/Liu.html)

- kategoriale Wahrnehmung,
- Theorien der Sprachperzeption und deren Modellierung.

Die Arbeitsweise der perzeptiven Phonetik ist dabei vornehmlich experimentell, sprich die Perzeption der Sprachschallereignisse wird mittels Experimenten mit Versuchspersonen untersucht.

Die perzeptive Phonetik wird hier nicht vertiefend dargestellt (eine kurze Darstellung zum Einstieg findet sich in Pompino-Marschall 2009).

2.1.4 Phonetische Repräsentation

Für die korrekte Beschreibung der Laute menschlicher Sprachen benötigen wir ein Zeichensystem, das erheblich mehr leisten kann als die Standardorthografien der jeweiligen Schriftsprachen. Herkömmliche Alphabete weisen vielfach *one-to-many*- und *many-to-one*-Relationen zwischen schriftsprachlichen Symbolen und Einzellauten der jeweiligen Sprache auf. Das heißt zum einen, dass ein schriftsprachliches Symbol (Buchstabe oder Buchstabenkombination) häufig für mehrere Laute einer Sprache steht, und zum anderen, dass ein Laut einer Sprache oft durch mehrere Zeichen symbolisiert wird.

Wir können uns das Problem der schriftsprachlichen Darstellung an einigen kleinen Beispielen klarmachen. Nehmen wir den Fall des deutschen Lauts [s] (ein stimmloser alveolarer Frikativ), der schriftsprachlich sowohl durch <s> als auch <ss> und <ß> abgebildet wird (◘ Abb. 2.18). Wir haben also einen Laut in der gesprochenen Sprache,

Abb. 2.18 Orthografische Repräsentation des Lauts [s] und lautsprachliche Entsprechungen des Buchstabens <s> im Deutschen

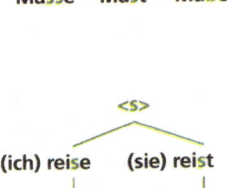

aber gleich drei korrespondierende Buchstaben in der geschriebenen Sprache. Den umgekehrten Fall haben wir beim Buchstaben <s> im Deutschen: ein Buchstabe, aber zwei dadurch abgebildete Laute des Deutschen.

Dramatisch wird es z. B. beim englischen langen Vokal [uː] (Darstellung hier gemäß IPA – Merke: ein Laut, ein Symbol!), dessen orthografische Vertretung ebenso wie die des genauso auffälligen [iː] in kaum einem einschlägigen Zusammenhang fehlt (◘ Abb. 2.19). Also auch hier die Frage: Wie repräsentieren wir diesen Laut denn in der englischen Rechtschreibung, wenn wir eine stringente Benennung von Lauten für die phonetisch-phonologische Beschreibung der Sprache brauchen? Schließlich haben wir dort die Situation, dass ein Laut gleich durch zehn schriftsprachliche Varianten abgebildet wird. Natürlich gibt es dabei auch dialektale Unterschiede und Variationen.

Ebenso gibt es natürlich auch im Englischen, wie oben schon im Deutschen gesehen, das umgekehrte Problem (also mehrere Laute, die durch eine orthografische Repräsentation wiedergegeben werden). Dies zeigt man gerne

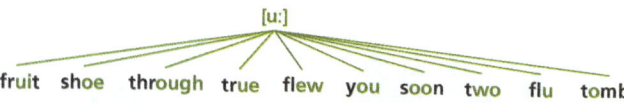

Abb. 2.19 Orthografische Repräsentationen des langen Vokals [u:] im Englischen

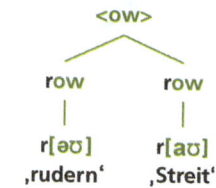

Abb. 2.20 Das englische *row* – eine orthografische Repräsentation, zwei Lautungen

am Wort *row*, das je nach gewählter Ausspracheform Unterschiedliches bedeutet: ‚rudern' mit [əʊ/oʊ], oder eben ‚Streit o. ä.' mit [aʊ] (◘ Abb. 2.20).

Für das Französische lassen sich natürlich auch etliche Mehrfachabbildungen finden, wobei insbesondere die Abbildung von Buchstabenkombinationen in finaler Position auf gar keinen Laut erwähnenswert ist, wie z. B. *-(m)bs* in *plombs*, *-(n)cs* in *francs*, *-(n)ds* in *fonds*, *-fs* in *œufs*, *-(n)ct* in *instinct*, *-ts* in *mots*, deren Aussprache also in allen Fällen auf einen Vokal endet.

In anderen einzelsprachlichen Orthografien sieht es zwar gelegentlich freundlicher aus, z. B. im Finnischen oder auch im Spanischen, wo wir etwa die spanischen fünf standardsprachlichen Vokale durch genau fünf korrespondierende Buchstaben orthografisch repräsentieren können und auch ansonsten nur sehr wenige Mehrfachabbildungen zwischen lautsprachlichen und schriftsprachlichen Elementen haben.

Unser Zeichensystem für die phonetische (und phonologische) Repräsentation muss zur Vermeidung von Bezeichnungs- und Verwechslungsproblemen eine eineindeutige Relation zwischen einem (einzigen) Sprachlaut und dem entsprechenden (einzigen) Symbol herstellen. Idealerweise sollte dieses Repräsentationssystem für alle Sprachen, genauer für alle in natürlichen Sprachen vorkommenden Laute, verwendbar sein.

- **IPA (International Phonetic Alphabet)**

Ein Zeichensystem, das im Gegensatz zur jeweils einzelsprachlichen Orthografie der eben gestellten Anforderung an Präzision genügt, ist das **Internationale Phonetische Alphabet**, kurz **IPA**, das aber auch unter anderen einzelsprachlichen Kürzeln firmiert:
- IPA – International Phonetic Alphabet
- AFI – Alfabeto Fonético Internacional, Alfabeto fonetico internazionale
- API – Alphabet phonétique international

Verwenden Sie nach Möglichkeit immer die aktuellste Fassung des IPA von 2005: *International Phonetic Alphabet (revised to 2005)*, mindestens aber die Fassung von 1996: *International Phonetic Alphabet 1993 (revised to 1996)*.

Sie finden die aktuellen Tabellen des IPA hier zum Herunterladen: ▶ https://www.internationalphoneticassociation.org/content/full-ipa-chart.

Ein Zeichensystem wie das IPA gestattet dann auch die phonetische **Transkription** lautsprachlicher Daten, also das, was Ihnen eventuell als „Lautschrift" bekannt ist, und sich typischerweise in unterschiedlichen Formen in (gedruckten) Wörterbüchern findet. Das ist im Wesentlichen die präzise, aber idealisierte Wiedergabe der segmentalen (und ggf. prosodischen/suprasegmentalen; ▶ Abschn. 2.2.5) lautlichen Eigenschaften einer Äußerung in schriftlicher Form.

Das IPA ist der internationale Standard für die Transkription lautsprachlicher Daten. Es kommt in Gestalt mehrerer Tabellen daher, und deshalb begegnen Sie auch häufig den Bezeichnungen IPA-Tabelle bzw. IPA chart. Genau genommen sind es aber sieben Tabellenblöcke. Die für uns zunächst wichtigsten, die wir hier uns hier anschauen wollen, sind hervorgehoben:
1. **Consonants (pulmonic)**
2. Consonants (non-pulmonic)
3. **Vowels**
4. Other symbols
5. Diacritics
6. Tones and word accents
7. Suprasegmentals

- **Konsonanten**

In ◘ Abb. 2.21 sind alle Konsonanten, die sich in den Sprachen der Welt finden, aufgeführt, darunter natürlich auch alle Transkriptionssymbole für die uns hier interessierenden europäischen Sprachen. In der Waagerechten finden sich die Artikulationsorte von vorne (bilabial) nach hinten (glottal). In der Senkrechten sind die Artikulationsarten aufgeführt, beginnend mit „Plosiv".

Interaktive IPA Charts with Sound (also Tabellen mit der Möglichkeit, sich die Laute anzuhören (insbesondere natürlich die unbekannten)) finden Sie z. B. hier:
- ▶ web.uvic.ca/ling/resources/ipa/charts/IPAlab/IPAlab.htm
- ▶ https://www.internationalphoneticassociation.org/IPAcharts/inter_chart_2018/IPA_2018.html
- ▶ en.wikipedia.org/wiki/IPA_pulmonic_consonants_chart_with_audio
- ▶ en.wikipedia.org/wiki/IPA_vowels_chart_with_audio

- **Vokale**

Bei den Vokalen stellt sich gemäß unseren oben gemachten Unterscheidungen die Sache etwas anders dar. Die IPA-Spezifikation vokalischer Laute ist an dem Referenzsystem der Kardinalvokale orientiert (◘ Abb. 2.22).

Ebenso wie das Tableau zum Konsonanteninventar versucht diese Darstellung der Vokale, das lautliche diesbezügliche Inventar aller Sprachen abzubilden.

Kapitel 2 · Phonetik und Phonologie – Sprachlaute und Lautstrukturen

© 2015 IPA

CONSONANTS (PULMONIC)

	Bilabial	Labiodental	Dental	Alveolar	Postalveolar	Retroflex	Palatal	Velar	Uvular	Pharyngeal	Glottal
Plosive	p b			t d		ʈ ɖ	c ɟ	k g	q ɢ		ʔ
Nasal	m	ɱ		n		ɳ	ɲ	ŋ	ɴ		
Trill	B			r					ʀ		
Tap or Flap		ⱱ		ɾ		ɽ					
Fricative	ɸ β	f v	θ ð	s z	ʃ ʒ	ʂ ʐ	ç ʝ	x ɣ	χ ʁ	ħ ʕ	h ɦ
Lateral fricative				ɬ ɮ							
Approximant		ʋ		ɹ		ɻ	j	ɰ			
Lateral approximant				l		ɭ	ʎ	L			

Symbols to the right in a cell are voiced, to the left are voiceless. Shaded areas denote articulations judged impossible.

Abb. 2.21 IPA-Tabelle der pulmonischen Konsonanten (IPA Chart: Consonants (Pulmonic)). (► http://www.internationalphoneticassociation.org/content/ipa-chart, available under a Creative Commons Attribution-Sharealike 3.0 Unported License. © 2005/2015 International Phonetic Association)

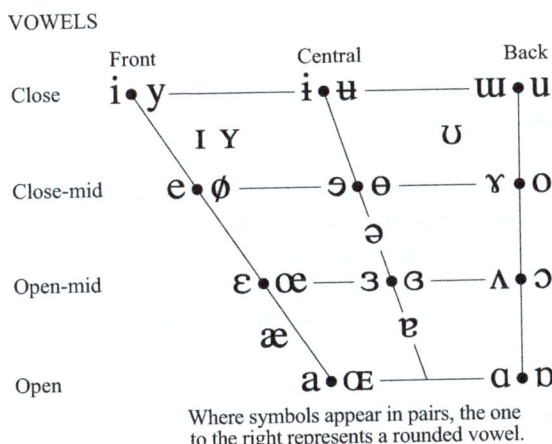

Abb. 2.22 IPA-Vokaltabelle (IPA Chart: Vowels). (► http://www.internationalphoneticassociation.org/content/ipa-chart, available under a Creative Commons Attribution-Sharealike 3.0 Unported License. © 2005/2015 International Phonetic Association)

❓ Frage 2.1

Beschreiben Sie die folgenden Laute hinsichtlich Stimmtonbeteiligung, Artikulationsort und -modus: [ɣ], [ʒ], [ʔ], [r], [ɹ], [ɭ].

❓ Frage 2.2

Welche Laute werden wie folgt beschrieben?
- stimmloser alveolarer Plosiv/Verschlusslaut
- (stimmhafter) bilabialer Nasal
- stimmloser velarer Plosiv
- stimmhafter velarer Plosiv
- stimmhafter labiodentaler Frikativ

▪ Transkription

Die zentrale Aufgabe, die dem IPA und anderen phonetischen Codierungssystemen („Lautschriften") zukommt, ist natürlich die möglichst exakte Repräsentation von Sprachlauten in schriftlichen Darstellungen ihrer spezifischen lautlichen Eigenschaften. Wenn wir also genau beschreiben wollen, wie ein bestimmter Laut, oder eher wie bestimmte Wörter, Sätze und noch längere lautsprachliche Äußerungen einer spezifischen Sprache phonetisch beschaffen sind, müssen wir dies mit einem präzisen Repräsentationsinventar wie dem IPA tun. Die Orthografie hilft hier kaum weiter, wie wir schon gesehen haben. Wir schauen dazu auf einige Beispiele für transkribierte Sprachäußerungen.

► Beispiel
- einst [ʔaɪ̯nst]
- stritten [ʃtʁɪtn̩]
- sich [zɪç]
- Nordwind [nɔɐ̯tvɪnt]
- und [ʔʊnt]
- Sonne [zɔnə] ◄

Es fallen einige Punkte auf, die man zunächst nicht erwartet, was daran liegt, dass hier tatsächliche standardsprachliche Äußerungen von Wörtern transkribiert wurden. Auffällig ist z. B. das Fehlen des letzten (erwarteten) Vokals in *stritten*, oder die Repräsentation des <r> in *Nordwind* als Vokal [ɐ]. Auf den weiteren Punkt der oft erheblich von einer „Normaussprache" abweichenden Realisierung unserer Sprachlaute in der alltäglichen Kommunikation kommen wir in ► Abschn. 2.2.2 zurück.

2.2 Phonologie

Während die Phonetik auf die Produktion, Übertragung und Rezeption aller physiologisch möglichen Sprachlaute schaut und dies in der artikulatorischen, respektive akustischen und auditiven Phonetik untersucht, betrachtet die Phonologie die Gesetzmäßigkeiten, denen die lautlichen Strukturen von Sprache (universal) und Einzelsprachen gehorchen, und wie diese lautlichen Strukturen organisiert und strukturiert sind. In diesem Sinne ist die Phonologie also eine wesentlich abstraktere Weise, sich mit sprachlichen Lauten zu befassen.

Da ist dann vor allem der Punkt der phonetisch-phonologischen Variation: Wir wissen ja aus unserem Fremdsprachenunterricht („machen'se mal ein gerolltes *r*") und von anderen Gelegenheiten wie Auslandsaufenthalten („Warum sagen die hier *Athen* in der Mitte wie auf Englisch?"), wie stark sich das lautliche Inventar von Einzelsprachen in konkreten Sprachschallereignissen unterscheiden kann. Dabei ist es aber interessant zu beobachten, wie viel phonetische Variation auch innerhalb dieser Einzelsprachen möglich ist, ohne dass das Verständnis der lautlichen Ereignisse Schaden nimmt. So scheint es ja zunächst einmal recht verwunderlich, dass das Deutsche je nach Region unterschiedliche phonetische Realisierungen von z. B. *Dortmund* zulässt. In Dortmund selbst können Sie durchaus so etwas wie [dɔatmʊnt] erwarten, während im Rheinland eher ein [dɔχtmʊnt] die Regel ist. Wir beobachten also, dass im Ruhrgebiet an der Position des orthografischen <r> ein [a] realisiert wird und im Rheinland an dessen Stelle ein [χ] – im einen Fall ein Vokal, im anderen ein Konsonant. Viel unterschiedlicher könnten diese phonetischen Varianten kaum sein, aber dennoch verstehen wir beide als denselben lautlichen Bestandteil unseres *Dortmund*. Standardsprachlich verwenden wir übrigens weder die eine noch die andere Variante: Hier ist sowohl eine andere vokalische Realisierung des *r*-Lauts vertreten ([dɔatmʊnt]) als auch konsonantische Realisierungen wie [dɔʁtmʊnt] oder [dɔrtmʊnt]. Allen obigen Realisierungsvarianten ist aber gemein, dass bei ihrer jeweiligen Verwendung und trotz der erheblichen phonetischen Unterschiede einiger Segmente unser Verständnis des Wortes *Dortmund* erhalten bleibt. Wir sind also in der Lage, beim Verstehensprozess über gänzlich verschiedene lautliche Segmente zu generalisieren und sie somit auf denselben lautlichen Bestandteil eines Worts wie oben abzubilden. Folglich bleibt die Bedeutung des Wortes trotz seiner unterschiedlichen Aussprachen erhalten.

Die Phonologie untersucht auch ebendiese Generalisierungen, die man über bestimmte Klassifizierungen lautlicher Formen machen kann, die wir als Menschen immanent vornehmen können. Wir nennen das auch **phonologische Kategorisierung**.

2.2.1 Phonemische Analyse

Ein für die phonologische Analyse entscheidendes Kriterium ist der Beitrag, den einzelne lautliche Segmente zum Verständnis der Bedeutung einzelsprachlicher Wörter leisten. Zwar haben phonetische Segmente wie [t] oder [f] in Isolation keinerlei sprachliche Bedeutung, aber ihr Auftreten an bestimmten Positionen im Wort kann sehr wohl eine unterschiedliche Bedeutung von Wörtern auslösen. Betrachten wir einmal die lautlichen Formen von *Tisch* und *Fisch*: [tɪʃ] und [fɪʃ]. Beide lautlichen Formen unterscheiden sich lediglich an einer einzigen Position, dem initialen Konsonanten. Die verbleibende lautliche Form beider Wörter – [ɪʃ] – ist identisch. Bei der Verwendung von [t] in initialer Position erhalten wir ein deutsches Wort mit der Bedeutung von *Tisch*, bei der Verwendung von [f] erhalten wir aber ein Wort mit vollkommen anderer Bedeutung, sprich das mit der Bedeutung von *Fisch*. Wir erkennen an dieser Gegenüberstellung zweier einfacher Wörter des Deutschen, dass die beiden Laute [t] und [f] im Deutschen **bedeutungsunterscheidend** sind. Wir nennen solche bedeutungsunterscheidenden lautlichen Segmente **Phoneme**.

> **Phonem**
> Ein Phonem ist die kleinste sprachliche Einheit einer Sprache, die einen Bedeutungsunterschied in Wörtern ebendieser Sprache ausmacht. So sind die initialen Segmente in den phonologischen Formen von *Fisch* und *Tisch* Phoneme, da sie allein in den beiden jeweiligen und ansonsten identischen Segmentfolgen den Unterschied in der Bedeutung dieser beiden Wörtern ausmachen. Dabei tragen die Segmente /f/ und /t/ also selbst keinerlei Bedeutung: Sie sind lediglich bedeutungsunterscheidend im Kontext mit anderen Segmenten. Phoneme sind immer sprachspezifisch: Ein Phonem in einer Sprache muss keineswegs auch ein Phonem in einer anderen Sprache sein.
>
> Phoneme sind Bestandteile unseres phonologischen Wissens über eine Einzelsprache. Ein Phonem ist also eine abstrakte Entität. Es darf z. B. keinesfalls verwechselt werden mit einem Laut in einer konkreten sprachlichen Äußerung.

Das zur Bestimmung von Phonemen angewendete Verfahren der Gegenüberstellung zweier Wörter mit nur einem einzigen unterschiedlichen lautlichen Segment, aber unterschiedlicher Bedeutung, nennen wir **Minimalpaarbildung**. In dem Sinne wie Phoneme bedeutungsunterscheidend sind, nennen wir sie auch **distinktiv**. Phoneme sind in Einzelsprachen also so verteilt, dass sie Bedeutungskontraste bilden, sie sind damit **kontrastiv distribuiert**.

Der Phonemstatus bestimmter lautlicher Segmente beschränkt sich immer auf Einzelsprachen. Dies folgt aus dem Umstand, dass Einzelsprachen zum einen in aller Regel unterschiedliche lautliche Inventare haben und zum anderen natürlich auch phonologisch unterschiedlich gebildete Wörter. Im Englischen ist z. B. [ð] wie in *them* [ðɛm] ein Phonem (vgl. *either* [iːðɚɪ] ‚entweder' vs. *ether* [iːθɚɪ] ‚Äther' im amerikanischen Englisch), im Deutschen aber nicht. Hier finden wir das [ð] nicht im nativen Phoneminventar, sondern nur in Lehnwörtern. Anders beim [ʒ]: Das im Französischen häufige [ʒ] wie in *jaune* [ʒon] ‚gelb' hat dort Phonemstatus, im Deutschen aber ebenso, obwohl auch hier gilt, dass wir [ʒ] fast ausschließlich in französischen Lehnwörtern finden, auch wenn wir diese vielfach nicht mehr als solche wahrnehmen, wie z. B. *Garage*. Im Französischen und Spanischen finden wir allerdings z. b. kein natives [h], das im Deutschen aber Phonemstatus hat, z. B. *Hass* [has] vs. *Fass* [fas].

Natürlich gibt es erhebliche Überschneidungen bei den Phoneminventaren von Einzelsprachen. [t] und [f] z. B. sind im Deutschen, Englischen, Spanischen und Französischen Phoneme.

> **? Frage 2.3**
> Zeigen Sie anhand von Minimalpaaren, dass [t] und [f] im Spanischen, Französischen und Englischen Phoneme sind.

Wir repräsentieren Phoneme immer mit Schrägstrichen, z. B. also /t/ und /f/. Wenn wir lautliche Segmente unabhängig von ihrem Phonemstatus und damit nur mit Bezug auf ihren phonetischen Wert notieren wollen, bleiben wir bei unserer Notation mit eckigen Klammern, wie [t] oder [f]. Diese notationelle Unterscheidung ist sehr wichtig, wie wir gleich sehen werden.

Phoneme sind abstrakte Entitäten. Sie sind Bestandteile unseres sprachlichen Wissens. Als solche können wir Phoneme wie /m/ nicht „aussprechen". Was wir phonetisch realisieren, sind die konkreten, artikulatorisch möglichen Ausprägungen dieser Phoneme, d. h. spezifische Instanzen ihrer **Allophone**, z. B. [m].

> **Allophon**
> Allophone sind die konkret realisierbaren phonetischen Instanzen eines (abstrakten) Phonems. So haben wir im Deutschen z. B. das Phonem /p/, das realisiert werden kann sowohl durch sein Allophon [p] wie in *Spiel* als auch durch sein aspiriertes Allophon [pʰ] in *Pille*. Das jeweilige Auftreten der verschiedenen Allophone eines Phonems ist typischerweise umgebungsbedingt – wie in den beiden eben genannten Beispielen. In dem Sinne, wie Allophone die möglichen phonetisch realisierbaren Segmnente eines Phonems sind, können wir ein Phonem auch verstehen als die Menge seiner Allophone.

Betrachten wir dazu einige Laute, die im Deutschen und Englischen ähnlich distribuiert sind: den stimmlosen bilabialen Plosiv [p] und den aspirierten stimmlosen bilabialen Plosiv [pʰ] (vgl. zu den englischen Daten und der folgenden Diskussion die Darstellung in Davenport und Hannahs (2010, S. 115ff.), der wir hier folgen). Da hätten wir z. B.:

engl. *pill* [pʰɪɫ] ‚Pille'	*spill* [spɪɫ] ‚etwas verschütten'
deutsch *Pille* [pʰɪlə]	*Spille* (‚Spindel') [ʃpɪlə]

Wir sehen, dass sowohl im Deutschen als auch im Englischen die Realisierung des bilabialen Plosivs in initialer Position vor Vokalen (hier [ɪ]) aspiriert ist, also [pʰ]. Tritt ein bilabialer Plosiv jedoch nicht initial auf, sondern nach [s] im Englischen bzw. nach [ʃ] im Deutschen, wird er nicht aspiriert, und es bleibt beim [p]. Dieses Verhalten ist phonologisch „verdächtig". Wenn wir annehmen, dass sich die beiden Laute jeweils in beiden Sprachen immer so verhalten, könnten wir ihr jeweiliges Auftreten vorhersagen. Diese **Vorhersagbarkeit** des Auftretens bestimmter phonetisch ähnlicher Segmente ([p] und [pʰ] sind schließlich beide stimmlose bilabiale Plosive) ist aber ein Indiz für deren **komplementäre Verteilung**: Wo immer der eine Plosiv auftritt, tritt der andere eben nicht auf. Damit hätten wir dann diese Segmente als Allophone eines einzigen Phonems entlarvt. Sie sind umgebungsabhängig produzierte phonetische Varianten desselben (abstrakten) stimmlosen bilabialen Plosivs, der in dieser abstrakten Form Bestandteil unseres phonologischen Wissens des Englischen und auch des Deutschen ist. Die phonologische Grammatik unserer Einzelsprache gibt dann vor, wann wir welche Variante dieses Phonems phonetisch realisieren.

Nun bleibt aber zu entscheiden, welches der beiden Segmente wir als Basis für unser (abstraktes) Phonem annehmen wollen. Dazu müssen wir aber auf weitere Daten schauen:

engl. *apt* [æpt] ‚begabt'	*plot* [plɑt] ‚Handlung'
deutsch *Abt* [ʔapt]	*Plopp* [plɔp]

Tritt der Plosiv wie hier vor einem weiteren Konsonanten auf, wird er nicht-aspiriert realisiert. Folglich tritt die nicht-aspirierte Variante an zwei unterschiedlichen Positionen auf (nach Konsonanten und vor Konsonanten), die aspirierte Variante aber nur an einer (initial vor Vokalen). Damit hat die nicht-aspirierte Variante die weitere Verteilung, und ihr Auftreten ist folglich schwieriger vorhersagbar als das der nicht-aspirierten Variante. Daher entscheiden wir uns für die nicht-aspirierte Variante als Basis des Phonems. Wir können jetzt die Beziehung zwischen dem Phonem und seinen beiden Allophonen wie in ◘ Abb. 2.23 veranschaulichen.

Wir haben ein abstraktes Element unseres phonologischen Wissens, das Phonem /p/, und dieses können wir

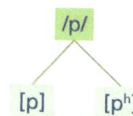

Abb. 2.23 Zwei Allophone des zugrunde liegenden Phonems /p/ (vgl. Davenport und Hannahs 2010, S. 116)

? **Frage 2.4**
Im deutschen Namen *Paul* wird das /p/ aspiriert realisiert: [pʰaʊ̯l]. Wie verhält es sich mit dem französischen *Paul* und spanischen *Paco*?

in unserer gesprochenen Sprache realisieren, indem wir die phonetischen Eigenschaften seiner beiden Varianten [p] und [pʰ] unserer jeweiligen Artikulation zugrunde legen. In diesem Sinne ist das Phonem /p/ eine **zugrunde liegende Form** (unseres Wissens), und die phonetischen Realisierungen sind entsprechend **Oberflächenformen**, sprich direkt beobachtbare und messbare Instanzen in unseren spezifischen sprachlichen Äußerungen.

Außerdem gibt es noch den wichtigen Punkt der Generalisierung. Wir finden sowohl im Deutschen als auch im Englischen die weiteren stimmlosen Plosive [t] und [k] wie in:

engl. *kill* [kʰɪɫ] ‚töten'	*skill* [skɪɫ] ‚Fähigkeit'
deutsch *Kiel* [kʰiːl]	*Skat* [skaːt]
engl. *till* [tʰɪɫ] ‚Kasse'	*still* [stɪɫ] ‚immer noch'
deutsch *Till* [tʰɪl] (Vorname)	*still* [ʃtɪl]

Es zeigt sich, dass die aspirierten und nicht-aspirierten Varianten der beiden weiteren Plosive [t] und [k] genauso verteilt sind, wie wir es vorher beim /p/ und seinen beiden Allophonen beobachten konnten. In unserer obigen Darstellungsform ergibt sich für alle drei stimmlosen Plosive – im Englischen wie im Deutschen – eine Konstellation wie in ◘ Abb. 2.24.

Wir können also sowohl für das Deutsche als auch für das Englische festhalten, dass wir bei den drei stimmlosen Plosiven, die in beiden Sprachen zum Phoneminventar gehören, hinsichtlich ihrer aspirierten Varianten eine gleiche Verteilung haben: In beiden Sprachen sind die stimmlosen Plosive und ihre jeweiligen aspirierten Varianten komplementär distribuiert. Die nicht-aspirierten Varianten [p], [t] und [k] werten wir aufgrund ihrer weiteren Verteilung als Basis für die Phoneme /p/, /t/, /k/ und ihre jeweiligen aspirierten Varianten [pʰ], [tʰ], [kʰ] als deren jeweilige Allophone.

Es bleibt trotz der oben beobachteten phonologischen Gemeinsamkeiten der englischen und deutschen stimmlosen Plosive aber dabei, dass wir den Phonemstatus einzelner Segmente immer einzelsprachlich bewerten. Im Englischen haben die stimmlosen Plosive z. B. noch weitere Realisierungsvarianten, die wir im Deutschen so nicht finden: In finaler Position werden die Verschlüsse meist nicht hörbar gelöst, wie etwa in *top* [tɑp̚] (wenn wir an dieser Position ein vernehmliches [pʰ] produzieren, fallen wir eben mit einem „harten" deutschen Akzent auf). Des Weiteren kommt im Englischen insbesondere dialektal anstelle von [t] in finaler Position auch der glottale Verschluss [ʔ] vor, wie etwa in *set* [sɛʔ] (vgl. Davenport und Hannahs 2010, S. 120).

Dass sich einzelne Laute in verschiedenen Sprachen mit unterschiedlichem Phoneminventar dennoch phonologisch ähnlich verhalten, ist u. a. Umständen wie sprachhistorisch bedingten Gemeinsamkeiten der betroffenen Sprachen geschuldet sowie phonetischen und phonologischen Eigenschaften von Lauten. Unsere [p], [t] und [k] etwa sind in den Lautinventaren der Sprachen der Welt extrem weit verbreitet.

Zu der Aspiration der stimmlosen Plosive im Deutschen gibt es noch ein letztes Caveat: Sie wird in der Literatur durchaus unterschiedlich bewertet. Es zeigt sich, dass eine schlichte digitale Bewertung *aspiriert* vs. *nicht-aspiriert* aus verschiedenen phonetischen Gründen nicht haltbar ist (vgl. hierzu als Überblick die kurze Diskussion in Wiese 2011, S. 115ff.). Wir belassen es aber zunächst bei der vereinfachten Sichtweise.

Nun noch einen Blick auf das Spanische (vgl. dazu die Darstellung der intervokalischen Lenisierung im Spanischen in Hualde 2005, S. 9f.). Hier geht es um die Distribution des stimmhaften alveolaren Plosivs [d] und des ebenfalls stimmhaften interdentalen Frikativs [ð] wie in

dar [dar] ‚geben'	
caldo [kaldo] ‚Brühe'	
candor [kandor] ‚Einfalt'	
boda [boða] ‚Hochzeit'	
lado [laðo] ‚Seite'	
para dos [paraðos] ‚für zwei'	

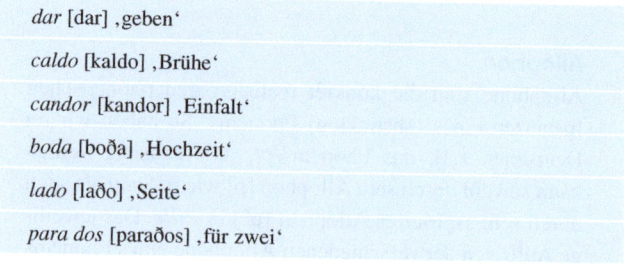

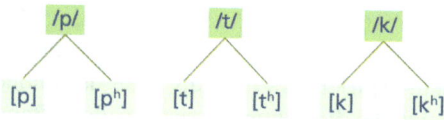

Abb. 2.24 Phoneme /p/, /t/ und /k/ und jeweils zwei ihrer Allophone im Deutschen und Englischen. (Für die komplette allophonische Distribution der drei stimmlosen Plosive im Englischen siehe Davenport und Hannahs 2010, S. 121)

Wir beobachten, dass [ð] nur in medialer Position und nur intervokalisch, sprich zwischen zwei Vokalen auftritt, wie in [boða]. [d] hingegen tritt sowohl initial ([dar]) als auch nach [l] und [n] auf. Beide Segmente sind also wiederum komplementär distribuiert, [d] hat eine weitere Distribution als [ð] und ist damit schwieriger vorhersagbar. Es lässt sich

Abb. 2.25 Phonem /d/ und seine zwei Allophone im Spanischen

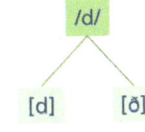

ein Phonem /d/ mit zwei Allophonen wie in ◘ Abb. 2.25 dargestellt ableiten.

Ähnlich wie wir oben über das Auftreten der stimmlosen Plosive und ihrer aspirierten Varianten im Englischen und Deutschen generalisieren konnten, können wir im Spanischen ebenfalls generalisierende Aussagen über die stimmhaften Plosive und deren Frikativvarianten machen. Vgl. dazu:

gato [gato] ‚Katze'	
lago [laɣo] ‚See'	
bala [bala] ‚Kugel'	
cabo [kaβo] ‚Kap'	

Beide stimmhafte Plosive [b] und [g] sind ähnlich distribuiert wie [d] oben. Beide haben ebenfalls eine stimmhafte Frikativvariante, den bilabialen Frikativ [β] im Fall des bilabialen [b] und den velaren Frikativ [ɣ] im Fall des ebenfalls velaren [g]. Wir beobachten wiederum ähnliche lautliche Umgebungen beim Auftreten der Allophone wie beim /d/. Die Distribution und die jeweiligen Umgebungen der weiteren Varianten der stimmhaften Plosive im Spanischen sind jedoch komplexer als hier dargestellt. Es ergibt sich aber zunächst die in ◘ Abb. 2.26 dargestellte Relation zwischen den Phonemen der stimmhaften Plosive und ihren jeweiligen Allophonen.

Für den phonologischen Prozess der Ersetzung z. B. eines Plosivs durch einen Frikativ gibt es übrigens einen allgemeinen Begriff – **Lenisierung** –, der aber noch etliche weitere Phänomene beschreibt, die wir in vielen Sprachen der Welt beobachten können.

Nun zu einem Klassiker der deutschen Phonologie, der Differenzierung zwischen zwei Frikativen, die gemeinsprachlich oft als Ich-Laut und Ach-Laut bezeichnet werden. Genauer sind dies die beiden stimmlosen dorsalen Frikative des Deutschen: das palatale [ç] wie in *Licht* und das uvulare [χ] wie in *Loch* (vgl. zur hiesigen Darstellung die Diskussion in Hall (2011, S. 63ff.), der wir hier folgen, und Wiese (2011, S. 54ff.)). Man könnte nun annehmen, dass beide Segmente auch Phoneme des Deutschen darstellen, aber dazu müssten beide ja kontrastieren, was aber nicht gezeigt werden kann. Und dann gibt es eine entscheidende Perspektive ihres Auftretens. Dazu die folgenden Daten:

[ç]	
Licht [lɪçt]	*Kelch* [kɛlç]
siechen [siːçən]	*manch* [manç]
Küche [kʏçə]	*China* [çiːna]
Flüche [flyːçə]	
Blech [blɛç]	
gemächlich [g̊əmɛːçlɪç]	
möchte [mœçtə]	

Wenn wir in der linken Spalte auf die phonetische Umgebung unmittelbar links, also unmittelbar vor [ç] schauen, fällt auf, dass die dort auftretenden [ɪ], [iː], [ʏ], [yː], [ɛ], [ɛː], [œ] allesamt vordere Vokale sind. In der rechten Spalte finden wir noch [n] und [l] unmittelbar vor [ç] sowie den Wortanfang: [ç] kommt also auch wortinitial vor.

[χ]
Bucht [bʊχt]
Fluch [fluːχ]
Bochum [boːχʊm]
Loch [lɔχ]
wach [vaχ]
Gemach [g̊əmaːχ]

Nun zu den linken Umgebungen von [χ]. Hier finden sich lediglich die Vokale [ʊ], [uː], [oː], [ɔ], [a], [aː]. Unmittelbar vor [χ] treten also ausschließlich hintere Vokale auf. Wortinitial und hinter [n] und [l] finden wir [χ] nicht. Gemeinsam ist beiden dorsalen Frikativen, dass sie auch in wortfinaler Position vorkommen.

Das Auftreten beider Varianten ist also vorhersagbar, aber die Variante [ç] hat die weitere Verteilung als [χ], denn die palatale Variante tritt sowohl wortinitial als auch nach [l] und [n] auf. Wir legen uns also auf den palatalen Frikativ [ç] als Basis des Phonems fest (◘ Abb. 2.27).

Es sei allerdings hinsichtlich der Diskussion [ç] vs. [χ] im Deutschen noch darauf hingewiesen, dass es außer einigen dialektalen Unterschieden dazu auch durchaus

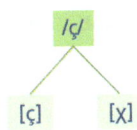

Abb. 2.27 Phonemstatus von /ç/ im Deutschen

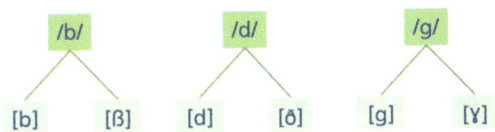

Abb. 2.26 Die stimmhaften Plosive des Spanischen und ihre jeweiligen Allophone

divergierende Ansichten gibt. Unter anderem sind da neben der Bewertung des Phonemstatus auch die phonetische Qualität von [x] alternativ zu [χ] zu nennen, und insbesondere Fälle wie *Frauchen* vs. *rauchen* und *Kuhchen* vs. *Kuchen*, wobei letzteres sogar nach einem Minimalpaar aussieht, in dem [ç] und [χ] kontrastieren (tun sie aber nicht, s. unten). Die Fälle *Frau*[ç]*en* und *Kuh*[ç]*en* scheinen unserer eingangs gemachten Beobachtung, dass nach hinteren Vokalen immer [χ] auftritt, entgegenzustehen. Hier müssen wir anders argumentieren: So wie es aussieht, verstoßen diese Formen zwar gegen unsere Feststellung, aber in beiden Fällen ist ein Diminutiv („Verniedlichungsform") involviert, und der ist an das jeweilige Wort suffigiert. Von dieser Form nehmen wir an, dass sie lexikalisch als /çən/ festgelegt ist, und deren einzig zulässige phonetische Realisierung die [ç]-Variante ist (vgl. dazu Wiese 1996, S. 211ff.). Dies schon einmal als Hinweis darauf, dass phonologische Regeln mit lexikalischen, morphologischen und weiteren Aspekten auf komplexe Weise interagieren.

2.2.2 Phonologische Alternationen

Wir hatten also einige Probleme mit dem phonemischen Status einzelner Segmente im Lautinventar bestimmter Einzelsprachen. Betrachten wir nun einmal den Fall des deutschen *r*-Lauts und zwei seiner möglichen Realisierungen durch [ʀ] oder [ʁ]. Vielfach wird in der Literatur bei der Repräsentation des deutschen Phonems übrigens auf das Symbol „r", also /r/, zurückgegriffen. Man macht das (für Sie verwirrend) einerseits der Einfachheit halber, da man für diesen Buchstaben ja nicht extra einen IPA-Font verwenden muss, und andererseits aus historischen Gründen (Bühnenaussprache). Genau genommen stellt der phonetische Wert [r] – ein alveolarer Vibrant – aber lediglich eine dialektale Variante (meist in einigen südlichen deutschen Dialekten realisierte) des Phonems dar. Die häufigsten standardsprachlichen Formen dürften die beiden stimmhaften uvularen Varianten sein – vornehmlich der Frikativ [ʁ] wie in *froh* [fʁoː], den wir auch hier als Phonem /ʁ/ annehmen wollen, und das alternative [ʀ] wie in *roh* [ʀoː]. Beide Varianten werden auch von denselben Sprechern verwendet, und ihr Auftreten ist sowohl umgebungsbedingt als auch stilistisch oder situationsbedingt (vgl. Hall 1993; Kohler 1995, S. 165f.; Wiese 1996, S. 170ff.).

Nehmen wir also die häufigere allophonische Variante [ʁ] als Modell für unser zugrunde liegendes Phonem und nehmen einmal auch die dialektale Variante [r] zu unserer Allophonaufstellung hinzu, ergibt sich zunächst das in ◼ Abb. 2.28 gezeigte Bild.

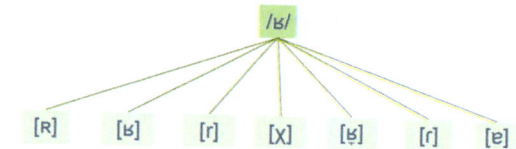

◼ **Abb. 2.29** Allophone des Phonems /ʁ/ im Deutschen – einschließlich dialektaler Formen

Nun fehlen aber die vokalische Realisierung wie in *Bier* [biːɐ̯], die rheinische Realisierung als [χ] in *dort*, die auch zu beobachtende alternative standardsprachliche Realisierung als Approximant [ʁ̞] in intervokalischer Position wie in *Lehre* [leːʁ̞ə] und die norddeutsche dialektale Variante als Flap wie in *Ware* [vaːɾə]. Damit hätten wir insgesamt die Verteilung wie in ◼ Abb. 2.29.

Aber Vorsicht: Dies umfasst (fast) alle Varianten quer durch die deutschen Dialekte, nicht nur die des Standarddeutschen! Damit stellen diese Varianten also keinesfalls nur die Varianten innerhalb einer einzigen Sprachform (wie etwa im genannten Standarddeutschen) dar. Das ist etwas heikel, denn Aussagen über Phonem- und Allophonstatus spezifischer Segmente sind ja immer einzelsprachspezifisch, wie wir oben festgestellt haben, und daher müssen wir auch zwischen der Distribution in verschiedenen Sprachformen oder Dialekten differenzieren und diese jeweils separat bewerten. So unterscheidet sich die o. a. Aufstellung klar von unseren Aussagen über z. B. die [ç]- vs. [χ]-Varianten eines Phonems innerhalb des Standarddeutschen, sprich innerhalb einer einzigen Sprache/Sprachform. Würden wir auch unser [ç]/[χ]-Allophoninventar um weitere dialektale Formen ergänzen, kämen u. a. noch die [ʒ]-Varianten des Hessischen und die divergierende Verwendung des [χ] im schweizerischen Deutsch hinzu (vgl. das hessische *Becher* [beʒɛ] und das schweizerische [beχər]), was aber wenig zur Bewertung des Phonemstatus dieser Frikative im Standarddeutschen beiträgt.

Reduzieren wir unsere Betrachtung auf eine einzige dialektale Form, z. B. die Standardlautung, erhalten wir ein reduziertes aber korrekteres Bild der Relation zwischen dem deutschen Phonem /ʁ/ und seinen Allophonen (◼ Abb. 2.30).

Die eben angerissene dialektale Variation ist aufgrund ihrer Komplexität und der extremen Häufigkeit ihres Auftretens in den Sprachen der Welt Gegenstand eines eigenen Forschungszweigs, der **Dialektologie**.

Weitere interessante dialektale Realisierungsalternationen des schriftsprachlichen <r> finden sich z. B. nicht nur im Deutschen, sondern auch im Englischen. In der engli-

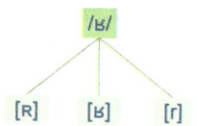

◼ **Abb. 2.28** Einige Allophone von deutsch /ʁ/

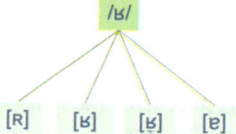

◼ **Abb. 2.30** Standardsprachliche Varianten des /ʁ/ im Deutschen

schen Dialektologie ist es üblich, zwischen **rhotischen** und **nicht-rhotischen** Dialekten zu unterscheiden: *rhotic accents* bewahren die Realisierung eines zugrunde liegenden /ɹ/ in allen Positionen, *non-rhotic accents* hingegen realisieren /ɹ/ nicht immer. So wird *car* z. B. in den USA und Kanada typischerweise als [kɑɹ] oder [kɑɻ] mit retroflexem Approximanten realisiert, aber in den meisten Dialekten Englands als [kɑː]. Zweifellos ist /ɹ/ aber auch in den britisch-englischen Dialekten als Phonem zu bewerten, nur wird es eben nicht immer realisiert. Und natürlich gibt es auch rhotische englische Dialekte im Südwesten Englands und weitere rhotische Dialekte auf den Britischen Inseln (z. B. schottische Dialekte). Ebenso gibt es aber auch nicht-rhotische Varianten des Englischen in den südlichen und östlichen USA.

Im Französischen sieht es hingegen sehr ähnlich wie im Deutschen aus: Wir finden dialektal [ʀ], [ʁ] und [r]. Anders übrigens im Spanischen, wo die beiden dort zu beobachtenden r-Qualitäten /r/ und /ɾ/ Phoneme sind. Das Standardbeispiel hierzu ist die Opposition *pero* [peɾo] ‚aber' vs. *perro* [pero] ‚Hund'.

Die obigen Beispiele sind nur ein winziger Ausschnitt der Phänomene, die wir als lautsprachliche Alternationen in den Einzelsprachen der Welt beobachten können.

2.2.3 Phonologische Prozesse und Regeln

In verschiedenen, insbesondere stilistischen Varianten des gesprochenen Deutsch werden Formen wie *Grünkohl* auch als [gʁyːŋkoːl] realisiert, obwohl wir eigentlich eher [gʁynkoːl] erwarten würden – eben genauso wie in *grün* [gʁyːn] (vgl. dazu Wiese 1996, S. 220ff.). Es ist aber vielfach so, dass hier bei der Realisierung des /n/ im *grün*-Teil bereits der velare Artikulationsort des nachfolgenden [k] antizipiert, und deshalb diese lautliche Eigenschaft des [k] bereits schon beim vorhergehenden Nasal [n] artikuliert wird. Dieser Nasal erhält bei der Realisierung dementsprechend einen anderen Artikulationsort und ändert sich somit vom alveolaren [n] zum velaren [ŋ]. Eine solche Angleichung bestimmter lautlicher Eigenschaften von Segmenten an die lautlichen Eigenschaften benachbarter Segmente nennen wir **Assimilation**.

> **Assimilation**
> Ein assimilatorischer Prozess bewirkt, dass ein (nicht notwendigerweise unmittelbar) benachbartes lautliches Segment bestimmte artikulatorische oder laryngale Eigenschaften eines anderen annimmt.

Assimilationen sind extrem häufige Phänomene in den Sprachen der Welt. Die die Assimilation auslösenden Segmente können dabei vorwärts wirken (**progressive** oder **perseverative** Assimilation) oder rückwärts wie beim obigen Beispiel (**regressive** oder **antizipative** Assimilation). Eine Assimilation kann teilweise (**partiell**) oder auch ganz erfolgen (**komplett/total**). Unser Beispiel /gʁyːnkoːl/ → [gʁyːŋkoːl] stellt folglich eine **partielle regressive** (Nasal-) **Assimilation** dar. Wir unterscheiden zwischen **Kontaktassimilation**, die über adjazente Segmente operiert, und **Fernassimilation**, bei der nicht-adjazente Segmente involviert sind.

Entscheidend für unsere Betrachtung hier ist, dass dieses Verhalten regelhaft ist. Wir würden dementsprechend auch grundsätzlich formulieren wollen: „Ein zugrundeliegendes /n/ wird vor [k] als [ŋ] realisiert".

Diese Aussage ist unsere erste einfache phonologische Regel, und sie beschreibt also, dass das der Assimilation unterliegende /n/ und das die Assimilation auslösende /k/ **homorgan** artikuliert werden, also an demselben Artikulationsort. Die Regel ist allerdings nicht besonders elegant, weil sie viele ähnlich gelagerte Fälle homorganer Nasalassimilationen (vgl. *kein Problem* [kaɪ̯mpʁobleːm]) nicht erfasst, und daher ist sie hier nur zur Illustration gedacht. Dennoch schauen wir jetzt anhand dieser in Prosa formulierten Regel exemplarisch auf ein geeignetes Format, das wir für die Formulierung phonologischer Regeln verwenden wollen.

Phonologische Regeln wie unser Beispielfall bilden eine zugrunde liegende (phonemische) Form auf eine phonetische (Oberflächenform) ab. Sie setzen dabei die jeweiligen Formen in spezifische Kontexte, wodurch **Verteilungsaussagen** gemacht werden. Dies lässt sich schematisch wie in ■ Abb. 2.31 darstellen.

Bei der Formulierung phonologischer Regeln bedienen wir uns eines bestimmten Repräsentationsformalismus. Unsere Beispielregel lautet wie folgt:

$$/n/ \rightarrow [\eta] \;/\; \underline{\quad} \; [k]$$

Sie sagt also aus, dass ein zugrunde liegendes /n/ als [ŋ] artikuliert wird, genau dann, wenn es vor [k] auftritt. Hierbei gilt: Das Phonem /n/ ist der Input der Regel, [ŋ] ist der Output der Regel. Der Pfeil → bedeutet „wird realisiert als". Der einzelne Schrägstrich / bedeutet „in der Umgebung von". Die Information nach dem Schrägstrich wird auch als strukturelle Beschreibung bezeichnet. Der Unterstrich ____ ist der Platzhalter des Segments, auf das die Regel angewendet wird, hier das Phonem /n/. In Prosa ausgedrückt lautet die obige Regel also: „/n/ wird als [ŋ] realisiert, wenn es unmittelbar vor einem [k] auftritt".

Eine andere Form der Nasalassimilation ist z. B. die im englischen *lamp* /læmp/ → [læ̃mp]: Der zugrunde liegende Oralvokal wird hier dialektal deutlich wahrnehmbar nasal realisiert. Die entsprechende Regel lautet

$$/æ/ \rightarrow [æ̃] \;/\; \underline{\quad} \; [m]$$

Diese Assimilation ist besonders auffällig bei vielen amerikanischen Dialekten des Englischen. Sie betrifft aber

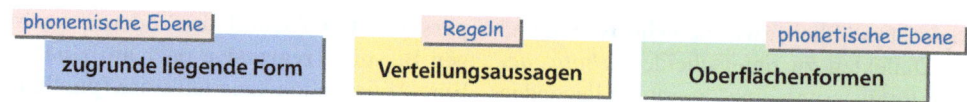

Abb. 2.31 Regelhafte Abbildungen zwischen zugrunde liegenden und Oberflächenformen (vgl. Davenport und Hannahs 2010, S. 122)

grundsätzlich das Vorkommen von Vokalen (nicht nur [æ]), die unmittelbar vor nasalen Konsonanten (nicht nur [m]) auftreten (vgl. Davenport und Hannahs 2010, S. 122). Diese Realisierung ist nicht zu verwechseln mit den Nasalvokalen z. B. des Französischen oder Portugiesischen – diese sind nicht manchmal nasalisiert, sondern immer nasal. Während im Englischen eine Realisierung von [læ̃mp] mit nichtnasaliertem [a], also [læmp], nicht auffällig und insbesondere nicht bedeutungsverändernd wäre, sieht das bei den Nasalvokalen des Französischen anders aus. Hier hätten wir z. B. son [sɔ̃] ‚sein' (Pronomen) vs. sot [so] ‚dumm'. Wir sehen also, dass Nasalität bei Vokalen im Französischen distinktiv ist.

Stimmhafte Konsonanten wie das [m] des obigen Beispiels können aber auch andere Formen der Assimilation auslösen, wie z. B. im Spanischen. Das /s/ in mismo ‚gleich' wird nicht als stimmloser Frikativ realisiert, sondern stimmhaft, sprich /mismo/ wird realisiert als [mizmo] (vgl. Hualde 2005, S. 10f.). Dementsprechend gilt im Spanischen:

/s/ → [z] / ___ [m]

Ein häufig zu beobachtender phonologischer Prozess in den Sprachen der Welt ist die Tilgung von Segmenten, die **Elision**. Eine allgemeine Form für Elisionsregeln würde lauten:

/X/ → ∅ / [Y] ___

Das heißt, ein beliebiger Laut X wird überhaupt nicht realisiert (notiert durch das Symbol für die leere Menge), wenn er nach einem anderen Laut Y auftritt. Beispiele wären die unterschiedlichen dialektalen Realisierungen des englischen laboratory jeweils in einem typischen amerikanischen und einem typischen britischen Dialekt:

| /læbɔrətɔri/ → [ˈlæbrətɔri] | (typische amerikanische Variante) |
| /læbɔrətɔri/ → [ləˈbɒrətri] | (typische britische Variante) |

In der amerikanischen Variante wird bei der Realisierung das erste /ɔ/ getilgt, in der britischen das zweite /ɔ/.

In informellen Varianten des europäischen Spanisch sind Realisierungen von Formen wie cantado ‚gesungen' als [kantao] durchaus üblich, wenngleich in Südamerika typischerweise verpönt. Zugrunde liegt aber in jedem Fall /kantado/, dessen /d/ aber in Spanien einer umgangssprachlichen Elision /d/ → ∅ unterliegt.

Den zur Elision umgekehrten Fall der Einfügung von Segmenten nennen wir **Epenthese**. Ein bekannter Fall ist etwa die Realisierung des englischen Artikels a als an wie z. B. in an egg. Die Form *a egg wäre nicht korrekt – sie wird es erst durch die n-Epenthese. Ein weiterer Beispielfall wäre ein Phänomen z. B. des Geordie-Dialektes der Tyneside-Region Nordostenglands. Hier finden wir für film die Realisierung /fɪlm/ → [fɪləm] (vgl. Davenport und Hannahs 2010, S. 144). Eine Epentheseregel für diesen Fall können wir etwa so formulieren:

/∅/ → [ə] / ___ [m] #

Hierbei steht das Symbol # für eine morphologische Grenze, hier für das Wortende. Epenthese wie auch Elision sind zumeist Phänomene dialektaler und stilistischer Art, sowie insbesondere auf sprachhistorische Prozesse zurückzuführen.

> **Elision und Epenthese**
> Unter Elision verstehen wir die Tilgung eines Segments in der lautlichen Form. So wird etwa bei der Bildung des Adjektivs teuflisch aus Teufel und -isch das Schwa in Teufel getilgt. Die Form ohne Schwa-Elision würde also *teufelisch heißen.
>
> Eine Epenthese ist die Einfügung einer oder mehrerer Segmente in die lautliche Form eines Worts. So bilden wir aus Amerika und -isch ein Adjektiv, das aber nicht *amerikaisch lautet, sondern amerikanisch, sprich mit n-Epenthese.

Allen unseren obigen Beispielregeln ist gemein, dass sie zum einen viel zu spezifisch sind (wir versuchen ja aber immer, Generalisierungen über Daten zu formulieren) und zum anderen in modernen Ansätzen typischerweise in anderen Formalismen abgebildet werden. Die obige Regel für das Spanische erfasst z. B. nicht den Umstand, dass die Realisierung von /s/ als [z] nicht nur vor [m] erfolgt, sondern grundsätzlich vor allen stimmhaften Konsonanten des Spanischen. Auch gilt die obige Epentheseregel für das Geordie generell vor Nasalen, nicht nur vor [m]. Wir werden bald zu allgemeineren und neueren Repräsentationsformaten kommen, die uns die Formulierung eleganterer und allgemeinerer Regeln gestatten.

2.2.4 Distinktive Merkmale

Schauen wir einmal auf das Verhältnis des [p] im Deutschen zu einigen anderen ebenfalls im Deutschen zu findenden Segmenten:

- [p] vs. [b]
- [p] vs. [pʰ]
- [p] vs. [n]

Wir wissen, dass drei der vier obigen Laute Phoneme des Deutschen darstellen (also alle außer [pʰ]), aber auch, dass es zwischen dem stimmlosen Plosiv und seiner aspirierten Variante im Deutschen keine Bedeutungsunterscheidung gibt – im Gegensatz beispielsweise zum Thai, wie bei [pâː] ‚Tante' vs. [pʰâː] ‚Tuch' (vgl. Ladefoged und Maddieson 1996, S. 56) zu sehen – und dass der Unterschied zwischen [p] und [b] von anderer Natur ist als der Unterschied zwischen [p] und [n]: Die ersten beiden haben eine große phonetische Ähnlichkeit (beide sind bilabiale Plosive), die letzten beiden keine.

Während sich die beiden Laute [p] und [n] also hinsichtlich einer ganzen Reihe von Eigenschaften unterscheiden, unterscheiden sich die beiden bilabialen Plosive [p] und [b] lediglich hinsichtlich einer einzigen Eigenschaft, nämlich der Stimmhaftigkeit, die aber den Bedeutungsunterschied zwischen z. B. *Oper* und *Ober* ausmacht. Somit ist diese Eigenschaft, nennen wir sie kurz **[voice]** (für Stimmhaftigkeit), ein bedeutungsunterscheidendes Merkmal, ein **distinktives Merkmal** im Deutschen. Das Vorhandensein einer solchen Eigenschaft drücken wir mit [+...] aus, die Abwesenheit der Eigenschaft mit [−...]. Im Falle von [p] gilt also [−voice], im Falle von [b] gilt entsprechend [+voice], wenngleich die Situation phonetisch weitaus komplexer ist, und phonologisches /b/ häufig stimmlos realisiert wird, dies insbesondere initial vor Vokalen.

Die beiden Minimalpaare unten zeigen eindeutig, dass das Deutsche hier zwischen drei Phonemen unterscheidet:

- *Tischen – wischen*
- *wischen – fischen*

Es geht um den stimmlosen alveolaren Plosiv /t/ und die beiden labiodentalen Frikative /v/ und /f/ – alle drei sind im Deutschen distinktiv. Es gibt aber einen wichtigen Unterschied zwischen dem ersten Minimalpaar mit /t – v/ und dem zweiten mit /v – f/: Entscheidend ist die Distinktivität zwischen /t/ und /v/ einerseits und /v/ und /f/ andererseits. /t/ und /v/ unterscheiden sich hinsichtlich einer ganzen Reihe von Eigenschaften bzw. Merkmalen: Plosiv vs. Frikativ, alveolar vs. labiodental, stimmlos vs. stimmhaft etc. /v/ und /f/ hingegen unterscheiden sich nur hinsichtlich einer einzigen Eigenschaft bzw. eines einzigen Merkmals, der Stimmhaftigkeit. Alle anderen lautlichen Eigenschaften der beiden Wörter sind identisch. Damit ist Stimmhaftigkeit im Deutschen bedeutungsunterscheidend und damit [+/−voice] ein distinktives Merkmal des Deutschen. Im Gegensatz dazu ist Aspiration, wie wir gesehen haben, im Deutschen nicht distinktiv, und damit das entsprechende Merkmal, nennen wir es [+/−asp(irated)], ebenfalls nicht. Dennoch brauchen wir es zur Unterscheidung der beiden entsprechenden Lautklassen.

❓ Frage 2.5
Gilt die Aussage über die Distinktivität der obigen Segmente [t], [v] und [f] auch für das Englische, Französische und Spanische?

Merkmale sind u. a. ein Instrument, um **natürliche Klassen** beschreiben und definieren zu können.

> **Natürliche Klasse**
> Eine natürliche Klasse ist eine Menge von lautlichen Segmenten, die spezifische Gemeinsamkeiten haben (d. h. eine gemeinsame Schnittmenge von Merkmalen), die in dieser Kombination bei keinen weiteren Segmenten auftreten. So bilden etwa die stimmlosen Plosive eine natürliche Klasse.

Eine wichtige (und evtl. zunächst kompliziert erscheinende) Eigenschaft von Merkmalen ist, dass Sie über die Artikulationsparameter und teilweise auch über die akustischen Parameter von Segmenten, die Sie bereits kennengelernt haben, abstrahieren bzw. generalisieren. Wir unterscheiden dabei zunächst folgende Merkmale:

- Oberklassemerkmale (*major class features*):
    - [+/−**cons**(onantal)]
      Konsonantisch sind Laute, deren Realisierung mit einer Engebildung bzw. einem vollständigen zentralen Verschluss oberhalb der Glottis einhergehen: Verschlusslaute, Affrikaten, Frikative, Nasale und Liquide sind [+cons]. Vokale sind [−cons].
    - [+/−**son**(orant)]
      Sonoranten sind Laute mit bestimmten Resonanzeigenschaften/Klangbildung bzw. deutlichen Formantmustern: Vokale, Nasale und Liquide sind [+son], Frikative, Affrikaten und geräuschhafte Verschlusslaute (Plosive) sind [−son]. Alternativ zu [+/−son] gibt es auch [+/−obstr(uent)], da die [−son]-Laute mit Behinderung des Luftstroms gebildet werden. Dabei gilt [−son] ist [+obstr].
- Artikulationsortmerkmale (*place features*):
    - [+/−**coronal**]
      [+cor]-Laute werden mit angehobener Position des Zungenkranzes (Corona) realisiert: Dies sind Dentale, Alveolare, Palato-Alveolare. [−cor]-Laute werden ohne Beteiligung des Zungenkranzes realisiert, wie z. B. Bilabiale.
    - [+/−**anterior**]
      [+ant]-Laute werden vor der palato-alveolaren Region gebildet: Das sind Labiale, Dentale, Alveolare.

[−ant]-Laute werden ab der palato-alveolaren Region weiter nach hinten gebildet.
- [+/−**high**]
  [+high]-Laute werden mit angehobener Position der Zungenmasse/des Zungenrückens (Dorsum), also oberhalb der neutralen Position (Schwa-Artikulation), realisiert: Dentale, Alveolare, Palato-Alveolare, Velare, hohe Vokale sind [+high]. [−high]-Laute werden mit tiefer liegender (neutrale Position und darunter) Zungenmasse gebildet, z. B. Uvulare, Labiale, Apikale (nur Apex ist hoch, Dorsum nicht), mittlere und tiefe Vokale.
- [+/−**low**]
  [+low]-Laute werden mit tief liegendem (unterhalb der neutralen Position) Zungenrücken gebildet, z. B. Glottale, Pharyngale, tiefe Vokale. Wir brauchen die scheinbar redundante Klassifikation sowohl nach *high* als auch nach *low*, um etwa durch die Spezifikation beider Merkmale mit minus eine mittlere Vokalebene zu kennzeichnen ([−high, −low]).
- [+/− **back**]
  [+back]-Laute: Uvulare, Velare, hintere Vokale.
  [−back]-Laute: Palatale, Alveolare, Labiale.
- [high], [low], [back] werden insbesondere zur Klassifikation von Vokalen herangezogen.

- Artikulationsart- und Phonationsmerkmale (*manner features*):
  - [+/−**cont**(inuant)]
    [+cont]-Laute werden mit kontinuierlichem/dauerndem Luftstrom produziert.
  - [+/−**nas**(al)]
    [+nas]-Laute werden mit gesenktem Velum produziert.
  - [+/−**lat**(eral)]
    [+lat]-Laute werden mit seitlich an den Zungenrändern vorbei entweichendem Luftstrom produziert.
  - [+/−**sib**(ilant)]
    [+sib]-Laute, Sibilanten, werden mit Friktionsrauschen produziert (dies ist also ein akustisches Merkmal, kein artikulatorisches).

- Laryngale Merkmale (*laryngeal features*): Sie betreffen die Phonationseigenschaften von Lauten und gehen daher mit bestimmten Parametrisierungen im Larynx bzw. der Glottis einher.
  - [+/−**voice**]
    Mit schwingenden Stimmbändern ([+voice]) oder ohne Stimmbandschwingungen ([−voice]) produziert.
  - [+/−**asp**(irated)]
    Mit langer VOT (*voice onset time*) ([+asp]) oder kurzer bzw. negativer VOT ([−asp]) produziert.
  - [+/−**glottal**] Kennzeichnet vornehmlich den glottalen Verschluss [ʔ].

Die eben aufgelisteten Merkmale sind übrigens keineswegs vollständig, sondern lediglich ein exemplarischer Ausschnitt. Für eine adäquate Beschreibung aller natürlichen Sprachen brauchen wir ein erheblich umfangreicheres Inventar, das naturgemäß einzelsprachlich stark unterschiedlich bestückt ist. Für die hier relevanten Einzelsprachen sei für deren Merkmalinventar auf die einschlägigen Kapitel in Klabunde et al. (2022) verwiesen.

Nur aus Bequemlichkeitsgründen sprechen wir bei einem Objekt wie [+cons] von einem Merkmal. Genau genommen ist das eine **Merkmalspezifikation**, d. h. ein geordnetes Paar aus **Merkmal** (genauer: Merkmalnamen) und **Merkmalwert**. Bei Merkmalspezifikationen (in der Phonologie) sind die Merkmalnamen (z. B. „cons") rechts und die Merkmalwerte (+ oder −) links angeordnet. Eine Menge von Merkmalspezifikationen fassen wir zusammen in einer **Merkmalmatrix** wie in 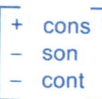 Abb. 2.32.

Abb. 2.32 Merkmalmatrix mit drei Merkmalspezifikationen

Diese Merkmalmatrix fasst z. B. diejenigen gemeinsamen Eigenschaften der deutschen Plosive [p], [t], [k], [b], [d] und [g] zusammen, die sie von allen anderen lautlichen Segmenten unterscheiden. Sie definiert somit die natürliche Klasse der Plosive.

Die einzelnen Merkmalspezifikationen einer Merkmalmatrix sind untereinander nicht geordnet. Es spielt also keine Rolle, ob [+cons] oben oder unten in der Matrix aufgeführt wird. Das wird sofort deutlich, wenn wir diese Matrizen als Menge geordneter Paare (sprich der einzelnen Merkmalspezifikationen) interpretieren, was wir dann ja so darstellen könnten:

$$\{<+, cons>, <−, son>, <−, cont>\}$$

Wir greifen unser Beispiel der Aspiration der stimmlosen Plosive im Englischen (und Deutschen) wieder auf. Hier müssten wir eine Regel formulieren, die erfasst, dass alle drei stimmlosen Plosive [p], [t], [k] in initialer Position vor Vokalen aspiriert werden, also etwa so (Obacht: Dies ist nur eine vorläufige Formulierung!):

$$/p, t, k/ \rightarrow [p^h, t^h, k^h] / \# \_\_\_ [iː, ɪ, e \dots]$$

Eine solche Regel wäre aber extrem klobig und würde die für eine phonologische Analyse entscheidenden Generalisierungen vermissen lassen. Die Auswahl von /p, t, k/ erscheint zufällig, und ihre hier entscheidende gemeinsame Eigenschaft, stimmlose Plosive zu sein, wird nicht explizit. Analoges gilt für die Auflistung in der Umgebungsangabe. Natürlich sind dies alles Vokale, aber bei einer korrekten extensionalen Angabe wie oben müssten wir ja eigentlich alle Vokale des Englischen bzw. Deutschen aufführen, was entsprechend umständlich wäre. Selbst dann aber würde die entscheidende gemeinsame Eigenschaft aller aufgeführten Segmente nicht explizit.

$$\begin{bmatrix} -\text{cont} \\ -\text{voice} \end{bmatrix} \rightarrow [+\text{asp}] \;/\; \# \underline{\quad} V$$

Abb. 2.33 Regel zur Aspiration initialer Plosive vor Vokalen im Deutschen und Englischen

$$/s/ \rightarrow [+\text{voice}] \;/\; \underline{\quad} \begin{bmatrix} +\text{cons} \\ +\text{voice} \end{bmatrix}$$

Abb. 2.34 Regel zur Lenisierung von /s/ vor stimmhaften Konsonanten im Spanischen

Wir wissen bereits, dass [+/−voice] im Deutschen distinktiv ist. Es gilt weiter für die Eigenschaft von Plosiven, dass sie im Gegensatz zu anderen Segmenten nicht kontinuierlich produziert werden können. Dies etwa unterscheidet ein [t] von einem ebenfalls stimmlosen alveolaren [s]. Diesen Umstand können wir nun mit dem Merkmal [+/−cont] ausdrücken. [p] und [pʰ] beispielsweise unterscheiden sich hinsichtlich eines einzigen Merkmals: [+/−asp]. Wir gelangen mithilfe unserer Merkmale zu einer nun bereits eleganteren Regel, in der ‚V' ‚Vokal' abkürzt.

Die alte Regel lautet:

/p, t, k/ → [pʰ, tʰ, kʰ] / # ____ [iː, ɪ, e …]

Die neue Regel ist ◘ Abb. 2.33 zu entnehmen.

Eine weitere bislang noch nicht adäquat formulierte Regel war unser Beispiel /mismo/ → [mizmo] aus dem Spanischen:

/s/ → [z] / ____ [m]

Problematisch ist dabei u. a., dass /s/ keineswegs nur vor [m] stimmhaft als [z] realisiert wird (vgl. Hualde 2005, S. 10f.), sondern auch vor z. B. /d/ und /g/ (hier als [ð] bzw. [ɣ] realisiert):

desde [dezðe] ‚seit'
rasgo [razɣo] ‚Wesenszug'

Wir können also generalisierend feststellen, dass die Assimilation der Stimmhaftigkeit generell an die des folgenden stimmhaften Konsonanten erfolgt. Merkmalbasiert lautet die nun treffendere und elegantere Regel wie in ◘ Abb. 2.34.

2.2.5 Sprachlautübergreifende Phänomene

Phonetische und phonologische Phänomene in den Sprachen der Welt sind keineswegs auf die Eigenschaften einzelner Segmente begrenzt. So lassen sich viele Phänomene beobachten, die sich **suprasegmental** manifestieren. Das heißt, sie wirken grundsätzlich über die Eigenschaften einzelner Segmente hinaus. Diesen Phänomenbereich nennen wir **Prosodie**, und er erfasst insbesondere Variationen über Frequenz und Amplitude unserer Äußerungen. Zu nennen wären hier etwa **Silben**, **Wort-** und **Satzakzent** sowie **Intonation**, die zunächst in unserem Fokus stehen.

Es gibt einen im Ruhrgebiet gerne an Auswärtige weitergereichten Hoax, der die Etymologie des Essener Stadtteilnamens *Kupferdreh* auf ein Kompositum aus *Kuh+Pferd+Reh* zurückbildet, obwohl der Stadtteil um eine Kupferhütte entstand. Ein Scherz, wie gesagt, aber für uns insofern interessant, als dass er mit einer **Resilbifizierung** einhergeht. Aus der phonetischen Silbenfolge [kʊ.pfɐ.dʁeː] (die Silbengrenzen sind hier durch Punkte markiert) von *Kupfer+dreh* wird durch die Reanalyse zu *Kuh+Pferd+Reh* die Silbenfolge [kuː.pfɐɐ̯t.ʁeː] mit einer Silbengrenze zwischen der Realisierung von *d* und *r*. Silben wie in diesen beiden Beispielen sind wichtige prosodische Strukturen, die aus mehr als einem Segment bestehen können. In diesem Sinne ist ihre Struktur **suprasegmental**, d. h. sie geht über einzelne Segmente hinaus.

Wir wissen, dass es einen erheblichen Unterschied ausmacht, ob wir eine Laterne *umfahren* oder *umfahren*. Wie meinen? Nun, in einem Fall hätten wir [ˈʊmfaːʁən] artikuliert – mit „Betonung" auf dem *um-* von *umfahren*, im anderen Fall [ʊmˈfaːʁən], dieses Mal also mit „Betonung" auf dem *-fahren* von *umfahren*. Im ersten Fall brettern wir über die Laterne, im zweiten drum herum. Dieser Umstand ist hier unerheblich, aber wichtig ist, dass wir die beiden semantisch unterschiedlichen, aber segmental homophonen Wörter *umfahren*[1] und *umfahren*[2] mittels des **Akzents** unterscheiden. In diesem Fall ist es der **Wortakzent**. Der gemeinsprachliche Ausdruck „Betonung" ist für unsere Zwecke zu allgemein und gibt nicht präzise genug wieder, was wir phonetisch und phonologisch ausdrücken wollen. Was genau wir unter Wortakzent und **Satzakzent** verstehen, sehen wir unten im Abschnitt zum Wort- und Satzakzent.

Fußballexperten kennen die alte deutsche Trainerlegende Sepp Herberger, dem wir das philosophisch tiefgründige *Der Ball ist rund* (auch gerne von Franz Beckenbauer aufgegriffen) zu verdanken haben. Schriftsprachlich notieren wir solche Determinativsätze mit einem Punkt am Ende, Interrogativsätze dagegen mit einem Fragezeichen. Also Herbergers *Der Ball ist rund.* im Gegensatz zur sich eventuell anschließenden Frage *Der Ball ist rund?* Phonologisch und phonetisch markieren wir natürlich anders: Den Determinativsatz äußern wir mit einer fallenden **Intonation**. Bei der Artikulation der ansonsten gleich lautenden Frage steigt unsere Intonation gegen Ende der Äußerung. Wir sehen also, dass auch hier phonologische Eigenschaften relevant sind, die über die rein segmentale Beschaffenheit der jeweiligen Äußerung hinausgeht. Intonation/Satzmelodie sind in diesem Sinne also ebenfalls suprasegmentale, prosodische Phänomene.

Die Silbe

Wir haben unsere bisherigen Beobachtungen immer auf die segmentale Komposition lautlicher Äußerungen gestützt. Bei einer phonetischen Transkription in hochdeutscher Standardlautung würden wir daher im Fall von *Banane* als Ergebnis ungefähr diese Repräsentation erwarten: [baːnə]. Wir haben folglich sukzessive einzelne isolierbare Segmente aufgelistet und erhalten eine Segmentsequenz in linearer Ordnung.

Über die Mengen von Merkmalspezifikationen unseres phonologischen Wissens und über dessen segmental-sequenzielle Realisierung hinaus gibt es aber in lautsprachlichen Äußerungen noch weitere (lautliche) Strukturen, die wir als diskrete Elemente wahrnehmen können. Zum Beispiel bilden die beiden Segmente [b] und [a] in genau dieser Abfolge die Silbe [ba]. Für unser deutsches *Banane* ergibt sich in sequenzieller Notation nach IPA folgendes Bild, in der die nun hinzugefügten Punkte Silbengrenzen notieren:

— [ba.naː.nə]

> **Silbe und ihre Struktur**
>
> Eine Silbe ist eine prosodische Struktur bestehend aus mindestens einem, aber typischerweise mehreren lautlichen Segmenten, gebildet um ein vokalisches Segment.
>
> Silben haben eine hierarchische interne Struktur. Diese interne Silbenstruktur weist obligatorisch einen (vokalischen) Nukleus/Silbenkern auf, der wiederum Bestandteil des Reims ist. Optional kann eine Silbe vor dem Reim bzw. Nukleus einen Onset/Anfangsrand und nach dem Nukleus im Reim noch eine Koda/Endrand haben. Das deutsche *Kind* ist z. B. eine Silbe, bestehend aus dem Nukleus [ɪ], dem Onset [k] und der Koda [nt]. Der Reim, bestehend aus Nukleus und Koda, ist folglich [ɪnt].

Wir können diese eben linear dargestellte Silbenstruktur des Worts aber auch in einer hierarchischen Notation wie in ▪ Abb. 2.35 festhalten, wobei das griechische Sigma σ für den **Silbenknoten** steht. Damit drücken wir aus, dass die durch die Kanten mit dem Silbenknoten verbundenen Segmente Elemente einer Silbe darstellen. In *Banane* finden wir also drei Silben, in *rechtens* zwei (▪ Abb. 2.36).

▪ **Abb. 2.35** Silbenstruktur von *Banane*

▪ **Abb. 2.36** Silbenstruktur von *rechtens*

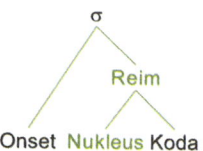

▪ **Abb. 2.37** Interne hierarchische Struktur von Silben. Die obligatorischen Positionen Reim und Nukleus müssen besetzt sein, Onset und Koda dürfen unbesetzt bleiben

▪ **Abb. 2.38** Silbenstruktur der ersten Silbe von *rechtens*

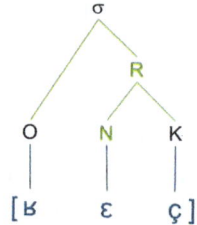

Wir gehen davon aus, dass Silben eine interne hierarchische Struktur haben, die wir ebenfalls in Baumdiagrammen darstellen. Allgemein gilt für Silben, dass ihre innere Struktur die Elemente wie in ▪ Abb. 2.37 aufweist.

Im Falle der ersten Silbe unseres *rechtens* wären diese Positionen belegt wie in ▪ Abb. 2.38.

Alternativ finden wir für **Onset** die Bezeichnungen (Silben-)Anlaut, (Silben-)Ansatz, (Silben-)Kopf oder Anfangsrand. Der **Nukleus** der Silbe wird häufig (Silben-)Kern genannt, die **Koda** auch Endrand. Aus den Konzepten des Silbenanfangsrands und Endrands ergibt sich das Konzept der **Silbenschale**, die folglich aus den beiden Erstgenannten besteht.

Reim und Nukleus sind obligatorische Elemente der Silbe, Anlaut und Koda sind optional und müssen nicht immer besetzt sein. Daraus ergeben sich verschieden besetzte Arten von Silben, die wir wie folgt benennen:

— Silben, die eine Koda besitzen wie [ən] in *nähen* [nɛː.ən], nennen wir **geschlossene** Silben.
— Silben, deren Koda nicht besetzt ist, wie [ə] in *Nähe* [nɛː.ə], nennen wir **offene** Silben.
— Silben, die einen Onset haben, sind **bedeckt**, wie die Silbe [nɛː] in *nähen* und *Nähe*.
— Silben, die keinen Onset haben wie [ən] und [ə] in unseren Beispielen, sind **nackt**.

Für die innere Struktur dieser Silben ergibt sich das in ▪ Abb. 2.39 gezeigte Bild.

Der bedeckten und geschlossenen Silbe des deutschen *Kraft* würden wir die interne Struktur wie in ▪ Abb. 2.40 zuweisen.

Sowohl Onset als auch Koda dieser Silbe sind komplex, denn sie bestehen jeweils aus mehreren Konsonanten, sprich aus Konsonantenclustern.

Da *Kraft* nur aus einer Silbe besteht, nennen wir es auch ein **monosyllabisches** Wort, unser obiges Beispiel *rechtens* entsprechend ein **bisyllabisches** Wort und *Banane* **trisyllabisch**, alle Wörter mit mehr als einer Silbe auch po-

Abb. 2.39 Interne hierarchische Silbenstrukturen von *nähen* und *Nähe*

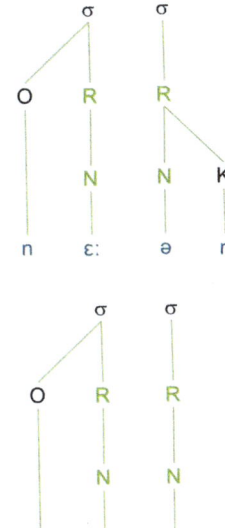

Abb. 2.42 Silbenstruktur von *Senf* mit den C-V-Slots der Skelettschicht

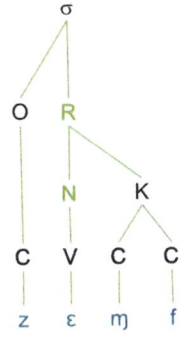

! Achtung

Es geht hierbei um die Darstellung von Positionen und Funktionen einzelner Segmente auf einer bestimmten Repräsentationsebene, der **Skelettschicht**, bei der es primär um die Zuweisung linearer Slots innerhalb der Silbe geht – nicht um eine rein phonetisch motivierte Klassifikation der etikettierten Segmente nach Konsonant vs. Vokal, wie wir gleich sehen werden.

lysyllabisch. Wir differenzieren die Silben in einem Wort auch mittels rechter Subskripte neben dem Silbenknoten σ (**Abb. 2.41**).

Wir erweitern unsere Repräsentation nun um die Kennzeichnung der silbeninternen Funktion der den Silben zugeordneten jeweiligen Segmente, die für unsere weiteren Analysen wichtig ist. Wir etikettieren Segmente, die wir hinsichtlich ihrer silbeninternen Funktion und Position strukturell als konsonantisch bewerten, mit C und solche Segmente, die wir mit vokalischen Funktionen und Positionen assoziieren, mit V (**Abb. 2.42 und 2.43**).

Bestimmte konsonantische Segmente können auch als Nukleus einer Silbe fungieren, und werden entsprechend von V-Knoten dominiert. Im englischen *prism* [pɹɪzm̩] etwa nimmt das silbische [m̩] die Position des Nukleus ein, nicht die der Koda (**Abb. 2.44**). Der Kern dieser Aussage ist, dass zwischen [z] und [m̩] eine Öffnung realisiert wird, die aber so minimal ist, dass keine volle Vokalausprägung stattfindet. Dennoch reicht der Zeitslot des [m̩] zur Realisation einer Silbe.

Bestimmte vokalische Segmente analysieren wir hingegen als C. Dies gilt primär für **Diphthonge** (gleich mehr dazu), wie im englischen *fine* (**Abb. 2.45**).

Wir brauchen diese Notationsform für die Differenzierung von Diphthongen und langen Vokalen. Aber was sind denn nun Diphthonge? In einer ersten Näherung können wir uns Diphthonge als so etwas wie „dynamische" Vokale vorstellen.

Abb. 2.40 Silbenstruktur von *Kraft*

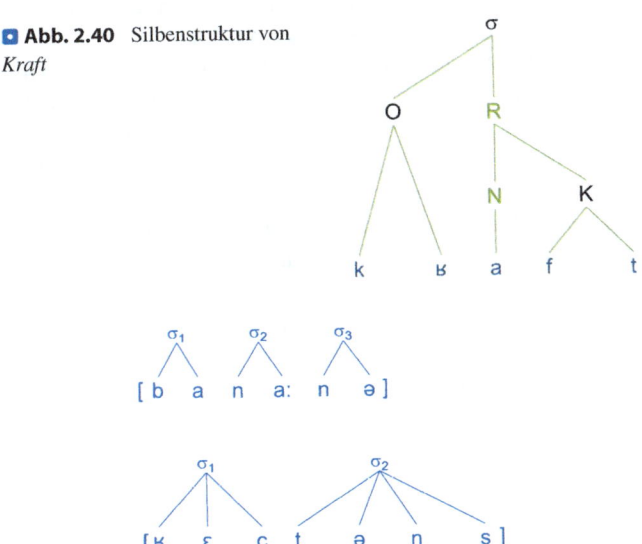

Abb. 2.41 Etikettierte Silbenknoten der polysyllabischen Wörter *Banane* und *rechtens*

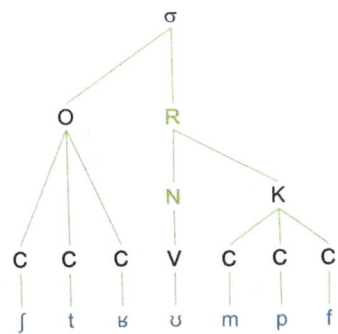

Abb. 2.43 Silbenstruktur von *Strumpf* mit den C-V-Slots der Skelettschicht. Repräsentiert ist die phonetische Form. Für die phonologische Struktur werden vielfach extrasilbische Segmente in den Randpositionen von Onset und Koda angenommen

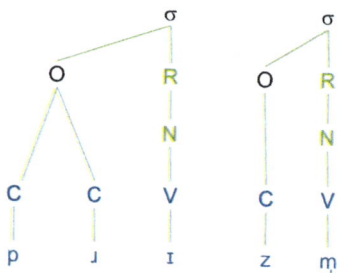

Abb. 2.44 Silbenstruktur von englisch *prism* mit silbischem [m̩] als Nukleus der zweiten Silbe

Abb. 2.45 Silbenstruktur des englischen *fine* mit nichtsilbischen [ɪ̯] als zweitem Realisierungsziel des Diphthongs [aɪ̯]

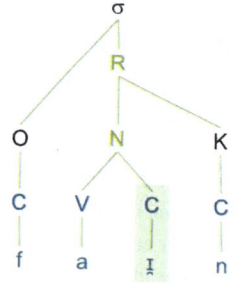

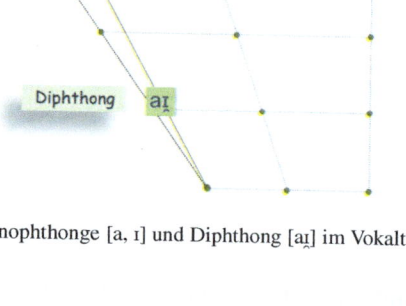

Abb. 2.46 Monophthonge [a, ɪ] und Diphthong [aɪ̯] im Vokaltrapez

> **Monophthong vs. Diphthong**
> Ein Monophthong ist ein Vokal, dessen Eigenschaften bei der Artikulation weitestgehend unverändert bleiben. So sind z. B. [a], [a:] und [ɪ] Monophthonge.
> Ein Diphthong hingegen weist eine dynamische Veränderung seiner Eigenschaften während der Artikulation auf. So beginnt etwa die Artikulation des Diphthongs [aɪ̯] mit den Eigenschaften eines [a], endet aber mit den Eigenschaften eines [ɪ].

> **Hiatus**
> „Hiatus" oder **Hiat** bezeichnet das Vorkommen zweier adjazenter Vokale in aufeinanderfolgenden Silben (sprich ungleich Diphthong!), deren erste dementsprechend keine Koda hat und deren zweite folglich keinen Onset. Im Wort „Hiat" selbst haben wir so einen Fall.

Da Diphthonge „dynamisch" sind, können wir z. B. eine vokalische Realisierung mit dem Monophthong [a] beginnen und dann mit dem Realisierungsziel [ɪ] beenden. Es entsteht ein Diphthong [a͡ɪ] oder [aɪ̯] wie im deutschen *bei*. Der Übergang zwischen beiden Vokalrealisierungen ist also nicht abrupt oder diskret, sondern kontinuierlich und graduell.

Die exakten Start- und Endpositionen in solchen Darstellungen werden allerdings oft unterschiedlich bewertet. Das Realisierungsziel, das zweite vokalische Element, bezeichnet man auch als **glide** oder **offglide**. Wir notieren seine Eigenschaft, nicht-silbisch zu sein (also keine eigene Silbe zu bilden), mit dem Diakritikon ̯ wie in Abb. 2.46. Damit zeigen wir auch, dass dies keine zufällige Folge zweier Vokale ist ([aɪ̯]) bzw. kein Hiatus wie in [a.ɪ] (vgl. das deutsche *naiv* [na.ɪf]).

Zurück zur Differenzierung von Diphthongen und langen Vokalen. Während wir Diphthongen auf der CV-Schicht eine C-Position zuweisen, assoziieren wir lange Vokale dort mit zwei V-Positionen wie in Abb. 2.47.

Mit der Kategorisierung als C tragen wir dem Umstand Rechnung, dass das zweite Element in Richtung eines Gleitlautes artikuliert wird, also mit mehr Engebildung als der erste Vokal. In Nicht-IPA-Notation finden sich denn auch Repräsentationen wie [aj] oder [aw] (letzteres anstelle von [au̯]). Zur Verdeutlichung hier noch einmal die scheinbar gegenläufige Annotation konsonantischer und vokalischer Eigenschaften auf der CV-Schicht, nun am Beispiel des (abgekürzten) deutschen *lesen*, das wir final alternativ mit der Vollform [ən] aber umgangssprachlich viel häufiger mit [n̩] als Nukleus artikulieren. Demgegenüber

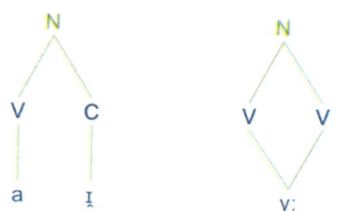

Abb. 2.47 CV-Slots von Diphthongen und Langvokalen

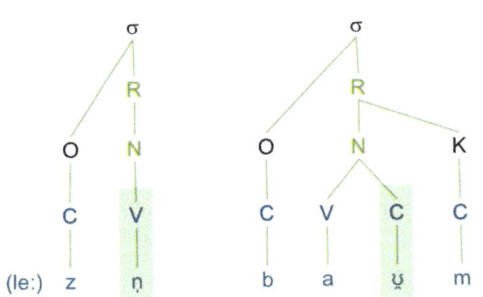

● **Abb. 2.48** CV-Slots silbischer Konsonanten sowie von Diphthongen in den Silbenstrukturen von *lesen* und *Baum*

steht die Assoziation des [u̯] von *Baum* mit einem V-Slot (● Abb. 2.48).

Der nächste Punkt betrifft die **Silbifizierung** (auch **Syllabifizierung**): Wie bestimmen wir, wie Silben aufgebaut sind und wie die Silbenstruktur von Wörtern in unseren Sprachen gebildet wird? Konkreter heißt das für uns: Wie können wir entscheiden, welche Silbenstruktur wir sprachlichen Äußerungen mithilfe unserer Baumdiagramme zuweisen sollen? Unserem Beispiel *rechtens* wurde oben zwar die (korrekte) Silbenstruktur [ʁɛç.təns] zugewiesen, aber warum haben wir uns nicht für die Alternative [ʁɛçt.əns] entschieden – denkbar wäre es doch? Schließlich finden wir in *recht* [ʁɛçt] eine entsprechende Silbe.

Wir gehen zunächst von zwei Konstruktionsprinzipien für den Silbenaufbau aus, die Voraussagen darüber treffen, welche Segmente wir wo in Silben wiederfinden. Eines dieser beiden ist eher quantitativ geprägt und sagt voraus, wie viele Segmente wir typischerweise im Onset einer Silbe finden. Dies ist das **Prinzip der Onsetmaximierung** (**MOP**, Maximum Onset Principle). Das andere Prinzip macht Aussagen über eine Eigenschaft von Segmenten, die wir an spezifischen Positionen in der Silbe finden. Dieses zweite Prinzip hat also eher qualitativen Charakter. Es basiert u. a. auf der Annahme einer Hierarchie der auditiven Wahrnehmbarkeit über Sprachlaute, der **Sonoritätshierarchie**.

Ein universeller Default, der sich beim Aufbau von Silben in den Sprachen der Welt beobachten lässt, ist, dass bestimmte Silbenstrukturen bevorzugter sind als andere. So sind etwa Silbenstrukturen der Art [ba] grundsätzlich eher zu erwarten als solche der Form [ast]. Offene Silben mit Onset wie eben [ba] sind also „beliebter" als geschlossene Silben ohne Onset wie [ast]. Wir erfassen diesen Umstand mit der Formulierung des Prinzips der Onsetmaximierung. Es lautet: „Mache zunächst den Onset einer Silbe so komplex, wie er in dieser Sprache sein darf, und erst dann bilde eine Koda zum Nukleus" (vgl. Gussenhoven und Jacobs 2011, S. 164). Aus diesem relativ simplen Prinzip lassen sich aber Präferierungen zur Silbenstrukturierung in erheblichem Umfang ableiten. Generell gilt z. B., dass wir also *Banane* eher als [ba.na.nə] silbifizieren – so wie oben bereits praktiziert – und eher nicht als [ban.an.ə]. Im ersten Fall hätten wir drei offene Silben mit Onset ([ba], [na],

[nə]), was universell nach dem MOP klar präferiert ist. Im zweiten Fall hätten wir mit [ban] und [an] aber zwei geschlossene Silben, eine davon ohne Onset, und mit [ə] eine zwar offene Silbe, aber eben wiederum eine ohne Onset.

Sehr wichtig ist hier der Punkt des legitimen Onsets in einer Einzelsprache. Bestimmte Konsonanten oder Cluster dürfen in Einzelsprachen nicht wortinitial auftreten. So ist etwa das Konsonantencluster [lk] im deutschen *welk* zwar als Koda zulässig, aber keinesfalls im Onset eines deutschen Worts. So finden sich denn auch im Deutschen keine Wörter, die mit [lk] beginnen, und daraus folgt, dass [lk] im Deutschen kein legitimer Onset ist. Wir müssen *Nelke* [nɛlkə] also als [nɛl.kə] silbifizieren, obwohl der Default MOP universell eher [nɛ.lkə] vorgeben würde. Der hier komplexeste im Deutschen zulässige Onset für die zweite Silbe mit dem Nukleus [ə] ist aber lediglich das [k], womit dann die Option *[nɛ.lkə] nach MOP ausscheidet, ebenso wie *[nɛlk.ə] was sowohl universell nach MOP nicht präferiert wird als auch für das Deutsche nicht korrekt ist.

Für das spanische *hasta* [asta] ‚bis' gilt, dass eine Onsetmaximierung in der zweiten Silbe, die auch [s] einschließen würde, nicht möglich ist, da das resultierende [st] kein legitimer Onset des Spanischen ist. Wir silbifizieren im Spanischen also [as.ta], aber keinesfalls *[a.sta], obwohl [st] der komplexere Onset wäre (vgl. Gussenhoven und Jacobs 2011, S. 164). Im Englischen z. B. sähe das allerdings anders aus. Bei einer Entlehnung des spanischen *hasta* ins Englische (*Hasta la vista, Baby* …) können wir dort sowohl als [a.sta] als auch als [as.ta] silbifizieren. Beide Varianten beinhalten legitime Onsets des Englischen.

Das Konzept der **Sonorität** erfasst primär bestimmte auditive Eigenschaften unserer lautlichen Segmente. Entscheidend ist hierbei ihre jeweilige Amplitude und die damit einhergehende auditive Wahrnehmbarkeit. So lassen sich tiefe Vokale z. B. mit einer erheblich höheren Amplitude und damit Schallfülle produzieren als stimmlose Plosive. Ein Schrei mit einem schlichten [aː] kann mit einer beachtlichen Schallintensität quer über den Rhein hörbar sein, bei einem [t] hingegen käme am anderen Ufer eher nichts Hörbares an.

Wir bewerten die Sonorität von Sprachlauten skalar. So sind z. B. tiefe Vokale sonorer als mittlere und hohe Vokale und hohe Vokale wiederum sonorer als Gleitlaute und Liquide. Letztere sind sonorer als stimmhafte Frikative, die wiederum sonorer sind als stimmhafte Plosive. Am unteren Ende der Sonoritätshierarchie stehen die stimmlosen Plosive (● Abb. 2.49).

Grundsätzlich und einfacher zu merken gilt also: Vokale sind sonorer als Approximanten und diese sind sonorer als Obstruenten.

Mit der Sonorität der jeweiligen Segmente geht ihre zu erwartende Position in der Silbe einher. Als Nukleus einer Silbe erwarten wir immer einen sehr sonoren Laut, also einen Vokal. Je weniger sonor aber ein Laut ist, umso eher erwarten wir ihn an den Randpositionen der Silbe. Dies erklärt dann die silbeninterne Struktur von *krank*, in der die

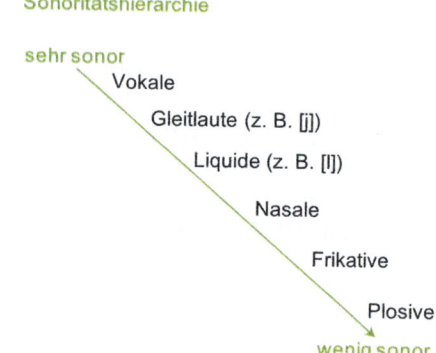

Abb. 2.49 Sonoritätshierarchie

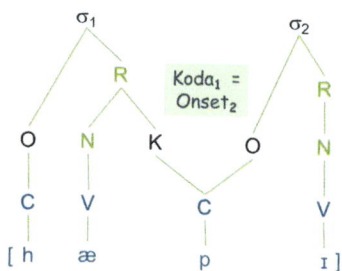

Abb. 2.51 Silbenstruktur von *happy* mit ambisyllabischem [p]

am wenigsten sonoren Segmente, die beiden Plosive, am Anfang und Ende der Silbe stehen. Frikativ und Nasal, die eine Sonorität zwischen den extremen Punkten der Skala, sprich zwischen den Vokalen und den Plosiven, aufweisen, treten denn auch innerhalb der Silbe zwischen ihnen auf (◘ Abb. 2.50).

Der Sonoritätsverlauf im englischen *crank* (Verb, ‚ankurbeln', ‚anlassen') ist dem deutschen *krank* ähnlich, nur dass hier der Approximant [ɹ] eine höhere Sonorität aufweist als der Frikativ [ʁ] an derselben Position im deutschen *krank*, sodass der Sonoritätsverlauf bei *crank* deutlicher einem Dreieck ähnelt (vgl. dazu die Darstellung in Davenport und Hannahs 2010, S. 76).

Dies ist jedoch keineswegs immer der Fall. In *Spiel* [ʃpiːl] z. B. finden wir im Onset ein [ʃ], das dem [p] vorausgeht, obwohl [p] in der Sonoritätshierarchie niedriger anzuordnen ist als der alveopalatale Frikativ [ʃ]. Folglich würden wir erwarten, dass [p] in initialer Position stehen würde. Analog dazu ist die Korrelation in der Koda des monosyllabischen *Schnaps*. Ebenfalls würden wir hier den Plosiv [p] in finaler Position der Koda [ps] erwarten und nicht den Frikativ [s]. Wir müssen den Sonoritätsverlauf innerhalb der Silbe also eher als einen Default – wie schon das MOP – betrachten.

Die Festlegung von Silbengrenzen in unseren Strukturanalysen ist keineswegs immer einfach. Eines der vielen Probleme dabei ist, dass sich oft nicht exakt bewerten lässt, wo genau diese Grenzen verlaufen. Zwei gleich geartete Beispiele aus dem Englischen und Deutschen sind *happy* [hæpɪ] ‚glücklich' und *Mitte* [mɪtə]. Schriftsprachlich weisen beide zwar verdächtige Doppelbuchstaben auf, phonetisch werden beide Wörter aber natürlich nur mit jeweils einem einzigen (kurzen) medialen Konsonanten realisiert. Dies wirft die Frage auf, ob dieser mediale Konsonant jeweils nun entweder der ersten oder der zweiten Silbe zuzuordnen ist, z. B. also *Mitte* mit einer dieser Silbengrenzen: [mɪ.tə] oder [mɪt.ə]. Wir könnten mit dem MOP argumentieren, aber dies erscheint neben anderen Erwägungen hier kontraintuitiv. Für so geartete Konstellationen nehmen wir stattdessen **Ambisyllabizität** an, das heißt, dass unsere beiden Konsonanten jeweils sowohl der ersten als auch der zweiten Silbe zuzuordnen sind. Bei *happy* ergibt sich eine Silbenstruktur wie in ◘ Abb. 2.51.

Im Deutschen unterscheiden wir *Mitte* dementsprechend von *Miete* (◘ Abb. 2.52).

Ein weiteres Problem ist die stark einzelsprachlich geprägte Silbifizierung unserer Äußerungen. Was in der einen Sprache eine zulässige Silbifizierung ist, muss in einer anderen keineswegs zulässig sein, wie wir bereits gesehen haben. Unter anderem aus diesem Umstand entstehen beim Fremdspracherwerb Realisierungsprobleme in der Zweitsprache, die sich dann in entsprechenden geprägten Akzenten äußern, wie z. B. Vokalepenthesen im Spanischen und Italienischen.

Ferner sind die Silbenstrukturen in Einzelsprachen auch hinsichtlich ihrer Artikulationsdauer unterschiedlich. So haben wir im Deutschen und Englischen aufgrund von häu-

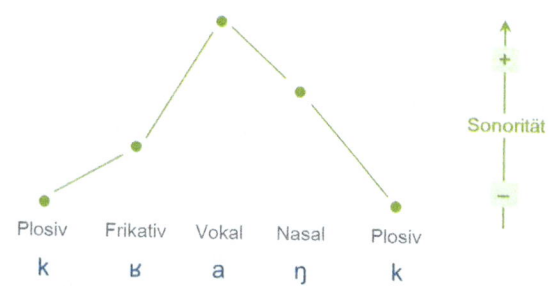

Abb. 2.50 Sonoritätsverlauf bzw. Sonorität der einzelnen Segmente innerhalb des Wortes *krank*

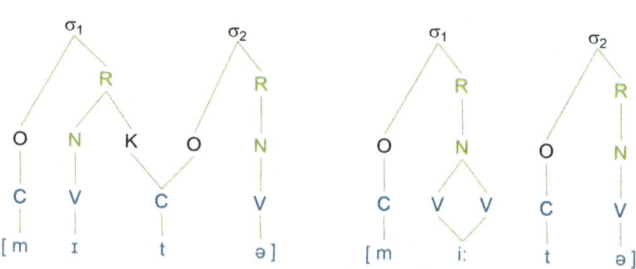

Abb. 2.52 Silbenstrukturen von *Mitte* vs. *Miete* mit dem [t] von *Mitte* als ambisyllabischem Segment

figen Clustern sowohl in Onsets als auch in Kodas vielfach deutlich unterschiedlich lange Silben, was aber z. B. im Französischen mit weitestgehend isochronen Silbenlängen nicht der Fall ist.

? Frage 2.6
Warum erscheint das englische Lehnwort *stress* ‚Stress' als *estrés* im Spanischen?

Ein wesentliches Problem bei der Analyse von Silben ist, dass diese im Sprachsignal nicht auf direktem Wege nachweisbar sind – wir finden im kontinuierlichen Sprachsignal also nichts, was den Punkten als Silbengrenzen in der IPA-Notation entspricht. Muttersprachliche Sprecher haben jedoch ein intuitives Verständnis von Silben, das man experimentell nachweisen kann. Wir ignorieren diese Problematik zunächst und betrachten Silben vorläufig wie folgt:
- Silben sind über eine Menge von Segmenten definierbar.
- Silben sind folglich eine **suprasegmentale** Einheit.
- Silben sind die kleinste prosodische Einheit, d. h. die kleinste Einheit, die suprasegmentale Merkmale wie **Akzent** oder **Intonation** haben kann.
- Silben haben eine interne hierarchische Struktur.
- Silben werden immer um oder durch einen vokalischen **Kern** gebildet.

■ **Wort- und Satzakzent**

Wir unterscheiden zwischen **Wortakzent** (auch **lexikalischer Akzent**) und **Satzakzent** (auch **prosodischer Akzent**). Wir beobachten einen unterschiedlichen Wortakzent z. B. bei den beiden Lesarten des deutschen *August*: zum einen beim Vornamen *Áugust*, zum anderen beim Namen des Monats *Augúst*. Beide sind rein segmental betrachtet identisch – [aʊɡʊst] –, aber dennoch sind sie nicht komplett homophon. Im ersten Fall ist die erste Silbe des Namens akzentuiert, im zweiten Fall ist die letzte Silbe akzentuiert.

Wir transkribieren einen Akzent durch das Symbol ' wie in [ˈaʊ̯.ɡʊst] (der deutsche Vorname August) vs. [aʊ̯.ˈɡʊst] (der deutsche Name des Monats August), das der akzentuierten Silbe in der Transkription vorangestellt wird. So können wir auch bei unserer Repräsentation den Umstand erfassen, dass sich diese beiden deutschen Namen hinsichtlich ihres Wortakzents unterscheiden, der folglich im Deutschen kontrastiv ist. Auf die Verwendung des unscharfen Begriffs „Betonung" verzichten wir ab hier.

Der Akzent in **Akzentsprachen** wie Deutsch, Englisch, Spanisch, Französisch oder Italienisch geht also einher mit relativ geänderten Parametern bei drei unterschiedlichen phonetischen Qualitäten der akzentuierten Silbe:
1. F_0 (Grundfrequenz)
2. Lautheit (erhöhte Amplitude bzw. Intensität)
3. Dauer

Die Domäne des Wortakzents ist in jedem Fall die Silbe. Entsprechend unterscheiden sich die jeweils akzentuierten Silben in unseren *August*-Beispielen von den nicht akzentuierten Silben durch ihre höhere Amplitude, erhöhte Grundfrequenz und größere Dauer. Es ist allerdings so, dass im Deutschen die Schallintensität hier den wichtigsten Aspekt darstellt – im Gegensatz zum Französischen, was sich (nicht nur) hinsichtlich seiner Akzentausprägung (vornehmlich Länge der akzentuierten Silbe) vom Deutschen (vornehmlich Lautheit bzw. Schallintensität der akzentuierten Silbe) unterscheidet. In diesem Zusammenhang spricht man dann auch allgemein von der Prominenz der akzentuierten Silbe. So ist in diesem Sinne „Akzent" gleichbedeutend mit „phonologischer Prominenz".

Diese Prominenz wird im Gegensatz zum dynamischen Akzent im Deutschen in **Tonakzentsprachen** wie Japanisch oder Schwedisch (nicht verwechseln mit Tonsprachen wie Mandarin!) ausschließlich durch die relative Ausprägung einer einzigen phonetischen Eigenschaft der akzentuierten Silbe hergestellt: F_0. Allerdings ist solch eine deutliche Trennung nicht über alle Sprachen und Dialekte möglich. Dynamischer Akzent (Deutsch) und **melodischer** oder **musikalischer Akzent** (Japanisch) charakterisieren lediglich eine unterschiedliche Ausprägung von Prominenz.

Noch einmal: Akzent wird realisiert und wahrgenommen als Prominenz von Silbenkernen gegenüber anderen Silbenkernen. Was genau nun „Prominenz" heißt, hängt von unterschiedlichen und sprachspezifischen Perspektiven und Parametern ab.

Schauen wir nun auf den dynamischen Akzent, den wir z. B. aus dem Deutschen und Englischen kennen. Es handelt sich hier um einen **variablen Wortakzent**, der damit auch ein **lexikalischer Akzent** ist. Dies ist außer im Deutschen und Englischen auch im Italienischen und Spanischen, nicht jedoch im Französischen, der Fall:
- [ˈʊm]*fahren* vs.
  um[ˈfaː]*ren*
- [ˈkɒn.tækt] *contact* (engl. ‚Kontakt') vs.
  [kɒnˈtækt] (engl. ‚kontaktieren')
- [ˈaŋ.ko.ra] *ancora* (ital. ‚Anker') vs.
  [aŋˈko.ra] *ancora* (ital. ‚nochmal')
- [ˈcan.to] *canto* (span. ‚ich singe') vs.
  cantó [canˈto] (span. ‚er oder sie sang')

Wir beobachten also in allen vier Sprachen, dass der Wortakzent lexikalisch distinktiv ist: Aufgrund einer anderen Positionierung des Primärakzents im Wort ergibt sich eine lexikalische Differenz, Bedeutungsänderung, obwohl in allen Fällen die rein segmentale Komposition identisch ist. Im Englischen haben wir übrigens noch weitere Fälle mit demselben Muster wie *contact[1]* und *contact[2]*:
- [ˈɪŋ]*crease* ‚Erhöhung' (Nomen) vs.
  in[ˈkɹiːs] ‚erhöhen' (Verb)

Dieses Phänomen kennen wir in der englischen Morphologie als *initial-stress derivation*: Die Derivation (Bildung) von Nomen aus Verben erfolgt hier also durch die Verschiebung des Wortakzents auf die erste Silbe. Aus einer rein segmentalen Perspektive könnte man das als eine Konversion oder *zero derivation* (Wortbildung oder Wortartwechsel ohne (phonologische) Veränderung der Wortform) betrachten. Genau genommen ist es das wegen der Akzentveränderung aber nicht.

Wir beobachten im Englischen ferner, dass sich in der unterschiedlichen Akzentuierung eines ansonsten phonetisch gleichen Worts auch eine dialektale Differenzierung (ohne Bedeutungsveränderung) manifestiert:
- [ˈlæ]boratory (US) ‚Labor' vs.
  la[ˈbɔ]ratory (British) ‚Labor'

Differenzierung durch unterschiedliche Akzentpositionierung ist im Englischen auch bei anderen Prozessen der Wortbildung zu beobachten. Ein beliebiges weißes Haus nennen wir im Englischen ja *a white house*. Das *White House* hingegen ist ein spezifisches weißes Haus in Washington D.C. Das Kompositum *White House* trägt den Primärakzent auf *White*, bei *a white house* hingegen findet sich der Primärakzent auf *house*. Dieser Prozess ist bei Nominalkomposita im Englischen regelmäßig. Bei der Bildung von Komposita wechselt also der **phrasale Akzent** auf das erste Element des Kompositums, so auch bei *a black bírd* ‚schwarzer Vogel' vs. *bláckbird* ‚Amsel'.

Dem variablen, sprich lexikalischen Wortakzent im Deutschen, Englischen etc. steht der **feste Wortakzent** gegenüber, z. B. im Ungarischen:
- [ˈgu.ja:ʃ.lɛ.vɛʃ] *gulyásleves* ‚Gulaschsuppe'
  (Ein Akut ´ über einem Vokalbuchstaben markiert in der ungarischen Orthografie einen langen Vokal, also keinen Akzent.)

und im Finnischen:
- *Helsinki* [ˈhel.siŋ.ki]

In beiden Sprachen liegt der Wortakzent wie in den beiden obigen Beispielen immer auf der ersten Silbe und ist folglich nicht lexikalisch. Artikuliert man im Finnischen z. B. etwas in der Art wie *Helsínki, ändert sich die Bedeutung des Worts/Namens nicht – es ist nur „eine komische Aussprache".

Im Französischen ist die Sachlage aufgrund seiner Phrasenakzentuierung (und dialektaler Variation) komplizierter, aber generell gilt, dass der Akzent eines isoliert realisierten Worts im Französischen ebenfalls fest und damit nicht lexikalisch ist und auf der letzten Silbe liegt. Im folgenden Beispiel ist die finale Akzentuierung auf Wortebene erkennbar: Es ist jeweils die letzte Silbe des Worts, die akzentuiert wird (vgl. Pompino-Marschall 2009, S. 246):

culture	[kylˈtyʁ]	‚Kultur'
culturel, culturelle	[kyltyˈʁɛl]	‚kulturell' (Adj.)
culturellement	[kyltyʁɛlˈmã]	‚kulturell' (Adv.)

Bei Wortakzenten unterscheiden wir nach **Primärakzent** (auch Hauptakzent), **Sekundärakzent** (auch Nebenakzent) und nicht akzentuierten Silben. Dazu ein Beispiel aus dem britischen Englisch:
- *electricity* [ɪˌlekˈtrɪ.sə.tiː]

Der Primärakzent liegt auf der drittletzten Silbe [trɪ], die folglich deutlicher akzentuiert ist als die zweite Silbe [lek], die aber immer noch deutlicher akzentuiert ist als die verbleibenden Silben, die wir damit als nicht akzentuiert betrachten. Beim deutschen *Elefant* und seinem (britisch-)englischen Pendant *elephant* sind die silbeninternen Strukturen zwar gleich, aber die Akzentuierung ist nicht analog:
- *Elefant* [ˌe.leˈfant]
- *elephant* [ˈɛˌlɪ.fənt]

Wir haben oben neben dem Wortakzent bereits auch kurz den Phrasenakzent erwähnt. Über letzteren hinaus gibt es aber auf der Satzebene noch den **Satzakzent**. Betrachten wir dazu den englischen Satz *My sister sells fresh fruit at the market on Monday* (Nespor und Vogel 2007, S. 191) ‚Meine Schwester verkauft am Montag frisches Obst auf dem Markt'. Je nachdem, welche Silben im Satz in Relation zu den anderen Silben die höchste Prominenz hat, ergeben sich unterschiedliche Bedeutungsnuancierungen des ganzen Satzes:

> ▶ **Beispiel**
>
> a. ***My** sister sells fresh fruit at the market on Monday.* (Meine Schwester, nicht seine.)
> b. *My **sister** sells fresh fruit at the market on Monday.* (Meine Schwester, nicht mein Bruder.)
> c. *My sister **sells** fresh fruit at the market on Monday.* (Sie verkauft Obst, sie verschenkt es nicht.)
> d. *My sister sells **fresh** fruit at the market on Monday.* (Frisches Obst, nicht altes.)
> e. *My sister sells fresh **fruit** at the market on Monday.* (Obst, nicht Gemüse.)
> f. *My sister sells fresh fruit at the **market** on Monday.* (Auf dem Markt, nicht im Laden.)
> g. *My sister sells fresh fruit at the market on **Monday**.* (Am Montag, nicht am Dienstag.)
>
> (Nespor und Vogel 2007, S. 191) ◀

Hierbei gilt es zu beachten, dass auch auf der Satzebene der jeweilige Wortakzent erhalten bleibt. Der Satzakzent ist also genau wie die wortinternen lexikalischen Akzentabstufungen eine relative Angelegenheit. Bei der Realisierung der letzten beiden Beispielsätze (f, g) müssen also die

Primärakzente von *márket* und *Mónday* so zueinander in Relation gestellt werden, dass die bei der Äußerung jeweils beabsichtigte erhöhte Prominenz wahrgenommen werden kann. So muss folglich der Primärakzent von *market* in (f) prominenter realisiert werden als der dortige Primärakzent von *Monday*.

Im Deutschen verhält sich der Satzakzent ähnlich. Greifen wir unser Beispiel *Der Ball ist rund* noch einmal auf. Auch hier ergeben sich durch den an unterschiedlichen Positionen realisierten Satzakzent Bedeutungsvariationen:

▶ **Beispiel**

a. *Der Ball ist rund.* (Dieser Ball ist rund, nicht der andere.)
b. *Der **Ball** ist rund.* (Es ist der Ball, der rund ist, nicht der Karton.)
c. *Der Ball **ist** rund.* (Doch, er ist rund, ich bestehe darauf.)
d. *Der Ball ist **rund**.* (Er ist rund, nicht elliptisch.) ◀

Das Thema Akzent kann hier nur angerissen werden, und darüber hinaus gibt es erhebliche sprachspezifische Unterschiede bei der Akzentuierung, insbesondere auch bei der hier noch nicht diskutierten Phrasenakzentuierung, die insbesondere für das Französische wichtig ist. Daher sei hier auf die entsprechenden einzelsprachlichen Kapitel im Fortsetzungswerk verwiesen.

■ **Intonation**

Während sich Akzent z. B. im Deutschen und Englischen primär in der Schallintensität (Amplitude) manifestiert, ist die Intonation primär ein Phänomen des Tonhöhenverlaufs (Frequenz). Wir gestalten unsere Äußerungen also über eine Variation unserer Grundfrequenz bei der Realisierung lautlicher Sequenzen auf Phrasen und Satzebene. Am deutlichsten wird das bei unserer im Deutschen unterschiedlichen intonatorischen Realisierung von Deklarativsätzen im Gegensatz zu Fragen:
a. *Es schneit.*
b. *Es schneit?*

Wir wissen ja, dass wir mit individuell unterschiedlichen Grundfrequenzen sprechen, innerhalb derer wir aber die Differenzierung zwischen einzelsprachlichen Lauten mit deren unterschiedlichen akustischen Eigenschaften bewahren können. Das Gleiche gilt für den Tonhöhenverlauf bei solchen Äußerungen. Obwohl wir individuell mit einer im Wesentlichen gleichen Grundfrequenz sprechen, sind wir in der Lage, diese innerhalb eines bestimmten Bereichs zu variieren. So markieren wir Satz (a) am Ende mit einem etwas niedrigeren F_0-Verlauf und äußern somit einen Deklarativsatz. Formulieren wir mit denselben Wörtern und denselben Segmenten aber eine Frage, äußern wir dies, indem wir den Satz mit einer gegen Ende steigenden F_0 produzieren (vgl. dazu die Darstellung des Tonhöhenverlaufs der hier relevanten jeweiligen Äußerungen von *schneit* in ◻ Abb. 2.53).

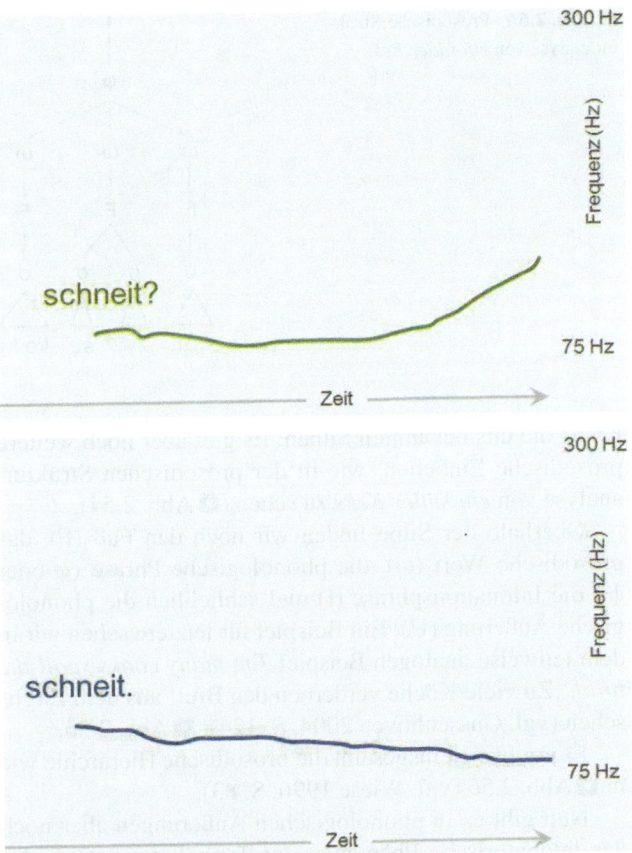

◻ **Abb. 2.53** Tonhöhenverlauf bei *schneit* im deutschen Deklarativsatz *Es schneit.* im Gegensatz zum Tonhöhenverlauf bei der Frage *Es schneit?* Dargestellt sind lediglich die in diesem Zusammenhang relevanten jeweiligen Äußerungen von *schneit*, die beginnend mit dem initialen Sibilanten [ʃ] bis zum Verschluss des [t] abgebildet sind. Die Intonationskontur der Äußerungen ist also beim Sibilanten aufgrund dessen akustischer Eigenschaften unterbrochen

Damit erschöpfen sich Intonationsphänomene natürlich bei Weitem nicht. So weisen unsere Äußerungen auch bestimmte prosodische Strukturen auf, wie im folgenden englischen Satz zu beobachten (vgl. auch Gussenhoven und Jacobs 2011, S. 253):

— *They sent the Japanese vases.*
   a. They sent [the Japanese vases].
      ‚Sie schickten die japanischen Vasen.'
   b. They sent [the Japanese] [vases].
      ‚Sie schickten den Japanern Vasen.'

Die Äußerungen (a) und (b) unterscheiden sich nicht nur syntaktisch, sondern auch hinsichtlich ihrer Intonationsstruktur. In (a) fallen die drei Wörter *the Japanese vases* in **eine prosodische Phrase**, in (b) sind es zwei prosodische Phrasen, *the Japanese* und *vases*. Realisiert wird dies intonatorisch durch bestimmte Grenztöne und ggf. optionale minimale Pausen.

Mit dem Konzept der phonologischen Phrase haben wir also eine prosodische Einheit, die augenscheinlich größer

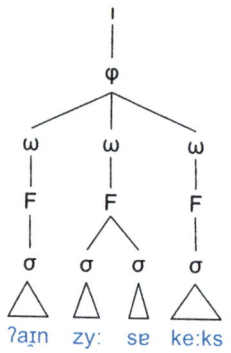

• **Abb. 2.54** Prosodische Strukturanalyse von *ein süßer Keks*

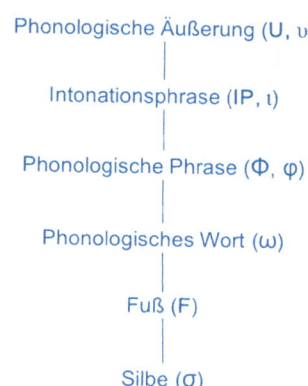

• **Abb. 2.56** Prosodische Hierachie (vgl. Wiese 1996, S. 83)

ist als die uns bekannten Silben. Es gibt aber noch weitere prosodische Einheiten, wie in der prosodischen Strukturanalyse von *ein süßer Keks* zu sehen ist (• Abb. 2.54).

Oberhalb der Silbe finden wir noch den Fuß (F), das prosodische Wort (ω), die phonologische Phrase (φ oder Φ), die Intonationsphrase (I) und schließlich die phonologische Äußerung (U). Ein Beispiel für letztere sehen wir in dem teilweise analogen Beispiel *Too many cooks spoil the broth* ‚Zu viele Köche verderben den Brei' aus dem Englischen (vgl. Gussenhoven 2004, S. 124); • Abb. 2.55.

Es ergibt sich insgesamt die prosodische Hierarchie wie in • Abb. 2.56 (vgl. Wiese 1996, S. 83).

Nun gibt es in phonologischen Äußerungen aber noch das intonatorische Phänomen der Tonhöhenvariation, das bei obigen Repräsentationen noch nicht berücksichtigt wurde, aber natürlich entscheidend für unsere Betrachtung der Intonation ist. Für ebendiese Phänomenlage führen wir eine tonale Ebene der Beschreibung ein (• Abb. 2.57).

In prosodischen Transkriptionen und Annotationen unterschiedlichster Art finden wir wie bei dem Beispiel *Too many cooks spoil the broth* zwei wichtige Symbole, die unterschiedliche Tonhöhen bei der Intonation repräsentieren:

H (‚high') = Zielpunkt einer Tonhöhenbewegung
L (‚low') = Zielpunkt einer Tonhöhenbewegung

> **Achtung**
>
> H und L symbolisieren keine absoluten Töne und sie bilden keine absoluten Grundfrequenzwerte wie z. B. 97 Hz ab. Sie sind immer relativ zum jeweiligen sprecherspezifischen Stimmumfang: H-Töne werden innerhalb der oberen drei Viertel des individuellen Stimmumfangs produziert, L-Töne im unteren Viertel des Stimmumfangs. Hinzu kommen eine Reihe variierender Symbole, z. B.:
> — Der Asterisk * kennzeichnet einen Zielpunkt auf der akzentuierten Silbe (lexikalischer Ton).
> — Das Pluszeichen + verbindet den Zielpunkt vor oder nach der Akzentsilbe mit dem Zielpunkt auf der akzentuierten Silbe. ◂

Bei den Akzenttönen unterscheidet man also einfache und zusammengesetzte. Die einfachen sind H* und L*. Zusammengesetzte Akzenttöne bestehen aus zwei Zielpunkten. Der Ton vor oder nach der Akzentsilbe wird durch ein + (Plus) mit dem gesternten Ton des Akzents verbunden. Zum Beispiel erreicht bei L*+H die Tonhöhe einen Tiefpunkt auf der Akzentsilbe. Kurz danach, meist auf der folgenden Silbe, wird ein hoher Zielpunkt erreicht. Es können jeweils nur zwei Töne kombiniert werden.

Für unser obiges Beispiel heißt dies, dass die Silben *too*, *cooks*, *spoil* und *broth* auf der Satzebene akzentuiert sind. Im Gegensatz dazu ist etwa die auf der Wortebene/lexikalisch akzentuierte erste Silbe von *many* auf der Satzebene nicht prominent. Die vier erstgenannten Silben tragen in der Repräsentation also einen Asterisk als Akzentmarker. Die Annotation mit H und L auf der tonalen Beschreibungsebene gibt also den jeweiligen intonatorischen Beitrag einzelner Silben zur Satzmelodie wieder. Die jeweiligen Enden der beiden Intonationsphrasen oben sind durch Kombination jeweils zweier Töne mit + gekennzeichnet.

Wenn wir auf Intonation und Intonationsstruktur schauen, beobachten wir allerdings erhebliche einzelsprachliche Unterschiede. So verhält sich das Französische hinsichtlich seiner intonatorischen Eigenschaften deutlich anders als z. B. das Englische oder Deutsche. Angesichts der erheblichen Komplexität der Phänomenlage bei der Intonation verweisen wir hier auf die entsprechenden einzelsprachlich orientierten Kapitel in Klabunde et al. (2022).

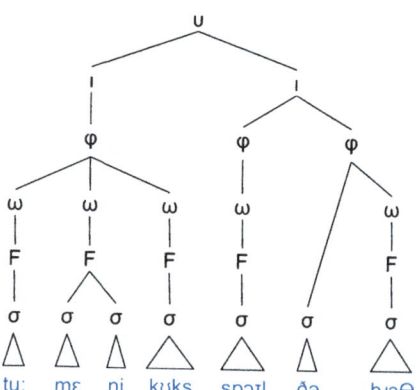

• **Abb. 2.55** Prosodische Struktur von *Too many cooks spoil the broth* (vgl. Gussenhoven 2004, S. 124)

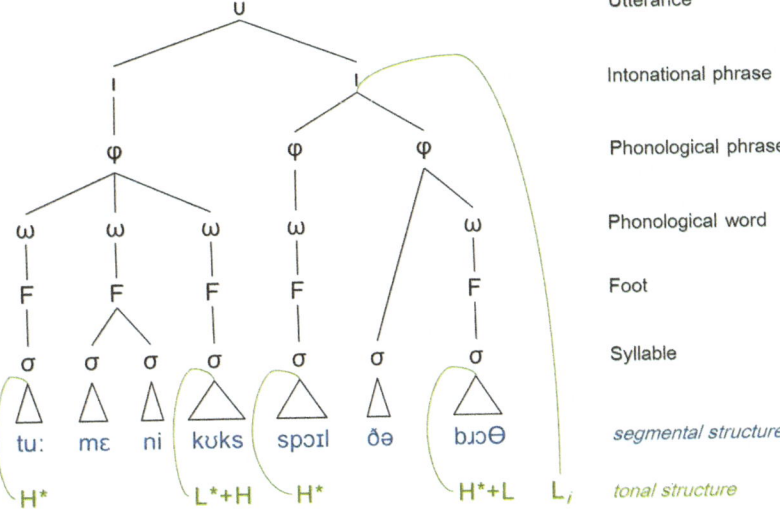

Abb. 2.57 Hierarchische prosodische Struktur von *Too many cooks spoil the broth* mit tonaler Ebene. (Nach Gussenhoven 2004, S. 124)

2.2.6 Phonologische Repräsentationen und Modelle

Bei unserer Formulierung phonologischer Regeln haben wir uns bislang auf ein Modell der generativen Phonologie gestützt, das auf Chomsky und Halle (1968) zurückgeht. Entsprechend dessen Titel *The Sound Pattern of English* nennt sich das Modell auch SPE-Modell oder schlicht SPE. Wichtiger als diese Bezeichnung ist jedoch, dass dieses Modell auf einer linearen, nicht-hierarchischen und segmentalen Repräsentation basiert. Grundsätzlich formulieren wir in einer Modellierung nach SPE-Regeln denn auch eine lineare Sequenz, also etwa:

$$/A/ \rightarrow [B] / X \_\_\_ Y$$

Das drückt aus, dass eine zugrunde liegende Form A als B realisiert wird, wenn sie in der Umgebung zwischen X und Y auftritt. Nur lassen sich auf diese Weise beileibe nicht alle phonologischen Phänomene der Sprachen der Welt erfassen. So hat sich diese Modellierung insbesondere bei der Untersuchung von Tonsprachen als nicht adäquat herausgestellt.

Während wir bei einer rein segmentalen Repräsentation Segmente durch Angabe einer Merkmalspezifikation in einer Matrix bestens abbilden können, scheitert diese Darstellungsweise bei suprasegmentalen Eigenschaften wie Ton. Die segmentale Spezifikation der vier [a] im Beispiel aus dem Mandarin ist einerseits immer identisch, und andererseits fehlt in jedem der vier Fälle die Spezifikation der tonalen Eigenschaft, die ja sogar bedeutungsunterscheidend ist und daher natürlich zwingend repräsentiert werden muss. Es wäre jedoch vollkommen inadäquat anzunehmen, dass es sich hier um vier verschiedene [a] mit entsprechend unterschiedlichen Tönen handelt. Schließlich tragen die anderen Vokale des Mandarin ebenfalls diese Töne. Folglich können wir eine Angabe des Tons nicht in

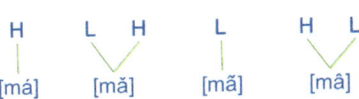

Abb. 2.58 Vier (lexikalische) Töne des Mandarin, die bei identischer segmentaler Struktur der vier Wörter allein deren jeweils unterschiedliche Bedeutung ausmachen. Der dritte Ton wird hier als phonologisch tiefer Ton dargestellt. Er wird phonetisch aber als zunächst tiefer, leicht fallender und dann wieder steigender Ton realisiert (dipping tone)

unsere Spezifikation der individuellen Vokalsegmente aufnehmen, sondern müssen stattdessen annehmen, dass Ton eine separat zu repräsentierende Eigenschaft ist. Zwar wird diese Eigenschaft mit tontragenden Segmenten, den Vokalen, assoziiert, aber die Repräsentation erfolgt diskret. In Abb. 2.58 steht H (*high*) für einen hohen Ton, L (*low*) für einen tiefen Ton.

Das Problem der phonologischen Analyse von Tonsprachen war eine wesentliche Motivation dafür, verschiedene **Schichten** (*tiers*) der Repräsentation und Elemente wie Ton anzunehmen, die dort eigene Repräsentationen aufweisen und daher auch **Autosegmente** genannt werden, wie wir im Anschluss sehen werden. Natürlich haben die neueren Modelle, auf die im Folgenden kurz eingegangen wird, weitere erhebliche Vorzüge gegenüber dem traditionellen linearen Ansatzes von SPE und sind keineswegs auf die Analyse und Repräsentation von Tonsprachen beschränkt, sondern stellen den aktuellen Stand phonologischer Modellierung und Repräsentation aller Sprachen dar.

- **Autosegmentale Phonologie**

Die Vorteile einer autosegmentalen Modellierung phonologischer Phänomene und Prozesse beschränken sich wie gesagt keinesfalls nur auf die adäquate Beschreibung von Tonsprachen. So konnten wir auch schon die Repräsentation tonaler Eigenschaften auf einer eigenen Ebene bei der Analyse von Intonation in Abb. 2.57 beobachten. Eine

> **Vertiefung: Ton und Tonsprachen**
>
> **Ton** bezeichnet ein phonologisches Phänomen in vielen Sprachen, die sich dadurch auszeichnen, dass mittels Tonhöhenvariation lexikalisch differenziert werden kann. So differenzierende **Tonsprachen** sind weit verbreitet und finden sich besonders häufig in Ostasien und Afrika. Sie sind alles andere als selten: Wir können davon ausgehen, dass mehr als die Hälfte aller Sprachen der Welt Tonsprachen sind (vgl. Yip 2002, S. 1). Bekannte Tonsprachen sind z. B. Mandarin (vier Töne), das z. B. in Hongkong gesprochenen Kantonesisch (sieben Töne) oder Vietnamesisch (sechs Töne).
>
> Während z. B. im Deutschen eine Variation der Grundfrequenz F_0 lediglich hinsichtlich der Intonation bedeutungsdifferenzierend ist und bei einer Äußerung somit vornehmlich auf der Satzebene bedeutungsdifferenzierend wirkt, ist sie bei Tonsprachen lexikalisch distinktiv und bewirkt somit eine Bedeutungsänderung auf der Wortebene. Das dazu fast immer zitierte Standardbeispiel stammt aus der Beijing-Variante des Mandarin. Hier gibt es z. B. vier segmental identische Wörter [ma], deren unterschiedliche Bedeutung sich ausschließlich durch die Wahl des jeweiligen Tons manifestiert, die der ansonsten identische Vokal trägt:
>
> - [má] (gleich bleibend hoher Ton) ‚Mutter/Mama'
> - [mǎ] (steigender Ton, mittelhoch beginnend) ‚Hanf'
> - [mā] (fallend-steigender Ton, tief beginnend) ‚Pferd'
> - [mâ] ((stark) fallender Ton, hoch beginnend) ‚schimpfen'
>
> Diese Darstellung ist stark vereinfachend – so gibt es u. a. noch einen neutralen Ton und umgebungsbedingt weitere Tonkonturverläufe beim dritten Ton (vgl. dazu Yip 2002, S. 180ff., Wiese 2011, S. 90ff. sowie Gabriel et al. 2013, S. 114f., 181f.). Die Töne sind gemäß einer der beiden Ton-Notationskonventionen des IPA notiert. Davon abweichend gibt es allerdings noch verschiedene weitere Notationsformen für die Transkription von Tönen.
>
> Dies ist also ein gänzlich anderes Phänomen als bei der fallenden oder steigenden Intonation bei deutschen Deklarationssätzen gegenüber Fragen. Der Ton macht in Tonsprachen also zwar nicht die Musik, aber den Bedeutungsunterschied von Wörtern.
>
> Wir unterscheiden Tonsprachen von Akzentsprachen, wenngleich eine eindeutige Zuordnung nicht immer unproblematisch ist. Deutsch, Englisch, Spanisch und Italienisch sind Akzentsprachen, die einen dynamischen Akzent aufweisen, d. h. also auf der Wortebene vornehmlich durch Variation der Schallintensität/Lautheit differenzieren (vgl. ‚übersetzen' vs. ‚**über**setzen'), sprich durch eine relative Erhöhung der Amplitude, und nicht wie Tonsprachen durch z. B. eine relativ hohe oder niedrige Grundfrequenz (vgl. [má] ‚Mutter' vs. [mā] ‚Pferd').
>
> **Literatur**
> - Yip, M. (2002). *Tone*. Cambridge: Cambridge University Press.

◘ **Abb. 2.59** CV-Schicht von *fein* und *süß*

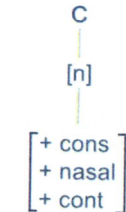

◘ **Abb. 2.60** CV-Schicht und Merkmalschicht von [n]

weitere Form der autosegmentalen Repräsentation ist uns bereits aus der Analyse von Silben bekannt. Hier haben wir zwar keine Tonschicht eingesetzt, aber wir haben eine **Skelettschicht** oder auch **Zeitschicht** oder **CV-Schicht** für die silbeninterne Struktur wie z. B. von *fein* und *süß* verwendet (◘ Abb. 2.59; vgl. zu Ton und Zeitschichten die Darstellung in Gabriel et al. 2013, S. 114f.). Der Anspruch der autosegmentalen Modelle ist also, eine adäquate Analyse und Repräsentation aller phonologischen Phänomene natürlicher Sprachen zu gewährleisten.

Eine solche Modellierungs- und Darstellungsform hat natürlich weitreichende Auswirkungen nicht nur auf theoretische Annahmen, sondern auch auf unsere bislang verwendeten Repräsentationsformen, insbesondere auf unsere bislang rein linear formulierten Regeln. Zu unserer segmentalen Darstellung eines Segments wie [n] fügen wir in einem ersten Schritt eine CV-Schicht und eine Merkmalschicht hinzu wie in ◘ Abb. 2.60.

Wichtig ist hierbei, dass die Nennung der Merkmalsspezifikationen sich immer nur auf die für den Betrachtungskontext relevanten Spezifikationen beschränkt. Unser aktuelles [n] wäre natürlich über weit mehr Merkmalspezifikationen zu definieren, ggf. abhängig vom distinktiven Merkmalinventar der jeweils betrachteten Einzelsprache. Für den Kontext oben nehmen wir also an, dass ledig-

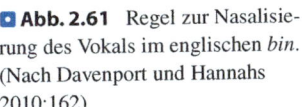
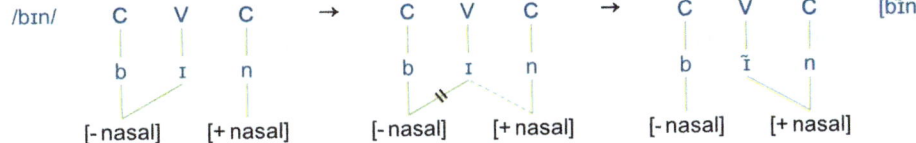

Abb. 2.61 Regel zur Nasalisierung des Vokals im englischen *bin*. (Nach Davenport und Hannahs 2010:162)

lich die dort genannten Merkmale relevant für die aktuelle Betrachtung sind. Dies ist also eine Maßnahme zu einer transparenteren und ökonomischeren Darstellung, die uns die Auflistung von zig Merkmalen erspart.

Unsere Regeln nehmen jetzt eine andere Form an: in ◘ Abb. 2.61 zunächst eine einfache Notation der eingangs beschriebenen regressiven Assimilation bei der nasalen Realisierung von Vokalen, insbesondere des amerikanischen Englisch.

Also: Input unserer Regel ist eine zugrunde liegende Form wie /bɪn/, Output eine Oberflächenform mit einer durch den adjazent folgenden Nasal ausgelösten Nasalisierung des Vokals zu [bĩn]. Die Regel sagt somit Folgendes aus: Der Vokal /ɪ/ sowie das adjazent vorausgehenden /b/ sind in der zugrunde liegenden Form beide nicht nasal. Dies erkennen wir an der Merkmalspezifikation [−nasal], die per **Assoziationslinie** mit beiden Segmenten verbunden ist. Das Segment /n/ ist hingegen alleinig als [+nasal] spezifiziert. Im ersten Schritt wird die Assoziationslinie zwischen Vokal und der mit /b/ gemeinsamen Spezifikation [−nasal] getilgt und gleichzeitig eine Assoziationslinie mit der [+nasal]-Spezifikation des /n/ hergestellt. Im letzten Schritt haben wir also einen gemeinsam mit [n] als [+nasal] spezifizierten Oberflächenvokal [ĩ], dessen Assoziation mit der zugrunde liegenden [−nasal]-Spezifikation nicht mehr gegeben ist, was wir als *delinking* bezeichnen, also als Trennen von Assoziationslinien. Das Merkmal ‚nasal' hat sich somit regressiv auf den adjazenten Vokal ausgebreitet. Daher sprechen wir in solchen Fällen auch generell von *spreading*, sprich Ausdehnen von Merkmal(spezifikation)en.

■ Merkmalgeometrie

Wir haben bereits bei der Diskussion distinktiver Merkmale von einer Definition von Phonemen bzw. Segmenten über Mengen von Merkmalspezifikationen gesprochen. In diesem Sinne könnten wir z. B. ein Phonem über eine vollständige Menge seiner Merkmalspezifikationen definieren. Für den Fall /n/ wäre ◘ Abb. 2.62 eine mögliche Darstellung.

❶ Achtung

Die Menge der Merkmalspezifikationen für solch ein Phonem würde aber je nach Perspektive starke Abweichungen aufweisen. Führen wir hier z. B. nur distinktive Merkmale auf, ergäben sich einzelsprachlich divergierende Merkmalinventare und -spezifikationen. Des Weiteren stellt sich die Frage, welche Merkmale spezifiziert werden müssten: etwa alle für eine Einzelsprache angenom-

Abb. 2.62 Merkmalmatrix für das Phonem /n/ (vgl. dazu aber Hall 2011, S. 183)

menen? Dabei würde sich aber zeigen, dass bestimmte Merkmalspezifikationen sich zwangsläufig aus anderen ergeben. So muss eine Spezifikation [+nasal] natürlich mit einer Spezifikation [+sonorant] einhergehen, da Nasale nun immer auch Sonoranten sind.

Es fällt bei obigem Inventar für /n/ auf, dass bestimmte Merkmalspezifikationen gemeinsame Eigenschaften haben. So spezifizieren [±voice], [±aspirated] und [±glottal] allesamt laryngale Eigenschaften, sprich solche Merkmale von Lauten, für deren Differenzierung der Larynx zuständig ist. Hingegen teilen [±anterior], [±apical], [±dorsal] und [±coronal] alle die Eigenschaft, Ortsmerkmale zu spezifizieren. Über solche und weitere Gemeinsamkeiten von Merkmalen lassen sich in der Phonologie entscheidende Generalisierungen formulieren, die in der Merkmalgeometrie erfasst und elegant dargestellt werden können. Eine merkmalgeometrische Abbildung von Merkmalen und ihren Abhängigkeiten ist in ◘ Abb. 2.63 zu erkennen.

Es ergibt sich eine hierarchisch organisierte Struktur von **Knoten** (*nodes*) und Merkmalen, die man sich an einer partiellen Darstellung der merkmalgeometrischen Spezifikation für /n/ wie in ◘ Abb. 2.64 verdeutlichen kann.

In der Merkmalgeometrie können wir so viele theoretisch entscheidende Generalisierungen formulieren, und entsprechend eleganter und effizienter fällt die Modellierung unserer Regeln aus.

Bleiben wir bei dem in den Sprachen der Welt häufig zu beobachtenden Phänomen Nasalassimilation, das aber in etlichen unterschiedlichen Varianten auftritt. Wir schauen auf einige Verschleifungsformen des Deutschen (vgl. Pompino-Marschall 2009, S. 275) und gehen einmal von einer voll realisierten Form wie [eːbən] ‚eben' aus. In informeller und/oder schneller Rede realisieren wir aber in aller Regel das Schwa nicht, sondern substituieren stattdessen eine Silbifizierung des finalen Nasals: [eːbn̩]. Damit

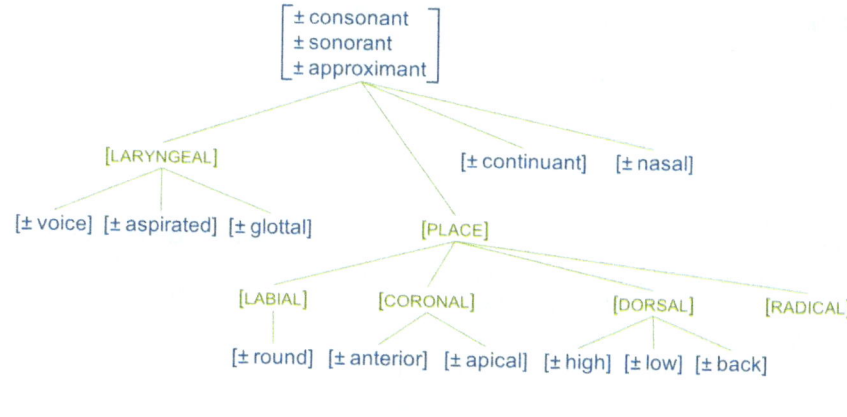

Abb. 2.63 Merkmalgeometrische Abbildung von Merkmalen. (Nach Hall 2011, S. 199)

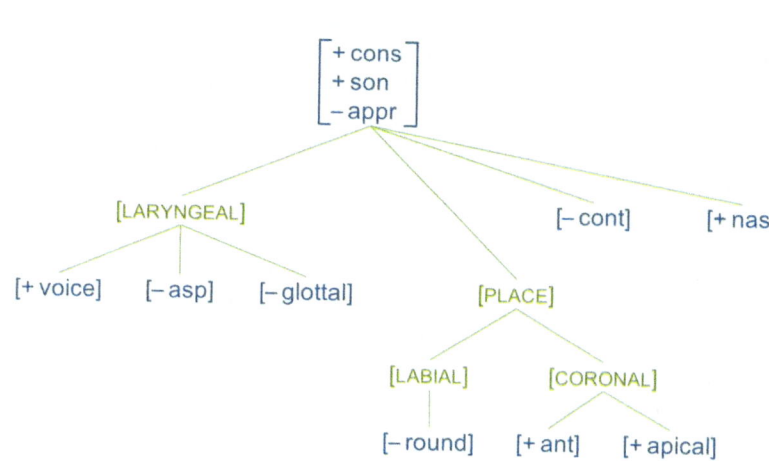

Abb. 2.64 Merkmalgeometrische Spezifikation von /n/

aber nicht genug. Sehr häufig wird der Verschluss des stimmhaften Plosivs [b] direkt nasal in der Artikulation des Nasalkonsonanten und damit überhaupt nicht mehr oral gelöst. Dieser wird aufgrund der Adjazenz zum [b] nicht mehr als [n], sondern als ein homorganes [m] realisiert. Es ergibt sich eine Form wie [eːbm] unter komplettem Verlust einer Öffnung zwischen den beiden Verschlusslauten. Nasale assimilieren wir übrigens extrem häufig, so z. B. auch in *kein Problem*: [kʰaɪmpʀoblem]. Ein analoger Prozess zu *eben* tritt allerdings auch in Umgebungen wie den Folgenden auf:

a. *laben*   …[bən] → …[bm]
b. *Lappen*   …[pən] → …[pm]
c. *Laden*   …[dən] → …[dn]
d. *raten*   …[tən] → …[tn]
e. *Lagen*   …[gən] → …[gŋ]
f. *Laken*   …[kən] → …[kŋ]

Wir beobachten, dass bei einer Nichtrealisierung des Schwa und der daraus folgenden Adjazenz des finalen Nasals zum Plosiv der jeweilige Nasal immer homorgan zum vorausgehenden Plosiv realisiert wird. Wir haben es also mit einer progressiven Nasalassimilation zu tun. Am Beispiel von /bn/ zu [bm] gezeigt, sieht unsere Regel in einer merkmalgeometrischen Darstellung aus wie in Abb. 2.65.

Natürlich gilt die Regel aber analog für alle unsere obigen Fälle, also auch für die velare Assimilation des finalen Nasals. Verzichten wir in unserer Darstellung also auf die weitere Spezifikation des PLACE-Knotens des Plosivs, ergibt sich die Generalisierung, dass der Nasal [n] grundsätzlich die PLACE-Spezifikation des vorausgehenden Plosivs annimmt (Abb. 2.66).

Damit erübrigt sich die Formulierung einer separaten Regel für die Fälle der velaren Nasalassimilation [(k/g)n] → [(k/g)ŋ]. Die obige Darstellung schließt natürlich auch ein, dass bei einem alveolaren Plosiv [t, d] der Artikulationsort des ebenfalls alveolaren [n] erhalten bleibt. Des Weiteren sind mit dieser Darstellung auch Fälle wie

‚helfen' …[fən] → [fɱ],

also der labiodentalen Realisation des Nasals, erfasst.

Im Allgemeinen verzichtet man auf die zweischrittige Darstellung mit der expliziten Angabe der zugrunde liegenden und der Oberflächenform und reduziert die Regelabbildung auf den Schritt der Merkmalausbreitung (*spreading*) und Kappung (*delinking*) eines Knotens wie in Abb. 2.67.

Inhaltlich bleibt die Darstellung äquivalent zu der langen obigen Form.

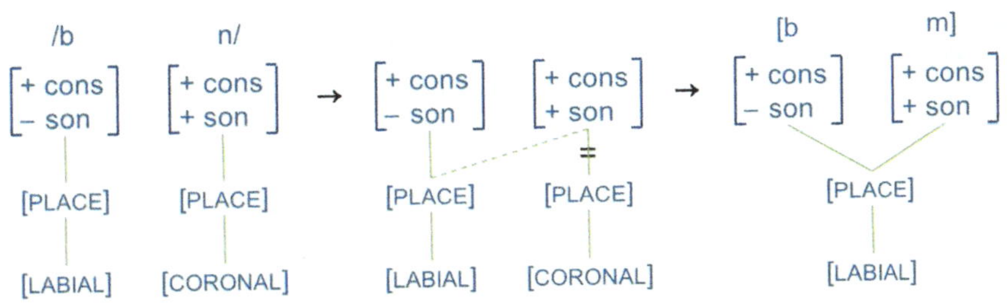

Abb. 2.65 Regel zu einer progressiven Nasalassimilation (vgl. hierzu auch die Darstellung der umgekehrt verlaufenden (regressiven) spanischen Nasalassimilation *en Pamplona* ‚in Pamplona' zu [e**m**pamplona] in Gabriel et al. (2013, S. 114) und zur ebenfalls regressiven Nasalassimilation des Luganda in Hall (2011, S. 192))

Abb. 2.66 Merkmalgeometrische Regeldarstellung zur Nasalassimilation

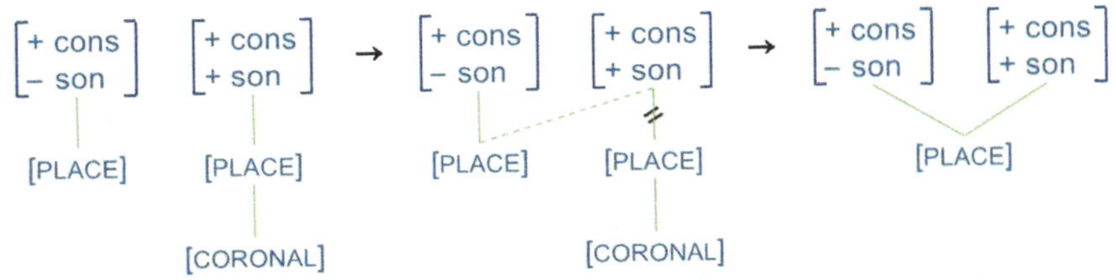

Abb. 2.67 Merkmalgeometrische Regel: Merkmalausbreitung und Kappung eines Knotens (vgl. dazu die Darstellung zur umgekehrt verlaufenden Nasalassimilation des Luganda in Hall 2011, S. 192)

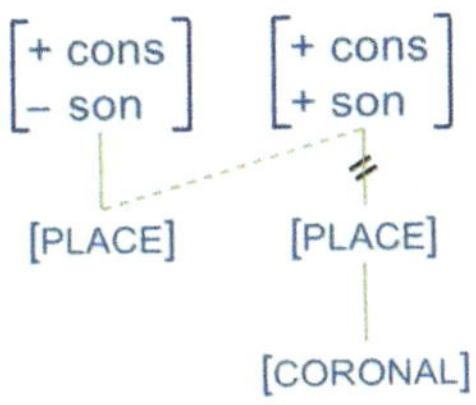

Optimalitätstheorie

In der Optimalitätstheorie (OT, *optimality theory*) treten anstelle des uns bekannten Regelapparats **Beschränkungen (Constraints)** über die Wohlgeformtheit phonetischer/phonologischer Formen. Diese Constraints sind für die OT von zentraler Bedeutung, und sie sind zu verstehen als Beschränkungen über mögliche **Output**formen, die von einer angenommenen Generatorfunktion (GEN) aus **Input**formen erzeugt werden und dabei einen Evaluationsprozess (EVAL) durchlaufen. Die Inputformen sind dabei zugrunde liegende Formen, die Outputformen alle grundsätzlich möglichen Oberflächenformen.

Das wichtigste Mittel der Repräsentation in der OT sind tabellarische Aufstellungen, die **Tableaus** genannt werden. Wir wollen uns am Beispiel des Tableaus zur phonetischen Realisierung der englischen Pluralbildung durch [ɪz] im Fall von *kisses* ‚Küsse' die wichtigsten Punkte dazu anschauen. Die zugrunde liegende Singularform von *kiss* ist natürlich /kɪs/. Die zugrunde liegende Form des Pluralsuffixes ist /z/. Nun lautet der korrekte Plural *kisses* aber nicht *[kɪsz], sondern [kɪsɪz]. Dieser Umstand wird im Tableau in ◘ Abb. 2.68 erfasst.

Wie also haben wir ein solches Tableau zu lesen? In der linken Spalte sehen wir zunächst die Angabe der zugrunde liegenden Form /kɪs+z/, die sich aus der Basis /kɪs/ plus dem Pluralsuffix /z/ ergibt. Darunter findet sich eine Liste mit den kombinatorisch möglichen Outputformen, den **Kandidaten**, aus der die korrekte ermittelt werden muss. Zu der oben bereits genannten nicht wohlgeformten hypothetischen Outputform *[kɪsz] kommen die weiteren grundsätzlich ja denkbaren Kandidaten *[kɪzz] und *[kɪss] hinzu, denn [z] und [s] sind beide im Englischen umgebungsbedingt mögliche Realisierungen von sowohl /z/ als auch /s/. Hinzu kommt ebenfalls die mögliche Outputform [kɪsɪz], die sich als die **optimale** herausstellen wird und daher mit dem *pointing-finger*-Symbol markiert ist.

In der zweiten Spalte sind die jeweiligen Verletzungen des *SIBSIB-Constraints durch die einzelnen Formen vermerkt. *SIBSIB sagt aus, dass im Englischen Sequenzen von unmittelbar aufeinanderfolgenden Sibilanten nicht zulässig sind. Jede Form, die diese Beschränkung verletzt, wird in den Zellen der Spalte für das in der obersten Zeile aufgeführte Constraint mit einem Asterisk * markiert. Ist, wie hier im Fall von *SIBSIB, die Verletzung des Constraints nicht akzeptabel, wird der jeweilige Kandidat disqualifiziert. Dies wird durch ein Ausrufezeichen ! bei der entsprechenden Constraint-Verletzung notiert. *SIBSIB ist als erste Beschränkung ganz links aufgeführt. Damit wird ausgedrückt, dass es sich um das höchstrangige Constraint in der aktuellen Beschränkungshierarchie handelt.

Grundsätzlich ist es aber so, dass Constraints verletzt werden dürfen, und dies ggf. sogar mehrfach von einer Outputform. Nur kann es sein, dass das so verletzte Constraint sprachspezifisch einen niedrigeren Rang als andere Beschränkungen hat, und deshalb die Verletzung nicht automatisch zu einer Disqualifikation des Kandidaten führt. Einen solchen Fall sehen wir bei DEP-IO, was als Abhängigkeit (*dependency*) des Outputs vom Input in dem Sinne zu verstehen ist, dass das Hinzufügen von Outputsegmenten zu den Inputsegmenten nicht zulässig ist. Zwar verletzt unsere optimale Outputform [kɪsɪz] dieses Constraint we-

Abb. 2.68 OT-Tableau zu *kisses*. (Gussenhoven und Jacobs 2011, S. 55)

/kɪs+z/	*SɪbSɪb	Dep-IO	*αvoice-αvoice
kɪsz	*!		*
☞ kɪsɪz		*	
kɪzz	*!		
kɪss	*!		

gen ihrer ɪ-Epenthese, aber die Beschränkung Dep-IO ist geringer gewichtet als z. B. *SɪbSɪb, und ihre Verletzung führt damit nicht automatisch zur Disqualifikation des Kandidaten.

Zur letzten Spalte: Die Form *[kɪsz] verletzt das Constraint *αvoice-αvoice, das besagt, dass in einem Konsonantencluster keine unterschiedlichen Werte für Stimmhaftigkeit realisiert werden dürfen. [sz] ist aber genau ein solches *mixed voice cluster* und damit in der englischen Koda nicht zulässig. Daher wird die betreffende Zelle des Kandidaten auch als eine Verletzung markiert.

Die grau gefüllten Zellen stehen für irrelevant gewordenen Positionen. Die Verletzung von Dep-IO durch [kɪsɪz] ist dadurch irrelevant geworden, dass [kɪsɪz] das höchstrangige Constraint *SɪbSɪb erfüllt. Die Verletzung des niedrigstrangigen *αvoice-αvoice durch *[kɪsz] ist irrelevant, da dieser Kandidat bereits aufgrund seiner Verletzung von *SɪbSɪb disqualifiziert wurde.

2.2.7 Phonologische Prozesse an der Schnittstelle zur Morphologie: Sandhi

Die Morphologie kennen Sie rudimentär aus ▶ Kap. 1. Detaillierter wird dieses Teilgebiet der Linguistik in ▶ Kap. 4 vorgestellt. Grob gesagt ist die Morphologie das Teilgebiet der Linguistik, das sich mit der Struktur von Wörtern beschäftigt wie z. B. der Struktur des Wortes *lesbar* oder des Wortes *Anti-Diskriminierungsverordnungen*. Für die folgende Darstellung ist aus der Morphologie der Begriff des Morphems wichtig. Vereinfacht ausgedrückt ist ein **Morphem** die kleinste sprachliche Einheit, die eine Bedeutung ausdrückt (während das uns ja schon bekannte Phonem lediglich einen Bedeutungsunterschied ausmachen kann, selbst aber keine Bedeutung ausdrückt). So besteht z. B. *lesbar* aus den zwei Morphemen *les* und *bar*, denn der Verbstamm *les* drückt das Ereignis des Lesens aus und *bar* eine Möglichkeitsbedeutung. *Die Inschrift ist lesbar* drückt also aus, dass es für jemanden möglich ist, eine bestimmte Inschrift zu lesen. Wichtig ist im Zusammenhang mit dem vorliegenden Abschnitt: Silben sind keine Morpheme. So ist die Morphemstruktur des spanischen *mesas* ‚Tische' *mesa-s* mit den Morphemen *mesa* und *s*, aber die Silbenstruktur ist [me.sas].

Viele Prozesse, die in der Linguistik beschrieben werden, betreffen nicht nur eine einzelne linguistische Strukturebene, also etwa die Phonologie, die Wortstruktur (Morphologie) oder die Satzstruktur (Syntax), sondern sie weisen eine Interaktion zwischen mehreren dieser Ebenen auf.

Wir haben lautliche Strukturen bislang nahezu ausschließlich aus einer phonetisch-phonologischen Perspektive betrachtet und dabei zunächst den Umstand außer Acht gelassen, dass phonologische Prozesse vielfach durch morphologische oder syntaktische Umgebungen beeinflusst werden und damit keineswegs immer rein phonologisch bedingt sind. Ein Beispiel für solche morphophonologischen und phonosyntaktischen Interaktionen ist ein in den Sprachen der Welt häufig zu beobachtendes Phänomen, das unter der Bezeichnung **Sandhi** bekannt ist, einem Lehnwort, das aus dem Sanskrit bzw. der klassischen Sanskritgrammatik stammt: Sanskrit *saṃdhí* bedeutet in etwa ‚Zusammensetzung'.

> **Sandhi**
> Phonologische Prozesse, die durch eine Umgebung ausgelöst werden, die eine Morphemgrenze beinhaltet, bezeichnen wir als Sandhi. Assimilationen, Epenthesen und Resilbifizierungen an Wortgrenzen sind einige von vielen möglichen Sandhi-Phänomenen. Der Begriff „Sandhi" wird im Deutschen übrigens sowohl als Maskulinum als auch als Neutrum verwendet.

Gemeint ist damit, dass bestimmte lautliche Veränderungen genau dann stattfinden, wenn es durch morphologische oder morphosyntaktische Konstellationen zu Nachbarschaften bestimmter Laute und Silben kommt, die dann in unterschiedlicher Weise ihre jeweiligen Eigenschaften ändern, etwa wie beim französischen Artikel *les*, dessen Aussprache wir ja als [le] lernen, es aber dennoch [le.zɑ̃.fɑ̃] (*les enfants* ‚die Kinder') heißt und nicht *[le.ɑ̃.fɑ̃]. Ein weiteres prominentes Beispiel für einen phonologischen Prozess, der in Kontexten ausgelöst wird, die durch die Folge zweier Wortformen im Satz entsteht, ist die unterschiedliche Realisierung des englischen indefiniten Artikels *a*. In der Umgebung unmittelbar vor Nomen, die einen initialen Vokal aufweisen, wird nicht nur der Vokal des Artikels realisiert, sondern es findet auch eine finale Epenthese von [n] statt: Es heißt also korrekt *an apple* und nicht *a apple*. In der Umgebung *a pear* bleibt es aber bei der Realisierung des zugrunde liegenden Vokals des Artikels (je nach

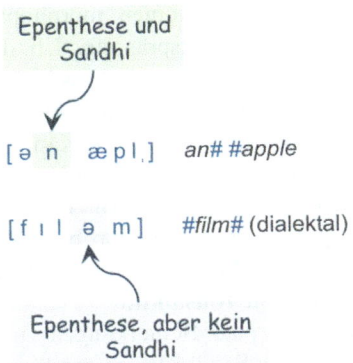

Abb. 2.69 Epenthese als Sandhi im englischen *an apple* und Epenthese, aber kein Sandhi im dialektalen englischen *film*

Kontext alternativ durch [eɪ] oder [ə]) ohne *n*-Epenthese. Die phonetische Realisierung mit oder ohne *n*-Epenthese ist also abhängig von den lautlichen Eigenschaften des dem Artikel folgenden Wortes im Satz und findet folglich an einer Wortgrenze statt. Damit handelt es sich bei diesem Phänomen also um einen Sandhi.

Bedingung für das Vorhandensein eines Sandhi ist immer eine morphologische Grenze. Dies kann eine wortinterne Morphemgrenze oder eine Wortgrenze sein. Aufgrund dieser Umgebungsdefinition lassen sich eine Vielzahl von phonologischen Phänomenen unter dem Begriff des Sandhi zusammenfassen, der damit eine allen gemeinsame Eigenschaft dokumentiert. Zu diesen Phänomenen zählen u. a. die aus dem Englischen bekannten **linking r** und **intrusive r**, die **Liaison** im Französischen, zu der das obige Beispiel *les enfants* gehört, sowie das ***raddoppiamento sintattico*** (oder auch ***raddoppiamento fonosintattico***, (phono)syntaktische Verdopplung) im Italienischen.

Findet der Sandhi an einer Morphemgrenze innerhalb einer Wortform statt, reden wir von **internem Sandhi**. Diese Form des Sandhi ist also typischerweise bei Assimilationen zwischen Wortstamm und Affixen gegeben. Findet sich der Sandhi an einer Morphemgrenze, die mit einer Wortgrenze zusammenfällt, handelt es sich um einen **externen Sandhi**. Bekannte externe Sandhi-Prozesse sind z. B. die eben genannten *intrusive r* und *linking r* im Englischen, **Liaison** sowie *enchaînement* im Französischen und *raddoppiamento (fono)sintattico* im Italienischen.

Zur Abgrenzung des Sandhi-Begriffs können wir auf ein uns schon bekanntes Beispiel lautlicher Variation zurückgreifen: die dialektale Schwa-Epenthese im Geordie-Dialekt des Englischen. ‚Film/film' wird in diesem Dialekt häufig nicht durch die Standardform [fɪlm], sondern als [fɪləm] realisiert. Diese Schwa-Epenthese findet aber im Gegensatz zur obigen *n*-Epenthese innerhalb des Wortstamms statt und wird folglich nicht an einer Morphemgrenze ausgelöst. Sie ist damit *kein* Sandhi (Abb. 2.69).

■ *Linking r* **und** *intrusive r* **im Englischen**

Bei Dialekten des Englischen, die /ɹ/ in postvokalischer Position nicht realisieren – also etwa wie in [hɪə] (*here* ‚hier') in den meisten britischen Varianten anstelle von [hɪɹ] in den meisten amerikanischen Dialekten –, ist zu beobachten, dass der zugrunde liegende rhotische Approximant dennoch in bestimmten Kontexten realisiert wird. Dies ist der Fall, wenn das im Satz folgende Wort initial einen Vokal aufweist, wie z. B. in *here and there* ‚hier und da', was als [hɪɹəndðɛə] realisiert wird, also mit [ɹ], obwohl in einem nicht-rhotischen (*non-rhotic*) Dialekt. **Nicht-rhotische Dialekte** des Englischen sind solche, die etwa in *hard* kein /ɹ/ artikulieren, also wie z. B. die meisten britischen Varianten. **Rhotische Dialekte** des Englischen sind dementsprechend solche, die an dieser Stelle in *hard* ein /ɹ/ artikulieren, wie etwa die meisten amerikanischen Dialekte. Das hier diskutierte Sandhi-Phänomen in nicht-rhotischen Dialekten des Englischen ist als *linking r* bekannt:

Englisch: *linking r*			
car	[kɑː]	*car and …*	[kɑːɹənd] …
fair	[fɛə]	*fair amount*	[fɛəɹəmaʊnt]
more	[moː]	*more apples*	[moːɹæpl̩z]

Beim Sandhi mit *intrusive r* ist das Phänomen phonetisch ähnlich gelagert, basiert aber auf einer anderen phonologischen Analyse. Während beim obigen *linking r* ein zugrunde liegender Approximant dialektspezifisch und umgebungsbedingt realisiert wird, ist das *intrusive r* als ɹ-Epenthese zu verstehen. Dies sehen wir an Formen wie *Australia and Asia*, die oft als [ɒstɹeɪlɪəɹəndeɪʒə] realisiert werden, und die wir in rhotischen wie nicht-rhotischen Varianten beobachten können. Weder in diesem Fall noch in den folgenden liegt phonologisch ein finaler Approximant zugrunde:

Englisch: *intrusive r*			
Africa	[æfɹɪkə]	*Africa and Asia* [æfɹɪkəɹəndeɪʒə]	
trivia	[tɹɪvɪə]	*trivia event* [tɹɪvɪəɹɪvent]	
tuna	[tjuːnə] (British)	*tuna attack* (British) [tjuːnəɹətæk]	
tuna	[tuːnə] (US)	*tuna attack* (US) [tuːnəɹətæk]	

In der englischen Linguistik werden diese Phänomene oft unter den Begriffen *linking* oder *juncture* zusammengefasst.

Enchaînement und Liaison im Französischen

Bei den beiden französischen Sandhi-Phänomenen sind zwei verschiedene Prozesse involviert, die durch bestimmte phonologische Bedingungen an Wortgrenzen ausgelöst werden. Beim Enchaînement („Verkettung") handelt es sich um ein prosodisches Phänomen, da der Sandhi-Effekt in einer Resilbifizierung adjazenter Wortformen besteht, wie z. B. in *pour arriver* ‚um anzukommen', wo nicht wie bei Alleinstellung silbifiziert wird ([puʁ], [a.ʁi.veː]), sondern [pu.ʁa.ʁi.veː]. Beispiele sind (vgl. Booij 1986, S. 93):

Französisch: Enchaînement		
avec elle	[a.vɛ.kɛl]	‚mit ihr'
une amie	[y.na.mi]	‚eine Freundin'
cette Anglaise	[sɛ.tɑ̃.glɛːz]	‚diese Engländerin'
pour arriver	[pu.ʁa.ʁi.veː]	‚um anzukommen'

Bei der **Liaison** liegt ein dem englischen *linking r* vergleichbarer Realisierungseffekt zugrunde, der allerdings meist mit einer Resilbifizierung wie beim Enchaînement einhergeht, so etwa bei *petit ami* ‚kleiner Freund', wo *petit* nicht wie bei isolierter Aussprache realisiert wird ([pə.ti]), sondern inklusive des zugrundeliegenden Plosivs: [pə.ti.**t**a.mi] (vgl. Pustka 2011, S. 157; Booij 1986, S. 94).

Französisch: Liaison		
les amis	[le.za.mi]	‚die Freunde'
neuf ans	[nœ.vɑ̃]	‚neun Jahre'
trop abstrait	[tʁɔ.pap.stʁɛ]	‚zu abstrakt'
les enfants	[le.zɑ̃.fɑ̃]	‚die Kinder'
dans une heure	[dɑ̃.zy.nœʁ]	‚in einer Stunde'
il vit en France	[il.vi.tɑ̃.fʁɑ̃s]	‚er lebt in Frankreich'

Raddoppiamento sintattico im Italienischen

Beim italienischen *raddoppiamento sintattico* (oder auch *raddoppiamento fonosintattico*) kommt es in bestimmten Umgebungen bzw. unter bestimmten lexikalischen und syntaktischen Parametern zu einer **Gemination** („Verdoppelung") initialer Konsonanten, etwa wie bei *tre cani* ‚drei Hunde' [trekːani], wobei also der initiale (kurze) Plosiv von *cani* zu langem [**k**ː] wird (Absalom und Hajek 2006, S. 2).

Italienisch: Raddoppiamento sintattico		
sto bene	[stobːene]	‚mir geht es gut'
a lui	[alːui]	‚ihm'
come te	[cometːe]	‚wie Du'
tre cani	[trekːani]	‚drei Hunde'

Sandhi ist somit ein Phänomen morphophonologischer oder phonosyntaktischer Ausprägung, d. h. der Interaktion zwischen Morphemstruktur und Aussprache bzw. Satzstruktur: Viele Allomorphien (Morphe, die nur in bestimmten Umgebungen realisiert werden; ▶ Kap. 4) sind Sandhi-Phänomene, ebenso wie Phänomene der **connected speech**. In Tonsprachen wie dem Mandarin ist Sandhi übrigens ebenfalls häufig zu beobachten. Dort betrifft es die Veränderung von Tönen an Morphemgrenzen. In diesen Fällen sprechen wir dann von **Tonsandhi**.

Zuletzt noch ein paar Bemerkungen zum Stellenwert dieses Abschnitts: An Sandhi-Prozessen lässt sich naturgemäß sehr schön beobachten, dass viele vermeintlich genuin phonologische Phänomene doch sehr stark mit morphologischen Parametern verknüpft sind. Man sieht hier also, dass die vielfach als disparat wahrgenommenen linguistischen Teildisziplinen keine streng getrennten Zuständigkeiten haben. Der konkrete Anlass war hier aber, dass durch die eben geschilderten morphologischen Kontexte unsere Betrachtungen der Silbifizierung eine andere Perspektive bekommen: Es sind spezifische morphologische bzw. morphosyntaktische Parameter, die zu **Resilbifizierungen** führen. Natürlich gibt es vergleichbare Prozesse, bei denen semantische, pragmatische oder syntaktische Parameter zur Erklärungen einer phonologischen Phänomenlage mit herangezogen werden müssen.

2.3 Weiterführende Literatur

— Grassegger (2016) und Wiese (2011) bieten einen leicht verständlichen Überblick über Phonetik und Phonologie primär des Deutschen. Aufgrund ihrer Kompaktheit sind sie bestens für eine rasche Vertiefung der hier vorgestellten Inhalte geeignet. Ramers (2001) ist eine ebenfalls kurze und schnell rezipierbare Einführung in die Phonologie. Blaser (2011) bietet eine ebenfalls sehr kompakte Einführung in die spanische Phonetik und Phonologie.

— Clark et al. (2007) ist wohl die umfassendste Einführung in die Phonetik und Phonologie – nicht immer leicht lesbar. Davenport und Hannahs (2020) bieten eine ausgesprochen luzide und leicht rezipierbare Einführung in beide Bereiche an, deren Schwerpunkt zwar auf dem Englischen liegt, die aber auch hinreichend viel Beispielmaterial aus anderen Sprachen diskutiert. Collins et al. (2019) ist eine aktuelle, transparente und sehr anschauliche wie praktisch ausgerichtete Einführung wiederum in beide Bereiche.

— Reetz und Jongmann (2020) sowie Ashby (2011) sind exzellente, umfassende und leicht lesbare allgemeine Einführungen in die Phonetik. Ashby und Maidment (2005) ist aufgrund seiner besonders leichten Zugänglichkeit und seines praktischen Ansatzes hervorzuheben. Pompino-Marschall (2009) liefert eine umfassende und sehr gut lesbare Einführung in die Phonetik auf

Deutsch. Ladefoged und Johnson (2014) ist die aktuelle Auflage von Peter Ladefogeds umfassenden *A course in phonetics*, des absoluten Klassikers unter den Phonetiklehrbüchern.
- Gussenhoven und Jacobs (2017) sowie Hall (2011) bieten eine umfassende Einführung in die Phonologie auf aktuellem Forschungsstand.
- Kompakte Darstellungen sind z. B. Blaser (2011) für die spanische Phonetik und Phonologie, die oben genannten Grassegger (2016) und Wiese (2011) für die deutsche Phonetik und Phonologie sowie McMahon (2002) für die englische Phonologie.

Umfassende Darstellungen der jeweiligen einzelsprachlichen Phonetik und Phonologie bieten z. B. Russ (2010) sowie Kentner (2022) für das Deutsche, Roach (2009), Carr (2019) sowie Altmann und Zerbian (2022) für das Englische, Hualde (2005, 2013), Schwegler et al. (2019), Gabriel et al. (2013) sowie Gabriel (2022) für das Spanische, Pustka (2011) und Selig (2022) für das Französische und Krämer (2009) sowie Heinz (2022) für das Italienische. Wiese (1996) ist nach wie vor eine der umfassendsten und anspruchsvollsten Darstellung der deutschen Phonologie, Giegerich (1992) liefert Analoges für die Phonologie des Englischen.

Antworten zu den Selbstfragen

Selbstfrage 1 Stimmhafter velarer Frikativ, stimmhafter postalveolarer Frikativ, glottaler Verschluss, stimmhafter alveolarer Vibrant, stimmhafter alveolarer Approximant, stimmhafter retroflexer Approximant

Selbstfrage 2 [t], [m], [k], [g], [v]

Selbstfrage 3

Span.: *toro – foro*
Franz.: *table – fable*
Engl.: *table – fable*

Selbstfrage 4 Sowohl das französische *Paul* als auch das spanische *Paco* werden im Gegensatz zum deutschen *Paul* und englischen *Paul* mit nichtaspiriertem [p] realisiert.

Selbstfrage 5 Für das Französische und Englische: ja.

Franz.: *table – fable*; *fou – vous*
Engl.: *table – fable*; *fat – vat*

Für das Spanische gilt die Aussage nicht, da hier /v/ nicht zum Phoneminventar gehört. /f/ und /t/ sind jedoch auch im Spanischen wie im Englischen, Deutschen und Französischen distinktiv:

Span.: *toro – foro*

Selbstfrage 6 Das Spanische kennt kein [st] als Onset und daher wird bei der Entlehnung aus dem Englischen initial eine Vokalepenthese zur Bildung einer legitimen Silbenstruktur durchgeführt: [es.tres].

Aufgaben

Die folgenden Aufgaben sind unterschiedlich schwierig zu lösen. Die Einschätzung der Schwierigkeitsgrade ist natürlich individuell verschieden. Sie sollten daher nicht an sich zweifeln, wenn Sie eine Aufgabe, die als einfach klassifiziert ist, als schwer empfinden.
- • einfache Aufgaben
- •• mittelschwere Aufgaben
- ••• anspruchsvolle Aufgaben, die fortgeschrittene Konzepte benötigen

2.1 • Transkribieren Sie phonetisch nach deutscher Standardlautung: *Kälte, Amsel, Keller, Sonntag, elektrisch*.

2.2 •• Markieren Sie nun in den Transkriptionen aus der ersten Aufgabe die korrekten Silbengrenzen, indem Sie an den entsprechenden Positionen Punkte einfügen (z. B. wie hier: [zɪg.naːl]).

2.3 •• Transkribieren Sie zunächst die folgenden Ausdrücke und kennzeichnen Sie dabei den jeweiligen Primärakzent der Wörter (vgl. Dawson und Phelan 2016, S. 102):
  cat; catsup; cattle; catalogue; cathedral; category; caterpillar; catastrophe; catastrophic; categorical.
  Beantworten Sie dann die folgenden Fragen:
a. Auf welchen Vokalen liegt der Primärakzent, auf welchem/n liegt er nie?
b. Auf der wievielten Silbe liegt der Primärakzent jeweils?
c. Ist die Platzierung des Primärakzents aus dieser Datenlage regelhaft ableitbar, sprich könnte man aus diesem Datensatz eine Wortakzentregel für das Englische konstruieren?

2.4 ••• Betrachten Sie die folgenden Daten aus dem Spanischen (aus Dawson und Phelan 2016, S. 149):
a. [beβer] ‚trinken'
b. [laβar] ‚waschen'
c. [buskar] ‚suchen'
d. [suβtitulo] ‚Untertitel'
e. [ambre] ‚Hunger'
f. [aβrasar] ‚jmdn. drücken'
g. [aβlar] ‚reden'
h. [blusa] ‚Bluse'
i. [oβliɣaðo] ‚verpflichtet'
j. [ambos] ‚beide'
k. [gloria] ‚Glorie'
l. [reɣalar] ‚schenken'
m. [graβar] ‚gravieren'
n. [reɣla] ‚Regel'

o. [teŋgo] ‚Ich habe'
p. [iɣlesia] ‚Kirche'
q. [aɣrio] ‚sauer'
r. [tiɣre] ‚Tiger'
s. [saŋgre] ‚Kirche'
t. [gama] ‚Bereich'
u. [goβernar] ‚regieren'

Die Allophone [b] und [β] sowie die Allophone [g] und [ɣ] sind jeweils komplementär distribuiert. Formulieren Sie eine Regel, die die Verteilung der Allophone so allgemein wie möglich beschreibt.

Literatur

Absalom, M., & Hajek, J. (2006). Raddoppiamento sintattico and prosodic phonology: A re-evaluation. In K. Allan (Hrsg.), *Selected papers from the 2005 Conference of the Australian Linguistic Society*. Monash University. http://repository.unimelb.edu.au/10187/905.
Altmann, H., & Zerbian, S. (2022). Phonetik und Phonologie des Englischen. In R. Klabunde, W. Mihatsch, & S. Dipper (Hrsg.), *Linguistik im Sprachvergleich* (S. 93–110). Stuttgart: Metzler. Kap. 5.
Ashby, P. (2011). *Understanding phonetics*. Oxford: Hodder Education.
Ashby, P., & Maidment, J. (2005). *Introducing phonetic science*. Cambridge: Cambridge University Press.
Blaser, J. (2011). *Phonetik und Phonologie des Spanischen: Eine synchronische Einführung* (2. Aufl.). Berlin: de Gruyter.
Booij, G. (1986). Two cases of external sandhi in French: Enchaînement and liaison. In H. Andersen (Hrsg.), *Sandhi phenomena in the languages of Europe* (S. 93–103). Berlin: de Gruyter.
Carr, P. (2019). *English phonetics and phonology: An introduction* (3. Aufl.). Chichester: Wiley-Blackwell.
Clark, J., Yallop, C., & Fletcher, J. (2007). *An introduction to phonetics and phonology* (3. Aufl.). Oxford: Blackwell.
Chomsky, N., & Halle, M. (1968). *The sound pattern of English*. New York: Harper & Row.
Collins, B., Mees, I. M., & Carley, P. (2019). *Practical phonetics and phonology: A resource book for students* (4. Aufl.). Abingdon, UK: Routledge. https://doi.org/10.4324/9780429490392.
Davenport, M., & Hannahs, S. J. (2010). *Introducing phonetics and phonology* (3. Aufl.). London: Routledge.
Davenport, M., & Hannahs, S. J. (2020). *Introducing phonetics and phonology* (4. Aufl.). London: Routledge. https://doi.org/10.4324/9781351042789.
Dawson, H. C., & Phelan, M. (2016). *Language files: Materials for an introduction to language and linguistics* (12. Aufl.). Columbus, OH: Ohio State University Press.
Flemming, E., & Johnson, S. (2007). Rosa's roses: Reduced vowels in American English. *Journal of the International Phonetic Association, 37*(1), 83–96.
Gabriel, C. (2022). Phonetik und Phonologie des Spanischen. In R. Klabunde, W. Mihatsch, & S. Dipper (Hrsg.), *Linguistik im Sprachvergleich* (S. 27–48). Stuttgart: Metzler. Kap. 2.
Gabriel, C., Meisenburg, T., & Selig, M. (2013). *Spanisch: Phonetik und Phonologie: Eine Einführung*. Tübingen: Narr Francke Attempto.
Giegerich, H. (1992). *English phonology: An introduction*. Cambridge: Cambridge University Press.
Grassegger, H. (2016). *Phonetik \Phonologie* (5. Aufl.). Idstein: Schulz-Kirchner.
Gussenhoven, C. (2004). *The phonology of tone and intonation*. Cambridge: Cambridge University Press.
Gussenhoven, C., & Jacobs, H. (2011). *Understanding phonology* (3. Aufl.). London: Hodder Education.
Gussenhoven, C., & Jacobs, H. (2017). *Understanding phonology* (4. Aufl.). London: Hodder Education. https://doi.org/10.4324/9781315267982.
Hall, T. A. (1993). The phonology of German /R/. *Phonology, 19*(1), 83–105.
Hall, T. A. (2011). *Phonologie: Eine Einführung* (2. Aufl.). Berlin: de Gruyter.
Heinz, M. (2022). Phonetik und Phonologie des Italienischen. In R. Klabunde, W. Mihatsch, & S. Dipper (Hrsg.), *Linguistik im Sprachvergleich* (S. 71–91). Stuttgart: Metzler. Kap. 4.
Hualde, J. I. (2005). *The sounds of Spanish*. Cambridge: Cambridge University Press.
Hualde, J. I. (2013). *Los sonidos del español*. Cambridge: Cambridge University Press.
Kentner, G. (2022). Phonetik und Phonologie des Deutschen. In R. Klabunde, W. Mihatsch, & S. Dipper (Hrsg.), *Linguistik im Sprachvergleich* (S. 3–26). Stuttgart: Metzler. Kap. 1.
Klabunde, R., Mihatsch, W., & Dipper, S. (Hrsg.) (2022). *Linguistik im Sprachvergleich*. Stuttgart: Metzler.
Kohler, K. (1995). *Einführung in die Phonetik des Deutschen* (2. Aufl.). Berlin: Erich Schmidt.
Krämer, M. (2009). *The phonology of Italian*. Oxford: Oxford University Press.
Ladefoged, P., & Maddieson, I. (1996). *The sounds of the world's languages*. Oxford: Blackwell.
Ladefoged, P., & Johnson, K. (2014). *A course in phonetics* (7. Aufl.). Andover, UK: Wadsworth Cengage Learning.
McMahon, A. (2002). *An introduction to English phonology*. Edinburgh: Edinburgh University Press.
Munhall, K. (2001). Functional imaging during speech production. *Acta Psychologica, 107*, 95–117.
Nespor, M., & Vogel, I. (2007). *Prosodic phonology: With a new foreword*. Berlin: de Gruyter.
Pompino-Marschall, B. (2009). *Einführung in die Phonetik* (3. Aufl.). Berlin: de Gruyter.
Pustka, E. (2011). *Einführung in die Phonetik und Phonologie des Französischen*. Berlin: Erich Schmidt Verlag.
Ramers, K.-H. (2001). *Einführung in die Phonologie* (2. Aufl.). München: Wilhelm Fink.
Reetz, H., & Jongmann, A. (2020). *Phonetics: Transcription, production, acoustics, and perception* (2. Aufl.). Chichester: Wiley-Blackwell.
Roach, P. (2009). *English phonetics and phonology: A practical course* (4. Aufl.). Cambridge: Cambridge University Press.
Russ, C. (2010). *The sounds of German*. Cambridge: Cambridge University Press.
Schwegler, A., & Ameal-Guerra, A. (2019). *Fonéticas y fonologías Españolas* (5. Aufl.). Hoboken, NJ: John Wiley.
Seikel, J. A., King, D. W., & Drumright, D. (2010). *Anatomy and physiology for speech, language, and hearing* (4. Aufl.). Clifton Park, NY: Delmar Cengage Learning.
Selig, M. (2022). Phonetik und Phonologie des Französischen. In R. Klabunde, W. Mihatsch, & S. Dipper (Hrsg.), *Linguistik im Sprachvergleich* (S. 49–70). Stuttgart: Metzler. Kap. 3.
Wiese, R. (1996). *The phonology of German*. Oxford: Oxford University Press.
Wiese, R. (2011). *Phonetik und Phonologie*. Paderborn: Wilhelm Fink.
Yip, M. (2002). *Tone*. Cambridge: Cambridge University Press.

Syntax – die Analyse des Satzes und seiner Bestandteile

Björn Rothstein

Inhaltsverzeichnis

3.1 Einführung – 76

3.2 Syntaktische Bestandteile von Sätzen – 77

3.3 Argumente – 87

3.4 Semantische Rollen – 87

3.5 Satztypen – 88

3.6 Satzarten – 88

3.7 Weiterführende Literatur – 88

Literatur – 91

Die Syntax ist das Teilgebiet der Linguistik, das sich mit der Struktur von Sätzen beschäftigt. Ziel der Syntaxforschung ist zu klären, warum z. B. die Wortfolge *Peter hatte ihr gestern den Regenschirm überreicht* ein korrekt gebildeter Satz des Deutschen ist, die Wortfolge *den Regenschirm Peter hatte ihr überreicht* jedoch nicht, und warum z. B. *Peter hatte den Regenschirm gestern ihr überreicht* zwar ein möglicher Satz des Deutschen ist, dieser aber in einem zu bestimmenden Sinn markiert erscheint.

In diesem Kapitel sollen die wichtigsten Begriffe und Methoden für die Beschreibung syntaktischer Strukturen vorgestellt werden.

Wir werden zuerst die elementaren Einheiten für eine syntaktische Analyse kennenlernen. Startpunkt ist hierfür die Wortartendefinition: Nach welchen Kriterien kann eine Wortart (Verben, Adjektive, Nomen usw.) definiert werden, und wie viele Wortarten können insgesamt angenommen werden? Wir werden sehen, dass Wortarten nur einzelsprachbezogen festgelegt und zudem nur kriterienabhängig bestimmt werden können. Eine generelle Theorie der Wortarten, die für alle Sprachen der Welt gültig ist, ist daher nicht möglich.

Auf den Wortarten als kleinsten syntaktischen Einheiten aufbauend werden wir dann die nächst größeren Einheiten der Syntax betrachten: Konstituenten, Phrasen und (Teil)Sätze. Hier ist die Frage, wie diese Einheiten bestimmt werden können und welche Klassen dieser Einheiten angegeben werden können.

Anschließend setzen wir uns mit den Fragen auseinander, wie viele Argumente insbesondere Verben für die Bildung eines Satzes benötigen und welchen Beitrag diese Argumente zur Satzbedeutung liefern. Zum Beispiel geht es um die Frage, was Subjekt und Objekt von *sehen* ist und welche semantischen Eigenschaften mit diesen beiden Argumenten assoziiert werden.

Abschließend werden wir die grundlegenden Satztypen (hier geht es um die Position des Verbs im Satz) und Satzarten (i. e. die Unterscheidung zwischen Aussagesatz, Fragesatz usw.) behandeln.

3.1 Einführung

Der Vergleich eines deutschen Satzes mit seinen Übersetzungen ins Englische, Französische und Spanische zeigt, dass sich diese Sätze nicht nur durch ihre unterschiedlichen Wörter, Schriftzeichen und Aussprachen unterscheiden, sondern auch durch die Reihenfolge (und damit der Syntax) der in ihnen vorkommenden Wörter:
1. *In Zwickau regelt jetzt die erste Ampelfrau den Verkehr.*
2. *In Zwickau, the first „female little green figure telling you it's safe to cross the road" is regulating the traffic.*
3. *À Zwickau, la première „figurine féminine des feux pour piétons" règle la circulation.*
4. *En Zwickau la primera mujer de los semáforos dirige la circulación.*

▶ **Beispiel**

Die Gleichberechtigung hat die Fußgängerzone erreicht: Im sächsischen Zwickau regelt jetzt die erste Ampelfrau den Verkehr. Die Stadtsprecherin sagte am Dienstag, dass die Straßenverkehrsordnung lediglich das Sinnbild eines Fußgängers fordere, eine „Geschlechtsbestimmung" gebe es in dem Regelwerk nicht. Nach ihren Angaben will die Stadt nun drei Monate lang testen, wie die Ampelfrau bei den Zwickauern ankommt. Danach werde man fragen, ob eventuell weitere Ampeln umgerüstet werden.

(Aus: Schwäbisches Tagblatt, Dezember 2004, leicht verändert)

Die Syntax untersucht die Struktur von Sätzen. Dabei gibt es im Wesentlichen zwei Herangehensweisen:
- Die **lineare Syntax** untersucht die Abfolge von Wörtern im Satz.
- Die **hierarchische Syntax** erfasst, welche Wörter von anderen Wörtern des gleichen Satzes abhängen.

Die Syntax interagiert u. a. mit folgenden linguistischen Teilbereichen:
- der Morphologie, wenn zum Beispiel bestimmte Wortformen bestimmte syntaktische Funktionen übernehmen (z. B. stehen Subjekte meist im Nominativ).
- der Phonologie bei z. B. ungewöhnlicher Wortstellung, die einen besonderen Satzakzent erfordert (besonderer Satzakzent sei in Beispiel 5 durch Großbuchstaben dargestellt):
5. *Im sächsischen ZWICKau regelt jetzt die erste Ampelfrau den Verkehr [aber doch nicht im bairischen Bad TÖLZ].*
- der Semantik, wenn z. B. unterschiedliche Wortstellungen eines Satzes zu unterschiedlichen Bedeutungen führen:
6. *Die Ampelfrau regelt den Verkehr mit Bussen.*
    - Lesart 1: Busse werden benutzt, um den Verkehr zu regeln.
    - Lesart 2: Der Busverkehr wird von der Ampelfrau geregelt.
7. *Den Verkehr mit Bussen regelt die Ampelfrau* (nur Lesart 2 verfügbar).

> **Vertiefung: Deskriptive Linguistik**
> Die deskriptive Linguistik ist ein auf den amerikanischen Strukturalismus zurückgehendes Verfahren, das Sprache objektiv beschreibt.
>
> Das Ziel der deskriptiven Linguistik ist es, alle subjektiven sprachlichen Eindrücke auszuschließen und zu einer interindividuell verfügbaren objektiven Beschreibung von jeweils einzelnen Sprachen zu gelangen. Sie besteht aus der objektiven Bestandsaufnahme sprachlicher Ausdrücke, die anhand ihrer sprachlichen Umgebung und hinsichtlich ihres Verhältnisses zu anderen sprachlichen Ausdrücken erfasst werden.
> Als Beispiel mögen die beiden folgenden Sätze dienen:
> 1. *In Zwickau regelt jetzt die erste Ampelfrau den Verkehr.*
> 2. *In Zwickau, the first „female little green figure telling you it's safe to cross the road" is regulating the traffic.*
>
> Phonologisch werden die einzelnen Laute beschrieben, die im deutschen bzw. englischen Satz verwendet werden sowie die Strukturen der jeweiligen Silben und die Satzintonation.
> In der Morphologie wird z. B. beschrieben, wie das deutsche zusammengesetzte Wort (Kompositum) *Ampelfrau* aus *Ampel* und *Frau* gebildet wird sowie das flektierte Verb *regelt*. Entsprechendes gilt für die Wortformen im Englischen. Die deskriptive Linguistik will hingegen *nicht erklä-ren*, warum das Kompositum *Ampelfrau* nur schwerlich seine englische Korrespondenz in einem Kompositum *traffic light woman* finden kann – das muss eine morphologische **Theorie** leisten.
> Die deskriptive Syntax beschreibt z. B. die Satzstruktur von Sätzen im Deutschen bzw. Englischen.
> Die deskriptive Semantik beschreibt die Bedeutungen der einzelnen Wörter in beiden Sprachen und die Art der Kombinationen dieser Wortbedeutungen zur jeweiligen Satzbedeutung.
> Schließlich liefert die deskriptive Pragmatik z. B. eine Beschreibung der verschiedenen bedeutungsbezogenen Funktionen dieser beiden Sätze: Unter welchen Umständen sind sie z. B. als Behauptung und wann als Warnung zu interpretieren?
>
> **Literatur**
> - Dürr, M. & Schlobinski, P. (2006). *Deskriptive Linguistik. Grundlagen und Methoden*. 3., überarbeitete Auflage. Göttingen: Vandenhoeck & Ruprecht.
> - Zaefferer, D. (Hrsg.) (1998). *Deskriptive Grammatik und allgemeiner Sprachvergleich*. Tübingen: Niemeyer.

- und der Pragmatik, wenn bestimmte Wortstellungen bestimmte Informationen in den Vordergrund rücken:
    8. *Den Verkehr regelt im sächsischen Zwickau die erste Ampelfrau [und nicht den Verwaltungsvorgang im Straßenverkehrsamt].*

Aufgrund dieser Interaktionen muss bei syntaktischen Analysen zum Teil auch auf die Morphologie, Phonologie, Semantik und Pragmatik zurückgegriffen werden.
Die Darstellung der Syntax erfolgt hier deskriptiv (siehe Vertiefungsbox „Deskriptive Linguistik"). Holler (2022) stellt verschiedene syntaktische Theorien vor, auf die wir in diesem Kapitel jedoch nicht eingehen.

3.2 Syntaktische Bestandteile von Sätzen

Die Bestandteile der Syntax sind Wörter, Phrasen, Konstituenten und Teilsätze.
Sätze sind übereinzelsprachlich in u. a. Wörter, Wortgruppen und Teilsätze organisiert, deren Definition innerhalb verschiedener syntaktischer Theorien recht unterschiedlich gehandhabt wird. Die folgenden Erklärungen sind daher so deskriptiv wie möglich.

> **Wort**
> Ein Wort ist ein (relativ) selbstständiges sprachliches Element, das sich akustisch bzw. graphisch isolieren lässt. Es ist die kleinste syntaktische Einheit.

Ampelfrau ist z. B. ein Wort.

> **Konstituente**
> Eine Konstituente besteht aus einem oder mehreren zusammengehörenden Wörtern, die gemeinsam innerhalb eines Satzes oft vollständig verschieb- und erfragbar sind (▶ Abschn. 3.2.2).

In Zwickau in *In Zwickau regelt die erste Ampelfrau den Verkehr* ist eine Konstituente.

> **Satz**
> Ein Satz ist die grammatisch vollständige Verbindung mehrerer Konstituenten (wobei sogenannte Einwortsätze, z. B. *Ja!*, aus nur einer Konstituente bestehen können).

> **Vertiefung: Hierarchische Syntax**
>
> Die hierarchische Syntax erfasst, welche Wörter (oder Ausdrücke) von anderen Wörtern (oder Ausdrücken) des gleichen Satzes abhängen.
>
> Bekannte Formen der hierarchischen Syntax sind u. a. die Dependenz- und die Phrasenstrukturgrammatik. Gemeinsam ist beiden Ansätzen die Nutzung von baumähnlichen Visualisierungen zur Darstellung der hierarchischen Abhängigkeiten.
>
> Die moderne Dependenzgrammatik geht im Wesentlichen auf die Arbeiten von Lucnien Tesnière (1959) zurück. Die hierarchischen Strukturen von Sätzen analysiert sie in Form von Abhängigkeiten zwischen ihren Wörtern, wobei sie im Gegensatz zur Phrasenstrukturgrammatik keine phrasalen Strukturen explizit analysiert. In der Regel analysiert sie verbzentriert, d. h. das Verb fungiert als zentraler Dependenzbereich des Satzes.
>
>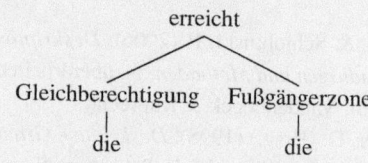
>
> **Abb. 3.1** Dependenzbaum zum Satz *Die Gleichberechtigung erreicht die Fußgängerzone*
>
> Phrasenstrukturgrammatiken stellen die hierarchischen Strukturen innerhalb von Sätzen unter Bezug auf Phrasen dar, auch hier finden sich Unterschiede bezüglich der Relevanz des Verbs (Chomsky 1981).
>
>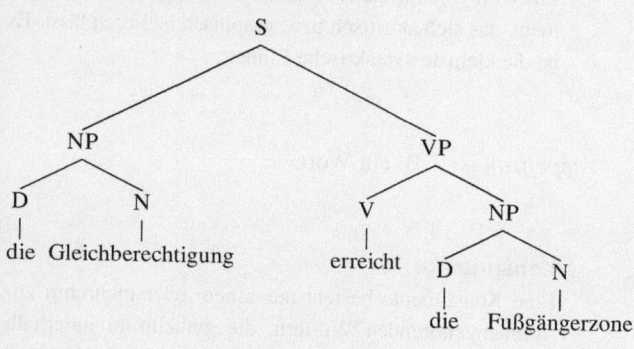
>
> **Abb. 3.2** Phrasenstrukturbaum zum Satz *Die Gleichberechtigung erreicht die Fußgängerzone*
>
> Jüngere Entwicklungen der Phrasenstrukturgrammatik, z. B. die sog. Generative Government-and-Binding-Theorie, arbeiten dabei ebenfalls verbzentriert und innerhalb der Phrasenstrukturen mit Zwischenprojektionen, um beispielsweise die verschiedenen Verbargumente hierarchisch zu analysieren, wobei lineare Satzstrukturen durch Verschiebungen der verschiedenen Teile einer Verbalphrase innerhalb syntaktischer Phrasenstrukturen analysierbar werden (Chomsky 1981).
>
>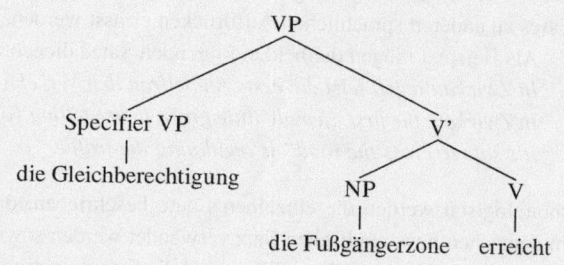
>
> **Abb. 3.3** Phrasenstrukturbaum zum Satz *Die Gleichberechtigung erreicht die Fußgängerzone*
>
> **Literatur**
> - Chomsky, N. (1981). *Lectures on Government and Binding*. Dordrecht: Foris Publications.
> - Müller, S. (2013). *Grammatiktheorie*. Tübingen: Stauffenburg.
> - Tesnière, L. (1959) *Éléments de syntaxe structurale*. Paris: Klincksieck.

In Zwickau regelt die erste Ampelfrau den Verkehr ist ein Satz.

Übereinzelsprachlich gilt für Wörter:
- Sie werden innerhalb von Sätzen aneinandergereiht. Dies nennt man **Linearisierung**.
- Sie stehen innerhalb eines Satzes in Abhängigkeit zu anderen Wörtern, was als **Hierarchisierung** bezeichnet wird.

Die Linearisierung und die Hierarchisierung werden einzelsprachlich unterschiedlich realisiert: Zum Beispiel hat das Deutsche eine viel freiere Wortstellung als das Englische. Linguisten verwenden die Linearisierung und die Hierarchisierung für die **Segmentierung** eines Satzes, d. h. für die Ermittlung seiner einzelnen Bestandteile, indem z. B. Wörter umgestellt oder gegen andere ausgetauscht werden. Diese Bestandteile können wiederum in Gruppen zusammengefasst werden, die sich bezüglich ausgewählter sprachlicher Kriterien gleich verhalten. Man nennt dies **Klassifizierung**.

3.2.1 Wortarten

> **Wortarten**
> Wortarten sind das Ergebnis einer Klassifikation von Wörtern nach bestimmten Kriterien. Unter eine Wortart fallen Wörter mit gleichen oder ähnlichen sprachlichen Merkmalen. Was als Kriterium berücksichtigt wird, variiert von Ansatz zu Ansatz.

- **Wortarten werden nach geeigneten Kriterien bestimmt**

In der Grundschule werden die Wortarten zumeist spielerisch als Dingwörter, Tuwörter und Wiewörter klassifiziert. Die sprachdidaktische Strategie dahinter ist einleuchtend: Die Schüler können auf das zurückgreifen, was ihnen aus ihrem sprachlichen Alltag bekannt ist, und das sind zum Beispiel Unterscheidungen zwischen Dingen und Tätigkeiten. Sie beziehen sich demnach auf **ontologische** Klassifikationen bei Wortarten, bei denen die semantischen und pragmatischen Haupteigenschaften von prototypischen Vertretern der jeweiligen Wortart verwendet werden. *Haus* wäre demnach ein Dingwort bzw. ein Nomen und *essen* ein Tuwort bzw. ein Verb.

> ❗ **Achtung**
> Die Ontologie ist eigentlich das Teilgebiet der Philosophie, das sich mit dem Seienden beschäftigt. Eine ontologische Klassifikationen geht also von den Eigenschaften des Existierenden aus, um unterschiedliche Klassen zu bestimmen.

Selbst wenn diese ontologische Klassifikation der Wortarten zielgruppenadäquat für die Grundschule sein sollte, so erweist sie sich aus sprachwissenschaftlicher Sicht als falsch: Wörter wie *Haus* und *Absperrung* haben nämlich viele sprachliche Gemeinsamkeiten. Sie können durch Artikel (z. B. *ein*) und Adjektive (z. B. *alt*) ergänzt werden (*ein altes Haus, eine alte Absperrung*), sie sind alleine an der Spitze des Satzes möglich (*Häuser/Absperrungen kosten Geld*), und sie können sowohl im Singular als auch im Plural stehen. Doch bezeichnet das Wort *Haus* in der Tat ein Ding, während *eine plötzliche Absperrung* eher eine Tätigkeit ist. *Absperrung* wäre demnach aus ontologischen Gesichtspunkten, trotz der vielen Gemeinsamkeiten mit dem Nomen *Haus*, ein Verb.

Gegen die Klassifikation von *Absperrung* als Verb spricht der Vergleich mit einem Verb wie *rennen*. *Rennen* erlaubt die Bildung unterschiedlicher Zeitformen (*rannte, ist gerannt, wird rennen*) und die Kombination mit Pronomen (*Ich renne*). Beides ist für *Absperrung* nicht möglich. Bei der ontologischen Klassifikation werden somit ggf. recht unterschiedliche Wörter zu einer Wortart zusammengefasst, was angesichts ihrer formalen Ähnlichkeit nicht wünschenswert ist. Bevor wir nun nach Alternativen zum ontologischen Ansatz suchen, sollten wir uns klarmachen, dass die Klassifikation von Wortarten von der Beantwortung folgender vier Fragen abhängt:

1. Was hat als Kriterium für die Klassifikation von Wörtern zu gelten?
2. Wie viele Kriterien werden zugelassen bzw. sind zu einer adäquaten Klassifikation notwendig?
3. Müssen jeweils alle Kriterien erfüllt sein?
4. Haben die gefundenen Kriterien übereinzelsprachlich, d. h. für alle Sprachen der Welt, Gültigkeit?

Je nach Beantwortung dieser Fragen gelangt man zu unterschiedlichen Klassifikationen: Für das Deutsche finden sich beispielsweise Vorschläge zu einer Fünf-, Acht-, Neun- und Zehnwortartenlehre. Autoren wie Bergenholtz und Mugdan (1979) nehmen gar 51 Wortarten im Deutschen an; doch dazu später mehr.

Bezüglich der linguistischen Kerngebiete könnten Wortarten nach phonologischen, morphologischen, syntaktischen, semantischen oder pragmatischen Kriterien klassifiziert werden. Eine phonologische Klassifikation scheint wenig Sinn zu machen (warum sollte man zum Beispiel alle Wörter mit der gleichen Silbenanzahl zu einer Wortart zusammenfassen?). Gegen die semantischen und pragmatischen Kriterien wurde bereits oben implizit argumentiert. Es verbleiben morphosyntaktische, die sich zumeist auch in den Ansätzen zur Klassifikation von Wortarten in den weiterführenden Schulen durchgesetzt haben und die in der Regel zunächst zwischen **flektierbaren** und **nicht-flektierbaren** Wörtern unterscheiden.

> **Flexion**
> Mit Flexion bezeichnen wir Regeln, mit denen die unterschiedlichen Wortformen für ein Lexem bestimmt werden.

So ist z. B. die Bildung der Kasusformen zu einem Nomen (*(das) Gerät, (des) Geräts*), die Bildung des Plurals (*(die) Geräte*) oder die Bildung der verschiedenen Verbformen ein Flexionsphänomen. Die Flexion wird in ▶ Kap. 4 ausführlich erläutert. Zumindest im Deutschen gibt es nicht-flektierbare Wörter (z. B. *nur*) (sie existieren nur in einer einzigen Wortform) und flektierbare Wörter (mit mehreren möglichen Wortformen, z. B. *regeln*).

Flexionsmerkmale im Deutschen

Im Deutschen können Wörter nach Tempus, Modus, Person, Numerus, Genus, Kasus und Komparation flektieren. Im Folgenden werden diese Begriffe definiert:

> **Tempus**
> Tempus (Plural: Tempora) ist eine morphologische Kategorie des Verbs, um die durch das Verb ausgedrückten Sachverhalte zeitlich zu lokalisieren.

Typische Tempusformen im Deutschen sind *redet* und *redete* oder *rennt* und *rannte*.

> **Modus**
> Modus (Plural: Modi) ist eine morphologische Kategorie des Verbs, um die durch das Verb ausgedrückten Sachverhalte bezüglich ihres Wirklichkeitsbezugs zu lokalisieren.

Im Deutschen gibt es vier morphologisch unterscheidbare Modi:
1. **Indikativ**: *ist*
2. **Konjunktiv I**: *sei*
3. **Konjunktiv II**: *wäre*
4. **Imperativ**: *Sei (still)!*

> **Person**
> Person ist eine morphologische Kategorie zur Kennzeichnung von Sprecher (*ich/wir*), Angeredetem (*du/ihr*) oder weder Sprecher noch Angeredetem (*er/sie/es*).

> **Numerus**
> Numerus (Plural: Numeri) ist eine morphologische Kategorie zur Kennzeichnung der Anzahl. Unterschieden werden **Singular** (Einzahl; z. B. *Ampelfrau*) und **Plural** (Mehrzahl; z. B. *Ampelfrauen*).

> **Genus**
> Genus (Plural: Genera) ist das grammatische Geschlecht von Wörtern. Im Deutschen werden Maskulinum (*der Tag*), Femininum (*die Woche*) und Neutrum (*das Jahr*) unterschieden.

Diese Beispiele zeigen, dass das Genus im Deutschen nicht aufgrund biologischer Eigenschaften zugewiesen wird (warum sollte bspw. *Woche* weiblicher sein als *Tag*?).

> **Kasus**
> Kasus (Plural: Kasus, gesprochen mit langem „u") ist eine morphologische Kategorie zum Ausdruck der syntaktischen Funktion im Satz.

Zum Beispiel machen die Kasus Nominativ und Akkusativ im folgenden Beispiel klar, wer hier wen beißt: *Der Hund beißt den Briefträger* vs. *Den Hund beißt der Briefträger*.

> **Komparation**
> Komparation ist eine morphosyntaktische Kategorie zum Ausdruck des Vergleichs. Unterschieden werden **Positiv** (*groß*), **Komparativ** (*größer*) und **Superlativ** (*am größten*).

> **Konjugation vs. Deklination**
> Die Flexion am Verb (Tempus, Modus, Numerus, Person) bezeichnet man als Konjugation, die des Nomens, Adjektivs und Pronomens als Deklination. Nomen flektieren im Deutschen nach Kasus und Numerus, Adjektive nach Numerus, Kasus, Genus und Komparation und Pronomen und Artikel nach Numerus, Kasus und Genus.

Für das Deutsche ergibt sich dabei für die flektierbaren Wortarten das in ◘ Abb. 3.4 dargestellte Bild.

? Frage 3.1

Das Nutella oder *die Nutella* – flektieren Nomen etwa doch nach Genus? Überlegen Sie, warum *das/die Nutella* kein Argument für nach Genus flektierende Nomen sind.

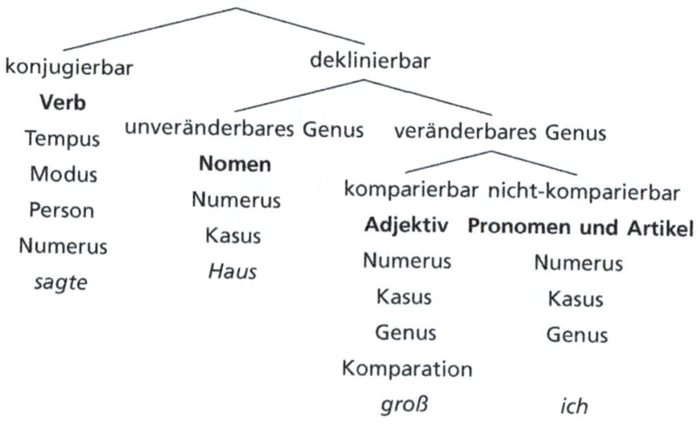

```
                    flektierbare Wortarten
                    /                    \
            konjugierbar              deklinierbar
              Verb                   /           \
            Tempus        unveränderbares Genus   veränderbares Genus
            Modus                Nomen           /              \
            Person              Numerus    komparierbar    nicht-komparierbar
            Numerus             Kasus        Adjektiv      Pronomen und Artikel
            sagte               Haus         Numerus          Numerus
                                             Kasus            Kasus
                                             Genus            Genus
                                             Komparation
                                             groß             ich
```

◘ **Abb. 3.4** Flektierbare Wortarten im Deutschen

Doch scheint es weitere flektierbare Wortarten zu geben, wie das Beispiel *tot* zeigt. Auf den ersten Blick verhält sich *tot* wie ein Adjektiv: Es ist nach Numerus, Kasus und Genus flektierbar. Doch sind Komparativformen wie *töter* nur schlecht möglich. Soll nun eine zusätzliche Wortart (nichtkomparierbare Adjektive) eigens für *tot* eingeführt werden? Wenn ja, so müsste man das auch für viele weitere Wörter tun. Schnell hätte man die 51 Wortarten von Bergenholtz und Mugdan (1979) bzw. noch viel mehr zusammen. Zumindest im Falle von *tot* ist die Annahme einer weiteren Wortart nicht notwendig. Seine ausbleibende Komparation ist auf Faktoren zurückzuführen, die mit der Wortart Adjektiv zunächst nichts zu tun haben: Beim Ausdruck *tot* fehlt eine für die Komparation notwendige vergleichbare Größe. Lebewesen sind entweder tot oder lebendig; wenn sie tot sind, dann nicht in unterschiedlichem Maße.

❓ Frage 3.2
Warum ist das Adjektiv *schwanger* nicht steigerbar?

Die Gruppe der deklinierbaren, genusvariablen und nichtkomparierbaren Wortarten lässt sich syntaktisch unterscheiden in Pronomen und Artikel. Pronomen (z. B. *du*, *sie*, *ich*...) sind syntaktisch selbstständig, sie sind in der Regel syntaktische Vertreter von Nomen, daher auch der Name Pro-Nomen ‚für/anstelle eines Nomens'. Artikel (z. B. *ein/eine*, *der/die/das*) stehen als Begleiter zum Nomen.

Gilt das, was wir uns erarbeitet haben, für alle Sprachen? Sind bspw. Nomen demnach in allen Sprachen gleichermaßen definierbar? Im Deutschen flektieren Nomen nicht nach Tempus, interessanterweise gibt es jedoch Sprachen (z. B. Tariana im Nordwesten Amazoniens in Brasilien), in denen dies der Fall ist (vgl. Sadler und Nordlinger 2004). Demnach sind die Kriterien der Wortartbestimmung nicht übereinzelsprachlich gültig.

> **Kriterien zur Bestimmung von Wortarten**
> 1. Im Falle der hier vertretenen Auffassung werden morphologische Kriterien zur Unterscheidung innerhalb der flektierbaren Wortarten verwendet.
> 2. Aus den Wortformen ergeben sich für die flektierbaren Wortarten die Merkmale ihrer Bestimmung.
> 3. Es müssen nicht, wie die Diskussion des Beispiels *tot* gezeigt hat, alle Kriterien einer Wortart erfüllt sein, sofern hierfür unabhängige Gründe vorliegen (z. B. erlaubt die Bedeutung des Ausdrucks *tot* aufgrund fehlender Messbarkeit des Totseins keine Komparation).
> 4. Die Kriterien zur Bestimmung von Wortarten sowie die Definitionen von Wortarten sind nicht universal.

❗ Achtung
Die Ermittlung von Wortarten erfolgt ausschließlich nach Kriterien, die für jede Sprache einzeln festgelegt werden.

Die zumindest im westeuropäischen Raum formal sehr ähnlichen Begrifflichkeiten (z. B. Nomen, engl. *nouns*, franz. *noms*) täuschen zwar anderes vor, doch darf man sich dadurch nicht verwirren lassen. Die gemeinsamen grammatischen Termini erklären sich durch die gemeinsame Tradition der Fortschreibung der lateinischen und griechischen Grammatikterminologie.

- **Nicht-flektierbare Wortarten können nach syntaktischen Kriterien bestimmt werden**

Die flektierbaren Wortarten erlauben eine Klassifikation anhand ihrer Flexionsmerkmale. Das ist für nicht-flektierbare Wörter natürlich nicht möglich. Anhand ihrer Form sind die nicht-flektierbaren Formen nur in Ausnahmefällen (z. B. Bildungen auf *-weise* sind Adverbien) erkennbar. Daher muss auf andere syntaktische Kriterien wie **Rektion** und **Distribution** zurückgegriffen werden. Wir schauen uns im Folgenden wieder einige Beispiele aus dem Deutschen an.

> **Rektion**
> Legt ein sprachlicher Ausdruck ein grammatisches Merkmal eines von ihm abhängigen Ausdrucks fest, spricht man von Rektion.

> **Distribution**
> Die verschiedenen Positionen, die ein Ausdruck in einem Satz einnehmen kann, bezeichnet man als seine Distribution. Es werden häufig zwei syntaktische Positionen unterschieden: Den Anfang eines Satzes bezeichnet man als **satzinitial**, die nicht-satzinitiale Position als **satzmittig**.

Adverbien (z. B. *jetzt*) sind im Gegensatz zu **Partikeln** (z. B. *nicht*) satzinitial möglich, Partikeln nur satzmittig (gewisse Partikeln, z. B. *nur*, können mit anderen Wörtern zusammen satzinitial auftreten, z. B. *Nur die Ampelfrau regelt den Verkehr*):

9. *Jetzt regelt die erste Ampelfrau den Verkehr.*
10. *Die erste Ampelfrau regelt jetzt den Verkehr.*
11. *Die Ampelfrau regelt nicht den Verkehr.*
12. **Nicht regelt die Ampelfrau den Verkehr.*

Jetzt ist folglich ein Adverb, *nicht* eine Partikel. **Konjunktionen** und Adverbien können beide gesamtsatzinitial und satzmittig verwendet werden, aber nur Konjunktionen verknüpfen syntaktische Einheiten miteinander. **Subjunktionen** (z. B. *ob*) verbinden Sätze unterschiedlichen Typs miteinander (Haupt- vs. Nebensätze); sie stehen stets teilsatzinitial:

13. *Danach werde man prüfen, ob eventuell weitere Ampeln und andere Geräte umgerüstet werden.*
14. *Ob eventuell weitere Ampeln umgerüstet werden, werde man danach prüfen.*

Danach ist also ein Adverb und *ob* eine Subjunktion. Im Gegensatz zu Adverbien, Partikeln und Konjunktionen regieren **Präpositionen** zumeist den Kasus eines Nomens (zum Teil können anstelle von Nomen auch Adverbien stehen):

15. *bei den Zwickauern, auf dem Tisch, auf den Tisch, bis morgen*

Bei weist den Dativ zu, *auf* den Dativ oder den Akkusativ.

Für die bisher besprochenen Wortarten gilt allesamt, dass sie satzinitial bzw. satzmittig verwendet werden. Sie sind damit satzintegriert, also ein Bestandteil von Sätzen. Es gibt jedoch eine nicht-flektierbare Wortart ohne obligatorische satzintegrierte Verwendung: die **Interjektionen**. Beispiele für Interjektionen im Deutschen sind *Hoppla* oder *pfui*.

Innerhalb der einzelnen Gruppen der nicht-flektierbaren Wortarten kann nun weiter nach semantischen und pragmatischen Kriterien unterschieden werden. Adverbien lassen sich beispielsweise in Lokal-, Temporal- und Modaladverbien unterscheiden, je nachdem ob sie Informationen zu Ort, Zeit oder Art und Weise liefern.

? **Frage 3.3**
Finden Sie je ein Beispiel für temporale, lokale und modale Adverbien.

Die **Subjunktionen** werden ebenfalls semantisch weiter unterschieden (Tab. 3.1).

Die hier verfolgte Hierarchie beruht damit auf folgender Reihenfolge von Kriterien:

Syntax (+ / − satzintegriert)
   Morphologie (+ / − flektierbar)
      Syntax (+ / − Distribution und Rektion)
         Semantik/Pragmatik

Tab. 3.1 Semantische Typen von Subjunktionen

Bezeichnung	Bedeutung (grob)	Beispiel
Temporal	Zeit	*als, während*
Lokal	Ort	*wo*
Modal	Art und Weise	*indem*
Konzessiv	Zugeständnis	*obschon*
Konditional	Bedingung	*wenn*
Adversativ	Gegensatz	*während*
Kausal	Begründung	*weil*

Akzeptiert man diese Hierarchie, so sind *Absperrung* und *laut* ein Nomen bzw. ein Adjektiv.

! **Achtung**
Wenn man nun beispielsweise folgende Kriterien und Reihenfolge ansetzt, gelangt man zu ganz anderen Wortarten für *Absperrung* und *laut*:

Syntax (+ / − satzintegriert)
   Semantik/Pragmatik

Beide sind satzintegriert, und beide können eine Tätigkeit ausdrücken (*die vorzunehmende Absperrung* und *die Kinder waren laut*). Es müsste sich demnach um Verben handeln.

Der Vergleich dieser zwei unterschiedlichen Klassifikationen von *Absperrung* und *laut* zeigt erneut, dass die Bestimmung der Wortarten von den zugrunde gelegten Kriterien abhängt.

3.2.2 Konstituenten

> **Konstituente**
> Eine Konstituente besteht aus einem oder mehreren zusammengehörenden Wörtern, die zumeist gemeinsam innerhalb eines Satzes vollständig verschieb- und erfragbar sind.

Konstituenten sind durch die sog. Glinz'schen oder auch grammatischen Proben bestimmbar, die auf die Unterscheidung zwischen **Syntagmatik** und **Paradigmatik** zurückgehen. Diese Proben entstammen ursprünglich dem Strukturalismus und wurden in der Germanistik vor allem durch die Arbeiten von Hans Glinz (1913–2008) bekannt. Zum einen sind sprachliche Ausdrücke innerhalb eines Satzes durch andere Ausdrücke ersetzbar (Paradigmatik), zum anderen kann ein sprachlicher Ausdruck mit anderen sprachlichen Ausdrücken kombiniert werden, und auf diese Art und Weise ergeben sich Abfolgen im Satz (Syntagmatik). Syntagmatik und Paradigmatik werden für die Segmentierung und Klassifikation von Konstituenten verwendet (Abb. 3.5).

Wenn man demnach wissen will, ob eine Konstituente vorliegt, so kann man testen, ob der fragliche Ausdruck komplett ersetzbar ist (paradigmatische Ebene) und/oder ob er komplett an verschiedenen Positionen im Satz stehen kann (syntagmatische Ebene).

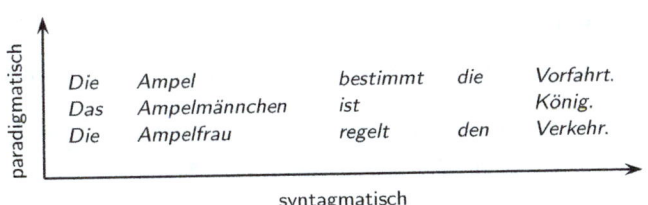

◘ Abb. 3.5 Paradigmatische vs. syntagmatische Ebene

- **Substitutionstest**

Der Substitutionstest bezieht sich auf die Paradigmatik. Er überprüft, ob die potenzielle Konstituente vollständig ersetzbar ist. Wenn der Ausdruck komplett ersetzt werden kann, deutet dies darauf hin, dass er eine Konstituente ist.

> **▶ Beispiel**
>
> 16. *Im sächsischen Zwickau regelt jetzt die erste Ampelfrau den Verkehr.*
> 17. *In einer deutschen Stadt regelt jetzt die erste Ampelfrau den Verkehr.* ◂

Man kann diesen Test ein wenig zuspitzen, indem der ersetzende Ausdruck nur ein Wort sein darf: Zum Beispiel kann die Konstituente durch ein **Pronomen** oder durch ein **Fragewort** ersetzt werden.

> **▶ Beispiel**
>
> 18. *Im sächsischen Zwickau regelt jetzt die erste Ampelfrau den Verkehr.*
> 19. *Was regelt die erste Ampelfrau jetzt im sächsischen Zwickau?*
> 20. *Im sächsischen Zwickau regelt die erste Ampelfrau den Verkehr.*
> 21. *Im sächsischen Zwickau regelt sie den Verkehr.* ◂

Der Pronominalisierungs- und der Fragetest sind demnach Spezialfälle des Substitutionstests.

- **Koordinationstest**

Konstituenten lassen sich mit ähnlichen Konstituenten in der Regel koordinieren. Wenn eine Wortfolge mit einer anderen Wortfolge koordiniert werden kann, deutet dies darauf hin, dass sie eine Konstituente ist.

> **▶ Beispiel**
>
> 22. *Im sächsischen Zwickau regelt jetzt die erste Ampelfrau den Verkehr.*
> 23. *Im sächsischen Zwickau und im bairischen Bad Tölz regelt jetzt die erste Ampelfrau den Verkehr.* ◂

- **Umstellungstest**

Der Umstellungstest basiert auf der syntagmatischen Ebene: Wenn die Wortfolge komplett innerhalb des Satzes umgestellt werden kann, deutet dies darauf hin, dass sie eine Konstituente ist.

> **▶ Beispiel**
>
> 24. *Im sächsischen Zwickau regelt jetzt die erste Ampelfrau den Verkehr.*
> 25. *Den Verkehr regelt im sächsischen Zwickau jetzt die erste Ampelfrau.* ◂

Für Konstituenten gilt, dass nicht alle Tests gleichermaßen anwendbar sind. Zum Beispiel ergibt der Koordinationstest für *erste* in *die erste Ampelfrau*, dass es sich bei *erste* aufgrund der Koordinationsmöglichkeit in *die erste und die letzte Ampelfrau* um eine Konstituente handelt. Der Umstellungstest ist für *erste* jedoch nicht möglich.

Die Konstituententests sind wie die Kriterien für die Wortartbestimmung sprachspezifisch. Die hier genannten Tests – bis auf den Umstellungstest – finden aber auch Anwendung im Englischen, Französischen, Spanischen und Italienischen.

- **Phrasen**

Neben der Einteilung von Sätzen in Konstituenten gibt es auch andere Möglichkeiten, „zusammengehörige Wörter" zu bestimmen. Die Ermittlung von Konstituenten erfolgt operational, d. h. durch den Einsatz der oben beschriebenen Tests. Die Bestimmung von Phrasen erfolgt kategoriell durch die Analyse der Wortart ihres Kopfs.

> **Phrase**
>
> Phrasen sind Gruppen von Wörtern, die eine syntaktische Einheit bilden. Jede Konstituente ist eine Phrase, aber nicht jede Phrase ist eine Konstituente.

> **Kopf**
>
> Der Kopf einer Phrase bestimmt ihre Kategorie.

Die Klassifikation der Phrasen erfolgt anhand der Wortart ihres Kopfs. In Beispielsätzen werden Phrasen jeweils eckig geklammert und durch vorausgehende tiefergestellte Indizes mit Abkürzung des Phrasennamens bestimmt.

> **▶ Beispiel**
>
> 26. *die* $_{AP}$[*erste*] *Ampelfrau* (Adjektivphrase (AP))
> 27. $_{NP}$[*die erste Ampelfrau*] (Nominalphrase (NP))
> 28. $_{PP}$[*wegen der ersten Ampelfrau*] (Präpositionalphrase (PP))
> 29. $_{VP}$[*Wegen der ersten Ampelfrau weinen*] *musste er.* (Verbalphrase (VP)) ◂

? Frage 3.4
Begründen Sie, warum nicht alle Phrasen Konstituenten sind!

- **Satzglieder sind syntaktische Funktionen in Sätzen**

Es liegt auf der Hand, dass – wenn Wörter klassifiziert werden können – Ähnliches auch für Konstituenten möglich ist.

Zum Beispiel gibt es Versuche, Konstituenten semantisch zu bestimmen. So ist vorgeschlagen worden, dass das Subjekt stets Agens ist, d. h. der Verursacher des im Satz ausgedrückten Sachverhalts. Eine solche Definition würde aber dazu führen, dass *die Ampelfrau* und *von der Ampelfrau* im folgenden Beispielpaar beide Male das Subjekt wäre, obwohl verschiedene Kasus vorliegen:

▶ **Beispiel**

30. *Die Ampelfrau regelt den Verkehr.*
31. *Der Verkehr wird von der Ampelfrau geregelt.* ◀

Der semantische Ansatz zur Klassifikation von Konstituenten erscheint daher wenig ertragreich. Stattdessen werden sehr häufig Fragepronomen verwendet, um Konstituenten als Satzglieder zu klassifizieren.

▶ **Beispiel**

32. *Die Ampelfrau regelt jetzt den Verkehr.*
33. *Wer regelt wann wen?* ◀

Satzglieder
Satzglieder sind syntaktische Funktionen von Konstituenten.

- **Subjekt**

Nach dem Subjekt kann mit *wer oder was* gefragt werden. In der Regel steht es im Nominativ. Das Subjekt stimmt in Person und Numerus mit dem finiten Verb seines Satzes überein. Neben „normalen" Subjekten wie *die erste Ampelfrau* gibt es auch satzwertige Subjekte (= Subjekte in Form eines Satzes). Diese haben keinen Kasus und stehen immer mit einem Verb in der 3. Person Singular.

▶ **Beispiel**

34. *Im sächsischen Zwickau regelt jetzt die erste Ampelfrau den Verkehr.*
35. *Dass im sächsischen Zwickau jetzt die erste Ampelfrau den Verkehr regelt, ist interessant.*
36. **Im sächsischen Zwickau regeln jetzt die erste Ampelfrau den Verkehr.* ◀

- **Akkusativobjekt**

Nach dem Akkusativobjekt kann mit *wen oder was* gefragt werden. Auch hier kann es satzwertige Objekte geben.

▶ **Beispiel**

37. *Im sächsischen Zwickau regelt jetzt die erste Ampelfrau den Verkehr.*
38. *Man fragt sich, ob im sächsischen Zwickau wirklich die erste Ampelfrau den Verkehr regelt.* ◀

- **Dativobjekt**

Nach dem Dativobjekt kann mit *wem oder was* gefragt werden. Es steht im Dativ.

▶ **Beispiel**

39. *Das sächsische Zwickau schenkt der Menschheit die erste Ampelfrau.*
40. *Der Menschheit wurde die erste Ampelfrau geschenkt.* ◀

- **Genitivobjekt**

Nach dem Genitivobjekt kann mit *wessen* gefragt werden; sein Name verrät bereits, dass es im Genitiv steht.

▶ **Beispiel**

41. *Wir erinnern uns der ersten Ampelfrau.* ◀

- **Präpositionalobjekt**

Ein Präpositionalobjekt ist ein Objekt, das durch eine Präposition entweder eingeleitet oder abgeschlossen wird. Die betreffende Präposition wird durch das Verb oder das Adjektiv, von dem das Präpositionalobjekt abhängt, bestimmt. Der durch die Präposition bedingte Kasus variiert je nach Präposition und Verb bzw. Adjektiv. Zum Erfragen dieses Satzglieds ist es notwendig, ein Fragepronomen mit der Präposition des Präpositionalobjekts zu kombinieren.

▶ **Beispiel**

42. *Das sächsische Zwickau wartet auf die erste Ampelfrau.*
43. *Auf wen/Worauf wartet das sächsische Zwickau?* ◀

- **Adverbiale**

Nach Adverbialen kann nicht einheitlich gefragt werden; sie liefern z. B. Informationen zu Zeit, Ort oder Art und Weise und bieten daher Antworten auf unterschiedliche Fragen wie *wie lange, wann, wo, wie* … Adverbiale sind häufig weglassbar, ohne dass der Satz ungrammatisch wird. Dies gilt für Objekte und vor allem Subjekte nicht im gleichen Maße. Man vergleiche dazu die drei folgenden Sätze:

▶ **Beispiel**

44. *Im sächsischen Zwickau regelt jetzt die erste Ampelfrau den Verkehr mit großem Erfolg.*
45. *Die erste Ampelfrau regelt den Verkehr.*
46. **Die erste Ampelfrau regelt.* ◀

Die Gruppe der Adverbiale lässt sich semantisch weiter unterteilen in Temporal-, Lokal-, Modaladverbiale und weitere Arten von Adverbialen, die jeweils Informationen zu Zeit, Ort bzw. Art, Weise etc. liefern.

> **Beispiel**
>
> 47. Temporaladverbial (Zeit)
>   *Im sächsischen Zwickau regelt jetzt die erste Ampelfrau den Verkehr.*
> 48. Lokaladverbial (Ort)
>   *Im sächsischen Zwickau regelt jetzt die erste Ampelfrau den Verkehr.*
> 49. Modaladverbial (Art und Weise)
>   *Im sächsischen Zwickau regelt die erste Ampelfrau den Verkehr mit großem Erfolg.* ◂

■ **Attribute**

Attribute sind keine Satzglieder, sondern Teile von Satzgliedern. Attribute sind in der Regel erfragbar durch *was für* oder *welche/r* plus dem jeweiligen Bezugsnomen (*was für ein Mann → der große Mann*). Sie können allgemein nur zusammen mit ihrer Bezugskonstituente verschoben werden. Die Unterscheidung innerhalb der nicht-satzwertigen Attribute basiert auf den an ihnen beteiligten Wortarten. Folgende Attribute werden unterschieden:

- Adjektivattribute: *Im sächsischen Zwickau regelt jetzt die erste Ampelfrau den Verkehr.*
- Genitivattribute: *Im sächsischen Zwickau regelt jetzt die Ampelfrau der ersten Generation den Verkehr.*
- Attributsätze: *Im sächsischen Zwickau regelt jetzt die erste Ampelfrau, die es in Deutschland gibt, den Verkehr.*
- Präpositionalattribute: *Im sächsischen Zwickau regelt jetzt die erste Ampelfrau von Deutschland den Verkehr.*
- Adverbattribute: *Das Seminar heute bestand nur aus Ampelfrauen.*
- Partizipialattribute: *Im sächsischen Zwickau regelt jetzt die erste staatlich geprüfte Ampelfrau den Verkehr.*

Für Wortarten wurde bereits festgehalten, dass sie nicht universal sind und einzelsprachlich nach nicht-universalen Kriterien definiert werden müssen. Diese Einsicht trifft auch für die Satzglieder zu.

❓ **Frage 3.5**

Überlegen Sie mithilfe der Konstituententests, warum das Prädikat *regelt* in *Die Ampelfrau regelt jetzt den Verkehr.* nach unserer Definition in diesem Kapitel kein Satzglied ist.

■ **Auch Teilsätze sind klassifizierbar**

Nicht-satzwertige Satzglieder können zumeist durch satzwertige Satzglieder ersetzt werden:

> **Beispiel**
>
> 50. *Die Stadtsprecherin Angelika Michaelis sagte, dass die Straßenverkehrsordnung lediglich das Sinnbild eines Fußgängers fordere.*
> 51. *Die Stadtsprecherin Angelika Michaelis sagte das.* ◂

Aufgrund der möglichen Substitution zwischen *dass*-Satz und *das* ist für das obige Beispiel anzunehmen, dass sie syntaktisch gleich oder zumindest sehr ähnlich sind. Daraus können wir schließen, dass es Gemeinsamkeiten zwischen satzwertigen und nicht-satzwertigen Konstituenten gibt.

Anhand der folgenden Beispiele lassen sich verschiedene satzwertige Konstituenten unterscheiden:

> **Beispiel**
>
> 52. *Die Stadtsprecherin Angelika Michaelis sagte, dass die Straßenverkehrsordnung lediglich das Sinnbild eines Fußgängers fordere.*
> 53. *Die Stadtsprecherin Angelika Michaelis sagte das.*
> 54. **Dass die Straßenverkehrsordnung lediglich das Sinnbild eines Fußgängers fordere das.*
> 55. *Die Zeitung schrieb, dass die Stadtsprecherin Angelika Michaelis sagte, dass die Straßenverkehrsordnung lediglich das Sinnbild eines Fußgängers fordere.* ◂

Man gelangt durch den Substitutionstest zu folgender Unterscheidung der satzwertigen Konstituenten:

> **Nebensatz**
>
> Ein Nebensatz ist ein Satz, der Teil eines anderen Satzes ist. Er ist durch eine nicht-satzwertige Konstituente substituierbar.

Der *dass*-Satz in Beispiel 52 ist ersetzbar durch die nicht-satzwertige Konstituente *das*, aber umgekehrt kann der Satz *Die Stadtsprecherin Angelika Michaelis sagte* nicht durch *das* ersetzt werden, wie Beispiel 54 zeigt. Demnach ist der *dass*-Satz der Nebensatz.

> **Hauptsatz**
>
> Ein Hauptsatz ist ein Satz, der nicht Teil eines anderen Satzes ist.

Tab. 3.2 Semantische Typen von Adverbialsätzen

Bezeichnung	Bedeutung	Beispiel
Temporalsätze	Zeit	*als die Ampelfrau den Verkehr regelte*
Lokalsätze	Ort	*wo die Ampelfrau den Verkehr regelte*
Kausalsätze	Grund	*weil die Ampelfrau den Verkehr regelte*
Konsekutivsätze	Folge	*so…, dass die Ampelfrau den Verkehr regelte*
Konditionalsätze	Bedingung	*wenn die Ampelfrau den Verkehr regelte*
Adversativsätze	Gegensatz	*während die eine Ampelfrau den Verkehr regelt, muss die andere…*
Finalsätze	Zweck	*… um den Verkehr zu regeln.*
Modalsätze	Art und Weise	*indem die Ampelfrau den Verkehr regelte*
Konzessivsätze	Einschränkung	*obwohl die Ampelfrau den Verkehr regelte*

Beispiel 55 ist so komplex, dass die Begriffe „Nebensatz" und „Hauptsatz" zu seiner Beschreibung nicht ausreichen, sondern zusätzlich der Begriff **Matrixsatz** benötigt wird.

Matrixsatz
Ein Matrixsatz ist ein Satz, von dem ein Nebensatz unmittelbar abhängt (= der Nebensatz ist durch eine nicht-satzwertige Konstituente im Matrixsatz ersetzbar).

Im obigen Beispiel ist damit der Satz *die Stadtsprecherin Angelika Michaelis sagte* der Matrixsatz für den Satz *dass die Straßenverkehrsordnung lediglich das Sinnbild eines Fußgängers fordere*.

Aufgrund der möglichen Substitution von satzwertigen und nicht-satzwertigen Satzgliedern überrascht es nicht, dass sie auf ähnliche Weise unterschieden werden können.

? Frage 3.6
Bestimmen Sie in Satz 55 den Hauptsatz, die Matrixsätze und die Nebensätze.

■ **Adverbialsätze**

Wie die Adverbiale lassen sich auch die Adverbialsätze semantisch weiter unterscheiden. Für die Adverbialsätze ist die Semantik ihrer Konjunktion ausschlaggebend (Tab. 3.2).

■ **Attributsätze**

Zu den Attributsätzen zählen verschiedene Arten von **Relativsätzen**, die u. a. durch ein Relativpronomen eingeleitet werden können. Es lassen sich bezüglich ihrer Textfunktion u. a. zwei Arten von Relativsätzen unterscheiden. Restriktive Relativsätze schränken ihre Bezugskonstituente ein, nicht-restriktive tun dies nicht.

Der Artikel wird in der gesprochenen Sprache bei restriktiven Relativsätzen oft akzentuiert.

▶ **Beispiel**

56. Restriktiver Relativsatz: *Diejenigen Ampelfrauen, die im sächsischen Zwickau stationiert sind, regeln den Verkehr.*
57. Nicht-restriktiver Relativsatz: *Die Ampelfrauen, die übrigens im sächsischen Zwickau stationiert sind, regeln den Verkehr.* ◀

Semantisch betrachtet, schränken die restriktiven Relativsätze eine Menge weiter ein. Im obigen Beispiel wird über die Menge der Ampelfrauen eine Aussage gemacht, die in Zwickau stationiert sind. Aus der Menge der Ampelfrauen wird bei restriktiven Relativsätzen eine Teilmenge bestimmt. Nicht-restriktive Relativsätze schränken die Menge der Ampelfrauen nicht ein.

■ **Subjekt- und Objektsätze**

Da auch Subjekte und Objekte durch satzwertige Satzglieder ersetzt werden können, gibt es demzufolge auch Subjekt- und Objektsätze. Sie sind durch *wer/was* bzw. *wen/was* erfragbar.

▶ **Beispiel**

58. Subjektsatz: *Dass nun auch Ampelfrauen den Verkehr regeln, wundert uns nicht sonderlich.*
59. Objektsatz: *Danach werde man prüfen, ob eventuell weitere Ampeln umgerüstet werden.* ◀

Bisher haben wir Sätze segmentiert und ihre Bestandteile (Wörter, Phrasen, Konstituenten, Teilsätze) klassifiziert. Warum manche dieser Teile obligatorisch in Sätzen auftreten, d. h. nicht weggelassen werden können (vgl. Beispiele 44 bis 46), ist damit jedoch nicht geklärt. Eine Antwort hierauf bietet die Argumentstruktur.

3.3 Argumente

> **Argument**
> Phrasen oder Konstituenten, die von einem Kopf regiert werden, bezeichnet man als seine Argumente.

> **Argumentstruktur**
> Die Argumentstruktur ist die Gesamtheit der Argumente eines Kopfes.

Die Argumente von Verben sind in der Regel sein Subjekt und seine Objekte. Zu einem Verb wie *essen* gehört aus syntaktischer Perspektive in der Regel ein Subjekt und ein Akkusativobjekt (*Lena isst einen Apfel*). Die Argumentstruktur des Verbs *essen* besteht also aus einem Subjekt und einem Objekt. Es ist letztlich nicht vorhersagbar, wie viele Argumente ein Verb hat. Man könnte versucht sein, die Anzahl der Argumente aus seiner Semantik herzuleiten. Bei einem Verb wie *essen*, das Nahrungsaufnahme ausdrückt, erscheint es logisch, dass es zwei Argumente benötigt: den „Esser" und das „Gegessene". Doch widersprechen Verben wie *speisen* der Annahme, dass die Anzahl von Argumenten aus der Semantik eines Verbs hergeleitet werden kann: Das Verb *speisen* drückt wie *essen* auch Nahrungsaufnahme aus. Demnach wären von Seiten der Semantik auch für *speisen* ein „Esser" und etwas „Gegessenes" anzunehmen. Allerdings gehört zu *speisen* im Gegensatz zu *essen* nur ein Argument, nämlich das Subjekt.

In der Regel werden unterschiedliche Arten von Argumenten unterschieden: Subjekte und Objekte zählen zu den **Ergänzungen**, wobei es obligatorische und fakultative Ergänzungen gibt. Das Verb *speisen* hat als obligatorische Ergänzung – wie gesehen – ein Subjekt, da dieses nicht weglassbar ist. Anders verhält es sich beim Verb *essen*: hier sind das Subjekt obligatorisch und das Objekt fakultativ (*Lena isst – Lena isst einen Apfel*).

Angaben sind in der Regel weglassbare Adverbiale. In *Die Ampelfrau regelt in Zwickau heute den Verkehr* sind somit *heute* und *in Zwickau* Angaben.

Die Argumentstruktur von sprachlichen Ausdrücken kann daher nicht vorhergesagt werden; sie ist mit anderen Worten **idiosynkratisch**, was sich auch beim Sprachvergleich zeigt. Zum Verb *fragen* gehört im Deutschen beispielsweise ein Akkusativobjekt, zur französischen Entsprechung jedoch eine Präpositionalphrase mit *à*.

> ▶ **Beispiel**
> 60. *Peter fragte den Mann, ob…*
> 61. *Pierre demandait à l'homme si…* ◀

Während also die Argumentstruktur im konkreten Fall nicht vorhersagbar ist und von Sprache zu Sprache variiert, ist das verwendete Inventar aber dasselbe: Auch im Englischen, Französischen, Spanischen und Italienischen gibt es beispielsweise Subjekte und Präpositionalobjekte.

> **? Frage 3.7**
> Bestimmen Sie im folgenden Satz alle Ergänzungen und Angaben: *Im sächsischen Zwickau regelt die erste Ampelfrau wahrscheinlich heute den Verkehr.*

3.4 Semantische Rollen

Die syntaktische Argumentstruktur erlaubt für sich alleine keine Erklärung von ungrammatische Sätzen wie *Die Ampel isst Zwickau*. Dieser Satz ist semantisch unsinnig: Zur Nahrungsaufnahme gehören jemand, der in der Lage ist, zu essen, und etwas, das tatsächlich gegessen werden kann. Die syntaktische Argumentstruktur muss daher ergänzt werden durch relevante semantische Informationen.

Tab. 3.3 Semantische Rollen

Bezeichnung	Erklärung	Beispiel
Agens	Handelnder, Verursacher eines Geschehens	*Hans arbeitet im Büro.*
Patiens/Thema	direkt vom Geschehen betroffener, der oft eine Zustandsveränderung durchmacht	*Hans schreibt ein Buch.*
Rezipient	Empfänger	*Hans schenkt Eva eine Rose.*
Experiencer	Träger eines mentalen Prozesses	*Hans liebt Eva.*
Instrument	Mittel, das eingesetzt wird	*Hans isst mit Messer und Gabel.*
Benefaktiv	Nutznießer einer Handlung	*Hans öffnet Eva die Tür.*
Goal/Ziel	Entität, in Richtung derer die Handlung bewegt wird	*Hans fuhr nach Chicago.*
Source/Quelle	Gegenteil von Goal	*Hans kam aus Chicago.*

> **Semantische Rollen**
> Semantische Rollen geben die semantische Funktion eines Arguments bezüglich seines Kopfs an.

Die wichtigsten semantischen Rollen sind in ◘ Tab. 3.3 angegeben.

Im Gegensatz zu den Wortarten und Satzgliedern wird für die semantischen Rollen angenommen, dass sie universal sind. Die exakte Anzahl der thematischen Rollen wird kontrovers diskutiert.

? Frage 3.8
Geben Sie anhand des folgenden Beispiels die Argumentstruktur und die semantischen Rollen zum Verb *regeln* an: *Die Ampelfrau regelt den Verkehr.*

Bisher haben wir Sätze durch Segmentierungen klassifiziert; wir haben sie mit anderen Worten in ihre Bestandteile zerlegt. Es gibt jedoch auch die Möglichkeit, sie nach der Distribution ihre Segmente zu klassifizieren.

3.5 Satztypen

Die syntaktische Distribution des Verbs (seine Position im Satz) führt zur Unterscheidung zwischen Satztypen.

> **Satztypen**
> Satztypen werden syntaktisch nach der Stellung des finiten Verbs unterschieden.

Im Deutschen werden drei Verbstellungstypen unterschieden (◘ Tab. 3.4).

? Frage 3.9
Welche Satztypen liegen bei den folgenden Sätzen vor?
   „Wir sind zu Ihnen gekommen, um Ihnen mitzuteilen, dass heute Ihre Ausreise …" Weiter ließen die 4500 DDR-Bürger, die auf das Botschaftsgelände geflohen waren, Hans-Dietrich Genscher nicht kommen.
   (DIE ZEIT, 01.04.2016)

3.6 Satzarten

Im Unterschied zu den Satztypen werden die Satzarten nach ihrem semantischen oder pragmatischen Zweck unterschieden.

> **Satzart**
> Unter Satzart (auch als **Satzmodus** bekannt) versteht man den Zusammenhang zwischen syntaktischen Eigenschaften eines Satzes und seiner pragmatischen Funktion.

Pragmatisch werden zumeist die folgenden Satzmodi unterschieden (◘ Tab. 3.5).

Während die pragmatischen Funktionen der Satzmodi wahrscheinlich übereinzelsprachlich sind, werden sie syntaktisch jeweils sprachspezifisch realisiert. Mögliche sprachspezifische Markierer für Satzmodi sind z. B. die Verbstellung und/oder bestimmte Satzmodusmarker wie Adverbien (z. B. *ja* in der Mitte von Deklarativsätzen: *Die Ampelfrau regelt ja den Verkehr*).

3.7 Weiterführende Literatur

- Es gibt eine Vielzahl von ausgezeichneter Einführungsliteratur in die Syntax. Für das Deutsche haben sich vielfach bewährt Pittner und Berman (2021), Musan (2021), Wöllstein-Leisten et al. (1997) sowie Pafel (2011). Einführungen in verschiedene syntaktische Theorien bieten Dürscheid (2012), Müller (2013) sowie Repp und Struckmeier (2020).
- Musan (2021) bietet u. a. eine leicht lesbare Unterscheidung zwischen Konstituenten und Phrasen sowie eine Darstellung zu den Satzgliedern des Deutschen.
- Syntaxtheorien für die Romanistik stellen Gabriel und Müller (2013) vor.
- Englischsprachige Einführungen sind u. a. Carnie (2021) sowie Haegemann und Gueron (1999).
- Einen umfassenden Überblick zu den deutschen Wortarten bietet der Sammelband von Hoffmann (2007). Die historische bzw. die typologische Perspektive auf Wortarten werden in Knobloch und Schaeder (2005) bzw. Vogel und Comrie (2000) herausgearbeitet.

◘ **Tab. 3.4** Die Verbstellungstypen im Deutschen

Bezeichnung	Erklärung	Beispiel
Verb-Erst (= V1)	Satzinitiale Stellung des finiten Verbs	*Regelt die Ampelfrau den Verkehr?*
Verb-Zweit (= V2)	Stellung des finiten Verbs nach der ersten Konstituente des Satzes	*Die Ampelfrau regelt den Verkehr.*
Verb-Letzt (= VL)	Satzfinale Stellung des finiten Verbs	*dass die Ampelfrau den Verkehr regelt.*

Vertiefung: Topologie

Das topologische Modell beschreibt die lineare Struktur des deutschen Satzes, d. h. die Anordnung seiner Konstituenten. Es orientiert sich dabei an der Stellung des finiten Verbs, das im Deutschen entweder an erster, zweiter oder letzter Stelle im Satz positioniert sein kann (wobei die Bezeichnung „letzte Stelle" nicht wörtlich zu nehmen ist).

Damit zerfällt der deutsche Satz in fünf Felder, die als Vorfeld, Finit/C, Mittelfeld, Verbalkomplex und Nachfeld bezeichnet werden.

Vorfeld	Finit/C	Mittelfeld	Verbalkomplex	Nachfeld
Die Gleichberechtigung	hat	die Fußgängerzone	erreicht.	
	Hat	die Gleichberechtigung die Fußgängerzone	erreicht?	
	Ob	die Gleichberechtigung wohl die Fußgängerzone	erreicht hat?	
Die Zeitung	hat		geschrieben,	dass die Gleichberechtigung die Fußgängerzone erreicht hat.

Wenn im Deutschen ein Nebensatz durch eine satzeinleitende Konjunktion, eine Subjunktion, eingeleitet wird, so steht das finite Verb „an letzter Stelle" im Satz, nämlich im Verbalkomplex. Ansonsten steht das finite Verb in der Position Finit/C. Finite Verben und satzeinleitende Konjunktionen teilen sich damit die gleiche syntaktische Position, daher auch die Bezeichnung Finit/C(onjunction). Anstelle der Begriffe Finit/C und Verbalkomplex werden auch die Bezeichnungen linke und rechte Satzklammer verwendet.

Das topologische Modell basiert auf drei Regeln für das Deutsche:
1. Im Vorfeld steht maximal eine Konstituente.
2. In Finit/C stehen nur finite Verben oder subordinierende Konjunktionen.
3. Im Verbalkomplex stehen nur finite und infinite Verben.

Manche Sätze sind zusätzlich „erweitert", wofür es zwei Felder gibt:

Koordination	Linksversetzung	Vorfeld	Finit/C	Mittelfeld	Verbalkomplex	Nachfeld
Und	die Ampelfrau	die	regelt	den Verkehr		

In der Koordination-Position stehen nur satzverbindende, nicht-subordinierende Konjunktionen. Ein in der Linksversetzung stehendes Element muss im Vorfeld oder im Mittelfeld durch ein Pronomen aufgegriffen werden. Komplexe Sätze lassen sich wie folgt im topologischen Modell darstellen. Der Hauptsatz wird stets als Satz 0 (S_0) markiert; die von ihm unmittelbar abhängigen Sätze heißen S_1 usw. Wenn S_1 der Matrixsatz zu einem weiteren Satz ist, so wird dieser als S_{1a} usw. dargestellt:

	Vorfeld	Finit/C	Mittelfeld	Verbalkomplex	Nachfeld
S_0	Die Stadtsprecherin	sagte	am Dienstag		S_1
S_1		dass	die Straßenverkehrsordnung lediglich	fordere	S_{1a}
S_{1a}		dass	ein Fußgänger	abgebildet sei.	

Literatur
- Höhle, T.N. (1986). Der Begriff „Mittelfeld". Anmerkungen über die Theorie der topologischen Felder. In A. Schöne (Hrsg.). *Kontroversen alte und neue.* Akten des 7. Internationalen Germanistenkongresses (S. 329–340). Göttingen.
- Ramers, K.-H. (2006). Topologische Felder: Nominalphrase und Satz im Deutschen. *Zeitschrift für Sprachwissenschaft 25*(1), 95–127.
- Pafel, J. (2009). Zur linearen Syntax des deutschen Satzes. *Linguistische Berichte, 217* (S. 37–79).
- Wöllstein, A. (2010). *Topologisches Satzmodell.* Heidelberg: Universitätsverlag Winter.

Tab. 3.5 Die Satzmodi

Bezeichnung	Erklärung	Beispiel
Deklarativsatz	Aussagesatz	*Die Ampelfrau regelt den Verkehr.*
Interrogativsatz	Fragesatz	*Regelt die Ampelfrau den Verkehr?*
E-Interrogativsatz	Entscheidungsfragesatz (als Antwort sind nur *ja* oder *nein* möglich)	*Regelt die Ampelfrau den Verkehr?*
W-Interrogativsatz	Fragesatz mit W-Wort (*wer*, *was*, *wo*), nicht durch *ja* oder *nein* beantwortbar	*Was regelt die Ampelfrau?*
Imperativsatz	Befehlsatz	*Regel den Verkehr!*
Optativsatz	Wunschsatz	*Wenn die Ampelfrau nur den Verkehr regeln würde.*
Exklamativsatz	Ausrufesatz	*Die Ampelfrau regelt den Verkehr!*

- Primus (2012) bietet einen guten Zugang zu thematischen Rollen.
- Die Kapitel 6 bis 11 in Klabunde et al. (2022) sind der Syntax gewidmet. Die Syntax des Deutschen (Musan 2022), Englischen (Härtl 2022), Französischen (Dufter 2022), Italienischen (Stein 2022) und Spanischen (Fischer 2022) werden erörtert. Außerdem liefert Kapitel 11 (Holler 2022) einen Überblick über moderne Syntaxtheorien.

Antworten zu den Selbstfragen

Selbstfrage 1 *Nutella* ist ein Markenname und damit ein Kunstwort für einen Schokoaufstrich. Da es ein Kunstwort ist, ist die Genuszuweisung für Sprecher nicht klar; auch bei dem Klebstoff *Uhu* sind *das Uhu* und *der Uhu* möglich. Die Variation beim Genus ist also der artifiziellen Situation, in der das Wort als Markenname erfunden wurde, geschuldet.

Selbstfrage 2 Die Argumentation verläuft analog zu dem *tot*-Beispiel im Text.

Schwanger ist ein komplementäres Adjektiv. Eine weibliche Person ist entweder schwanger oder nicht schwanger, es gibt keine Skala des Schwanger-seins. Daher ist die Steigerbarkeit semantisch ausgeschlossen.

Selbstfrage 3 Temporal: *jetzt*, *heute*, *morgen*
Lokal: *hier*, *dort*, *da*
Modal: *eventuell*, *irgendwie*

Selbstfrage 4 Attribute bestehen aus Phrasen, z. B. *das* [*grüne*]$_{AP}$ *Buch*. Attribute sind keine Konstituenten, sondern Teile von Konstituenten.

Selbstfrage 5 Satzglieder sind laut Definition syntaktische Funktionen von Konstituenten. Das Prädikat *regelt* ist aber weder ein Subjekt, noch eines der Objekte, noch ein Adverbial, da danach weder mit *wer*, *was*, *wen*, *wessen* noch mit *wie lange* usw. gefragt werden kann. Zudem ist das Prädikat weder verschieb- noch weglassbar.

Selbstfrage 6 Hauptsatz: *Die Zeitung schrieb*
Matrixsätze: *Die Zeitung schrieb, die Stadtsprecherin Angelika Michaelis sagte,*
Nebensätze: *dass die Stadtsprecherin Angelika Michaelis sagte, dass …, dass die Straßenverkehrsordnung …*

Selbstfrage 7 Ergänzungen: *die erste Ampelfrau* (Subjekt), *den Verkehr* (Objekt).
Angaben: *Im sächsischen Zwickau*, *wahrscheinlich*, *heute*.

Selbstfrage 8 *regeln* ist zweistellig: Es benötigt ein Agens (die/der Regelnde) sowie ein Patiens/Thema (das, was geregelt wird).

Selbstfrage 9 „*Wir sind zu Ihnen gekommen* (V2), *um Ihnen mitzuteilen* (VL), *dass heute Ihre Ausreise …* " (die Nebensatzstellung erfordert auch ohne realisiertes Verb den Satztyp VL) *Weiter ließen die 4500 DDR-Bürger, die auf das Botschaftsgelände geflohen waren,* (VL) *Hans-Dietrich Genscher nicht kommen.* (V2)

Aufgaben

Die folgenden Aufgaben sind unterschiedlich schwierig zu lösen. Die Einschätzung der Schwierigkeitsgrade ist natürlich individuell verschieden. Sie sollten daher nicht an sich zweifeln, wenn Sie eine Aufgabe, die als einfach klassifiziert ist, als schwer empfinden.
- • einfache Aufgaben
- •• mittelschwere Aufgaben
- ••• anspruchsvolle Aufgaben, die fortgeschrittene Konzepte benötigen

3.1 Bestimmen Sie im folgenden Text

- die Wortarten in Satz (4),
- die Satzglieder in Satz (2), (4) und (6),
- die Teilsätze in Satz (1), (8), (10) und (12),
- •• die topologische Struktur in Satz (1), (2), (3) und (4).

(1) Ich weiß nicht, ob Ihr das Frisbyespiel kennt. (2) Es gehört zu den Sportarten der Zukunft. (3) Wenn unsere alten europäischen Ballspiele ausgestorben sind, wird das Frisbye die Welt regieren. (4) Erfunden wurde es vor dem ersten Weltkrieg in einer Kaffeefabrik im Mittelwesten, die Frisbyes hieß. (5) Diese Kaffeemarke wurde in runden Dosen verpackt, deren Deckel herabgebogene Ränder hatten. (6) Die Deckel lagen in großen Stapeln auf einem Hinterhof, wo die Arbeiter sich nach dem Mittagessen aufzuhalten pflegten, und sie begannen nach und nach ein bißchen mit diesen Deckeln herumzuspielen. (7) Sie entdeckten bald, daß die herabgebogenen Ränder den Deckeln ganz phantastische Flugeigenschaften verleihen. (8) Sie steigen, fallen, kurven in sanften Bögen, je nach Anfangsgeschwindigkeit, Winkel, positiver oder negativer Drehung in der Ausgangslage und noch sechs oder sieben anderen Variablen, über die ich nicht Bescheid weiß.

(9) Ihr Verhalten ist fast ebenso merkwürdig wie das der Elementarpartikel. (10) Heute gibt es Frisbyes aller Sorten, die teuersten kosten wohl an die hundert Kronen, und in der Generation nach der Haschgeneration scheinen sie ganze Nachmittage füllen zu können. (11) Es ist selbstverständlich kein Sport, bei dem man miteinander wetteifert: (12) Vielmehr gilt es, den Frisbye in einer langen und komplizierten Bahn zu werfen, die jedoch nicht so kompliziert ist, daß der Gegenspieler ihn nicht fangen kann. (13) Wenn er zu Boden fällt, ist das nicht der Fehler eines Spielers, sondern beider.

(Aus: Lars Gustafsson (1979). *Die Tennisspieler*. Hanser: München: S. 19f.)

Literatur

Bergenholtz, H., & Mugdan, J. (1979). *Einführung in die Morphologie*. Stuttgart: Kohlhammer.

Carnie, A. (2021). *Syntax: A Generative Introduction* (4. Aufl.). Malden: Wiley-Blackwell.

Chomsky, N. (1981). *Lectures on Government and Binding*. Dordrecht: Foris Publications.

Dufter, A. (2022). Syntax des Französischen. In R. Klabunde, W. Mihatsch, & S. Dipper (Hrsg.), *Linguistik im Sprachvergleich* (S. 189–209). Stuttgart: Metzler. Kap. 8.

Dürr, M., & Schlobinski, P. (2006). *Deskriptive Linguistik. Grundlagen und Methoden*. Bd. 3. Göttingen: Vandenhoeck & Ruprecht.

Dürscheid, C. (2012). *Syntax: Grundlagen und Theorien* (6. Aufl.). Vandenhoeck & Ruprecht.

Fischer, S. (2022). Syntax des Spanischen. In R. Klabunde, W. Mihatsch, & S. Dipper (Hrsg.), *Linguistik im Sprachvergleich* (S. 221–240). Stuttgart: Metzler. Kap. 10.

Gabriel, C., & Müller, N. (2013). *Grundlagen der generativen Syntax: Französisch, Italienisch, Spanisch*. Berlin: De Gruyter.

Haegeman, L., & Gueron, J. (1999). *English Grammar: A Generative Perspective*. Oxford: Blackwell.

Härtl, H. (2022). Syntax des Englischen. In R. Klabunde, W. Mihatsch, & S. Dipper (Hrsg.), *Linguistik im Sprachvergleich* (S. 155–188). Stuttgart: Metzler. Kap. 7.

Hoffmann, L. (Hrsg.). (2007). *Deutsche Wortarten*. Berlin: De Gruyter.

Höhle, T. N. (1986). Der Begriff „Mittelfeld". Anmerkungen über die Theorie der topologischen Felder. In A. Schöne (Hrsg.), *Kontroversen alte und neue* (S. 329–340). Akten des 7. Internationalen Germanistenkongresses, Göttingen.

Holler, A. (2022). Moderne Syntaxtheorien. In R. Klabunde, W. Mihatsch, & S. Dipper (Hrsg.), *Linguistik im Sprachvergleich* (S. 241–292). Stuttgart: Metzler. Kap. 11.

Klabunde, R., Mihatsch, W., & Dipper, S. (Hrsg.). (2022). *Linguistik im Sprachvergleich*. Stuttgart: Metzler.

Knobloch, C., & Schaeder, B. (Hrsg.). (2005). *Wortarten und Grammatikalisierung: Perspektiven in System und Erwerb*. Berlin: De Gruyter.

Müller, S. (2013). *Grammatiktheorie* (2. Aufl.). Tübingen: Stauffenburg Verlag.

Musan, R. (2021). *Satzgliedanalyse* (4. Aufl.). Heidelberg: Universitätsverlag Winter.

Musan, R. (2022). Syntax des Deutschen. In R. Klabunde, W. Mihatsch, & S. Dipper (Hrsg.), *Linguistik im Sprachvergleich* (S. 113–154). Stuttgart: Metzler. Kap. 6.

Pafel, J. (2009). Zur linearen Syntax des deutschen Satzes. *Linguistische Berichte*, 217, 37–79.

Pafel, J. (2011). *Einführung in die Syntax. Grundlagen – Strukturen – Theorien*. Stuttgart: Metzler.

Pittner, K., & Berman, J. (2021). *Deutsche Syntax: Ein Arbeitsbuch* (7. Aufl.). Tübingen: Narr.

Primus, B. (2012). *Semantische Rollen*. Heidelberg: Universitätsverlag Winter.

Ramers, K.-H. (2006). Topologische Felder: Nominalphrase und Satz im Deutschen. *Zeitschrift für Sprachwissenschaft*, 25(1), 95–127.

Repp, S., & Struckmeier, V. (2020). *Syntax*. Stuttgart: Metzler.

Sadler, L., & Nordlinger, R. (2004). Relating Morphology to Syntax. In L. Sadler, & A. Spencer (Hrsg.), *Projecting Morphology* (S. 159–185). Stanford: CSLI Publications.

Stein, A. (2022). Syntax des Italienischen. In R. Klabunde, W. Mihatsch, & S. Dipper (Hrsg.), *Linguistik im Sprachvergleich* (S. 210–220). Stuttgart: Metzler. Kap. 9.

Tesnière, L. (1959). *Éléments de syntaxe structurale*. Paris: Klincksieck.

Vogel, P., & Comrie, B. (Hrsg.). (2000). *Approaches to the typology of word classes*. Berlin: Mouton de Gruyter.

Wöllstein, A. (2010). *Topologisches Satzmodell*. Heidelberg: Universitätsverlag Winter.

Wöllstein-Leisten, A., Heilmann, A., Stepan, P., & Vikner, S. (1997). *Deutsche Satzstruktur: Grundlagen der syntaktischen Analyse*. Tübingen: Stauffenburg.

Zaefferer, D. (Hrsg.). (1998). *Deskriptive Grammatik und allgemeiner Sprachvergleich*. Tübingen: Niemeyer.

Morphologie – die Form und Struktur von Wörtern

Ralf Klabunde

Inhaltsverzeichnis

4.1 Einführung – 94

4.2 Warum gibt es Morphologie? – 95

4.3 Grundbegriffe der Morphologie – 95

4.4 Die morphologische Analyse – 103

4.5 Morphologische Strukturen – 103

4.6 Beziehungen zwischen Morphologie, Phonologie und Syntax – 105

4.7 Morphologische Skizzen – 106

4.8 Weiterführende Literatur – 107

Literatur – 110

Der Begriff *Morphologie* stammt ursprünglich aus der Biologie; er bezeichnet in diesem wissenschaftlichen Gebiet die Struktur und Form von Pflanzen. In der Linguistik behandelt die Morphologie in Analogie zur Verwendung dieses Begriffs in der Biologie die Struktur und Form von Wörtern.

Die Morphologie umfasst somit den Teilbereich des grammatischen Wissens, das Sprecher nutzen, um neue Wörter zu bilden bzw. flektierte Wörter zu erzeugen. Es betrifft also das Regelinventar, das Sprecher einer Sprache erworben haben und mit dessen Hilfe sie neue Wörter oder Wortformen erzeugen.

In diesem Kapitel werden wir die Basisbegriffe aus der Morphologie kennenlernen sowie die drei wesentlichen morphologischen Prozesse: Flexion und die Wortbildungsmechanismen der Derivation sowie der Komposition. Dabei werden wir auch sehen, dass die Morphologie mit der Phonologie und der Syntax interagieren kann.

Das Kapitel schließt mit einer Skizze zur Morphologie des Deutschen sowie der Sprachen Englisch, Spanisch, Französisch und Italienisch.

4.1 Einführung

Sprecher sind sehr kreativ bei der Bildung neuer Wörter. Wir verwenden gerne eigene Wortkreationen, um auf Sachverhalte zu verweisen, für die uns bislang kein Wort vorliegt oder auch einfach nur, weil es Spaß macht, neue Wörter zu erfinden.

Im ▶ Kap. 3 haben wir ein solches neues Wort des Deutschen kennengelernt, nämlich *Ampelfrau*:

▶ **Beispiel**

1. *In Zwickau regelt jetzt die erste Ampelfrau den Verkehr.*
2. *In Zwickau, the first „female little green figure telling you it's safe to cross the road" is regulating the traffic.*
3. *À Zwickau, la première „figurine féminine des feux pour piétons" régle la circulation.*
4. *En Zwickau la primera mujer de los semáforos dirige la circulación.* ◄

Die Übersetzungen ins Englische, Französische und Spanische zeigen, dass dieses Wort in diesen Sprachen nur schwerlich in ein Einzelwort überführt werden kann, sodass die Bedeutung von *Ampelfrau* mittels einer Phrase ausgedrückt werden muss. Dies zeigt, dass in den jeweiligen Einzelsprachen die Mittel zur Wortbildung unterschiedlich ausgeprägt sind; was in einer Sprache durch ein komplexes neues Wort ausgedrückt werden kann, muss in anderen Sprachen syntaktisch realisiert werden und umgekehrt. Wir werden uns in ▶ Abschn. 4.6 überlegen, wie das Verhältnis zwischen Morphologie und Syntax in einer Sprache grundsätzlich geregelt ist.

Die Wortwarte (▶ www.wortwarte.org) sammelt neue Wörter des Deutschen, die Korpora entnommen wurden und noch nicht Eingang in die deutsche Alltagssprache gefunden haben. Solche neuen Wortschöpfungen, **Neologismen** genannt, sind gerade im Deutschen häufig anzutreffen. Hier sind einige Beispiele von der Wortwarte:

▶ **Beispiel**

5. *Grabbeltischniveau, Rückverstromung, Dagegenrepublik, Appsolutismus* ◄

Diese Neologismen sind komplexe Wörter, die eine interne Struktur aufweisen. So wird *Grabbeltischniveau* durch die Kombination der Wörter *grabbeln, Tisch* und *Niveau* gebildet und *Appsolutismus* in Analogie zu *Absolutismus*, wobei die ersten beiden Zeichen – bzw. die erste Silbe – durch das über die Smartphone-Technologie eingeführte Wort *App* ersetzt werden.

Ein weiteres Beispiel ist *Rückverstromung*, das „Wort der Woche" vom 15.04.2011 im Digitalen Wörterbuch der Deutschen Sprache (▶ www.dwds.de). Dieses Nomen wird durch die Kombination von *Rück-, ver-, Strom* und *-ung* gebildet, wobei im Gegensatz zum Wort *Grabbeltischniveau* nicht alle Komponenten als eigenständige Wörter auftreten können.

Die Frage, welche elementaren Einheiten zu (neuen) Wörtern kombiniert werden können, ist eines der Themengebiete der Morphologie.

Daneben befasst sich die Morphologie mit einem weiteren Aspekt. Jeder kompetente Sprecher des Deutschen weiß intuitiv, dass in dem Satz

6. *Außer dem Minireaktor in Obrigheim (340 Megawatt) stünden die nächsten AKWs erst ab 2007 vor dem Aus.* (DIE ZEIT, 02.12.1999)

die Verbform *stünden* wohlgeformt ist, da diese die 3. Person Plural im Konjunktiv II signalisiert – auch wenn der Sprecher diese grammatische Information evtl. nicht angeben kann. Das Nomen *AKWs* hat in diesem Kontext die Form für den Plural im Nominativ (sowie den anderen Kasus). Die Bildung solcher spezifischer Wortformen ist ebenfalls ein Themengebiet der Morphologie.

Wir werden uns in diesem Abschnitt zuerst mit der Frage beschäftigen, welche Funktion die Morphologie im Sprachgebrauch übernimmt sowie die zentralen Termini aus der Morphologie kennenlernen. Anschließend werden wir sehen, wie morphologische Analysen durchgeführt werden.

Die Morphologie kann u. a. mit der Phonologie interagieren. Dies kann man im Deutschen z. B. daran sehen, dass bei der Pluralbildung manchmal orthographisch ein Umlaut eingeführt wird (*Buch* vs. *Bücher*). Die Beziehungen zwischen Morphologie und Phonologie (die Morphophonologie) werden wir daher ebenfalls thematisieren. Abschließend lernen wir Grundzüge der Morphologie des Deutschen, Spanischen, Französischen, Italienischen und Englischen kennen. Die Morphologie dieser Sprachen wird in diesem Kapitel jedoch lediglich skizziert; eine vertiefende Auseinandersetzung findet in den Kapiteln 14 bis 18 in Klabunde (2022) statt.

4.2 Warum gibt es Morphologie?

Die Morphologie als Teilbereich des sprachlichen Wissens eines Sprechers übernimmt zwei Funktionen: Sie erzeugt neue Wörter (genauer: neue Lexeme, s. u.) oder sie liefert für die Einbindung eines Wortes in einen Satz die passende Form.

Ersteres wird aus unterschiedlichen Gründen benötigt. Der offensichtlichste Grund ist, dass für etwas, das ein Sprecher bezeichnen möchte, noch kein Wort existiert. Eine Möglichkeit, eine passende Bezeichnung zu finden, besteht darin, zwei Wörter zusammenzusetzen und damit die intendierte Bedeutung auszudrücken. Hierzu einige Beispiele:

> ▶ **Beispiel**
>
> 7. *Setze dich nicht auf den Kaffeestuhl!*
>   *Ein Gründach bringt ein Stück verloren gegangene Natur zurück.*
>   *Parkplatz nur für Patientenbesitzer!* ◀

Das Wort *Kaffeestuhl* kann z. B. von einem Sprecher während des Frühstücks verwendet werden, um auf einen Stuhl hinzuweisen, auf dem Kaffee verschüttet wurde. Mit *Gründach* kann der Sprecher auf ein Dach mit grünem Bewuchs verweisen, und ein *Patientenbesitzer* ist tatsächlich ein Besitzer von Patienten – nämlich im Fall einer Tierarztpraxis. Mit anderen Worten: Die Morphologie erlaubt Sprechern, ihren Wortschatz zu erweitern, um auf Dinge oder Sachverhalte zu verweisen, für die kein adäquates Wort existiert.

Neben dieser Funktion, auf neue Sachverhalte oder Dinge zu verweisen, kann die Morphologie auch von Sprechern eingesetzt werden, um persönliche Einstellungen auszudrücken. Zum Beispiel kann man im Deutschen durch die Bildung der Form *Männlein* nicht nur auf einen Mann verweisen, der besonders klein ist, sondern auch die Bedeutung transportieren, dass der besagte Mann negativ beurteilt wird. Außerdem gibt es im Deutschen (wie in anderen Sprachen) Möglichkeiten, ein Objekt oder eine Tätigkeit als besonders negativ darzustellen. Morphologisch kann dies im Deutschen z. B. durch die Voranstellung von *Scheiß-* realisiert werden, das eine starke negative emotionale Bewertung als Bedeutung trägt:

> ▶ **Beispiel**
>
> 8. *Sie sind für die Finanzen zuständig, ja?, fragt Peer Steinbrück, das alte Männlein nickt aufgeregt und greift nach der Hand des Ministerpräsidenten. Das ist ein Scheißjob.* (DIE ZEIT, 11.05.2005, Nr. 20) ◀

Es gibt aber noch einen weiteren Grund, neue Wörter zu erzeugen. Aus stilistischen oder rhetorischen Gründen möchte man evtl. einen Sachverhalt, der üblicherweise durch ein Verb ausgedrückt wird, durch ein Nomen ausdrücken. Anstatt also zu schreiben:

9. *Die Luftwaffe bestellte sechzig Kc-10, eine Tankerversion der Dc-10, die Kampfflugzeuge in der Luft betankt.*

finden wir im DWDS-Korpus:

10. *Die Luftwaffe bestellte sechzig Kc-10, eine Tankerversion der Dc-10 für die Betankung von Kampfflugzeugen in der Luft.* (DIE ZEIT, 14.06.1985, Nr. 25)

Die Bildung von *Betankung* ermöglicht eine Satzkonstruktion, in der nicht mehr explizit ausgedrückt werden muss, wer die Flugzeuge betankt. In Zeitungsartikeln werden gerne solche unpersönlichen Ausdrücke verwendet.

Der zweite Grund für die Existenz der Morphologie ist im Wesentlichen, die Verhältnisse der Wörter zueinander im Satz zu signalisieren und somit die Satzbedeutung zu bestimmen. So kann z. B. im Deutschen ein Adjektiv entweder attributiv zusammen mit einem Nomen verwendet werden (z. B. *runder Tisch*), aber auch attributiv bei einem Adjektiv selbst wie in:

11. *ein schöner runder Tisch* (d. h., der Tisch ist schön und rund) vs.
    ein schön runder Tisch (d. h., das Rund-sein ist schön)

Der Unterschied wird hier (neben der syntaktischen Struktur der Phrase) auch morphologisch signalisiert.

> ❓ **Frage 4.1**
> Produktnamen sollen auf originelle Art prägnant mit dem zu verkaufenden Produkt in Verbindung gebracht werden. Überlegen Sie sich, wie die angegebenen Produktnamen entstanden sein könnten, welche sprachlichen Einheiten dabei kombiniert wurden und warum die Marketingabteilung der jeweiligen Firma diesen Namen gewählt haben könnte:
> 1. *Lachgummi* (Fruchtgummis)
> 2. *Fusskraft* (Pflegeöl für Füße)
> 3. *GEOlino* (Ableger der Zeitschrift GEO für Kinder)
> 4. *Duschdas* (Duschgel)
> 5. *Fewa* (Feinwaschmittel)
> 6. *Rhöntropfen* (Kräuterlikör)
> 7. *Rasta Pasta* (grüne Nudeln in Form von Hanfblättern)
> 8. *Zahn-Pasta* (Nudeln in Form von Zähnen)

4.3 Grundbegriffe der Morphologie

Die Morphologie verwendet – wie jedes andere wissenschaftliche Gebiet auch – ihre eigenen Begriffe, mit denen der Untersuchungsgegenstand präzise beschrieben und analysiert werden kann. In der Morphologie sind dies im Wesentlichen Begriffe, die sich auf die Bestandteile von

Wörtern beziehen sowie auf die Vorstellung davon, wie ein Wort zu definieren ist. Der wichtigste Begriff ist der des **Morphems**:

> **Morphem**
> Ein Morphem ist eine abstrakte Einheit, und zwar die kleinste Einheit, die eine lexikalische oder grammatische Bedeutung trägt. Morpheme schreiben wir in KAPITÄLCHEN.

> **❗ Achtung**
> Die obige Definition des Morphembegriffs liefert eine brauchbare Vorstellung davon, was ein Morphem ist, die bei der Analyse der meisten komplexen Wörter hilft. Allerdings ist diese Definition nicht unproblematisch, da sie nicht klärt, was wir unter Bedeutungen zu verstehen haben. Zudem können bestimmte morphologische Prozesse nicht adäquat erfasst werden. Ersteres zeigt sich bei der unterordnenden Konjunktion *dass*, welche sicherlich ein Morphem ist: Was ist die lexikalische oder grammatische Bedeutung von *dass* in dem Satz *Lena sieht, dass Max Fahrrad fährt*? Das zweite Problem zeigt sich bei der Nichtunterscheidbarkeit zwischen *(das) Kissen* (Singular) und *(die) Kissen* (Plural). Wenn aus der Singularform *(das) Kissen* die Pluralform *(die) Kissen* gebildet wird, ändert sich der Numerus, ohne dass ein Morphem den Plural signalisiert. Um Phänomene dieser Art beschreiben zu können, wird daher in vielen Theorien ein sog. Nullmorphem angenommen, das phonologisch oder graphematisch nicht realisiert wird, aber als abstrakte Einheit den Bedeutungseffekt erzielt.

Morpheme können nach der obigen Definition nicht direkt in Korpusausschnitten als sprachliche Einheiten identifiziert werden, da sie ja abstrakte Einheiten sind, keine konkreten Vorkommen. Stattdessen können wir in einem Korpus **Morphe** identifizieren, aus denen wir die Morpheme ableiten können.

> **Morph**
> Ein Morph ist eine elementare Einheit einer Sprache, die z. B. konkret in Textkorpora identifiziert werden kann. Morphe schreiben wir in *Kursivschrift*.

Ein Beispiel soll den Unterschied zwischen Morph und Morphem verdeutlichen:

> **▶ Beispiel**
> 12. *Essbar, ungenießbar oder giftig?* (▶ http://www.br.de/themen/ratgeber/inhalt/ernaehrung/bg-50-pilzarten100.html)

Essbar und *ungenießbar* sind Adjektive mit der Endung *bar*. Diese Endung drückt eine Möglichkeit aus; so ist z. B. ein *essbarer Pilz* ein Pilz, bei dem die Möglichkeit besteht, dass er von jemandem gegessen wird ohne entsprechende Nebenwirkungen, und ein *ungenießbarer Pilz* ist ein Pilz für den nicht gilt, dass er genießbar ist, also für den nicht gilt, dass die Möglichkeit besteht, dass der Esser ihn genießt (dieses Adjektiv hat also die Struktur [un-[genieß-bar]]).

Die beiden Vorkommen von *bar* sind somit Morphe eines abstrakten Morphems BAR, dass eine Möglichkeit ausdrückt. Man könnte dieses Morphem statt durch BAR auch durch POSS für „Possibility" angeben, wenn man die Möglichkeitsbedeutung transparent machen möchte. ◀

Entsprechend besteht das Wort *Tische* aus zwei Morphen: *Tisch* ist ein Morph, das das Morphem TISCH realisiert und *-e* in *Tische* ist ein Morph, das Plural ausdrückt. Die Morpheme sind also TISCH und PLURAL, wobei TISCH Objekte vom Typ Tisch bezeichnet, während *Tisch* als Morph dieses Morphem realisiert.

Der Plural wird im Deutschen aber nicht nur durch das Morph *-e* realisiert. Wir finden z. B. folgende Pluralformen, die entsprechende Morphe beinhalten:

13. *(das) Auto, (die) Autos*
    (die) Leiter, (die) Leitern
    (das) Lied, (die) Lieder
    (der) Wagen, (die) Wagen
    (das) Buch, (die) Bücher
    (der) Strauß, (die) Sträuße

Die Morphe *-s*, *-n*, *-er*, *-e* drücken also ebenfalls PLURAL aus. Die obigen Beispiele zeigen, dass die Pluralbildung auch mit einer Umlautbildung einher gehen kann sowie, dass manchmal scheinbar gar kein Morphem in der Pluralbildung involviert ist. Auf das erste Phänomen gehen wir bei der Beziehung zwischen der Phonologie und der Morphologie in ▶ Abschn. 4.6 genauer ein. Das zweite Phänomen zeigt wieder, dass für diese Art der Pluralbildung ein Nullmorphem postuliert werden muss.

Wir halten jetzt fest, dass Morphe, die dasselbe Morphem realisieren, als **Allomorphe** bezeichnet werden.

> **Allomorph**
> Allomorphe sind Morphe, die dasselbe Morphem in komplementärer Verteilung realisieren.

Den Begriff der komplementären Verteilung kennen Sie bereits aus ▶ Kap. 2. Dort bezeichnet er den Umstand, dass spezifische Instanzen eines Phonems, die Allophone, nur in bestimmten Umgebungen auftreten. Analog hierzu sind Allomorphe Instanzen eines Morphems, die nur in bestimmten Umgebungen realisiert werden. Zum Beispiel kann im Deutschen das Plural-*s* nur in bestimmten Kontexten auftreten wie z. B. bei mehrsilbigen Nomen mit einem unbetonten Vollvokal als Nukleus der letzten Silbe (*Autos, Machos, Brummies*); vgl. Eisenberg (2000, S. 158).

Die Morphe *-s*, *-n*, *-er* und *-e* sind also im Deutschen Allomorphe des Pluralmorphems. Allerdings enthält die angegebene Liste nicht sämtliche Allomorphe des Pluralmorphems, wie die obigen Beispiele zeigen.

Ein besonderer Fall von Allomorphie ist die **Suppletion**.

> **Suppletion**
> Wird ein Morphem durch ein bedeutungsähnliches Morphem ersetzt, das dem Ursprungsmorphem nicht phonologisch ähnelt, handelt es sich um Suppletion.

Beispiele für Suppletion im Deutschen sind die Allomorphe *gut*, *besser*, *best-* (*besser*, *am besten*) oder die verschiedenen Formen von *sein* (*(ich) bin*, *(ich) war* etc.).

Die Unterscheidung zwischen Morphen und Morphemen ist wichtig und sollte immer bei der morphologischen Analyse im Hinterkopf bleiben – Morphe sind konkrete Realisierungen von Morphemen. Trotzdem wird diese Unterscheidung bei der Analyse häufig ignoriert, sodass von einzelnen Morphemen gesprochen wird, die eine Wortform bestimmen, und nicht von einzelnen Morphen. So findet man z. B. eher eine Aussage wie „*trinkst* wird aus den Morphemen *trink* und *-st* gebildet" und nicht die Aussage „Die Morphe *trink* und *-st* bilden die Wortform *trinkst*, wobei das Morph *trink* das Morphem TRINK realisiert und das Morph *-st* das Morphem 2. PERSON SINGULAR." Ein weiteres Morph, das 2. PERSON SINGULAR realisiert, wäre *-est*, das im Präteritum bei den sog. schwachen Verben verwendet wird (Beispiel: *(du) lieb-t-est*). Es handelt sich auch hier um Allomorphe desselben Morphems.

Wir werden in diesem Buch aus Gründen der Einfachheit ebenso verfahren und den Begriff des Morphs nicht weiter verwenden, auch wenn dieser Begriff für das Verständnis des Begriffs der Allomorphie wesentlich ist.

> **❗ Achtung**
> Manchmal wird die Unterscheidung zwischen Morph und Morphem als Unterscheidung zwischen nichtklassifiziert vs. klassifiziert motiviert. Hiernach sind Morphe kleinste bedeutungstragende Einheiten, die in einer Analyse erkannt, aber noch nicht klassifiziert wurden, während die Morpheme klassifiziert sind. Zum Beispiel zeige eine Analyse des chinesischen Worts *zoulei*, dass *zou* und *lei* Morphe sind, aber deren Bedeutung ist noch nicht geklärt. Erst durch die Zuordnung zu GEHEN und MÜDE.WERDEN erhalten sie den Morphemstatus; *zoulei* drückt aus ‚müde werden vom gehen'. (Chang 1998, S. 83, nach Haspelmath 2002, S. 222). Diese Definition der beiden Begriffe verwenden wir hier nicht.

Viele Morpheme können ohne weitere Morpheme auftreten. So ist es z. B. möglich, dass das Morphem BROT als Wort *Brot* in einem Text auftritt. Das Morphem -E kann jedoch nur in Kombination mit anderen Morphemen auftreten. Man unterscheidet also zwischen **freien** und **gebundenen Morphemen**.

> **Freies vs. gebundenes Morphem**
> Ein freies Morphem kann isoliert vorkommen. Ein gebundenes Morphem kann nur in Kombination mit anderen Morphemen auftreten.

Auf der Basis dieses Begriffspaares können wir den Begriff **Affix** einführen.

> **Affix**
> Affixe sind gebundene grammatische Morpheme.

Die Menge der Affixe wird in weitere Teilklassen zerlegt, je nachdem, wo ein Affix mit anderen Morphemen bzw. Morphemkombinationen verbunden wird. Hierfür führen wir zuerst den Begriff der **Basis** ein.

> **Basis**
> Die Basis eines Worts ist derjenige Teil, der mit einem Affix kombiniert wird.

Eine elementare Unterscheidung kann nun danach getroffen werden, ob ein Affix vor oder hinter einer Basis verbunden wird.

> **Präfix vs. Suffix**
> Ein Präfix erscheint vor einer Basis, ein Suffix nach einer Basis.

Präfixe im Deutschen sind z. B. *un-* und *be-* (*unbeliebt, Undank, bewerfen, bemalen*), Suffixe sind z. B. *-lein* und *-ung* (*Tischlein, Bächlein, Entwicklung, Drehung*).

Kann eine Basis nicht weiter in Morphemfolgen zerlegt werden, ist sie also morphologisch elementar, wird sie als **Wurzel** bezeichnet.

> **Wurzel**
> Die Wurzel ist eine Basis, die aus nur einem Morphem besteht.

So ist z. B. in *Bemalbarkeit* der Verbstamm *mal* die Basis sowie die Wurzel für das Verb *bemal*; *bemal-* ist die Basis für die Bildung des Adjektives *bemalbar*, aber *bemal-* ist keine Wurzel. Das Adjektiv *bemalbar* ist schließlich die Basis von *Bemalbarkeit*, aber ebenfalls keine Wurzel.

Hier ein Korpusbeispiel:

> ▶ **Beispiel**
>
> 14. *250 Jahre lang herrschten die Ritter des Johanniterordens. Bis Napoleon kam und von den Briten abgelöst wurde, die Malta in ihren „unsinkbaren Flugzeugträger" (Churchill) verwandelten.* ◄

In *unsinkbaren* ist *unsinkbar* die Basis für die Suffigierung mit *-en*. *Unsinkbar* wird durch die Kombination der Basis *sinkbar* mit dem Präfix *un-* gebildet, die Basis wiederum wird aus der Wurzel *sink* mit dem Suffix *-bar* gebildet.

Morpheme können aber nicht nur vor oder hinter einer Basis auftreten, sie können auch eine Basis umfassen oder innerhalb einer Basis auftreten.

> **Zirkumfix und Infix**
>
> Ein Zirkumfix umfasst eine Basis. Ein Infix erscheint in einer Basis.

Zirkumfixe sind im Deutschen selten. Ein Zirkumfix ist z. B. *Ge-...-e* wie im folgenden Beispiel:

> ▶ **Beispiel**
>
> 15. *Nach all dem Geschreibe, Gepreise und Gerede über jenes, für Ostreich wenigstens, historisch gewordene Gedicht, hatte ich mir den Marschall Radetzky wenigstens warm vorgestellt.* (DIE ZEIT, 11.01.1991, Nr. 3) ◄

Infixe treten im Deutschen in Wörtern wie *Bischofsmütze* auf; *-s-* ist hier ein Infix, das auch als **Fugenmorphem** bezeichnet wird.

❓ **Frage 4.2**
Weshalb ist der Morphemstatus des Fugenmorphems problematisch?

Bislang haben wir eher unreflektiert mit Wörtern gearbeitet, ohne uns zu überlegen, was ein Wort denn nun ist. Tatsächlich ist eine Definition des Begriffs „Wort" schwierig. Einige Gründe hierfür sind in der Vertiefungsbox „Was ist ein Wort" in ▶ Abschn. 4.3.1 angegeben. Für die Morphologie ist es wichtig, zwischen Lexemen und Wortformen zu unterscheiden, da diese Unterscheidung eine intuitiv klare Trennung zwischen verschiedenen morphologischen Beziehungen erlaubt. Schauen wir uns z. B. Korpora oder einzelne Korpusausschnitte an, so ist schnell ersichtlich, dass diese Korpora unterschiedliche Realisierungen ein und desselben „Worts" enthalten. So kann z. B. ein Korpusausschnitt sowohl *ist* als auch *wäre* und *war* enthalten:

> ▶ **Beispiel**
>
> 16. *Dioxinverseuchtes Tierfutter: Vertrauen ist weg, Kontrolle wäre gut. Es war nur Zufall, dass das mit Dioxin verseuchte Futter entdeckt wurde.* (▶ www.stern.de, 5.1.2011) ◄

Diese Formen sind alle Realisierungen eines einzigen abstrakten Worts, das als **Lexem** bezeichnet wird.

> **Lexem**
>
> Ein Lexem ist eine abstrakte Repräsentation eines Worts, das phonologische, syntaktische und semantische Eigenschaften eines Wortes umfasst. Lexeme schreiben wir – genau wie Morpheme – in KAPITÄLCHEN.

Die Annahme von Lexemen als abstrakte Wortrepräsentationen kann man auch lexikalisch bzw. lexikografisch motivieren. Dass in Lexika des Deutschen die Nennform eines Verbs der Infinitiv ist, ist reine Konvention. Aber diese Nennform kann als reales Beispiel für ein Lexem gelten. Wenn man ein einsprachiges Wörterbuch des Deutschen benutzt und bei *sein* nachschlägt, so findet man im entsprechenden Eintrag Informationen zur Bedeutung von *sein* sowie grammatische Angaben zu diesem Verb. Es ist allerdings unwahrscheinlich, dass ein entsprechender Eintrag auch für *ist*, *war* oder *wäre* existiert; vielmehr gehen Lexikografen davon aus, dass Sprecher des Deutschen genügend Kenntnisse ihres Wortschatzes besitzen, um z. B. von der Form *ist* auf den Eintrag *sein* zu schließen. In Analogie zu einem gedruckten Wörterbuch kann man nun annehmen, dass Sprecher in ihrem Gedächtnis (dem **mentalen Lexikon**) Lexeme gespeichert haben, die Informationen zur Phonologie, Syntax und Semantik bereitstellen und aus denen Sprecher mittels Regeln die konkreten Wortformen bilden. Wir unterscheiden also zwischen einem Lexem als abstraktem „Wort" und den konkreten **Wortformen**, die ein Lexem realisieren.

> **Wortform**
>
> Eine Wortform ist eine konkrete Realisierung eines Lexems in einem syntaktischen Kontext. Wortformen schreiben wir *kursiv*.

> ▶ **Beispiel**
>
> Zu dem Lexem HAUS existieren die Wortformen *Haus*, *Hause*, *Hauses*, *Häuser* und *Häusern*. ◄

Schauen wir uns ein weiteres Beispiel an, an dem wir die Unterscheidung zwischen Morph, Morphem, Lexem und Wortform verdeutlichen können:

> **Beispiel**
>
> *Setzte sich in Iran tatsächlich der extremistischste und unberechenbarste Flügel innerhalb des Machtapparats durch, würde das auch Russlands Sicherheit tangieren.*
>   (DIE ZEIT, 12.07.2009, Nr. 29)
>   Die Wortform *unberechenbarste* wird aus den folgenden Morphemen gebildet: UN-, BE-, RECHNEN, -BAR, -ST, -E.
>   Die Morphe *rechn* und *rechen* sind Allomorphe des Morphems RECHNEN.
>   Bei der Morphemkombination lassen wir nun aus Einfachheitsgründen die Unterscheidung zwischen Morph und Morphem außen vor. Dann ergibt sich die Kombination der Morpheme wie folgt: Das Präfix *be-* und die Basis bzw. Wurzel *rechnen* werden zum Verb *berechnen*. Die Basis *berechnen* und das Suffix *-bar* werden zum Adjektiv *berechenbar* (man achte auf die Änderung der Basis), das als Basis für die Kombination mit dem Präfix *un-* fungiert. Das Adjektiv *unberechenbar* wird mit dem Suffix *-st* zum Superlativ *unberechenbarst*, und dieses wird mit dem Suffix *-e* zur flektierten Form, der Wortform *unberechenbarste*.
>   Was sind nun die Lexeme? Die Antwort auf diese Frage können wir in Bezug auf die konkreten Wortformen geben. RECHNEN ist sicherlich ein Lexem, da dieses Lexem sämtliche syntaktischen und Bedeutungseigenschaften für die möglichen Wortformen angeben muss. Das *be*-Verb BERECHNEN ist auch ein Lexem, da es sich syntaktisch und semantisch von RECHNEN unterscheidet, und diese Unterschiede nicht sämtlich aus dem Präfix *be-* ableitbar sind. Auch die Adjektive BERECHENBAR und UNBERECHENBAR sind Lexeme, während die anderen Formen nicht mehr als Lexeme anzusehen sind. So lassen sich *-bar* und *un-* nicht beliebig an Verben bzw. Adjektiven affigieren, z. B. kann *-bar* nur mit transitiven Verben kombiniert werden. Dies unterscheidet diese Affigierung von der Flexion, die bei (fast) allen Adjektiven identisch ist – Ausnahmen sind Farbadjektive wie *lila* und *orange*. Die Bildung von *unberechenbarste* ist zweifelsohne ein Flexionsphänomen. ◀

Die Anzahl der Wortformen zu einem Lexem wird auch als **Flexionsparadigma** oder einfach als **Paradigma** bezeichnet:

> **Paradigma**
> Ein Paradigma ist ein Beschreibungsansatz für die Menge der Formen eines Lexems.

Paradigmen werden in Form von Tabellen angegeben, in denen die Zeilen und Spalten **Flexionseigenschaften** bzw. **Flexionsdimensionen** angeben. Zum Beispiel kann die

Tab. 4.1 Paradigma für *Rad*

	Singular	Plural
Nominativ	Rad	Räd-er
Genitiv	Rad-es	Räd-er
Dativ	Rad(-e)	Räd-ern
Akkusativ	Rad	Räd-er

Unterscheidung zwischen Numerus und Kasus bei der Deklination von *Rad* wie in Tab. 4.1 angegeben werden.

Haben wir in einem Paradigma systematisch übereinstimmende Formen (und somit weniger Formen als Tabellenzellen), spricht man von **Synkretismen**.

> **Synkretismen**
> Phonologisch und/oder schriftlich übereinstimmende Formen in einem Paradigma heißen Synkretismen.

In Tab. 4.1 sind die Formen für Nominativ und Akkusativ im Singular sowie die Pluralformen im Nominativ, Genitiv und Akkusativ identisch.

Mit Tabellen können nur zweidimensionale Paradigmen angegeben werden, da die Zeilen eine Flexionsdimension angeben und die Spalten die andere Dimension. Paradigmen können aber auch höherdimensional ausfallen. Zum Beispiel wird in der (Verb)Konjugation im Deutschen Tempus, Numerus, Person sowie Modus kodiert, sodass wir eigentlich eine vierdimensionale Tabelle für das Paradigma benötigen würden. Da dies nicht sinnvoll umsetzbar ist, werden andere Tabellendarstellungen verwendet, oder es werden zweidimensionale Dimensionen mehrfach angegeben, z. B. eine Tabelle für die Kombination von Tempus und Numerus für die 1. Person, dann für die anderen grammatischen Personen, und schließlich sämtliche Variationen hiervon für die Modi Indikativ und Konjunktiv I und II.

> **? Frage 4.3**
> Entwickeln Sie das Paradigma für die Wortformen von BACKEN im Indikativ. Welche Tempora setzen Sie hierfür an?

Die Unterscheidung zwischen Lexem und Wortform hilft uns, zwischen verschiedenen Wortbildungsmechanismen eine einfache Trennung zu ziehen. Die Morphologie umfasst Regeln, die zur Bildung flektierter Wörter (*ging, kleines, Kindes* usw.), oder zu neuen Wörtern der Art *Korbstuhl, rostbraun, Schießstand* bzw. Wörtern der Form *betanken, Eroberung, untertunnelbar* usw. führt. Wörter der ersten Gruppe sind flektierte Wörter. Die Flexion wurde bereits in ▶ Kap. 3 eingeführt. Wir übernehmen inhaltlich die dort gegebene Definition und führen die Flexion auf die Unterscheidung zwischen Lexem und Wortform zurück.

> **Flexion**
> Mit Flexion bezeichnen wir Regeln, mit denen die unterschiedlichen Wortformen für ein Lexem bestimmt werden.

Flexion wird nicht nur im Deutschen genutzt, auch im Spanischen, Französischen, Italienischen und Englischen (und vielen weiteren Sprachen) werden Wörter flektiert. Allerdings ist die Flexionsproduktivität unterschiedlich. So nutzt Englisch die Flexion nicht in dem Maße, in dem es in den anderen genannten Sprachen verwendet wird.

Die anderen Beispiele sind durch Kompositions- bzw. Derivationsregeln gebildet worden. Schauen wir uns zunächst die **Komposition** genauer an.

> **Komposition**
> Bei der Komposition werden zwei oder mehr Lexeme zu einem neuen Lexem verbunden.

Die Komposition ist im Deutschen sehr produktiv. Andere Sprachen sind deutlich restriktiver bei der Bildung neuer Lexeme. Bei den folgenden Beispielen für Komposita aus dem DWDS-Kernkorpus, die *Stuhl* als Letztglied besitzen, ist die Anzahl der Treffer im DWSD-Teilkorpus der *Berliner Zeitung* in Klammern neben den Komposita angegeben.

17. *Lehrstuhl* (772), *Beichtstuhl* (75), *Fahrstuhl* (1548), *Webstuhl* (73), *Korbstuhl* (48).

Die Übersetzung ins Englische und Französische zeigt bereits, dass einige dieser Komposita in diesen Sprachen als Phrasen realisiert werden müssen. Im Englischen: *chair* oder *professorship*, *confessional*, *elevator* oder *lift*, *loom* oder *weaving loom*, *cane chair* bzw. im Französischen: *chaire*, *confessionnal*, *ascenseur* oder *cabine d'ascenseur*, *métier à tisser*, *chaise en osier*.

Neben den obigen, im DWDS belegten Komposita können wir aber auch spontan weitere Komposita bilden, die nicht im Korpus belegt sind. Dies wären Komposita wie z. B. *Sofastuhl* oder *Schönheitsstuhl*. Solche Komposita werden als **Ad-hoc-Komposita** bezeichnet, da sie ad hoc gebildet werden und sich ihre Bedeutung somit nur im jeweiligen Kontext bestimmen lässt. Neben der Kombination zweier Nomen können im Deutschen auch andere Wortarten zu Komposita kombiniert werden. Ein Beispiel ist *dunkelrot*, das aus zwei Adjektiven gebildet wird. Im Deutschen existieren noch viele weitere Möglichkeiten der Komposition.

Neben der Komposition im engen Sinne, also der Kombination zweier Lexeme unabhängig von der Syntax, existieren Lexeme, deren Entstehung auf syntaktische Regeln zurückzuführen ist. Dies sind **lexikalisierte Syntagmen**, die insbesondere in romanischen Sprachen auftreten, wie die Beispiele des französischen *pomme de terre* (‚Kartoffel'), des spanischen *bestia de carga* (‚Lasttier') oder des italienischen *computer portatile* (‚Notebook') zeigen (vgl. Blank 2001). Während bei der eigentlichen Komposition also Lexeme zu neuen Lexemen ohne einen Einfluss syntaktischer Regeln kombiniert werden, werden lexikalisierte Syntagmen unter Rückgriff auf syntaktische Regeln gebildet. Dennoch sind lexikalisierte Syntagmen Elemente des mentalen Lexikons eines Sprechers und keine syntaktischen Konstituenten, d. h., die interne Struktur dieser Syntagmen unterliegt keiner Variabilität. So kann z. B. *poire d'automne* nur irgendwelche spezifischen Birnen bezeichnen; im Gegensatz zu *pomme de terre* ist die Bedeutung kompositionell herleitbar.

Eine besondere Art der Wortbildung stellt die Konversion dar:

> ▶ **Beispiel**
> 18. *Heute streichelte ich den Goldenen noch mal, setzte ihn in den Redaktionsfahrstuhl und drückte irgendeine Taste.* (DIE ZEIT, 29.05.2009) ◀

Dieses Beispiel enthält die Wortform *(den) Goldenen*. *Golden* ist ein Adjektiv (wie z. B. in *goldener Ring*). Hier wird das Adjektiv jedoch als Nomen verwendet. Diese Änderung der Wortklasse ist der Standardfall der **Konversion**.

> **Konversion**
> Bei der Konversion bleibt die Form der Basis unverändert, aber die Wortart ändert sich.

Beispiele für Konversion im Deutschen sind die Bildung von Verben aus Nomen (z. B. *buttern*, *nageln*) sowie die erwähnte Bildung von Nomen aus Adjektiven.

Einer Wortform wie *Zeichnung* liegt das Lexem ZEICHNUNG zugrunde, denn zu diesem Lexem existieren zwei Wortformen (*Zeichnung* und *Zeichnungen*). Wurde dieses Lexem aus dem Lexem ZEICHNEN und einem Lexem -UNG gebildet? Tatsächlich gibt es viele Nomen im Deutschen, die auf -ung enden wie z. B. *Entdeckung*, *Verabredung*, *Vergoldung* oder *Schrumpfung*. UNG ist allerdings als gebundenes Morphem kein Lexem, sodass ZEICHNUNG nicht durch Komposition gebildet wird. Die Bildung eines neuen Lexems auf der Basis eines anderen Lexems wird als **Derivation** bezeichnet.

> **Derivation**
> Bei der Derivation wird mithilfe von Derivationsaffixen ein neues Lexem aus einem anderen Lexem gebildet.

> **Kurzwortbildung**
> Bei der Kurzwortbildung wird zu einem Ausgangswort eine verkürzte Variante gebildet, die sich syntaktisch und semantisch nicht vom Ausgangswort unterscheidet.

Man sieht anhand der Definitionen der Komposition und Derivation, dass die Komposition auch als ein Sonderfall der Derivation betrachtet werden kann. Beide Mechanismen zusammen, Komposition und Derivation, werden als Wortbildung bezeichnet. Man unterscheidet also zwischen der Flexion und der eigentlichen Wortbildung, wobei bei der Wortbildung entweder mindestens zwei Lexeme zu einem neuen Lexem kombiniert werden (d. h. Komposition), oder ein Lexem wird in ein neues Lexem umgewandelt (d. h. Derivation).

Abschließend betrachten wir zwei weitere Begriffe, den theoretischen Begriff **Nullmorphem** und den phänomenologischen Begriff **Kurzwortbildung**:

> **Nullmorphem**
> Ein Nullmorphem ist ein Morphem, das lautlich und/oder orthografisch nicht realisiert wird, aber eine Bedeutung trägt.

Nullmorpheme sind, genau wie andere Morpheme, abstrakte Einheiten mit einer Bedeutung. Im Gegensatz zu anderen Morphemen werden sie jedoch nicht sprachlich realisiert. Ein Beispiel für ein Nullmorphem liefert die Pluralbildung bei *Schlüssel*. Obwohl die Singular- und die Pluralform *Schlüssel* ist, muss beim Plural ein Pluralmorphem angenommen werden, das die Bedeutungsänderung „mehrere Schlüssel" anzeigt, da die Pluralmarkierung bei anderen deutschen Substantiven durch overte Morpheme erfolgt. Wir haben also für *(die) Schlüssel* folgende Morphemsequenz: *Schlüssel-Ø*, wobei das Nullmorphem Ø zwar nicht realisiert ist, aber für den Plural verantwortlich ist.

Der Unterschied zwischen Konversionen und Beispielen wie *(der/die) Schlüssel* oder *(das/die) Kissen* ist in der Annahme eines Nullmorphems begründet. Bei der Konversion findet keine Affigierung statt, wohl aber bei der Unterscheidung zwischen der Singular- und der Pluralform.

> **Frage 4.4**
> Fallen Ihnen weitere morphologische Phänomene im Deutschen, Englischen, Spanischen oder Französischen ein, bei denen man ein Nullmorphem postulieren kann?

Beispiele für Kurzwörter im Deutschen sind *Professor → Prof* oder *Fundamentalist → Fundi* sowie *Kilogramm → Kilo*. Neben den Verkürzungen eines Ausgangsworts gehören auch **Akronyme**, also Kombinationen von Anfangsbuchstaben mehrerer Wörter oder Lexeme, zu den Kurzwörtern. Beispiele sind *Deutschland sucht den Superstar → DSDS* oder *Atomkraftwerk → AKW*. Ein Beispiel aus der Chat-Sprache ist *ROFL → rolling on floor laughing*. Weiterhin sind partielle Abkürzungen möglich, z. B. *U-Boot* und *U-Bahn*, wobei das *U* für *Untersee* bzw. *Untergrund* steht, und Kurzwörter wie *Schufa* oder *Azubi*. Die beiden letzten Beispiele stehen für unterschiedliche Mischformen; sie stehen für *Schutzgemeinschaft für allgemeine Kreditsicherung* bzw. *Auszubildender*.

> **Frage 4.5**
> Weshalb ist es umstritten, die Kurzwortbildung zu den morphologischen Wortbildungsverfahren zu zählen?

> **Frage 4.6**
> Geben Sie zehn Kurzwörter aus dem Internetbereich sowie 10 Kurzwörter aus dem Waren- und Güterbereich an und klassifizieren Sie diese.

4.3.1 Glossierung

Die Unterscheidung zwischen Morph und Morphem können wir zum Anlass nehmen, eine wichtige Darstellungsmethode der Linguistik einzuführen, nämlich die Glossierung. Unter **Glossierung** verstehen wir die morphembasierte Angabe von Bedeutungen und grammatischen Eigenschaften. Die Glossierung ist wichtig, da diese es erlaubt, die morphologischen Bestandteile eines Wortes zu explizieren.

Als Vorbereitung für die Glossierung verweisen wir auf die Unterscheidung zwischen **Objektsprache** und **Metasprache**, die in ▶ Kap. 1 eingeführt wurde. Die Objektsprache ist die Sprache, die wir beschreiben oder analysieren wollen, und die Metasprache ist die Sprache, in der wir die Beschreibung bzw. Analyse liefern. Objekt- und Metasprache können dabei auch identisch sein. Nehmen wir z. B. das Wort *Tische* aus der Objektsprache Deutsch (wir wollen also Wörter des Deutschen analysieren), und unsere Metasprache sei Englisch (wir beschreiben die morphologische Struktur auf Englisch), erhalten wir folgende Darstellung:

> **Vertiefung: Was ist ein Wort?**
> Die Frage, was ein Wort ist, kann nur theoriegeleitet beantwortet werden. Eine grundlegende, theorieunabhängige Definition des Wortbegriffs existiert nicht.
>
> Eine Definition des Wortbegriffs wirft diverse Probleme auf, die nur im Rahmen einer entsprechenden Theorie gelöst werden können.
> Angenommen, wir definieren ein Wort korpusorientiert als eine (schriftliche) Einheit, die zwischen zwei Leerzeichen steht. Die Orthografie liefert uns aber kein gutes Kriterium für Worthaftigkeit, denn mit dieser einfachen Definition wären folgende Einheiten – u. a. aus dem DWDS-Korpus – Wörter:
> (1) *usw., incl., Mwst., M.*
> (2) *VP, ÜF, DM*
> (3) *DSDS, GZSZ, PC*; *3, 3.600, 30.8.*
> (4) *ins, hinterm, haste*
>
> Die Klassifizierung von einfachen Abkürzungen, Zahlen und Datumsangaben als Wörter ist bereits intuitiv problematisch, denn man würde ihnen nur ungern einen Morphemstatus zuweisen. Interessanter sind die in Punkt 4 angegebenen **klitischen Verschmelzungen**. Klitische Verschmelzungen werden durch das Verschmelzen von Wörtern gebildet wie z. B. *in + das* zu *ins* oder *hast + du* zu *haste*. Klitische Verschmelzungen treten im Deutschen in gesprochener Sprache auf und auch in Dialekten wie z. B. Bairisch, aber klitische Verschmelzungen sind auch in vielen anderen Sprachen dokumentiert. Bezogen auf eine Wortdefinition tritt bei klitischen Verschmelzungen das Problem auf, dass diese eher einen phrasalen Status besitzen als freie Wörter. Nübling (1992) erläutert umfassend die Eigenschaften von klitischen Verschmelzungen im Deutschen und problematisiert ihren Status als Wort.
> Da Sätze aus Wörtern gebildet werden, kann man ein Wort auch als die kleinste Einheit der Syntax definieren. Dies bedeutet, dass in dem Satz:
> *Dann angelt Schmidt eine weit entfernte Zuckerdose herbei oder ein Milchkännchen* (DIE ZEIT, 21.04.2009, Nr. 52)
>
> *angelt, eine, Schmidt, weit* usw. Wörter sind, die Morpheme *-t, -e* etc. aber nicht. Ziel der Syntax ist, zu klären, welche Wortreihenfolgen einen wohlgeformten Satz bilden und die zugrunde liegenden Prinzipien hierfür zu nennen. In *angel-t* muss aber auch eine Reihenfolge berücksichtigt werden, schließlich ist *-t* ein Suffix. Warum ist aber diese Morphemfolge nicht Gegenstand der Syntax? Die Antwort, es handelt sich hier nicht um Wörter, hilft uns nicht weiter. Viele Syntaxexperten gehen davon aus, dass die Syntax sehr wohl Zugriff auf die Wortstruktur haben kann, sodass erst recht unklar bleibt, wie der Wortbegriff zu definieren ist.
> Wörter können nach Auffassung vieler Syntaktiker allein vorkommen. Zum Beispiel kann man auf die Frage *Wo steht der Kaffee?* antworten: *Hier*. Das Adverb *hier* wäre also ein Wort. Allerdings können viele Einheiten, die wir intuitiv als Wörter betrachten würden, nur schwerlich isoliert auftreten. Hierzu zählen z. B. Präpositionen wie *in*, oder Konjunktionen wie z. B. *dass*.
> Schließlich gibt es auch Versuche, Wörter phonologisch zu definieren als **phonologisches Wort**. Bestimmte phonologische Prozesse sind auf Einheiten beschränkt, deren Grenze sie nicht überschreiten. Diese Grenze kann dann als Wortgrenze betrachtet werden. Allerdings sind phonologische und grammatische Wörter nicht immer deckungsgleich; ein grammatisches Wort kann mehrere phonologische Wörter umfassen und was als phonologisches Wort gilt, muss für jede Sprache spezifisch festgelegt werden (vgl. Nespor und Vogel 1986).
> Wörter zeichnen sich als phonologische Einheiten auch dadurch aus, dass sie einen Akzent tragen können. Dieses Kriterium kann z. B. verwendet werden, um im Englischen Komposita als Wörter von entsprechenden Phrasen abzugrenzen. So liegt in *We ate two hot dogs each* der Akzent auf *hot*, während in *The hot dogs ran for the lake* sowohl *hot* als auch *dog* einen Akzent tragen (Aronoff und Fudeman 2011). Im ersten Fall muss *hot dog* somit ein einzelnes Wort, i. e. Kompositum, sein, im zweiten Fall nicht.
>
> **Literatur**
> - Aronoff, M., & Fudeman, K. (2011). *What is Morphology?* Chichester: Wiley-Blackwell.
> - Nespor, M., & Vogel, I. (1986). *Prosodic Phonology.* Dordrecht: Foris.
> - Nübling, D. (1992). *Klitika im Deutschen.* Tübingen: Narr.

19. Tisch-e
    table-PL
    ‚tables'

In der ersten Zeile werden die Morpheme angegeben. Der Bindestrich gibt die Trennung der beiden Morpheme an. Die zweite Zeile enthält für jedes Morphem eine Übersetzung in die Metasprache, wobei auch hier Bindestriche Morphemtrennungen angeben. Die dritte Zeile schließlich liefert eine Übersetzung in die Metasprache, die in Hochkommata gesetzt wird.

Die in der Linguistik üblichen Glossierungsregeln basieren unter anderem auf diesen Konventionen:
- Wie Beispiel 19 zeigt, werden die Elemente der Objektsprache eins zu eins in Elemente der Metasprache übersetzt.

- Innerhalb eines Worts werden Bindestriche als Trennsignale für Morpheme eingesetzt.
- In der Glosse trennen Punkte Bedeutungsteile, die in der objektsprachlichen Angabe durch nur ein Morphem realisiert sind. Ein Beispiel hierzu ist die Glossierung von *ich laufe*:

20. ich lauf-e
    I run.IND-1ST.SG
    ‚I am running'

Der Stamm *lauf* kodiert sowohl die Information des Laufens als auch die Information, dass es sich um den Indikativ handelt. Das Morphem *-e* gibt die 1. Person an sowie den Singular.

- Allgemein werden in der Glosse grammatische Einheiten in Kapitälchen angegeben, lexikalische Einheiten jedoch in Kleinbuchstaben.

Die obige Darstellung wird auch als **Interlinearglosse** bezeichnet, da die Glosse zwischen der Morphembeschreibung und der Übersetzung formuliert wird. Die Leipzig Glossing Rules (▶ http://www.eva.mpg.de/lingua/pdf/LGR08.02.05.pdf) gelten als Standard für die Glossierung. Auf der angegebenen Website sind neben weiteren Glossierungsregeln auch hilfreiche Abkürzungen für grammatische Einheiten angegeben.

Frage 4.7
Geben Sie eine Glossierung für den Satz *Alle Fußballspieler küssten den DFB-Pokal*. Als Metasprache soll Englisch, Spanisch, Französisch oder Italienisch dienen.

4.4 Die morphologische Analyse

Wie bestimmen wir die Morphe und anschließend die Morpheme in einer Sprache? Das gängige Verfahren ist die systematische Gegenüberstellung von Wortformen mit ihren Bedeutungen, sodass wir aus den Bedeutungsunterschieden auf die Morphe und anschließend die Morpheme schließen können (Tab. 4.2). Allomorphe können wir hierbei durch ihre komplementäre Verteilung erkennen, d. h. sie drücken dieselbe Bedeutung aus, aber in unterschiedlichen sprachlichen Umgebungen.

▶ **Beispiel**

Nehmen wir als Beispiel einige der in Haspelmath (2002) angegebenen Nomen im modernen Standard Mandarin. Wir nehmen hier Mandarin als Objektsprache, da diese Sprache den meisten Lesern in Deutschland nicht bekannt ist, sodass die Art und Weise der morphologischen Analyse besonders deutlich wird.

Wir gehen schrittweise vor und vergleichen hier nur *diànchē, diàndēng, diànjī, diànlì* sowie *diànshì*. Die Übersetzungen *Straßenbahn, elektrische Lampe, elektrisches Gerät,*

Tab. 4.2 Nomen aus dem Mandarin. (Nach Haspelmath 2002, S. 11f.)

Mandarin	Deutsch	Mandarin	Deutsch
chuánwěi	Hinterschiff	diànchē	Straßenbahn
diàndēng	elektr. Lampe	diànjī	elektr. Gerät
diànlì	Elektrizität	diànshì	Fernseher
feījī	Flugzeug	jīchē	Lokomotive
qìchē	Auto	qìchuán	Dampfschiff
shìlì	Sehkraft	shuǐlì	Wasserkraft
wěidēng	Rücklicht	wěishuǐ	Unterwasser

Elektrizität und *Fernseher* führen zu der Hypothese, dass *diàn* ‚elektrisch' bedeutet. Wenn dies korrekt ist, könnte *chē* ‚Wagen' bedeuten, *dēng* ‚Lampe', *jī* ‚Gerät', *shì* ‚sehen, anschauen', und *lì* kann ‚Kraft' oder ‚Stärke' bedeuten.

Dies sind anhand der obigen Daten extrahierte Morpheme und deren mögliche Bedeutungen. Eine umfangreichere Datensammlung würde zeigen, dass viele dieser Morpheme weitere Bedeutungen haben können. ◀

Frage 4.8
Was können die Morpheme *chuán*, *qì* und *shuǐ* ausdrücken?

4.5 Morphologische Strukturen

Die einfachste Möglichkeit der Kombination von Morphemen ist deren Aneinanderreihung. Man spricht in diesem Fall auch von **konkatenativer Morphologie**, vom lateinischen *concatenare* bzw. *com* + *catena*, für das deutsche *verbinden*.

Affigierung und die Bildung von Komposita sind konkatenative Operationen. Konkatenative morphologische Operationen erlauben eine einfache Zerlegung eines morphologisch komplexen Worts in seine Morpheme (Beispiel: *be-kleb-bar*). Bei der **nicht-konkatenativen Morphologie** tritt das Problem auf, dass die komplexen Wörter nicht einfach in Morpheme zerlegt werden können, da die Morphemgrenzen nicht direkt ermittelt werden können. Nichtkonkatenative morphologische Operationen sind z. B. für **Stammalternationen** verantwortlich, bei denen ein Teil der Basis phonologisch modifiziert wird. So wird im Deutschen bei der Pluralbildung manchmal ein Umlaut in der Wurzel bzw. Basis gebildet (*Tuch, Tücher; Maus, Mäuse; Rad, Räder*). Auf Stammalternationen wird in ▶ Abschn. 4.6 genauer eingegangen.

Bleiben wir also bei der konkatenativen Morphologie, insbesondere bei der Komposition. Ein Kompositum wie *Büchertisch* wird aus den Lexemen *Bücher* und *Tisch* gebildet. Das Erstglied ist ein Nomen im Neutrum, das

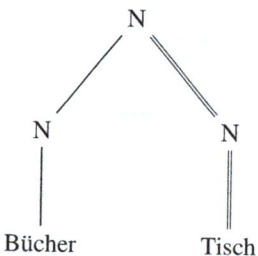

Abb. 4.1 Morphemstruktur *Büchertisch*

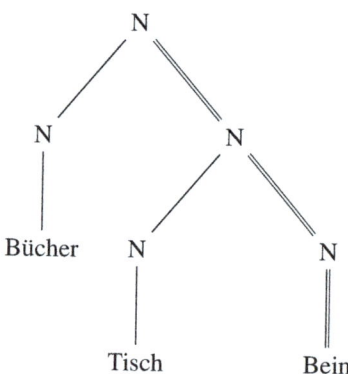

Zweitglied hat Maskulin als Genus. Das Kompositum besitzt ebenfalls als Genuswert Maskulin, da im Deutschen der Kopf eines Kompositums, also desjenigen Elements, das seine grammatischen Merkmale weitergibt und die semantische Kategorie bestimmt, stets das Letztglied ist. Grafisch können wir die Struktur eines Kompositums in Analogie zu Satzstrukturen als Baum darstellen, in dem der Pfad, über den der Kopf seine Merkmale nach oben weiterreicht, durch eine Doppelkante angegeben ist, wie in Abb. 4.1.

Komposita mit mehreren Lexemen können abhängig von ihrer Bedeutung unterschiedliche Strukturen aufweisen. So kann das Kompositum *Büchertischbein* die in Abb. 4.2 gezeigten Strukturen aufweisen, je nachdem, ob es sich um ein Tischbein handelt, das zu Büchern in irgendeiner Relation steht (z. B. könnte das Tischbein durch einen Stapel Bücher gebildet sein), oder um ein Bein eines Büchertisches.

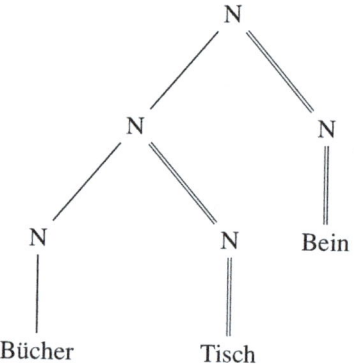

Abb. 4.2 Morphemstrukturen *Büchertischbein*

? **Frage 4.9**
Welche Strukturen sind für das Kompositum *Büchertischbeinhalterung* denkbar, und welche Bedeutungen können diese Strukturen vorgeben?

Die interne Struktur von Derivationen kann ebenfalls durch eine Baumstruktur beschrieben werden. Das Lexem *Bemalung* besitzt die in Abb. 4.3 aufgezeigte Struktur.

Das Suffix *-ung* trägt die Information zur Wortkategorie, d. h., es liefert die Information, dass das resultierende Lexem ein feminines Nomen ist.

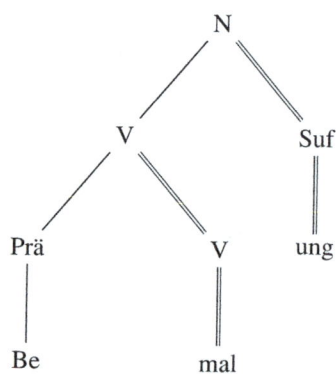

Abb. 4.3 Morphemstruktur *Bemalung*

? **Frage 4.10**
Welche Struktur besitzt die Derivation *Rückeroberung*?

4.5.1 Morphologie sprachübergreifend betrachtet

Morphologische Prozesse, also Flexion, Derivation und Komposition, lassen sich in allen Sprachen der Welt beobachten, aber sie sind unterschiedlich „wichtig" für die Kodierung grammatischer und inhaltlicher Information. So kann in einer Sprache etwas morphologisch ausgedrückt werden, das in einer anderen Sprache syntaktisch realisiert werden muss. Es ist aber auch möglich, dass Information, die in einer Sprache morphologisch realisiert wird, in einer anderen Sprache gar nicht realisiert werden muss.

Die *Ampelfrau* ist ein Beispiel für ersteres. Im kompositionsfreudigen Deutschen ist dieses Nomen-Nomen-Kompositum möglich; in anderen Sprachen müsste die Information, die dieses Kompositum ausdrückt, syntaktisch realisiert werden, parapharasiert z. B. als *Frau, die auf der Ampel zu sehen ist*. Ein Beispiel für letzteres ist die Realisierung von Tempus. Im Deutschen (sowie im Spanischen, Französischen, Italienischen und Englischen) muss bei der Flexion des Verbs (der Konjugation) Tempus realisiert werden; es gibt keine tempuslosen Sätze im Deutschen und den anderen genannten Sprachen. Auch Sachverhalte, die zeitlos sind wie z. B. das Ausdrücken eines mathematischen Sachverhalts erfordern bei der Versprachlichung über die Konjugation die Realisierung von Tempus, z. B.: *Die Zahl Pi ist eine reelle, irrationale Zahl*. Dass in einem solchen Fall im Deutschen das Präsens verwendet wird, zeigt, dass Präsens im Deutschen das „normale" Tempus ist. Im Chinesischen hingegen sind tempuslose Sätze möglich. Der Zeitbezug kann im Chinesischen implizit gelassen werden oder mittels temporaler Adverbien ausgedrückt werden.

In der ersten Hälfte des 19. Jahrhunderts wurden von Friedrich Schlegel und August Wilhelm Schlegel die Begriffe der flektierenden und isolierenden Sprachen und darauf aufbauend die Dreiteilung der **isolierenden**, **agglutinierenden** bzw. **flektierenden** Sprachen eingeführt. Letztere wurden später als fusionierende Sprachen bezeichnet. Diese drei Begriffe drücken unterschiedliche Grade morphologischer Komplexität aus.

> **Agglutinierende, fusionierende und isolierende Sprachen**
>
> Agglutinierende Sprachen zeichnen sich durch lange polymorphemische Wörter aus, bei denen die einzelnen Morpheme einzelne lexikalische Bedeutungen oder grammatische Funktionen ausdrücken. Isolierende Sprachen hingegen weisen nur eine geringe Morphologie aus. Konzepte und grammatische Funktionen werden in diesen Sprachen eher durch einzelne Wörter ausgedrückt als über morphologische Prozesse. Fusionierende Sprachen sind den agglutinierenden Sprachen in der Hinsicht ähnlich, dass sie polymorphemische Wörter beinhalten. Im Gegensatz zu den agglutinierenden Sprachen drücken die einzelnen Morpheme jedoch häufig mehrere Bedeutungen bzw. Funktionen aus.

Beispiele für agglutinierende Sprachen sind Türkisch, Ungarisch, Finnisch und Tschetschenisch; Beispiele für isolierende Sprachen sind Chinesisch, Thai sowie Englisch. Typische fusionierende Sprachen sind z. B. Arabisch, Latein, Russisch und Deutsch. Allerdings ist die Zuordnung zu einem dieser Typen eine Idealisierung, zumal sich der morphologische Typus durch Sprachwandel ändern kann. Zum Beispiel sind die romanischen Sprachen weniger fusionierend als das Lateinische, aus dem sich die romanischen Sprachen entwickelt haben, da beispielsweise viele grammatische Funktionen wie Kasus durch freie Morpheme ausgedrückt werden (vgl. das lateinische *domus patri* und das spanische *la casa del padre* ‚das Haus des Vaters'). Ein weiteres Beispiel ist Englisch; die morphologische Komplexität des Altenglischen ist höher als die des heutigen Englisch.

Die genannte Dreiteilung sollte auch typologisch nicht absolut verstanden werden. Die Sprachen der Welt lassen sich nicht immer eindeutig einer dieser drei Klassen zuordnen, da diese Klassen nur Orientierungspunkte in einem Kontinuum darstellen. Keine Sprache ist rein isolierend, fusional oder agglutinierend, sondern weisen neben den charakteristischen morphologischen Merkmalen für die jeweilige Klasse auch weitere morphologische Eigenschaften auf. So wird, wie oben angegeben, das Chinesische häufig als typische isolierende Sprache bezeichnet, aber auch im Chinesischen gibt es (wenige) Flexions- und Derivationsaffixe sowie die Möglichkeit zur Komposition.

4.6 Beziehungen zwischen Morphologie, Phonologie und Syntax

Die Morphologie interagiert häufig mit den anderen sprachlichen Teilbereichen, da eine morphologische Operation wie z. B. die Derivation die Integration dieses neuen Lexems in einen Satz ändert oder – im Fall der nicht-konkatenativen Morphologie – eine morphologische Operation mit einer Lautänderung in der Basis einhergehen kann. Ersteres betrifft also die Beziehung zwischen Morphologie und Syntax. Wir haben in ▶ Kap. 3 gelernt, dass Wörter bzw. Lexeme und hier insbesondere die Verben mit einer Argumentstruktur versehen sind, die die Anzahl der Argumente vorgibt. Sind nicht alle Argumente realisiert, ist die Äußerung elliptisch oder ungrammatisch. So ist z. B. *entdecken* ein zweistelliges Verb, das einen Entdecker und das Entdeckte fordert:

21. *Arrhenius hatte den Treibhauseffekt entdeckt* (DIE ZEIT 18.11.1999)
22. **Arrhenius hatte entdeckt*
23. **den Treibhauseffekt hatte entdeckt*

Die Nominalisierung *Entdeckung* verhält sich dagegen anders; das Suffix *-ung* ändert nicht nur die Wortart, sondern auch die Argumentstruktur. Das Agens kann wegfallen, und das verbleibende Argument wird nicht mehr durch ein Akkusativobjekt realisiert, sondern durch ein Genitivobjekt. Wird das Agens realisiert, dann nur optional als Präpositionalphrase. Das Resultat ist auch kein Satz mehr (schließlich fällt das Verb weg), sondern eine Nominalphrase:

24. *Die Entdeckung des Treibhauseffekts*
25. *Die Entdeckung des Treibhauseffekts durch Arrhenius*
26. *Die Entdeckung des Treibhauseffekts durch Arrhenius sorgte für Unruhe in der Politik*

Neben der Änderung der Argumentstruktur sind zwei weitere Aspekte für das Verhältnis zwischen Syntax und Morphologie einschlägig. Zum einen ist zu klären, wann Morphemsequenzen ein Wort bilden und wann eine Phrase. Zum anderen können syntaktische Konstruktionen Teile eines Wortes werden, sodass die Syntax mit der Morphologie interagiert.

Im Deutschen kann bei den sog. Partikelverben wie z. B. *abwaschen* das Präfix abgetrennt werden:

27. *Und was tut Michael? „Er wäscht ab und guckt Fernsehen", sagt Junie.* (DIE ZEIT, 06.04.1990, Nr. 15)
28. *Barbara macht das Bett, ich koche Kaffee, und Millie wäscht das Geschirr ab.* (DIE ZEIT, 21.01.1994, Nr. 4)

Diese Beispiele zeigen, dass die Partikel *ab* sich wie ein eigenständiges Wort verhält. Ein Präfix wie z. B. *be-* macht dies nicht, da es nicht für Syntaxregeln zugänglich ist. Wir können also *Lena bemalt die Wand* bilden, aber nicht *Lena malt die Wand be*.

Im Deutschen und anderen Sprachen können Phrasen Bestandteile eines Kompositums werden, was ebenfalls auf eine gewisse Interaktion zwischen Syntax und Morphologie hinweist:
29. *alte Männer-Weisheit*
30. *Bier und Wein-Versand*
31. *Gott-ist-tot-Theologie*

Auch die bereits erwähnten lexikalisierten Syntagmen wie das französische *pomme de terre* weisen darauf hin, dass Wortbildung und Syntax nicht notwendigerweise autonome Bereiche sind.

> **Morphologie und Syntax**
> Morphologie und Syntax sind keine autonomen Phänomenbereiche. Syntaktische Strukturen können mit morphologischen Strukturen interagieren und eine morphologische Operation kann syntaktische Anforderungen der Basis modifizieren.

Die Beziehung zwischen Morphologie und Phonologie ist durch die **morphophonologische Alternation** geprägt. Neben dieser Art von Alternation gibt es eine weitere Alternation, die rein phonologisch motiviert ist und in ▶ Abschn. 2.2.2 erörtert wird. Alternation bedeutet in diesem Zusammenhang, dass Laute in bestimmten morphologischen Strukturen ausgetauscht werden; ein ursprünglicher Laut wird durch einen anderen ersetzt, und diese Ersetzung ist morphologisch motiviert.

> **Morphophonologische Alternation**
> Bei der morphophonologischen Alternation ändert sich die Lautung der Basis aufgrund morphologischer Prozesse.

▶ **Beispiel**
Beispiele für morphophonologische Alternation sind (vgl. hierzu Haspelmath 2002, S. 183):
- Die Umlautbildung im Deutschen: Die Vokale *a*, *o*, *u* sowie der Diphthong *au* können bei der Pluralbildung bei Nomen sowie bei der Bildung der femininen Formen durch Anfügung von *-in* zu *ä*, *ö*, *ü* bzw. *äu* werden: *Markt, Märkte; Loch, Löcher; Hut, Hüte; Maus, Mäuse; Arzt, Ärztin; Jude, Jüdin*
- Bestimmte Vokale werden in dreisilbigen Wörtern des Englischen in gewissen Kontexten gekürzt: *nation, national; divine, divinity* ◀

Alternationen können in bestimmten Kontexten produktiv sein, in anderen aber nicht. Wieder liefert der Umlaut im Deutschen ein Beispiel (Haspelmath 2002, S. 194). Bei der Bildung sog. Diminutive mittels der Suffixe *-lein* bzw. *-chen* wird in der Basis häufig der Umlaut gefordert:
32. *Rad, Rädchen, Rädlein; Boot, Bötchen, Bötlein; Hund, Hündchen, Hündlein*
33. *Kloß, Klößchen, Klößlein; Horn, Hörnchen, Hörnlein*

Bei der Pluralbildung ist die Umlautbildung aber nicht mehr produktiv.
34. *Rad, Räder; Maus, Mäuse; Loch, Löcher*
35. *Aushilfscastor, Aushilfscastoren, *Aushilfscastören*

> **Morphologie und Phonologie**
> Morphologie und Phonologie sind ebenfalls keine autonomen Phänomenbereiche. Morphologische Prozesse können in den jeweiligen Sprachen die lautliche Struktur der Basis in bestimmten Kontexten ändern.

4.7 Morphologische Skizzen

Dieser Abschnitt beginnt mit einer Skizze der Morphologie des Deutschen. Nach dieser Kurzdarstellung erfolgt eine kurze vergleichende Darstellung der Morphologie im Spanischen, Französischen, Italienischen und Englischen.

Im Deutschen unterscheidet man zwischen verschiedenen Arten der Flexion: Die Konjugation ist die Flexion des Verbs, während die Deklination Nomen, Adjektive, die Artikel sowie zum großen Teil die Pronomen umfasst. Die Komparation bei den Adjektiven (*groß, größer, (am) größten*) wird manchmal als dritte Form der Flexion aufgefasst.

Bei der Konjugation im Deutschen werden die Verben nach den Flexionsdimensionen Person (1., 2., 3.), Numerus (Singular, Plural), Modus (Indikativ, Konjunktiv) sowie Tempus (Präsens, Präteritum) gebildet. Außerdem wird zwischen finiten und infiniten Verbformen unterschieden. Dabei bilden die sog. regelmäßigen oder schwachen Verben die größte Klasse. Jakob Grimm nannte diese Verben „schwach", da für die Bildung des Präteritums die Basis keine Änderung erfährt, allerdings ein eigenes Suffix benötigt wird. Bei starken Verben ist dies nicht der Fall. Bei diesen Verben wird stattdessen die Basis modifiziert. Ein Beispiel für ein starkes Verb ist *stehlen* (*ich stehle; ich stahl;* ◘ Tab. 4.3). Ein schwaches Verb ist hingegen *lieben*:

Tab. 4.3 Konjugation *stehlen*

	Präsens		Präteritum	
	Indikativ	Konj. I	Indikativ	Konj. II
ich	stehle	stehle	stahl	stähle, stöhle
du	stiehlst	stehlest	stahlst	stählest, stählst, stöhlest, stöhlst
es	stiehlt	stehle	stahl	stähle, stöhle
wir	stehlen	stehlen	stahlen	stählen, stöhlen
ihr	stehlt	stehlet	stahlt	stählet, stählt, stöhlet, stöhlt
sie	stehlen	stehlen	stahlen	stählen, stöhlen

Tab. 4.4 Konjugation *lieben*

	Präsens		Präteritum	
	Indikativ	Konj. I	Indikativ	Konj. II
ich	lieben	liebe	liebte	liebte
du	liebst	liebest	liebtest	liebtest
es	liebt	liebe	liebte	liebte
wir	lieben	lieben	liebten	liebten
ihr	liebt	liebet	liebtet	liebtet
sie	lieben	lieben	liebten	liebten

ich liebe; ich liebte; Tab. 4.4. Tatsächlich sind diese beiden Klassen nicht vollständig disjunkt, da einige schwache Verben einen Vokalwechsel beinhalten wie z. B. *denken*.

Die meisten Nomen werden nach Numerus (Singular, Plural) und Kasus (Nominativ, Genitiv, Dativ, Akkusativ) dekliniert. Ausnahmen bilden Nomen, die keinen Singular (z. B. *Leute*) oder keinen Plural (z. B. *Vieh*) zulassen sowie in der Regel Eigennamen. Das Genus (maskulin, feminin, neutrum) wird vorab zugewiesen, die Nomina sind in der Regel genusinvariant (z. B. ist *(der) Apfel* maskulin, *(die) Birne* feminin und *(das) Obst* neutrum). Artikel und Pronomen werden analog zu den Substantiven dekliniert.

Die Deklination der Adjektive ist komplexer, auch wenn ebenfalls Numerus, Genus und Kasus die Flexionsdimensionen darstellen. Hier muss danach unterschieden werden, ob das Adjektiv als Attribut beim Nomen steht (z. B. *das spannende Buch*) oder prädikativ verwendet wird (*Das Buch ist spannend*). Bei der attributiven Verwendung ist bei der Angabe der Paradigmen u. a. darauf zu achten, ob das Adjektiv mit definitem oder mit indefinitem Artikel in der Nominalphrase auftritt: *(das) spannend-e Buch*, *(ein) spannend-es Buch*; *(des) spannend-en Buch-s*, *(eines) spannend-en Buchs* etc.

Die Derivation geschieht im Deutschen primär durch Präfigierung sowie Suffigierung. Zirkumfixe und Infixe sind im Deutschen selten.

Im Gegensatz zu vielen anderen Sprachen ist das Deutsche ausgesprochen kompositionsfreudig. Komposita wie *Männergesangsvereinsvorsitzender* werden von Sprechern als wohlgeformt akzeptiert, und auch die Bildung längerer Komposita ist grundsätzlich möglich, wobei einzig aus Performanzgründen die Komposition nicht beliebig lang erfolgt.

Grundsätzlich ist im Deutschen das Letztglied der Kopf des Kompositums, wie die Kongruenz zeigt: *(der) Männergesangsverein, (die) Männergesangsauszeichnung, (das) Männergesangstrio*. Manche Komposita enthalten Infixe als sog. Fugenmorpheme. Ein Beispiel ist das *-s-* in *Männergesangsverein* oder in dem Kompositum *Schafswolle* oder *-en-* in *Bärenkostüm*. Fugenmorpheme tragen in der Regel keine Bedeutung. Sie sind eher aus phonologischen Gründen Bestandteil des Kompositums.

Die Morphologie des Spanischen, Französischen, Italienischen und Englischen wird in der Vertiefungsbox lediglich skizziert. Vertiefende Darstellungen finden sich in Klabunde et al. (2022) in den Kapiteln 12–18.

4.8 Weiterführende Literatur

- Es gibt einige ausgezeichnete englischsprachige Einführungen in die Morphologie wie z. B. Haspelmath und Sims (2010), Aronoff und Fudeman (2011), Booij (2012) und Lieber (2021). Diese Werke bieten umfassende Darstellungen zur morphologischen Analyse sowie zu zentralen Fragestellungen der Morphologie wie z. B. zur Interaktion der Morphologie mit anderen Teilbereichen der Grammatik oder zur Produktivität der Morphologie.
- Der morphologische Formenreichtum des Deutschen ist in Fleischer und Barz (1995) dokumentiert. Einführungen in die Morphologie des Deutschen sind z. B. Vogel (2022), Elsen (2011) sowie Vogel und Sahel (2013).
- Zum Französischen sind Mihatsch und Heinold (2022) zu nennen sowie Schpak-Dolt (2016). Zur Morphologie im Spanischen siehe Pomino und Pöll (2022), Schpak-Dolt (2012) sowie Varela Ortega (2005). Zum Italienischen siehe Dessi Schmid (2017, 2022), Thornton (2009) sowie Grossmann und Rainer (2004).
- Schulze (2022) sowie Schmid (2016) sind Einführungen in die Morphologie des Englischen.

Übersicht: Morphologie im Spanischen, Französischen, Italienischen und Englischen

Die genannten romanischen Sprachen sind sich in der Morphologie recht ähnlich, während das heutige Englisch sich vor allem durch eine gewisse Armut in der Flexion auszeichnet.

Spanisch

Nomen des Spanischen werden nach Numerus (Singular, Plural) und Genus (maskulin, feminin) flektiert: *la mesa, las mesas* ‚der Tisch', ‚die Tische' bzw. *el pueblo, los pueblos* ‚das Dorf', ‚die Dörfer'. Das Genus ist einem Nomen meist inhärent, der Numerus ist bei den meisten Nomen jedoch frei wählbar.

Adjektive werden nach Numerus und Genus flektiert. Das Genus kann bei bestimmten Adjektiven abhängig vom Nomen variieren (z. B. *viejo, vieja*, ‚alt'), während andere Adjektive keine Variation zulassen (z. B. *fácil*, ‚einfach'). Die Steigerung (Positiv, Komparativ und Superlativ) wird nicht morphologisch, sondern in der Regel syntaktisch realisiert mit Hilfe der Adverbien *más* bzw. *menos* für den Komparativ: *una mesa más grande* (,ein größerer Tisch'). Im Gegensatz zum Deutschen wird mittels des Adverbs *más* die positive Richtung auf der Vergleichsskala angegeben und mit *menos* die Gegenrichtung. Während also *una mesa más grande* einen Tisch bezeichnet, dessen Größe oberhalb eines im Kontext zu bestimmenden Normalwerts liegt, drückt *una mesa menos grande* aus, dass sich der Wert unterhalb des Normalwerts befindet, also ‚einen weniger großen Tisch'. Der Superlativ wird durch die Verbindung des Komparativs mit dem definiten Artikel gebildet, so dass *la mesa más grande* ‚der größte Tisch' bedeutet.

Verben werden bzgl. Person, Numerus, Tempus, Modus und Genus verbi (Aktiv/Passiv) konjugiert, wobei einige Tempusformen der Vergangenheit neben zeitlichen Aspekten auch die Art des zeitlichen Verlaufs anzeigen können, den **Aspekt**. Dies unterscheidet das Spanische z. B. vom Deutschen. Genus verbi sowie einige Tempora werden aber auch syntaktisch gebildet.

Das Spanische verfügt über eine große Anzahl an Präfixen und Suffixen, so dass derivierte Wörter häufig auftreten. Zweigliedrige Komposita treten im Spanischen seltener als im Deutschen auf und komplexere Komposita sind grundsätzlich selten.

Französisch

Auch im Französischen werden Nomen bzgl. Genus (maskulin, feminin) sowie Numerus (Singular, Plural) dekliniert: *la table, les tables*; *le village, les villages*. Das Genus ist ebenfalls inhärent, und der Numerus ist bei den meisten Nomen ebenfalls frei wählbar.

Adjektive werden meist bezüglich derselben Genus- und Numeruswerte flektiert. Die Komparation wird syntaktisch durch die Verwendung von *plus* bzw. *moins* für den Komparativ realisiert und durch den bestimmten Artikel *le* bzw. *la* zusammen mit *plus/moins* für den Superlativ.

Finite Verben werden ebenfalls bzgl. Person, Numerus, Tempus, Modus und Genus verbi konjugiert, und bestimmte Tempusformen der Vergangenheit drücken neben zeitlicher Information auch Aspektualität aus, und auch hier werden einige Formen syntaktisch gebildet. Infinite Verben haben die Kategorien Infinitiv, Partizip und Gerundium.

Derivationen treten im Französischen häufig auf, insbesondere existiert eine große Anzahl an Prä- und Suffixen. Die Komposition zweier Elemente ist häufig, aber komplexere Komposita werden selten gebildet. Bei der Verschriftlichung von Komposita wird häufig ein Bindestrich zwischen den Kompositaelementen angegeben wie z. B. in dem Verb-Verb-Kompositum *laissez-passer* (,Passierschein').

Italienisch

Im Italienischen werden Nomen ebenfalls nach Numerus und Genus flektiert, und auch sonst gelten dieselben Aussagen wie zum Spanischen und Französischen. So wird der Komparativ mittels *più* bzw. *meno* realisiert, und das Italienische zeichnet sich durch umfangreiche Derivation sowie Komposition zweier Lexeme aus.

Englisch

Das heutige Englisch ist gegenüber dem Deutschen sowie den romanischen Sprachen eher arm an Flexionsmorphologie. Nomen werden bzgl. Numerus (Plural) und Kasus (Genitiv) flektiert: *the teacher, the teachers, the teacher's book*. Die Steigerungsformen bei Adjektiven werden entweder syntaktisch realisiert (*more/the most X*) oder mittels der Suffixe *-er* bzw. *-est* wie in *the larger/largest table* bzw. in *the more/most expensive table*. Verben werden bzgl. Person (3. Person) und Tempus (simple past) konjugiert. Hinzu kommen die Endungen *-ing* und *-ed* für das present participle bzw. das past participle. Ausnahmen hierzu bilden Verben wie *to be* und *to have*.

Die Derivation basiert hingegen auf einer Vielzahl von Präfixen und Suffixen, während die Komposition wiederum bei der Kombination zweier Elemente recht produktiv ist, komplexere Komposita jedoch eher selten sind – ebenfalls im Gegensatz zum Deutschen.

Antworten zu den Selbstfragen

Selbstfrage 1

1. *Lachgummi*: *Lach* + *Gummi*, ein Neologismus mit Assoziation von Fröhlichkeit.
2. *Fusskraft*: *Fuss* + *Kraft*, klassische Wortbildung (Nominalkomposition) im Deutschen.
3. *GEOLino*: Lino ist als männlicher Vorname bekannt. Kombination zweier Namen zu einem neuen Namen.
4. *Duschdas*: *Dusch* + *das*; eigentlich eine im Deutschen nicht mögliches Kombination von Wörtern (Verb + Artikel).
5. *Fewa*: Kurzwort.
6. *Rhöntropfen*: *Rhön* + *Tropfen*; *Tropfen* bezeichnet einen kleinen Flüssigkeitskörper sowie Medizin, die flüssig eingenommen wird. Suggeriert Likör als gesundes Lebensmittel.
7. *Rasta Pasta*: Analogie zu *Rasta*, Kurzform von *Rastafari*, eine in Jamaica entstandene Glaubensform. Wortspiel mit humorigem Einschlag.
8. *Zahn-Pasta*: Orthografische Ähnlichkeit zu Zahnpasta; morphologische Struktur identisch, aber andere Bedeutungen der Morpheme.

Selbstfrage 2
Laut Definition sind Morpheme kleinste bedeutungstragende Einheiten. Das Fugenmorphem wie z. B. in *Schiffsrumpf* oder in *Migrationsexperte* trägt aber keine Bedeutung. Häufig sind Fugenmorpheme phonologisch motiviert, nicht semantisch.

Selbstfrage 3
Das Paradigma unterscheidet nach Person und Numerus sowie die Tempora Präsens und Präteritum.

- *Ich back-e*
- *Du back-st* oder *bäckst*
- *Er/Sie/Es backt* oder *bäck-t*
- *Wir back-en*
- *Ihr back-t*
- *Sie back-en*
- *Ich back-t-e* oder *buk*
- *Du back-te-st* oder *buk-st*
- *Er/Sie/Es backte* oder *buk*
- *Wir backten* oder *buken*
- *Ihr backtet* oder *bukt*
- *Sie backten* oder *buken*

Es reicht, die zwei Tempora Präsens und Präteritum anzusetzen, da die anderen Tempora mit den Formen von *haben* bzw. *werden* und dem Partizip Perfekt *gebacken* bzw. dem Infinitiv *backen* gebildet werden.

Selbstfrage 4
Beispiele sind für das Deutsche der Nominativ maskuliner Nomen (*der Tisch*), im Englischen bestimmte Pluralbildungen (*sheep*), im Spanischen Pluralbildungen (*el/los atlas topográfico/os*) und im Französischen ebenfalls Pluralbildungen (*les prix, lex concours*).

Selbstfrage 5
Die Kurzwortbildung ist keine Flexion im eigentlichen Sinne (Bildung einer Wortform für ein Lexem), keine Komposition (Kombination zweier Lexeme zu einem neuen Lexem) und auch keine Derivation (per Affigierung ein neues Lexem erzeugen).

Selbstfrage 6
Einige Beispiele aus dem Internetbereich: *WWW* (Word Wide Web; Akronym), *LOL* (laughing out loud; Akronym), *CU* (see you; phonologisch motiviertes Akronym), *E-Mail* (electronic mail; partielle Abkürzung), *Admin* (Administrator, Abkürzung), *CMS* (Content Management System; Akronym), *ID* (Identifikator; Kurzwort), *GPS* (Global Positioning System; Akronym), *QR-Code* (Quick Response Code; partielles Akronym)

Einige Beispiele aus dem Waren- und Güterbereich: *LKW* (Lastkraftwagen; Akronym), *H-Milch* (haltbare Milch; partielle Abkürzung), *HReg.* (Handelsregister; Kurzwort), *POP* (Point of Purchase, i. e. Ort des Einkaufs bzw. Verkaufs; Akronym), *E-Commerce* (electronic commerce; partielle Abkürzung), *Limo* (Limonade; Kurzwort), *AGB* (allgemeine Geschäftsbedingungen; Akronym), *Aldi* (Albrecht Discount; Kurzwort)

Selbstfrage 7

chuán: ‚Schiff'

qì: ‚Dampf' oder ‚Kraft'

shuǐ: ‚Wasser'

Selbstfrage 8

Alle-Ø	Fußball-spieler-Ø	küss-t-en
every-NOM	football-player-NOM.PL	kiss-PRET-3RD.PL
den	DFB-Pokal	
the.SG.ACC	DFB-cup	

‚every soccer player kissed the German Football Federation cup'

Selbstfrage 9

1. [[[Bücher tisch] bein] halterung], i. e. eine Halterung eines Beins eines Büchertisches.
2. [[Bücher [tisch bein]] halterung], i. e. eine Halterung eines Tischbeins, das etwas mit Büchern zu tun hat.
3. [Bücher [[tisch bein] halterung]], i. e. eine Halterung eines Tischbeins, die in irgendeinem Bezug zu Büchern steht.
4. [[Bücher tisch] [bein halterung]], i. e. eine Beinhalterung, die in irgendeinem Bezug zu einem Büchertisch steht.
5. [Bücher] [tisch [bein halterung]], i. e. eine Beinhalterung eines Tisches, die in irgendeinem Bezug zu Büchern steht.

Selbstfrage 10 Das Verb wird mittels Derivation zu einem Nomen: [[Rück erober] ung]

Aufgaben

Die folgenden Aufgaben sind unterschiedlich schwierig zu lösen. Die Einschätzung der Schwierigkeitsgrade ist natürlich individuell verschieden. Sie sollten daher nicht an sich zweifeln, wenn Sie eine Aufgabe, die als einfach klassifiziert ist, als schwer empfinden.
- • einfache Aufgaben
- •• mittelschwere Aufgaben
- ••• anspruchsvolle Aufgaben, die fortgeschrittene Konzepte benötigen

4.1 • Stellen Sie das vollständige Paradigma für das Adjektiv *geschlossen* auf.

4.2 • Geben Sie die Wortstruktur(en) für die folgenden Worte an: *Hochschulzukunftsgesetzgebungsverfahren*, *unregierbares*, *Trinkspielwetteinsätze*.

4.3 • In der Zeichentrickserie *Die Simpsons* werden von den Figuren Wortneuschöpfungen wie *embiggen*, *knowitallism* oder *chocotastic* verwendet (zur Bedeutung dieser Wörter, siehe ▶http://www.simpsoncrazy.com/dictionary). Geben Sie für diese drei Wortschöpfungen mögliche Morpheme sowie die Wortstruktur an.

4.4 •• Geben Sie die Interlinearglosse zu dem Ausdruck *vorgestern hatte eine atypische eiserne Verschwiegenheit geherrscht* an. Die Metasprache sei Spanisch, Französisch, Italienisch oder Englisch.

Literatur

Aronoff, M., & Fudeman, K. (2011). *What is Morphology?* (2. Aufl.). Chichester: Wiley-Blackwell.
Blank, A. (2001). *Einführung in die lexikalische Semantik für Romanisten*. Tübingen: Max Niemeyer Verlag.
Booij, G. (2012). *The Grammar of Words. An Introduction to Linguistic Morphology* (3. Aufl.). Oxford: Oxford University Press.
Chang, C. H. (1998). V-V compounds in Mandarin Chinese: Argument structure and semantics. In J. Packard (Hrsg.), *New approaches to Chinese word-formation* (S. 77–101). Berlin: Mouton de Gruyter.
Dessì Schmid, S. (2017). *Einführung in die Morphologie des Italienischen*. Romanistische Arbeitshefte, Bd. 61. Berlin: de Gruyter Mouton.
Dessì Schmid, S. (2022). Morphologie des Italienischen. In R. Klabunde, W. Mihatsch, & S. Dipper (Hrsg.), *Linguistik im Sprachvergleich* (S. 357–373). Stuttgart: Metzler. Kap. 17.
Eisenberg, P. (2000). *Grundriss der deutschen Grammatik. Das Wort*. Stuttgart: Verlag J.B. Metzler.
Elsen, H. (2011). *Grundzüge der Morphologie des Deutschen*. Berlin: Walter de Gruyter.
Fleischer, W., & Barz, I. (1995). *Wortbildung der deutschen Gegenwartssprache* (2. Aufl.). Tübingen: Niemeyer.
Grossmann, M., & Rainer, F. (2004). *La formazione delle parole in Italiano*. Tübingen: Niemeyer.
Haspelmath, M. (2002). *Understanding Morphology*. London: Arnold.
Haspelmath, M., & Sims, A. (2010). *Understanding Morphology* (2. Aufl.). London: Arnold.
Klabunde, R., Mihatsch, W., & Dipper, S. (Hrsg.). (2022). *Linguistik im Sprachvergleich*. Stuttgart: Metzler.
Lieber, R. (2021). *Introducing Morphology* (3. Aufl.). Cambridge: Cambridge University Press.
Mihatsch, W., & Heinold, S. (2022). Morphologie des Französischen. In R. Klabunde, W. Mihatsch, & S. Dipper (Hrsg.), *Linguistik im Sprachvergleich* (S. 337–355). Stuttgart: Metzler. Kap. 16.
Nespor, M., & Vogel, I. (1986). *Prosodic Phonology*. Dordrecht: Foris.
Nübling, D. (1992). *Klitika im Deutschen*. Tübingen: Narr.
Pomino, N., & Pöll, B. (2022). Morphologie des Spanischen. In R. Klabunde, W. Mihatsch, & S. Dipper (Hrsg.), *Linguistik im Sprachvergleich* (S. 317–336). Stuttgart: Metzler. Kap. 15.
Schmid, H.-J. (2011). *English morphology and word-formation* (3. Aufl.). Berlin: Erich Schmidt Verlag.
Schpak-Dolt, N. (2012). *Einführung in die Morphologie des Spanischen*. Tübingen: Niemeyer.
Schpak-Dolt, N. (2016). *Einführung in die französische Morphologie* (4. Aufl.). Berlin: Walter de Gruyter.
Schulze, R. (2022). Morphologie des Englischen. In R. Klabunde, W. Mihatsch, & S. Dipper (Hrsg.), *Linguistik im Sprachvergleich* (S. 375–386). Stuttgart: Metzler. Kap. 18.
Thornton, A. M. (2009). *Morfologia*. Roma: Carocci.
Varela Ortega, S. (2005). *Morfología léxica*. Madrid: Gredos.
Vogel, P. (2022). Morphologie des Deutschen. In R. Klabunde, W. Mihatsch, & S. Dipper (Hrsg.), *Linguistik im Sprachvergleich* (S. 303–316). Stuttgart: Metzler. Kap. 14.
Vogel, R., & Sahel, S. (2013). *Einführung in die Morphologie des Deutschen*. Darmstadt: Wissenschaftliche Buchgesellschaft.

Semantik – die Bedeutung von Wörtern und Sätzen

Ralf Klabunde

Inhaltsverzeichnis

5.1 Was ist die Bedeutung eines sprachlichen Ausdrucks? – 112

5.2 Bedeutungsebenen und Bedeutungsarten – 116

5.3 Ein Grundproblem der Semantik: Ambiguität – 119

5.4 Lexikalische Semantik – 121

5.5 Satzsemantik – 125

5.6 Grundlegende semantische Domänen – 127

5.7 Semantik und Sprachvergleich – 130

5.8 Weiterführende Literatur – 130

Literatur – 132

© Der/die Autor(en), exklusiv lizenziert an Springer-Verlag GmbH, DE, ein Teil von Springer Nature 2023
R. Klabunde, W. Mihatsch (Hrsg.), *Linguistik*, https://doi.org/10.1007/978-3-662-66612-8_5

Die **Semantik** ist das Teilgebiet der Linguistik, das sich mit den Bedeutungen natürlichsprachlicher Ausdrücke befasst. Allerdings ist nicht jedes Bedeutungsphänomen auch ein semantisches Phänomen. Bestimmte Bedeutungen werden in der **Pragmatik**, einem weiteren Teilgebiet der Linguistik, analysiert, sodass wir nach einer Klärung der Frage, was Bedeutungen grundsätzlich sind, die Beziehungen und Abgrenzungen zwischen der Semantik und der Pragmatik behandeln werden.

Als ein Beispiel für die Unterscheidung zwischen der Semantik und der Pragmatik mag die folgende Situation dienen: Zwei Personen sitzen in einem Raum, in dem ein Fenster geöffnet ist. Einer der beiden Personen ist es zu kalt, und sie fragt daher: *Kannst Du das Fenster schließen?* Dieser Fragesatz ist eine Entscheidungsfrage, die man mit *ja* oder *nein* beantworten könnte. Würde die angesprochene Person jedoch auf diese Weise antworten, ohne das Fenster tatsächlich zu schließen, hätte dies eine gewisse soziale Note, denn die Frage war gar nicht als Frage, sondern als (höfliche) Aufforderung gemeint.

Wie eine solche Frage als Aufforderung zu interpretieren ist, ist z. B. ein Problem, das in der Pragmatik behandelt wird. Die Semantik beschäftigt sich hingegen z. B. mit der Frage, was die einzelnen Wörter des Satzes generell bedeuten und wie diese Wortbedeutungen zur Bedeutung eines Satzes kombiniert werden.

Wir werden in diesem Kapitel zuerst die unterschiedlichen Vorstellungen, was Bedeutungen eines sprachlichen Ausdrucks seien, kennenlernen, um anschließend verschiedene Bedeutungsebenen zu definieren, die für unterschiedliche semantische Phänomene verantwortlich sind.

Anschließend werden wir uns mit semantischen Phänomenen auf lexikalischer Ebene befassen, um danach von der lexikalischen Semantik zur Satzsemantik überzugehen. Hier wird die zentrale Frage sein, wie die Satzbedeutung aus den einzelnen Wortbedeutungen bestimmt werden kann und welche Wissensquellen hierbei eine Rolle spielen.

Schließlich werden wir zentrale semantische Bereiche vorstellen, die in der Semantik natürlicher Sprachen eine wichtige Rolle spielen, und die Frage nach der Universalität der Semantik diskutieren.

5.1 Was ist die Bedeutung eines sprachlichen Ausdrucks?

Die Semantik ist der Teilbereich der Linguistik, der sich mit der Bedeutung sprachlicher Ausdrücke beschäftigt. So lautet die übliche Definition. Aber was ist die Bedeutung eines Ausdrucks? Die Antwort auf diese Frage ist nicht so einfach zu geben wie z. B. die Antwort auf die Frage, was eine syntaktische oder eine morphologische Struktur sei. Will man diese Fragen beantworten, muss man sich vor allem mit Korpora beschäftigen. Diese Korpora stellen unzählige Sätze und Wörter bereit, deren Analyse Einblick in die jeweiligen Strukturen erlaubt. Bei der Frage, was unter Bedeutung zu verstehen ist, sind Korpora jedoch nur teilweise hilfreich. Während wir z. B. bei syntaktischen Fragestellungen direkt Einblick auf Satzstrukturen erhalten, können wir nicht einen Blick auf einen Korpus werfen und direkt auf Bedeutungen zugreifen. Bedeutungen scheinen nicht direkt erfassbar zu sein.

Werfen wir hierfür eine Blick auf unser bereits bekanntes *Ampelfrau*-Beispiel:
1. *In Zwickau regelt jetzt die erste Ampelfrau den Verkehr.*

Leser dieses Satzes, die des Deutschen mächtig sind, haben kein Problem, den Satz zu verstehen: Vor dem geistigen Auge wird ein Szenario generiert, in dem jemand den Verkehr regelt, wobei die Art des Verkehrregelns sicherlich von Leserin zu Leserin unterschiedlich aufgefasst wird. Ebenso spielt die Lokalangabe *in Zwickau* bei der Interpretation unterschiedliche Rollen; eine Leserin, die die Stadt Zwickau gut kennt, wird den Satz anders interpretieren als ein Leser, der lediglich weiss, dass Zwickau eine Stadt in Deutschland ist. Entscheidend ist, dass das Verstehen dieses Satzes ein mentales Bild hervorruft. Bedeutungen scheinen also mentale Konstrukte zu sein.

- **Bedeutung ist nicht (nur) Referenz auf Dinge in der Welt**

Diese Sicht, dass Bedeutungen im Kopf eines Sprechers/Hörers zu finden seien, wird nicht von allen Semantikern geteilt. Insbesondere manche Sprachphilosophen nehmen an, dass Bedeutungen keine mentalen Konstrukte sind, sondern Dinge und Sachverhalte, die in der Realität vorhanden sind. Dieser Ansatz zur Klärung, was unter Bedeutung zu verstehen sei, wird als **Referenztheorie** bezeichnet. Nach der Referenztheorie wäre die Bedeutung des Eigennamens *Zwickau* also keine Vorstellung im Gedächtnis des Sprechers/Hörers, sondern die sächsische Stadt an der Mulde; der Eigenname *Zwickau* steht für diese Stadt. Entsprechend ist die Bedeutung des Nomens *Ampelfrau* die Menge der existierenden Ampelfrauen, die Bedeutung des Verbs *regeln* die Menge der beobachtbaren Regeln-Ereignisse (also z. B. das Ereignis, bei dem ein Polizist den Verkehr regelt, das Ereignis, mit dem ein Land durch Gesetze Vorgänge regelt, usw.) und die Bedeutung der Präposition *in* sämtliche realen Enthaltenseins-Beziehungen zwischen zwei Objekten.

Diese Beispielliste macht aber auch schon die Probleme einer referenziellen Theorie der Bedeutung deutlich. Während Objekte in der Welt sicherlich identifiziert werden können, benötigen Ereignisse und Relationen Aktanten (Mitspieler) bzw. Argumente, um identifiziert werden zu können. Ein Regeln-Ereignis benötigt z. B. zwei Mitspieler: denjenigen, der regelt, und das, was geregelt wird. Die Bedeutung des Verbs *regeln* kann also nur bestimmt werden, wenn seine Argumente bekannt und somit die semantischen Rollen (s. ▶ Kap. 3) belegt sind. Viele Bedeutungen sind zudem überhaupt nicht in der realen Welt verankert, d. h. viele sprachlichen Ausdrücke verweisen nicht auf Objekte oder Ereignisse in der Welt. Der Eigenname *Homer Simpson* z. B. verweist nicht auf eine Person names Homer Simpson, sondern auf eine imaginäre Figur aus einer Zeichentrickfilmserie. Nach der Referenztheorie sollte der Namen *Homer Simpson* streng genommen also bedeutungslos sein. Ebenfalls ohne Bedeutung wären Ausdrücke wie *die erste Frau auf dem Mond*, *der Goldschatz in meinem Garten* oder *Goethes iPhone*, denn diese Personen bzw. Gegenstände existieren (im Jahr 2023) nicht. Diese Beispiele zeigen, dass Bedeutung nicht mit Referenz identifiziert werden sollte. Dennoch ist **Referenz**, also das Verweisen eines sprachlichen Ausdrucks auf Sachverhalte oder Entitäten, einer der zentralen Aspekte der Semantik (siehe hierzu z. B. Reich 2022). Die Definition von Referenz lautet:

> **Referenz**
> Referenz ist der Verweis eines sprachlichen Ausdrucks auf Dinge und Sachverhalte in der Welt.

Ein weiteres Argument gegen eine einfache Referenztheorie der Bedeutung ist die Tatsache, dass man mit unterschiedlichen Ausdrücken auf dasselbe Objekt verweisen kann. Nach der Referenztheorie wären diese Ausdrücke dann gleichbedeutend. So verweisen die Ausdrücke *der erste Mensch auf dem Mond* und *Neil Armstrong* auf dieselbe Person. Trotzdem bedeuten sie nicht dasselbe, denn die wechselseitige Ersetzung des einen Ausdrucks in einem Satz durch den anderen führt häufig zu anderen Satzbedeutungen:

> ▶ **Beispiel**
> 2. *Gestern hatte ich Neil Armstrong im Café gesehen.*
> 3. *Gestern hatte ich den ersten Menschen auf dem Mond im Café gesehen.*
> 4. *Aufgetankt mit 2500 Tonnen Treibstoff und beobachtet von einer Million Menschen entlang der Strände Floridas und weiteren 500 Millionen in aller Welt, wuchtete sich die Saturn V in den Himmel über Cape Kennedy, an ihrer Spitze das Raumschiff Columbia mit dem Kommandanten Neil Armstrong und dessen Begleitern Edwin Buzz Aldrin und Michael Collins.* (DIE ZEIT, 07.05.2009, Nr. 20)
> 5. *Seltsamerweise hat der Ausstieg der beiden Astronauten aus der Fähre bei mir keinen nachhaltigen Eindruck hinterlassen. Vielleicht, weil der Landung mehr als sechs Stunden angestrengtes Warten gefolgt waren und Erregung und Spannung bereits aufgebraucht waren, als Neil Armstrong, auf den Monitoren schemenhaft sichtbar und wie ein Tiefseetaucher wirkend, endlich die Leiter der Fähre hinunterkletterte und er seinen kleinen Schritt und die Menschheit ihren großen Sprung machte.* (DIE ZEIT, 07.05.2009, Nr. 20) ◀

Ersetzen Sie in Beispiel 4 und 5 den Eigennamen *Neil Armstrong* durch *der erste Mensch auf dem Mond* – sofern dies überhaupt sinnvoll erscheint, ändert sich die Bedeutung der Sätze.

Ein weiteres Argument gegen eine Referenztheorie der Bedeutung ist die Tatsache, dass viele sprachliche Ausdrücke gar nicht der Referenz dienen, sondern andere Funktionen übernehmen. Diese Funktionen wären dann nicht Gegenstand einer Semantiktheorie. Ein Beispiel ist der sog. Diskursmarker *ja* im Deutschen:

> ▶ **Beispiel**
> 6. *Der Minister hat ja gesagt, daß ein Beamter der russischen Botschaft mit der Ueberwachung beauftragt sei.* (Berliner Tageblatt (Morgen-Ausgabe) 01.03.1904, S. 17)

Das *ja* drückt aus, dass der Autor weiß, dass der Adressat der Äußerung weiß, dass der Minister gesagt hat, dass ein Beamter der russischen Botschaft mit der Überwachung beauftragt sei. Hier wird also wechselseitiges Wissen ausgedrückt, welches mit Referenz nichts gemein hat. ◀

Eine Theorie, die Bedeutungen als mentale Konstrukte auffasst, kann die Bedeutung von *ja* in diesem Kontext erklären, da die Zuweisung von Annahmen eine mentale Leistung ist. Wir gehen in diesem Kapitel davon aus, dass Bedeutungen tatsächlich nicht in der Realität zu finden sind, sondern im Gedächtnis von Menschen. Bedeutungen beruhen in der Terminologie der Kognitionswissenschaften auf **Begriffen** bzw. **Konzepten**.

> ❗ **Achtung**
> Natürlich ist das Referierenkönnen ein wichtiger Aspekt natürlicher Sprachen. Sprachen besitzen hierfür besondere sprachliche Einheiten wie z. B. Demonstrativpronomen (z. B. *dieser*) oder die Möglichkeit, komplexe Phrasen zu bilden (z. B. *der grüne Apfel rechts von dir*). Solche referierenden Ausdrücke referieren jedoch nach dem obigen Verständnis nicht direkt auf die jeweilige Entität in der Welt, sondern vermittelt über das Konzept, das der Sprecher zu diesem Ausdruck bildet und das der Hörer rekonstruieren muss. Das Konzept zum Demonstrativpronomen *dieser* kann man sich vorstellen als Aufforderung an den Hörer, entweder in seinem Diskursgedächtnis auf die prominenteste Einheit zuzugreifen, die bereits erwähnt wurde, oder der Zeigegeste des Sprechers zu folgen.

▪ Bedeutungen beruhen auf Konzepten

Konzepte sind auf Erfahrungen beruhende Wissenseinheiten. In Konzepten werden die Informationen, die Menschen (und andere Lebewesen) durch ihre Sinnesorgane aufnehmen, gebündelt und für Denkprozesse verfügbar gemacht. Sie sind aber auch für Emotionen relevant sowie für die unterschiedlichen Wünsche und Vorstellungen eines Menschen. Konzepte sollen im Folgenden durch KAPITÄLCHEN gekennzeichnet werden, um die Konzepte von

> **Vertiefung: Extension und Intension**
> Der Umstand, dass zwei Ausdrücke referenzidentisch sind, aber mit anderen sprachlichen Mitteln auf dieselbe Entität referieren, wird in der formalen Semantik durch die Unterscheidung zwischen Intension und Extension beschrieben.
>
> Die formale Semantik verwendet Logiksprachen, um insbesondere die Bedeutungen von Sätzen zu explizieren. Die Grundidee besteht darin, einen Übersetzungsmechanismus zu entwickeln, der systematisch natürlichsprachliche Sätze in Formeln der jeweiligen Logik übersetzt. Diese Formeln sind – im Fall einer zweiwertigen Logik – wahr oder falsch bzgl. eines Szenarios (dem „Modell" in der Logik), sodass diese Formeln die Wahrheitsbedingungen des natürlichsprachlichen Satzes wiedergeben, d. h., sie geben die Bedingungen an, unter denen ein Satz wahr ist.
>
> Haben wir z. B. den Satz *Alle Menschen sind sterblich* und die verwendete Logik ist die Prädikatenlogik erster Stufe (wie in der formalen Semantik häufig verwendet), so wird ein Übersetzungsmechanismus benötigt, der den Satz in die Formel $\forall x\, (mensch(x) \rightarrow sterblich(x))$ übersetzt. Diese Formel ist wahr, wenn die Menge der Menschen eine Teilmenge der Menge der Sterblichen ist, und unter genau diesen Umständen ist auch der deutsche Satz *Alle Menschen sind sterblich* wahr. Für den Satz *Neil Armstrong ist sterblich* erhält man die prädikatenlogische Formel $sterblich(n)$, wobei n eine Konstante sei, die auf die Person Neil Armstrong als Entität im Modell verweist und nur auf diese.
>
> Für den Übersetzungsmechanismus verwendet man in der Regel den sog. Lambda-Kalkül (λ-Kalkül), der in der Vertiefungsbox „Kompositionelle Semantik formal" in ▶ Abschn. 5.6 vorgestellt wird.
>
> Will man nun die Aussage treffen, dass *Neil Armstrong* und *der erste Mensch auf dem Mond* referenzidentisch sind, kann dies mit den Mitteln der Prädikatenlogik erster Stufe nicht ausgedrückt werden, denn die beiden Inhalte sind verschieden. Stattdessen wird eine sog. intensionale Logik verwendet. Intensionen sind aus Sicht der Logik Funktionen, die sprachliche Ausdrücke in möglichen Szenarien bzw. Situationen (die in der Semantik und Sprachphilosophie auch **mögliche Welten** genannt werden) auf Extensionen in dem jeweiligen Szenario abbilden.
>
> Bei Ausdrücken wie dem Eigennamen *Neil Armstrong* oder dem Ausdruck *der erste Mensch auf dem Mond*, der nur auf eine Person zutrifft – ein sog. singulärer Term –, sind Intensionen Begriffe, die in jedem Szenario eine Person als Extension haben.
>
> Intensionalität ist nicht auf singuläre Terme beschränkt. Satzbedeutungen sind häufig nicht extensional, sondern nur intensional zu bestimmen. Der Satz *Max glaubt, dass der erste Mensch auf dem Mond Albert Einstein war* ist wahr, wenn der Inhalt *der erste Mensch auf dem Mond = Albert Einstein* bzgl. Max's Glaubenszustand wahr ist, auch wenn faktisch diese Referenzidentität nicht besteht.
>
> **Literatur**
> — Gamut, L.T.F. (1991). *Logic, Language and Meaning*. Chicago: University of Chicago Press.

Wörtern, die *kursiv* angegeben werden, zu unterscheiden. Nehmen wir als Beispiel das Konzept APFEL. Das Konzeptwissen über Äpfel umfasst z. B. das Wissen, dass Äpfel an Bäumen wachsen, fest und hart sind, eine Schale haben, ihre Farbe von Grün bis Rot variieren kann, ein Kerngehäuse und einen Stiel als weitere Bestandteile haben, säuerlich schmecken können, im Supermarkt gekauft werden können usw. Dieses Wissen haben Menschen durch ihren Umgang mit Äpfeln erworben, und das Konzeptwissen über Äpfel kann auch von Person zu Person unterschiedlich sein. Die Bedeutung des Nomens *Apfel* ist somit das Konzept APFEL – und nicht die Menge der Äpfel in der realen Welt, wie von der Referenztheorie angenommen.

Konzepte können gelernt, sie können aber auch in einer Situation konstruiert werden. Gelernte Konzepte sind z. B. die Konzepte, die Wortbedeutungen darstellen. Konstruierte Konzepte sind in der Regel die Satzbedeutungen. Interpretiert z. B. jemand den Satz *Gestern hatte ich Neil Armstrong im Café gesehen*, so wird ein situatives Konzept beim Satzverstehen aufgebaut, das die Information beinhaltet, dass der Sprecher der Äußerung am Vortag eine Person namens Neil Armstrong in einem Café gesehen hat. Dieses Konzept wird nicht gelernt, sondern auf der Basis der gelernten Konzepte, die die Wörter des Satzes ausdrücken, konstruiert.

Konzepte werden strukturiert im Gedächtnis gespeichert. Menschen speichern Konzepte nicht in Listenform, also analog zu einer Enzyklopädie nach einem linearen Ordnungsprinzip. Konzepte sind nach inhaltlichen Aspekten organisiert, da dieser Organisationstyp den Abruf von Konzeptwissen unterstützt. Dabei interagieren Wahrnehmungsprinzipien mit Bedeutungsstrukturen. So ist die **Basisebene** bei konkreten Substantiven besonders prominent (Mihatsch 2006). Die Basisebene bezeichnet die höchste Generalisierungsebene, auf der noch ein einheitliches visuelles Schema vorstellbar ist.

Unter den Konzepten eines Oberbegriffs sind prominentere Vertreter als andere. Werden z. B. Sprecher gebeten, sich einen Baum vorzustellen, so ist in unserem Kulturkreis wahrscheinlich das prominenteste Konzept ein LAUBBAUM mit breiter Laubkrone und großen grünen Blättern wie z. B. eine BUCHE. Solche Konzepte, die sich

◘ Abb. 5.1 Das semiotische Dreieck

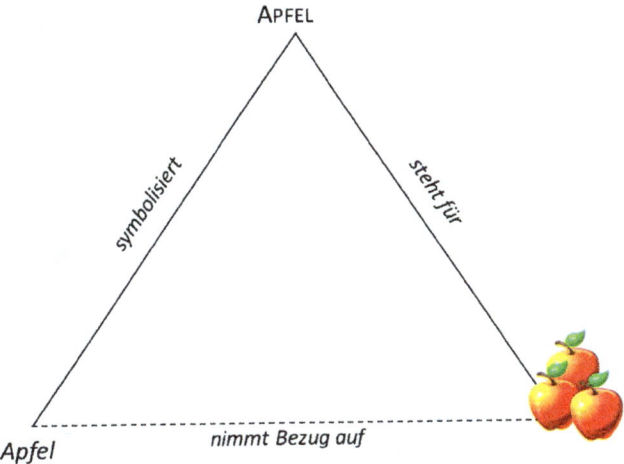

◘ Abb. 5.2 Das semiotische Dreieck am Beispiel von *Apfel*. (ClipArt-Nutzung mit Genehmigung von Microsoft)

durch typische Eigenschaften auszeichnen, werden als **Prototypen** bezeichnet. Experimentelle Studien zeigen, dass Prototypen schneller erkannt werden als andere, inhaltlich benachbarte Konzepte (wie z. B. eine KIEFER vs. eine BUCHE) und für die Definition der Oberkategorie einen besonderen Stellenwert besitzen (vgl. Rosch 1978; Blank 2001).

▪ Konzepte im semiotischen Dreieck

Die Vorstellung, dass Bedeutungen sprachlicher Ausdrücke mentale Einheiten sind, ist nicht neu. Die Beziehung zwischen sprachlichem Ausdruck, Konzept und Referenten in der Welt wird im **semiotischen Dreieck** (◘ Abb. 5.1) ausgedrückt, das Ogden und Richards (1923) als allgemeines Zeichenmodell konzipiert haben („Zeichen" ist im Sinne von „Symbol" zu verstehen).

An den Spitzen des Dreiecks sind die drei grundlegenden Aspekte für die Interpretation eines Zeichens angegeben – sei es ein sprachliches „Zeichen", also ein sprachlicher Ausdruck, oder ein nicht-sprachliches Zeichen wie z. B. ein Verkehrsschild, aber auch die Kleidung einer Person ist ein Zeichen, das Bedeutung trägt. An der linken Spitze ist das Symbol angegeben, also das sprachliche oder nicht-sprachliche Zeichen. Die obere Spitze steht für die Gedanken und die rechte Spitze für die Referenten. Wichtig für das Verständnis sind die Bezeichnungen an den Seiten, die die Relationen zwischen Symbol, Konzept und Referent angeben. Zwischen dem Symbol und dem Gedanken besteht nach Ogden und Richards (1923) eine kausale Beziehung. Dies bedeutet, dass die Gedanken den sprachlichen Ausdruck verursachen, da die Intention des Sprechers in einem sprachlichen Ausdruck realisiert wird. Analog besteht eine kausale Relation zwischen dem Gedanken und dem Referenten, da ein Gedanke sich auf einen Referenten beziehen kann. Zwischen dem Symbol und dem Referenten besteht jedoch keine kausale Relation, sondern eine Relation, die die Wahrheit bzw. Falschheit des Symbols bzgl. des Referenten bestimmt.

Das APFEL-Beispiel mag dies verdeutlichen (◘ Abb. 5.2). Das Symbol ist das Nomen *Apfel*, entweder geschrieben als Buchstabenfolge oder gesprochen als Lautsequenz. Die Bedeutung dieses Worts ist das Konzept APFEL, welches die Menge der Äpfel als Referenten bestimmt. D. h., das Konzept ermöglicht einem Sprecher, die Dinge in der Welt in die Nicht-Äpfel und die Äpfel zu unterteilen oder anders ausgedrückt: das Konzept als mentale Repräsentation bestimmt die Kategorie der Äpfel in der Welt.

Anhand des semiotischen Dreiecks können wir einen weiteren wichtigen Begriff der Semantik einführen, die **Denotation**.

> **Denotation**
> Die Denotation eines Ausdrucks ist die Menge der potenziellen Referenten des Ausdrucks.

Dies bedeutet, dass ein sprachlicher Ausdruck eine Menge von möglichen Referenten denotiert und bei seiner Verwendung in Sprechsituationen auf diese Menge oder eine Teilmenge davon referiert. Bezüglich unseres Apfel-Beispiels ist das Konzept APFEL die Bedeutung des Nomens *Apfel*, und dieser Ausdruck denotiert die Menge sämtlicher Äpfel, wobei diese Menge der Äpfel nicht nur die realen Äpfel umfasst, sondern auch alle anderen vorstellbaren Äpfel. Das Konzept APFEL legt fest, was Element der Denotation ist. Wissen wir z. B., dass Äpfel unter anderem auch rund sind – dies ist neben vielen anderen Attributen auch Konzeptwissen über Äpfel –, so sorgt dieses Konzeptwissen dafür, dass eckige Dinge nicht zur Denotation des Nomens *Apfel* gehören können.

> **? Frage 5.1**
> Beschreiben Sie das Konzept der Phrase *drei große grüne Äpfel* und umschreiben Sie die Denotation des Ausdrucks.
> Wie lässt sich das Konzept zu *vollmundige Ankündigung* beschreiben?

Analog zum Apfel-Beispiel verhält es sich mit der Bedeutung von Sätzen. Der Satz *Lena isst einen Apfel* drückt ein

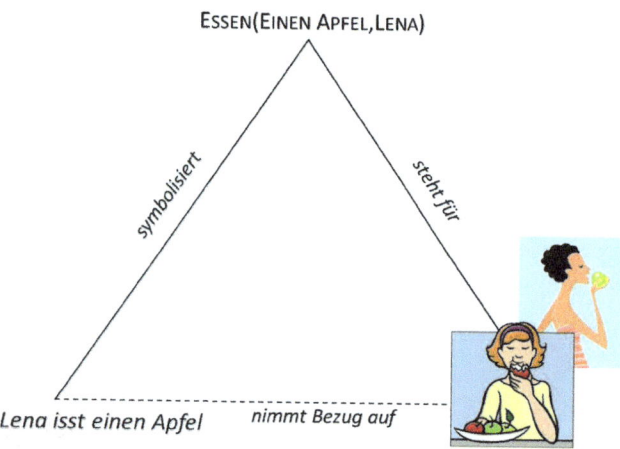

Abb. 5.3 Das semiotische Dreieck am Beispiel des Satzes *Lena isst einen Apfel*. (ClipArt-Nutzung mit Genehmigung von Microsoft)

situatives Konzept aus, das Situationen korrekt beschreibt, in denen eine Person mit dem Namen „Lena" einen Apfel isst. Auch die Satzbedeutung ist nicht die jeweilige Situation in der Realität, sondern die Vorstellung von einer solchen Situation. Diese Vorstellung bestimmt, wie eine Situation beschaffen sein muss, damit der Satz wahr ist. Mit anderen Worten bestimmt das situative Konzept die Bedingungen, unter denen der Satz wahr ist. Im semiotischen Dreieck ist diese Beziehung wie in Abb. 5.3 verortet.

Wir fassen also zusammen:

> **Bedeutungen**
> Bedeutungen von sprachlichen Ausdrücken sind mentale Repräsentationen von Sachverhalten, den sog. Konzepten. Konzepte können als Einheiten im Gedächtnis abgerufen werden, oder sie werden situativ konstruiert.

5.2 Bedeutungsebenen und Bedeutungsarten

Die Interpretation eines sprachlichen Ausdrucks können wir auf verschiedenen Ebenen durchführen, je nachdem, welche Rolle bestimmtes Kontextwissen bei dieser Interpretation spielt. Wir erhalten auf diese Weise unterschiedliche Bedeutungsebenen. Zusätzlich können wir unterschiedliche Bedeutungsarten identifizieren. So drückt z. B. ein Satz wie *Der Computer ist wieder abgestürzt* einen neutral formulierten Sachverhalt aus, während der Satz *Mist, der Scheißrechner ist wieder abgestürzt* denselben Sachverhalt emotional übermittelt.

Die drei grundlegenden Klassen unterschiedlicher Bedeutungsarten in natürlichen Sprachen werden wir ebenfalls kennenlernen. Ziehen wir wieder unseren Beispielsatz heran:

7. *In Zwickau regelt jetzt die erste Ampelfrau den Verkehr.*

Was sind die Bedeutungen der einzelnen Wörter unseres Beispielsatzes, und was ist dessen Satzbedeutung? Wir beginnen mit den Bedeutungen der einzelnen Wörter *Ampelfrau, den, die, erste, in, jetzt, regelt, Verkehr* sowie *Zwickau*.

Das Nomen *Ampelfrau* ist ein Nomen-Nomen-Kompositum (NN-Kompositum), für das im Deutschen gilt, dass der Kopf des Kompositums sich immer rechts befindet, sodass *Ampelfrau* die grammatischen Merkmale von *Frau* übernimmt. Semantisch sind die meisten NN-Komposita von der Art, eine Unterklasse der Klasse des Kopfnomens auszudrücken. Demnach ist eine Ampelfrau eine Frau, eine Steintasse eine Tasse, ein Gurkensalat ein Salat, usw. Allerdings wissen wir in diesem Beispiel ohne weitere Information nicht, in welcher Beziehung das Konzept FRAU zum Konzept AMPEL steht: Handelt es sich um eine Frau, die an einer Ampel auf das grüne Signal zum Weitergehen wartet? Ist eine Ampelfrau eine Frau, die die Sprecherin gerade an einer Ampel stehend sieht? Oder drückt *Ampelfrau*, wie in unserem Beispiel, aus, dass es sich um eine Frau handelt, die als Abbild auf den Lichtzeichen einer Ampel vorhanden ist? Ohne einen Kontext können wir keine Aussage darüber treffen, was *Ampelfrau* tatsächlich bedeutet; wir können lediglich festhalten, dass irgendeine Relation zwischen der Bedeutung von *Frau* und der Bedeutung von *Ampel* besteht. Wir kennen also auch nicht die exakte Denotation von *Ampelfrau*, also die Menge sämtlicher möglicher Referenten in der Welt.

Die Bedeutung des Kompositums *Ampelfrau* nehmen wir zum Anlass, eine wichtige Unterscheidung zwischen zwei Bedeutungsebenen einzuführen, die wir nach Löbner (2015) als **Ausdrucksbedeutung** und **Äußerungsbedeutung** bezeichnen.

> **Ausdrucksbedeutung vs. Äußerungsbedeutung**
> Die Ausdrucksbedeutung eines sprachlichen Ausdrucks ist die Bedeutung ohne weitere kontextuelle Information. Es handelt sich um die Bedeutung „an sich".
>
> Die Äußerungsbedeutung eines sprachlichen Ausdrucks ist die Bedeutung, die man unter Berücksichtigung kontextueller Information erhält. Diese Kontextfaktoren sind mindestens Ort und Zeit bzgl. der Äußerung, Sprecher der Äußerung, der Adressat sowie die dem Sprecher bekannten Fakten.

> **Achtung**
> Die Unterscheidung zwischen Ausdrucks- und Äußerungsbedeutung wird in der Regel auf Satzebene getroffen, nicht auf lexikalischer Ebene. Wir führen diese

Unterscheidung trotzdem auf der Wortebene ein, denn auf der Wortebene ist diese Unterscheidung gut zu erkennen, da Wortbedeutungen in der Regel kontextabhängig sind.

Die Ausdrucksbedeutung von *Ampelfrau* ist somit die Bedeutung, dass Frauen in irgendeiner Beziehung zu Ampeln stehen. In einer Äußerungsbedeutung wird für *Ampelfrau* die Referenz spezifiziert. Eine der möglichen Äußerungsbedeutungen kann z. B. die Bedeutung sein, dass Frauen vor einer Ampel auf das Lichtzeichen zum Weitergehen warten. Weitere Äußerungsbedeutungen, bei denen insbesondere die Relation zwischen der Bedeutung von *Frau* und der Bedeutung von *Ampel* spezifiziert wird, sind natürlich denkbar; u. a. die in unserem Beispielsatz intendierte Bedeutung.

> **! Achtung**
> Auffällig ist an unserem Beispielkontext für *Ampelfrau*, dass sich dieses Kompositum gar nicht auf Frauen als Personen bezieht, sondern auf das schematische Abbild einer Frau. Dies ist ein semantisches Phänomen, das als **Metonymie** bezeichnet wird und in ▶ Abschn. 5.4 erörtert wird.

Die definiten Artikel *den* und *die* drücken semantisch aus, dass die Entität, auf die das Nomen verweist, eindeutig für den Adressaten (sowie für den Sprecher) identifizierbar ist, sowie bei der Verwendung im Singular, dass es sich nur um eine Entität handelt. Sagt also ein Sprecher: *Gib mir den Gürtel!*, so drückt er mit dieser Äußerung u. a. aus, dass sich im Blickfeld der Hörerin (und eventuell auch des Sprechers) genau ein Gürtel befindet, den sie identifizieren kann. Die Ausdrucksbedeutung des definiten Artikels ist also, diese Identifizierbarkeit der Entität durch den Adressaten auszudrücken. Die Äußerungsbedeutung spezifiziert die Ausdrucksbedeutung durch die Verwendung in einer Kommunikationssituation aus.

Das Ordinalzahlwort *erste* drückt ohne weiteren Kontext lediglich aus, dass die Entität allen anderen vorausgeht. Dieses Vorausgehen kann aus einer Reihung abgeleitet werden, aber dies muss nicht so sein. Dieses Vorausgehen ist die Ausdrucksbedeutung, und je nachdem, wie im Kontext dieses Vorausgehen spezifiziert wird, erhält man unterschiedliche Äußerungsbedeutungen, wie die folgenden Beispiele aus dem DWDS-Korpus zeigen:

> **▶ Beispiel**
> 8. *Als Siegfried Wolf das erste Mal öffentlich über sein Interesse an Opel spricht, ist es Mitte Mai.* (aus einer Reihe von Zeitpunkten ist der erste gemeint)
> 9. *Frank-Walter Steinmeier ist der erste Politiker, der eine direkte Beteiligung des Staates an Opel fordert.* (aus einer Menge von Politikern ist Steinmeier derjenige, der zeitlich gesehen zuerst die Beteiligung fordert)
> 10. *In Zwickau regelt jetzt die erste Ampelfrau den Verkehr.* (aus einer zeitlich geordneten Menge möglicher Ampelfrauen ist das erste Element gemeint) ◀

Die Präposition *in* drückt als Ausdrucksbedeutung eine Enthaltenseins-Beziehung zwischen zwei Entitäten aus, die abhängig vom Faktenwissen unterschiedlich spezifiziert wird:

> **▶ Beispiel**
> 11. *Die Blume in der Vase* (lediglich der Stiel befindet sich im Innenraum der Vase)
> 12. *Der Riss im Bild* (der Riss als Komponente des Bildes)
> 13. *Der Elefant im Zoo* (das Tier befindet sich auf dem Zoogelände) ◀

Auch das Temporaladverb *jetzt* besitzt eine Ausdrucks- sowie Äußerungsbedeutung. Die Ausdrucksbedeutung ist lediglich: Die Aussage ist um den Sprechzeitpunkt herum wahr. Wie diese Zeitspanne jedoch spezifiziert wird, ist ebenfalls kontextabhängig, wie die folgenden DWDS-Beispiele zeigen:

> **▶ Beispiel**
> 14. *Wenn wir die Produktivität nicht steigern, droht jetzt der Bankrott.*
> 15. *Der pappige Schnee von heute Morgen ist jetzt gefroren.*
> 16. *Das Projekt wurde jetzt in New York der Öffentlichkeit vorgestellt.* ◀

Die Drohung des Bankrotts tritt nur ein, wenn die Produktivität nicht gesteigert wird, und dieser Bankrott hätte sicherlich eine andere Dauer als das Gefrorensein des Schnees, und dessen Dauer wiederum ist eine andere als die Dauer der Projektvorstellung. Äußerungsbedeutungen des Adverbs *jetzt* bestimmen die Dauer der Zeitspannen, auf die dieses Adjektiv referiert, und diese hängen von Kontextfaktoren und Weltwissen ab.

Auch das Verb *regelt* besitzt eine Ausdrucksbedeutung sowie kontextabhängige Äußerungsbedeutungen. Der Kontext bestimmt die Referenz auf unterschiedliche Regeln-Ereignisse. Beispiele aus dem DWDS-Korpus sind:

> **▶ Beispiel**
> 17. *Auf jedem Schiff, das dampft und segelt, braucht's einen, der das Ganze regelt.*
> 18. *Was Deutschland mit mindestens einer Handvoll verschiedener Gesetzen regelt [...] wollen die zwei Energiespezialisten in nur einem Papier bündeln.*
> 19. *Der Markt regelt eben auch in China nicht alles.* ◀

Schließlich kann auch dem Nomen *Verkehr* sowie dem Eigennamen *Zwickau* eine Ausdrucks- sowie Äußerungsbedeutungen zugewiesen werden. Einige Beispiele aus dem

DWDS-Korpus sollen auch hier mögliche Äußerungsbedeutungen verdeutlichen:

► **Beispiel**

20. *Zahlreiche türkische Jugendliche stürzten los, bildeten einen Autokorso zum Borsigplatz, überfuhren dabei rote Ampeln und blockierten den Verkehr.*
21. *Von einer Internalisierung der externen Kosten des Verkehrs ist Europa noch sehr weit entfernt; Transportleistungen sind aus umweltpolitischer Sicht immer noch viel zu billig.*
22. *Dem gebündelten Verkehr, der all diese Ansätze integriert, wird in Zukunft große Bedeutung zukommen. Wer mobil sein will, fährt mit dem Rad zur Straßenbahn, steigt ein paar Stationen später, ohne zu warten, in die S-Bahn um.*
23. *Als Beweis für die z. T. sehr radikale Stimmung in und um Zwickau sei auf den Militärputsch vom Oktober 1848 [...] verwiesen.*
24. *„Von Anfang an", heißt es im Vorwort zu Peter Kirchbergs Buch, „hatten sie einen guten Ruf", die Autos aus Zwickau.*
25. *Die Stadt Zwickau entsendet Blum ins sogenannte Vorparlament, das Anfang März in Frankfurt am Main tagt.* ◄

Die Ausdrucks- und Äußerungsbedeutung des gesamten Satzes *In Zwickau regelt jetzt die erste Ampelfrau den Verkehr* ergibt sich nun aus den Ausdrucks- bzw. Äußerungsbedeutungen der einzelnen Wörter und der Kombination dieser Wortbedeutungen zur Satzbedeutung. Im semiotischen Dreieck haben wir gesehen, dass Satzbedeutungen konstruierte Konzepte sind, die Wahrheitsbedingungen angeben, also Bedingungen der Art „Genau dann wenn die Welt so und so ist, ist der Satz wahr". Betrachten wir die Ausdrucksbedeutung des Satzes, ist der Satz weder wahr noch falsch. Wir können lediglich sagen, in welchem Szenario der Satz wahr wäre. Dies sind die Wahrheitsbedingungen. Der Satz *In Zwickau regelt jetzt die erste Ampelfrau den Verkehr* ist also wahr, wenn in einem Ort Zwickau eine Ampelfrau (was immer dieses Kompositum genau ausdrückt) um den Sprechzeitpunkt herum den Verkehr regelt.

Erst wenn wir die Kontextparameter kennen, können wir eine Äußerungsbedeutung bestimmen. Wissen wir z. B., dass in dem sächsischen Ort Zwickau eine weiblich aussehende Person auf den Ampellichtern den Fußgängerverkehr regelt, ist dieser Satz bzgl. dieses Szenarios wahr. In diesem Szenario wird das Kompositum *Ampelfrau* also auf eine bestimmte Art interpretiert – es erhält eine bestimmte Äußerungsbedeutung, und entsprechend verhält es sich mit den anderen Wörtern dieses Satzes.

Über die Äußerungsbedeutung hinaus geht aber die eigentliche Interpretation unseres Beispielsatzes. Hörer interpretieren eine Äußerung eines Sprechers in der Regel unter der Vermutung, der Sprecher will mit seiner Äußerung etwas bezwecken; er will den Hörer unterhalten, informieren, warnen usw. Dieser Zweck der Äußerung kann dem eigentlichen Inhalt des Satzes nicht entnommen, sondern muss vom Hörer erschlossen werden. Diese Bedeutungsebene nennen wir nach Löbner (2015) den **kommunikativen Sinn**.

Kommunikativer Sinn
Der kommunikative Sinn einer Äußerung ist der Effekt, den diese Äußerung beim Hörer erzeugen soll wie z. B. eine Entschuldigung zu sein, eine Warnung, eine Mitteilung usw.

Der kommunikative Sinn ist nicht Gegenstand der Semantik und wird in diesem Kapitel daher auch nicht weiter thematisiert. Die **Pragmatik** ist das Teilgebiet der Linguistik, in dem die verschiedenen Aspekte des kommunikativen Sinns analysiert werden. Die Pragmatik wird in ► Kap. 6 vorgestellt.

? **Frage 5.2**
Was sind Ausdrucks- und mögliche Äußerungsbedeutung sowie ein möglicher kommunikativer Sinn des Satzes *Drei Männer trinken fünf Bier?*

■ **Drei unterschiedliche Bedeutungsarten**

Die bisherigen Darlegungen zur Semantik kreisen um die Fragen, was Ausdrücke ohne jeden Kontextbezug bedeuten können und wie die Welt beschaffen sein muss, damit ein Satz wahr ist. Hierbei werden letztlich Fakten mit dem Gesagten abgeglichen. Sprecher drücken aber nicht nur angenommene Sachverhalte aus. Vielmehr werden neben Sachverhalten auch Emotionen, Einstellungen sowie soziale Beziehungen ausgedrückt. Schauen wir uns hierzu ein Beispiel an:

► **Beispiel**

26. *Hogan berührte das virtuelle Symbol, das ihn direkt mit Tulloch verband. „Herrgott noch mal, stellen Sie den verdammten Verkehr da draußen ab! Wir werden von den Zügen zerquetscht!"* (Aus: Peter F. Hamilton. 2006. *Der entfesselte Judas*, Bd. 3) ◄

Dieser Text enthält nicht nur Ausdrücke, die auf Sachverhalte und Entitäten referieren wie z. B. der Eigenname *Hogan*, das Verb *berühren* usw. Zusätzlich enthält der Text Wörter und Wendungen, die eine emotionale Einstellung ausdrücken, nämlich *Herrgott noch mal* und *verdammt*. Außerdem drückt das Anredepronomen *Sie* eine soziale Beziehung zwischen Sprecher und Adressaten aus. Ausdrücke wie *berühren, Symbol, Verkehr* usw. beschreiben im weitesten Sinne Sachverhalte. Diese Ausdrücke haben eine **deskriptive Bedeutung**. Ein Anredepronomen wie das

Sie im Deutschen besitzt aber noch eine weitere Bedeutungskomponente, die **soziale Bedeutung**. Die Ausdrücke *Hergott noch mal* sowie *verdammt* tragen eine **expressive Bedeutung**. Wir orientieren uns hier wieder an Löbner (2015) und definieren:

> **Deskriptive Bedeutung**
> Die deskriptive Bedeutung eines sprachlichen Ausdrucks ist sein gelerntes oder konstruiertes Konzept, das die potenziellen Referenten festlegt.

> **Soziale Bedeutung**
> Die soziale Bedeutung eines sprachlichen Ausdrucks ist der Ausdruck einer sozialen Beziehung oder die Verwendung für eine soziale Handlung.

Soziale Bedeutungen sind nur in entsprechenden sozialen Konstellationen sinnvoll. Das heißt, die Regeln für soziale Interaktion bestimmen, welcher Ausdruck wann angemessen verwendet werden kann. In einer heutigen Familie wäre die Verwendung des *Sie* als Anrede eines Kindes für eines der Eltern nicht mehr angemessen. Professorinnen bzw. Professoren duzen zu wollen, läuft ebenfalls den Regeln der Interaktion zwischen Studierenden und Professor/innen zuwider. Ein Gespräch zwischen zwei Personen zu beginnen ohne einleitende Begrüßungsformel, wäre ebenfalls nicht sozial angemessen.

? Frage 5.3
Haben *Hallo Herr Krause!*, *Hi Manni!* und *Na, Dicker!* bei Begrüßung derselben Person dieselbe soziale Bedeutung?

> **Expressive Bedeutung**
> Die expressive Bedeutung eines sprachlichen Ausdrucks ist der Ausdruck subjektiver Empfindungen. Hierunter fallen Gefühle, Bewertungen sowie Einstellungen zu Sachverhalten.

Sprachen besitzen ein großes Inventar von Ausdrücken zur Übermittlung expressiver Bedeutung. Hierzu zählen einzelne Morpheme, Wörter und Wortgruppen, wie die folgenden Beispiele aus dem DWDS-Korpus zeigen:

▶ **Beispiel**
27. *das Scheiß-Personal, mega-out, Super-Weib*;
28. *Fresse, Kacke, geil, eiern*
29. *Schöne Kacke, Herrgott noch mal, meine Fresse* ◀

Viele Ausdrücke beinhalten mehr als eine Bedeutungsart. So besitzen etliche Ausdrücke eine deskriptive und eine expressive Bedeutung. Hierzu zählen vor allem Schimpfwörter wie die folgenden:
30. *Fatzke, faules Aas, Mumpfel, Zuttel* (aus dem Schimpfwörterbuch Pfeiffer 1996) ◀

Fatzke z. B. hat die deskriptive Bedeutung der Referenz auf männliche Personen. Die expressive Bedeutung ist der Ausdruck von Arroganz. *Zuttel* hingegen besitzt die deskriptive Bedeutung der Referenz auf eine weibliche Person. Die expressive Bedeutung ist die Eigenschaft des Liederlichseins.

Als letzten grundlegenden Bedeutungsbereich ist die **Konnotation** zu nennen.

> **Konnotation**
> Ein Konnotation ist eine assoziative Bedeutungskomponente, die individuell verschieden sein kann.

So kann z. B. die Konnotation des Nomens *Oma* Bedeutungen wie LIEBEVOLL und WARMHERZIG beinhalten. Konnotationen stehen nicht in einer Beziehung zur Referenz oder zur eigentlichen Bedeutung. Entsprechend spielen sie in der Semantikforschung keine herausragende Rolle, da diese Bedeutungskomponenten individuell stark variieren und somit keine generelle Aussage zur Bedeutungskonstitution mit Konnotationen möglich ist. Konnotationen drücken aber Aspekte von Emotionalität aus und können dadurch in die Interpretation eines Ausdrucks mit eingehen.

? Frage 5.4
Die Ausdruckspaare *Wohnung* und *Bude* sowie *sterben* und *von uns gehen* haben jeweils dieselbe Denotation, aber unterschiedliche Konnotationen. Beschreiben Sie die deskriptive Bedeutung, die expressive Bedeutung sowie mögliche Konnotationen dieser beiden Wortpaare.

5.3 Ein Grundproblem der Semantik: Ambiguität

Die Diskussion zur Beziehung zwischen Ausdrucks- und Äußerungsbedeutung zeigte bereits, dass einzelne Ausdrücke in unterschiedlichen Kontexten unterschiedlich interpretiert werden können, je nachdem, welche Äußerungsparameter wie belegt sind. So besitzt z. B. das Adverb *jetzt* verschiedene Interpretationen, je nachdem, auf welche Zeitspanne um den Sprechzeitpunkt herum sich *jetzt* bezieht. Wir werden in ▶ Abschn. 5.4 sehen, dass viele Wörter nicht nur kontextabhängig zu interpretieren sind, sondern mehrere Bedeutungen haben können, die im Lexikoneintrag des Worts festgeschrieben sind. Die relevanten Stichwörter sind **Polysemie** und **Homonymie**.

> **Vertiefung: Ein erweitertes Zeichenmodell**
>
> Das semiotische Dreieck nach Ogden und Richards (1923) differenziert nicht zwischen dem Sprachsystem, also der Langue bzw. Kompetenz, und der Ebene der konkreten Äußerung, d. h. der Parole bzw. Performanz. Auch die Frage, ob Konzepte deckungsgleich sind mit sprachlicher Bedeutung, wird in dieser Darstellung nicht thematisiert.
>
> Andreas Blank (2001) schlug daher ein differenzierteres Modell in Anlehnung an Raible (1983, S. 5) vor, das diese Abgrenzungen erfasst (siehe Abbildung).
>
>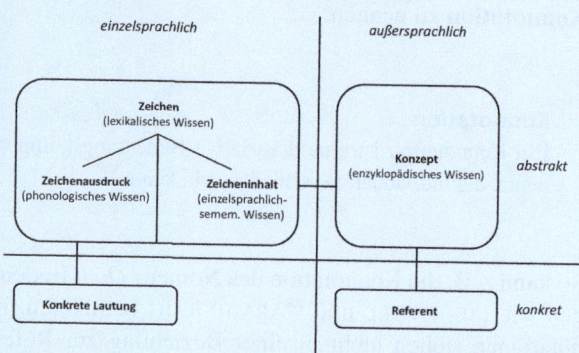
>
> Das sprachliche Zeichen als überindividuelle, abstrakte, im mentalen Lexikon der Sprecher gespeicherte Einheit von Form bzw. Signifikant (der abstrakten Information zu Lautung bzw. Grafie) und Bedeutung bzw. Signifikat wird in diesem Modell klar unterschieden von der Äußerungsebene, d. h. der konkreten lautlichen Realisierung und des Referenten auf der Ebene der konkreten sprachlichen Äußerung. Blank unterscheidet außerdem Sprachliches von Außersprachlichem. Hierzu zählt er Konzept und Referent.
>
> Auf der Ebene des Zeichens (lexikalisches Wissen) sind Informationen zu Wortart, Morphologie und syntaktischen Eigenschaften gespeichert. Zeichenausruck und Zeicheninhalt entsprechen Signifikant und Signifikat – in der Psycholinguistik werden allerdings üblicherweise Signifikat und lexikalisches Wissen zusammengefasst als **Lemma** bezeichnet.
>
> Das Modell macht einige grundsätzliche Fragen sichtbar. Es stellt sich die Frage, ob grammatische Informationen zu Wortart und Morphologie von der lexikalischen Bedeutung trennbar sind. Nicht geklärt ist außerdem die Frage, in welcher Beziehung außersprachliche Konzepte und sprachliche Bedeutung stehen. In vielen Ansätzen werden diese gleichgesetzt. Es stellt sich aber die Frage, ob dies so möglich ist, z. B. ob alle konzeptuellen Informationen auch sprachlich relevant sind und umgekehrt. Und es ist nicht geklärt, ob Konzepte tatsächlich sprachunabhängig sind. Das differenzierte Modell liefert eine saubere Grundlage für die Beschreibung der Komponenten eines sprachlichen Zeichens und seiner konkreten Realisierung und weist explizit auf diese offenen Fragen hin, wenngleich diese nicht gelöst werden.
>
> **Literatur**
> - Blank, A. (2001). *Einführung in die lexikalische Semantik für Romanisten.* Tübingen: Niemeyer (Romanistische Arbeitshefte 45).
> - Raible, W. (1983). „Zur Einleitung". In H. Stimm & W. Raible (Hrsg.). *Zur Semantik des Französischen* (S. 1–24). Wiesbaden: Steiner.

Zusätzlich ergeben sich aber auch Bedeutungsvariationen, die syntaktisch motiviert sind. Je nachdem, welche syntaktische Struktur z. B. einem Satz zugewiesen wird, erhält man unterschiedliche Bedeutungen. Ein prominentes Beispiel ist das *PP-attachment*. Dies ist das Problem, dass Präpositionalphrasen in einem Satz an mehreren Stellen angebunden werden können. Hat eine Präposition mehrere Bedeutungen – im Deutschen ist dies der Normalfall –, können die strukturellen Mehrdeutigkeiten mit den verschiedenen Lesarten interagieren. Ein Beispiel ist die Präposition *mit* im Deutschen. Beispiele aus dem DWDS-Korpus zeigen dies:

▶ **Beispiel**

31. *12. DEZEMBER Paris: Frühstück mit Frau und Töchtern*
32. *Auf Gudmundssons hellblauem Kittel steht nur sein Vorname, Eggert, dabei ist der jungenhafte Mann mit der runden Metallbrille Generaldirektor von HB Grandi, einem der größten isländischen Fischereibetriebe.*
33. *Der Schlagzeuger von Tokio Hotel, Gustav Schäfer, ist in einer Magdeburger Diskothek von einem Unbekannten mit einem Bierglas auf den Kopf geschlagen und verletzt worden.* ◂

In Beispiel 31 drückt *mit* Gemeinsamkeit aus, im Gegensatz zu einer Bestandteil-Lesart (*Frühstück mit Rührei*). Nach unserem Weltwissen ist die zweite Lesart unwahrscheinlich, aber dennoch zumindest theoretisch möglich. Beispiel 32 hingegen ist strukturell mehrdeutig. Die *mit*-Phrase modifiziert entweder die Konstituente *der jungenhafte Mann* oder die Aussage, dass der jungenhafte Mann Generaldirektor von HB Grandi ist (analog zu: *Peter ist mit Brille Scharfschütze und ohne Brille fast blind*). Zwar ist auch hier die zweite Lesart nicht wahrscheinlich, aber dennoch möglich. Besonders deutlich wird die strukturelle Mehrdeutigkeit in Beispiel 33. Die beiden Lesarten sind durch diese syntaktischen Strukturen gegeben: [... [einem Unbekannten] [mit einem Bierglas] [auf den Kopf geschlagen] ...] (er wurde also mit einem Bierglas geschlagen) vs. [...[einem Unbekannten mit einem Bierglas] [auf den Kopf geschlagen] ...] (der Unbekannte mit dem Bierglas schlug ihm auf den Kopf). Diese Mehrdeutigkeit wird in der Linguistik als **Ambiguität** bezeichnet.

> **Ambiguität**
> Ein sprachlicher Ausdruck ist ambig, wenn er mehrere Interpretationen erlaubt.

Die Ambiguität wird häufig nur bei einer detaillierten syntaktischen und semantischen Analyse eines Ausdrucks sichtbar. So zeigt z. B. Uszkoreit (2001), dass der Satz *Früher stellten die Frauen der Insel am Wochenende Kopftücher mit Blumenmotiven her, die ihre Männer an den folgenden Montagen auf dem Markt im Zentrum der Hauptinsel verkauften* 258.048 Lesarten hat. Interessanterweise fällt diese massive Mehrdeutigkeit einem Leser des Deutschen in der Regel nicht auf. Bei der kognitiven Sprachverarbeitung werden anscheinend viele Auslöser von Ambiguität ausgeblendet.

Die Bestimmung der relevanten Lesart aus der Menge sämtlicher Lesarten eines sprachlichen Ausdrucks wird als **Desambiguierung** bezeichnet. Methoden der Desambiguierung sind u. a. in der Computerlinguistik wichtige Themen, da ansonsten enorm große Datenmengen analysiert werden müssten, denn ohne Desambiguierung müsste jede mögliche Lesart in Betracht gezogen werden.

? Frage 5.5
Wie viele Lesarten hat der Satz *Drei Männer tragen ein Klavier mit einem Spanngurt*?

5.4 Lexikalische Semantik

Schlagen wir in einem Wörterbuch die Bedeutung eines uns unbekannten Wortes nach, so stellen wir häufig fest, dass zu diesem Wort mehrere Bedeutungen angegeben sind. Diese Bedeutungen scheinen manchmal vollkommen unabhängig voneinander zu sein, manchmal jedoch können sie auch in einer Relation zueinander stehen.

Tatsächlich ist es so, dass Wörter in der Regel keine feste Bedeutung haben. Wortbedeutungen sind kontextabhängig. Die Annahme starrer Bedeutungen für einzelne Wörter ist daher in der Regel empirisch falsch.

In diesem Abschnitt betrachten wir die wichtigsten Bedeutungsphänomene auf lexikalischer Ebene. Dies betrifft zum einen die Bedeutungsvariation einzelner Wörter und zum anderen Beziehungen zwischen Wortbedeutungen.

> **Vertiefung: Warum hat der Beispielsatz 258.048 Lesarten?**
> Der Satz *Früher stellten die Frauen der Insel am Wochenende Kopftücher mit Blumenmotiven her, die ihre Männer an den folgenden Montagen auf dem Markt im Zentrum der Hauptinsel verkauften.* hat 258.048 Lesarten. Wie wird diese große Anzahl an verschiedenen Lesarten berechnet?
>
> Die folgende Liste gibt die unterschiedlichen Ambiguitäten an:
> - *früher* kann sowohl eigenständiges Adverb als auch Komparativ von *früh* sein. (2 Lesarten)
> - Die Verbform *stellten* ist ambig zwischen Präteritum und Konjunktiv. (2 Lesarten)
> - *die Frauen* kann sowohl Subjekt als auch Objekt des Satzes sein. (2 Lesarten)
> - *am Wochenende* kann *die Insel*, *die Frauen* oder das Verb modifizieren. (3 Lesarten)
> - *mit Blumenmotiven* kann sich auf die Kopftücher beziehen, ein Instrument der Herstellung sein oder ein Adjunkt im Sinne von *gemeinsam mit Blumenmotiven*. (3 Lesarten)
> - *her* hat auch eine direktionale Bedeutung. (2 Lesarten)
> - Der Relativsatz könnte jede der vier Nominalphrasen modifizieren. (4 Lesarten)
> - Sowohl *die* als auch *ihre Männer* kann Subjekt des Relativsatzes sein. (2 Lesarten)
> - Das Possessivpronomen *ihre* kann auf jede der vier Nominalphrasen referieren. (4 Lesarten)
> - *Montagen* hat eine zweite Lesart als Nominalisierung von *montieren*. (2 Lesarten)
> - *der Hauptinsel* kann im Genitiv zu der vorangegangen Nominalphrase gehören oder im Dativ die Käuferin bezeichnen. (2 Lesarten)
> - Die drei Präpositionalphrasen des Relativsatzes können sich in insgesamt sieben Kombinationen mit jeweils vorhergehenden Nominalphrasen (NPs) oder mit dem Verb verbinden. (7 Lesarten)
> - *verkauften* ist wieder ambig zwischen Präteritum und Konjunktiv. (2 Lesarten)
>
> Insgesamt sind es somit $2 \times 2 \times 2 \times 3 \times 3 \times 2 \times 4 \times 2 \times 4 \times 2 \times 2 \times 7 \times 2 = 258.048$ Lesarten.

5.4.1 Arten von Bedeutungsvariation im lexikalischen Bereich

Wir beginnen mit dem einfachsten Fall von Bedeutungsvariation: Wörter haben bei (fast) gleicher Form ganz unterschiedliche Bedeutungen. Dies wird als **Homonymie** bezeichnet.

> **Homonymie**
> Zwei oder mehr Wörter sind homonym, wenn sie bei identischer sprachlicher Form unterschiedliche Bedeutungen haben.

Beispiele für Homonymie sind der Klassiker *Bank* sowie *Steuer* und *anlegen*.

Die beiden ersten Beispiele werden in entsprechenden grammatischen Umgebungen unterschiedlich dekliniert, sodass in diesen Umgebungen Homonymie nicht mehr gegeben ist. *Steuer* hat zudem zwei unterschiedliche Genus (*die/das Steuer*). Der Plural von *Bank* ist *Banken* oder *Bänke*, je nachdem, welche Lesart gemeint ist. Das zählbare Nomen *Steuer* kann sich auf das Lenkrad eines Autos beziehen, sodass hierzu ein sinnvoller Plural gebildet werden kann: *das Fahrzeug hat zwei Steuer, eines vorne rechts und eines im hinteren Bereich*. *Steuer* als Ausdruck einer Geldabgabe an den Staat ist jedoch kein zählbares Nomen, sondern scheint eher ein Abstraktum zu sein, sodass ein Plural nur in bestimmten Kontexten gebildet wird. Im Gegensatz zur ersten Version des Homonyms wird dieser Plural dann durch das Suffix *-n* ausgedrückt wird: (*In Monaco zahle ich nur zwei Steuern, die Vergnügungssteuer und die Sektsteuer*).

Bei diesen beiden Beispielen handelt es sich um **partielle Homonymie**, da die beiden Lexeme nicht in allen Wortformen übereinstimmen. Partielle Homonymie ist der Normalfall; echte Homonymie wie z. B. *Tor* (einfältiger Mensch vs. Eingang) ist eher selten.

Die Homonymie kann die Schriftform oder die Lautform betreffen. Im ersten Fall – gleiche Schriftform, ungleiche Bedeutung – handelt es sich um **Homografie**. Im zweiten Fall, der identischen Lautform bei unterschiedlicher Bedeutung, wird die Homonymie als **Homophonie** bezeichnet.

> ▶ **Beispiel**
>
> *Modern* als Adjektiv und *modern* als Verb (unterschiedliche Betonung!) sind Homografen, ebenfalls *sieben* (das Numeral) und *sieben* (das Verb).
>
> *Saite* und *Seite* sind Homophone. Weitere Homophone sind *Mine* und *Miene* sowie *Volt* und *wollt*. ◀

Inhaltlich diffiziler zu erfassen als Homonymie ist die Polysemie.

> **Polysemie**
> Ein Wort ist polysem, wenn es mehrere miteinander verbundene Bedeutungen hat.

Ein Beispiel für Polysemie ist die Semantik von *laufen*: *laufen* drückt eigentlich eine spezifische Art der schnellen Fortbewegung des Menschen aus, aber diese Bedeutung wird per Metapher auf andere Akteure übertragen: *Vivian Cheruiyot läuft*; *der Motor läuft*; *die Nase läuft*. Wenn ein Motor läuft, ist gemeint, dass er gestartet und einsatzbereit ist und einwandfrei funktioniert. Die schnelle Fortbewegung wird somit auf die Funktionsweise des Motors übertragen. Eine laufende Nase ist eine Nase, aus der sichtbar Sekret fließt. Die kontinuierliche Fortbewegung wird hier also als Bedeutungsaspekt übernommen.

Die wesentliche Unterscheidung zwischen Homonymie und Polysemie ist also die Existenz mehrerer Bedeutungen, die in keinerlei Beziehung zueinander stehen (Homonymie) vs. die Existenz mehrerer Bedeutungen, die inhaltlich, z. B. metaphorisch oder metonymisch, zusammenhängen. Diese Unterscheidung ist aber nicht immer so einfach zu treffen. Was ist z. B. mit den Bedeutungen von *Bein*? Die Bedeutungen, die mit den Komposita *Tischbein*, *Schienbein*, *Radfahrerbein* ausgedrückt werden, können entweder als Homonyme klassifiziert werden (Beine von Möbelstücken vs. menschliches Bein) oder als polysem (Körperteil bzw. Knochen). Einige Linguisten nehmen hierzu eine historische Perspektive ein, die besagt, dass Polysemie vorliegt, wenn die Bedeutungen historisch auf eine gemeinsame Wurzel zurückgehen. Im anderen Fall handele es sich um Homonymie. Nach diesem Kriterium wäre aber *Zug* mit seinen Bedeutungen SCHIENENFAHRZEUG und GESICHTSZUG (*Die Züge entglitten ihm*) polysem, obwohl ein Sprecher des Deutschen diese beiden Bedeutungen sicherlich nicht als zusammenhängend auffassen würde. Etymologisch haben beide Bedeutungen aber denselben Ursprung (vgl. Schildt 1969; Mehl 1993).

> ❓ **Frage 5.6**
> Überlegen Sie sich, welche Bedeutungen *Hahn* haben kann, und entscheiden Sie, ob es sich um Polysemie oder Homonymie handelt. Begründen Sie Ihre Entscheidung.

Die **Metonymie** ist ein Typ der Bedeutungsverschiebung, der zu lexikalisierter Polysemie oder zu Bedeutungsverschiebungen auf der Äußerungsebene führen kann.

> **Metonymie**
> Metonymie ist eine Art des figurativen Sprachgebrauchs, bei dem Referenz dadurch hergestellt wird, dass etwas ausgedrückt wird, was mit dem intendierten Referenten

assoziiert ist. Ist die metonymische Relation konventionalisiert, resultiert sie in Polysemie.

Beispiele für metonymische Ausdrücke sind:

> **Beispiel**
> 34. *Tisch 3 will zahlen!*
> 35. *Der Picasso ist unverkäuflich.*
> 36. *Der Bundestag wird renoviert.* ◂

Der Vorgang, der zur Bildung metonymischer Bedeutungen führt, wird **metonymische Verschiebung** genannt. Metonymische Verschiebungen sind nicht beliebig, sondern folgen bestimmten Mustern, die sich aus semantischen Zusammenhängen ableiten lassen. So kann man von Gegenständen auf die Personen schließen, die mit diesen Gegenständen assoziiert sind (Beispiel 34), von einer Person auf seine Werke (Beispiel 35), oder von Institutionen auf den Ort dieser Institution (Beispiel 36). Metonymische Verschiebungsmuster können recht diffizil sein. Die Bedeutungen von *Oper* und *Theater* folgen z. B. nicht genau denselben Mustern (vgl. Bierwisch 1983). Man kann z. B. sagen *Das Theater/die Oper befindet sich an der Königsallee* (Verschiebung von der Institutions- zur Gebäudelesart), aber die Verschiebung zur Lesart „aufgeführtes Stück" lässt sich nur bei *Oper* durchführen: *Ich habe mir die Oper angeschaut* vs. *??Ich habe mir das Theater angeschaut.*

Die Polysemien von *Oper* und *Theater* basieren also auf Metonymie, aber es gibt Unterschiede in den Verschiebungsmustern.

? Frage 5.7
Welche Bedeutungen hat das Nomen *Universität*?

5.4.2 Lexikalische Relationen

Ist heute Samstag, dann ist heute auch Sonnabend. Besitze ich einen Pudel, besitze ich einen Hund. Ist die Tür zu meinem Zimmer geschlossen, so ist sie nicht offen.

Schlüsse der obigen Art scheinen auf den ersten Blick trivial zu sein. Bei einem genaueren Blick sind solche Schlüsse zumindest sprachlich nicht immer zu ziehen. Habe ich einen Schreibtisch in meinem Zimmer, so habe ich auch ein Möbelstück im Zimmer. Was ist aber der Oberbegriff für MÖBELSTÜCK? Ein Möbelstück ist sicherlich ein Artefakt und somit ein Gegenstand, aber eine Äußerung wie *Ich habe einen Schreibtisch in meinem Zimmer, also habe ich ein Artefakt in meinem Zimmer* ist semantisch betrachtet zwar wahr, aber eine markierte Äußerung. Ein Sprecher kann zudem sagen, dass Karl nicht groß ist, aber daraus folgt nicht zwingend, dass Karl klein ist.

Bedeutungsaspekte dieser Art werden u. a. durch lexikalische Relationen erklärbar.

❗ Achtung
Lexikalische Relationen geben Beziehungen zwischen Wortbedeutungen an, nicht zwischen den Wörtern selbst, aber sie werden dennoch üblicherweise über die Wörter definiert. Man muss also immer berücksichtigen, dass es sich bei lexikalischen Relationen um Beziehungen zwischen Bedeutungen handelt.

Im Folgenden geben wir die wichtigsten lexikalischen Relationen an und erläutern diese an diversen Beispielen.

> **Hyponymie bzw. Hyperonymie**
> Ein Ausdruck A ist Hyponym eines Ausdrucks B, wenn die Bedeutung von A ein Unterbegriff der Bedeutung von B ist. Aus der Perspektive von B wird B als Hyperonym von A bezeichnet.

So ist *Pudel* ein Hyponym zu *Hund* bzw. *Hund* ein Hyperonym von *Pudel*. Die Hyponymie-Relation ist, logisch betrachtet, transitiv, denn ist A Hyponym von B und ist B Hyponym von C, so ist A auch Hyponym von C.

Zu einem ambigen Wort lassen sich entsprechend seinen Lesarten Hyponyme bzw. Hyperonyme angeben, allerdings nicht notwendigerweise für jede Lesart. So hat z. B. *Spieß* laut DWDS-Korpus u. a. die Lesarten BRATSPIESS, WURFSPIESS, in der Soldatensprache HAUPTFELDWEBEL sowie in der Jägersprache GEWEIHSTANGE JUNGER HIRSCHE, REHBÖCKE UND ELCHE.

Die Komposita *Bratspieß* sowie *Wurfspieß* sind bereits Hyponyme von *Spieß*. Schwieriger ist es mit der Lesart HAUPTFELDWEBEL: Das Hyperonym ist der *Dienstgrad*, aber einen Unterbegriff scheint es nicht zu geben. Analog hierzu verhält sich die Bedeutung aus der Jägersprache. Zu *Spieß* mit der Lesart GEWEIHSTANGE JUNGER HIRSCHE, REHBÖCKE UND ELCHE ist das Hyperonym die *Geweihstange*, aber einen Unterbegriff scheint es auch hier nicht zu geben.

? Frage 5.8
Was sind Hyponyme und Hyperonyme zu *gehen*?

> **Synonymie**
> Ein Ausdruck A ist synonym zu einem Ausdruck B, wenn A und B bedeutungsgleich sind, also dasselbe Konzept als Bedeutung haben.

Beispiele für Synonymie sind *Samstag* und *Sonnabend* oder *Orange* und *Apfelsine*. Allerdings ist eine vollständige Bedeutungsgleichheit zweier Wörter sehr selten, wenn nicht sogar eine zu starke Abstraktion. Die Vorstellung, dass Sprecher zwei Wörter lernen, die in jeder Situation beliebig gegeneinander austauschbar sind, und sich die Bedeutung der Äußerung dadurch nicht ändert – denn das impliziert die obige Definition von Synonymie – widerspricht dem Prinzip der sprachlichen Ökonomie: Warum soll ein Sprecher den Aufwand betreiben, zwei Wörter zu lernen, die vollkommen bedeutungsgleich sind? Tatsächlich ist die **totale Synonymie**, die mit der obigen Definition gemeint ist, sehr selten, wenn nicht sogar nicht existent. Häufiger ist dagegen die **partielle Synonymie**, nach der sich Wörter einen Bedeutungskern teilen. In der Regel ist bei partieller Synonymie die deskriptive Bedeutung der beiden Wörter identisch, aber es bestehen Unterschiede in der expressiven Bedeutung. Beispiele sind *Cousin* und *Vetter*. Beide drücken dieselbe Verwandtschaftsbeziehung aus, aber während das aus dem Germanischen stammende *Vetter* mittlerweile eher umgangssprachlich verwendet wird, ist das seit dem 17. Jahrhundert belegte, aus dem Französischen stammende *Cousin* in Texten vielmals stilistisch angemessener.

? Frage 5.9
Ersetzen Sie in den folgenden Korpusbelegen *Cousin* durch *Vetter*: Wo sind Bedeutungsunterschiede erkennbar und warum?
1. *In einer gemeinsamen Mitteilung demonstrierten VW-Aufsichtsratschef Piëch und sein Cousin und Porsche-Amtskollege Wolfgang Porsche Einigkeit.*
2. *Und hier begegnen wir einem weiteren Porträt-Paar: der jungen Königin Victoria von England und ihrem Cousin und Ehemann, Prinz Albert von Sachsen-Coburg und Gotha.*
3. *Wenn Gönül sich klarmachen will, wie schlimm es einem wie ihm in Deutschland ergehen kann, einem jungen Türken mit Hauptschulabschluss, dann denkt er an seinen Cousin Okan in Duisburg.*

> **Antonymie**
> Zwei sprachliche Ausdrücke sind antonym, wenn sie sich auf die beiden Extrema einer Skala beziehen.

Antonyme setzen nach dieser Definition eine Skala voraus, auf der Bedeutungen verortet werden. Die klassischen Beispiele für einen Skalenbezug liefern gradierbare Adjektive. Ein Adjektiv wie *stark* drückt aus, dass eine gewisse Intensität besteht, die wiederum abhängig von dem modifizierten Nomen ist. So ist ein *starker Kaffee* ein Kaffee mit hohem Koffeingehalt, während eine *starke Frau* eine Frau mit hoher Willens- oder hoher Körperkraft sein kann. Die relevante Skala ergibt sich also durch Welt- oder Kontextwissen.

Das Antonym zu *stark* ist dann *schwach*: Ein *schwacher Kaffee* ist ein Kaffee mit geringem Koffeingehalt, eine *schwache Frau* ist eine Frau mit geringer Willens- oder Körperkraft usw.

? Frage 5.10
Sind *winzig* und *riesig* Antonyme zueinander? Inwiefern unterscheiden sich diese beiden Ausdrücke von *klein* und *groß*?

Da sich Antonyme auf die Extremwerte der Skala beziehen, existiert ein Mittelbereich der Skala, auf den die beiden Antonyme nicht referieren. Aus diesem Grund tangiert die Verneinung auch nicht allein die Adjektivbedeutung des Antonyms. Ist z. B. ein Kaffee nicht stark, so ist er nicht zwingend schwach. Er kann auch einen mittleren Koffeingehalt besitzen.

Zusätzlich zur eigentlichen Antonymie können wir zwei Spezialfälle definieren: die **direktionale Opposition** sowie **Komplementarität** (vgl. Löbner 2015, S. 238ff.).

> **Direktionale Opposition**
> Zwei sprachliche Ausdrücke stehen in direktionaler Opposition zueinander, wenn sie Fälle ausdrücken, die auf einer gemeinsamen Achse entgegengesetzt sind.

Beispiele für direktionale Opposition liefern die Präpositionen *rechts von*, *links von*, die z. B. Bezug auf die horizontale Körperachse eines Menschen nimmt, die durch die ausgestreckten Arme verdeutlicht werden kann. Auch die Adverbien *rechts* bzw. *links* stehen in direktionaler Opposition zueinander. Der Unterschied zwischen den Präpositionen und den Adverbien liegt lediglich auf der sprachlichen Ebene. Die Präpositionen verlangen die Nennung des Objekts, von dem aus lokalisiert wird, während dies bei den Adverbien nicht möglich ist (vgl. *Mein Fahrrad steht rechts von dir* vs. *Mein Fahrrad steht rechts*).

> **Komplementarität**
> Zwei sprachliche Ausdrücke sind komplementär, wenn ihre Bedeutungen sich gegenseitig ausschließen, die Bedeutungen aber eine Domäne vollständig abdecken.

Komplementäre Ausdrücke sind z. B. *offen* und *geschlossen*, *wach sein* und *schlafen* oder *tot* und *lebendig*.

? Frage 5.11
Welche Ausdrücke in direktionaler Opposition mit Zeitbezug fallen Ihnen ein? Finden Sie außerdem komplementäre Ausdrücke mit Zeitbezug.

5.5 Satzsemantik

Sätze drücken, allgemein formuliert, einen Gedanken aus. Den deskriptiven Inhalt eines solchen Gedankens bezeichnen wir als propositionalen Gehalt, wobei ein propositionaler Gehalt eine oder mehrere sog. Propositionen umfasst (vgl. von Polenz 2008).

> **Proposition**
> Eine Proposition ist ein deskriptiver Gehalt. Als solcher ist er wahrheitswertfähig. Die Proposition legt damit die möglichen Situationen in der Welt fest, auf die sie anwendbar ist.

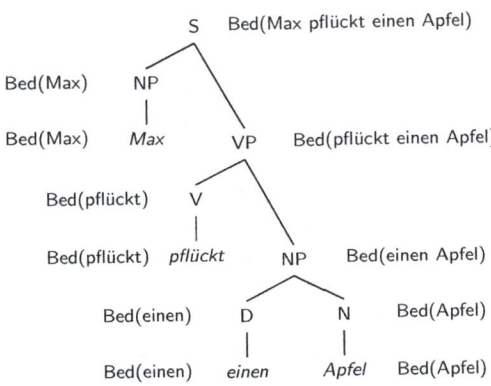

◘ **Abb. 5.4** Kompositionelle Bedeutungskonstruktion für *Max pflückt einen Apfel*

Propositionen sind sozusagen Gedankeneinheiten, die einen Sachverhalt beschreiben. In einer beliebigen Situation kann mithilfe der Proposition entschieden werden, ob der Sachverhalt in der Situation zutrifft oder nicht. Diese Darstellung weist auf die enge Beziehung zwischen Propositionen und Wahrheitsbedingungen hin. Die Wahrheitsbedingungen eines Satzes werden durch die Proposition dieses Satzes gegeben.

> **Propositionaler Gehalt**
> Ein propositionaler Gehalt umfasst eine oder mehrere Propositionen.

Der Satz *In Zwickau regelt jetzt die erste Ampelfrau den Verkehr* drückt also die Proposition aus, dass in Zwickau die erste Ampelfrau den Verkehr regelt. Der Satz hat auch einen propositionalen Gehalt, nämlich diese Proposition. Der Satz *In Zwickau regelt jetzt die erste Ampelfrau den Verkehr und niemand regt sich darüber auf* hat hingegen den propositionalen Gehalt, dass in dem Ort Zwickau eine Ampelfrau den Verkehr regelt sowie dass sämtliche Personen sich über diese Art des Regelns des Verkehrs nicht aufregen. Es werden also zwei Propositionen ausgedrückt, die wahr oder falsch sein können und die mittels Konjunktion verbunden sind.

Während in der lexikalischen Semantik die verschiedenen Variationen lexikalischer Bedeutungen untersucht werden, steht bei der Satzsemantik die Frage im Vordergrund, wie diese Wortbedeutungen zu einer Satzbedeutung kombiniert werden. Die Antwort auf die Frage, wie Satzbedeutungen bestimmt werden, liefert das **Kompositionalitätsprinzip**. Dieses Prinzip stellt in der Semantik das leitende Prinzip in der Theoriebildung dar. Theorien, die Bedeutungen komplexer sprachlicher Ausdrücke kompositionell erklären können, werden Theorien, die diese Bedeutungen nicht-kompositionell erklären, immer vorgezogen, da eine kompositionsorientierte Theorie zeigen kann, dass diese Bedeutung aus einem fundamentalen Prinzip der Bedeutungskombination folgt.

> **Kompositionalitätsprinzip**
> Das Kompositionalitätsprinzip erklärt die Beziehung zwischen Wortbedeutungen und Satzbedeutung. Nach dem Kompositionalitätsprinzip ergibt sich die Bedeutung eines Satzes aus der Bedeutung seiner Wörter sowie der Kombination dieser Wörter nach den syntaktischen Regeln der jeweiligen Sprache.

> ▶ **Beispiel**
> Die Bedeutung des Satzes *Max pflückt einen Apfel* ergibt sich aus der Bedeutung der Wörter *Apfel*, *einen*, *Max*, *pflückt* sowie der syntaktischen Struktur dieses Satzes. Wird dem Satz die Struktur
>
> [[Max]$_{NP}$ [pflückt [einen Apfel]$_{NP}$]$_{VP}$]$_S$
>
> zugewiesen, so ergibt sich die Satzbedeutung wie folgt: Die Bedeutung des Eigennamens *Max* wird an den Syntaxknoten der Subjekt-NP weitergegeben. Die Bedeutung der NP *einen Apfel* ergibt sich aus der Kombination der Bedeutung des Artikels *einen* mit der Bedeutung von *Apfel*. Diese NP-Bedeutung wird mit der Bedeutung des Verbs *pflückt* zur Bedeutung der VP *pflückt einen Apfel* kombiniert. Schließlich wird an der Satzkategorie S die Bedeutung der VP mit der Bedeutung der Subjekt-NP kombiniert, sodass wir die Satzbedeutung erhalten. Grafisch erhalten wir das in ◘ Abb. 5.4 gezeigte Bild, wobei „Bed(X)" ausdrückt: die Bedeutung der Konstituente X. ◀

Dieses Beispiel macht einige wesentliche Aspekte der Bedeutungskonstitution deutlich, die bei der Berücksichtigung des Kompositionalitätsprinzips Anwendung finden:

> **Vertiefung: Kompositionelle Semantik formal**
> Eine präzise Möglichkeit, das Kompositionalitätsprinzip zu explizieren, liefert der Lambda-Kalkül.
>
> Der Lambda-Kalkül bietet eine besondere Schreibweise für Funktionen. Anstatt eine Funktion – wie in der Mathematik üblich – z. B. als $f(x) = 2x + 3$ zu definieren, wobei diese Definition uns mitteilt, wie für ein Argument dessen Wert berechnet wird, wird dieselbe Funktion im Lambda-Kalkül als $\lambda x[2x + 3]$ angegeben. Die erste Schreibweise besagt: „Setze für die Variable x eine Zahl als Argument ein und berechne dann deren Wert entsprechend der Regel auf der rechten Seite." Man erhält dann z. B. $f(1) = 5$; $f(2) = 7$; $f(3,3) = 9,6$ usw. Die Lambda-Schreibweise mit dem griechischen Lambda (λ) als Lambda-Operator bzw. λ-Operator gibt eine andere Sicht auf Funktionen wieder. Dieser Ausdruck besagt: „Wenn man dem Ausdruck ein Argument gibt, kann man sofort sehen, welchen Wert es erhält." Man erhält dann Gleichungen wie $\lambda x[2x + 3](1) = 5$; $\lambda x[2x+3](2) = 7$; $\lambda x[2x + 3](3,3) = 9,6$; usw., wobei das Argument in Klammern rechts neben dem λ-Ausdruck angegeben wird.
>
> Der Lambda-Kalkül ist für die kompositionelle Semantik zum Standard geworden, weil Kompositionalität mithilfe dieses Kalküls elegant realisiert werden kann.
>
> Im λ-Kalkül werden die meisten Bedeutungen als Funktionen angegeben (Ausnahmen können z. B. Eigennamen sein). Wenn man nun entsprechend dem Kompositionalitätsprinzip die Bedeutung eines Satzes auf der Basis der syntaktischen Struktur dieses Satzes sowie der Bedeutung der einzelnen Wörter berechnet, so liefern die Lexikoneinträge der Wörter deren Bedeutung als logische Konstante oder als Lambda-Ausdruck, und die Syntax gibt die Kombinationsmöglichkeit der Lambda-Ausdrücke vor. Das Prinzip, nach dem Lambda-Ausdrücke verrechnet werden, heißt **Lambda-Konversion** und funktioniert folgendermaßen: Das Argument wird anstelle der Variablen im Lambda-Ausdruck eingesetzt, und der Lambda-Operator samt der von ihm gebundenen Variable auf der linken Seite der Formel wird gelöscht. Auf diese Weise werden die Werte für die Argumente elegant bestimmt.
>
> Da der Wert einer Funktion wiederum eine Funktion sein kann, sind λ-Ausdrücke mit mehreren λ-Operatoren möglich.
>
> Ein Beispiel sollen die Vorgehensweise illustrieren: Die Wahrheitsbedingung des Satzes *Max mag Julia* sei logisch als $mag(m, j)$ anzugeben, wobei mag eine Prädikatskonstante ist und m und j Individuenkonstanten sind, die für Max bzw. Julia stehen.
>
> Die Lexikoneinträge der Eigennamen *Max* bzw. *Julia* enthalten m bzw. j als deren Bedeutungsrepräsentationen, und der Lexikoneintrag für *mag* enthält die Bedeutungsrepräsentation $\lambda y \lambda x[mag(x, y)]$. Dieser Lambda-Ausdruck besagt: Nimm das erste Argument, berechne per Lambda-Konversion den Wert, der dann ein Ausdruck der Form $\lambda x[mag(x, \text{WERT FÜR } y)]$ ist; und wende diesen Ausdruck auf das zweite Argument an. Das Ergebnis sieht bei einer einfachen Syntaxstruktur grafisch wie folgt aus:
>
>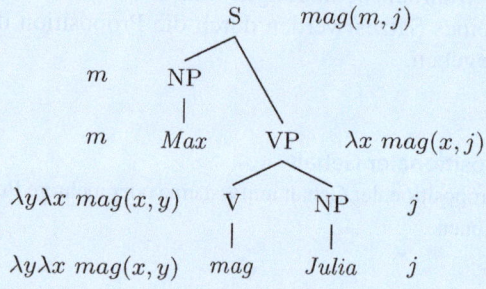
>
> **Literatur**
> - Bach, E. (1989). *Informal Lectures on Formal Semantics*. Albany: State University of New York Press.
> - Heim, I., & Kratzer, A. (1998). *Semantics in Generative Grammar*. Oxford: Blackwell.

- Die Satzbedeutung wird im Syntaxbaum „von unten nach oben" bestimmt. Dies wird als **bottom-up-Verfahren** bezeichnet: Die Bedeutungen der einzelnen Wörter werden an den ersten Konstituentenknoten weitergereicht, der die Wortart angibt, und von dort werden die Bedeutungen im Strukturbaum durchgereicht bzw. miteinander kombiniert, bis die Bedeutung des Satzes am Satzknoten S bestimmt ist.
- Der Syntaxbaum besitzt entweder binär verzweigende Knoten wie z. B. den Satzknoten, oder ein Knoten verzweigt sich nicht wie z. B. der Determinierer-Knoten D. Im ersten Fall müssen die Bedeutungen, die an den beiden direkt untergeordneten Knoten angegeben sind, miteinander kombiniert werden. Im zweiten Fall werden die Bedeutungen einfach nur vom direkt untergeordneten Knoten „hochgereicht".
- Die Polysemie, die wir im lexikalischen Bereich kennengelernt haben, wird bei der Komposition von Satzbedeutungen ausgeblendet. Man geht in der Satzsemantik davon aus, dass die aktuale Wortbedeutung bekannt ist und diese Bedeutung mit den anderen Bedeutungen kombiniert werden kann. Aus einer radikal satzsemantischen Sicht kann sogar argumentiert werden, dass Wortbedeutungen überhaupt nicht eigenständig sind; Wortbedeutungen werden dann lediglich als Bausteine für Satzbedeutungen definiert.

– Natürlich will man wissen, wie denn nun Wortbedeutungen zu Bedeutungen komplexer Konstituenten (Nominalphrasen, Verbalphrasen, Sätze usw.) formal kombiniert werden. In der Sprachphilosophie und der formalen Semantik wird diese Frage mittels Funktionen im mathematischen Sinne beantwortet, also mittels Zuordnungsvorschriften, die einer Eingabe eine Ausgabe eindeutig zuordnen. Wortbedeutungen modelliert als Funktionen nehmen diverse Argumente als Eingabe, evtl. auch andere Wortbedeutungen. Die Ausgabe ist die Bedeutung einer komplexen Konstituente. Dieses elegante kompositionelle Verfahren wird in der Vertiefungsbox „Kompositionelle Semantik formal" erläutert.

? Frage 5.12
Skizzieren Sie die kompositionelle Bedeutungskonstitution für die Phrase *Ein Lokomotivführer aus Lummerland*.

5.6 Grundlegende semantische Domänen

Wir werfen nun einen kurzen Blick auf semantische Bereiche, die in der menschlichen Kognition fundamentale Rollen spielen, und skizzieren wichtige Aspekte des sprachlichen Bezugs auf diese Domänen. Wir charakterisieren hier anhand des Deutschen einige sprachspezifische Bedingungen für das Sprechen über diese Domänen, wobei wir berücksichtigen sollten, das Sprachen auf die genannten Domänen unterschiedlich Bezug nehmen. Ob diese Tatsache auch bedeutet, dass die Eigenschaften einer Sprache auch die Kognition beeinflussen, sodass z. B. Sprecher des Englischen bestimmte Domänen anders konzeptualisieren als Sprecher des Deutschen, ist ein Thema, das in der Linguistik immer noch kontrovers diskutiert wird.

Ein einfaches Beispiel mag diese Fragestellung verdeutlichen: Das Deutsche besitzt die drei Lokaladverbien *hier*, *da* und *dort*, deren Bedeutung ungefähr ist: *hier* bezeichnet den Umgebungsraum des Sprechers, *dort* den Raum, der entfernt vom Sprecher ist und *da* einen Zwischenraum zwischen dem Umgebungsraum des Sprechers und dem entfernten Raum, auf den sich *dort* bezieht. Die Grenzen dieser Räume sind unscharf und das Ausmaß dieser Räume ist kontextabhängig, aber diese drei Adverbien teilen den Gesamtraum um den Sprecher herum in drei Bereiche auf:

37. *Hier ist es warm.* (Im Umgebungsraum des Sprechers ist es warm)
38. *Dort ist es warm.* (Ein Gebiet, in dem sich der Sprecher nicht befindet und das vom Sprecher weit entfernt ist, ist warm)
39. *Da ist es warm.* (Ein Gebiet, in dem sich der Sprecher nicht befindet und das vom Sprecher nicht weit entfernt ist, ist warm)

Das Englische besitzt dagegen nur die zwei Lokaladverbien *here* und *there*, die nur eine Unterscheidung zwischen Umgebungsraum des Sprechers und Nichtumgebungsraum des Sprechers ausdrücken:

40. *It's pretty warm here.*
41. *It's pretty warm there.*

Bedeutet dies aber auch, dass Sprecher des Englischen die Kategorie Raum anders konzeptualisieren, da die Besonderheiten des Englischen eine Zweiteilung in Umgebungsraum und dessen Komplement nahelegen? Viele Studien legen den Schluss nahe, dass sprachliche Charakteristika tatsächlich einen Einfluss in bestimmten Grenzbereichen der Konzeptualisierung haben, aber die starke These, dass die Eigenschaften der jeweiligen Erstsprache prinzipiell die Wahrnehmung beeinflussen, bestätigt sich nicht (vgl. Nuyts und Pederson 1997).

■ **Negation: Was ist nicht der Fall?**
Alle Sprachen der Welt besitzen Ausdrücke, mit denen Sprecher Bedeutungsaspekte verneinen können. Im Deutschen sind dies unter anderem *nicht*, *kein*, *nein*, *un-*, *niemals*, *keineswegs* und Wendungen wie *auf keinen Fall*, aber auch mittels Intonation kann **Negation** angezeigt werden (vgl. Jacobs 1982).

> **Negation**
> Negation ist die sprachliche Verneinung von Sachverhalten, Eigenschaften, Einstellungen und Entitäten.

In der Aussagenlogik können nur Aussagen mittels eines Negationsoperators (¬) negiert werden. Die Prädikatenlogik verwendet diesen Negationsoperator, um prädikatenlogische Formeln zu negieren. Natürliche Sprachen sind dagegen deutlich ausdrucksstärker in ihren Möglichkeiten zu negieren.

Aus semantischer Sicht sind zwei Fragen von Bedeutung: Zum einen stellt sich die Frage, was negiert wird, also die Frage nach dem Geltungsbereich der Negation bzw. die durch die Negation betroffenen sprachlichen Einheiten, dem **Skopus**. Im Deutschen z. B. kann der Satz *Max hat das Auto nicht gesehen* ausdrücken, dass das Sehen negiert wird, das Sehen des Autos negiert wird, oder der gesamte Sachverhalt wird negiert. Diese Skopus gehen häufig auch mit entsprechender Intonation einher: *Max hat das Auto nicht gesehen, sondern gehört/sondern das Motorrad gehört/sondern Lena hat das Motorrad gehört*. Die Bestimmung des vom Sprecher intendierten Skopus der Negation ist also eine Desambiguierungsaufgabe.

Die zweite Frage betrifft das Verhältnis zwischen Inhalt und Verneinung. Während der Satz *Max hat das Auto nicht gesehen* bei maximalem Skopus den Wahrheitswert des Satzes *Max hat das Auto gesehen* umkehrt, berührt der Satz *Max hat nicht die Rostkarre gesehen, sondern den Opel* nicht den Wahrheitswert, sondern die Angemessenheit des Satzes bzw. des Audrucks *Rostkarre*. Horn (1989) nennt diesen Fall **metalinguistische Negation**, da in diesem Fall vom Sprecher typischerweise auf den vorherigen Diskurs Bezug genommen und dabei angegeben wird, dass Teile einer Äußerung nicht angemessen sind.

- **Quantifikation: Wie groß ist eine Menge?**

Aussagen über die Größe von Mengen treffen zu können, gehört ebenfalls zu den universellen Eigenschaften natürlicher Sprachen. Die sprachlichen Ausdrücke, die der Spezifizierung von Mengen dienen, werden in Anlehnung an die Logik **Quantor** genannt und Ausdrücke mit einem Quantor als **quantifizierende Ausdrücke**. Im quantifizierenden Ausdruck drücken das Nomen bzw. evtl. auch die vorhandenen Adjektive Eigenschaften aus, die die Elemente der Menge besitzen müssen. So ist z. B. *einige* ein Quantor und *einige fleißige Studierende* ein **quantifizierender Ausdruck** bzw. genauer eine **quantifizierende Nominalphrase**, die angibt, dass aus der Menge der Studierenden, die fleißig sind, mindestens eine Person ausgewählt wird (dies ist die logische Analyse; pragmatisch drückt *einige* jedoch „mindestens zwei" aus. Siehe hierzu ▶ Kap. 6 zur Pragmatik).

> **Quantor**
> Ein Quantor drückt eine Mengenspezifizierung aus.

Im Deutschen existieren prinzipiell unendlich viele Quantoren, da die Quantifikation auch auf einem rekursiven Zahlensystem basiert und für fast jede Zahl eine Bezeichnung existiert bzw. komponiert werden kann. Quantoren des Deutschen sind also z. B. *drei* und *dreihundertzwölf*. Weitere Quantoren sind *alle*, *die meisten*, *nicht mehr als fünf*, *zwischen acht und zehn*, *viele*, *einige* usw.

Neben diesen Quantoren ist die morphologisch markierte Unterscheidung zwischen Singular und Plural ebenfalls eine Quantifikation. Der Plural drückt aus, dass eine Aussage über eine Menge mit mindestens zwei Elementen getroffen wird, während der Singular anzeigt, dass über eine Einzelentität eine Aussage gemacht wird. Sprachen wie z. B. Slowenisch oder Altgriechisch besitzen zudem neben Singular und Plural den **Dualis** oder auch **Dual**, der eine Zweiermenge anzeigt.

Semantische Analysen quantifizierender Ausdrücke betreffen die Frage, wie die Bedeutung exakt beschrieben werden kann (Was bedeutet z. B. *manche*?), und die Frage, was neben der semantischen Interpretation zusätzlich mitverstanden wird. Sagt z. B. jemand, sie habe drei Kreditkarten, so interpretieren wir diesen Satz so, dass die Sprecherin exakt drei Kreditkarten besitzt. Der Satz wäre aber auch wahr, wenn die Sprecherin vier oder mehr Kreditkaten haben würde. Der Grund, warum Hörer *drei Kreditkarten* als *genau drei Kreditkarten* interpretieren, ist aber kein semantischer, sondern ein pragmatisch motivierter. ▶ Kap. 6 zur Pragmatik geht im Abschnitt zu den Implikaturen darauf ein.

- **Raum: Wie beeinflusst räumliches Wissen die Interpretation?**

Die Raumkognition gehört zu den fundamentalen Fähigkeiten des Menschen – ohne die Fähigkeit zur Orientierung im Raum, zur Wegplanung und zur Wegfindung wäre die menschliche Spezies sicherlich nicht überlebensfähig. Daher ist es auch nicht verwunderlich, dass Sprachen eine Vielzahl von Ausdrücken besitzen mit Bezug zu räumlichem Wissen. Im Deutschen sind dies vor allem räumliche Präpositionen (*in*, *auf*, *über*, *zwischen* etc.), Adverbien (*oben*, *hinten*, *da* etc.), Nomen (*Platz*, *Ort*, *Raum*, *Weg* etc.) sowie Verben (*kommen*, *gehen*, *laufen*, *kriechen* etc.).

Das sprachliche Lokalisieren funktioniert nach zwei grundlegenden Prinzipien. Zum einen können Sprecher topologische Konzepte anwenden, um ein Objekt relativ zu einem anderen Objekt zu lokalisieren. Solche topologischen Konzepte sind z. B. die Enthaltensein-Relation, Kontakt und Proximität.

Zum anderen etablieren Sprecher ein blickpunktabhängiges Achsensystem.

Entsprechend wird zwischen **lokalen** und **direktionalen Ausdrücken** unterschieden. Bei lokalen Ausdrücken wird eine blickpunktunabhängige räumliche Relation zwischen zwei Entitäten ausgedrückt wie z. B. das (partielle) Enthaltensein durch die Präposition *in*:

> ▶ **Beispiel**
> 42. *Die Rose in der Vase*
> 43. *Der Kaffee in der Tasse*
> 44. *Die Angestellten im Rathaus* ◄

Die Interpretation direktionaler Ausdrücke basiert hingegen auf einem Achsensystem, das blickpunktabhängig etabliert wird. Ob sich z. B. ein Fahrrad rechts von einem Auto befindet, hängt davon ab, wie man auf die Position des Fahrrades relativ zum Auto schaut. So wäre z. B. eine mögliche Interpretation, dass der Sprecher sein körpereigenes Achsenssystem für die Lokalisierung verwendet hat. Der menschliche Körper besitzt eine inhärente vertikale Achse, die durch den Gleichgewichtssinn festgelegt ist – hierdurch wissen wir, ob wir z. B. liegen oder stehen. Die erste Horizontalachse ist dann durch das Gesichtsfeld gegeben: Die Richtung der Achse geht einmal vom Gesichtsfeld weg sowie nach hinten. Sind diese beiden Achsen bekannt, wird daraus die zweite Horizontalachse abgeleitet, die man sich denken kann als durch die gestreckten Arme gegeben. Die Präposition *rechts von* bedeutet dann: Ein Objekt wird in einem Raum lokalisiert, der durch die zweite Horizontalachse des Sprechers bestimmt wird, und zwar wird dieses Objekt im RECHTS-Raum relativ zum Sprecher lokalisiert.

Ein solches Achsensystem kann aber auch durch das Auto selbst als Referenzobjekt aufgespannt werden. Dann bedeutet der Satz *Das Fahrrad ist rechts vom Auto*: Die

RECHTS-Achse des Autos weist einen Raum aus, in dem sich das Fahrrad befindet.

Zentrale Fragen zur Beziehung zwischen Sprache und Raum sind:
- Wie werden räumliche Bezugssysteme vom Sprecher in einem Diskurs etabliert?
- Welche Rolle spielen diese Bezugssysteme bei der Interpretation eines räumlichen Ausdrucks?
- Wie wird in einem Text räumlich linearisiert, d. h. wie wird räumliche Information beim Sprechen in eine lineare Struktur überführt?

Zeit: Wie wird zeitliches Wissen sprachlich realisiert?

Zeit ist zwar im Gegensatz zur Domäne „Raum" eindimensional, aber tatsächlich ist die grundlegende Domäne der Raum, denn Zeit wird aus Bewegung im Raum abgeleitet. Die sprachliche Realisierung von Zeit ist aus grammatischer Sicht jedoch die offensichtlichere, da Zeit u. a. mittels der grammatikalischen Kategorie des Tempus ausgedrückt wird und z. B. im Deutschen, den romanischen Sprachen und im Englischen Zeit bei der Verbkonjugation realisiert werden muss. Wir können in den genannten Sprachen keinen tempuslosen Satz bilden, selbst ein Satz mit einer allgemeingültigen Aussage wie z. B. *Rot ist eine Farbe* wird im Präsens realisiert.

Die sprachliche Realisierung von Zeit wird nicht nur durch Tempus bewerkstelligt. Der Wortschatz einer Sprache enthält etliche Lexeme mit zeitlicher Bedeutung. Im Deutschen sind dies Adverbien (z. B. *gestern*), Namen (*Montag*), Präpositionen (*vor*) usw. Eine weitere Möglichkeit ist die Realisierung von Aspekt, d. h. das Ausdrücken des Zeitverlaufs eines Ereignisses. So kann ein Ereignis als abgeschlossen oder als noch andauernd ausgedrückt werden. Im Deutschen wird letzteres z. B. durch Adverbien wie *noch* ausgedrückt oder durch die sog. rheinische Verlaufsform *am X-en sein*:

▶ **Beispiel**

Eine Sprecherin erzählt, was sie am gestrigen Tag erlebt hatte. Sie sagt:
45. *Ich las ein Buch, aber Max arbeitete.* [zum Betrachtzeitpunkt abgeschlossenes Ereignis]
46. *Ich las ein Buch, aber Max arbeitete noch.* [zum Betrachtzeitpunkt noch nicht abgeschlossenes Ereignis]
47. *Ich las ein Buch, aber Max war am Arbeiten.* [zum Betrachtzeitpunkt noch nicht abgeschlossenes Ereignis] ◂

Möglichkeiten und Notwendigkeiten

Menschen sprechen nicht nur über direkt Erlebtes oder Sachverhalte, die sich aus ihrer Sicht auch tatsächlich zugetragen haben, sondern auch über mögliche oder zukünftige Ereignisse, Fantasiewelten oder Informationen, die sie nur vom Hörensagen kennen. Sie können zudem über noch nicht stattgefundene Ereignisse sprechen, die aber mit absoluter Sicherheit eintreten werden wie z. B. die nächste Bundestagswahl.

Sprachen verwenden recht unterschiedliche Mittel, um anzuzeigen, dass die ausgedrückte Information nur möglich bzw. wahrscheinlich ist bzw. dass ein Sachverhalt mit absoluter Notwendigkeit oder nur mit einer gewissen Wahrscheinlichkeit eintritt. Zu diesen sprachlichen Ausdrücken gehören **Modus** sowie **Modalität**.

Unter Modus fallen der Indikativ und der Konjunktiv als grammatische Markierung der Verbform. Der Konjunktiv drückt die Möglichkeit des Eintretens des Sachverhalts aus, während der Indikativ das faktische Eintreten des Sachverhalts ausdrücken kann.

▶ **Beispiel**

48. Eine Sprecherin erzählt, was sie gerade sieht: *Paul faulenzt vor dem Fernseher und Lena arbeitet.* [faktisches Ereignis]
49. Ein Sprecher erzählt, wie er sich den morgigen Tag vorstellen kann: *Paul faulenze und Lena arbeite.* [mögliches Ereignis] ◂

Modalität hingegen wird nicht flexivisch am Verb markiert, sondern ist das Ausdrücken von Möglichkeit und Notwendigkeit durch andere sprachliche Ausdrücke, insbesondere durch Modalverben wie im Deutschen *müssen*, *können*, *dürfen*, *sollen*, *nicht brauchen* u. a.

Die Semantik der Modalverben zeigt, dass die Möglichkeit bzw. Notwendigkeit des Eintretens eines Sachverhalts von Hintergrundwissen abhängt, der sog. modalen Basis. So drückt z. B. *dürfen* als sog. modale Kraft Möglichkeit aus. In dem Satz *Der Kanzler darf nun den Vertrag unterzeichnen* wird ausgedrückt, dass zum Sprechzeitpunkt die Möglichkeit des Unterzeichnens des Vertrags besteht, eine Notwendigkeit hierzu besteht jedoch nicht. Zusätzlich ergibt sich diese Möglichkeit aus Hintergrundwissen, z. B. protokollarischen Gepflogenheiten, die die Erlaubnis zum Unterzeichnen des Vertrags signalisieren. Letztlich drückt Möglichkeit als modale Kraft aus, dass das Unterzeichnen des Vertrags durch den Kanzler mit diesem Hintergrundwissen kompatibel ist. Das Hintergrundwissen als modale Basis kann sehr unterschiedlich sein, wie die folgenden Korpusbelege zeigen:

▶ **Beispiel**

50. *Der Kurator einer Ausstellung darf behaupten, was er will, solange er damit nicht die Rechte Dritter verletzt.* (juristische Modalbasis; die Behauptung ist kompatibel mit der Gesetzeslage)
51. *Sprechen dürfen sie nicht. Das darf das Publikum im Theater ja fast nie.* (soziale Modalbasis; das Sprechen ist nicht kompatibel mit den Gepflogenheiten eines Theaterbesuchs)
52. *Mit großer Verspätung kommt endlich der sechste Harry-Potter-Film in die Kinos: Danach dürfen sich die Fans noch auf zwei weitere freuen, ehe der Vorhang endgültig fällt.* (faktenbasierte Modalbasis; das Freuen ist

kompatibel mit zukünftigen, aber definitiv eintretenden Ereignissen) ◂

> **❗ Achtung**
>
> Nicht wenige Linguisten sehen neben Modus und Modalität auch Tempus als eine sprachliche Kategorie zum Ausdrücken von Möglichkeiten. Tempora mit Ausdruck von Zukünftigem wie z. B. im Deutschen das Futur I und Futur II (Beispiele: *Ich werde schlafen* bzw. *Ich werde geschlafen haben*) geben Sachverhalte an, die zum Sprechzeitpunkt noch nicht eingetreten sind, sodass sie auch nur mit einer gewissen Wahrscheinlichkeit eintreten werden. Typologische Untersuchungen zeigen zudem, dass manche Sprachen zwischen Modus, Modalität und Tempus morphologisch nicht strikt trennen.

5.7 Semantik und Sprachvergleich

Die in diesem Kapitel vorgestellten Phänomene im Bereich der lexikalischen Semantik sind universell. Die Wörter einer Sprache sind in der Regel flexibel in ihren Bedeutungen. Wörter mit einer kontextunabhängigen, starren Bedeutung sind die Ausnahme zur Regel. Auch das Kompositionalitätsprinzip ist ein universelles Prinzip, das die Kombination von Wort- zu Konstituentenbedeutungen erklärt und das Leitprinzip für jede natürliche Sprache ist.

Unterschiede existieren jedoch in der Art und Weise, wie die Lexik einer Sprache einen Bedeutungsbereich abdeckt. So zeigen Edmonds und Hirst (2002) die subtilen Unterschiede bei der Übersetzung von *Wald* bzw. *Gehölz* ins englische *forest*, *woods* bzw. *copse*. So kann *Wald* eine kleinere und städtischere Ansammlung von Bäumen denotieren als *forest*, sodass es manchmal besser als *woods* übersetzt wird. *Gehölz* hingegen beinhaltet die Bedeutung von *copse* zusammen mit kleineren Teilen von *woods*. Ähnlich verhält es sich mit dem deutschen Wortfeld *Irrtum, Fehler, Mißgriff, Versehen, Schnitzer* versus englisch *error, mistake, blunder, slip, howler* und *lapse* versus französisch *faute, erreur, faux pas, bévue, bêtise, bavure* und *impair*. Die drei Sprachen Deutsch, Französisch und Englisch strukturieren dieses Bedeutungsfeld des Etwas-falsch-Machens subtil anders.

Ein weiterer Punkt betrifft das Verhältnis zwischen lexikalischer Semantik und Kompositionalität. Zum Beispiel bezeichnet Partitivität die Möglichkeit, einen Referenten eines Ausdrucks in Teile zu zerlegen, ohne dass sich die Art des Referenten ändert. Ein zählbares Nomen wie z. B. *Tisch* wird dann mit dem konzeptuellen Merkmal −PARTITIV versehen, denn ein in Teile zerlegter Tisch ist kein Tisch mehr. Das Massennomen *Öl* hingegen ist +PARTITIV, denn eine Ölmenge zerlegt in Teile resultiert wieder in Ölmengen. Ein Abstraktum wie z. B. *Tugend* wird ebenfalls als +PARTITIV klassifiziert, da der Referent nicht klar begrenzt und definiert werden kann (vgl. King 1992).

Die Art und Weise, wie diese konzeptuelle Unterscheidung sprachlich realisiert wird, unterscheidet sich von Sprache zu Sprache, sodass die Semantik der entsprechenden Ausdrücke auf unterschiedliche Weise bestimmt werden muss. Bei zählbaren Nomen wird durch den Plural aus −PARTITIV (z. B. *Tisch*) +PARTITIV (*Tische*). Bei Massenomen und Abstrakta erhalten wir ein komplexeres Bild, da diese Nomen in der Regel keine Pluralbildung zulassen, denn die Nomen sind bereits +PARTITIV. Man beachte „in der Regel" und vergleiche z. B. das englische *information* mit dem deutschen *Information*: Letzteres ist zählbar, ersteres nicht.

Wir verstehen einen Pluralausdruck wie z. B. *Öle* so, dass auf verschiedene Sorten von Öl referiert wird. King (1992, S. 266) zeigt nun, dass das Spanische bei bestimmten Massenomen die Semantik des Plurals ermöglicht, während im Englischen (und Deutschen) hier eine komplexere, kompositionelle Semantik notwendig ist. Beispiele hierfür sind:

Span. *una noticia/dos noticias* vs. engl. *a piece of news/two pieces of news* vs. dt. *eine Neuigkeit/zwei Neuigkeiten*; span. *un mueble/dos muebles* vs. engl. *a piece of furniture/two pieces of furniture* vs. dt. *ein Möbelstück/zwei Möbelstücke*; span. *una tostada/dos tostadas* vs. engl. *a piece of toast/two pieces of toast* vs. dt. *ein Stück* bzw. *eine Scheibe Toast/zwei Toasts*; span. *un chisme/dos chismes* vs. engl. *a bit of gossip/two bits of gossip* vs. dt. *ein Klatsch/zwei Klatschgesprächselemente/Klatschgeschichten*.

Während also z. B. *chismes* lediglich durch Suffigierung mit *-s* die Pluralinterpretation erhält, wird für *bits of gossip* eine komplexere kompositionelle Semantik nötig. *Klatschgeschichten* erfordert zuerst die Auflösung des Kompositums, bevor die Pluralinterpretation erfolgt.

5.8 Weiterführende Literatur

- Löbner (2015) sowie Pafel und Reich (2016) sind deutschsprachige Einführungen in die Semantik, die sämtliche wesentlichen Aspekte vorstellen. Lesenswerte englischsprachige Einführungen sind Riemer (2010) sowie Saeed (2022). Gutzmann (2019) ist eine stärker formal ausgerichtete Semantikeinführung. Einen Überblick über Bedeutungstheorien gibt Reich (2022).
- Eine Einführung in die lexikalische Semantik, die sich an Romanisten wendet, ist Blank (2001). Detaillierte Beschreibungen der lexikalischer Bedeutungsphänomene liefert Cruse (1991). Einen Theorieüberblick zur lexikalischen Semantik bietet Geeraerts (2010).

Antworten zu den Selbstfragen

Selbstfrage 1 Die Konzepte des Numerals, der beiden Adjektive und des Nomens werden auf der Basis der syntaktischen Struktur der Konstituente miteinander kombiniert. Das Konzept bestimmt drei Äpfel, die groß (sich also auf einer Größenskala oberhalb eines Normalwerts oder eines im Kontext bestimmten Werts befindend) und grün sind. Die Denotation umfasst den Schnitt der Menge der Äpfel mit der Menge der grünen Dinge sowie der Menge der großen Dinge. Diese Schnittmenge enthält mindestens drei Elemente.

Das Konzept zu *vollmundige Ankündigung* kann nicht als Intersektion analysiert werden, also den Schnitt zweier Denotationen bestimmen; eine *vollmundige Ankündigung* ist nicht der Schnitt der Menge der Ankündigungen mit der Menge der vollmundigen Entitäten. Vielmehr drückt *vollmundig* eine bestimmte Einstellung des Sprechers zu einer Ankündigung aus.

Selbstfrage 2 Die kontextfreie Ausdrucksbedeutung ist die Angabe, dass drei Männer, über die nichts weiter bekannt ist, in einer Trinken-Relation zu fünf Bieren stehen. Es gibt keine Information, ob die drei Männer zusammen fünf Biere trinken (die sog. „kumulative Lesart") oder jeder für sich (die sog. „distributive Lesart"). Eine mögliche Ausdrucksbedeutung beinhaltet die Festlegung der Referenz von *Drei Männer* sowie die Festlegung, ob eine kumulative oder eine distributive Lesart vorliegt (i. e., ob sie gemeinsam die fünf Biere trinken oder jeder für sich). Ein möglicher kommunikativer Sinn wäre z. B. in einer entsprechenden Situation ein Ratschlag an einen Wirt, mehr Bier zu zapfen.

Selbstfrage 3 Die Vertrauheit zwischen Sprecher/Grüßendem und dem Gegrüßten wird von Beispiel zu Beispiel als stärker signalisiert. Die sozialen Bedeutungen sind unterschiedlich.

Selbstfrage 4 Deskriptive Bedeutungen von *Wohnung* und *Bude*: Wohnbereich in einem Gebäude. Expressive Bedeutung von *Bude*: Abwertende Einstellung des Sprechers zu der Wohnung. Mögliche Konnotationen von *Wohnung*: gemütlich, möbliert, geräumig … Mögliche Konnotationen von *Bude*: verwohnt, schäbig, klein …

Deskriptive Bedeutungen von *sterben* und *von uns gehen*: Übergang vom Zustand des Lebendig-seins in den Zustand des Tot-seins. *Sterben* hat keine expressive Bedeutung. Expressive Bedeutung von *von uns gehen*: distanzierende, beschönigende Einstellung des Sprechers zu diesem Zustandswechsel. Mögliche Konnotationen von *sterben* und *von uns gehen*: Trauer, Erlösung vom Leiden, Sarg …

Selbstfrage 5 Bei der kumulativen Lesart (die drei Männer tragen gemeinsam das Klavier) gibt es zwei Lesarten: Jeder nutzt einen eigenen Spanngurt, oder ein Spanngurt wird gemeinsam verwendet. Bei der distributiven Lesart (jeder Mann trägt sein eigenes Klavier) kann entweder jeder einen eigenen Spanngurt verwenden, oder sie verwenden einen Gurt gemeinsam. Es gibt also vier Lesarten. Die Möglichkeit der gemischten Interpretation „distributiv sowie für eine Zweiermenge kumulativ" betrachten wir nicht.

Selbstfrage 6 *Hahn*: männliches Tier bei diversen Vogelarten, insbesondere dem Haushuhn; Wetterfahne in Gestalt des männlichen Vogels; Armatur wie z. B. beim Zapfhahn oder Wasserhahn. Ähnlichkeit der Form der Wetterfahne bzw. der Armatur mit dem Huhn als Basis für Polysemie.

Selbstfrage 7 Lesarten von *Universität*: Gebäude (*Die Universität befindet sich an der Nobelstraße*), Campus (*Die Universität liegt am Rheinufer*), Institution (*Die Universität beschließt die Bachelorreform*, *Sie ist Dozentin an einer Universität*), Mitglieder der Institution (*Die Universität streikt für die Anwesenheitspflicht*), Prinzip des Erkenntnisgewinns und der Wissensvermittlung (*Die Universität wird alle Gesellschaftsformen überdauern*). Es handelt sich um Polysemie.

Selbstfrage 8 Hyponyme: *schreiten, latschen, trippeln, dackeln …*
Hyperonym: *sich fortbewegen*

Selbstfrage 9 *Cousin* ist gegenüber *Vetter* stilistisch gehobener: *Cousin von Königin Elisabeth II.* vs. *Vetter von Königin Elisabeth II.* (i. e. Prinz Richard); *Cousin von Donald Duck und Gustav Gans* vs. *Vetter von Donald Duck und Gustav Gans* (i. e. Dussel Duck) Dieser Bedeutungsunterschied zeigt sich auch in den angegebenen Korpusbelegen.

Selbstfrage 10 Auf einer Größenskala denotieren *winzig* und *riesig* die Endbereiche. Sie sind also Antonyme. Der Unterschied zu den Antonymen *klein* und *groß* ist der Bezug auf einen kleineren Bereich als bei den genannten Adjektiven: Ist etwas winzig, ist es auch klein, aber kleine Dinge sind nicht zwingend winzig.

Selbstfrage 11 Direktionale Opposition: *früher, später; gestern, morgen; Vergangenheit, Zukunft*
Komplementäre Ausdrücke: *Tag, Nacht; Arbeitstag, Feiertag*

Selbstfrage 12 Die kompositionelle Bedeutung orientiert sich an der syntaktischen Struktur. Diese sei [Ein [Lokomotivführer [aus Lummerland]$_{PP}$]$_{N'}$]$_{NP}$. Dann wird die Bedeutung von *aus Lummerland* mit der Bedeutung von *Lokomotivführer* kombiniert (räumliche Lokalisierung der Menge von Lokomotivführern) und anschließend die Semantik dieses Ausdrucks mit der Semantik des indefiniten Artikels *ein*.

Aufgaben

Die folgenden Aufgaben sind unterschiedlich schwierig zu lösen. Die Einschätzung der Schwierigkeitsgrade ist natürlich individuell verschieden. Sie sollten daher nicht an sich zweifeln, wenn Sie eine Aufgabe, die als einfach klassifiziert ist, als schwer empfinden.
- • einfache Aufgaben
- •• mittelschwere Aufgaben
- ••• anspruchsvolle Aufgaben, die fortgeschrittene Konzepte benötigen

5.1 • Analysieren Sie die folgende Hotelbewertung (von der Bewertungsseite ▶tripadvisor.de) bzgl. der unterschiedlichen Bedeutungsarten (deskriptive, soziale und expressive Bedeutung):

War mit meinem Enkel da, ansonsten gabs zu 90 % Engländer, die sich fast alle sehr ungehörig benehmen, laut und sehr rücksichtslos, zudem wurde um 7 Uhr in der Früh' mit dem Laubsauger und anderen Höllenmaschinen gearbeitet, es war nicht erholsam, nachts lagen wir in der Disco, das war nicht lustig!

5.2 • Betrachten Sie die Paare engl. *prize/award* sowie dt. *Couch/Sofa* und *Myokardinfarkt/Herzinfarkt*: Welche Art von Synonymie liegt vor? Bitte begründen Sie Ihre Entscheidung anhand von Korpusbelegen.

5.3 • Sind die Nomenpaare *Held/Feigling*, *Genie/Dummkopf* sowie *Riese/Gartenzwerg* Antonymenpaare? Bitte begründen Sie auch diese Entscheidung anhand von Korpusbelegen.

5.4 •• Geben Sie zu dem Satz *Das Wesen des vorliegenden Buches wird man am besten beurtheilen können, wenn ich kurz angebe, wie ich dazu kam, es zu schreiben.* (Charles Darwin 1874, *Die Abstammung des Menschen und die geschlechtliche Zuchtwahl*, Kap. 2; siehe ▶gutenberg.spiegel.de/buch/4526/2) die Ausdrucksbedeutung an sowie zwei mögliche Äußerungsbedeutungen.

5.5 •• Rufen Sie das Digitale Wörterbuch der deutschen Sprache unter ▶www.dwds.de auf. Geben Sie Belege für Verwendungen der folgenden Wörter an und erläutern Sie die Semantik dieser Wörter: Liegt Bedeutungsvielfalt vor und, falls ja, ist die Bedeutungsvielfalt jeweils ein Beispiel für Polysemie, Metonymie, Differenzierung? Listen Sie möglichst viele der Lesarten auf: *gehen, finden, besessen, gut, Kaffee*.

Literatur

Bach, E. (1989). *Informal Lectures on Formal Semantics*. Albany: State University of New York Press.
Bierwisch, M. (1983). Semantische und konzeptuelle Repräsentation lexikalischer Einheiten. In R. Ružika, & W. Motsch (Hrsg.), *Untersuchungen zur Semantik* (S. 61–99). Berlin: Akademie-Verlag.
Blank, A. (2001). *Einführung in die lexikalische Semantik für Romanisten*. Tübingen: Max Niemeyer Verlag.
Cruse, D. A. (1991). *Lexical Semantics*. Cambridge: Cambridge University Press.
Edmonds, P., & Hirst, G. (2002). Near-synonymy and Lexical Choice. *Computational Linguistics, 28*(2), 105–144.
Gamut, L. T. F. (1991). *Logic, Language and Meaning*. Chicago: University of Chicago Press.
Geeraerts, D. (2010). *Theories of lexical semantics*. Oxford: Oxford University Press.
Gutzmann, D. (2019). *Semantik. Eine Einführung*. Stuttgart: Metzler.
Heim, I., & Kratzer, A. (1998). *Semantics in Generative Grammar*. Oxford: Blackwell.
Horn, L. (1989). *A natural history of negation*. Chicago: University of Chicago Press.
Jacobs, J. (1982). *Syntax und Semantik der Negation im Deutschen*. München: Fink.
King, L. (1992). *The Semantic Structure of Spanish*. Amsterdam: John Benjamins.
Löbner, S. (2015). *Semantik. Eine Einführung* (2. Aufl.). Berlin: Walter de Gruyter.
Mehl, S. (1993). *Dynamische semantische Netze. Zur Kontextabhängigkeit von Wortbedeutungen*. Sankt Augustin: infix Verlag.
Mihatsch, W. (2006). *Kognitive Grundlagen lexikalischer Hierarchien*. Tübingen: Max Niemeyer Verlag.
Nuyts, J., & Pederson, E. (1997). *Language and conceptualization*. Cambridge: Cambridge University Press.
Ogden, C. K., & Richards, I. A. (1923). *The meaning of meaning*. London: Routledge and Kegan Paul.
Pafel, J., & Reich, I. (2016). *Einführung in die Semantik. Grundlagen – Analysen – Theorien*. Stuttgart: Metzler.
Pfeiffer, H. (1996). *Das große Schimpfwörterbuch*. München: Wilhelm Heyne Verlag.
von Polenz, P. (2008). *Deutsche Satzsemantik* (3. Aufl.). Berlin: de Gruyter.
Schildt, J. (1969). Gedanken zum Problem Homonymie – Polysemie in synchronischer Sicht. *Zeitschrift für Phonetik, Sprachwissenschaft und Kommunikationsforschung, 22*, 352–359.
Raible, W. (1983). Zur Einleitung. In H. Stimm, & W. Raible (Hrsg.), *Zur Semantik des Französischen* (S. 1–24). Wiesbaden: Steiner.
Reich, I. (2022). Bedeutungstheorien. In R. Klabunde, W. Mihatsch, & S. Dipper (Hrsg.), *Linguistik im Sprachvergleich* (S. 389–412). Stuttgart: Metzler. Kap. 19.
Riemer, N. (2010). *Introducing Semantics*. Cambridge: Cambridge University Press.
Rosch, E. (1978). Principles of categorization. In E. Rosch, & B. B. Lloyd (Hrsg.), *Cognition and categorization*. Erlbaum.
Saeed, J. (2022). *Semantics* (5. Aufl.). Oxford: Blackwell.
Uszkoreit, H. (2001). Vorlesungsfolien Einführung in die Computerlinguistik. http://slideplayer.de/slide/645960/

Pragmatik – sprachliches Schließen und Handeln

Ralf Klabunde

Inhaltsverzeichnis

6.1 Logisches Schließen und sprachliches Schließen – 134

6.2 Die Konversationsmaximen und Implikaturen – 136

6.3 Präsuppositionen – 140

6.4 Referenz – 143

6.5 Sprechakte: Sprachliches Handeln – 146

6.6 Pragmatik und Sprachvergleich – 148

6.7 Weiterführende Literatur – 149

Literatur – 150

© Der/die Autor(en), exklusiv lizenziert an Springer-Verlag GmbH, DE, ein Teil von Springer Nature 2023
R. Klabunde, W. Mihatsch (Hrsg.), *Linguistik*, https://doi.org/10.1007/978-3-662-66612-8_6

Die Pragmatik beschäftigt sich mit dem Sprachgebrauch in Kommunikationssituationen – dem kommunikativen Sinn, wie wir ihn in ▶ Kap. 5 genannt haben. Diese grobe Charakterisierung grenzt die Pragmatik von der Semantik ab, die sich ja mit der Bedeutung von Wörtern und Sätzen an sich auseinandersetzt, die Kommunikationssituation also außer Acht lässt.

Eine andere Sichtweise auf Pragmatik ist, vom wörtlich Gesagten (dem Gegenstandsbereich der Semantik) zum Gemeinten zu gelangen. Was hat der Sprecher mit seiner Äußerung gemeint, was war seine Intention, und welches Wissen ist für diesen Übergang vom Gesagten zum Gemeinten nötig?

Ein Beispiel soll Aufgabenbereiche der Pragmatik aufzeigen: Eine Sprecherin will zwei Nägel in die Wand schlagen, um an diesen beiden Nägeln ein größeres Bild aufzuhängen. Sie hat den Bilderrahmen bereits in der Hand, will aber nicht die Nägel und den Hammer selbst holen, die sich sämtlich auf einem Tisch im Raum befinden. In diesem Fall kann sie mit einem Finger auf den Tisch zeigen und zu einer ebenfalls im Zimmer anwesenden Person sagen: *Kannst Du mir von dort einige Nägel und den Hammer bringen?* Grammatisch betrachtet ist diese Äußerung eine Frage, aber intendiert ist mit dieser Frage eine (höflich formulierte) Aufforderung, der Sprecherin Nägel und den Hammer zu reichen. Die Sprecherin hat mit dieser Äußerung einen sog. Sprechakt getätigt, dessen zentrale Eigenschaft es ist, die Intention der Sprecherin wiederzugeben, und zudem den Hörer zu einer Schlussfolgerung zu führen, die es ihm ermöglicht, diese Intention zu erkennen. Die **Sprechakttheorie** befasst sich mit der Frage, welche Eigenschaften Sprechakte haben und welche Bedingungen erfüllt sein müssen, damit ein Sprechakt gelingt.

Die obige Äußerung enthält die beiden Nominalphrasen *einige Nägel* und *den Hammer*. Die erste Phrase mit dem Quantor *einige* drückt offensichtlich aus, dass die Sprecherin nicht sämtliche Nägel haben möchte, die auf dem Tisch vorhanden sind. Würde der Hörer der Sprecherin alle verfügbaren Nägel reichen, sollte dies für die Tätigkeit der Sprecherin auch akzeptabel sein, aber dennoch versteht ein Hörer diese Äußerung so, dass die Sprecherin nicht sämtliche Nägel überreicht bekommen möchte. Auch diese Interpretation von *einige* als „nicht alle" gehört in den Bereich der Pragmatik. Diese Bedeutung ist ein Beispiel für eine **skalare Implikatur**, d. h. ein Schluss auf eine Bedeutung, die hinreichend informativ ist.

Angenommen, im Raum, in dem sich die Sprecherin und der Adressat befinden, ist kein Hammer vorhanden. Dann würde die Bitte *Kannst Du mir von dort einige Nägel und den Hammer reichen?* beim Adressaten Verwunderung auslösen, denn die Definitheit der Konstituente *den Hammer* drückt u. a. aus, dass genau ein Hammer vorhanden ist. Diese stillschweigende Annahme, dass die Entität, auf die mittels einer definiten Nominalphrase referiert wird, auch existiert, wird **Präsupposition** genannt. Präsuppositionen kommen in vielfältiger Art vor, und wir werden die Eigenschaften von Präsuppositionen sowie verschiedene Präsuppositionstypen kennenlernen.

Die Äußerung enthält weitere Konstituenten, deren Interpretation kontextabhängig erfolgt. Die Konstituente *von dort* mit dem Adverb *dort* kann nur interpretiert werden, wenn der Ort, auf den das Adverb verweist, bekannt ist. Das Pronomen *du* referiert auf den jeweiligen Adressaten und drückt eine gewisse soziale Nähe zwischen Sprecherin und Adressat aus (im Gegensatz zum *Sie*). Die genannten Ausdrücke werden **deiktische Ausdrücke** genannt. Deiktische Ausdrücke (vom altgriechischen *deiktikos*, ‚zeigend') können nur vollständig interpretiert werden, wenn entsprechende kontextuelle Bezüge hergestellt werden. Deixis ist ein Teilbereich der Referenz. Der Fingerzeig der Sprecherin auf den Tisch ist eine nicht-sprachliche Möglichkeit, die Referenz sicherzustellen.

Schließlich stellt das obige Beispiel einen Beitrag zu einer Konversation dar, sodass sich ausgehend von dieser als Frage getarnten Aufforderung ein Gespräch entwickeln könnnte. Die einzelnen Gesprächsbeiträge folgen in der Regel grundlegenden Prinzipien der Konversation, die als **Konversationsmaximen** bezeichnet werden und die u. a. für die Interpretation von Implikaturen essenziell sind.

6.1 Logisches Schließen und sprachliches Schließen

In ▶ Kap. 5 haben wir den Begriff der Wahrheitsbedingung kennengelernt. Die Wahrheitsbedingung z. B. des Satzes *Alle Linguistikstudierenden finden die Pragmatik interessant* kann wie folgt paraphrasiert werden: Dieser Satz ist wahr, wenn die Menge der Studierenden der Linguistik eine Teilmenge der Menge derjenigen ist, die die Pragmatik interessant finden. In der kompositionellen Semantik wird herausgearbeitet, wie diese Wahrheitsbedingungen des Satzes festgelegt werden.

Eng verbunden mit einer auf Wahrheitsbedingungen fußenden Semantik ist der Begriff des logischen Schlusses. Ein logischer Schluss ist ein Schluss von wahren Vorbedingungen auf weitere wahre Information. Das heißt, die Wahrheitsbedingungen eines Satzes (oder mehrerer Sätze) ermöglichen Schlüsse auf weitere Information, die der Sprecher dieser Sätze implizit ebenfalls mitgeteilt hat. Das Schließen von gegebener, als wahr angenommener oder bewiesener Information auf Information, die ebenfalls wahr ist, wird in der klassischen Logik thematisiert.

Logischer Schluss
Ein logischer Schluss ist eine Folgerung von Voraussetzungen (den Prämissen) auf eine Konklusion. Sind die Prämissen wahr, ist die gefolgerte Information zwingend ebenfalls wahr. Daher kann auf diese Weise gefolgerte Information nicht wieder zurückgenommen werden.

Wissen wir z. B., dass alle Linguistikstudierenden die Pragmatik interessant finden und Lena eine Studentin der Linguistik ist, so folgt aus dieser Information zwingend, dass Lena die Pragmatik interessant findet. Schematisch liegt diesem Schluss folgendes Schema zugrunde: Aus $A \rightarrow B$ („Aus A folgt B") sowie A folgt: B bzw. aus $\forall x : (A(x) \rightarrow B(x))$ sowie $A(n)$ folgt: $B(n)$.

Nehmen wir wiederum die erste Prämisse an (alle Linguistikstudierenden finden die Pragmatik interessant), aber zusätzlich die Prämisse, dass Lena die Pragmatik nicht interessant findet, so folgt hieraus zwingend, dass Lena keine Studentin der Linguistik ist. Das Schlussschema ist hier: Aus $A \rightarrow B$ („Aus A folgt B") sowie $\neg B$ (nicht B) folgt: $\neg A$ (nicht A).

Die erste Schlussregel wird **Modus ponens** genannt, die zweite Schlussregel **Modus tollens**. Neben diesen beiden Schlussregeln existieren noch weitere Regeln, die in der Logik beim logischen Schließen Anwendung finden.

Entscheidend ist im Zusammenhang mit der Pragmatik, dass logisches Schließen aus wahrer Information zu weiterer Information führt, die ebenfalls wahr ist. Gegeben bestimmte Information, die als wahr angenommen oder bewiesen ist, können wir mittels solcher Schlussregeln theoretisch sämtliche weitere wahre Information herleiten, sodass logisches Schließen die perfekte Art des Informationsgewinns darstellt.

Logik ist ein wichtiges Teilgebiet der Philosophie, der Informatik und der Mathematik, aber auch in der Linguistik spielt die Logik eine enorm wichtige Rolle, und zwar in der Semantik sowie für die Theoriebildung allgemein.

Sprecher hingegen folgen beim Interpretieren einer Äußerung häufig nicht den Regeln der klassischen Logik. Um zu wissen, dass auf die Frage *Gehst Du heute mit mir ins Theater?* die Äußerung *Ich muss noch an einem Referat arbeiten* eine relevante Antwort darstellt und dass diese Antwort bedeutet, dass der Angesprochene keine Zeit hat, ins Theater zu gehen, benötigt die Fragende Informationen, die sie aus der Antwort sowie Welt- und Situationswissen erschließen muss. Sie erschließt die Intention des Antwortenden, mitzuteilen, dass dieser keine Zeit hat, nicht mittels der Regeln der klassischen Logik. Beim Verstehen des Gemeinten aus dem Gesagten sind unter anderem zwei Schlusstypen relevant, die als **Implikatur** sowie als **Präsupposition** bezeichnet werden. Diese beiden Schlusstypen weisen Eigenschaften auf, die Schlüsse der klassischen Logik nicht haben.

> **Implikatur**
> Eine Implikatur ist eine vom Sprecher intendierte Folgerung auf weitere Information, die vom Hörer erschlossen werden muss.

Sagt z. B. ein ortsfremder Autofahrer zu einer Passantin: *Ich habe kein Benzin mehr* und die Passantin entgegnet darauf *Um die Ecke befindet sich eine Autowerkstatt*, dann implikatiert der Autofahrer mit seiner Äußerung, dass er Benzin benötigt. Die Passantin muss diese Information erschließen. Anschließend implikatiert sie mit ihrer Äußerung, dass bei der Autowerkstatt auch Benzin erhältlich ist. Der Autofahrer wiederum muss aus der Äußerung der Passantin diese Information erschließen.

Die Implikatur ist allerdings kontextabhängig, denn in einer anderen Gesprächssituation, in der es zum Beispiel um eine defekte Windschutzscheibe geht, legt die Äußerung *Um die Ecke befindet sich eine Autowerkstatt* die Implikatur nahe, dass die Werkstatt die Windschutzscheibe reparieren oder austauschen kann.

Eine andere Art des Schlusses stellt die Präsupposition dar, die sozusagen notwendige Hintergrundinformation darstellt.

> **Präsupposition**
> Eine Präsupposition ist ein Schluss auf Information, die selbst dann erhalten bleibt, wenn die sprachlich ausgedrückte Ausgangsinformation negiert wird.

Eine Art von Präsupposition, nämlich die Existenzpräsupposition, haben wir im Eingangstext zu diesem Kapitel bereits kennengelernt. *Bring mir den Hammer* etwa präsupponiert, dass es einen Hammer gibt. Aber auch der Satz *Bring mir nicht den Hammer* präsupponiert die Existenz eines Hammers.

Implikaturen und Präsuppositionen sind allgegenwärtige Phänomene des Sprachgebrauchs. Wir werden diese beiden wichtigen Teilgebiete der Pragmatik in den nächsten Abschnitten genauer kennenlernen. Im Zusammenhang mit unserer Diskussion über Schlussregeln und das logische Schließen ist wichtig, dass sowohl die Implikaturen als auch Präsuppositionen Eigenschaften aufweisen, die logische Schlüsse nicht besitzen. Dies ist die **Aufhebbarkeit von Implikaturen** bzw. die **Konstanz unter Negation der Präsuppositionen**. Präsuppositionen können übrigens ebenfalls in bestimmten Kontexten zurückgewiesen werden. Wenn dies der Fall ist, besitzen sie eine Eigenschaft, die sie mit Implikaturen teilen.

Logisch gefolgerte Information kann nicht wieder aufgehoben bzw. zurückgenommen werden. Aus der Information „Alle Linguistikstudierenden finden die Pragmatik interessant" und „Lena ist Studentin der Linguistik" folgt „Lena findet die Pragmatik interessant". Wir können im Rahmen der klassischen Logik nicht die beiden Prämissen annehmen und den Schluss zurückweisen. Anders verhält es sich hingegen bei einer Implikatur. Im obigen Beispielszenario ist es nicht widersprüchlich, auf den Hinweis, dass einem das Benzin ausgegangen sei, zu antworten: *Um die Ecke befindet sich eine Autowerkstatt, aber dort wird kein Benzin verkauft*, und es wäre auch nicht widersprüchlich gewesen zu sagen: *Ich habe kein Benzin mehr, aber ich benötige auch keins.* Der Gesprächsverlauf wäre zwar in einem gewissen Sinn ungewöhnlich, aber das Gespräch enthält keine Widersprüche.

Entsprechend verhält es sich mit den Präsuppositionen. Egal ob der Sprecher sagt *Bring mir den Hammer* oder *Bring mir nicht den Hammer* – die Existenz des Hammers wird vorausgesetzt. In der Logik hingegen kann nicht aus einer Aussage A und deren Negation $\neg A$ dieselbe Information gefolgert werden. Aus „kein Lingustikstudierender findet die Pragmatik interessant" und „Lena ist Studentin der Linguistik" folgt schließlich nicht: „Lena findet die Pragmatik interessant".

Ein Beispiel für eine Präsupposition, die zurückgenommen wird, wäre folgendes Frage-Antwort-Paar: Die Frage *Hast du mit dem Rauchen aufgehört?* präsupponiert, dass der Adressat in der Vergangenheit geraucht hat. Dass es sich um eine Präsupposition handelt, zeigen die möglichen Antworten; sowohl die Antwort *ja* als auch die Antwort *nein* präsupponieren das Rauchen in der Vergangenheit. Die Antwort *Nein, habe ich nicht, denn ich habe noch nie geraucht.* hingegen weist die Präsupposition zurück.

Pragmatische Schlüsse scheinen also anders zu funktionieren als logische Schlüsse. Um die Analogie zum logischen Schluss zu verdeutlichen, verwenden wir für die Implikatur sowie die Präsupposition Symbole, die dem Symbol $\rightarrow$ für die Implikation aus der Logik angelehnt sind ($A \rightarrow B$ soll hier bedeuten: Aus A folgt B). Wir lernen bereits hier zwei Arten von Implikaturen kennen, die in ▶ Abschn. 6.2 definiert werden: die **konversationelle Implikatur** und die **konventionelle Implikatur** (ersteres sind Implikaturen, die sich in einer Konversation ergeben, letzteres sind Implikaturen, die konventionell mit Lexemen verbunden sind).

> **Verwendete Symbole für Implikaturen und die Präsupposition**
> $\rightarrow$ steht für eine logische Folgerung.
> $+>$ steht für eine konversationelle Implikatur.
> $+>>$ steht für eine konventionelle Implikatur.
> $>>$ steht für eine Präsupposition.
>
> Wollen wir zeigen, dass einer dieser Schlüsse nicht gilt, wird dies durch die Tilde ($\sim$) angezeigt.

Das Schema $A \rightarrow B$ besagt dann: Aus A folgt B. Das Schema $A +> B$ drückt aus, dass A B konversationell implikatiert. Das Schema $A +>> B$ gibt an: A implikatiert konventionell B, und das Schema $A >> B$ gibt an, dass A B präsupponiert. Das Schema $A \sim>> B$ gibt hingegen an, dass aus A nicht auf die Präsupposition B geschlossen wird.

6.2 Die Konversationsmaximen und Implikaturen

Wieso implikatiert ein Sprecher mit seiner Äußerung gewisse Information, und wie kann der Hörer diese zusätzliche Information erschließen?

Eine Antwort auf diese Frage liefern die Grice'schen Konversationsmaximen. Der Sprachphilosoph Paul Grice (1913–1988) formulierte ein grundlegendes Prinzip (Grice 1975), das einen effektiven Informationsaustausch zwischen den Gesprächsteilnehmern regelt, das sog. Kooperations- oder **Kooperativitätsprinzip**.

> **Das Kooperativitätsprinzip**
> Mache deinen Gesprächsbeitrag so, wie er zu dem Zeitpunkt, zu dem du ihn lieferst, erforderlich ist bzgl. des akzeptierten Zwecks oder der Richtung des Gesprächs.

Kooperativ verhalten sich Sprecher also, wenn sie Gesprächsbeiträge liefern, die das Gespräch auf sinnvolle Weise weiterführen. Das Kooperativitätsprinzip ist sehr vage gehalten, und eigentlich besagt es nichts weiter, als dass man als Sprecher einen sinnvollen Gesprächsbeitrag liefern sollte. Aufschlussreicher sind dagegen die von Grice formulierten **Konversationsmaximen**, die das Kooperativitätsprinzip spezifizieren:

> **Die Konversationmaximen**
> 1. Maxime der Quantität:
>   a. Mache deinen Beitrag so informativ wie nötig (für den gegenwärtigen Zweck des Informationsaustausches).
>   b. Mache deinen Beitrag nicht informativer als nötig.
> 2. Maxime der Qualität:
>   a. Sage nichts, von dem du annimmst, dass es falsch ist.
>   b. Sage nichts, das du nicht rechtfertigen kannst.
> 3. Maxime der Relevanz: Sei relevant (i. e., gib Beiträge von dir, die zum gegenwärtigen Konversationsthema gehören).
> 4. Maxime der Art und Weise:
>   a. Vermeide unklare bzw. merkwürdige Ausdrücke.
>   b. Vermeide Mehrdeutigkeit.
>   c. Fasse dich kurz (vermeide unnötige Weitschweifigkeit).
>   d. Sprich in der richtigen Reihenfolge.

Ein Sprecher kann nun mit seinem Gesprächsbeitrag die Maximen befolgen, sie verletzen oder sprachlich signalisieren, dass bestimmte Maximen für seinen Gesprächsbeitrag nicht gelten. Ein Beispiel soll dies aufzeigen:

Vertiefung: Logische Schlüsse

Unsere Darstellung der logischen Schlüsse vereinfacht die Sachlage in der Logik, da wir uns ausschließlich auf Schlüsse in der klassischen Logik konzentriert haben. Neben Schlüssen von wahren Prämissen auf weitere wahre Information lassen sich weitere Schlusstypen angeben.

Die formale Logik kennt mehrere Schlussarten sowie verschiedene Logiken.

Bei den Schlussarten wird zwischen deduktiven, induktiven und abduktiven Schlüssen unterschieden. Diese Unterscheidung zwischen **Deduktion**, **Induktion** und **Abduktion** geht auf den Mathematiker, Logiker und Philosophen Charles Sanders Peirce (1839–1914) zurück, der mit seinen Schriften die moderne Logik stark beeinflusst hat. Peirce gilt auch als einer der Begründer der Semiotik; dies ist die Wissenschaft, die sich mit Zeichensystemen allgemein beschäftigt.

Deduktive Schlüsse sind die bereits erwähnten informationserhaltenden, zwingenden Schlüsse von gegebener wahrer Information auf weitere, ebenfalls wahre Information. Verwenden wir eine prädikatenlogische Schreibweise, so können die Aussagen „Alle Studenten sind wissbegierig" sowie „Max ist ein Student" wie folgt repräsentiert werden: $\forall x : s(x) \rightarrow w(x)$ und $s(m)$, wobei $s()$ für „ist Student", $w()$ für „wissbegierig" und m für „Max" steht. Daraus folgt per Modus ponens, dass Max wissbegierig ist: $w(m)$. Schematisch:

$$\forall x : s(x) \rightarrow w(x)$$
$$\underline{s(m)}$$
$$w(m)$$

Bei einem induktiven Schluss wird von Einzelfällen auf eine allgemeine Aussage gefolgert. Im Gegensatz zu deduktiven Schlüssen sind induktive Schlüsse nicht zwingend und erweitern die Informationsmenge. Beobachten wir z. B., dass Max, ein Student, wissbegierig und Lena als Studentin ebenfalls wissbegierig ist, so kann man den induktiven Schluss aufstellen, dass alle Studenten wissbegierig sind:

$$s(m) \wedge w(m)$$
$$\underline{s(l) \wedge w(l)}$$
$$\forall x : s(x) \rightarrow w(x)$$

Dieses Beispiel zeigt, dass der Schluss nur hypothetisch ist und eine Erwartungshaltung ausdrückt. Der Schluss kann sich also als falsch herausstellen.

Ein abduktiver Schluss ist ein Schluss von einer Beobachtung auf eine mögliche Erklärung für diese Beobachtung. Auch ein abduktiver Schluss ist informationserweiternd und nicht zwingend. Ein Beispiel ist: Wir wissen, dass alle Studenten wissbegierig sind und Max wissbegierig ist. Dann wäre eine mögliche Erklärung für Max' Wissensdurst, dass er Student ist:

$$\forall x : s(x) \rightarrow w(x)$$
$$\underline{w(m)}$$
$$s(m)$$

Natürlich sind auch andere Erklärungen möglich. So kann auch die Implikation formuliert werden, dass alle Professoren wissbegierig sind: $\forall y : p(y) \rightarrow w(y)$, sodass für $w(m)$ auch die Erklärung $p(m)$ möglich wäre. In dem Fall wäre Max Professor.

Abduktion scheint das grundlegende Prinzip hinter der Interpretation natürlichsprachlicher Äußerungen zu sein. Ein Hörer versucht nämlich, für den wörtlichen Inhalt der Äußerung eines Sprechers eine Erklärung zu finden, d. h. die Intention des Sprechers zu rekonstruieren. Auch dies ist ein informationserweiternder und hypothetischer Schluss, denn bei der Interpretation können Missverständnisse auftreten.

Neben diesen grundlegenden Schlusstypen sind verschiedene Logiken für unterschiedliche Aufgabenbereiche entwickelt worden. Einige für die Linguistik wichtige Logiken sind:

- Die Prädikatenlogik für die Repräsentation von Eigenschaften und Relationen.
- Modallogiken zur Darstellung von Möglichkeit und Notwendigkeit als logische Zustände.
- Temporallogiken zur Repräsentation temporaler Eigenschaften.
- Probabilistische Logiken für wahrscheinlichkeitsbasierte Schlussverfahren.
- Logiken mit mehr als zwei Wahrheitswerten.
- Nicht-monotone Logiken, die explizit die Rücknahme erschlossener Information ermöglichen.

Literatur

- Hobbs, J.R. et al. (1993). Interpretation as Abduction. *Artificial Intelligence*, 63, 69–142.
- Zoglauer, T. (2008). *Einführung in die formale Logik für Philosophen*. Göttingen: Vandenhoeck & Ruprecht.

> ▶ **Beispiel: Macht uns der Computer dumm?**
>
> Der Psychiater Manfred Spitzer warnt vor „digitaler Demenz"; der Medienpsychologe Peter Vorderer hält das für Quatsch. Ein Streitgespräch.
> DIE ZEIT: *Herr Professor Vorderer, Sie haben zwei Töchter, die eine ist 13, die andere 17 Jahre alt. Welche Grenzen setzt der Medienpsychologe seinen Kindern im Umgang mit dem Computer?*
> Peter Vorderer: *Meine Kinder sind mit Computern aufgewachsen. Groß reglementiert haben wir das Medienverhalten zu Hause aber nicht. Uns war es jedoch immer wichtig, zu wissen, was die beiden gerade am Computer machen.*
> (Aus: ▶ http://www.zeit.de/2012/37/Jugendliche-Medienkonsum-Spitzer-Vorderer)
>
> Auf die Frage des ZEIT-Redakteurs liefert Vorderer eine angemessene Antwort. Er verhielt sich also kooperativ und hat die Maximen befolgt. Hätte er dagegen auf diese Frage eine Antwort zum Fernsehverhalten seiner Kinder geliefert, wäre diese eine Verletzung der Relevanzmaxime gewesen. Schließlich hätte er auch sagen können:
> *Meine Kinder sind mit Computern aufgewachsen. Übrigens, sie schauen auch jeden Tag fern. Die Sendungen der Privaten finden sie besonders interessant. Soweit ich mich erinnern kann, haben wir das Medienverhalten zu Hause aber nicht groß reglementiert. Ich muss aber sicherlich nicht auch noch mitteilen, dass uns jedoch immer wichtig war, zu wissen, was die beiden gerade am Computer machen.*
>
> Der zweite Satz des modifizierten Beispiels liefert Information, die für die Beantwortung der Frage gar nicht benötigt wird. Das Adverb *übrigens* macht dies explizit; dieses Adverb zeigt an, dass die folgende Information eigentlich die Relevanzmaxime verletzt. Entsprechend verhält es sich mit der Redewendung *Soweit ich mich erinnern kann*, die signalisiert, dass die folgende Information nicht die Qualitätsmaxime befolgt, da der Sprecher die Wahrheit dieser Angabe nicht belegen kann. Der Ausdruck *Ich muss aber sicherlich nicht auch noch mitteilen, dass...* drückt schließlich aus, dass die Quantitätsmaxime explizit nicht befolgt wird; die nachfolgende Information ist informativer als – aus Sicht des Sprechers – eigentlich nötig. ◀

- **Implikaturen stehen in einem direkten Bezug zu den Konversationsmaximen**

Grice unterscheidet zwischen zwei Arten von Implikaturen, den **konversationellen Implikaturen**, die während des Gesprächsverlaufs etabliert werden, und den **konventionellen Implikaturen**, die Bestandteil der Bedeutung lexikalischer Einheiten oder bestimmter grammatischer Konstruktionen sind und somit per Konvention über die Bedeutung dieser Einheiten in einem Gespräch etabliert werden.

> **Konventionelle Implikatur**
> Eine konventionelle Implikatur ist ein Schluss, der auf der Basis der konventionellen Bedeutungsaspekte einer lexikalischen Einheit oder einer grammatischen Konstruktion gezogen wird. Für eine konventionelle Implikatur verwenden wir, wie bereits erwähnt, das Symbol +>>.

Beispiele für konventionelle Implikaturen liefern die lexikalischen Einheiten *aber* und *sogar*:

> ▶ **Beispiel**
>
> *A aber B*: A +>> kontrastiert mit B.
> 1. *Das war der Spruch einer bilateralen Kommission; rund siebzig Jahre später, am 1. Juli 1999, wurde ein ähnliches Urteil gefällt, aber diesmal von einem richtigen Gericht: dem Internationalen Seegerichtshof mit Sitz in Hamburg, der 1996 eingerichtet worden war.*
>
> (rund siebzig Jahre später, am 1. Juli 1999, wurde ein ähnliches Urteil gefällt) +>> kontrastiert mit (diesmal von einem richtigen Gericht)
> (DIE ZEIT 02.12.1999, S. 59, S. 10)
> 2. *Hier sind, zum Beispiel, ziemlich viele Blauschnipsel zu sehen, aber nur ein einziges Rot ist dabei.*
>
> (ziemlich viele Blauschnipsel sind zu sehen) +>> kontrastiert mit (nur ein einziges Rot ist dabei)
> (DIE ZEIT 18.11.1999, S. 2, S. 3)
> *sogar A*: +>> Verletzung einer Erwartung.
> 3. *Für 1999 hatte Vorstandschef Heinrich Binder seinen Aktionären sogar schwarze Zahlen versprochen.* +>> Verletzung der Erwartung roter Zahlen
> (DIE ZEIT 25.11.1999, S. 24, S. 2)
> 4. *Man darf sich erinnern, dass deutsche Behörden sogar im Ausland intervenierten, so die deutsche Botschaft in Paris – erfolgreich – gegen Alain Resnais' Film Nacht und Nebel [...]* +>> Verletzung der Erwartung, dass deutsche Behörden nur im Inland intervenieren
> (DIE ZEIT 21.10.1999, S. 63, S. 8) ◀

Die angegebenen Implikaturen betreffen nicht die Wahrheitsbedingungen der jeweiligen Korpussätze – dies ist die entscheidende Eigenschaft konventioneller Implikaturen. Nehmen wir Korpusbeispiel 2, so ist der Kontrast zwischen der hohen Anzahl an Blauschnipseln und dem alleinigen Rotschnipsel für die Wahrheitsbedingungen dieses Satzes unerheblich. Der Satz ist nämlich wahr, wenn viele Blauschnipsel und ein Rotschnipsel zu sehen sind.

> **❓ Frage 6.1**
> Fallen Ihnen weitere lexikalische Einheiten des Deutschen ein, die eine konventionelle Implikatur als Bedeutungsanteil beinhalten?

Anders verhalten sich konversationelle Implikaturen, die in zwei Klassen aufgeteilt werden: die **generalisierten konversationellen Implikaturen** und die **partikularisierten konversationellen Implikaturen**.

> **Generalisierte und partikularisierte konversationelle Implikatur**
> Eine konversationelle Implikatur ist ein vom Sprecher intendierter Schluss auf nicht wörtlich mitgeteilte Information, der durch die Berücksichtigung oder die Missachtung der Konversationsmaxime motiviert ist. Dabei ist eine generalisierte konversationelle Implikatur eine Implikatur, die ohne spezifisches Kontextwissen gezogen wird, während eine partikularisierte konversationelle Implikatur nur mittels Kontextwissen erkennbar ist. Konversationelle Implikaturen werden durch das Symbol +> angezeigt.

Ein Sonderfall der generalisierten konversationellen Implikaturen ist die **skalare Implikatur**.

> **Skalare Implikatur**
> Eine skalare Implikatur ist eine konversationelle Implikatur, die auf der ersten Submaxime der Quantitätsmaxime beruht (*Mache deinen Beitrag so informativ wie nötig*). Bei einer skalaren Implikatur wird ein Wert auf einer Skala mitgeteilt, der implikatiert, dass kein höherer Wert auf dieser Skala gilt.

Skalare Implikaturen sind insbesondere – aber nicht nur – bei der Verwendung von Quantoren zu beobachten. Sagt ein Sprecher z. B.: *Max aß einige der Brötchen*, so implikatiert diese Äußerung, dass Max nicht alle Brötchen gegessen hatte. Hätte er sämtliche Brötchen gegessen, wäre die Verwendung des Quantors *einige* zwar semantisch betrachtet nicht falsch gewesen (die Äußerung *Max aß einige der Brötchen* wäre auch in diesem Fall wahr gewesen), aber der Sprecher wäre nicht hinreichend informativ gewesen.

Beispiele für eine generalisierte konversationelle Implikatur sind:

> ▶ **Beispiel**
> — *Er beschwert sich häufig* +> Er beschwert sich nicht ständig.
> — *Das ist eine gute Universität* +> Die Universität ist nicht exzellent.
> — *Die Suppe ist warm* +> Die Suppe ist nicht heiß. ◀

Für den Schluss auf die angegebene Information ist allein die sprachliche Form ausreichend, Kontextwissen wird nicht benötigt. Tatsächlich handelt es sich bei den Beispielen um skalare Implikaturen, da die relevanten Ausdrücke *häufig*, *gut* bzw. *warm* Elemente einer Skala sind, auf der diese Elemente nach Informativität geordnet sind. Geben wir das stärkste Element links an, beinhalten diese Skalen mindestens die folgenden Ausdrücke: ⟨*ständig, häufig*⟩; ⟨*exzellent, gut*⟩; ⟨*heiß, warm*⟩. Die Verwendung eines Ausdrucks von einer Skala implikatiert also, dass ein Ausdruck links von diesem Ausdruck nicht gilt.

Beispiele für eine partikularisierte konversationelle Implikatur sind:

> ▶ **Beispiel**
> — *Wo ist Max eigentlich? – In seinem Zimmer brennt Licht.* +> Max befindet sich in seinem Zimmer.
> — *Wenn Du den Rasen mähst, erhältst Du von mir fünf Euro* +> Nur dann, wenn du den Rasen mähst, erhältst du fünf Euro. ◀

Das erste Beispiel zeigt, wie die Implikatur durch eine scheinbare Verletzung der Relevanzmaxime ausgelöst wird. Dass diese Implikatur kontextbedingt ist, lässt sich durch eine Modifikation des angenommenen Kontextes zeigen: Angenommen, die Gesprächsteilnehmer wissen, dass Max sich auf einer längeren Reise durch Europa befindet. Dann stößt die obige Antwortäußerung nicht die erwähnte Implikatur an, sie wäre sogar als Antwort auf die Frage unangemessen. Das zweite Beispiel ist ein Beispiel für die sog. konditionale Verstärkung. Die mit dem Konditionalsatz ausgedrückte Wenn-dann-Beziehung wird zu einem „genau dann, wenn" (in der Logik entspricht dies einer Biimplikation oder Äquivalenz, es gilt also $A \to B$ und $B \to A$ oder kürzer: $A \leftrightarrow B$). Auch diese Verstärkung ist kontextabhängig, denn Konditionalsätze sind nicht immer als Verstärkung der Implikation zu einer Biimplikation zu interpretieren.

Konversationelle Implikaturen basieren auf der Berücksichtigung des Kooperativitätsprinzips. Der Hörer der Äußerung muss sich überlegen, welche Intention der Sprecher mit seiner Äußerung verfolgt, also unter welchen Umständen sich der Sprecher mit seiner Äußerung kooperativ verhalten hat. Der Sprecher hatte nun vier Möglichkeiten, die Konversationsmaximen in seine Äußerungsplanung mit einzubeziehen (vgl. insbes. Birner 2013, S. 42ff.):

1. Er befolgt die Maximen. In diesem Fall verhält sich der Sprecher in der Kommunikation vorbildlich, da er einen wahren, relevanten Beitrag mit einem angemessenen Umfang liefert.
2. Er verletzt die Maximen bewusst mit der Vermutung, dass der Hörer diese Verletzung nicht bemerken wird, sodass der Sprecher aus dieser Maximenverletzung einen Nutzen ziehen kann. So kann ein Sprecher absichtlich die Quantitätsmaxime verletzen, um z. B. dadurch von seinem mangelnden Wissen abzulenken. Verletzt er hingegen die Qualitätsmaxime, wäre dies die Grundlage für eine Lüge.

3. Er missachtet wissentlich die Maximen, aber mit der Annahme, dass der Hörer diese Missachtung erkennt. Der Hörer soll erkennen, dass mindestens eine der Konversationsmaximen verletzt wurde und sich aufgrund dessen überlegen, was die Intention des Sprechers ist.
4. Schließlich kann er auch vollständig aus der kooperativen (Sprech-)Handlung aussteigen. Das heißt, er kann das Gespräch beenden oder signalisieren, dass er nicht mehr bereit ist, sich am Gespräch zu beteiligen.

Jede dieser sprachlichen Verhaltensweisen kann eine Implikatur anstoßen. Im Folgenden schauen wir uns drei Beispiele hierzu an:

1. **Befolgung der Maximen:** Sagt ein Sprecher z. B. *Max geht zum Supermarkt und kauft drei Brötchen*, so wird der Hörer unter anderem davon ausgehen, dass der Sprecher wahre Information mitgeteilt hat (Maxime 2) und dies in der richtigen Reihenfolge (Untermaxime 4.d). Letzteres lässt den Hörer vermuten, dass der Sprecher implikatiert hat, dass Max zuerst zum Supermarkt ging und dann dort die Brötchen kaufte. Außerdem kann der Hörer davon ausgehen, dass der Sprecher maximal informativ ist, also die Quantitätsmaxime 1 befolgt. Somit implikatiert der Hörer, dass Max genau drei Brötchen kaufte und nicht mehr.
2. **Bewusste Verletzung der Maximen:** Hier ist die Lüge der prototypische Fall. Sagt der Sprecher *Max geht zum Supermarkt und kauft drei Brötchen* und dies entspricht nicht der Wahrheit (Verletzung der Maxime 2), so soll bei der Lüge der Hörer diese Maximenverletzung nicht erkennen (im Gegensatz z. B. zur Ironie).
3. **Der Hörer soll die Missachtung der Maximen erkennen:** Dies ist der prototypische Fall für Implikaturen, der in der Pragmatik als **Implikatur durch Ausbeutung der Maximen** bezeichnet wird. Ein Sprecher kann z. B. eine der Maximen verletzen. Die Verletzung der Quantitätsmaxime erfolgt bei diesem Beispiel: *Max nimmt sein Smartphone in die Hand. Er drückt den Einschaltknopf für einige Sekunden, dann tippt er sein Passwort ein und drückt anschließend auf das OK-Feld* vs. *Max schaltet sein Smartphone ein*. Beide Äußerungen beschreiben denselben Sachverhalt, aber während das zweite Beispiel den Sachverhalt lexikalisiert wiedergibt – durch das Verb *einschalten* –, wird dieser Sachverhalt im ersten Beispiel kleinteilig beschrieben. Der Sprecher verletzt mit der Äußerung also anscheinend die Quantitätsmaxime 1; er ist informativer als nötig. Der Hörer erkennt diese Verletzung der Maxime, da ihm das Verb *einschalten* geläufig ist, und zieht daraus z. B. den Schluss, dass dieses Einschalten des Smartphones ein besonderes Ereignis ist. Dies wäre die vom Hörer rekonstruierte konversationelle Implikatur. Eine scheinbare Verletzung der Relevanzmaxime läge dagegen bei dieser Antwort auf die Frage *Wie geht's?* vor: *Morgen muss ich zehn Stunden arbeiten*. Auf die Frage wurde nicht mit einer Aussage über das persönliche Befinden geantwortet. Der Hörer erkennt jedoch, dass der Sprecher eine anscheinend nicht relevante Antwort gegeben hat. Er kann aber die Implikatur herausarbeiten, dass diese Antwort relevant ist, wenn er z. B. eine inhaltliche Verbindung zwischen Arbeitsbelastung und Wohlbefinden herstellt. Der Sprecher hat mit seiner Antwort implikatiert, dass es ihm zumindest nicht ausgezeichnet geht.

❓ Frage 6.2
Löst die Angabe *Diesen Film dürfen Sie schauen, wenn Sie 18 sind* eine Implikatur aus?

Konventionelle und konversationelle Implikaturen besitzen die gemeinsame Eigenschaft, wahrheitswertunabhängig zu sein, aber zwischen ihnen existieren auch Unterschiede. Allerdings sind konventionelle Implikaturen Bestandteil der Bedeutung einer lexikalischen Einheit bzw. einer grammatischen Konstruktion, während konversationelle Implikaturen vom Hörer rekonstruiert werden müssen. Konversationelle Implikaturen sind zudem rücknehmbar, da diese nicht explizit formuliert werden. Dies gilt für konventionelle Implikaturen nicht. Man kann z. B. sagen *Lena hat sogar ihre beiden Studiengänge absolviert* und mittels der Verwendung von *sogar* konventionell implikatieren, dass dies nicht zu erwarten war. Die Äußerung *Lena hat sogar ihre beiden Studiengänge absolviert, und dies war zu erwarten* ist jedoch inhaltlich merkwürdig. Die erste Äußerung ohne *sogar* implikatiert konversationell, dass Lena genau zwei Studiengänge absolviert hat. Diese Implikatur kann aber zurückgenommen werden: *Lena hat ihre beiden Studiengänge absolviert, tatsächlich waren es sogar drei!*

6.3 Präsuppositionen

Als weiteren pragmatisch motivierten Schluss betrachten wir nun die Präsuppositionen. Sagt eine Sprecherin z. B. *Tut mir leid, dass ich schon wieder zu spät gekommen bin. Mein Auto hatte Startschwierigkeiten; die Zündung scheint nicht richtig zu funktionieren*, so teilt die Sprecherin nicht nur die Information mit, die sie explizit geäußert hat, sondern auch etliche Informationen, die stillschweigend angenommen werden, damit die Äußerung überhaupt Sinn macht. Hierzu zählt die Information, dass die Sprecherin ein Auto besitzt und eine Zündungsvorrichtung im Auto tatsächlich existiert. Außerdem drückt das Adverb *wieder* aus, dass die Sprecherin in der Vergangenheit schon mindestens einmal zu spät war.

Diese Informationen – der Besitz des Autos, die Existenz der Zündung, das Zuspätkommen in der Vergangenheit – besitzen einen anderen Status als eine Implikatur oder ein logischer Schluss. Die bereits erwähnte zentrale Eigenschaft der Präsuppositionen, ihre Negationskonstanz, zeigt sich, wenn wir die Äußerungen negieren:

> **Vertiefung: Konversationelle Implikaturen in der Pragmatikforschung**
>
> Die Griceschen Konversationsmaximen stellen ohne Zweifel einen Meilenstein in der Pragmatik dar. Die Formulierung seiner Maximen ist jedoch problematisch, da diese zum Teil redundant sowie vage formuliert sind. Es gibt daher mehrere Versuche, diese Maximen präziser zu fassen.
>
> Die Grice'schen Konversationsmaximen sind bei einem genaueren Blick auf diese Maximen unscharf formuliert und zudem teilweise redundant. So erklärt Grice z. B. nicht, was Informativität bedeutet oder was unter Relevanz zu verstehen sei. Die Maxime der Art und Weise *Vermeide unnötige Weitschweifigkeit* sowie die Quantitätsmaxime *Gestalte deinen Beitrag so informativ wie nötig* überschneiden sich inhaltlich. Mit der redundanten Formulierung seiner Maximen verletzt Grice diese Maximen also.
>
> Horn (1984) reduziert die Konversationsmaximen auf zwei Prinzipien sprachlicher Ökonomie, die bestimmte Implikaturen auf eine einfache Art erklären. Nach Horn muss zwischen Sprecher- und Hörerökonomie unterschieden werden. Der Sprecher hat Interesse an einem kurzen Ausdruck, während der Hörer verständliche Ausdrücke favorisiert. Horn reformuliert nun die erste Submaxime der Quantität als **Q-Prinzip** und fasst die zweite Submaxime der Quantität, die Maxime der Art und Weise sowie die Relevanzmaxime im **R-Prinzip** zusammen. Die Qualitätsmaxime wird in Horns System als gegeben vorausgesetzt:
>
> — **Q-Prinzip**: SAGE SO VIEL WIE DU KANNST, GEGEBEN R.
> — **R-Prinzip**: SAGE NICHT MEHR ALS DU MUSST, GEGEBEN Q.
>
> Beispielimplikaturen, die auf das Wirken dieser Prinzipien zurückgeführt werden können, sind:
> 1. a. *Die meisten Linguisten kennen Chomsky.* +> Nicht alle Linguisten kennen Chomsky.
>   b. *Lena studiert Romanistik oder Anglistik.* +> Lena studiert nicht beide Fächer.
> 2. a. *Dallmann und Hegering singen die Nationalhymne.* +> Dallmann und Hegering singen gemeinsam die Nationalhymne.
>   b. *Lena studierte Romanistik und wurde Leiterin eines Goethe-Instituts.* +> Lena studierte zuerst Romanistik und wurde anschließend Leiterin eines Goethe-Instituts.
>
> Die Beispiele unter (1) zeigen, wie das Q-Prinzip wirkt. Dieses Prinzip sorgt dafür, dass per Implikatur weitere Information ausgeschlossen wird. Als hörerorientiertes Prinzip sorgt das Q-Prinzip dafür, dass der Sprecher soviel Information wie möglich mitteilt, um den (kognitiven) Aufwand des Hörers zu minimieren. So wird in (1.a) aus der Verwendung des Quantors *die meisten* auf die Nichtrelevanz von *alle* geschlossen, denn da der Sprecher soviel Information wie möglich mitteilen soll, ist *die meisten* maximal informativ, und die Quantifikation „alle" wird ausgeschlossen. Entsprechend wird in (1.b) aus der Verwendung von *oder* Q-basiert geschlossen, dass *und* nicht gilt, da die Konjunktion *und* informativ stärker wäre. Beide Beispiele zeigen, wie skalare Implikaturen vom Q-Prinzip gesteuert werden.
>
> Die Beispiele unter (2) hingegen demonstrieren die Relevanz des R-Prinzips. Die Berücksichtigung dieses Prinzips ermöglicht es dem Hörer, vom Gesagten auf weitere Information zu schließen. Das R-Prinzip betrifft die Sprecherökonomie, da es den (kognitiven) Aufwand des Sprechers minimiert.
>
> Wie der obigen Formulierung zu entnehmen ist, bedingen sich beide Prinzipien gegenseitig. Ein Sprecher minimiert seinen eigenen Aufwand bei der Formulierung einer Äußerung, gleichzeitig soll der Aufwand des Hörers ebenfalls minimiert werden. Der Sprecher berücksichtigt bei seiner Äußerungsplanung beide Prinzipien, er antizipiert also zumindest partiell auch den Hörer.
>
> Levinson (2000) zeigt, wie anhand dreier Heuristiken, die er Q-, I- und M-Heuristik nennt, das Implikaturenspektrum abgedeckt wird. Diese Heuristiken lauten:
> — **Q-Heuristik**: *Was nicht gesagt wurde, ist nicht der Fall.*
> — **I-Heuristik**: *Was einfach ausgedrückt wird, ist der stereotypische Fall.*
> — **M-Heuristik**: *Was ungewöhnlich ausgedrückt wird, ist ein nicht normaler Fall.*
>
> **Literatur**
> — Horn, L. (1984). Toward a new taxonomy for pragmatic inference: Q-based and R-based implicature. In D. Schiffrin (Hrsg.). *Meaning, form, and use in context: Linguistic applications*. Georgetown University Press.
> — Levinson, S. (2000). *Presumptive Meanings*. Cambridge, Mass.: The MIT Press.

Es tut mir nicht leid, dass ich schon wieder zu spät gekommen bin. Es stimmt nicht, dass mein Auto Startschwierigkeiten hatte. Es stimmt nicht, dass die Zündung nicht richtig zu funktionieren scheint.

Auch für diese negierten Sätze gilt, dass die Sprecherin in der Vergangenheit mindestens einmal zu spät kam, dass sie ein Auto hat und dass die Zündung existiert. Präsuppositionen werden durch bestimmte sprachliche Mittel signalisiert, die als **Präsuppositionsauslöser** bezeichnet werden.

> **Präsuppositionsauslöser**
> Präsuppositionsauslöser sind sprachliche Mittel, die eine Präsupposition signalisieren. Dies sind insbesondere Einheiten wie der definite Artikel, Wiederholungsausdrücke, Verben, die Zustandswechsel ausdrücken, faktive Verben sowie grammatische Konstruktionen wie z. B. die Verwendung eines Spaltsatzes.

Faktive Verben sind Verben, die als eines ihrer Argumente eine wahre Proposition ausdrücken. Ein Beispiel ist das Verb *wissen* wie in *Ich weiß, dass die Bochumer um den Pokal spielten*. Spaltsätze sind Sätze bestehend aus Hauptsatz und Relativsatz, wobei im Hauptsatz eine Nominalphrase fokussiert wird. Ein Spaltsatz im Deutschen ist z. B. *Es waren die Bochumer, die um den Pokal spielten*.

> ▶ **Beispiel**
> Beispiele aus dem Deutschen sind:
> - Definiter Artikel: *Die Lockrufe des Herrn.* >> Es gibt einen Lockruf, es gibt einen Herrn. (DIE ZEIT, 27.03.2008, Nr. 13)
> - Wiederholungsausdrücke:
>   - *Abermals hat in der Nacht zum Montag die Regierung Obama die Sanierungspläne von General Motors als unzureichend zurückgewiesen.* >> Die Regierung Obamas hatte die Sanierung in der Vergangenheit zurückgewiesen. (DIE ZEIT, 06.07.2009)
>   - *Seit Lance Armstrong wieder im Rennsattel sitzt, macht ein kleines, hässliches Wort von Neuem die Runde: Epo.* >> Das Wort *Epo* machte in der Vergangenheit die Runde. (DIE ZEIT, 04.07.2009, Nr. 14)
> - Zustandswechselverben:
>   - *Etwa zehn verschiedene Arten von Zwängen gibt es, darunter Wasch- und Kontrollzwänge, bei denen die Betroffenen zweifeln, ob alle Elektrogeräte wirklich ausgeschaltet und Türen und Fenster geschlossen sind.* >> Die Elektrogeräte waren vorher eingeschaltet, die Türen und Fenster waren vorher geöffnet. (DIE ZEIT, 13.07.2009)
>   - *In Zeiten der Krise sinkt manch ein Preis auf ein normales Niveau.* >> Der Preis befand sich vorher auf einem höheren Niveau. (DIE ZEIT, 13.07.2009, Nr. 12)
> - Faktive Verben:
>   - *Labbadia bedauert den Abschied Beiersdorfers.* >> Beiersdorfer nahm seinen Abschied. (Die Zeit, 13.07.2009)
>   - *Doch die damalige Geschäftsführung des Tochterunternehmens der Deutschen Bahn hatte die Anweisungen des Amts ignoriert.* >> Es gibt eine Anweisung des Amtes. (Die Zeit, 13.07.2009)
> - Spaltsatz: *Es war Bundeskanzler Schröder, der die langjährigen Grundpfeiler der deutschen Außenpolitik beiseite räumte.* >> Jemand räumte die Grundpfeiler der deutschen Außenpolitik beiseite. (DIE ZEIT, 27.03.2008, Nr. 13) ◀

Präsuppositionen werden also durch lexikalische Einheiten oder grammatische Konstruktionen ausgelöst. Diese Konstituenten sind in Äußerungen in der Regel Teil eines Satzes, sodass sich die Frage stellt, wie Präsuppositionen von den Konstituenten auf die Inhaltsebene des Satzes „verlagert" werden. Diese Frage ähnelt der semantischen Frage nach dem Beitrag der Wortbedeutungen zur Satzbedeutung, die durch das Kompositionalitätsprinzip beantwortet wird, aber Präsuppositionen verhalten sich nicht kompositionell, da die Präsuppositionen eines Satzes nicht immer die Präsuppositionen seiner Konstituenten sind. Die „Verlagerung" der Präsuppositionen einzelner Konstituenten auf den Satz wird als **Präsuppositionsprojektion** bezeichnet.

> **Präsuppositionsprojektion**
> Unter Präsuppositionsprojektion versteht man die Weitergabe bzw. Vererbung der Präsuppositionen einzelner Wörter bzw. grammmatischer Konstruktionen als Präsupposition an den gesamten Satz.

Karttunen (1973) zeigte in einer einflussreichen Arbeit, dass das Projektionsproblem von drei Klassen sprachlicher Ausdrücke abhängt, die er **Stöpsel** (*plugs*), **Löcher** (*holes*) und **Filter** (*filters*) nennt.

> **Stöpsel, Löcher und Filter**
> Stöpsel sind Ausdrücke, die die Vererbung der Präsuppositionen an den Gesamtsatz verhindern. Löcher lassen die Vererbung von Präsuppositionen an den Gesamtsatz immer zu, während Filter nur unter bestimmten Bedingungen die Präsuppositionen an den Gesamtsatz projizieren lassen.

> ▶ **Beispiel**
> Beispiele für Stöpsel sind insbesondere Kommunikationsverben:
> - *Er war es, welcher meinen Eltern und auch mir sagte, daß ich ihn heiraten möchte.* ~>> Die Sprecherin möchte ihn heiraten.
> (DIE ZEIT, 31.05.2000, Nr. 23)

Löcher sind natürlich die Negation – schließlich ist der Negationstest der Test auf Präsuppositionen – sowie faktive Verben:

- *Ich weiß, dass du lügst* >> *Du lügst.* (Ein Buchtitel)
- *Und Tietmeyer bedauert, dass heute „neoliberal" zum politischen Kampfbegriff für diejenigen geworden ist, die „gegen marktwirtschaftliche Grundorientierungen" operierten.* >> *„neoliberal" ist heute zum politischen Kampfbegriff für diejenigen geworden, die „gegen marktwirtschaftliche Grundorientierungen" operierten.*
(DIE ZEIT, 12.08.1999) ◄

Filter sind die Konjunktionen *und*, *oder* sowie *wenn ...dann* zur Verbindung von Teilsätzen. Karttunen (1973) gibt z. B. für einen Satz der Form *A und B* an, wann dieser Satz die Präsuppositionen seiner Teilsätze *A* und *B* übernimmt und wann nicht: In einem Satz der Form *A und B* werden die Präsuppositionen der Teilsätze an den Gesamtsatz vererbt, es sei denn, dass *B* die Information C präsupponiert und aus *A* C folgt.

► **Beispiel**

- *Max hat drei Kinder und seine Kinder studieren alle Linguistik.* ~>> *Max hat Kinder.*
 Hier wird die Präsupposition des zweiten Teilsatzes, dass Max Kinder hat (ausgelöst von der Konstituente *seine Kinder*) nicht an den Gesamtsatz vererbt, da aus dem ersten Teilsatz trivialerweise folgt, dass Max Kinder hat.
- *Max hat drei Kinder, und er bedauert, nicht Linguistik mit dem Schwerpunkt Erstspracherwerb studiert zu haben.* >> *Max studierte nicht Linguistik mit dem Schwerpunkt Erstspracherwerb.*
 Hier wird die Präsupposition des zweiten Teilsatzes, dass Max nicht Linguistik mit Schwerpunkt Erstspracherwerb studiert hat (ausgelöst von dem faktiven Verb *bedauern*) an den Gesamtsatz vererbt, da diese Information nicht aus dem ersten Teilsatz folgt. ◄

6.4 Referenz

In ► Kap. 5 haben wir uns überlegt, was Bedeutungen sind und in diesem Zusammenhang das Referieren-können auf Entitäten als wesentliches Merkmal der Kommunikation kennengelernt. Tatsächlich ist Referenz eher ein pragmatisches Phänomen, denn Referenz als das Verweisen eines Sprechers auf eine bestimmte Entität hängt von vielen kontextuellen Faktoren ab. Sprecher können zudem nicht nur auf Dinge in der Welt referieren, sondern auch auf bereits erwähnte Äußerungen oder Äußerungseinheiten oder auch auf Entitäten in imaginären Welten.

Referierende Ausdrücke sind sprachliche Mittel für Referenz.

Referierender Ausdruck
Ein referierender Ausdruck dient dazu, auf Entitäten zu referieren, um damit den Hörer auf diese Entität aufmerksam zu machen. Referierende Ausdrücke sind insbesondere Eigennamen, definite Beschreibungen und Pronomen. Allerdings ist nicht in jedem Verwendungskontext ein Pronomen, eine definite Beschreibung bzw. ein Eigenname referierend.

Schauen wir uns als Beispiel einen Teil des Gesprächs zwischen den ZEIT-Redakteuren Peter Vorderer und Manfred Spitzer an, dessen Beginn bereits in ► Abschn. 6.2 angegeben wurde:

► **Beispiel: Macht uns der Computer dumm?**

Der Psychiater Manfred Spitzer warnt vor „digitaler Demenz"; der Medienpsychologe Peter Vorderer hält das für Quatsch. Ein Streitgespräch.

DIE ZEIT: *Herr Professor Vorderer, Sie haben zwei Töchter, die eine ist 13, die andere 17 Jahre alt. Welche Grenzen setzt der Medienpsychologe seinen Kindern im Umgang mit dem Computer?*

Peter Vorderer: *Meine Kinder sind mit Computern aufgewachsen. Groß reglementiert haben wir das Medienverhalten zu Hause aber nicht. Uns war es jedoch immer wichtig, zu wissen, was die beiden gerade am Computer machen.*

ZEIT: *Waren darunter auch Computerspiele?*

Vorderer: *Natürlich, sogar einmal ein sogenanntes Ballerspiel. Spielsüchtig sind sie nicht geworden.*

ZEIT: *Laut Ihrem Buch* Digitale Demenz, *Herr Spitzer, ist Herr Vorderer verantwortungslos.*

Manfred Spitzer: *Das behaupte ich nicht. Ich lege in meinem Buch nur dar, dass der Computergebrauch Nebenwirkungen hat. Bis zu einem Alter von zwei Jahren können Kinder mit dem Computer nichts anfangen. Im Vorschul- und Grundschulalter schadet hoher Medienkonsum der Bildung, später kann er zu Computersucht führen. Da gilt es abzuwägen, wie man mit den Bildschirmmedien umgeht.*

(Aus: ► http://www.zeit.de/2012/37/Jugendliche-Medienkonsum-Spitzer-Vorderer) ◄

Referierende Ausdrücke sind u. a. definite Nominalphrasen wie *der Psychiater Manfred Spitzer, der Medienpsychologie Peter Vorderer, die eine, die andere*; Pronomen wie *Sie, wir, uns, das*. Referiert wird auf Personen, aber auch auf generische Aktivitäten (*der Computergebrauch*), sowie auf Teile vorheriger Gesprächsbeiträge (*Das behaupte ich nicht*). Auch das adverbiell verwendete Adjektiv *später* kann als referierender Ausdruck betrachtet werden, da es auf einen Zeitpunkt referiert, der einem bereits eingeführten Zeitpunkt temporal folgt.

? **Frage 6.3**
Was sind in dem folgenden Text referierende Ausdrücke? Begründen Sie Ihre Entscheidung.
 Es war kühl, neblig, feucht. Unangenehme Luft. Die Gegend sah aus, als sei sie noch nicht fertig, überall dran-

Vertiefung: Präsuppositionen aus pragmatischer Perspektive

Als zentrale Eigenschaft einer Präsupposition gilt ihre Konstanz unter Negation. Diese semantische Charakterisierung von Präsuppositionen birgt einige Probleme in sich, die mit einer pragmatischen Charakterisierung von Präsuppositionen vermieden werden.

Als charakteristische Eigenschaft von Präsuppositionen haben wir deren Konstanz unter Negation kennengelernt. Dies bedeutet, dass Äußerungen bzw. Sätze Präsuppositionen als semantische Eigenschaft in sich tragen, denn mit dieser Sicht wird eine Präsupposition unabhängig von Kontextwissen etabliert. Ob ein Sprecher also präsupponierte Information voraussetzt, wird nicht thematisiert. Insbesondere impliziert diese semantische Sicht auf Präsuppositionen, dass ein Satz nur dann wahr sein kann, wenn die Präsuppositionen erfüllt sind. Sind sie nicht erfüllt, ist der Satz entweder ohne Wahrheitswert, also sinnlos, oder falsch – je nach Sicht des jeweiligen Theoretikers, der die entsprechende Präsuppositionstheorie entworfen hat.

Eine andere Sicht wird in einer pragmatisch ausgerichteten Präsuppositionstheorie vertreten. Der Philosoph Robert Stalnaker hat in einer Arbeit 1974 gezeigt, wie Präsuppositionen als Bedingungen, die der Sprecher als erfüllt ansieht, formuliert werden können.

Ausgangspunkt ist die Beobachtung, dass sich Sprecher und Hörer offensichtlich wechselseitig Wissen unterstellen, dessen Relevanz unstrittig ist. So werden z. B. zwei Nachbarn, die sich zufällig im Treppenhaus ihres Mehrfamilienhauses treffen, nicht zu Beginn eines Tratsches erst klären, wer wo in dem Haus wohnt, wenn beide annehmen, dass dies dem anderen bekannt ist. Dieses wechselseitig zugewiesene Wissen wird als gemeinsamer Redehintergrund (*common ground*) bezeichnet. Der gemeinsame Redehintergrund umfasst nicht nur allgemeines Weltwissen und Wissen über soziale Konstellationen, sondern auch Situationswissen und evtl. Wissen über den Inhalt vorheriger Gespräche bzw. Mitteilungen.

Ein Aussagesatz dient nun dazu, diesen Redehintergrund zu erweitern; es wird also weiteres Wissen zu dem Redehintergrund hinzugefügt. Enthält dieser Aussagesatz Präsuppositionsauslöser, so sind deren Präsuppositionen als Anforderungen an den gemeinsamen Redehintergrund zu interpretieren. Der Sprecher des Satzes geht davon aus, dass die Präsuppositionen Bestandteil des Redehintergrunds sind.

Sagt z. B. beim Tratsch der eine Nachbar zum anderen Nachbarn: *Der Dicke aus dem zweiten Stock hat mir gestern eine Sonnenblume geschenkt – für meine Frau!*, so präsupponiert dieser Satz u. a., dass es den dicken Mann gibt, der im zweiten Stock wohnt, und dass der Sprecher eine Ehefrau hat. Damit der Hörer den Redehintergrund um diese Information des Sonnenblumengeschenks erweitern kann, muss der Redehintergrund die beiden Präsuppositionen bereits enthalten; der Hörer wusste also bereits, dass im zweiten Stock ein dicker Mann wohnt und dass der Sprecher verheiratet ist.

Nun könnte es aber auch sein, dass der gemeinsame Redehintergrund die Information, dass der Sprecher verheiratet ist, nicht enthält – evtl. wohnt der zweite Nachbar noch nicht lange in dem Mehrfamilienhaus und kennt bislang nicht die familiären Verhältnisse des Sprechers. In diesem Fall würde in dem Satz *Der Dicke aus dem zweiten Stock hat mir gestern eine Sonnenblume geschenkt – für meine Frau!* die Präsupposition, dass der Sprecher eine Ehefrau hat, nicht dem Redehintergrund angehören, sodass eine Erweiterung des Redehintergrunds durch diesen Satz nicht stattfinden kann: Der Satz wäre also in einem gewissen Sinne sinnlos.

Empirisch ist dies jedoch offensichtlich falsch, denn Hörer können recht gut mit Präsuppositionen umgehen, deren Erfüllung nicht bekannt ist. In diesem Fall tun Hörer einfach so, als ob die Präsupposition erfüllt ist. Dieser Vorgang wird in der Präsuppositionsforschung als **Akkommodation** bezeichnet: Bei einer Akkommodation verändert der Hörer den Redehintergrund so, dass die nötige Information in diesem Redehintergrund enthalten ist. Selbst wenn der Hörer des obigen Satzes also nicht gewusst hat, dass der Sprecher verheiratet ist, hat er keine Schwierigkeiten, die Präsupposition „Der Sprecher hat eine Ehefrau" hinter dem Präsuppositionsauslöser *meine Frau* im Redehintergrund zu verorten – er setzt diese Präsupposition einfach als gegeben.

So einfach diese pragmatische Sicht auf Präsuppositionen als Anforderungen an den gemeinsamen Redehintergrund zu sein scheint, so schwierig ist es, diese Anforderungen in einer Präsuppositionstheorie adäquat zu formulieren, denn zu klären ist, was als gemeinsamer Redehintergrund gilt, wie die Erweiterung dieses Redehintergunds vonstatten geht und wann Akkommodation möglich ist.

Literatur

- Stalnaker, R. (1974). Pragmatic Presuppositions. In M. Munitz & P. Unger (Hrsg.). *Semantics and Philosophy* (S. 197–213). New York: New York University Press.

---

gen die rohen Säfte hervor. Indem ich meinen dünnen, vorn übereinandergehenden Gehrock – mein Mantel hatte so lange Schöße, daß ich ihn nur im Wagen trug – fest zuknöpfte, verwahrte ich mich, so gut ich konnte, gegen die scharfe Luft, und grimmig meinen Holzapfelstock in die nasse Erde stoßend, beugte ich meine blaugekleidete Gestalt, um den steilen Aufstieg des Hügels zu erklimmen. In dieser mühsamen Haltung senkte ich den Kopf so tief, als sei ich im Begriff, mit ihm gegen die Welt anzurennen. Ich merkte das, grinste aber nur darüber.

(Aus: Herman Melville, 1962, *Kikeriki oder Das Krähen des edlen Hahnes Beneventano*)

Eine Teilklasse der referierenden Ausdrücke sind die **deiktischen Ausdrücke**. Während ein referierender Ausdruck wie z. B. *der Psychiater Manfred Spitzer* ohne Kontextwissen interpretiert werden kann – der Ausdruck referiert auf die Person namens Manfred Spitzer –, kann ein Ausdruck wie *die eine*, aber auch die Interpretation des Pronomens *Sie* nur mit Kontextwissen erfolgen. Erst wenn der Hörer weiß, welche Personen eingeführt wurden, kann die Referenz des Ausdrucks *die eine* bestimmt werden. Entsprechendes gilt für die jeweilige Referenz des Pronomens *Sie* auf den Adressaten. Dieses Pronomen referiert nicht nur auf die angesprochene Person, sondern drückt zudem eine soziale Distanz zwischen Sprecher und Adressat aus.

Deiktischer Ausdruck
Ein deiktischer Ausdruck ist ein referierender Ausdruck, der kontextabhängig interpretiert wird, wobei räumliche, zeitliche oder soziale Kontextfaktoren die Referenz beeinflussen.

Mit **Deixis** wird die Beziehung zwischen deiktischem Ausdruck und Kontext bezeichnet:

Deixis
Deixis ist das sprachliche Realisieren von räumlichen, zeitlichen oder sozialen Strukturen mit lexikalischen oder grammatischen Mitteln.

Grundlegende Kategorien der Deixis sind die **Lokaldeixis**, die **Temporaldeixis** sowie die **Personal-** bzw. **Sozialdeixis**.

Lokaldeixis
Lokaldeixis ist das Verweisen auf einen Ort oder eine räumliche Relation relativ zu den Gesprächsteilnehmern.

Die prototypischen sprachlichen Mittel des Deutschen mit Bezug zur Lokaldeixis sind die Adverbien *hier*, *da* und *dort*. Diese drei Adverbien referieren auf sprecherzentrierte Regionen, wobei *hier* den Umgebungsraum des Sprechers bezeichnet, *dort* den Raum, in dem sich nicht der Sprecher befindet, und *da* eine Region zwischen diesen beiden Regionen. Wo „hier" ist, ist dabei abhängig von Kontext- und Weltwissen:
5. *„Ich hätte hier gern gewonnen, aber Mark war einfach schneller"*, bekannte der um 9,252 Sekunden geschlagene Vettel. (DIE ZEIT, 12.07.2009)
6. *Birbaumer: Wir haben hier in Tübingen und in den USA eine kleine, primitive Prothese gebaut und sie Patienten mit Schlaganfall angepasst, die vollkommen gelähmt sind.* (DIE ZEIT, 05.07.2009)

Auch die sprecherbezogene Bedeutung von *dort* (sowie *da*) ist abhängig vom Kontext:
7. *Rutemöller: Ich mache mir schon meine Gedanken wegen der dortigen Unruhen. Ich glaube aber, ich bin dort gut aufgehoben.* (DIE ZEIT, 08.07.2009)
8. *Petric: Ich habe der Schweiz viel zu verdanken, ich bin dort groß geworden.* (DIE ZEIT, 28.05.2009)

Temporaldeixis
Temporaldeixis ist das Verweisen auf einen Zeitpunkt oder eine Zeitspanne relativ zum Äußerungszeitpunkt.

Temporaldeixis wird im Deutschen durch Tempus als grammatische Kategorie realisiert, aber auch durch Adverbien wie *jetzt*, *heute* sowie durch Ausdrücke, die Bezug auf ein kalendarisches System nehmen wie *Januar*, *Montag* usw.

Personaldeixis
Unter Personaldeixis versteht man die Identifikation der Gesprächsteilnehmer unter Berücksichtigung des Sozialstatus dieser Gesprächsteilnehmer relativ zum Sprecher.

Personaldeixis wird (nicht nur) im Deutschen mithilfe des pronominalen Systems realisiert (im Deutschen *du*, *Sie*) oder durch diverse Anredeformen, die neben Eigennamen, Titeln, Verwandtschaftsbezeichnungen auch Kombinationen hiervon umfassen wie z.B. in *Herr Müller, Frau Professor, Onkel Heinz, Frau Doktor Müller* oder auch veraltet *Herr Vater*.

Diese drei Definitionen machen zwei zentrale Aspekte der Deixis deutlich: Zum einen ist Deixis egozentrisch organisiert. Das deiktische Zentrum, das nach Bühler (1934) auch **Origo** genannt wird, wird in der Regel vom jeweiligen Sprecher geliefert; es ist das „ich-jetzt-hier" des Sprechers. Zum anderen signalisiert der Ausdruck „relativ zu" in den obigen Definitionen, dass der Verweis immer kontextabhängig erfolgt.

? Frage 6.4
Erläutern Sie die Lokal- und Temporaldeixis in dem folgenden Textausschnitt:
Direkt im Saarlandstraßenviertel in Dortmund, einem Café- und Kneipenviertel in der südlichen Innenstadt, findet man hier und jetzt einen idyllischen Ort. Fast an der gleichen Stelle, an der es damals, unter der Leitung von Johannes Storf, das „Café Blu" gab, dass 2005 leider geschlossen wurde. (► www.inqueery.de/nrw/hier-und-jetzt-dortmund)

6.5 Sprechakte: Sprachliches Handeln

Wenn Sprecher eine Äußerung produzieren, dann sind diese Äußerungen auf einer kommunikativen Ebene Mitteilungen, Warnungen, Befehle, ein Lob, ein Versprechen usw. Dies ist die Ebene, auf der Hörer die Äußerung eines Sprechers primär interpretieren, denn ein Hörer möchte die Intention des Sprechers hinter der Äußerung kennen. Die Theorie, die sich mit dieser Ebene der Kommunikationseinheiten beschäftigt, heißt **Sprechakttheorie**, und die Einheiten, die eine Mitteilung, Warnung usw. ausdrücken, werden **Sprechakte** genannt.

> **Sprechakt**
> Sprechakte sind die elementaren Einheiten der Kommunikation. Sie bestehen in der Regel aus drei Teilen, die als Teilakte bezeichnet werden: dem **Äußerungsakt**, dem **propositionalen Akt** und dem **illokutionären Akt**. Hinzu kommt der **perlokutionären Akt** als Effekt beim Hörer.
> 1. Ein Äußerungsakt ist die Produktion des sprachlichen Signals mitsamt seiner phonologischen, morphologischen und syntaktischen Struktur.
> 2. Der propositionale Akt ist der semantische Kern des Sprechakts. Er umfasst die Referenz auf eine Entität sowie die Zuweisung von Eigenschaften an Entitäten sowie die Angabe von Relationen zwischen Entitäten.
> 3. Der illokutionäre Akt hingegen ist die Handlung, mit der vom Sprecher der spezifische Akt des Warnens, Mitteilens etc. ausgeführt wird.
> 4. Der perlokutionäre Akt schließlich ist die Wirkung, die beim Hörer erzeugt wird, also z. B. das Gewarnt-worden-Sein oder die Aufforderung zu einer Antwort.

> ▶ **Beispiel**
> Folgende Beispiele verdeutlichen die verschiedenen Teilakte:
> 9. *In Zwickau regelt jetzt die erste Ampelfrau den Verkehr.*
> 10. *Regelt jetzt in Zwickau die erste Ampelfrau den Verkehr?*
> 11. *In Zwickau, the first „female little green figure telling you it's safe to cross the road" is regulating the traffic.*
> 12. *Does the first „female little green figure telling you it's safe to cross the road" regulate the traffic in Zwickau?*
>
> Die vier Beispielsätze weisen unterschiedliche Äußerungsakte auf, da sie auf Deutsch bzw. auf Englisch und zudem entweder als Aussage- oder als Fragesatz formuliert sind. Die propositionalen Akte sind in allen vier Sätzen hingegen identisch, denn es erfolgt jeweils Referenz auf die Stadt Zwickau und die Ampelfrau mit Angabe der jeweiligen Eigenschaften und Relationen. Der illokutionäre Akt ist in Beispiel 9 sowie in Beispiel 11 eine Mitteilung, während er in Beispiel 10 und Beispiel 12 eine Frage ist. Der perlokutionäre Akt ist in Beispiel 9 und Beispiel 11 das Überzeugt-Sein des Hörers von der Information und in Beispiel 10 sowie Beispiel 12 die Aufforderung zu einer Antwort. ◀

Die in der Definition verwendeten Bezeichnungen gehen auf Searle (1969) zurück, der sich die Frage stellte, wie Sprecher mit ihren Äußerungen eine Handlung durchführen. Handlungen kennen wir eher als intentionale, zielgerichtete nicht-sprachliche Tätigkeiten, aber nach der Sprechakttheorie sind auch Kommunikationseinheiten solche Handlungen.

Sprechakte wie die folgenden zeichnen sich durch besondere Eigenschaften aus:
13. *Ich verspreche dir, nicht mehr zu rauchen.*
14. *Ich befehle dir, nach Hause zu kommen.*
15. *Ich ernenne Sie zur Direktorin.*
16. *Ich entschuldige mich für mein ungebührliches Verhalten.*

Diese Beispielsätze können nicht wahr oder falsch sein. Es werden also keine Sachverhalte mitgeteilt. Vielmehr drücken diese Sätze Handlungen aus, die direkt mit dieser Äußerung vollzogen werden. So ist Beispiel 13 ein Versprechen, das durch den Satz realisiert wird, Beispiel 14 ist ein Befehl, Beispiel 15 eine Ernennung und Beispiel 16 eine Entschuldigung. Sätze dieses Typs werden **performativ** genannt, die Äußerungen in Beispiel 13 bis 16 heißen performative Äußerungen.

> **Performative Äußerung**
> Eine performative Äußerung ist eine Äußerung, die die Handlung durchführt, die der Satz beschreibt.

Das entsprechende Verb in einer performativen Äußerung wird **performatives Verb** genannt.

> ❗ **Achtung**
> Nicht jeder Satz mit einem performativen Verb ist auch performativ. So ist der Satz *Peter verspricht seinen Kindern, nicht mehr zu rauchen* kein performativer Satz, da dieser nicht die Handlung des Versprechens ausdrückt, sondern einen Sachverhalt, der wahr oder falsch sein kann. Damit ein Satz des Deutschen (bzw. eine Äußerung) performativ ist, muss dieser in der Regel in der 1. Person Singular Präsens im Indikativ formuliert sein.
>
> Ausnahmen zu dieser Regel sind möglich. So sind die folgenden Äußerungen ebenfalls performativ: *Wir schlagen vor, dass Sie nun nach Hause gehen* (Vorschlag, 1. Person Plural), *Du bist hiermit gewarnt, dass es beim nächsten Mal ungemütlich wird!* (Warnung, 2. Person Singular) oder *Die Passagiere werden hiermit aufgefordert, ihre Tische hochzuklappen und die Gurte anzulegen.* (Aufforderung, 3. Person Plural).

Kapitel 6 · Pragmatik – sprachliches Schließen und Handeln

> **? Frage 6.5**
> Welche Bedingungen müssen im Englischen, Französischen, Spanischen oder Italienischen gelten, damit ein Satz performativ ist? Gelten dieselben Bedingungen wie im Deutschen?

Sprechakte können aus verschiedenen Gründen misslingen. So kann z. B. nicht der Verkäufer in einem Geschäft mit der Äußerung *Ich ernenne Sie nun zum Geschäftsführer* einen Kunden zum Geschäftsführer in seinem Betrieb machen, da er nicht die hierfür erforderliche juristische und soziale Berechtigung besitzt. Searle (1965) nennt die Bedingungen, die erfüllt sein müssen, damit ein Sprechakt auch tatsächlich erfolgreich ist, die Gelingens- oder Glückensbedingungen für diesen Sprechakt, und zeigt anhand des Sprechakts des Versprechens, welche Bedingungen auf welche Weise erfüllt sein müssen.

Damit eine Äußerung *V* ein Versprechen ist, müssen die folgenden Bedingungen erfüllt sein:

— Die Äußerung muss eine zukünftige Handlung *A* des Sprechers angeben.
— Der Hörer *H* möchte, dass der Sprecher *S* diese Handlung *A* durchführt, und der Sprecher weiß dies.
— Aus dem normalen Ereignisablauf ist sowohl für den Sprecher *S* als auch für den Hörer *H* nicht selbstverständlich, dass *S* die Handlung *A* durchführt.
— *S* muss die Intention haben, *A* durchzuführen.
— Die Äußerung *V* wird von den Gesprächsteilnehmern als Verpflichtung von *S* interpretiert, *A* durchzuführen.

> **▶ Beispiel**
> 17. *Ich schenk dir was. Was ist denn das? Ein silbernes Wart ein Weilchen, Und ein goldnes Nixchen, In einem Niemahlenen Büchschen.* (aus den Kinderliedern aus *Des Knaben Wunderhorn*)

Wird *Ich schenk dir was* als Versprechen interpretiert, besteht die zukünftige Handlung des Sprechers im Schenken eines Gegenstands. Der Hörer bzw. Leser ist an dem Beschenktwerden interessiert und der Sprecher geht hiervon auch aus. Dieses Schenken-Ereignis folgt nicht aus dem normalen Ablauf des Geschehens, und der Sprecher besitzt die Intention, etwas zu verschenken. Als ein Versprechen ist der Sprecher mit dem Satz *Ich schenk dir was* zu der Schenkung verpflichtet. ◄

■ **Indirekte Sprechakte weisen eine Diskrepanz zwischen Form und Handlung auf**

Eine Frage wie *Kannst du mir den Hammer reichen?* ist im entsprechenden Kontext keine Frage, auf die mit *ja* oder *nein* geantwortet wird, sondern eine höfliche Aufforderung, den Hammer zu reichen. Bei diesem Beispiel scheint es einen Kontrast zwischen der sprachlichen Form (Fragesatz) und dem, was eigentlich mitgeteilt werden soll, zu geben.

Äußerungen dieser Art werden **indirekte Sprechakte** genannt.

> **Indirekter Sprechakt**
> Ein indirekter Sprechakt zeichnet sich dadurch aus, dass die sprachliche Form einen Sprechakttyp signalisiert, der vom Sprecher aber nicht intendiert ist.

Die meisten Sprachen der Welt kennen drei Satztypen:
1. **Deklarativsätze:** *Die Debatte um Sicherheitsmaßnahmen im deutschen Fußball wird weiter heiß geführt.* (▶ www.faz.net; 30.10.2012)
2. **Fragesätze:** *Wird die Debatte um Sicherheitsmaßnahmen im deutschen Fußball weiter heiß geführt?*
3. **Befehlssätze/Imperativsätze:** *Führe weiter die Debatte um Sicherheitsmaßnahmen im deutschen Fußball!*

Diese Satztypen korrelieren mit drei grundlegenden kommunikativen Aufgaben, nämlich der Mitteilung von Information, dem Fragen-Stellen sowie der Aufforderung zu einer Handlung. Diese Satztypen, die einen entsprechenden illokutionären Akt signalisieren, sind Beispiele für **illokutionäre Indikatoren**:

> **Illokutionärer Indikator**
> Ein illokutionärer Indikator ist ein sprachliches Mittel zum Anzeigen des vom Sprecher intendierten illokutionären Aktes.
>
> Illokutionäre Indikatoren können sämtlichen Sprachebenen entstammen, von der phonologischen Markierung über die Verwendung morphologischer Mittel bis zur Verwendung bestimmter Lexeme oder syntaktischer Konstruktionen.

Die Beziehung zwischen Indikator und Akt ist keine 1 : 1-Beziehung, sodass ein illokutionäre Indikator nicht eindeutig auf einen illokutionären Akt verweist und umgekehrt ein illokutionärer Akt nicht durch genau einen Indikator sprachlich signalisiert wird. Vielmehr handelt es sich um eine n : m-Beziehung, wie es die indirekten Sprechakte bereits aufzeigen. Aufgabe einer Sprechakttheorie ist, herauszuarbeiten, unter welchen Bedingungen Sprecher eine bestimmte sprachliche Form für einen illokutionären Akt verwenden.

Weitere illokutionäre Indikatoren für einen illoktionären Akt sind:
— **Modus:** Während der Indikativ z. B. für eine Mitteilung verwendet werden kann, kann der Konjunktiv auch für eine Vermutung verwendet werden (*Du gehst nach Hause* vs. *Du gingest nach Hause (habe ich gehört)*).
— **Der Einsatz von Modalverben:** Ein Modalverb wie z. B. *dürfen* kann eine Erlaubnis signalisieren (*Du darfst nach Hause gehen*).

- **Der Einsatz von Intonation:** Durch Intonation kann z. B. eine Drohung realisiert werden: *Du GEhst jetzt nach HAUse!*
- **Die Verwendung performativer Verben** ist per Definition von Performativität das sprachliche Mittel für die Signalisierung eines illokutionären Akts. So signalisiert z. B. das performative Verb *befehlen* in der 1. Person Singular Indikativ Präsens Aktiv einen Befehl.

Dass die Beziehung zwischen Indikator und Handlung nicht eindeutig ist, lässt sich an dem Beispiel *Du darfst nach Hause gehen* verdeutlichen. Mögliche illokutionäre Akte sind das Erlaubniserteilen durch den Sprecher oder die Feststellung, dass diese Erlaubnis erteilt wurde, aber der Satz kann in einem entsprechenden Kontext durchaus auch als Warnung interpretiert werden. Diese drei illokutionären Akte können aber auch mit anderen illokutionären Indikatoren signalisiert werden. Beispiele wären für das Erteilen einer Erlaubnis: *Ich erlaube dir, nach Hause zu gehen* (d. h. eine performative Äußerung) oder *Ich erteile dir die Erlaubnis, nach Hause zu gehen* oder auch *Ich gestatte dir, nach Hause zu gehen*. Die Feststellung der Erlaubniserteilung kann ebenfalls unterschiedlich realisiert werden wie z. B. durch *Du darfst also nach Hause gehen* oder *Ich habe erkannt, dass dir die Erlaubnis erteilt wurde, nach Hause zu gehen* usw. Auch die Warnung kann unterschiedlich realisiert werden. Hier wäre eine Alternative zu der obigen Äußerung z. B. *Wenn du dich falsch verhältst, gehst du nach Hause.*

6.6 Pragmatik und Sprachvergleich

Die in diesem Kapitel erläuterten pragmatischen Phänomene sind mit Ausnahme der Sprechakte nach Ansicht vieler Pragmatiker universell. In allen Kulturen berücksichtigen die Sprecher und Hörer die Konversationsmaximen bei der Produktion ihrer Äußerungen bzw. bei der Interpretation einer Äußerung, und in allen Sprachen werden bei der Interpretation einer Äußerung Implikaturen gezogen. Entsprechend verhält es sich bei der Interpretation von Präsuppositionen und bei der Interpretation referierender Ausdrücke. Und selbstverständlich sind Sprechakte in allen Sprachen der Welt die primäre Ebene, auf der Hörer eine Äußerung interpretieren.

Unterschiede zwischen den Sprachen existieren selbstverständlich beim lexikalischen und grammatischen Inventar, das die jeweiligen pragmatischen Phänomene anstößt. So sind z. B. die Skalen, die einer skalaren Implikatur zugrunde liegen, sprachspezifisch, aber die skalare Implikatur ist ein universelles Phänomen. Entsprechend verhält es sich mit den Präsuppositionsauslösern.

Unterschiede zwischen den Sprachen zeigen sich dann, wenn kulturelle Variablen Einfluss auf die Pragmatik nehmen. Dies lässt sich am deutlichsten bei den Gelingens- oder Glückensbedingungen für Sprechakte beobachten.

Man überlege sich z. B., welche Gelingensbedingungen für den Sprechakt des Sichentschuldigens allgemein gelten und wie dieser Sprechakt z. B. im Deutschen, Spanischen, Englischen oder Japanischen realisiert wird. Ganz allgemein entschuldigt sich ein Sprecher bei dem Adressaten für eine wie auch immer geartete Verfehlung, die der Sprecher dem Adressaten gegenüber vollzogen hat. Diese Verfehlung ist Sprecher und Adressat bekannt, und der Sprecher hofft durch die Entschuldigung auf ihre Akzeptanz und die anschließende Wiederherstellung der ursprünglichen Beziehung zwischen ihm und dem Adressaten.

Wie die Entschuldigung in den jeweiligen Sprachen und Kulturen umgesetzt wird, hängt von Faktoren ab wie der Schwere der Verfehlung, dem sozialen Status und Stand des Sprechers gegenüber dem Adressaten, aber eventuell auch dem Geschlecht von Sprecher bzw. Adressat oder der Verwandtschaftsbeziehung. So würde sich z. B. im europäischen Kulturkreis ein Vorgesetzter gegenüber einem Mitarbeiter, dessen Kugelschreiber er aus Versehen mitgenommen hat, anders entschuldigen als gegenüber einem Mitarbeiter, den er fälschlicherweise des Diebstahls bezichtigt hat. Im Deutschen können diese Sprechakte wie folgt realisiert werden: *Sorry, den hatte ich in der Eile eingesteckt* vs. *Ich entschuldige mich hiermit offiziell, dass ich Sie fälschlicherweise verdächtigt hatte, Kopierpapier entwendet zu haben* im Gegensatz zu: *?Ich entschuldige mich hiermit offiziell, dass ich Ihren Kugelschreiber in der Eile eingesteckt habe* und *?Sorry, dass ich Sie des Diebstahls von Kopierpapier verdächtigt hatte.*

Die vielfältigen Strategien, die ein Sprecher des Japanischen für den Sprechakt der Entschuldigung (sowie weitere Sprechakte) einsetzen kann bzw. muss, sind unter ▶ http://carla.umn.edu/speechacts/japanese/introtospeechacts/index.htm angegeben. Der Blick auf die dortigen Tabellen zeigt die gegenüber dem Deutschen deutlich stärker ausgebauten Mittel für die Durchführung dieses Sprechakts im Japanischen.

Aber Sprechakte werden nicht nur kulturabhängig unterschiedlich realisiert. Manche Sprechakte, die aus europäischer Sicht selbstverständlich sind, sind in anderen Kulturen nicht existent, und andersherum existieren in manchen Kulturen Sprechakte, die im europäischen Kulturraum nicht auftreten. Ein Beispiel für Ersteres ist laut Harris (1984) die Sprache der Yolngu (ein Aborigines-Stamm, der im nördlichen Australien lebt), in der der Sprechakt des Bedankens nicht realisiert wird. Ein Beispiel für Letzteres liefert die Aborigines-Sprache Walmajarri, die einen Sprechakt des verwandtschaftsbezogenen Aufforderns, etwas für den Sprecher zu machen, kennt (Hudson 1985, zitiert nach Huang 2006, S. 119ff.). Dieser Sprechakt des Aufforderns kann aus verwandtschaftlichen Gründen kaum vom Adressaten abgelehnt werden.

Wir können also festhalten, dass Sprechaktanalysen weniger über Sprachvergleiche aussagen als vielmehr über cross-kulturelle Unterschiede bzgl. ihrer Realisierung.

Frage 6.6

Machen Sie einem Adressaten ein Kompliment bzgl. seines Kleidungsstils, wenn Sie:
1. Vorgesetzer des Adressaten in einer Firma sind,
2. Untergebener des Adressaten in einer Firma sind,
3. und der Adressat Nachbarn sind, die sich bereits häufiger wegen nächtlichen Lärms verklagt haben.

Wie würden Sie in diesen drei Situationen das Ein-Kompliment-Machen im Deutschen, Spanischen, Französischen, Italienischen und/oder Englischen realisieren?
Welche Schwierigkeiten treten bei der Realisierung dieses Sprechaktes in diesen Situationen auf?

6.7 Weiterführende Literatur

- Ehrhardt und Heringer (2011) ist eine deutschsprachige Einführung in die Pragmatik mit vielen Beispielen. Eine lesenswerte englischsprachige Einführung ist Huang (2006) bzw. Huang (2014). Ebenfalls lesenswerte Einführungen in die Pragmatik sind Ariel (2010), Birner (2013), Eckardt (2021) sowie Levinson (2000).
- Die Sprachakttheorie wird in Stede (2022) ausführlich erläutert. Detges (2022) ist eine ausgezeichnete Darstellung des Verhältnisen zwischen den sprecherseitigen Implikaturen und den Schlüssen bei der Interpretation einer Äußerung. Deixis wird in Schulze und Jungbluth (2022) genauer erläutert.

Antworten zu den Selbstfragen

Selbstfrage 1 *Nur* implikatiert per Konvention: nichts bzw. niemand sonst (Zum Beispiel: *Nur die Bananen kosten weniger als zwei Euro*). *Überdies* implikatiert per Konvention: der Inhalt des Folgesatzes ist ein Zuschlag zum vorherigen Inhalt (Beispiel: *Lena kann fließend Spanisch sprechen. Überdies kann sie Gedichte auf Spanisch schreiben*).

Selbstfrage 2 Die Implikatur lautet: Sie müssen 18 Jahre oder älter sein.

Selbstfrage 3 Referierende Ausdrücke sind bestimmte (definite) NPs sowie (koreferente) Pronomen: *Die Gegend, sie, ich, meinen [...] Gehrock, mein Mantel, ihn, die scharfe Luft, meinen Holzapfelstock, die nasse Erde, meine blaugekleidete Gestalt, den steilen Aufstieg des Hügels, diese Haltung, den Kopf, ihm, die Welt, darüber*.

Selbstfrage 4 Die Lokaldeixis wird mittels des lokalen Adjektivs bzw. Adverbs *direkt* und *hier* sowie mit diversen lokalen Präposionalphrasen etabliert. Angegeben wird eine sukzessive Verortung in Dortmund. Interessant ist die Semantik von *hier*: Es bleibt im Unklaren, welcher Umgebungsraum des Autors intendiert ist.

Für die Temporaldeixis werden neben den Tempora die Adverbien *jetzt* und *damals* verwendet sowie eine Jahresangabe. Die exakten Zeitintervalle, die die beiden Adverbien denotieren, bleiben unklar.

Selbstfrage 5 Es gelten dieselben Bedingungen wie im Deutschen.

Selbstfrage 6 **1:** *Sie haben offensichtlich einen guten Geschmack!*
2: Hier tritt das Problem auf, den Kleidungsstil seines Chefs loben zu wollen, ohne unterwürfig zu wirken.
3: Es ist schwierig, ein Lob bei einer ambivalenten bzw. gestörten Beziehung auszusprechen.

Aufgaben

6.1 • Beobachten Sie einen Tag lang das Gesprächsverhalten Ihrer Mitmenschen (Fremde, Bekannte, Freunde, Familienmitglieder usw.). Notieren Sie sich zwei Beispiele für Implikaturen, die beim Verstehen einer Äußerung angestoßen wurden.

6.2 • Lesen Sie die Formulierung der Grice'schen Konversationsmaximen. Welche Maximen sind unscharf formuliert?

6.3 •• Welche Maximen überschneiden sich inhaltlich?

6.4 • Betrachten Sie die folgenden Sätze:
a. *Die Farbe ist getrocknet.*
b. *Die Farbe ist nicht getrocknet.*
c. *Die Farbe ist nicht getrocknet; sie war niemals flüssig!*
d. *Die Farbe ist getrocknet, falls sie jemals flüssig war.*

Satz (a) enthält zwei Präsuppositionen. Erläutern Sie, welchen Effekt die Modifikationen in den Sätzen (b)–(d) auf die Präsuppositionen haben.

6.5 • Aus der Tatsache, dass wir fünf Finger pro Hand besitzen, folgt, dass der Daumen auch ein Finger ist. Dennoch schließen wir aus der Äußerung des Sprechers: *Ich habe mir gestern einen Finger gebrochen*, dass dies wahrscheinlich nicht der Daumen war. Erläutern Sie diesen Interpretationseffekt pragmatisch.

6.6 •• Sätze wie die Folgenden besitzen unterschiedliche Wahrheitsbedingungen:
a. *Wenn Larissa beschimpft wird und das Geschirr nicht spült, ist sie unglücklich.*
b. *Wenn Larissa das Geschirr nicht spült und beschimpft wird, ist sie unglücklich.*

Inwieweit unterscheiden sich die Wahrheitsbedingungen? Wie kann man den Unterschied zwischen den Wahrheitsbedingungen pragmatisch erklären?

6.7 ●● Aus der *Westdeutschen Allgemeinen Zeitung* vom 31.12.2013:
a. *… die Enttäuschung des Jahres – vermeldet im Videotext von SAT.1: „Uruguay verpasst den Afrika-Cup 2014"!*
b. *… die Erklärung des Jahres – aufgeschnappt in der Kreisliga. Spieler zum Trainer: „Warum spiele ich in der Zweiten?" Trainer zum Spieler: „Weil wir keine Dritte haben."*

Analysieren Sie beide Textausschnitte auf lexikalischer Ebene: Wo sind semantische Phänomene zu erkennen? Welche Präsuppositionen müssen erfüllt sein? Treten Implikaturen auf?

6.8 ●● Betrachten Sie die Verwendung von *hier* in diesen Kontexten:
a. *Ich bin hier hinten!* (Gerufen in einem Wald zu Freunden)
b. *Wie schön es hier ist!* (Gesprochen, während der Sprecher mit den Armen in die Gegend weist)
c. *Hier tut es weh.* (Mit der Hand auf dem Bauch beim Arzt)
d. *Sie wohnten hier, aber wir wohnten hier.* (Auf eine Landkarte zeigend)

Was sind die Unterschiede zwischen den Verwendungen von *hier*? Wie lässt sich die Semantik von *hier* beschreiben?

Literatur

Ariel, M. (2010). *Defining Pragmatics*. Cambridge: Cambridge University Press.

Birner, B. J. (2013). *Introduction to Pragmatics*. Chichester, West Sussex: Wiley–Blackwell.

Bühler, K. (1934). *Sprachtheorie: Die Darstellungsfunktion der Sprache*. Jena: Fischer.

Detges, U. (2022). Implikaturen und Inferenzen. In R. Klabunde, W. Mihatsch, & S. Dipper (Hrsg.), *Linguistik im Sprachvergleich* (S. 543–560). Stuttgart: Metzler. Kap. 28.

Eckardt, R. (2021). *Sprache und Kontext: Eine Einführung in die Pragmatik*. Berlin: de Gruyter.

Ehrhardt, C., & Heringer, H. (2011). *Pragmatik*. Paderborn: Wilhelm Fink.

Grice, H. P. (1975). Logic and conversation. In P. Cole, & J. L. Morgan (Hrsg.), *Speech acts* (S. 41–58). Academic Press.

Harris, S. (1984). *Culture and Learning: tradition and education in north-east Arnhem Land*. Canberra: Australian Institute of Aboriginal Studies.

Hobbs, J. R., et al. (1993). Interpretation as Abduction. *Artificial Intelligence, 63*, 69–142.

Horn, L. (1984). Toward a new taxonomy for pragmatic inference: Q-based and R-based implicature. In D. Schiffrin (Hrsg.), *Meaning, form, and use in context: Linguistic applications*. Georgetown University Press.

Huang, Y. (2006). *Pragmatics*. Oxford: Oxford University Press.

Huang, Y. (2014). *Pragmatics* (2. Aufl.). Oxford: Oxford University Press.

Hudson, J. (1985). Selected speech act verbs in Walmutjari. In G. Hutter, & K. Gregerson (Hrsg.), *Pragmatics in non-western practice* (S. 63–83). Dallas: Summer Institute of Linguistics.

Karttunen, L. (1973). Presuppositions of compound sentences. *Linguistic Inquiry, 4*(2), 169–193.

Levinson, S. (2000). *Presumptive Meanings*. Cambridge, Mass.: MIT Press.

Schulze, R., & Jungbluth, K. (2022). Deixis. In R. Klabunde, W. Mihatsch, & S. Dipper (Hrsg.), *Linguistik im Sprachvergleich* (S. 561–576). Stuttgart: Metzler. Kap. 29.

Searle, J. (1965). What is a speech act? In M. Black (Hrsg.), *Philosophy in America*. Ithaca, N.Y.: Cornell University Press.

Searle, J. (1969). *Speech acts: An essay in the philosophy of language*. Cambridge: Cambridge University Press.

Stalnaker, R. (1974). Pragmatic Presuppositions. In M. Munitz, & P. Unger (Hrsg.), *Semantics and Philosophy* (S. 197–213). New York: New York University Press.

Stede, M. (2022). Sprechakte. In R. Klabunde, W. Mihatsch, & S. Dipper (Hrsg.), *Linguistik im Sprachvergleich* (S. 501–514). Stuttgart: Metzler. Kap. 25.

Zoglauer, T. (2008). *Einführung in die formale Logik für Philosophen*. Göttingen: Vandenhoeck & Ruprecht.

Textlinguistik – was macht einen Text aus?

Monika Schwarz-Friesel und Konstanze Marx

Inhaltsverzeichnis

7.1 Die Textlinguistik als wissenschaftliche Disziplin – 152

7.2 Was ist ein Text? – 152

7.3 Textsorten – 156

7.4 Texte in Prozessen – 158

7.5 Weiterführende Literatur – 158

Literatur – 159

© Der/die Autor(en), exklusiv lizenziert an Springer-Verlag GmbH, DE, ein Teil von Springer Nature 2023
R. Klabunde, W. Mihatsch (Hrsg.), *Linguistik*, https://doi.org/10.1007/978-3-662-66612-8_7

Wir scheinen ein intuitives Verständnis davon zu haben, was ein Text ist. So wird die Satzfolge *Cristiano Ronaldo ist eitel. Aber er ist eben auch gut. Deshalb muss man ihn trotz aller Nervereien mögen.* (▶ http://www.faz.net/aktuell/sport/fussball/champions-league/cristiano-ronaldo-ist-eine-nette-nervensaege-14176753.html) sicherlich als Text wahrgenommen, während die zufällig erstellte Satzfolge *Cristiano Ronaldo ist eitel. Ist die Nordsee ein Meer? Universitäten sind ausreichend finanziert.* eher nicht als Text akzeptiert wird.

Die Textlinguistik untersucht die Textualität von sprachlichen Einheiten, die wir Texte nennen: Sie will vor allem herausfinden, was einen Text inhaltlich und sprachlich ausmacht. Das Aufgabengebiet der Textlinguistik geht aber über die Beschäftigung mit Inhalt und Form von Texten hinaus. Gegenstand der Textlinguistik ist z. B. auch die soziale Einbettung der Textproduktion und Textrezeption.

In diesem Kapitel werden diese grundlegenden Aspekte der Textlinguistik vermittelt.

7.1 Die Textlinguistik als wissenschaftliche Disziplin

Die Textlinguistik untersucht die Struktur, die Funktion und die Verarbeitung von Texten: Sie gibt Antworten auf die Fragen, nach welchen Prinzipien Texte gebildet sind und wie wir Informationen aneinanderreihen, die wir an andere weitergeben. Textlinguistische Ansätze erklären also, nach welchen Regeln komplexe sprachliche Strukturen gebildet werden und wie Form und Inhalt dabei so zusammenhängen, dass sie einen Sinn ergeben.

Funktional betrachtet wird auch erörtert, welche soziale Rolle bestimmte Texte bzw. Typen von Texten in der Gesellschaft haben und inwieweit Texte Menschen oft maßgeblich hinsichtlich ihrer Einstellungen und Handlungen beeinflussen können. Dabei wird erklärt, welche Merkmale von Texten besonders verantwortlich für das Persuasions- und Emotionspotenzial sind (siehe u. a. Schwarz-Friesel 2018, 2019). Schließlich beschäftigt sich die Textlinguistik auch mit der prozeduralen Textkompetenz, d. h. mit den geistigen Prozessen, die es Sprachbenutzern ermöglichen, zusammenhängende Texte zu verfassen oder sie als sinnvoll wahrzunehmen.

7.2 Was ist ein Text?

Eine der grundlegenden Fragen für Textlinguisten ist, was genau ein Text ist und wie seine konstitutiven Merkmale zu beschreiben sind. Was unterscheidet also einen Text von einem Bild oder von einem Wort oder Satz?

Zunächst einmal ist jeder Text ein sprachliches Gebilde und grenzt sich daher von nonverbalen semiotischen Informationsstrukturen (wie Bildern, Rauchzeichen etc.) ab. Ein Text kann mündlich und/oder schriftlich realisiert sein (z. B. Bericht im Radio, Vorlesungsskript, Autorenlesung), er kann kurz oder lang sein, er kann auf ganz unterschiedlichen Trägermedien verfasst sein (z. B. Papier, Pappe, Plastik, Stein oder sogar Haut (bei Tätowierungen)).

- **Signale für Textbeginn und Textschluss**

Signale, die den Textanfang und den Textschluss markieren, zeichnen einen Text als begrenzte Folge von sprachlichen Zeichen mit charakteristischen Struktureigenschaften aus.

> ▶ **Beispiel**
>
> Typische Textbegrenzungssignale sind der Titel eines Textes, Begrüßungs- und Anredefloskeln wie *Guten Morgen, Sehr geehrter*, aber auch einleitende Sätze wie
> 1. *Es war einmal ein Fischer und seine Frau, die wohnten zusammen in einer kleinen Fischerhütte, dicht an der See, … (Gebrüder Grimm, Vom Fischer und seiner Frau)*
>
> und Wörter, die den Schluss anzeigen, wie *Ende, Schluss für heute* und *bis morgen* oder Sätze wie
> 2. *Und da wurde die Hochzeit des Königssohns mit dem Dornröschen in aller Pracht gefeiert, und sie lebten vergnügt bis an ihr Ende. (Gebrüder Grimm, Dornröschen)* ◀

Geht man nun davon aus, dass ein Text aus sprachlichen Einheiten besteht, muss man sich noch darüber verständigen, inwieweit sich einzelne Wörter und Sätze von Texten als sprachliche Gebilde abgrenzen lassen. Eine SMS wie *Kommst Du runter?* (SMS 254, Chatkorpus Hannover, ▶ mediensprache.net) zeigt beispielsweise, dass sprachliche Gebilde, die nicht mehrere Sätze umfassen, ebenfalls Texte sind. Auch in der Werbung finden wir Belege für Texte, die lediglich aus einem Satz bestehen (*Toyota: Nichts ist unmöglich*) oder gar einzig aus einem grammatikalisch unvollständigen Satz bestehen: *Soo! Muss Technik.* Wir akzeptieren also in der Alltagskommunikation ganz unterschiedliche Äußerungen als Texte.

Hinsichtlich des Kriteriums der Komplexität gibt es in der Textlinguistik zwei Sichtweisen.
1. Der **funktionalen Perspektive** zufolge ist jede sprachliche Äußerung, die einen kommunikativen Zweck erfüllt, ein Text, unabhängig davon, ob es sich um eine Einwortäußerung handelt oder um ein Gebilde aus vielen Sätzen. Es liegt also eine weite Textdefinition zugrunde.
2. Der **strukturorientierten Textlinguistik** zufolge ist ein Text eine sprachlich komplexe Einheit, die schriftlich fixiert ist. Komplex bedeutet, dass das sprachliche Gebilde aus mindestens zwei Sätzen besteht.

Mit dieser engen Arbeitsdefinition, die sich auf satzübergreifende Phänomene konzentriert, grenzt sich die Textlinguistik als Disziplin einerseits von den Gebieten der wort- und satzorientierten Linguistik ab, andererseits durch die

Fokussierung auf schriftliche Gebilde von der Gesprächs- bzw. Diskursanalyse, die sich primär mit mündlich realisierten Kommunikationsformen beschäftigt. In der kommunikativen Realität können selbstverständlich auch kurze oder mündliche Äußerungen als Texte gesehen werden, aber in der Textlinguistik liegt das Hauptaugenmerk auf der Erklärung von Sprachstrukturen, welche die Satzebene überschreiten. Dementsprechend steht die Erklärung von Kohärenz im Mittelpunkt jedes textlinguistischen Ansatzes.

Texte kommen in den unterschiedlichsten Formen und Variationen vor und weisen verschiedenste Funktionen auf.

- **Kriterien für Textualität**

Textualitätskriterien dokumentieren den Versuch, alle wesentlichen Eigenschaften von Texten präzise zu erfassen.

De Beaugrande und Dressler (1981), die eine mittlerweile klassische Textdefinition formuliert haben, gehen davon aus, dass ein Text „eine kommunikative Okkurrenz ist, die 7 Kriterien der Textualität erfüllt". „Kommunikative Okkurrenz" ist hier als Äußerung in einer „konkreten Situation" zu verstehen. Damit ein sprachliches Gebilde als Text bezeichnet werden kann, müssen den Autoren zufolge alle sieben Kriterien erfüllt sein. Wie wir im Folgenden jedoch sehen werden, ist das nicht immer der Fall.

Die sieben Kriterien sind im Einzelnen (1) Kohäsion, (2) Kohärenz, (3) Intentionalität, (4) Akzeptabilität, (5) Situationalität, (6) Informativität und (7) Intertextualität.

Kohäsion und Kohärenz sowie Anaphorik werden von vielen Linguisten als zentrale Kriterien für Textualität angesehen und sind zudem über die Textlinguistik hinaus auch in der Semantik- und Pragmatikforschung relevant.

> **Kohäsion und Kohärenz**
> Kohäsive Mittel sind grammatisch-lexikalische Verknüpfungen auf der Oberflächenstruktur von Texten, wie z. B. Junktoren.
>
> Die Kohärenz lässt sich über die Relationen beschreiben, die den inhaltlichen Zusammenhang in einem Text betreffen.

Nicht alle Texte erfüllen diese Kriterien, etwa Listen mit Stichwörtern, dadaistische Lyrik oder auch experimentelle Prosa. Wir erkennen aber durchaus, dass solche Texte grammatisch oder lexikalisch inkorrekt sind, und empfinden sie als unzusammenhängend. Das zeigt, dass uns ein mentaler Prototyp von TEXT hilft, Abweichungen von typischen Texten zu erkennen.

> **Anapher und Antezedens**
> Die textlinguistische Definition von Anaphorik fasst jeden Ausdruck, der einen bereits erwähnten Referenten sprachlich wieder aufnimmt, als Anapher auf. Das bereits erwähnte Element, auf das sich die Anapher bezieht, wird Antezedens genannt. Anaphorische Ausdrücke drücken folglich **Koreferenz** (Referenzidentität) aus.

Ein Beispiel zeigt die Koreferenz bzgl. Antezedens und anaphorischem Ausdruck. TR steht für „Textreferent". Ein Antezedensfeld ist ein Textabschnitt als potenzieller Antezedens, und eine Komplexanapher ist ein anaphorischer Ausdruck, der sich auf ein Antezedensfeld bezieht. Wird ein x als Subskript oder als Textreferent angegeben, soll dies anzeigen, dass neben den genannten Personen bzw. Entitäten weitere Personen/Entitäten involviert sind, über die der angegebene Text jedoch keine Aussage macht.

▶ **Beispiel**

3. *Nach der Wiedervereinigung war schnell klar: Berlin soll einen neuen Großflughafen$_1$ [Antezedens, TR1] bekommen. Nach langem Hin und Her einigten sich am 28. Mai 1996 Berlins Regierender Bürgermeister Eberhard Diepgen$_2$ (CDU) [Antezedens, TR2], Brandenburgs Ministerpräsident Manfred Stolpe$_3$ (SPD) [Antezedens, TR3] und Bundesverkehrsminister Matthias Wissmann$_4$ (CDU) [Antezedens, TR4] auf das brandenburgische Schönefeld als Standort. Der neue Großflughafen$_1$ [Anapher 1, TR1] sollte privat finanziert und betrieben werden [Antezedensfeld, potenzieller TR7]. Klaus Wowereit$_5$ (SPD) [Antezedens, TR5], seit 2001 Bürgermeister, stand der Privatisierung$_7$ [Anapher 1, TR7] deutlich skeptischer gegenüber als sein Vorgänger$_2$ [Anapher, TR2]. „Zur Not bauen wir eben selbst" [Anker, TR9], verkündete Wowereit$_5$ [Anapher 1, TR5] und hoffte, er$_5$ [Anapher 2, TR5] könne so ganz nebenbei, „mit dem Gewinn auch noch die Stadtkasse sanieren". Damals gingen die Verantwortlichen$_{3+4+5+x}$ [Pluralanapher, TR3, TR4, TR5+x] von umgerechnet 2,6 Milliarden Euro Kosten und einer Eröffnung des Flughafenbetriebs im Jahr 2007 aus. Endgültig kippten Klaus Wowereit$_5$ [Anapher 4, TR5], Ministerpräsident Matthias Platzeck$_6$ [Antezedens, TR6] (Brandenburg) und Bundesverkehrsminister Manfred Stolpe$_3$ [Anapher 2, TR3] die Privatisierung$_7$ [Anapher 2, TR7] im Mai 2003. Die Genossen$_{5+6+3}$ [Pluralanapher, TR3, TR5, TR6] trauten sich zu, das Projekt$_{1+7+x}$ [Komplex-Anapher 1, TR1, TR7, x] besser und deutlich billiger als ein privater Generalunternehmer abzuwickeln. Inzwischen sind die Steuerzahler$_8$ [indirekte Anapher 1, TR9] nicht nur desillusioniert, sondern auch zornig angesichts des Debakels$_{1+7+x}$ [Anapher 2, TR1, TR7, TR1+7+x].*
(▶ spiegel.de, 2013-01-26, Text wurde zur Veranschaulichung modifiziert) ◀

Durch Anaphern entsteht satzübergreifend referenzielle Kontinuität, sie sind die wichtigsten lokalen Kohärenzmittel in Texten. Jede Kohärenztheorie ist daher immer eine Analyse und Erklärung von anaphorischen Relationen.

Intentionalität: Der Produzent eines Texts (auch wenn er anonym bleibt oder es sich um eine Gruppe handelt) hat ein spezifisches Anliegen. Dieses Merkmal bezieht sich also darauf, dass Texte mit einer bestimmten Absicht für (einen oder mehrere) Rezipienten geschrieben werden.

Allerdings lässt sich diese Intention oder kommunikative Funktion nicht immer eindeutig bestimmen (Beispiel 4). Bei Selbstgesprächen oder Tagebüchern ist auch der Bezug zum Rezipienten nicht gegeben.

4. kaa gee dee takepak   tapekek
    katedraale take   tape
    draale   takepak   kek kek
    kaa tee dee takepak   tapekek
    kateedraale take   tape
    draale   takepak   kek kek
    (alle:) oowenduumir
    kaa tee dee diimaan   tapekek
    kateedraale diimaan   tape
    draale   diimaan   kek kek
    diimaan   - - - - -   diimaan
            diimaan
    (alle:) aawanduumir

    (Kurt Schwitters, Simultangedicht *kaa gee dee*)

Akzeptabilität: Rezipienten haben beim Lesen eines Textes eine bestimmte Erwartungshaltung, sie gehen also im Prinzip davon aus, dass die Kriterien, die hier als konstitutiv für Texte aufgelistet sind, erfüllt werden. Es ist jedoch situationsabhängig, ob diese Erwartung erfüllt wird und ob der Text für den Rezipienten einen Sinn ergibt.

Situationalität: Texte werden immer in bestimmten Situationen (also Raum-Zeit-Konstellationen) produziert bzw. rezipiert:

5. *Enthebe mich der Zeit der Du entschwunden*
   (Walter Benjamin, *Sonette*, ausgewählte Zeilen)

Wird ein Text wie in Beispiel 5 an eine Bahnhofswand gesprüht, würdigen Leser ihn weniger, als wenn er in einem Band über moderne Lyrik veröffentlicht würde.

Liest man Texte aus einer vergangenen Epoche, sind die Umstände zu berücksichtigen, unter denen dieser Text entstanden ist.

Bestimmte Situationen erfordern zudem bestimmte Texte; so würde niemand auf einer Jubiläumsfeier eine Trauerrede erwarten.

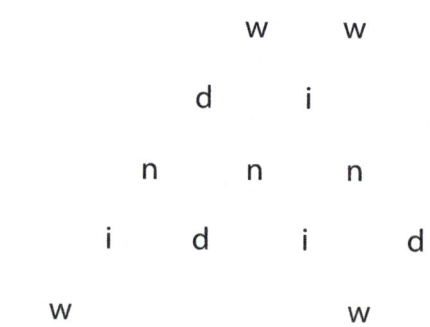

Abb. 7.1 (Eugen Gomringer, *Wind*)

Informativität: Texte haben ein Informationspotenzial, wobei die Menge an Informationen, die ein Text enthält, erheblich variieren kann. So vermittelt folgender Text komprimiert viele neue Informationen:

6. *Da wir in der heutigen Arbeitswelt allerdings zunehmend abstrakten, unüberschaubaren Tätigkeiten nachgehen und mehrere Dinge gleichzeitig im Auge behalten oder vorantreiben müssen, übersteige die Arbeitsbelastung immer öfter das verträgliche Maß.* (Gehirn&Geist, 7–8, 2013, S. 86)

Der folgende Text dagegen enthält kaum neue Informationen:

7. *Das Jahr hat 365 Tage und 12 Monate.*

Zum Teil wird auch (insbesondere in literarischen Texten) bewusst mit der Dimension der Informativität gespielt. So wird in ◘ Abb. 7.1 das Wort *Wind* viermal graphisch so dargestellt, dass der Eindruck entsteht, die Buchstaben wären vom Wind über das Blatt verteilt worden.

Intertextualität: Texte beziehen sich auf andere Texte. Fasst man dieses Kriterium weit, bedeutet es lediglich, dass jeder Text eine Realisierung einer bestimmten Textsorte ist, also den Bedingungen für bestimmte Arten von Texten genügt oder genügen muss (► Abschn. 7.3). Jeder Text steht somit in einem (abstrakten) intertextuellen Bezug auf alle anderen Texte derselben Textsorte.

8. *Basilikum, Petersilie und Knoblauch fein hacken und mit dem Paniermehl und Olivenöl zu einer bröseligen Masse vermischen. Auberginen in daumendicke Scheiben schneiden, auf ein gefettetes Backblech legen und mit der Kräutermasse bestreichen. Das Backblech bei 180 °C für 35–40 Minuten in den Ofen schieben. Die Auberginen können warm oder kalt serviert werden.* (Stefanie_Friese, ► www.chefkoch.de/rezepte/2031911329319308/Auberginen-ueberbacken.html)

Beispiel 8 als Rezept zu klassifizieren, betrifft die Textsortenzuordnung ebenso, wie Lyrik von Walther von der Vogelweide als Minnesang zu identifizieren und Erzählungen von Douglas Adams als Science-Fiction-Satire einzuordnen.

> **Vertiefung: Referenzketten**
> Wenn Anaphern auf Antezedenten folgen, entstehen in Texten Referenzketten. Diese sichern thematische Kontinuität.
>
> Als Bild hierfür lässt sich das Zusammensetzen von einzelnen Puzzleteilen heranziehen, die am Ende ein Motiv ergeben. Beim Puzzeln (also beim Lesen eines Textes) durchläuft ein Rezipient eine Reihe von kognitiven Prozessen. Zunächst muss der Antezedent im vorherigen Text aufgefunden werden – also das Puzzleteil, zu dem das Teil passt, das er gerade einbauen möchte. Der Antezedent hilft dabei, den anaphorischen Ausdruck zu verstehen, d. h. im Textweltmodell (TWM) zu verankern (und damit – wenn man so will – im entstehenden Puzzlemotiv). Damit diese Auffindung problemlos ist, müssen die folgenden Bedingungen gegeben sein:
>
> - **Strukturell:** Antezedent und Anapher stehen nicht zu weit auseinander: Der Antezedensausdruck ist für den Rezipienten auf der grammatischen Oberfläche des Textes präsent, er ist syntaktisch rekonstruierbar, d. h., er befindet sich in der Bewusstseinsspanne des Kurzzeitgedächtnisses (KZG).
> - **Prozedural:** Der Textreferent kann aber auch konzeptuell salient in der Textwelt sein und hat damit einen besonderen Status im Arbeitsgedächtnis (AG). Dann kann er auch nach vielen Sätzen aufgenommen werden.
> - **Semantisch-konzeptuell:** Die Relation zwischen Antezedent und Anapher ist semantisch (z. B. durch Hyperonymie oder Synonymie) oder konzeptuell (durch TWM-spezifische Identität/textgebundene Paraphrase) gegeben.
>
> Typisch (aber nicht notwendig) ist, dass Anapher und Antezedent auf denselben Referenten Bezug nehmen, also die Relation der Koreferenz ausdrücken. Diese referenzielle Bedingung kann aufgehoben werden, wenn statt Referenzidentität eine andere konzeptuell plausible Relation etabliert werden kann.
>
> Bei der Analyse von Anaphern sind die sprachliche, die außersprachliche und die konzeptuelle Ebene zu unterscheiden. Auf der sprachlichen Ebene des Textes zeigen sich Anaphern als sprachliche Ausdrücke (insbesondere definite Nominalphrasen, dazu gehören auch Pronomina), die grammatisch und semantisch exakt beschrieben werden können. Diese Ausdrücke verweisen auf denselben Referenten (oder bei Komplexanaphern auf einen referenziellen Sachverhalt) in der außersprachlichen Realität (wobei diese Realität die Alltagswelt oder eine fiktive Welt sein kann). Diese Funktion etabliert die Relation der Koreferenz. Zudem etablieren Anaphern auch auf der konzeptuellen Ebene des TWMs Referenzeinheiten, die im Arbeitsgedächtnis der Rezipienten als mentale Informationsknoten gespeichert und im Laufe des Textverstehensprozesses sukzessive angereichert werden (können).
>
> **Literatur**
> - Schwarz-Friesel, M. & Consten, M. (2014). *Einführung in die Textlinguistik*. Darmstadt: Wissenschaftliche Buchgesellschaft.

Die enge Definition von Intertextualität hingegen besagt, dass Texte Bezug auf andere konkrete Texte nehmen können, wie z. B. in Zitaten. Ebenso explizit – und hier auch textsortenbestimmend – ist die Intertextualität bei einer Buchkritik, dem Kommentar zum Bürgerlichen Gesetzbuch und Sekundärliteratur zu wissenschaftlichen Texten.

Anspielungen oder Parodien sind häufig nur zu verstehen, wenn die implizite Intertextualität vom Rezipienten entschlüsselt werden kann:

9. *Nur noch Eis und Freunde hinzufügen.* (Werbung für ein alkoholisches Getränk)

In diesem Beispiel ist z. B. im entsprechenden Kontext zu erkennen, dass ein intertextueller Verweis auf die soziale Netzwerkseite Facebook vorliegt („Freunde hinzufügen").

Nicht bei allen Texten finden wir Intertextualität so deutlich. Intertextuelle Verweise haben zudem unterschiedliche Funktionen. In der Werbung (Beispiel 9) werden sie beispielsweise als persuasives Mittel eingesetzt (Schwarz-Friesel 2003). Wissenschaftler beweisen anhand von Zitaten hingegen, dass sie einen umfassenden Überblick über ihr Forschungsgebiet haben.

? Frage 7.1
Welche Textualitätskriterien erfüllt das *Vaterunser*, das Grundgebet der Christenheit?

Texte als Prototypen

Nicht immer sind tatsächlich alle Textualitätskriterien erfüllt, es sind lediglich typische Merkmale von Texten. Es gibt u. a. auch Texte ohne kohäsive Mittel, es gibt inkohärente und (scheinbar) informationsleere Texte (vgl. das Wind-Beispiel), Texte ohne erkennbaren intertextuellen Bezug sowie situationsungebundene Texte.

Nicht immer werden Texte von ihren Lesern als bedeutungs- bzw. sinnvoll akzeptiert, und bei vielen Texten ist die Intention des Produzenten nicht oder nicht klar zu rekonstruieren.

Im Modell zur Textualität von Schwarz-Friesel und Consten (2014) werden alle Kriterien zusammengefasst und deren interaktives Verhältnis aufgezeigt (◘ Abb. 7.2).

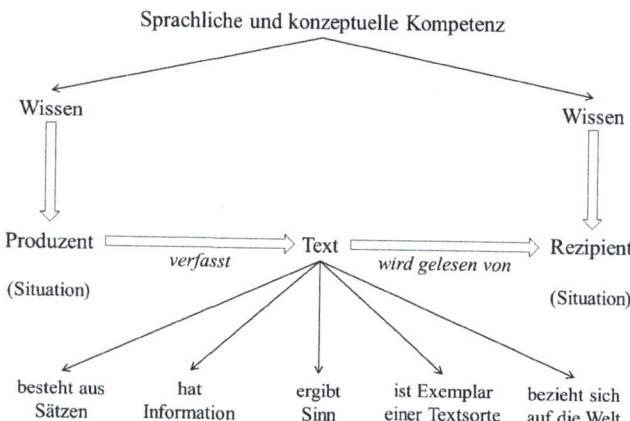

● Abb. 7.2 Modell zur Textualität (Schwarz-Friesel und Consten 2014, S. 21)

7.3 Textsorten

Typischerweise wird ein Text als Exemplar einer Textsorte mit einer grammatischen Oberflächenstruktur, einem inhaltlichen Zusammenhang und einem globalen Sinngehalt von jemandem (für jemanden) mit einer bestimmten Intention in einer bestimmten Situation produziert.

> **Textsorte**
> Eine Textsorte beschreibt eine Klasse von Texten, die formale und/oder funktionale Merkmale gemeinsam haben, z. B. Kochrezept, Liebesbrief, wissenschaftlicher Aufsatz. Zur Textsortenklassifizierung bestehen in der Textlinguistik unterschiedliche Ansätze.

Tagtäglich wenden wir unsere Textsortenkenntnisse an, meist erfolgt eine Zuweisung zu einer spezifischen Textsorte intuitiv. Textsortenwissen ist nicht nur sprachliches, sondern auch soziales Wissen. Es gibt in der Textlinguistik eine Reihe von Kriterien, anhand derer Textsorten klassifiziert werden können, z. B.:

- **Formale Merkmale**: Sie werden auf grammatischer Ebene oder grafischer Ebene beschrieben (z. B. die Dominanz von Infinitiven oder Imperativen in Kochrezepten oder anderen Anleitungen; der Abdruck in Versform als grafisches Kennzeichen eines Gedichtes).
- **Inhaltlich-semantische Merkmale**: Aus welchen Bedeutungsfeldern kommt der Wortschatz? Eine Software-Dokumentation wird ein anderes Vokabular aufweisen als ein Liebesbrief.
- **Funktionale Merkmale**: Welche Handlungsabsichten verfolgt ein Sprecher mit einem Text? Hier berührt sich die Textsortenklassifikation mit der Sprechakttheorie. Ist der Text monologisch oder dialogisch? Falls Letzteres: Ist die Kommunikation symmetrisch (auf Augenhöhe) oder asymmetrisch, d. h., der Sprecher weiß mehr als der Hörer (wie bei einer Anleitung), oder ist der Hörer in einer höheren Machtposition (wie bei einem Antrag oder Gesuch)? Sind Sprecher und Hörer räumlich voneinander getrennt, ist dem Hörer eine zeitnahe Reaktion möglich?

Als wichtiges Kriterium zur Unterscheidung von Textsorten kristallisiert sich „schriftlich" im Gegensatz zu „mündlich" heraus. Dies motivierte sogar neue Fachbezeichnungen, wie Textlinguistik (als Disziplin, deren Gegenstand ausschließlich die geschriebene Sprache ist) vs. Gesprächslinguistik oder Konversationsanalyse (vgl. Schwarz-Friesel 2007; Deppermann 2008) – hier stehen Gespräche im Mittelpunkt des Forschungsinteresses. Andere fassen unter Diskurslinguistik sowohl Texte als Gespräche (vgl. Warnke und Spitzmüller 2008, 2011).

> **? Frage 7.2**
> Geben Sie die Merkmale der Textsorten „Traueranzeige in der Zeitung", „E-Mail an Professor(in)" und „Hausarbeit in der Linguistik" an.

- **Die Sprachverwendung im Internet führt zu neuen Klassifikationen von Textsorten**

Durch die Sprachverwendung im Internet sind weitere Merkmale der Textsortenklassifikation neu kombiniert worden. Gerade Schriftlichkeit und Dialoghaftigkeit sind keine klaren Gegensätze mehr. Stattdessen muss neu überdacht werden, was eigentlich unter „schriftlich" und „mündlich" zu verstehen ist (vgl. z. B. Marx und Weidacher 2019, 2020).

Auf den ersten Blick scheint es am einfachsten zu sein, in Relation zu dem Medium zu entscheiden, ob etwas „mündlich" oder „schriftlich" ist. Sprache, die man hören kann, ist mündlich; Sprache, die man sehen (also lesen) kann, ist schriftlich. Jeder geschriebene Text aber kann auch vorgelesen werden; es gibt sogar Textsorten, die einzig und allein den Zweck haben, vorgelesen zu werden, wie z. B. Reden oder Moderationstexte für das Fernsehen, die oft vom Teleprompter statt vom Blatt abgelesen werden und so einen spontanen mündlichen Vortrag suggerieren. Sie zeigen nicht die typischen Fehler spontaner Sprachproduktion wie Pausen, Silbenwiederholungen und Abbrüche der grammatischen Konstruktion und weisen deshalb typische Eigenschaften schriftlicher Texte auf. Diese Texte nehmen andererseits darauf Rücksicht, dass der Rezipient keine Gelegenheit zum Zurückblättern hat, wenn ein Satz allzu lang oder verschachtelt war. Daher weisen sie auch Eigenschaften von Mündlichkeit auf. Solche Textsorten stellen Grenzfälle zwischen medialer Mündlichkeit und Schriftlichkeit dar.

Eine ganz andere Definition von „mündlich" und „schriftlich" ist auf funktionaler, konzeptioneller Ebene möglich. Die Idee hierzu stammt schon aus dem Jahr 1985, und doch scheint sie wie geschaffen für die Beschrei-

```
dragunski geht es heute super gut. Jasmina Honey lässt sich davon anstecken.
koliver: serviert
koliver: plus Erdbeeren
janinchen92: Wow das freut mich :)
koliver: aber Du wolltest doch per Bananenschale in den Misthaufen?
janinchen92: Ich ???
Ingo22: Hallo
koliver: nee, dragunski
janinchen92: Wollte schon sagen
dragunski: ????
marcel da silver: mag hier nen boy schreiben???
hannybanny015: xD
koliver: und? schmeckts?
janinchen92: Hervorragend
dragunski: Frauen, versteht man nett
koliver: wenn man im pool untergetaucht ist, wirds auch schwirig
hannybanny015: ...
dragunski geht es richtig mies.
hannybanny015 ist im Moment beschäftigt. (nachher wieder arbeiten :))
koliver: kummer?
janinchen92 strahlt wie ein Honigkuchenpferd.
dragunski: Jap
```

Abb. 7.3 (Chat, knuddelz, 2014-03-18)

bung neuer Textsorten des Internet- und E-Mail-Zeitalters (Koch und Oesterreicher 1985; vgl. zur Internetlinguistik auch Marx und Weidacher 2019, 2020). Internet-Chats heißen nicht zufällig so (*chat* = ‚Plauderei', ‚Unterhaltung'). So fällt in dem zufällig gewählten Ausschnitt in ◘ Abb. 7.3 auf, dass die Chatteilnehmer eine flüchtige mündliche Aussprache nachzuahmen scheinen, vgl. die saloppen Verkürzungen (*nee* statt *nein*, *nen* statt *einen*) oder umgangssprachliche Formen (*jap* statt *ja*). Hinzu kommt, dass fehlende physische Präsenz sprachlich kompensiert wird, indem explizit auf etwas Bezug genommen wird, was man im realen Gespräch nicht zu sagen bräuchte, sondern schlicht tun würde, nämlich „wie ein Honigkuchenpferd [strahlen]" (janinchen92). Besonders aber die thematische Struktur (wer redet mit wem über was?) und die situativen Bedingungen, durch die eine Flüchtigkeit entsteht, sind interessant. Der Chatausschnitt erweckt den Anschein einer größeren geselligen Runde, in der einige besonders aktive Teilnehmer (hier koliver, janinchen92 und dragunski) mehrere Gesprächsfäden gleichzeitig führen (in der Runde vielleicht mit dem Sitznachbarn zur Linken und jemandem rechts gegenüber). Jeder kann zuhören (hier: mitlesen), aber nicht jeder nimmt an jedem Gesprächsfaden teil. Wer jedoch antwortet, sollte der Flüchtigkeit der Situation Rechnung tragen und schnell reagieren. Insgesamt entstehen so Beiträge, die kurz sind und weder grammatisch noch thematisch besonders komplex. Für diejenigen, die sich in das Gespräch einschalten wollen, ist es zunächst schwer, einen „freien" Gesprächspartner zu finden wie hier für Ingo22 oder marcel da silver. Würden sie allerdings noch den Fehler begehen, in ihrem ersten Beitrag mehrere Themen zu elaborieren und Begrüßungsfloskeln wie „Liebe Chatter" oder Abschiedsformeln wie „Mit freundlichen Grüßen euer ..." zu verwenden, hätten sie klar die Textsorte verfehlt und sich in einer konzeptionell mündlichen Textsorte schriftlich verhalten.

Den umgekehrten Fehler würde jemand machen, der in einem Internetforum nur „Hi alle!" postet und sich wundert, nicht innerhalb von Sekunden zurückgegrüßt zu werden. Internetforen sind konzeptionell näher an der Schriftlichkeit.

▶ **Beispiel**

Frage von Sempere:
VW Golf V 1.4 Inspektion Kosten?
Hallo! Weiß von euch jemand zufällig, wie viel eine große Inspektion beim VW Golf V 1.4 kostet? Also ohne weitere Defekte, nur die Inspektion an sich. Danke!

Antwort von Corsaro:
Hallo! Ich fahre keinen VW Golf, allerdings kann man die Wartungskosten leider pauschal auch gar nicht schätzen. Bei jeder Werkstatt wird so und soviel aufgeschlagen. Vom Motorrad kenne ich Vergleiche, bei denen Preisunterschiede von bis zu 40% zum Durchschnitt auftraten. Da gibt es nur eine Lösung: Bei sovielen Händler wie möglich im Umkreis anfragen, am besten (nur falls Werksgarantie nicht mehr gültig) in einer freien Meisterwerkstatt. Die können das genauso gut, nur günstiger! Gruß und viel Erfolg

Antwort von whopper:
200-250 euro, bei VW direkt etwas mehr, aber nur wenn nix auszutauschen oder reparieren ist.

(▶ gutefrage.net, 2009-06-09) ◀

Auch hier finden sich Anklänge an gesprochene Sprache, wie die nachgestellte Erläuterung in der Frage von Sempere: *Also ohne weitere Defekte, nur die Inspektion an sich* oder das umgangssprachliche *nix* in der Antwort von whopper. Dadurch entsteht der Eindruck scheinbar ungeplanter, spontaner Sprache. Abweichungen von Schreibregeln (insbesondere im Hinblick auf die Groß- und Kleinschreibung) lassen eine relativ schnelle Produktion ohne Korrekturlesen vermuten. Die beiden ersten Postings (von Sempere und Corsaro) weisen jedoch einige ganz klassische Strukturelemente eines Briefes auf, nämlich Begrüßungs- und Schlussformel, Vorbringen eines Anliegens, dessen Begründung mit Hintergrundinformationen und ein vorweggenommener Dank für Antworten (wobei die letzten beiden Elemente etwas unsystematisch abgewechselt werden). Es handelt sich hier also um eine Textsortenmischform, die sowohl konzeptionell mündliche als auch konzeptionell schriftliche Elemente aufweist.

Internetdienste, wie E-Mail oder das WWW, und auch SMS-Kommunikation ermöglichen die Entstehung neuer dynamischer Textsorten. Typische Merkmale lassen sich derzeit noch nicht festschreiben, sondern nur approximativ ermitteln. Es hängt zum Teil von den Kommunikationsteilnehmern ab, welche Textsortenmerkmale eine Rolle spielen, weil sie gerade Resultate von telekommunikationstechnisch vermittelter Interaktion als konzeptionell schriftlich oder mündlich (oder etwas dazwischen) auffassen können. Erwartet man beispielsweise auf eine SMS eine sofortige Antwort, geht man von Mündlichkeit aus und verzichtet daher vielleicht auf Anrede- und Grußformeln. Es gibt auch Personen, die die SMS eher als (elektronische) Postkarte oder Brief betrachten und daher solche formalen Merkmale erwarten würden, jedoch keine sofortige Antwort.

Chats sind dialogisch – trotz Schriftform, denn die Textsorte ist medial schriftlich, aber konzeptionell mündlich. Es wird wiederum deutlich, dass Textsorten soziale Vereinbarungen zwischen Kommunikationsteilnehmern sind. Derartige Verhaltensregeln der Textproduktion sind für längst etablierte Textsorten fest und unterliegen nur einem langsamen, historischen Wandel.

7.4 Texte in Prozessen

Die obigen Erläuterungen zeigen, dass in der textlinguistischen Forschung drei Fragen wesentlich sind:
1. Wie ist die textuelle Kompetenz von Textproduzenten und Textrezipienten zu beschreiben?
2. Was unterscheidet Texte von anderen sprachlichen Strukturen, und welche Rolle spielt dabei die Kohärenz, d. h. der satzübergreifende, inhaltliche Zusammenhang komplexer Äußerungen?
3. Wie interagieren bei der Kohärenzetablierung sprachliches und konzeptuelles Wissen und welche kognitiven Prozeduren muss man für die Erklärung von (lokaler und globaler) Kohärenz berücksichtigen?

Um diese Fragen beantworten zu können, versucht man spezifische Eigenschaften von Texten zu beschreiben, die u. a. als Grundlage für die Kategorisierung von Textsorten dienen. Anhand der Merkmale Kohäsion, Kohärenz, Intentionalität, Akzeptabilität, Informativität, Situationalität, Intertextualität und Schriftlichkeit kann gezeigt werden, dass Texte situations- und kontextabhängig in sehr unterschiedlichen Formen vorkommen können und hinsichtlich ihrer Struktur und Bedeutung stets funktional betrachtet werden müssen.

7.5 Weiterführende Literatur

- Der Klassiker De Beaugrande und Dressler (1981) stellt die grundlegenden Kriterien für Textualität vor.
- Empfehlenswerte Einführungsbücher in die Textlinguistik mit ausführlichen Darstellungen sind z. B. Adamzik (2016), Brinker, Cölfen und Pappert (2014), Schwarz-Friesel und Consten (2014) sowie Janich (2019).
- Consten und Kirmse (2022) schlagen mit ihrem Buch eine Brücke zur Didaktik und zeigen auf, wie die Textlinguistik mit ihrer Fokussierung auf Kommunikation und Verstehensprozesse zur Lösung zentraler Probleme des Deutschunterrichts beitragen kann.

Antworten zu den Selbstfragen

Selbstfrage 1 Die Textualisierungskriterien sind: Kohäsion, Kohärenz, Intentionalität, Akzeptabilität, Situationalität, Informativität sowie Intertextualität.

Unabhängig davon, welche Fassung des *Vaterunser* wir betrachten, sind als Gebet zum Ausdruck der Frömmigkeit insbesondere die Verwendungen der Pronomen *dein* und *uns* sowie die Verwendung der Konjunktionen *und* und *denn* kohäsive Mittel für Kohärenz. Die Intentionalität (Ausdruck der Frömmigkeit), die Situationalität (das Sprechen des Gebets ist nur in bestimmten religiösen Kontexten angemessen) sowie die Akzeptabilität (Erwartungshaltung der Gläubigen) sind weitere relevante Kennzeichen.

Selbstfrage 2
- Traueranzeige:
  Formale Merkmale: grafische Gestaltung mit optionalem Trauerspruch, mittiger Angabe des Namens der/des Verstorbenen, Geburts- und Todesdaten, Angabe der engeren Familienmitglieder und/oder Freunde als Trauernde, optional Angaben zum Leben der/des Verstorbenen sowie zur Bestattung. Inhaltlich-semantische Merkmale: Namensangaben, Lexik mit Semantik aus dem Bereich der Trauer. Funktionale Merkmale: Information über den Tod der/des Verstorbenen und Würdigung der/des Verstorbenen.
- E-Mail an Professor(in):
  Formale Merkmale: Angabe des Grunds in der Betreffzeile, Anrede, Angabe des Zwecks der E-Mail, Abschlussformel. Inhaltlich-semantische Merkmale: deskriptiver Gehalt, keine expressiven Bedeutungen. Funktionale Merkmale: Bitte um Information, Mitteilung über Sachverhalte u. ä.
- Hausarbeit:
  Formale Merkmale gemäß dem Aufbau einer Hausarbeit in der Linguistik. Inhaltlich-semantische Merkmale: Insbesondere Verwendung von Fachtermini zum Ausdrücken entsprechender Bedeutungen. Funktionale Merkmale: Auseinandersetzung mit einer wissenschaftlichen Fragestellung in der Linguistik.

Aufgaben

Die folgenden Aufgaben sind unterschiedlich schwierig zu lösen. Die Einschätzung der Schwierigkeitsgrade ist natürlich individuell verschieden. Sie sollten daher nicht an sich

zweifeln, wenn Sie eine Aufgabe, die als einfach klassifiziert ist, als schwer empfinden.
- • einfache Aufgaben
- •• mittelschwere Aufgaben
- ••• anspruchsvolle Aufgaben, die fortgeschrittene Konzepte benötigen

7.1 • Welche Textualitätskriterien sind in den folgenden Texten erfüllt, welche nicht?
a. *38,5 bleibt!* (Text eines Gewerkschafts-Plakates)
b. *Geist ist geil* (Titel eines Studentenkalenders, ▶ www.studentenkalender.de)
c. *ein Gedicht über nichts aus fehlenden Worten gemacht eine blühende Sackgasse* (Sabina Naef, *trois fois rien*)

7.2 • Erörtern Sie die referenzielle Ambiguität in den beiden Texten und geben Sie an, inwiefern unser Weltwissen mittels der Plausibilitätsannahme diese Ambiguität auflöst.
a. *Doch dann erhält die junge Frau Unterstützung von ihrer früheren Mathematiklehrerin. Sie hilft ihr bei den kniffligen Aufgaben.*
b. *Doch dann erhält die junge Frau Unterstützung von ihrer früheren Mathematiklehrerin. Sie ist äußerst froh über die willkommene Nachhilfestunde.*

7.3 • Welche Inferenz muss der Leser ziehen, um Koreferenz zwischen Referent 1 und Referent 2 zu etablieren?
Robert brachte [die Äpfel]$_1$ zur Mosterei. Als er ein paar Tage später [die vielen Saftflaschen]$_2$ abholen konnte, staunte er nicht schlecht.

Literatur

Adamzik, K. (2016). *Textlinguistik. Grundlagen, Kontroversen, Perspektiven*. Berlin: de Gruyter.

de Beaugrande, R.-A., & Dressler, W. U. (1981). *Einführung in die Textlinguistik*. Tübingen: Niemeyer.

Brinker, K., Cölfen, H., & Pappert, S. (2014). *Linguistische Textanalyse: Eine Einführung in Grundbegriffe und Methoden*. Berlin: Erich Schmidt Verlag.

Consten, M., & Kirmse, C. (2022). *Der Text. Linguistik und Schule. Von der Sprachtheorie zur Unterrichtspraxis*. Tübingen: Narr.

Deppermann, A. (2008). *Gespräche analysieren. Eine Einführung* (4. Aufl.). Wiesbaden: Verlag für Sozialwissenschaften.

Janich, N. (2019). *Textlinguistik. 15 Einführungen und eine Diskussion* (2. Aufl.). Tübingen: Narr.

Koch, P., & Oesterreicher, W. (1985). Sprache der Nähe – Sprache der Distanz. Mündlichkeit und Schriftlichkeit im Spannungsfeld von Sprachtheorie und Sprachgeschichte. In O. Deutschmann (Hrsg.), *Romanistisches Jahrbuch* (Bd. 36, S. 15–43). Berlin: de Gruyter.

Marx, K., & Weidacher, G. (2019). *Internetlinguistik. Starter*. Tübingen: Narr.

Marx, K., & Weidacher, G. (2020). *Internetlinguistik. Ein Lehr- und Arbeitsbuch* (2. Aufl.). Tübingen: Narr.

Schwarz-Friesel, M. (2003). „Damit Sie auch heute noch kraftvoll zuhören können." Zur kommunikativen und kognitiven Funktion intertextueller Markierungen in der aktuellen Werbung. *Sprachtheorie und germanistische Linguistik, 13*(1), 3–24.

Schwarz-Friesel, M. (2007). Text- und Gesprächsanalyse. In M. Steinbach et al. (Hrsg.), *Schnittstellen der germanistischen Linguistik* (S. 219–256). Stuttgart: Metzler.

Schwarz-Friesel, M. (2018). Spannung in Texten erklären. Theoretische Grundlagen und empirische Analysen. In K. Marx, & S. Meier (Hrsg.), *Sprachliches Handeln und Kognition* (S. 61–87). Berlin: de Gruyter.

Schwarz-Friesel, M. (2019). Emotionalität von Texten aus kognitionslinguistischer Perspektive. In H. Kappelhoff, J. H. Bakels, H. Lehmann, & C. Schmitt (Hrsg.), *Emotionen. Ein interdisziplinäres Handbuch* (S. 403–409). Berlin: Metzler.

Schwarz-Friesel, M., & Consten, M. (2014). *Einführung in die Textlinguistik*. Darmstadt: Wissenschaftliche Buchgesellschaft.

Warnke, I., & Spitzmüller, J. (2008). *Methoden der Diskurslinguistik. Sprachwissenschaftliche Zugänge zur transtextuellen Ebene*. Berlin: de Gruyter.

Warnke, I., & Spitzmüller, J. (2011). *Diskurslinguistik. Einführung in Theorien und Methoden der transtextuellen Sprachanalyse*. Berlin: de Gruyter.

Varietäten- und Soziolinguistik – Variationen einer Sprache

Gerald Bernhard

Inhaltsverzeichnis

8.1 Variabilität, Variation, Varietät – 162

8.2 Dimensionen der Variation von Sprache – 165

8.3 Weiterführende Literatur – 174

Literatur – 174

© Der/die Autor(en), exklusiv lizenziert an Springer-Verlag GmbH, DE, ein Teil von Springer Nature 2023
R. Klabunde, W. Mihatsch (Hrsg.), *Linguistik*, https://doi.org/10.1007/978-3-662-66612-8_8

Wenn wir sagen, *In Zwickau regelt jetzt die erste Ampelfrau den Verkehr* sei ein Satz des Deutschen, dann legt diese Aussage nahe, es gäbe so etwas wie „das Deutsche", also eine Sprache, die klar definiert ist und von sämtlichen Sprechern einer Sprachgemeinschaft in allen Kommunikationssituationen einheitlich verwendet wird.

Wie jeder Sprecher des Deutschen durch einen Eigenversuch feststellen kann, ist dem natürlich nicht so. Tatsächlich herrscht bei der Sprachverwendung eine große Variation, die räumlich, sozial und/oder ereignisspezifisch motiviert ist. Bewohner der sächsischen Stadt Zwickau werden den Inhalt des obigen Satzes in ihrem Dialekt anders realisieren als z. B. ein Sprecher des Schwäbischen – z. B. wird Zwickau von Sprechern, die des Zwickauer Dialekts mächtig sind, *Zwigge* genannt.

Entsprechendes gilt für soziale Differenzierungen, die sich beim Sprechen manifestieren. Der obige Satz würde in dieser Form wahrscheinlich kaum von Jugendlichen in einem Gespräch untereinander geäußert werden, und dies gilt vermutlich auch für informelle Gespräche in den meisten anderen sozialen Gruppen.

Die verschiedenen Variablen, die für sprachliche Variation einschlägig sind, werden in diesem Kapitel vorgestellt. Dabei wird deutlich werden, dass diese Variablen nicht isoliert voneinander betrachtet werden dürfen, sondern auf bestimmte Weise interagieren.

Ein Überblick über die wichtigsten Ansätze zur Messung von Variation und die Modelle sprachlicher Variation machen das Wirken der einschlägigen Parameter transparent.

8.1 Variabilität, Variation, Varietät

Viele Dinge, Abläufe und Phänomene, die uns im Alltag umgeben und diesen Alltag mitbestimmen, sind von Natur aus variabel, z. B. das Wetter, Wuchsformen von bestimmten Pflanzen oder auch das persönliche Befinden bzw. individuelle Tätigkeiten. Im Allgemeinen versuchen die Menschen intuitiv, diese Variabilität zu erfassen und sozusagen auf eine höhere Ebene von konstante(re)n Ordnungsprinzipien zu überführen. So sprechen wir z. B. von Witterung/Klima als übergeordneten Größen für Variabilität des Wetters, von einer Rose als übergeordneter Einheit für bestimmte Blumen oder von einem Biorhythmus, wenn es um das persönliche Befinden geht, oder um bestimmte Arbeitsrhythmen, was die eigenen Tätigkeiten angeht.

Zu den essenziellen menschlichen Tätigkeiten gehört auch das Sprechen, bei dem wir in aller Regel sehr schnell bemerken, dass jemand anders spricht als man selbst, sei es derart, dass ich ihn/sie nicht verstehe oder sei es, dass es ein Sprechen ist, das dem meinen ähnlich, aber doch in gewisser Weise anders ist; wir bemerken also **Variation**. Wir wollen uns aber im Folgenden nicht auf das beschränken, was wir gemeinhin „verschiedene Sprachen" (also für uns z. T. unverständliches Sprechen) nennen, sondern darauf, dass wir bemerken, dass unsere eigene Sprache in der Kommunikation, im Gespräch mit anderen Sprechern variiert.

Den Termini *variieren*, *Variation* und *Variable* liegt das lateinische Wort *varius* ‚mannigfaltig, verschieden, abwechselnd' zugrunde. Das lateinische Dictum *variatio delectat* zeigt, dass Verschiedenheit nicht nur existiert, sondern sogar die Welt erfreut. Ebenfalls vom lateinischen *varius* abgeleitet ist der aus der Statistik stammende, aber im Lateinischen der Antike nicht gebrauchte Terminus *Varianz*. Die **Varianz** ist das Maß für den Umfang der Variation; es drückt die Streuung der Einzelwerte um einen errechneten Mittelwert aus.

Sprache hört bzw. liest sich, je nach bestimmten Verhältnissen, in denen wir sie benutzen, anders als in einem angenommenen Normalfall. Sprecher bemerken an und für sich, dass (eine) Sprache, die sie im Kopf haben und äußern, nicht konstant, sondern variabel geäußert wird, auch wenn das „Bewusstsein" eine gewisse Konstanz/Invariabilität zugrunde legt. In aller Regel handelt ein Sprecher so, dass in gewissen Situationen, mit gewissen Leuten, in gewissen Gegenden, so oder anders gesprochen wird bzw. werden soll; und dies geschieht in aller Regel nach unbewusst befolgten Normen, die im weiteren Sinne zu den Verhaltensnormen gehören. Der Linguist hingegen muss als Wissenschaftler versuchen, diese Variabilität zu bestimmen, als Variation zu messen und letztlich z. B. mit individuellen und geografisch-sozialen Verhältnissen in Verbindung zu bringen.

Variabilität ist also eine dem Sprechen (und in geringerem Maße auch dem Schreiben) inhärente Eigenschaft. Über individuelle Züge hinaus kann sie regional/dialektal oder sozial konnotierbar sein; dann geht sie über rein individuelle Gewohnheiten hinaus und schafft neben Gruppenidentitäten auch Abgrenzungen gegenüber anderen Gruppen.

> **Sprachliche Variation**
> Die Variabilität von Sprache, und v. a. des Sprechens, kann sich in bestimmten Formen der Variation manifestieren. Variationslinguisten messen und beschreiben den Umfang der Variation als solchen und/oder setzen diesen in Relation zu bestimmten außersprachlichen Bedingungsverhältnissen, z. B. Raum, sozialen Gruppen oder unterschiedlichen Kommunikationssituationen.

Beispielsweise kann die Messung (hier: Zählung) der Häufigkeit der Formen (Varianten) *wat* und *was* bei Sprechern des Ruhrgebiets als abhängige Variable in Bezug zur sozialen Schicht (außersprachliche unabhängige Variable) Gegenstand einer soziolinguistischen Untersuchung sein.

Gemessen wird sprachliche Variation anhand von operationalisierten Variablen, denen eine bestimmte Anzahl von Merkmalsausprägungen/Varianten zuzuordnen ist.

Kapitel 8 · Varietäten- und Soziolinguistik – Variationen einer Sprache

Als prominentes Beispiel für eine soziolinguistisch (aber nicht phonologisch) relevante Variable sei hier die Realisation des Phonems **Vibrant** ([r]) genannt. Der Vibrant kann in den gängigen Sprachen Westeuropas z. B. als Zäpfchen-*r* ([ʀ]), als Zungenspitzen-*r* ([r]), oder auch als retroflexes *r* ([ɽ]) (englisches *r*) realisiert werden; er besitzt also drei Merkmalsausprägungen. Die Verteilung dieser Merkmalsausprägungen bei bestimmten Sprechern oder Sprechergruppen kann Auskunft über den Umfang der Variation und damit indirekt über einen Grad der Zuordnung zu bestimmten Sprechergruppen geben. So erhält z. B. im deutschen Sprachraum die Realisation von *r* bisweilen einen stärkeren Identifikationswert als bspw. der sprachhistorisch-dialektologisch aussagekräftigere Vokalismus, z. B. die Verteilung von Formen von *Hūs/Haus* oder *Wī(n)/Wein* (neuhochdeutsche Diphthongierung).

Vereinfacht gesagt ist es das Anliegen der Variationslinguistik, zu beobachten, herauszufinden und zu messen, was wo bzw. bei wem wie stark variiert und welche Rollen den einzelnen Variablen in Bezug auf die Architektur einer historischen Einzelsprache und in Sprachwandelprozessen zugeschrieben werden können (vgl. z. B. Bernhard 1998). Die durch „außersprachliche" Lebensverhältnisse bedingten Variationsebenen des Sprechens werden traditionell hinsichtlich der **diatopischen** (räumlichen) Variation, der **diastratischen** (sozialgruppenspezifischen) Variation und der **diaphasischen** (situationsabhängigen) Variation anhand bestimmter, meist sprachhistorisch oder soziologisch relevanter Merkmale beschrieben.

> **Diatopische, diastratische und diaphasische Variation**
> Diatopische Variation beinhaltet die räumliche Variation einer Sprache (Dialekte; *regional dialects*). Die diastratische Variation ist Variation bzgl. bestimmter sozialer Gruppen (Soziolekte; *social dialects*). Die diaphasische Variation ist sprachliche Variation abhängig von bestimmten Kommunikationssituationen.

dia- ist griechisch und bedeutet ‚durch'; also durch den Raum (griech. *topos*), durch die Schichten (lat. *stratum*), durch die Abschnitte (griech. *phasis*; das Gesamt des Sprechens) herrscht Variation.

Abgesehen von der diachronischen Variation, welche durch Sprecher nur bedingt beobachtbar ist (▶ Kap. 9), lassen sich diatopische, diastratische und diaphasische Variation im sprachlich bewirtschafteten Alltag erfahren. Zum Beispiel fallen bei einer Fahrt durch einen Sprachraum Unterschiede auf, die mit dem jeweiligen Teilraum verbunden werden, also mit einem (landschaftlichen) räumlichen Dialekt (diatopische Variation). Auch dass bestimmte Sprechweisen typisch für bestimmte soziale Gruppen sind (deren Definition nicht immer leichtfällt), gehört zum Erfahrungsschatz von Sprechern. Schließlich kann der Sprecher bzw. die Sprecherin sogar an sich selbst beobachten, wie er oder sie die Sprechweise an bestimmte Sprechsituationen anpasst.

Die genannte Abfolge spiegelt die Tatsache wieder, dass die Untersuchung von Dialekten derjenigen von Soziolekten/Sprechstilen und Sprechregistern forschungsgeschichtlich vorausgeht; sie hat also eine wissenschaftshistorische Motivation. Zudem schließen sprachwissenschaftliche Resultate diatopischer Variation, also Dialekte bzw. Mundarten, auch stets die sozialen und die situationsbedingten Variationsebenen mit ein. Eine wissenschaftliche Beschreibung der „Lekte" geschieht selbstverständlich wertfrei, sodass in der neueren Linguistik meist von **Varietäten** gesprochen wird. Dies geschieht in Abgrenzung zum umgangssprachlichen Gebrauch, in welchem eine „Sprache" – im Sinne von Hochsprache, also Hochdeutsch, Kastilisch (Spanisch) oder British English – einen höheren Wert besitzt als ein „Dialekt".

? Frage 8.1
Wie würden Sie eine Hochsprache nach den eben genannten Unterscheidungen einordnen? Antwortmöglichkeiten sind:
1. Hochsprache weist in diatopischer Hinsicht weniger Variation auf.
2. In diastratischer Hinsicht ist sie (evtl.) mit Dialektmerkmalen „versetzt".
3. In diaphasischer Dimension ist die Hochsprache mal mehr und weniger „ausformuliert".
4. In diaphasischer Hinsicht evtl. Dialektgebrauch in familiärer Umgebung, Hochsprache für formellere Anlässe.

Der Begriff der Varietät festigte sich, nachdem er z. B. in der Romanistik und der Germanistik des späten 19. und frühen 20. Jahrhunderts hie und da erscheint, seit Mitte des 20. Jahrhunderts zunächst in der (anglistischen) Soziolinguistik, z. B. in der Diglossieforschung. Dies ist der linguistische Forschungszweig, der sich der situationsgebundenen Verwendung zweier oder mehrerer Varietäten durch die Mitglieder einer Sprechergemeinschaft widmet, z. B. in der Schweiz (Schwyzertütsch und Hochdeutsch/Schriftdeutsch) oder in Südtirol (bairischer Dialekt, Hochdeutsch und Italienisch, dazu evtl. Ladinisch). Seit den 1980er Jahren hält der Terminus Varietätenlinguistik in die Romanistik und die Germanistik Einzug.

Hierbei legt die Sprachwissenschaft unterschiedliche Benennungskriterien zugrunde. Einerseits kann ein geografischer Ort oder Raum Namensgeber für einen Dialekt sein (z. B. Rheinisch, Andalusisch, Lombardisch), andererseits können soziale Identifikatoren zur Benennung einer Varietät führen (z. B. *upper middle class* vs. *lower middle class*, Gastarbeiterdeutsch oder neuerdings auch Kiezdeutsch). Schließlich tragen auch verschiedene Diskurstypen/Diskurstraditionen dazu bei, dass bestimmte Arten des

Sprechens (oder Schreibens) Benennungen wie Umgangsdeutsch, Behördendeutsch (ital. *burocratese*) etc. erhalten.

Einige Linguisten fügen den drei genannten Variationsdimensionen noch eine vierte hinzu, nämlich die **sprachspezifische und universelle Variation zwischen Nähe- und Distanzsprache**, die auch diamesische Variation genannt wird. Sie beruht auf unterschiedlichen Kommunikationsbedingungen und zeigt die typischen Affinitäten mit dem schriftlichen oder dem mündlichen Medium. Zum Beispiel wird für schriftliche Äußerungen eine eher diaphasisch/stilistisch „hohe" Variante, für mündliche tendenziell eine eher umgangssprachliche bevorzugt, z. B. *Das ist mir gleichgültig* vs. *Das ist mir Wurscht*.

Wie aus dem bisher Gesagten hervorgeht, ist es keinesfalls einfach, genau zu bestimmen, was denn eine Varietät sei; häufig, wenn nicht meistens, sind es jedoch außersprachliche Lebens- und Raumverhältnisse, die einen Varietätennamen hervorbringen (Berruto 2004).

> **Sprachliche Varietät**
> Eine sprachliche Varietät zeichnet sich dadurch aus, dass gewisse Realisierungsformen eines untersuchten (Teil-)Sprachsystems in vorhersehbarer Weise mit gewissen sozialen und funktionalen Merkmalen korreliert sind.

Die Anzahl der relevanten Merkmale kann hierbei je nach Beschreibungsansatz unterschiedlich groß sein. So ist es z. B. möglich, hamburgisches Deutsch anhand der Varianten [st] statt [ʃt] in *Stein*, durch [æ] vor *m*, *n* statt [a], z. B. in *Tanker*, das „gerollte" [r] und bestimmte Satzmelodien (Prosodie, Intonation) zu bestimmen.

Wenn also eine Menge von gewissen kongruierenden Werten bestimmter sprachlicher Variablen (d. h. Realisierungen gewisser Formen, die in der betreffenden Sprache variieren) zusammen mit einer gewissen Menge von Merkmalen auftreten, welche bestimmte Sprecher und/oder Gebrauchssituationen kennzeichnen, dann können wir von einer sprachlichen Varietät sprechen.

Eine genaue Abgrenzung von Varietäten gegeneinander ist nicht immer möglich. So ist es z. B. recht schwierig, den Anteil dialektal-regionaler Elemente und soziolinguistischer Variablen in verschiedenen Formen einer Umgangssprache (etwa in urbanen Ballungszentren wie München, Marseille, Rom usw.) von rein dialektalen, also **basilektalen** Ausprägungen des Sprechens zu unterscheiden. In Fällen eines graduellen Abstufungsverhältnisses spricht man dann öfter von **Varietätenkontinua** bzw. **Abstufungen**. Strenggenommen liegt der Schwierigkeit der Grenzziehung auch ein theoretisch-methodisches Problem zugrunde, nämlich das der wissenschaftlichen Klassifikation. In letzterer spielt der Gedanke einer genauen Grenzziehung eine andere Rolle als in multivariaten Systemen mit handelnden Individuen.

Die Begriffe Basilekt – Mesolekt – Akrolekt stammen aus der Kreolistik und beziehen sich auf das Kontinuum verschiedener Abstufungen zwischen Varietäten, die in ihrer Nähe zur Standardsprache bzw. formalen Registern variieren. Der Basilekt entspricht der von der Standardsprache am weitesten entfernten Varietät, der Akrolekt der Standardsprache nächststehenden Varietät (siehe Gerstenberg und Dermarkar 2022).

> ▶ **Beispiel**
> Ein Beispiel hierfür sind die west- und mitteleuropäischen westgermanischen Dialekte. Sie erstrecken sich von den Küsten Belgiens, der Niederlande und Deutschlands im Nordwesten/Norden bis in den Alpenraum im Süden und Südosten. Die Mundarten der einzelnen benachbarten Ortschaften sind stets gegenseitig verständlich (interkomprehensibel), mit zunehmender Distanz wird der Grad der Verständlichkeit geringer. Zwei „Endpunkte" dieses Sprachraums, z. B. Meran in Südtirol (Südbairisch) oder Bern (Alemannisch) und Amsterdam oder Kiel, bieten auf dialektaler Ebene nur noch eine geringe bis gar keine gegenseitige Verstehbarkeit. ◀

In diastratisch-diaphasischer Hinsicht findet der Begriff auch Anwendung in der Kreolistik (dies ist die Wissenschaft von den Kreolsprachen), wo beispielsweise in Jamaika zwischen „reinem" (basilektalem) Kreolisch (d. h. die Sprache, die auf Jamaika beim Sprachkontakt zwischen Englisch und afrikanischen Sprachen entstand) und Standardenglisch viele kleine Zwischenstufen ausgemacht werden können (Bickerton 1973). Ähnlich gestaltet sich die Situation des Öfteren im ebenfalls vertikalen Kontakt zwischen Basilekt und Standardsprache in urbanen Ballungszentren. Kontinua vermitteln also ein Gesamtbild von fließenden, allmählichen Übergängen, auch wenn bisweilen auf der „Mikroebene" viele kleine Schritte (Gradata) vorliegen (*Grad* < lat. *gradus*, ‚Schritt').

Die Schwierigkeiten der Abgrenzungen oder Bestimmungen von Varietäten nach linguistischen Kriterien (also lautlichen, morphosyntaktischen und lexikalischen Merkmalen) liegen auch darin begründet, dass sich in einer synchronischen Sprachbetrachtung stets auch unterschiedliche diachronische Aspekte wiederfinden. Das heißt, stark dialektale Merkmale sind in der Regel historisch älter als sozial markierte oder diskurs-markierte Merkmale, wodurch sich die **Varietätenkette** ergibt.

> **Varietätenkette**
> Die Varietätenkette besagt, dass dialektale Merkmale die Rolle von sozialen und diese wiederum die Rolle von situationellen Merkmalen annehmen können.
>
> Die Gegenrichtung von situationellen Merkmalen über soziale zu dialektalen Merkmalen gilt in aller Regel nicht.

Im historischen Prozess der Standardisierung übernahmen zunächst höhere soziale Schichten standardnahe Varietäten in der Alltagskommunikation. Damit bekamen Dialekte typischerweise zusätzlich zur diatopischen Markierung eine diastratische Spezialisierung auf niedrigere soziale Klassen.

Ausnahmen zur Varietätenkette können bei Entlehnungen vorliegen: So ist z. B. wienerisch *fesch* (vom englischen *fash(ionable)*) von einem Modewort zu einem schichtspezifischen und schließlich zu einem regionalen österreichisch-bairischen Adjektiv geworden.

Das Modell der Varietätenkette beschreibt, vereinfacht dargestellt, das Schicksal von dialektalen Elementen in ihrem Kontakt mit überregionalen oder Standardvarietäten. Bezüglich der regionalen Benennungsvielfalt (der **Geosynonyma**) für *Pferd* bedeutet dies in etwa Folgendes: das standardsprachliche *Pferd* nimmt den größten Teil des ost-, nord- und westdeutschen Sprachraums ein. In großen Teilen Mittel-, Südwest- und Süddeutschlands herrscht *Gaul* vor, im äußersten Südwesten (auch in der Schweiz) sowie im Bairischen (also auch in Österreich und Südtirol) hingegen *Ross*. Diese – eigentlich historisch gleichberechtigten – Benennungen werden im Kontakt mit der Standardsprache Hochdeutsch nur noch von den sozialen Gruppen gebraucht, die sich der Standardsprache nicht immer bedienen. *Gaul* und *Ross* werden also zu sozial markierten Wörtern, auch im Gebrauch eines ansonsten standardsprachlichen Kontexts. In rein standardsprachlichen oder hochsprachlichen Kontexten hingegen können solche sozial markierten Wörter dann eine stilistische Funktion übernehmen, *Gaul* rutscht sozusagen semantisch in die Kategorie MINDERWERTIGES PFERD ab, und *Ross* steigt stilistisch zu EDLES PFERD auf.

8.2 Dimensionen der Variation von Sprache

Die Variabilität des Sprechens/von Sprache und die Existenz von Varietäten äußert sich nicht in Willkürlichkeit von sprachlichen Merkmalen konkreter Äußerungen, sondern ist, weil Sprache nur als soziales Phänomen vorkommt, immer an Normen des sozialen Miteinanders gebunden. Die beschreibbaren Variationen beinhalten die diatopische, die diastratische und die diaphasische Ebene (▶ Abschn. 8.1), die auch Dimensionen der Variation von Sprache genannt werden. Idealtypische oder prototypische Vertreter von bestimmten Merkmalsbündeln können dann als Varietäten von Sprache bezeichnet werden.

In aller Regel wird dabei angenommen, dass es sich um Varietäten/Ausprägungen oder Abwandlungen der Sprache einer bestimmten Sprechergemeinschaft handelt, innerhalb einer sogenannten historischen Einzelsprache, also des Deutschen, des Englischen, des Italienischen, des Spanischen, des Französischen etc.

Aber auch hier muss unterschieden werden zwischen sprecherseitiger Wahrnehmung von z. B. Dialekten/Mundarten als von einer Norm abweichende Ausprägungen auf der einen Seite und der Ebene der sprachwissenschaftlichen Beschreibung der Variation und der Klassifikation auf der anderen. Während z. B. Sprecherinnen und Sprecher selbst in der Regel fünf bis sieben Abstufungen von Varietäten zwischen Dialekt und Hochsprache meist pragmatisch-funktional vornehmen, bezieht sich die sprachwissenschaftlich-klassifikatorische Messung auf objektive, meist historische Parameter, z. B. die Entwicklungen der lateinischen Verschlusslaute *p*, *t*, *k* im Wortinneren, welche beispielsweise im Italienischen und Rumänischen erhalten bleiben (z. B. *capra* ‚Ziege'), im Spanischen und Französischen aber leniert bzw. sonorisiert worden sind (*cabra*, *chèvre*). Dialekte oder dialektale Ausprägungen in den genannten Sprachräumen können dann nach unterschiedlich starker Realisation der Lenierung klassifiziert werden.

Auch lexikalische Elemente können zur Findung von räumlichen Verteilungen herangezogen werden, z. B. das sprechlateinische *caput*, *testa* ‚Kopf': Ersteres kann in Italien als *capo* (mit Varianten) oder als *testa*, im Galloromanischen (Französisch, Okzitanisch, Frankoprovenzalisch) als *testa* oder *cap* diatopisch (also räumlich) oder auch diaphasisch (stilistisch) variieren.

? Frage 8.2
Können Sie aus Ihren eigenen sprachlichen Erfahrungen diatopische, diastratische und diaphasische morphologische und lautliche Elemente oder Wörter nennen, welche die Variation innerhalb einer historischen Einzelsprache (z. B. Deutsch, Französisch, Englisch) bezeugen?

Im Folgenden werden einige aus der großen Vielfalt der Disziplinen ausgewählte Forschungsrichtungen, die sich mit Darstellung, Messung und Theoriebildung von und durch Variation beschäftigen, in ihren Grundlagen dargestellt. Dies dient vor allem der Hervorhebung der Rolle, welche die Varietäten im sozialen Miteinander für die Umbildung von Sprech- und Schreibnormen – man denke z. B. an die jüngste Rechtschreibreform des Hochdeutschen – spielen kann. Letztendlich ergibt sich aus variationslinguistischen Untersuchungen auch die Frage nach Ursachen von Sprachwandel (diachronische Perspektive; siehe hierzu ▶ Kap. 9). Durch empirisch exakte und auf methodisch verlässlichen Korpora aufbauende Untersuchungen lässt sich u. a. auch ermitteln, ob bestimmte Varianten als Teil einer beständigen Variation oder als Beginn eines Sprachwandelprozesses anzusehen sind.

8.2.1 Diatopische Variation/Varietäten und ihre sprachwissenschaftliche Beschreibung

Diatopische Varietäten einer historischen Einzelsprache werden historisch-geografischen Kriterien gemäß Dialekte oder auch Mundarten (dt. *Dialekte*, span. *dialectos*, franz. *dialectes*, ital. *dialetti*, engl. *dialects*) genannt. Diatopische Varietäten können sich stark oder weniger stark voneinander unterscheiden; die diatopische Variation ist also entweder groß oder klein.

> **Kontinuum**
> Der Begriff des Kontinuums bezeichnet in der Dialektgeografie (also diatopisch) die Tatsache, dass zwischen einer großen Anzahl von Dialekten zwischen den jeweils benachbarten nur geringfügige Unterschiede bestehen und diese damit gegenseitig verstehbar sind, die beiden „Endpunkte" jedoch große Unterschiede aufweisen und nicht mehr ohne Weiteres gegenseitig verstehbar sind.

Groß ist sie bspw. innerhalb Italiens, eher klein oder eher gering z. B. in Polen. Wenn man sich fragt, wie es kommt, dass in der einen Gegend, Region oder Nation die diatopische Variation groß, in anderen hingegen klein ist, in der einen Gegend also viele Dialekte, in der anderen wenige feststellbar sind, stößt man oft auf zunächst zwei Probleme:
1. Woher kommen die vielen Dialekte?
2. Zu welchen Sprachen, Sprachfamilien gehören sie?

Der Begriff Dialekt beinhaltet also immer eine Bezugsgröße, ein *tertium comparationis*, eine Vergleichsbasis. Ein Dialekt ist stets eine Varietät von etwas. Historisch gesehen sind Dialekte Vorstufen, sozusagen die Ausgangsbasen für die Entwicklung von Gemeinsprachen, die heute auch **Standardsprachen** genannt werden.

> **Standardsprachen**
> Standardsprachen, v. a. in der Gestalt der heutigen Nationalsprachen, erhalten ihren, z. B. gegenüber den Dialekten, höheren Stellenwert insbesondere durch ihre größere kommunikative Reichweite (Überregionalität) und den stilistischen Umfang. Grundlegende Voraussetzung hierfür ist die Schriftlichkeit, (meist) alleinige Domäne der Standardsprache.
>
> Hier sei daran erinnert, dass heutige Standardsprachen ihrerseits meist ausgebaute historische Dialekte sind (Beispiele: Paris → Französisch, Florenz → Italienisch).

Ein solcher Ausbau hat die Implementierung der Schreibvarietät in Schulen und Medien zur Folge. Dadurch kann die – historisch gesehen „elitäre" – Varietät zum Allgemeingut einer Sprachgemeinschaft werden, also zu einem Standard, der für alle ein- und dieselbe Gültigkeit besitzt, sodass sich die Exemplarität also nach und nach ausweitet. Im Deutschen erfolgte dieser Vorgang großteils vor dem Hintergrund der Schriften Martin Luthers, im Italienischen hingegen auf derjenigen der literarischen Vorbilder (Dante, Petrarca, Boccaccio) des florentinischen 14. Jahrhunderts.

Die basilektalen Dialekte von Venedig oder Florenz, von Reims oder Paris, von Santander oder Zaragoza, von Frankfurt, München oder Stuttgart, sind also keine Abkömmlinge des Italienischen, des Französischen, des Spanischen oder des Hochdeutschen, sondern Abkömmlinge von ehemals gleichwertigen Vorgängern der heute gebräuchlichen Hochsprachen.

Das Venezianische, das Florentinische, das Pariserische oder das Kastilische sind **Primärdialekte** des gesprochenen Lateinischen, also mehr oder weniger regional eigenständige „Fort-Entwicklungen", durch die Jahrhunderte getragene und gewandelte Formen des gesprochenen Lateins, des sog. Vulgärlateins. Ähnliches wird in aller Regel auch für die Sprachräume außerhalb der romanischen Sprachen angenommen, wenngleich auch hier, wie z. B. im Deutschen, keine „Ursprache" Germanisch bezeugt ist. Im historischen Verlauf des Sprechens können sich allerdings von einer einmal in Gebrauch gekommenen Gemeinsprache Abwandlungen ergeben, die dann **Sekundärdialekte** genannt werden; zu diesen gehören z. B. das andalusische Spanisch oder Ruhrdeutsch. Als Tertiärdialekte bezeichnet man regional gefärbte Hochsprachen. In nach wie vor stark (primär-)dialektologisch geprägten Gegenden, z. B. Süddeutschland oder Süditalien, befinden sich Dialekte und Standardsprache in sogenanntem vertikalem Kontakt, d. h., die Standardsprache steht in der Sprachverwendung sozial über dem Dialekt.

Ungeachtet dieser historischen Gegebenheiten sind die Eigenschaften verschiedener Primär- und Sekundärdialekte auch stets – synchronisch – auf die „Messlatte" Standardsprache bzw. Hochsprache zu beziehen, wodurch dann geografische und soziale Dialekte miteinander inter- und koagieren.

Im Folgenden soll kurz umrissen werden, welche Methoden sich im Laufe der Geschichte der Sprachwissenschaft, und hier insbesondere der Dialektologie, zur Beschreibung von Dialekträumen und des Dialektgebrauchs entwickelt haben. In den Zeiten vor der Durchsetzung von Standardvarietäten für großräumige Sprechergemeinschaften (Deutsch, Italienisch, Französisch, Englisch etc.) war der Terminus „Dialekt" unbekannt, man sprach dann z. B. in Deutschland von Landsprachen oder in Italien (z. T. bis heute) von *volgari*, also von Volkssprachen.

Man wusste also, dass die diatopische Variation bestimmte diatopische Varietäten hervorgebracht hatte. Aber erst im Rahmen des Forschungsparadigmas der Historisch-vergleichenden Sprachwissenschaft im 19. Jahrhundert wurde die wichtige Rolle der verschiedenen regionalen Ausprägungen des gesprochenen Lateinischen (romanische Varietäten) oder des Deutschen in ihrer fundamentalen Funktion erkannt. Man verfügte über nur sehr wenige dialektale Sprachdaten, da in aller Regel diese Dialekte nur selten schriftlich festgehalten wurden, und so war es an der Zeit, Datensammlungen verschiedener Dialekte anzulegen.

Kapitel 8 · Varietäten- und Soziolinguistik – Variationen einer Sprache

> **Vertiefung: Primär-, Sekundär- und Tertiärdialekte**
> Mit den Begriffen der Primär-, Sekundär- und Tertiärdialekte wird verdeutlicht, dass die diatopische Variation historisch bedingte Abstufungen zeigt.
>
> Nach Coseriu (1980) sind Primärdialekte historisch „gleichwertige" Resultate einer diatopischen Ausdifferenzierung einer Sprache, z. B. (Sprech-)Latein. Demnach sind alle romanischen Dialekte Primärdialekte des Lateinischen, alle deutschen Dialekte Primärdialekte einer germanischen Vorstufe usw. (die jedoch, im Gegensatz zum Lateinischen, als solche nicht historisch bezeugt, sondern lediglich erschlossen ist).
>
> Im Laufe der Geschichte der Primärdialekte und ihrer Sprecher kristallisiert sich meist eine dieser vielen diatopischen Varietäten als Hochsprache/Gemeinsprache bzw. Standardsprache heraus (z. B. das Toskanische (von Florenz), das heute zum Italienischen geworden ist).
>
> Historisch gesehen sind sekundäre Dialekte ihrerseits regionale „Abkömmlinge" von Gemeinsprachen, so z. B. das Ruhrdeutsche oder das Spanische (also ursprünglich der Dialekt von Kastilien (Madrid, Toledo) in Andalusien oder auf den Kanaren wie auch in Lateinamerika, aber auch das Englische in den USA).
>
> Tertiäre Dialekte schließlich können als regional oder staatlich gefestigte unterschiedliche Realisationen einer „Hochsprache" angesehen werden. So wird z. B. das Italienische im Norden standardmäßig anders realisiert als in der Toskana (also der „Heimat" der Hochsprache) oder in Neapel; das Hochdeutsche von Wien klingt anders als das in Stuttgart, Zürich oder Hamburg, dennoch ist es Hochdeutsch.
>
> Tertiärdialekte sind jünger als Sekundärdialekte, die wiederum jünger sind als Primärdialekte. Sprachlich zeigen Primärdialekte die größten Unterschiede zur jeweiligen Gemeinsprache, diese Unterschiede sind geringer bei den Sekundärdialekten und relativ schwach ausgeprägt bei den Tertiärdialekten.
>
> **Literatur**
> - Krefeld, T. (2011). ‚Primäre', ‚sekundäre', ‚tertiäre' Dialekte – und die Geschichte des italienischen Sprachraums. In A. Overbeck, W. Schweickard & H. Völker (Hrsg.). *Lexikon, Varietät, Philologie. Romanistische Studien* (S. 137–147). Berlin/Boston: de Gruyter.
> - von Wartburg, W. (1950). *Die Ausgliederung der romanischen Sprachräume*. Bern: Francke.

Dies geschah zum einen in der Form von Dialektwörterbüchern, v. a. in Italien, zum anderen in der Methode der Sprachgeografie. Letztere hat sich zum Ziel gesetzt, anhand von über einen Sprachraum gelegten Befragungsgittern Erhebungen durchzuführen, die als Ergebnis eine Grenzziehung zwischen den einzelnen Sprachräumen erlaubte, denn Dialektgrenzen waren bis dahin nur vage bekannt. Dies machte die Dialektgeografie zu einer empirischen Wissenschaft. Dadurch sind heute die (vor ca. 100 Jahren) genauen Verbreitungsareale z. B. des deutschen *Ross/Gaul/Pferd* oder französischen *abeille, abelho, moûche a miel* etc. (,Biene') bekannt.

Die ersten großräumigen Befragungen wurden in Deutschland von Georg Wenker in den Jahren nach der deutschen Reichseinigung (1871) durchgeführt. Die Datenerhebungen wurden von ihm mit der sogenannten indirekten Erhebungsmethode in allen 36.000 Gemeinden des damaligen Deutschen Reichs durchgeführt, d. h. mittels an Gemeindevorstände und Pfarrer verschickter Fragebögen, wobei jeweils Personen als Gewährsleute/Informanten dienten. Anhand der heute als „Wenker-Sätze" (Beispiel: *Im Winter fliegen die trockenen Blätter in der Luft herum*) bezeichneten Stimuli wurden lautliche und morphosyntaktische Besonderheiten eines jeden Erhebungspunktes gesammelt.

Anders als in Deutschland verfuhr man Ende des 19. und Anfang des 20. Jahrhunderts in Frankreich. Dort initiierte der Schweizer Romanist Jules Gilliéron die Arbeiten zum französischen Sprachatlas (ALF). Sein Befrager war Edmond Edmont, der in direkter Erhebungsmethode, also vor Ort, Sprecher selbst nach einem festgelegten Ablauf, einem sogenannten Fragebuch (Questionnaire), interviewte und die Ergebnisse seiner Befragungen schriftlich aufnahm, also in phonetischer Umschrift notierte. Die zu erhebenden Wörter selbst waren in alphabetischer Reihenfolge angeordnet.

In Spanien initiierte Ramón Menéndez Pidal 1914 das Projekt des Atlas Lingüístico de la Península Ibérica (ALPI), das durch Tomás Navarro Tomás umgesetzt wurde.

Ähnlich wurde im italienischen Sprachraum verfahren, den die Schweizer Romanisten Karl Jaberg und Jakob Jud initiierten und der mit drei Enquêteuren (P. Scheuermeier, G. Rohlfs, M.-L. Wagner) das italienische Befragungsnetz abdeckte. Der AIS (Sprach- und Suchatlas Italiens und der Südschweiz, publiziert in den Jahren 1928–1940) ist, anders als der ALF, nicht alphabetisch, sondern nach Begriffsfeldern, z. B. „der menschliche Körper", „Haus und Hof", geordnet.

Eine dialektologische Erhebung wurde unter der Leitung von Harold Orton in den 1950ern in England durchgeführt.

Die Auswertung von Sprachatlanten brachte hervor, dass es stärker und schwächer ausgeprägte Dialektgren-

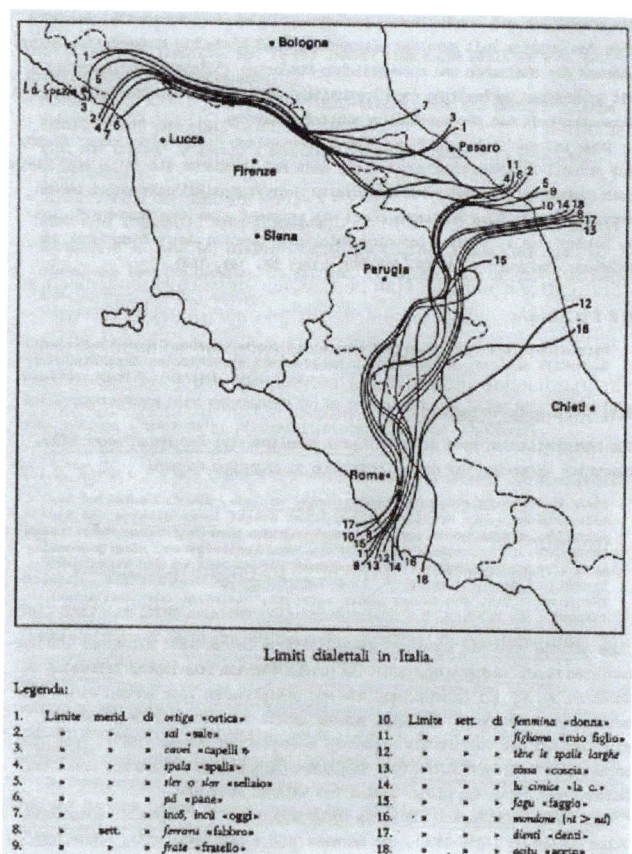

Abb. 8.1 Isoglossenbündel in Italien. (Aus: Geckeler und Kattenbusch 1992, S. 42)

Abb. 8.2 Südlicher Abschnitt des Rheinischen Fächers. (Aus: König 1994, S. 64)

Abb. 8.1 zeigt deutlich die Isoglossenbündel, welche norditalienische von mittelitalienischen Dialekten trennen (Linie Rimini – La Spezia). Etwas loser zeigt sich das Bündel, das mittel- von süditalienischen Dialekten scheidet (Linie Rom – Ancona). Zugrunde gelegt werden lautliche und lexikalische Variablen.

Abb. 8.2 stellt den südlichen Abschnitt des sog. Rheinischen Fächers dar. Diese Benennung bezieht sich auf die weiter im Osten Deutschlands gebündelten Isoglossen, welche nieder-, mittel- und oberdeutsche Mundarten trennen; im Westen (also grosso modo am Rhein) fächern sich die trennenden Merkmale in etwa zwischen dem Niederrhein (Duisburg) und dem Oberrhein auf.

Aufbauend auf diese Isoglossenmethode, die sich an historisch-sprachlichen Merkmalen (Variablen) orientiert, sind dann Dialektkarten erstellt worden, wie sie auch im sprachwissenschaftlichen Lehrbetrieb in Form von Dialektkarten bzw. Sprachatlanten bis heute Verwendung finden.

So wissen wir z. B. heute, dass sich der deutsche Sprachraum in einen niederdeutschen, mitteldeutschen und oberdeutschen Dialektraum, oder der italienische in einen norditalienischen, toskanischen, mittelitalienischen und süditalienischen Dialektraum gliedern, oder wo die Grenzverläufe zwischen dem Französischen (*langue d'oïl*) und dem Okzitanischen (*langue d'oc*) gegenüber früheren Annahmen wirklich zu beobachten sind.

Man konnte also nach der Maßgabe der zugrunde gelegten sprachhistorischen Variablen Sprachräume/diatopische Varietäten gegeneinander abgrenzen, z. B. Alemannisch gegen Fränkisch im Südwesten Deutschlands, Gaskognisch gegen Languedokisch in Südfrankreich. Neue Sprachatlanten erlauben über ihre optische Konsultation hinaus auch einen direkten akustischen Zugang zu den erhobenen Sprachdaten („sprechende Atlanten"), so z. B. der dolomitenladinische Atlas ALD von H. Goebl, oder das *Vivaio Acustico delle lingue e dei dialetti d'italia* (VivALDI) von D. Kattenbusch. Anfang der 1970er Jahre reifte in dem Tolosaner Romanisten und Dialektologen Jean Séguy der Gedanke, die Vielzahl der Ortsdialekte nicht durch Linien auf der Grundlage einer begrenzten Anzahl von Kriterien, wie bei der Isoglossenziehung, gegeneinander abzugrenzen, sondern sie regelrecht gegen- und miteinander zu

zen gibt. Man hat für diese Grenzlinien einzelner Variablen den Terminus **Isoglosse** eingeführt (in Anlehnung an die Meteorologie, wo z. B. Isothermen und Isobaren Linien gleicher Temperatur bzw. gleichen Luftdrucks bezeichnen). Durch die Auswertung der Daten der einzelnen Aufnahme-/Ortspunkte wurden verschiedene Isoglossenbündel oder Isoglossenverläufe ermittelt (**Abb. 8.1**), wodurch sich stark von schwach voneinander getrennte Sprachräume unterscheiden ließen.

Isoglosse

Isoglosse (griech. *iso*- ‚gleich', *glossa*, ‚Zunge, Sprache') bedeutet strenggenommen „Linie gleichen Sprechens", bezeichnet realistischer jedoch eine Trennlinie zwischen Merkmal a und Merkmal b (z. B. dt. *dat/das/des*, franz. [ʃ] < lat. *k* und franz./okzit. [k] < lat. *k*, z. B. in *chanter/canté* bzw. *canta* < lat. *cantare*). Treffen mehrere Merkmalsunterschiede in ähnlichem oder deckungsgleichem Isoglossenverlauf aufeinander, so spricht man von **Isoglossenbündeln**.

vermessen. Diesen Ansatz der Messung nannte er **Dialektometrie** (siehe auch Krefeld 2022).

> **Dialektometrie**
> Dialektometrie ist ein quantitativ-numerisches Verfahren, das auf einer sehr großen Datengrundlage mithilfe verschiedener statistischer Verfahren ermöglicht, bisher unbekannte sprachräumliche Strukturen, also nicht bloß Grenzen, zu finden. Sie ist also zunächst ein heuristisches Verfahren, welches neue Fragestellungen hinsichtlich typologischer und historischer Konstellationen und Entwicklungen ermöglicht.

Die Fülle von Einzeldaten, die Séguy einer solchen Metrie zugrunde legte, war jedoch derart groß, dass dieser Ablauf zunächst nur ansatzweise verfolgt werden konnte. Erst in den 1980er Jahren, mit dem Fortschreiten der elektronischen Datenverarbeitung, konnte die Dialektometrie in ein realistisches Blickfeld wissenschaftlicher Forschung und Theoriebildung rücken. Der Salzburger Romanist Hans Goebl entwickelte die Möglichkeit, alle Ortsdialekte aufeinander zu beziehen.

Dazu wird nicht, wie bis dato gebräuchlich, eine bestimmte Vorauswahl an Variablen getroffen, sondern aufgrund der lateinischen Ausgangsformen jede mögliche Variationsstelle, jede Variable in einer Datenmatrix vermerkt und einem jeden Punkt einer Sprachatlaskarte zugeordnet. Dadurch ergeben sich nicht vordergründig raumteilende (Isoglossen) Sprachraumbilder, sondern raumgestaltende Karten, in denen jeder Ortsdialekt seine eigene Rolle im Verhältnis zu den Nachbardialekten (s. die Abbildung in der Beispielbox) oder im Verhältnis zu der jeweiligen Hochsprache einnehmen kann.

Die genannten Analyseverfahren sprachgeografischer Daten fußen letztendlich auf der Isolierung des Faktors Raum und dessen Wirkung auf menschliche Interaktionsräume und abstrahieren von den Interaktionen zwischen den Räumen und somit auch den Sprachkontakten, die zu allen Zeiten des Sprechens einen wesentlichen Faktor des Sprachwandels auch innerhalb der Dialekte darstellen. Dies ist auch zu berücksichtigen, wenn wir von Primär-, Sekundär- oder auch Tertiärdialekten (s. die Vertiefungsbox „Primär-, Sekundär- und Tertiärdialekte") sprechen, da Sprachkontakte sowohl zwischen Ausprägungen ein und desselben Diasystems als auch zwischen verschiedenen Sprachsystemen (Deutsch, Italienisch und Französisch) in das Blickfeld der Forscher gelangen. Das stete Ineinandergreifen verschiedener Varietäten – mit heutiger Dominanz der Standardvarietäten – und sprachspezifische Ausprägungen wird in der Metapher der „Architektur" einer (historischen Einzel-)Sprache veranschaulicht.

Der Terminus **Architektur der Sprache** veranschaulicht das Ineinandergreifen der verschiedenen Variationsebenen (diatopisch, diaphasisch, diastratisch) in einer Sprechergemeinschaft, die ihrerseits von einer Standardsprache überdacht wird. Dadurch wird auch verdeutlicht, dass z. B. Dialekte und Soziolekte nicht (nur) Abweichungen von einer Standardnorm darstellen, sondern ihrerseits tragende Fundamente für die (in der Geschichte) ermöglichte Herausbildung einer Standardsprache bilden. Unterschiedliche Sprechergruppen/Sprechergemeinschaften können eine unterschiedliche Vorstellung von der jeweiligen Architektur ihrer historischen Einzelsprache als Diasystem (z. B. „das Deutsche", „das Französische") haben, je nachdem, ob bei ihnen die diatopische, die diastratische oder die diaphasische Variationsebene im Vordergrund ihres Bildes steht und der jeweiligen Varietätenvielfalt entspricht.

8.2.2 Diastratische Varietäten und ihre linguistische Beschreibung

Bereits im Rahmen der dialektgeografischen Forschungstätigkeiten wurde deutlich, dass eine auf einen Ortsdialekt bezogene angenommene Homogenität der sprachlichen Realität nicht ganz entspricht. Sprecher ein und desselben Ortes realisieren ihren Ortsdialekt nicht in ein und derselben Weise.

Abgesehen von natürlichen individuellen Variationen bedingen auch unterschiedliche soziale Stellungen und Lebensverhältnisse unterschiedliche Ausprägungen eines Dialekts. Man könnte salopp ausgedrückt auch sagen, „Manche reden noch dialektaler als andere". Diesem Phänomen der stärker oder schwächer ausgeprägten Dialektalität widmet sich u. a. die **Soziolinguistik**, die jedoch nicht in erster Linie Ausprägungen von diatopischer Dialektalität untersucht, sondern die Verteilung von bestimmten sprachlichen Merkmalen, die kennzeichnend für soziale Gruppen sind (vgl. z. B. Bernhard 1998).

Als Variablen zur Bestimmung diastratischer Variation kommen neben dialektalen also durchaus viele nicht diatopisch markierte sprachliche Merkmale in Betracht, z. B. innovatorische Phänomene (z. B. häufiger Gebrauch von assimilierten Klitika, wie in *hasse < hast du*), Satzlängen oder auffälliger Gebrauch bestimmter Wörter. Letzteres gilt z. B. für Jugendsprache (z. B. *cool, hartzen*), wo bestimmte Häufungen nicht-gemeinsprachlicher Wörter den Eindruck einer Gruppensprache erwecken (sollen). Auch suprasegmentelle Eigenheiten (z. B. Intonation, Sprechrhythmus) können als soziolinguistische Variablen fungieren. Das methodische Instrumentarium zur Beschreibung der sozialen Relevanz von sprachlichen Merkmalen stammt aus dem angloamerikanischen Raum, wo die Disziplin der Soziolinguistik u. a. nach dem 2. Weltkrieg durch die sogenannte Sprachbarrierendiskussion (z. B. „Black English", heute „African-American Vernacular English" (AAVE)) angefacht wurde, die sich in den 1960er Jahren auch auf Deutschland und Europa übertrug.

Beispiel: Dialektometrie am Beispiel Zürich und Umgebung

Die dialektometrische Darstellung der (alemannischen) Dialekte der deutschsprachigen Schweiz betont farblich die Ähnlichkeit von Dialekt im Verhältnis zu Basilekt der Stadt Zürich. Die Abbildung macht deutlich, wie sich sehr ähnliche (rot) und sehr unähnliche (blau) Dialekte um den Bezugspunkt Zürich räumlich gruppieren.

Das elektronische Verfahren der Dialektometrie erlaubt die beliebige Auswahl von Messbezugspunkten. Durch eine solche Auswahl ändern sich auch die räumlich-euklidischen Distanzmuster; man kann sich also sozusagen in die jeweiligen Sprechergemeinschaften (z. B. Luzern oder Bern) hineinversetzen.

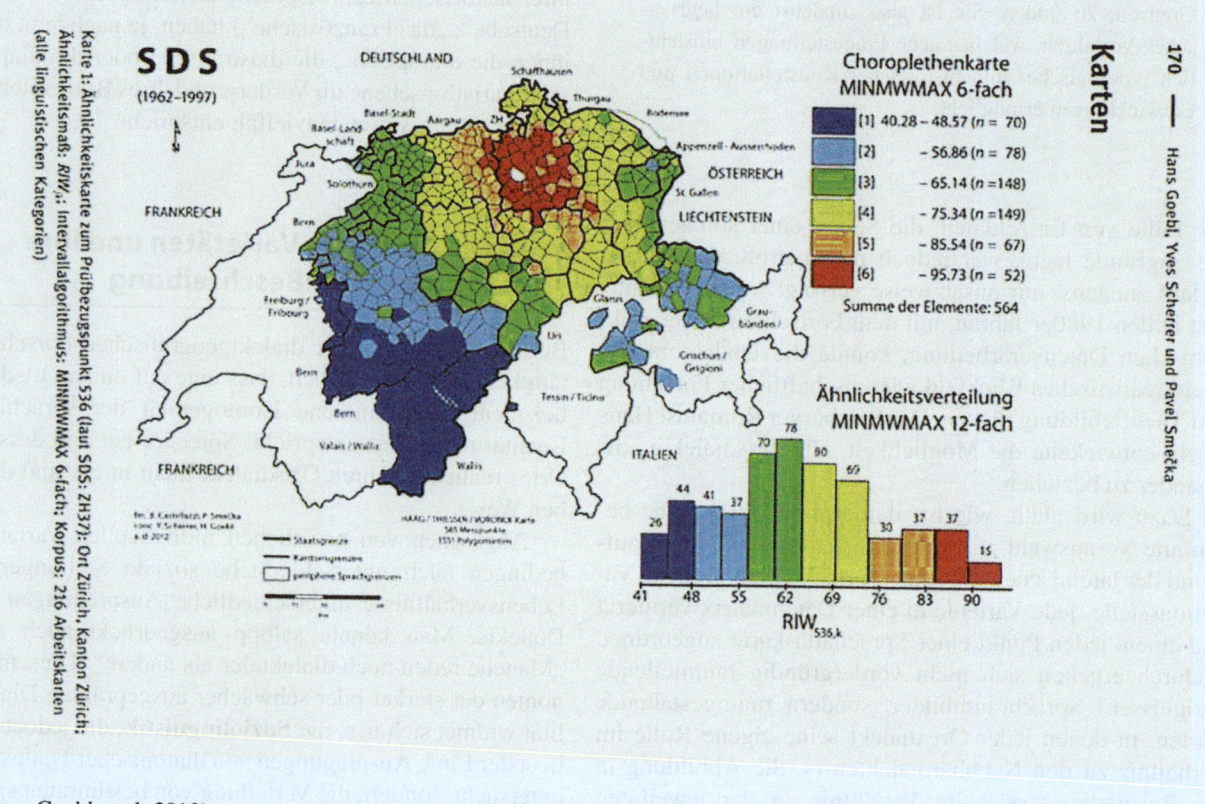

(Aus: Goebl et al. 2013)

Wie bei der Dialektologie/Sprachgeografie geht es auch in der Soziolinguistik um Merkmale, die unterschiedliche soziale Sprechergruppen definieren bzw. klassifizieren können.

Zunächst orientierte man sich hierbei an soziologisch vorgegebenen Gruppen-/Klasseneinteilungen. Ein Beispiel liefert der englische Linguist Basil Bernstein, der in Bezug auf die sozialen Hierarchien innerhalb ein und derselben Sprechergemeinschaft feststellte, dass sich in den unteren sozialen Schichten ein eher **restringierter Code** (*restricted code*), in den oberen hingegen ein eher **elaborierter Code** (*elaborated code*) des Sprechens beobachten lässt (z. B. *komm ma!* vs. *Würdest du bitte mal herkommen*).

Auf der Basis dieser Theorie – die in der Folge des Öfteren auch Defizithypothese genannt wurde – baut der amerikanische Linguist William Labov auf, der zeigt, dass verschiedene sozial markierte Merkmale kein Sprachbeherrschungsdefizit darstellen, sondern vielmehr eine unterscheidende, aber in sich systematische Regularität aufweisen, die sich an unterschiedlichen, kommunikativen Erfordernissen und Normen ausrichten. Er formuliert daraufhin den Begriff der **Variablenregeln**, die besagen, dass bestimmte Realisationen von Lauten, syntaktischen oder lexikalischen Einheiten bestimmten diaphasischen Erfordernissen entsprechen. Damit weist er bereits auf die Relevanz der diaphasischen Variation hin. So wird beispielsweise in seiner berühmt gewordenen Kaufhausstudie deutlich, dass sich Sprecher je nach Situation auf eine *r*-lose, dem „Dialekt" von New York zugehörige, Aussprache von z. B. *fourth floor* oder eine prestigereichere *r*-haltige Realisation ([forθ flo:r]) einstellen (Labov 1966).

In der jüngeren soziolinguistischen Forschung hat sich eine gewisse Abkehr von der Untersuchung sozial markierter sprachlicher Merkmale in Abhängigkeit von vorgegebenen soziologischen Modellen gezeigt, und der Schwerpunkt wurde verstärkt auf die Erhebung empirischer Daten gelegt, die sowohl ländlich geprägte Gegenden mit regionaler (und implizit auch sozialer) Variation betrachtet als sich auch innerhalb der *urban language studies* auf die schier undurchdringliche Variation innerhalb städtischer Ballungsräume konzentriert. Hierfür stehen seit einigen Jahren umfangreiche Korpora, also methodisch durchdachte Sammlungen von authentischen Sprachdaten zur Verfügung.

Unter den zahlreichen Forschungen, die den Zusammenhang zwischen sprachlicher Variation und gesellschaftlichen Rollen in den Vordergrund der Theoriebildung stellen, findet sich auch die sogenannte **Spracheinstellungsforschung**. Spracheinstellungen (*attitudes towards languages*) geben seit den 1960er und 1970er Jahren Aufschluss über die subjektiv empfundene „Schönheit" von Sprachvarietäten, z. B. Französisch von Paris vs. Französisch von Québec oder Athener Griechisch vs. Kretisches Griechisch. Der englische Linguist P. Trudgill hat dabei festgestellt, dass es oft soziale Konnotationen sind, welche dazu führen, ob eine Varietät als schön oder als hässlich beurteilt wird.

Wichtig werden in diesem Zusammenhang auch Stereotypenbildungen durch sprachliche Merkmale. Man denke etwa an die *r*-lose Aussprache des afrikanischen „Ausguckers" in Asterix-Geschichten oder den „russischen" Akzent von Bösewichtern in älteren James-Bond-Filmen.

? Frage 8.3
Können Sie anhand Ihrer eigenen Erfahrung Beispiele für sozial negativ konnotierte Varietäten oder Akzente nennen und diese erläutern?

Zusammenhänge zwischen sprachlichen Variablen und deren „Zeigerwert" für soziale Positionen sind altbekannt und werden oft negativ oder positiv konnotiert. Eines der bekanntesten Beispiele ist bereits im Alten Testament, im Buch der Richter, Kap. 12 bezeugt: das sogenannte *sibboleth, shibboleth* bzw. *Schibboleth*:

> Schibboleth – Bibel-Lexikon
> Ein Wort, das von den Gileaditern ausgewählt wurde, um die ausfindig zu machen, welche Ephraimiter waren. Diese sprachen nämlich das Sch wie ein S aus, sodass sich daraus das Wort Sibboleth ergab. Als die Männer vor dem siegreichen Jephta flohen und sich den Furten des Jordan näherten, wurden sie mit diesem Wort geprüft. Die Ephraimiter, welche diesen Konflikt selbst veranlasst hatten, wurden getötet.
> (▶ www.bibelkommentare.de/index.php?page=dict&article_id=2061)

Die lexikalischen Varianten Schibboleth/Sibboleth („Ähre") geben also Auskunft über die Stammeszugehörigkeit qua Sprechergemeinschaft. Eine „verräterische" Aussprache eines Wortes kann also Symptom bzw. Index für soziale Zugehörigkeit sein. Ein Schibboleth ist somit auch Bestandteil eines „Akzents", der jedoch in mehr als nur einem Merkmal, und vor allem in einem regelmäßigeren Vorkommen von Merkmalen, besteht; z. B. bairisches „gerolltes" (Zungenspitzen-)[r] und velare/„dunkle" Aussprache von [a].

Der Stellenwert der unterschiedlichen sprachlichen Variablen, die entweder unbemerkt (nach Labov (1972) **Indicator** genannt, z. B. *wat, dat* im Ruhrdeutschen) oder bewusst (nach Labov (1972) **Marker** genannt, z. B. Gebrauch von *wat, dat* durch Nichtruhrgebietler) verwendet werden, wurde v. a. seit den 1960er Jahren in Kanada, den USA, dem Vereinigten Königreich, aber auch z. B. in Griechenland untersucht. Als Ergebnis solcher Untersuchungen, mit im Rahmen der Einstellungs- oder Attitude-Forschung durchgeführten Experimenten, zeigt sich, dass manche Varietäten, z. B. Bairisch oder das Griechische von Athen, mehrheitlich als schöner empfunden werden als andere Varietäten (z. B. Sächsisch oder das Griechische auf Kreta). Der englische Soziolinguist Peter Trudgill hat sich in den 1970er Jahren der Frage gewidmet, welche Ursachen solchen ästhetischen Beurteilungen seitens der Sprecher zugrunde liegen könnten, und er hat dabei die bis heute nachwirkende **Konnotationshypothese** aufgestellt, die besagt, dass es v. a. soziale Eigenschaften von Sprechern von Varietäten sind, die eine ästhetische Beurteilung der Varietät selbst hervorrufen. Für die Untersuchungsexperimente wurden z. T. authentische Sprachaufnahmen vorgespielt oder aber Texte, die mit der *matched-guise-Methode* erzeugt wurden.

Bei diesem Vorgehen spricht ein meist geschulter Sprecher mit unterschiedlichen Akzenten. Dadurch wird der Einfluss von z. B. Stimmqualität oder prosodischen Eigenheiten unterschiedlicher Sprecher, wie sie bei authentischen Sprachaufnahmen von verschiedenen Sprechern zwangsläufig auftreten, weitestgehend ausgeblendet. Auf diese Weise wird die Aufmerksamkeit der beurteilenden Experimentteilnehmer auf die sprachlichen Merkmale (den Akzent) gelenkt. Sodann sollen diese Merkmale bestimmten persönlichen Eigenschaften des Beispielakzents zugeordnet werden. Als Beispiel könnte hierfür die Realisation von *ich, Tisch* mit [ç] und [ʃ] gegenüber generell [ʃ] dienen, letztere z. B. im Rheinland oder auch bei v. a. jungen Berlinern.

Sowohl im Rahmen der Erforschung der Mehrsprachigkeit im sozialen Gefüge als auch in der Kontakt- und Migrationslinguistik sind die Fragen nach Einstellungen von Sprechern zu bestimmten Varietäten zentrale Bestandteile der Korpusbearbeitung und der Theoriebildung, da z. B. negative Einstellungen gegenüber den Nachbar- oder Herkunftssprachen die Bereitschaft zu deren „Gebrauch" einschränken oder begünstigen können.

8.2.3 Diaphasische Variation und ihre Beschreibung

Die diaphasische Variationsebene ist vielleicht die einzige, die jeder Sprecher an sich selbst unmittelbar beobachten kann. Man „wählt" gemäß unterschiedlichen Kommunikationssituationen, in denen Sprecher sich täglich befinden, sozusagen passende „Äußerungsmodi" aus.

Man könnte auch sagen, man spricht dann so, wie es sich in der jeweiligen Gesprächssituation gehört. Man befolgt also auch hier soziale Normen, die ebenso wie die soziolektalen Normen in aller Regel nicht kodifiziert sind und somit als internalisiert bezeichnet werden können. Standardsprachen sind als kodifizierte Varietäten dabei besser, v. a. optisch-schriftlich, kontrollierbar als andere, z. B. nichtkodifizierte, Dialekte. So kann beispielsweise das Auto je nach Gesprächskontext entweder als *Karre*, als *Auto* oder auch als *Kraftfahrzeug* bezeichnet werden. Aus sprachwissenschaftlicher Sicht lassen sich solchen unterschiedlichen Gebrauchsvarianten bis zu einem gewissen Grade mehr oder weniger fest umrissene Gebrauchskontexte zuordnen, z. B. ein familiärer, ein vulgärer, ein offizieller oder eben auch ein unmarkierter.

Man spricht dann auch von Registern. Koch und Oesterreicher (2011) haben diesem kategorisierenden Verfahren ein kontinuierlicheres „Klassifikationswerkzeug" hinzugefügt, nämlich das der „Nähe" und der „Distanz". Nähe beschreibt hierbei z. B. die kommunikative Vertrautheit von Gesprächsteilnehmern innerhalb eines bestimmten Diskurstyps (z. B. Austausch über Fußball), Distanz die „eher vorsichtige" Annäherung an ein Gesprächs-/Diskursthema. Zwischen diesen beiden Polen sind dann sozusagen bestimmte Register in verschiedenen Kombinationen als Kontinuum anzuordnen.

Entlang dieses Kontinuums lässt sich dann auch sowohl die Wirkung der Varietätenkette (▶ Abschn. 8.1) als auch die eventuelle Wahl des Mediums (des mündlichen oder des schriftlichen Mediums) anordnen. Mehrere verschiedene Arten von Kommunikationsbedingungen – bei Koch und Oesterreicher (2011) „Grade" genannt –, z. B. der Grad der Öffentlichkeit, der Vertrautheit, der Themenfixierung, bestimmen sozusagen die Ausgestaltung einer Äußerung/eines Textes durch den Sprecher/Schreiber.

Am deutlichsten treten unterschiedliche Phasen des Sprechens hervor, wenn Sprecher diesen gewohnheitsmäßig und bewusst unterschiedliche Varietäten „zuordnen", z. B. einen Dialekt für nähesprachliche, eine „Hoch"sprache für distanzsprachliche Kommunikationssituationen (z. B. in der Schweiz). In mehrsprachigen Gesellschaften (z. B. Französisch und Elsässisch im Elsass oder Französisch, Hochdeutsch und Letzeburgisch in Luxemburg) werden zwei oder mehr typologisch unterschiedliche Sprachen als Varietäten verwendet. Man spricht dann von **Diglossie** (siehe hierzu insbes. auch 2022) und von **Diglossie mit Bilinguismus**.

> **Diglossie**
> Diglossie (< griech. *di* ‚zwei', *glossa* ‚Zunge, Sprache') bezeichnet die individuelle Gewohnheit und deren gesellschaftliche Verankerung, für unterschiedliche Sprech- und Schreibsituationen zwei, bisweilen auch mehr, im Bewusstsein voneinander getrennte Varietäten bereitzuhalten und zu verwenden.

„Klassisch" ist dies der Fall z. B. in der deutschen Schweiz (Schwyzertütsch (Alemannisch) und Hochdeutsch) oder in Luxemburg (Lëtzebuergisch, Hochdeutsch; Französisch). Auf eine Sprechergemeinschaft bezogen können Ausprägungen der Diglossie historisch variieren. So kann es geschehen, dass durch (vertikal) kontaktbedingten Abbau eines Dialekts, z. B. in urban geprägten Räumen, nur noch die (ehemalige) *high variety* (z. B. Hochdeutsch) übrig bleibt, wodurch lediglich diastratisch-diaphasische Varianten als Kontinuum/Gradata „überleben".

Oft nehmen dabei die zur Verfügung stehenden Sprachen bzw. Varietäten einer (historischen Einzel-)Sprache die Rolle einer *high variety* oder einer *low variety* ein, so z. B. in München das Hochdeutsche in formelleren Texten, der bairische Dialekt in informellen Gesprächen.

8.2.4 Kontaktlinguistik und Mehrsprachigkeitsforschung

Die Beobachtung und Beschreibung diaphasischer und individueller Ausprägungen von Sprechern und von Varietäten von Sprachen werden in der **Kontaktlinguistik** vorrangig auf die Präsenz von zwei oder mehr Sprachen in einem Territorium (z. B. Luxemburg oder Südtirol) bezogen; die **Mehrsprachigkeitsforschung** widmet sich ihrerseits eher den individuellen, also in den Sprechern selbst vorhandenen Kompetenzen in unterschiedlichen Sprachsystemen und deren Realisationsgewohnheiten.

Kontaktlinguistische Forschung beschäftigt sich mit der Koexistenz von mehreren Varietäten und deren Wirkung auf Sprecher(gruppen) und die Varietäten selbst. Die Mehrsprachigkeitsforschung nähert sich, ausgehend von den Verwendungsgewohnheiten, -kompetenzen und -präferenzen einzelner Sprecher, dem Phänomen individueller und gesellschaftlicher Mehrsprachigkeit. Sprachkontaktforschung umfasst neben der Beschreibung von aktuell bestehenden Kontaktregionen im weiteren Sinne auch die Nachwirkungen von längst vergangenen Kontakten, z. B. des ausgestorbenen Keltischen/Gallischen mit dem Lateinischen Norditaliens und Galliens (Substrat), oder die „Nachwirkungen" des Langobardischen (ebenfalls ausgestorben; ein Superstrat des Italienischen) auf die Dialekte z. B. Norditaliens.

> **Substrate, Superstrate, Adstrate**
> Treten zwei Sprachen in einer Region, z. B. durch militärische Eroberung, miteinander in Kontakt und die einheimische Sprache wird zugunsten der „neuen" Sprache aufgegeben, hinterlässt in dieser jedoch Spuren (z. B. Wörter oder Aussprachegewohnheiten), so spricht man im Falle der verdrängten Sprache von Substrat.
>
> Gerät hingegen eine „neue" Sprache in Kontakt mit der ortsansässigen Sprache und wird zugunsten der letzten aufgegeben, hinterlässt dort jedoch „Spuren", so spricht man vom Superstrat.
>
> Die Ergebnisse von Sprachkontakten zweier (oder mehrerer) Sprachen, bei denen zwei Sprachen koexistieren, werden Adstrate genannt.

Ein Beispiel liefert der Kontakt zwischen Lateinisch und Gallisch/Keltisch im heutigen Frankreich, bei der Gallisch zugunsten von Latein aufgegeben wurde. Ein beispielhaftes Substratphänomen ist die Realisation des lateinischen langen *u* als [y] im Französischen, wie in *lūna > lune* ([lyn]).

Ein Beispiel für lexikalischen Superstrateinfluss sind germanische Wörter im Französischen (*guerre*; ‚Krieg', vgl. ahd. *werra*).

Bei Substraten und Superstraten geht dem Verschwinden einer von zwei Sprachen eines Gebietes eine Phase der Koexistenz – also ein Adstratverhältnis – und der Zweisprachigkeit voraus. Ein Beispiel für lange andauernde Zweisprachigkeit stellt das Baskenland dar: Am Golf von Biskaya beeinflussen sich seit nunmehr zwei Jahrtausenden das Baskische (Euskara) und das Lateinische bzw. romanische Varietäten gegenseitig.

In der Mehrsprachigkeitsforschung stehen neben gesellschaftlichen Implikationen vor allem Fragen nach „Verankerung" von zwei (oder mehr) Sprachsystemen im menschlichen Gedächtnis (Kognition) und nach intraindividuellen Wirkungen von zwei Sprachsystemen aufeinander im Vordergrund.

8.2.5 Migrationslinguistik

Eine junge sprachwissenschaftliche Disziplin stellt die u. a. von Krefeld (2004) begründete Migrationslinguistik dar, welche die Variationsebenen Diatopie, Diastratie und Diaphasie berücksichtigt und als vorrangige Beschreibungsziele die gesellschaftliche Kopräsenz von zwei oder mehreren Sprachen sowie die individuellen Realisationsformen von ein, zwei oder mehreren Sprachen berücksichtigt, wie sie z. B. in von Arbeitsmigration geprägten Gesellschaften (z. B. Deutschland oder Frankreich) vorkommen.

Im Gegensatz zur Sprachkontaktforschung muss hier keine historische und territoriale Zwei- oder Mehrsprachigkeit vorliegen; in aller Regel besitzen die Sprachen der Migranten im Zielland gegenüber den offiziellen Sprachen der Ankunftsregionen einen niedrigeren Status (z. B. Türkisch, Italienisch, Russisch in Deutschland).

Ein wichtiger Aspekt in der Migrationslinguistik kommt auch der Wahrnehmung von Sprachvarietäten durch die Sprecher selbst zu. Diese Wahrnehmung betrifft hierbei sowohl den kognitiv-psychischen Prozess der Wahrnehmung selbst als auch die verfestigten Abbilder dieser Wahrnehmung, die Repräsentation von Varietäten und deren Rollen im menschlichen Gedächtnis. Diese perzeptionelle Varietätenlinguistik setzt sich ebenfalls mit der Kopräsenz aller Variationsebenen in Individuen, aber auch mit deren Auswirkungen auf das Verhalten sozialer Gruppen auseinander, wie jüngere Untersuchungen mit durchaus divergierenden Ergebnissen zeigen.

Neben „klassischen" Diglossie-Verhältnissen (Diglossie und Mehrsprachigkeit) treten dabei auch stark individuell geprägte Sprecherprofile zutage, so z. B. im Italienischen im Ruhrgebiet, welches keine einheitliche Varietät darstellt, sondern interindividuell, biografisch bedingte Verwendungsmuster (vgl. z. B. Bernhard 2013).

8.2.6 Zusammenfassung

Zusammenfassend lässt sich feststellen, dass in vielen Teilbereichen der Linguistik die sozialen Verhältnisse, in denen Sprachvariation beobachtbar und Sprachvarietäten beschreibbar sind, sowohl ein Beitrag zu jeweils aktuellen Problemen von vertikalen Kontakten zwischen Dialekten/Soziolekten und Hochsprachen als auch zu horizontalen Kontakten zwischen verschiedenen sprachlichen Diasystemen (z. B. Deutsch, Italienisch, Ladinisch in Südtirol) geleistet wird.

Die Dialektologie, v. a. in ihren sprachgeografischen Bestrebungen, hat historisch zustande gekommene Raumkammerungen bzw. Raumtrennungen als auf die Erdoberfläche abbildbare Epistrukturen (Dialekträume) der sprachlichen Bewirtschaftung von Räumen durch den Menschen zum Ziel, und liefert somit wertvolle heuristische Grundlagen, die ihrerseits durch theoriegeleitete empirische Arbeiten innerhalb soziolinguistischer Variationslinguistik als Grundlagen benutzt werden können.

Letztlich könnte es eine stetige variationslinguistische Erforschung von Sprechgewohnheiten, die sich in überschaubaren Räumen und Zeiträumen ereignen, ermöglichen, eine ganz essenzielle Frage zu klären: Wie kommt es dazu, dass sich bestimmte (innovative) Merkmale auf alle Sprecher ausbreiten: Wer dient hierfür als Modell, und wie geht die Ausbreitung vonstatten? Dass hierbei auch individuelle sprachliche Wahrnehmungs- und Produktionsprozesse sowie sozial vermittelte Normen eine Rolle spielen, ist anzunehmen, jedoch erst in Ansätzen empirisch durchleuchtet. Somit würde sich auch der Kreis zwischen soziologisch oder variational arbeitenden Linguistiken und system- oder formallinguistischen Erklärungsansätzen schließen.

8.3 Weiterführende Literatur

- Eine gute Einführung in die Dialektologie ist z. B. Löffler (2003). Einen Überblick über die weiter gefasste Varietätenlinguistik liefert Sinner (2014). Die Soziolinguistik wird in den englischsprachigen Werken von Chambers (1995) bzw. Wardhaugh und Fuller (2021) umfassend vorgestellt.
- Die Kontaktlinguistik wird z. B. in Riehl (2018) vorgestellt. Als Einführung in die Mehrsprachigkeitsforschung bieten sich Müller (2011) sowie Müller (2016) an. Die verschiedenen Aspekte der Migrationslinguistik werden in Krefeld (2004) thematisiert.

Antworten zu den Selbstfragen

Selbstfrage 1 1, 2 und 4 sind richtig.

Selbstfrage 2 Für die Beantwortung dieser Frage können Sie Ihr eigenes „empirisches Material" anlegen, indem Sie sich mit den folgenden Aspekten auseinandersetzen:
a. Komme ich aus einer „dialektlosen" sprachlichen Umgebung?
b. Ich komme aus [X], und der Dialekt meiner Region heißt [Y].
c. Hinsichtlich der sozialen Schichtung in meiner sprachlichen Umgebung fallen mir folgende Merkmale auf: …
d. Im familiären, ungezwungenen (informellen) Sprachgebrauch verwendet man in meiner sprachlichen Umgebung folgende Merkmale: …

Selbstfrage 3 Für diese Fragen können Sie sich mit den folgenden Aspekten beschäftigen:
a. Ich komme aus [X].
b. Folgende regionale Varietäten sind für mich negativ „besetzt" (konnotiert): …
c. Folgende regionale Varietäten sind für mich positiv „besetzt" (konnotiert): …
d. Folgende Merkmale beurteile ich als „grob", „hässlich" o. Ä.: …

Aufgaben

Die folgenden Aufgaben sind unterschiedlich schwierig zu lösen. Die Einschätzung der Schwierigkeitsgrade ist natürlich individuell verschieden. Sie sollten daher nicht an sich zweifeln, wenn Sie eine Aufgabe, die als einfach klassifiziert ist, als schwer empfinden.
- • einfache Aufgaben
- •• mittelschwere Aufgaben
- ••• anspruchsvolle Aufgaben, die fortgeschrittene Konzepte benötigen

8.1 • Kontrollieren Sie den Verlauf von Isoglossenbündeln in Deutschland und Italien. Können Sie hierbei natürliche, z. B. topografische Übereinstimmungen erkennen?
Konsultieren Sie hierzu:
- König, W. & Paul, H. (2011). *Dtv-Atlas Deutsche Sprache*. München: DTV.
- Tagliavini, C. (1998). *Einführung in die romanische Philologie*. Tübingen: Francke.

8.2 •• Informieren Sie sich über die heutige sprachliche Situation in Luxemburg. Informieren Sie sich hierzu bei:
- Berg, G. (1993). *‚Mir welle bleiwe wat mir sin.' Soziolinguistische und sprachtypologische Betrachtungen zur luxemburgischen Mehrsprachigkeit*. Tübingen: Niemeyer.

8.3 •• Ist Jugendsprache eine „eigene" Varietät? Diskutieren Sie diese Frage auf dem Hintergrund der drei synchronisch beobachtbaren Variationsdimensionen.
Informieren Sie sich hierzu bei:
- Bernhard, G. & Schafroth, E. (2008). Historische Aspekte der Jugendsprache in der Romania/Aspects historiques de la langue des jeunes dans la Romania. In: G. Ernst, M. Gleßgen, C. Schmitt & W. Schweickard (Hrsg.). *Romanische Sprachgeschichte* (Bd. 3, HSK 23.3, S. 2009–2403). Berlin/New York.
- Neuland, E. (2000). Jugendsprache in der Diskussion: Meinungen, Ergebnisse, Folgerungen. In: R. Hoberg & K. Eichhoff-Cyrus (Hrsg.). *Die deutsche Sprache zur Jahrtausendwende. Sprachkultur oder Sprachverfall?* (S. 107–123). Mannheim: Duden.

8.4 ••• Ermitteln Sie anhand einer eigenen Umfrage Sprachengewohnheiten und Diglossie eines mehrsprachigen Individuums.
Orientieren Sie sich hierbei an
- Bernhard, G. und Lebsanft, F. (Hrsg.) (2013). *Mehrsprachigkeit im Ruhrgebiet*. Tübingen: Stauffenburg.
- Müller, N., Kupisch, T., Schmitz, K. & Cantone, K. (2006). *Einführung in die Mehrsprachigkeitsforschung*. Tübingen: Narr.

Literatur

Bernhard, G. (1998). *Das Romanesco des ausgehenden 20. Jahrhunderts: Variationslinguistische Untersuchungen*. Tübingen: Niemeyer.

Bernhard, G. (2013). Vom Klang, finde ich, das Italienische ist weicher und gefühlvoller': Erlebte italienisch-deutsche Mehrsprachigkeit im Ruhrgebiet. In G. Bernhard, & F. Lebsanft (Hrsg.), *Mehrsprachigkeit im Ruhrgebiet* (S. 63–70). Tübingen: Stauffenberg.

Berruto, G. (2004). Sprachvarietät – Sprache (Gesamtsprache, historische Sprache). In U. Ammon, N. Dittmar, K. J. Mattheier, & P. Trudgill (Hrsg.), *Soziolinguistik: Ein internationales Handbuch zur Wissenschaft von Sprache und Gesellschaft* (S. 188–195). Berlin: de Gruyter.

Bickerton, D. (1973). The Nature of a Creole Continuum. *Language, 49*, 641–669.

Chambers, J. K. (1995). *Sociolinguistic Theory. Linguistic Variation and its Social Significance*. Oxford: Oxford University Press.

Coseriu, E. (1980). ‚Historische Sprache' und ‚Dialekt'. In J. Göschel, P. Ivic, & K. Kehr (Hrsg.), *Dialekt und Dialektologie* (S. 106–122). Wiesbaden: Steiner.

Frank-Job, B. (2022). Diachronie des Französischen. In R. Klabunde, W. Mihatsch, & S. Dipper (Hrsg.), *Linguistik im Sprachvergleich* (S. 837–855). Stuttgart: Metzler. Kap. 44.

Geckeler, H., & Kattenbusch, D. (1992). *Einführung in die italienische Sprachwissenschaft*. Tübingen: Niemeyer.

Gerstenberg, A., & Dermarkar, C. (2022). Varietäten des Französischen. In R. Klabunde, W. Mihatsch, & S. Dipper (Hrsg.), *Linguistik im Sprachvergleich* (S. 721–747). Stuttgart: Metzler. Kap. 38.

Goebl, H., Scherer, Y., & Smečka, P. (2013). Kurzbericht über die Dialektometrisierung des Gesamtnetzes des „Sprachatlasses der deutschen Schweiz" (SDS). In K. Schneider-Wiejowski, B. Kellermann-Rehbein, & J. Haselhuber (Hrsg.), *Vielfalt, Variation und Stellung der deutschen Sprache* (S. 153–175). Berlin: de Gruyter.

Koch, P., & Oesterreicher, W. (2011). *Gesprochene Sprache in der Romania: Französisch, Italienisch, Spanisch*. Berlin: de Gruyter.

König, W., & Paul, H. (1994). *DTV-Atlas zur deutschen Sprache*. München: DTV-Verlag.

Krefeld, T. (2004). *Einführung in die Migrationslinguistik: Von der Germania italiana in die Romania multipla*. Tübingen: Narr.

Krefeld, T. (2011). ‚Primäre', ‚sekundäre', ‚tertiäre' Dialekte – und die Geschichte des italienischen Sprachraums. In A. Overbeck, W. Schweickard, & H. Völker (Hrsg.), *Lexikon, Varietät, Philologie. Romanistische Studien* (S. 137–147). Berlin: de Gruyter.

Krefeld, T. (2022). Varietäten des Italienischen. In R. Klabunde, W. Mihatsch, & S. Dipper (Hrsg.), *Linguistik im Sprachvergleich* (S. 749–764). Stuttgart: Metzler. Kap. 39.

Krefeld, T., & Pustka, E. (Hrsg.) (2010). *Perzeptive Varietätenlinguistik*. Frankfurt: Lang.

Labov, W. (1966). *The Social Stratification of English in New York City*. Washington, D.C.: Center for Applied Linguistics. Zweite Auflage 2006 bei Cambridge University Press.

Labov, W. (1972). *Sociolinguistic Patterns*. Philadelphia: U. of Pennsylvania Press.

Lebsanft, F., & Tacke, F. (Hrsg.) (2020). *Manual of standardization in the Romance languages*. Berlin: De Gruyter.

Löffler, H. (2003). *Dialektologie: Eine Einführung*. Tübingen: Narr.

Müller, N. (2011). *Einführung in die Mehrsprachigkeitsforschung. Deutsch, Französisch, Italienisch*. Tübingen: Narr.

Müller, N. (2016). *Mehrsprachigkeitsforschung*. Tübingen: Narr.

Riehl, C. M. (2018). *Sprachkontaktforschung. 7 wichtige Punkte für einen erfolgreichen Start ins Thema*. Tübingen: Narr.

Sinner, C. (2014). *Varietätenlinguistik. Eine Einführung*. Tübingen: Narr.

Wardhaugh, R., & Fuller, J. (2021). *An Introduction to Sociolinguistics* (8. Aufl.). Chichester: Wiley-Blackwell.

von Wartburg, W. (1950). *Die Ausgliederung der romanischen Sprachräume*. Bern: Francke.

Historische Linguistik – die Entwicklung von Sprachen über die Zeit

Melanie Uth

Inhaltsverzeichnis

9.1 Sprachgeschichte und Sprachwandel – 178

9.2 Ebenen und Phänomene – 179

9.3 Phasen und Verlauf – 187

9.4 Sprachwandelmodelle – 187

9.5 Historische Daten – 193

9.6 Weiterführende Literatur – 193

Literatur – 194

Als **Historische Linguistik** wird im allgemeinen eine Teildisziplin der Sprachwissenschaft bezeichnet, die sich mit dem Ursprung, der Geschichte und der Entwicklung von Sprachen beschäftigt. In diesem Zusammenhang werden auch die Verwandtschaftsverhältnisse zwischen Sprachen und Sprachfamilien erforscht. Historische Linguistik kann als Teilgebiet der Allgemeinen Sprachwissenschaft betrieben werden, es gibt aber auch im Bereich jeder Einzelphilologie eine historische Tradition, die sich mit der externen und internen Sprachgeschichte und den Verwandtschaftsverhältnissen innerhalb der jeweiligen Sprachfamilie beschäftigt (wie z. B. die Romanische Sprachgeschichte in der Romanistik). Neben der historischen Beschreibung und Klassifizierung von Einzelsprachen und Sprachfamilien beschäftigt sich die Historische Linguistik außerdem mit der Natur, den Bedingungen und den Gründen von Sprachveränderungsprozessen, wobei sich Überlappungen mit den Gebieten der Sprachkontaktforschung und der Varietätenlinguistik ergeben.

Dieses komplexe Themengebiet lässt sich zunächst in die Teilgebiete *externe Sprachgeschichte*, *interne Sprachgeschichte* und *Sprachwandel* unterteilen. Zur Untersuchung von Sprachwandelphänomenen empfiehlt sich zudem eine Trennung nach linguistischen Ebenen, da zum Beispiel zur Untersuchung von Prozessen des lautlichen Wandels naturgemäß eine andere Herangehensweise und ein anderes Beschreibungsinventar nötig sind, als zur Untersuchung von Phänomenen des Bedeutungswandels etc.

Weiterhin empfiehlt es sich, Sprachwandelprozesse zur kohärenten Analyse und für eine präzise Diskussion der Auslöser und Bedingungen in verschiedene Phasen einzuteilen. So sind für die erste Einführung einer sprachlichen Neuerung gewiss andere Faktoren relevant als für deren Verbreitung in der Sprachgemeinschaft, oder für ihre Beibehaltung über Generationen hinweg.

Die Wichtigkeit der Unterscheidung von Ebenen und Phasen des Sprachwandels wird insbesondere bei den Bedingungen und Gründen für Sprachwandel deutlich. Neben universellen Arbeiten zum Sprachwandel, in welchen die grundlegenden Bedingungen für Sprachwandel im allgemeinen diskutiert werden, beschäftigt sich die Mehrheit der Forscher mit den Bedingungen und Gründen für Sprachwandel auf einer bestimmten linguistischen Ebene, zum Beispiel mit den speziellen Gründen für Lautwandel oder für syntaktischen Wandel. Eine notorische Schwierigkeit der historisch-linguistischen Forschung stellt die unsichere Datenlage dar.

9.1 Sprachgeschichte und Sprachwandel

Die Historische Linguistik beschäftigt sich mit allen Themen im Zusammenhang mit der historischen Entwicklung von Sprachen, dazu gehören deren externe Geschichte, die interne Entwicklung und die Fragen und Probleme des Sprachwandels an sich. Die **externe Sprachgeschichte** umfasst alle sozial-historischen und vor allem soziodemografischen Daten, die sich auf die interne Entwicklung einer Sprache ausgewirkt haben, wie zum Beispiel die politischen und religiösen Verhältnisse, ggf. die Nationen- oder Staatenbildung, die Bevölkerungsgruppen und -entwicklung etc., darunter natürlich insbesondere Aspekte der Migration und der Sprachpolitik. Die externe Sprachgeschichte ist unter anderem deswegen von hoher Relevanz für die Erforschung von Sprachwandelphänomenen, da die Verbreitung von sprachlichen Neuerungen in der jeweiligen Sprachgemeinschaft oft maßgeblich durch soziale Faktoren determiniert wird (▶ Abschn. 9.3).

> **Externe Sprachgeschichte**
> Die externe Sprachgeschichte beinhaltet alle sozial-historischen und soziodemographischen Veränderungen, die in der Vergangenheit Auswirkungen auf die Entwicklung der jeweiligen Sprache in allen ihren Varietäten gehabt haben.

Die **interne Sprachgeschichte** beschäftigt sich dagegen mit den Wandelphänomenen innerhalb einer Sprache selbst, und zwar auf den verschiedenen linguistischen Ebenen. Untersucht wird also die lautliche, die morphologische, die syntaktische sowie die semantische und pragmatische Entwicklung einer Sprache, was oftmals auch als diachrone Untersuchung bzw. einfach „Diachronie" einer Sprache bezeichnet wird.

> **Interne Sprachgeschichte**
> Die interne Sprachgeschichte umfasst alle innersprachlichen Veränderungen im Laufe der Zeit auf lautlicher, morphologischer, syntaktischer und semantisch-pragmatischer Ebene.

Wie eingangs angedeutet, werden Lautwandel, morphologischer Wandel, syntaktischer Wandel etc. für gewöhnlich separat untersucht (▶ Abschn. 9.2). Zudem empfiehlt sich aus methodischen Gründen eine Trennung zwischen Innovation, Distribution und Implementierung von Sprachwandelphänomenen bzw. Neuerungen (▶ Abschn. 9.3).

Ein weiteres Untersuchungsgebiet, das im weitesten Sinne dem Bereich der internen Sprachgeschichte zuzuordnen ist, stellt die Rekonstruktion von Verwandtschaftsverhältnissen dar, ein vor allem im 19. Jahrhundert wichtiges Untersuchungsfeld, das als primäres Ziel der Historisch-vergleichenden Sprachwissenschaft die Disziplin der Historischen Linguistik mit begründet hat. Die Rekonstruktion von Verwandtschaftsverhältnissen zwischen Sprachen erfolgt durch den minutiösen Vergleich von bestimmten sprachlichen Strukturen, darunter insbesondere von Lautformen ausgewählter Lexeme, die der Hypothese nach verwandt sind. Auf der Grundlage dieser Menge von Kognaten

□ **Tab. 9.1** Vergleich von Wortbeispielen in ähnlichen lautlichen Kontexten. (Nach Campbell 2021, S. 144)

Italienisch	Spanisch	Französisch	Latein
capra /kapra/	*cabra* /kabra/	*chèvre* /ʃɛvr(ə)/	*capra* („Ziege')
caro /karo/	*caro* /karo/	*chèr(e)* /ʃɛr/	*carus* („teuer')
capo /kapo/	*cabo* /kabo/	*chef* /ʃɛf/	*caput* („Haupt')
carne /karne/	*carne* /karne/	*chair* /ʃɛr/	*carn-* („Fleisch')

(engl. *cognate set*, von lat. *cognatus*, ‚blutsverwandt') werden Wortgleichungen aufgestellt.

Den Anfang nimmt die Rekonstruktion für gewöhnlich mit der Aufstellung von **Lautkorrespondenzen** zwischen mutmaßlich verwandten Sprachen im Bereich der Wortformen des „Basisvokabulars" (Körperteile, Verwandtschaftsverhältnisse etc.) der Sprachen, da dieser Bereich nicht so sehr für Entlehnungen anfällig ist, welche die Verwandtschaftsanalyse erheblich erschweren würden (Campbell 2021, S. 144). Methodisch ist vor allem auf die Systematizität von Lautkorrespondenzen zu achten, was üblicherweise durch den Vergleich einer Vielzahl von Wortbeispielen mit Lauten in einem ähnlichen lautlichen Kontext gelingt (□ Tab. 9.1).

Zur Rekonstruktion der Ursprungsform, die allen diesen mutmaßlich verwandten Formen zugrunde liegt, d. h. einer **Proto-Sprache**, muss dann auf dieser Basis auf deren phonetisch-phonologische Eigenschaften geschlossen werden, wobei die generellen Eigenschaften sowie die allgemeine Frequenz der relevanten Lautwandelerscheinungen neben verschiedenen weiteren Faktoren die maßgebliche Rolle spielen. Auf das obige Beispiel bezogen ist der Wandel von wortinitialem [k] zu [ʃ] beispielsweise häufig, der umgekehrte Fall dagegen bisher generell nicht attestiert (Campbell 2021, S. 144), was dafür spricht, für die Proto-Sprache („Proto-Romance") an entsprechender Stelle ein [k] zu rekonstruieren.

> **Rekonstruktion von Verwandtschaftsverhältnissen**
> Bei der Rekonstruktion von Verwandtschaftsverhältnissen werden Lautkorrespondenzen zwischen verwandten Sprachen ermittelt, indem lautlich ähnliche Lexeme verschiedener Sprachen auf einen gemeinsamen Ursprung hin geprüft werden. Die ähnlichen Lexeme werden auch Kognaten genannt.

Wie bereits in ▶ Kap. 1 erwähnt, werden rekonstruierte Formen, die bis dato durch keine historische Quelle belegt werden konnten, durch den **Asterisk *** gekennzeichnet (vgl. Vulgärlatein (vlat.) *culmine > span. *cumbre*, Lloyd 1987, S. 27).

> **Asterisk ***
> Der Asterisk dient in der Historischen Linguistik zur Kennzeichnung von Beispielen einer Proto-Sprache, die bis dato nicht durch Quellen attestiert, sondern lediglich durch Sprachvergleich *rekonstruiert* wurden.

Von den genannten drei beschreibenden Ebenen lässt sich schließlich der Bereich der **Sprachwandeltheorien** abgrenzen, bei welchen die Frage nach den Bedingungen, Motiven und Gründen für Sprachwandel in seinen verschiedenen Phasen im Vordergrund steht. Dieses Thema zeichnet sich ebenfalls durch eine hohe Komplexität aus, was vor allem der Vielschichtigkeit des Untersuchungsgegenstandes, d. h. der Sprache und Sprachentwicklung, geschuldet ist (▶ Abschn. 9.4).

> **Sprachwandeltheorien**
> Sprachwandeltheorien beschäftigen sich mit den Bedingungen, Motiven und Gründen für Sprachwandel in seinen verschiedenen Phasen auf der lautlichen, morphologischen, syntaktischen oder semantisch-pragmatischen Ebene.

9.2 Ebenen und Phänomene

Sprachen wandeln sich kontinuierlich in verschiedenster Hinsicht und aus den verschiedensten Gründen. Laute werden mit der Zeit anders ausgesprochen oder verlieren ihre bedeutungsunterscheidende Funktion (**Lautwandel**). Wurzeln, Stämme oder Affixe verändern ihre Form durch Lautwandel oder indem sie an andere bereits existierende Formen angeglichen werden (**morphologischer Wandel**). Häufig ist auch zu beobachten, dass Morpheme und Lexeme von den Sprechern mit der Zeit mit veränderter Bedeutung oder in anderen Kontexten verwendet werden (**Bedeutungswandel**), oder dass fremdsprachliche Lexeme in eine Sprache aufgenommen und, bis zu einem gewissen Grad, in diese integriert werden (**Entlehnung**). Auf Satzebene weisen viele Sprachen historisch gesehen beträchtliche Veränderungen in der Satzstruktur oder in anderen grammatischen Bereichen auf. Phänomene des Wortstellungswandels werden im Folgenden zusammen mit sogenannten Grammatikalisierungsprozessen unter dem Begriff des **grammatischen Wandels** zusammengefasst, da sich beide Arten von Sprachveränderungsprozessen gleichermaßen auf den grammatischen, im Sinne von nicht-lexikalischen Bereich einer Sprache auswirken.

- **Lautwandel ist Sprachwandel auf der lautlichen, d. h. phonetischen oder phonologischen Ebene einer Sprache**

Lautwandelphänomene kann man nach verschiedenen Typen klassifizieren, wobei die Assimilation und die Dissimilation zu den wichtigsten und typischsten Lautveränderungsprozessen zählen. Unter Assimilation versteht man einen Prozess, bei dem sich ein Laut partiell oder total hinsichtlich bestimmter artikulatorischer Merkmale an einen vorhergehenden (**progressive Assimilation**) oder an einen nachfolgenden Laut (**regressive Assimilation**) angleicht (▶ Kap. 2).

1. a. mhd. *zimber* > nhd. *zimmer*; lat. *octo* > ital. *otto* etc.
   b. mhd. *entfinden* > nhd. *empfinden*; nhd. [ˈhaːbn] > [ˈhaːbm];
   c. engl. [ɪntɑlərənt] („intolerant'), [ɪmpɑsəbəl] („impossible'), [ɪŋkɑmpætəbəl] („incompatible')
   d. engl. [hæts] („hats') vs. [dɔgz] („dogs')
   e. ahd. *gasti* > mhd. *gesti* > nhd. *Gäste*;
   f. aengl. [foːti] > [føti] > [føt] > [feːt] > nengl. [fiːt] („feet')

Klassisch für die totale Assimilation sind die Beispiele für Geminatenbildung im Deutschen und Italienischen in Beispiel (1a.), bei welcher das mittelhochdeutsche /b/ bzw. das lateinische /k/ komplett, d. h. hinsichtlich aller artikulatorischen Merkmale, an den vorausgehenden bzw. folgenden Konsonanten angeglichen wird. Bei der partiellen Assimilation wird ein Laut nicht vollständig, sondern nur hinsichtlich bestimmter Merkmale an den vorausgehenden oder folgenden Laut angeglichen, d. h. entweder hinsichtlich des Artikulationsortes (Alveolen, Palatum etc.), im Hinblick auf die Artikulationsart (plosiv, frikativ etc.) oder bezüglich des Merkmals der Stimmhaftigkeit ([±stimmhaft]). Übereinzelsprachlich weit verbreitet ist z. B. die Angleichung des Artikulationsortes von Nasalen an denjenigen des vorangehenden oder nachfolgenden Konsonanten, die in Beispiel 1b. und 1c. für das Deutsche und Englische dargestellt wird, die aber auch für viele andere Sprachen, wie beispielsweise das Spanische, sehr typisch ist. Ein Beispiel für eine (partielle) progressive Assimilation ist im Bereich der englischen regulären Pluralflektion zu finden, wo die Endung -*s* sich hinsichtlich des Merkmals [±stimmhaft] an den vorhergehenden Konsonanten angleicht (Beispiel 1d.).

Bei den Beispielen 1a. bis 1d. handelt es sich um verschiedene Fälle von **Kontaktassimilation**, da adjazente, d. h. nebeneinander liegende Laute betroffen sind. In den Beispielen 1e. und 1f. ist dagegen die Entstehung des deutschen und englischen *i*-Umlauts zur Bildung irregulärer Pluralformen dargestellt, bei welcher der vordere Vokal hinsichtlich der Höhe partiell an den hinteren Vokal angeglichen wird. Eine solche Angleichung von nicht-adjazenten Lauten, wie die hier dargestellte sogenannte ‚Vokalharmonie' bzw. ‚Metaphonie', nennt man Fern- oder auch **Distanzassimilation** (Beispiele aus Campbell 2021: 27–28 und Nübling et al. 2017, S. 24).

Der gegenteilige Prozess zur Assimilation ist die **Dissimilation**, bei welcher ein Laut ein oder mehrere Artikulationsmerkmale verliert, die er zuvor mit benachbarten oder in der Nähe liegenden Lauten gemeinsam hatte. Ein klassisches deutsches Beispiel für Dissimilation ist in der Aussprache der Graphemfolge <chs> zu finden, denn <ch> wird in den meisten Kontexten als palataler Frikativ /ç/ realisiert, vor dem Frikativ /s/ jedoch zum Plosiv /k/ dissimiliert (Beispiel 2a). In der Entwicklung vieler Sprachen finden sich systematische Dissimilationen vor allem im Bereich benachbarter Vibranten, Laterale und Nasale. So wird die Kookkurrenz von /r...r/, /l...l/ oder /m...n/ im Deutschen, aber auch in den romanischen Sprachen, nicht selten durch den Austausch von einem der Laute durch einen ähnlichen (d. h. Vibrant, Lateral oder Nasal) unterbunden (Beispiel 2b):

2. a. /çs/ > /ks/:
      dt. /bɛçɐ/ („Becher'), /ʔɪç/ („ich') vs. /zɛks/ („sechs'), /fʊks/ („Fuchs') etc.
   b. /r...r/ > /l...r/:
      mhd. *mûrbeere* > nhd. *Maulbeere*
   c. /mn/ > /m(b)r/:
      lat. *homine* > aspan. *omne* > nspan. *hombre*

> **Dissimilation**
> Dissimilation ist ein Prozess, bei welchem bestimmte artikulatorische Merkmale eines Lautes verändert werden, die dieser zuvor mit benachbarten oder in der Nähe liegenden Lauten gemeinsam hatte.

? Frage 9.1
Welcher Lautwandel liegt in dem Fall vor, in dem das deutsche Lexem /fynf/ („fünf') umgangssprachlich [fymf] ausgesprochen wird? Handelt es sich um progressive oder regressive Assimilation oder Dissimilation und welche artikulatorischen Merkmale sind genau betroffen?

Der Lautwandel ist eine der Sprachwandelarten, die bisher am längsten und am umfassendsten untersucht wurden. Insbesondere zu den germanischen und den romanischen Sprachen gibt es eine Vielzahl fundierter und detaillierter Studien (siehe hierzu Uth 2022). In diesem Zusammenhang werden dann auch noch weitere Lautwandelphänomene sowie die Unterscheidungen zwischen **regulärem** und **sporadischem**, **unkonditioniertem** und **konditioniertem** sowie **phonemischem** und **nicht-phonemischem Lautwandel** näher erläutert.

- **Morphologischer Wandel ist ein Wandel von Wortformen, der nicht auf lautlichen Veränderungen basiert**

Im engen Sinne werden unter morphologischem Wandel in erster Linie also formale Veränderungen von Morphemen und Lexemen verstanden, welche nicht auf diachrone Lautwandelprozesse zurückgeführt werden können, sondern auf analogischer Angleichung, Erweiterung oder Neubildung beruhen. Die **Analogie** stellt daher neben dem Lautwandel eine der Hauptquellen für den Wandel von Morphem- und Wortformen dar. In einem weiten Sinn können auch die Bedeutungsveränderung auf der Ebene von gebundenen Morphemen sowie die Grammatikalisierung als Unterarten morphologischen Wandels verstanden werden (wie z. B. bei Hock 2017), welche allerdings im Folgenden separat behandelt werden.

Sehr weit gefasst kann Analogie als eine grundlegende Kernfunktion der menschlichen Perzeption und Kategorisierung verstanden werden, welche auf der Wahrnehmung bestimmter Similaritäten zwischen zwei Einheiten beruht (sodass beispielsweise auch die Metaphernbildung als eine Art Analogiebildung verstanden werden kann; vgl. Antilla 2017, S. 425f. und s. u.). Eine genauere Definition ist aufgrund der Abstraktheit des zugrunde liegenden Konzepts schwierig. In der einschlägigen Literatur wird der Begriff daher meist mit Verweis auf Antilla und Brewer (1977) lediglich als **Similaritätsrelation** definiert, und es wird die gängige Repräsentation analogischer Schemata in Form von Proportionen der Form *A:B :: C:X* illustriert, in welcher die Form X nach dem Vorbild der Form B gebildet bzw. modifiziert wird. Beispielsweise gibt es gute Gründe für die Annahme, dass etliche der „starken" Verben des Deutschen durch analogische (An-)Gleichung in das Flexionsparadigma der „schwachen" Verben eingegliedert wurden. So wurden die Vergangenheitsformen von *bellen* ursprünglich mithilfe des für die germanischen Sprachen typischen Stammsilbenablauts gebildet, d. h., zum Infinitiv *bellen* gab es *ball – bullen – gebollen*. Im Laufe der Zeit wurden diese Formen aber an das frequentere Muster *X-en : X-te : ge-X-t* angeglichen, wofür häufig verwendete „schwache" Verben wie *sagen* (*sag-en : sag-te, ge-sag-t*) als Vorlage gedient haben mögen:

A	=	*sag-en*	:	B	=	*sag-te,*	*ge-sag-t*
C	=	*bell-en*	:	X	=	?	?
			→	X	=	*bell-te*	*ge-bell-t*

Analogie
Eine Analogiebildung, auch „analogische Bildung" genannt, ist die Veränderung von Wortformen zur Etablierung von Formpaaren nach dem Muster bereits existierender Formpaare.

Hierbei spielen die Begriffe der **Frequenz** und **Produktivität** eine wichtige Rolle.

Frequenz und Produktivität
Unter Frequenz versteht man die Häufigkeit, mit welcher eine Wortform oder ein Bildungsmuster im Sprachgebrauch der Sprecher vorkommt. Produktivität bezieht sich auf die Wahrscheinlichkeit, mit welcher ein Ableitungsmuster zur Bildung neuer Formen herangezogen wird.

Es wird oft angenommen, dass frequente Formen oder produktive Schemata eher als Muster für analogische Umformungen dienen als seltenere Muster (z. B. Nübling et al. 2017, S. 71f., Harnisch 1988, Bybee 1985). Allerdings gibt es zu dieser **Regularisierungshypothese** auch etliche Gegenbeispiele, wie z. B. die Entwicklung schwacher Präteritumsformen zu starken Bildungen im Deutschen (*preiste > pries, gleichte > glich*, etc.).

Bereits seit den Zeiten der Historisch-Vergleichenden Sprachwissenschaft im 19. Jahrhundert beruft man sich insbesondere dann auf Analogie, wenn sich Wort- und Morphemformen nicht im Einklang mit „regulären" lautlichen Eigenschaften oder Veränderungen der Sprache, sondern parallel zur morpho-phonologischen Form von bereits existierenden, sinnverwandten lexikalischen Einheiten entwickeln. Zur Illustration kann hier das Beispiel der lautlich gesehen irregulären Dehnung von Kurzvokalen in geschlossenen Silben im Deutschen dienen. So führt die Dehnung offener betonter Silben im Frühneuhochdeutschen zu zahlreichen Stammallomorphen, da einsilbige konsonantisch auslautende Substantive wie *Tag* im Plural, und nur dort, eine Längung auf der betonten Silbe erfahren (was für gewöhnlich nach den Konventionen des IPA durch das Diakritikum ː illustriert wird; Beispiel 3a.). Die Singularformen sind von der Längung zunächst nicht betroffen, da es sich um geschlossene Silben handelt, die von diesem Lautwandel regulär nicht betroffen sind. In einem zweiten Schritt wurden nun aber auch die geschlossenen Silben der Singularformen gedehnt, was sehr wahrscheinlich auf dem Bestreben der Sprecher basierte, die Sinnverwandtschaft bzw. den paradigmatischen Zusammenhang zwischen den einzelnen Wortformen auch weiterhin durch die Lautung deutlich zu machen (Beispiel 3b).

3. a. mhd. /tak/, /ta.gə/ > fnhd. /tak/, /taː.gə/
   b. fnhd. /tak/, /taː.gə/ > /taːk/, /taː.gə/

Bei diesem Prozess, durch welchen die Zusammengehörigkeit von Wortformen zu einem Flexionsparadigma durch rein morphologische, lautlich irreguläre Angleichungen formal aufrechterhalten wird, spricht man auch von **paradigmatischer Nivellierung** (*paradigm levelling*).

> **Paradigmatische Nivellierung**
> Bei der paradigmatischen Nivellierung handelt es sich um eine formale Vereinheitlichung von Flexionsparadigmen auf rein morphologischer Ebene.

Neben der Herstellung oder Ausweitung bestimmter morphologischer Muster gibt es noch einige weitere morphologische Bereiche, in welchen der Analogie eine beachtliche kreative Wirkung zugeschrieben wird, die deutlich über die bloße Nivellierung hinausgeht. Deutlich wird diese kreative Wirkung der Analogie bei morphologischen Sprachveränderungsprozessen, die eine sogenannte Reanalyse mit einschließen, welche als eigenständiges Prinzip insbesondere auch bei grammatischem Wandel eine zentrale Relevanz besitzt (s. u.).

> **Morphologische Reanalyse**
> Bei der morpholgischen Reanalyse handelt es sich um eine Reinterpretation der Relation von Form und Bedeutung, durch welche das betroffene Zeichen (d. h. das Lexem) eine neue morphologische Struktur erhält.

In der morphologischen Entwicklung von Sprachen sind in der Tat gelegentlich Sprachwandelprozesse zu beobachten, welche auf einer Reinterpretation der Form-Bedeutungs-Beziehung beruhen, die sich den Sprechern anscheinend aufgrund der allgemeinen morphologischen Charakteristika der Sprache aufgedrängt hat. Ein klassisches Beispiel hierfür ist die Tilgung regulärer sibilantischer Auslaute im Englischen oder auch im Spanischen aufgrund der Tatsache, dass ein auslautendes -s in diesen Sprachen meist auf Pluralisierung hinweist (Beispiel 4a und 4b). Dieser Prozess wird in der anglophonen Literatur oft auch als *backformation* bezeichnet. Reanalysierte Strukturen können zudem auch die Grundlage für analogische Neubildungen darstellen, welche ebenfalls unter die Kategorie der „kreativen Analogie" (Lloyd 1987) gefasst werden können, da sie zur Erweiterung des Wortschatzes durch Neologismen beitragen (Beispiel 4c und 4d).

4. a. afrz. *cheris* (Sg., ‚Kirsche') > engl. *cherry* (Sg.), *cherries* (Pl.)
   b. lat. *tempus* (Sg., ‚Zeit') > aspan. *tiempos* (Sg.) > nspan. *tiempo* (Sg.), *tiempos* (Pl., vs. dt. *Tempus*)
   c. engl. *alcohol-ic* > engl. *work-aholic*
   d. lat. *argent-arius* (‚Silberschmied') > frz. *argent-ier* > *biijou-tier* (‚Juwelier'), *cafe-tier* (‚Kneipier') etc.

? Frage 9.2
Inwiefern kann man die Analogiebildungen in Beispiel 4a und 4b auch als „falsche Analogien" bezeichnen?

Der Analogiebegriff ist allerdings bei näherer Betrachtung nicht ganz unproblematisch. So wurde oben bereits auf Gegenbeispiele zur Regularisierungstendenz von sogenannten starken Verben hingewiesen. Zudem birgt auch die Definition des Analogiebegriffs als Similaritätsrelation in ihrer Allgemeinheit einige Schwierigkeiten, denn sie lässt außer Acht, dass jeder Analogiebildung eine Ausrichtung bzw. „Fokussierung" (Lloyd 1987) der Aufmerksamkeit der Sprecher auf ganz bestimmte Aspekte der zu vergleichenden Einheiten zugrunde liegt, wobei die Motivation für die entsprechende Fokussierung generell weitestgehend unklar ist. Auch hier mag die Frequenz der Lexeme oder aber diejenige der einzelnen Wortformen eine zentrale Rolle spielen.

- **Bedeutungswandel ist Sprachwandel auf der lexikalisch-semantischen Ebene**

Der Begriff des Bedeutungswandels umfasst für gewöhnlich alle Arten von Bedeutungsveränderung von lexikalischen Einheiten. (Bedeutungswandel auf supralexikalischer Ebene wird dagegen meist als Grammatikalisierung oder Reanalyse analysiert; s. u.). Üblicherweise werden mindestens vier Arten von Bedeutungswandel unterschieden, nämlich **Metapher**, **Metonymie**, **Ellipse** und **Volksetymologie**. Durch diese scheinbar universellen Reinterpretationsmechanismen wird die Polysemie im Wortschatz einer Sprache systematisch erhöht. Metaphern- und Metonymienbildung sind die klassischen Fälle der Bedeutungsveränderung (▶ Kap. 5), während Ellipsen und Volksetymologien in verschiedener Hinsicht speziell sind. Der besondere Charakter der letzten beiden Wandelprozesse ergibt sich vor allem dadurch, dass es sich im Grunde um Änderungen der morpho-semantischen Struktur, also des Zusammenspiels von Form und Bedeutung, handelt, wobei die Bedeutungsveränderung einzelner Einheiten, d. h. insbesondere von Lexemen, jeweils nur einen Teil des Gesamtprozesses darstellt (s. u.).

Die Relevanz der Metaphern- und der metonymischen Bildung ergibt sich unter anderem aus dem Umstand, dass es sich bei diesen Prozessen um zwei grundlegende Phänomene der menschlichen Wahrnehmung und Kategorisierung handelt. Das „psychologisch-assoziative Prinzip der Metaphernschöpfung" (Blank 2001, S. 75) beruht darauf, dass ein Konzept oder Referent mit einem Wort bezeichnet wird, dessen bisheriger Bezeichnungsgegenstand dem neuen Konzept/Referenten in irgendeinem Aspekt ähnelt. Die Konzepte/Referenten stehen dabei lediglich über diese **Similarität** in Relation zueinander, darüber hinaus haben sie, anders als bei der Metonymie, nichts miteinander zu tun.

> **Metapher**
> Bei der Metapher handelt es sich um eine Bedeutungsrelation auf Grundlage der Ähnlichkeit (auch: Similarität) von Konzepten oder Referenten.

Ein klassisches Beispiel ist die Versprachlichung des Computerzeigegeräts als dt. *Maus*, engl. *mouse*, franz. *souris*, span. *ratón* etc. aufgrund der Ähnlichkeit des Konzepts/Referenten mit dem Tier gleichen Namens. Das Ausgangskonzept, hier die MAUS als TIER, wird **Quellkonzept** genannt, das neu zu versprachlichende Konzept, hier die COMPUTERMAUS, ist das **Zielkonzept**. Charakteristisch für die Metaphernbildung und ähnliche Verfahren ist, dass die (Richtung der) Konzeptversprachlichung bis zu einem gewissen Grad die Lebenswirklichkeit der Sprecher widerspiegelt. So erfolgt die Wortneuschöpfung beispielsweise systematisch vom Naheliegenderen auf das Fernere (Beispiel 5a), vom Bekannteren auf das Fremde oder Neuere (Beispiel 5b), vom Konkreteren bzw. Messbaren auf das Abstraktere (Beispiel 5c) etc.:

5. a. dt. *Rücken* > *Bergrücken*, wie franz. *le dos* (,der Rücken') > *le dos d'une montagne* (,Bergrücken')
   b. dt. *Flügel* > *Gebäudeflügel*, wie span. *las alas* (,die Flügel') > *las alas de un edificio* (,Gebäudeflügel')
   c. dt. *erfassen* (GREIFBEWEGUNG > MENTALER PROZESS), wie lat. *comprehendere*, frz. *comprendre* etc.

Während die Metaphernbildung auf der Similarität entfernter Konzepte beruht, stützt sich der metonymische Bedeutungswandel auf das Prinzip der Zusammengehörigkeit bzw. konzeptuellen Nähe, oder auch **Kontiguität** von Quell- und Zielkonzept in unserem Weltwissen. In der kognitiven Semantik wird davon gesprochen, dass beide Konzepte normalerweise im selben memorisierten situativen Kontext vorkommen, wobei sich im Zuge der Übertragung des lexikalischen Ausdrucks die Profilierung seitens der Sprecher verschiebt:

6. a. dt. *Zimmer*: BAUHOLZ > INNENRAUM
   b. franz. *bureau*: ARBEITSZIMMER > SCHREIBTISCH

Zu dem situativen Wissen bezüglich dt. *Zimmer* gehörte zunächst die Idee der generellen holzartigen Beschaffenheit von Innenräumen, und franz. *bureau* „profilierte" zunächst das gesamte Arbeitszimmer, mit dem typischen Tisch im Hintergrund, woraufhin im Zuge der metonymischen Bedeutungserweiterung ein Profilierungswechsel von ersterem zu letzterem stattfand. Das heißt, im Zuge der Übertragung wurden die entsprechenden „Hintergrundkonzepte" in den Vordergrund gestellt und gegenüber den Quelleinheiten profiliert.

Die Metonymie wird auch in ▶ Kap. 5 eingeführt und erläutert.

> **Metonymie**
> Bei der Metonymie handelt es sich um eine Bedeutungsrelation auf der Grundlage der konzeptuellen Nähe (auch: Kontiguität) von Konzepten oder Referenten.

Zwei Konzepte sind metonym, wenn sie z. B. in der Teil-Ganzes-Relation zueinander stehen.

Auch das in der Rhetorik als **Synekdoche** bekannte Stilmittel kann als metonymische Übertragung aufgefasst werden, da es auf der Relation zwischen Teil und Ganzem sowie verwandter konzeptueller Relationen, wie etwa der zwischen Ober- und Unterbegriff, basiert. Klassische Beispiele sind hier *unter einem Dach wohnen* (DACH < HAUS), *Pro-Kopf-Einkommen* (KOPF < MENSCH), *sein täglich Brot verdienen* (BROT < NAHRUNGSMITTEL).

> **Synekdoche**
> Die Synekdoche ist ein Stilmittel, bei dem ein Ausdruck durch einen engeren oder weiteren Ausdruck desselben Begriffsfeldes ersetzt wird. Daher kann sie als eine Unterart der Metonymie aufgefasst werden.

Bei der elliptischen Bildung werden zusammengesetzte Ausdrücke verkürzt und die ursprüngliche Bedeutung auf den verkürzten Ausdruck übertragen (Beispiel 7a), was besonders häufig im Zusammenhang mit Phraseologismen (lexikalisierten Wortgefügen) festgestellt werden kann (Beispiel 7b und 7c; Beispiele aus Nübling et al. 2017, S. 157f.). Es handelt sich also im Grunde in erster Linie um eine Änderung auf formaler Ebene, die aber natürlich mit einer polysemischen Anreicherung der Bedeutung des verkürzten Ausdrucks einhergeht (Nübling et al. 2017, S. 157f.). Aus diesem Grund ist eine Einordnung des Prozesses in die Typologie des Bedeutungswandels durchaus gerechtfertigt.

7. a. *trinken* < *Alkohol trinken* (,Heute abend trinke ich nichts, weil ich noch Auto fahre.')
   b. *mal müssen* < *mal zur Toilette müssen*
   c. *jmd. eine reinwürgen* < *jmd. eine Faust (o. Ä.) reinwürgen*

> **Ellipse**
> Bei der Ellipse handelt es sich um die Übertragung der Bedeutung eines komplexen Ausdrucks auf einen seiner Bestandteile.

Ein noch spezieller Fall des Bedeutungswandels ist die **Volksetymologie**, bei welcher die meist komplexen Lexeme vor dem Hintergrund des aktuellen Sprachstandes reanalysiert werden, weil ihre historisch entstandene morpho-semantische Struktur für die Sprecher synchron nicht mehr zurückverfolgt bzw. analysiert werden kann. Man sagt auch, dass die entsprechenden Lexeme oder Bildungsmuster morpho-semantisch „demotiviert" sind. Als einprägsames Beispiel für Volksetymologie führen Nübling et al. (2017, S. 147) den Ausdruck *Habseligkeiten* an, der

2004 wohl deswegen zum schönsten Wort des Jahres gekürt wurde, weil er vermeintlich einen Zusammenhang von *geringer Habe* mit *Seligkeit* ausdrückt. In der tatsächlichen Etymologie des Lexems lässt sich allerdings keine Verbindung zu *Seligkeit* (< *Seele*) nachweisen, da das Wort auf die heute ausgestorbene Bildung *habselig* zurückgeht, die sich wiederum von **Habsal* ableitet (vgl. auch die analogen Bildungen in Beispiel 8a bis 8c; nach Nübling et al. 2017):

8. a. **Habsal* < *habselig*
   b. *Mühsal* < *mühselig*
   c. *Trübsal* < *trübselig* etc.

> **Volksetymologie**
> Im Zuge von volksetymologischer Bildung werden morpho-semantisch demotivierte Lexeme auf der Grundlage synchroner Strukturgegebenheiten reanalysiert, wodurch in der Regel eine falsche Entstehungsgeschichte suggeriert wird.

? Frage 9.3
Was ist die Entstehungsgeschichte der Begriffe *Duell, Friedhof, Maulwurf, mundtot, Hals- und Beinbruch*? Nennen Sie zunächst Ihre intuitive Interpretation und recherchieren Sie dann in einschlägigen etymologischen Wörterbüchern wie z. B. Kluge (2011).

Neben den oben beschriebenen vier unterschiedlichen Arten von Bedeutungswandel gibt es einige weitere Phänomene, die mitunter als Typen von Bedeutungswandel herausgestellt werden, darunter insbesondere die **Bedeutungserweiterung** und **-verengung**.

- **Neben dem Bedeutungswandel wird der Wortschatz einer Sprache diachron wie synchron auch stark durch Entlehnungen geprägt**

Mit **Entlehnung** ist meist die Übernahme von sprachlichem Material auf lexikalischer Ebene gemeint. Allerdings ist diese Übernahme nicht auf Lexeme beschränkt.

> **Entlehnung**
> Entlehnung bezeichnet im allgemeinen die Übernahme sprachlichen Materials oder sprachlicher Strukturen bzw. „Regeln" aus einer Quell- in eine Zielsprache.

Die Beispiele für Entlehnungen zwischen romanischen, germanischen und vielen weiteren Sprachen sind durch die zahlreichen Sprachkontakte äußerst vielfältig (Beispiel 9a bis 9d; Beispiele aus Campbell 2021, S. 62f).

9. a. dt./franz./span. etc. *Beefsteak, bifteck, bistec* < engl. *beefsteak* (nach engl. *beef* < frz. *bœuf*)
   b. dt./engl./span. etc. *Schokolade, chocolate* < nahuatl *čocolatl*
   c. dt./engl./span./franz./ital. etc. *ketchup* vermutlich < niederl. *ketjap* < malaiisch *kechap* < chin. *kôechiap*
   d. dt./engl./span. etc. *Kaffee, coffee, café* < arab. *qahwah*

Zu einem geringen Teil werden lexikalische Einheiten weitestgehend unverändert in die Zielsprache übernommen, z. B. engl. *café* oder span. *balcón* aus dem Französischen. Meist kommt es aber im Zuge des Entlehnungsprozesses zu semantischem Wandel u. a. So bezeichnet(e) das arabische *qahwah* lediglich HEISSER AUFGUSS oder GETRÄNK, das nahuatelische *čocolatl* im Unterschied zur spanischen und englischen Entlehnung GETRÄNK AUS DEM SAMEN DES KAKAOBAUMS, etc. (Campbell 2021, S. 62). Daneben werden die Lehnwörter in den allermeisten Fällen phonetisch an die Zielsprache angeglichen und erfahren zudem oft morphologische Veränderungen. Ersteres ist insbesondere dann der Fall, wenn Lehnwörter sich nicht auf der Basis des zielsprachlichen phonologischen Systems aussprechen lassen, wie es oft bei Entlehnungen aus typologisch unähnlichen Sprachen zu beobachten ist. Ein Wort wie /krus/ (am. span. *cruz*) wird beispielsweise als *rus* ins Chol, und als *kurus* ins Tzotzil entlehnt, weil in Mayasprachen generell die Konsonantenabfolge /kr/ am Wortanfang unmöglich ist (Campbell 2021, S. 66).

Im Bereich der Morphologie ist oft eine (im weitesten Sinne auf Reanalyse basierende) Demotivierung zu beobachten, in deren Zuge morphologisch transparente, zusammengesetzte lexikalische Einheiten, oder auch Phrasen, zu opaken monomorphemischen Einheiten umgewandelt (Beispiel 10a und 10b), bzw. zu einzelnen Lexemen amalgamiert (Beispiel 10c und 10d) werden:

10. a. dt. [$_N$Alligator] < engl. [$_N$alligator] < span. [$_{NP}$[$_{Det}$el][$_N$lagarto]]
    b. engl. [$_N$aardvark] < afrikaans [$_N$[$_N$aard][$_N$vark]]
    c. engl. [$_N$vinegar] < franz. [$_N$vin[$_A$aigre]]
    d. Chol (Maya) [$_N$wakaʃ] < span. [[$_N$vaca]$_{Plural}$s]

Da die morphosemantische Transparenz in der Regel in der Zielsprache geringer ist als in der Quellsprache, ist die Analyse der morphologischen Veränderungen auch ein probates Mittel, um die Entlehnungsrichtung der betreffenden lexikalischen Einheit zu ermitteln (Beispiele aus Campbell 2021, S. 71f.).

? Frage 9.4
Ermitteln Sie mithilfe von einschlägigen Wörterbüchern wie z. B. Kluge (2011) die Herkunft der Lexeme *Tisch, Möbel, Senf, Fatzke, Abenteuer.*

In Uth (2022) werden die Entlehnungsrelationen zwischen Deutsch, den hier relevanten romanischen Sprachen Spanisch, Französisch und Italienisch sowie Englisch noch weiter verdeutlicht und mit den in diesem Zusammenhang relevanten sozio-historischen Entwicklungen in Verbindung gebracht. Zudem wird eine detailliertere Klassifizierung verschiedener Arten von Entlehnung vorgenommen.

- **Grammatischer Wandel ist Sprachwandel, der sich auf das grammatische System einer Sprache, und damit auf die Struktur von Phrasen und Sätzen auswirkt**

Die bisher betrachteten Sprachwandelphänomene betreffen Veränderungsprozesse auf der Ebene der lexikalischen Einheiten. Der grammatische Wandel geht insofern darüber hinaus, als er auch Aspekte supralexikalischer Strukturbildung betrifft, welche sich auf die Interpretation von Phrasen und Sätzen auswirken. Einschlägig für den grammatikalischen Wandel ist vor allem die **Reanalyse** von Form-Bedeutungs-Zusammenhängen, die wir bereits im Zusammenhang mit morphologischem Wandel und bei der Entlehnung kennengelernt haben. Daneben gibt es verschiedene Prozesse des grammatischen Wandels, die gemeinhin als **Grammatikalisierung** bezeichnet werden, was zunächst einmal nur auf den Umstand Bezug nimmt, dass sich ein freies lexikalisches Morphem bzw. eine Phrase (z. B. ahd. *ni io uuiht*, ‚nicht (je) eine Kleinigkeit/ein Wicht') zu einem grammatischen Marker (nhd. *nicht*, Negationspartikel) entwickelt. Im Folgenden sollen beide Prozesse anhand von Beispielen illustriert, näher klassifiziert und voneinander abgegrenzt werden.

Klassischerweise wird **Reanalyse** definiert als eine Uminterpretation der Struktur einer Äußerung oder Klasse von Äußerungen, die sich auf der Ausdrucksseite nicht bemerkbar macht. So bleiben lexikalische Einheiten wie span. *el lagarto* > dt. *Alligator* oder lat. *tempus* > asp. *tiempos* in dieser Form in der jeweiligen Zielsprache erhalten, sie werden lediglich strukturell uminterpretiert (span. [NP[Det el][N lagarto]] zu dt. [N Alligator] bzw. lat. [N tempos] zu span. [Pl[N tiempo]s]; s. o.).

> **Reanalyse**
> Die Reanalyse ist eine Form des Sprachwandels, bei der eine morphologische oder syntaktische Struktur uminterpretiert wird und damit eine neue Funktion im grammatischen System der Sprache erhält.

Ganz ähnliche Reinterpretationen finden sich zahlreich auf supralexikalischer Ebene in den verschiedensten Sprachen. Ein bekannter Fall ist die Herausbildung des analytischen Perfekts mit *haben*-Auxiliar und Partizip (z. B. *ich habe gepflanzt*), die neben dem Deutschen mindestens auch für das Englische und die romanischen Sprachen charakteristisch ist. Den Ausgangspunkt nahm das analytische Perfekt jeweils in einer Konstruktion, in welcher das Vollverb *haben*, *avoir* etc. zusammen mit einem direkten Objekt und einem Partizip vorkommt, wobei das Partizip allerdings auf eine unabhängige, vollendete Handlung Bezug nimmt:

11. a. phīgboum   habēta   sum   giflanzōtan in
        Feigenbaum hatte   einer gepflanzten in

    sīnemo   wīngarten
    seinem   Weingarten

    ‚(Einen) Feigenbaum hatte einer als gepflanzten in seinem Weingarten'
    (Tatian 102,2; zitiert nach Nübling et al. 2017, S. 339)

    b. Et   chis   empereres   **avoit letres**
        Und   diese   Herrscher   hatte Buchstaben

    seur lui   **écrites**   qui   …
    auf ihm   geschrieben   die   …

    ‚Und diese Herrscherstatue hatte Buchstaben auf sich geschrieben, die …'
    (zitiert nach Harris 2017, S. 541)

Die ungefähre Bedeutung der Konstruktion ist also ‚Jemand besitzt etwas, dem etwas widerfahren ist' (vgl. Harris 2003: 541). Im Zuge der Reanalyse wurde diese Konstruktion als analytische perfektive Verbform [haben + Partizip + Objekt] uminterpretiert, das Vollverb *haben* entwickelte sich zum Auxiliar, und die gesamte Struktur wurde von einem komplexen Satz (2 Verben, Beispiel 12a) auf einen einfachen Hauptsatz (1 Verb) reduziert (Beispiel 12b; aus Harris 2017, S. 541).

12. a. [Subjekt$_i$ *hat* Objekt$_j$ [Subjekt$_{i/k}$ *(ge)pflanzt* Objekt$_j$]]
    b. [Subjekt$_i$ *hat gepflanzt* Objekt$_j$]

Wie Detges und Waltereit (2002) schlüssig argumentieren, handelt es sich bei derartigen Reanalyseprozessen im Grunde zwar zunächst um semantischen Wandel, der zudem meist als metonymische Übertragung aufgefasst werden kann. So verschiebt sich in Beispiel 12 die Profilierung des aus einer unabhängigen Handlung resultierenden Objekts einer Besitzrelation (haben – GEPFLANZTEN FEIGENBAUM) auf die resultierende Handlung bzw. den Resultatszustand mit deprofiliertem Objekt (HABEN GEPFLANZT – Feigenbaum). Jedoch beinhaltet der Sprachveränderungsprozess darüber hinaus generell auch eine Umstrukturierung auf syntaktischer Ebene (vgl. Beispiel 12a vs. Beispiel 12b) und hat somit auch einschneidende syntaktische Auswirkungen.

Zudem gibt es in der internen Geschichte der romanischen und germanischen Sprachen zahlreiche Fälle von Wortstellungswandel, welche sich – wenn überhaupt – nur schwerlich auf semantischen Einfluss zurückführen lassen. In Beispiel 13 (aus Kroch 2001, S. 14, 16) sind der Wandel von Verb-Zweit- (V2-) zur Subjekt-Verb-Objekt-Stellung (SVO) im Französischen (Beispiel 13a) sowie die Herausbildung der Verb-Objekt-Stellung im Englischen (Beispiel 13b) illustriert:

13. a. V2- > SVO-Stellung im Franz.:

   (Et)   lors   **demande Galaad**   ses   armes
   (und) dann verlangte Galaad   seine Waffen

   ‚Und dann verlangte Galaad nach seinen Waffen'
   > nfrz. (Et) lors de **Galaad a demandé** ses armes

b. OV- > VO-Stellung im Engl.:

   he **Gode** þancode
   er Gott   dankte

   ‚Er dankte Gott'
   > nengl. He **thanked God**.

Beide konstituentenspezifischen Umstellungen lassen nicht unbedingt einen semantischen Effekt erkennen. Auf derartige Wortstellungswandel werden wir im Rahmen der Vorstellung kompetenzorientierter Sprachwandeltheorien in ▸ Abschn. 9.4 noch näher eingehen.

Zu dem Begriff der Reanalyse ist derjenige der **Grammatikalisierung** in Bezug zu setzen, welcher von Meillet (1912) zunächst allgemein für den Umstand geprägt wurde, dass „eine autonome lexikalische Einheit allmählich die Funktion einer abhängigen grammatischen Kategorie erwirbt" (Bußmann 2008).

> **Grammatikalisierung**
> Unter Grammatikalisierung fallen alle Arten von Sprachwandel, bei welchen eine autonome lexikalische Einheit allmählich die Funktion einer abhängigen grammatischen Kategorie erwirbt.

Der Terminus fasst somit ganz verschiedene Wandelerscheinungen mit ähnlichen Eigenschaften unter einem Label zusammen. Allerdings wird üblicherweise betont, dass Grammatikalisierung generell mit einer Entwicklung von lexikalischer zu grammatischer Bedeutung, von syntaktischer Unabhängigkeit/flexiblerer Stellung zu verstärkter Kohäsion, sowie mit semantischer und phonetischer „Erosion"/Abnahme von Merkmalen einhergeht. Das heißt, die Stellung der grammatikalisierten Einheiten ist gegenüber ihren lexikalischen Pendants restringiert, grammatikalisierte Formen sind in der Regel kürzer, und ihre Semantik ist „ausgeblichen" (Lehmann 2002, S. 113), weshalb es für viele Forscher naheliegt, die Grammatikalisierung als eine spezifische Art Sprachwandelprozess aufzufassen.

Ein klassisches Beispiel für Grammatikalisierung ist die Entstehung von Negationspartikeln aus „autonomen" Lexemen, die auf kleine Mengen Bezug nehmen, und die gerne verwendet werden, um die Negation einer Äußerung emphatisch hervorzuheben, d. h. zu betonen. Im Altdeutschen wurde beispielsweise die Phrase *ni io uuiht* (‚nicht ein Wicht/nicht eine Kleinigkeit') noch dazu verwendet, die eigentliche (vorangestellte) Negationspartikel *ni* zu verstärken, wobei letztere aber bereits im Mittelhochdeutschen als Standardnegation von der Weiterentwicklung aus *ni io uuiht*, d. h. *nicht* bzw. *niht*, abgelöst wurde. Man sieht hier deutlich die „phonetische Erosion" der Ursprungsphrase. Das semantische „Ausbleichen" der ursprünglichen emphatischen Verstärkung wird dadurch ersichtlich, dass *niht* schließlich wiederum von autonomen Lexemen desselben Begriffsfeldes (Kleinigkeit, unbedeutende Sache) verstärkt werden konnte.

> ▸ **Beispiel**
> – ahd. ***ni io uuiht***,
> – mhd. *daz* **enhalf niht ein bast**
> – mhd. *darûf* **enachte er niht ein strô**
> – mhd. *daz* **hulfe niht ein blat**
>
> (Nübling et al. 2017, S. 135) ◂

Detges und Walterreit (2002, S. 173ff.) illustrieren dieses sprachübergreifende Phänomen mit einem Beispiel aus dem Französischen, wo sich eine analoge Entwicklung vom lateinischen *passum* zum neufranzösischen *pas* vollzog. So sieht man in Beispiel 14b deutlich, dass *pas* zunächst als emphatische Verstärkung der eigentlichen Negationspartikel *ne* eingesetzt wurde, und erst in einem nächsten Schritt durch einen Verlust der emphatischen Wirkung den Status als grammatische bzw. grammatikalisierte Negationspartikel erreichte:

14. a. Lat. *passum* = Substantiv:

   non   passum   vadere
   nicht Schritt gehen

   ‚nicht einen Schritt machen'

b. Afranz. *pas* = Emphase:

   Ço'st   Climborins   ki   pas   ne   fut prozdome
   Dieser ist Climborins der EMPH NEG war Ehrenmann

   ‚Dies ist Climborins, der in keinster Weise ein Ehrenmann war.'

c. Nfranz. *pas* = Negation:

   Elle n'était   pas   égoïste
   Sie   NEG war NEG   egoistisch

   ‚Sie war nicht egoistisch.'

Mit Verweis auf Daten wie Beispiel 14 wird gelegentlich dafür argumentiert, die Grammatikalisierung als Unterart der Reanalyse aufzufassen (Hopper und Traugott 2003, S. 39f.). Diese Klassifizierung ist allerdings nicht unumstritten. Die Probleme dieser Einteilung, wie auch die Rolle der Pragmatik, im Zusammenhang mit der Darstellung von Grammatikalisierung als „semantisches Ausbleichen" werden in Uth (2022) vertiefend diskutiert.

9.3 Phasen und Verlauf

Auf der Grundlage beschreibender Abhandlungen zu Sprachentwicklungsprozessen, wie sie zum Beispiel in vielen Überblicksdarstellungen zum Sprachwandel des Englischen, des Deutschen oder der romanischen Sprachen zu finden sind, kann man mitunter den Eindruck bekommen, bei den unterschiedlichen Sprachwandelphänomenen handele es sich um einfache Entwicklungen der Form „Aus A entsteht B", z. B. ahd. *lember* > nhd. *Lämmer*. Dabei darf man aber die enorme Vielschichtigkeit nicht außer Acht lassen, welche die Sprachwandelprozesse als komplexe gesellschaftliche Veränderungen im Allgemeinen besitzen. Ein gutes Beispiel für die Vielschichtigkeit von Sprachwandelprozessen ist der aktuelle Wandel der Aussprache des intervokalischen /d/ im Spanischen, beginnend mit der Veränderung von [aðo] ([estaðo]) über [aᵟo] ([estaᵟo]) und [áo] ([estáo]) zu [áu̯] ([estáu̯]). Grundsätzlich variiert die Aussprache je nach situativem Kontext, d. h., in „normalem Konversationsstil" (Lloyd 1987, S. 23) wird das Suffix *-ado* normalerweise ohne intervokalischen Frikativ bzw. Approximanten ausgesprochen ([estáo] oder [estáu̯]). In Substantiven allerdings wird *-ado* von denselben Sprechern auch in „normaler Konversation" meist mit intervokalischem Frikativ/Approximanten realisiert, so z. B. in [emfaðo] (*enfado*), [aðo] (*hado*), [baðo] (*vado*), oder auch in [estaðo] (*estado*), außer allerdings in *lado*, das meist als [láo] realisiert wird (Lloyd 1987, S. 23). Darüber hinaus wird in Andalusien die feminine Form zu einem einzigen [á] reduziert, so wie das intervokalische /d/ in anderen lautlichen Kontexten generell nicht mehr realisiert wird (*-ido* = [ío]), was in Nordspanien dagegen teilweise stark stigmatisiert ist (Lloyd 1987, S. 23).

> ▶ **Beispiel**
> (a) *-ado* = $Suffix$, nördl. Dialekte: [áu̯] ([estáu̯], ‚gewesen')
> (b) *-ado* in Substantiven, nördl. Dialekte: [aðo] ([estaðo], ‚der Staat')
> (c) *-ado* in Substantiv *lado*: [láo]
> (d) *-ido*, südl. Dialekte: [ío] ([preferío], *preferido*)
> (e) *-ada*, südl. Dialekte: [á:] ([cantá:], *cantada*) ◄

Während eine sprachliche **Innovation**, d. h. das erste Auftreten einer bis dato nicht existierenden sprachlichen Form durchaus als abrupte Veränderung auf der Ebene individueller Sprecher angesehen werden kann, handelt es sich bei der **Diffusion** von Sprachwandel in einer Sprachgemeinschaft also eindeutig um ein graduelles Phänomen.

> **Innovation und Diffusion**
> Eine sprachliche Innovation ist das erste Auftreten einer bis dato nicht existierenden sprachlichen Einheit oder Struktur. Sprachliche Diffusion bezieht sich dagegen auf die Ausbreitung von Innovationen in der jeweiligen Sprachgemeinschaft.

Bei der Untersuchung der Diffusion eines Sprachwandelphänomens wird demnach erforscht, welchen „Weg" die Innovation im Sprachsystem nimmt, d. h. z. B. ob die Verbreitung einer neuen Aussprache zunächst auf bestimmte grammatische oder lexikalische Bereiche (wie Partizipien; s. o.) beschränkt bleibt und/oder wie sich die Verbreitung weiter entwickelt, wobei verschiedene Ebenen zu unterscheiden sind. Ist die Ausbreitung eines Wandels im Wortschatz gemeint, spricht man von **lexikalischer Diffusion**. Ist dagegen die Ausbreitung von einer Wortkategorie zu einer weiteren gemeint, ist meist von **grammatischer Diffusion** die Rede. Für den Wandel von intervokalischem /d/ im Spanischen sind beide Arten der Diffusion einschlägig, wie (a)–(c) im obigen Beispiel zeigen. Zusätzlich gibt es natürlich auch noch die Verbreitung eines Wandels von einem Sprecher zum nächsten, die man analog als **gesellschaftliche Diffusion** bezeichnen könnte. Auf dieser Ebene können gesellschaftliche Faktoren eine wichtige Rolle spielen, da beispielsweise bestimmte Ausdrucksweisen sehr oft aus Gründen der Identifizierung mit einer bestimmten gesellschaftlichen Statusgruppe erhalten und/oder verbreitet werden, aber auch Dialektgrenzen spielen eine wichtige Rolle, wie es in (d)–(e) oben für die spanische Partizipialendung angedeutet ist. Von vielen Linguisten wird schließlich auch noch eine freie Variation auf der Ebene des einzelnen Sprechers für möglich gehalten, wenn dieser beispielsweise in zwei vergleichbaren Situationen ein und dieselbe sprachliche Einheit ein und derselben Wortart im selben Kontext mal auf die „alte", mal auf die „neue" Art und Weise realisiert, was dann ggf. als **individuelle Diffusion** bzw. Variation aufgefasst werden kann.

> ? **Frage 9.5**
> Fallen Ihnen Beispiele für sprachliche Variation im Deutschen in Ihrer Umgebung ein, z. B. im Bereich der Aussprache oder der Verwendung von bestimmten Wörtern oder grammatischen Einheiten? Könnte sich das Deutsche im Hinblick auf diese Beispiele in nächster Zeit wandeln?

9.4 Sprachwandelmodelle

In der Historischen Linguistik gibt es einen langen Streit um die Frage, ob Sprachwandel einen Grund hat oder ob er „einfach so" passiert. Dabei kommt es oft zu Missverständnissen, da der Begriff „Grund" für Sprachwandel mal mit der Bedeutung *Ursache* eines Wandels, mal mit *Bedingung* für einen Wandel, und zum Teil auch mit dem (Sprecher-)*Motiv* für Sprachwandel gleichgesetzt wird.

> **? Frage 9.6**
> Was sind die Gemeinsamkeiten und Unterschiede zwischen den Begriffen „Grund", „Ursache", „Bedingung" und „Motiv"? Finden Sie Beispiele, die Ihre Überlegungen untermauern?

Wenn beispielsweise Eugenio Coseriu in seiner zentralen Abhandlung von 1957 über *Sincronía, diachronía e historia. El problema del cambio lingüístico* zu dem Schluss kommt, dass Sprachwandel keinen „Grund" hat, meint er damit, dass Sprachwandelphänomene nicht durch „kausale Wirkursachen" (so die Übersetzung von 1974) ausgelöst werden, da es sich um gesellschaftlich bedingte Prozesse handelt, bei denen höchstens nach den Motiven der Sprecher für die Einführung der sprachlichen Veränderung gefragt werden kann. Andere Forscher wie etwa Lloyd (1987) sehen dagegen bereits die niedrige Prominenz der Auslaut- bzw. Kodaposition der geschlossenen Silben (Beispiel 15a) als „Grund" dafür an, dass silbenauslautende Konsonanten während der Entwicklung vom Latein zu den romanischen Sprachen meist verschwunden sind (Beispiel 15b). Die Silbenstruktur wird in der Lautschrift durch einen Punkt transkribiert (▶ Kap. 2).

15. a. lat. *terram*: /ter.ram/, *librum*: /li.brum/
    b. span. *tierra*: /tje.ra/, *libro*: /li.bɾo/

Coseriu würde die niedrige Prominenz der Kodaposition dagegen als eine (sprachliche) *Bedingung* für den Wandel auffassen; ein *Grund* dafür, dass die Sprecher den Wandel auch tatsächlich vollzogen haben, wäre für Coseriu damit aber noch lange nicht gegeben.

Eine genaue Auseinanderhaltung der Begriffe ist manchmal schwierig und eventuell auch gar nicht immer möglich. Dennoch sollte man diese Komplikation immer mitberücksichtigen, um die Diskussion um die „Gründe" für Sprachwandel in den verschiedenen Epochen und Sprachtheorien angemessen nachverfolgen und vergleichen zu können.

- **Die organizistische Sichtweise auf Sprachwandel vergleicht Sprache mit einem eigenständigen Organismus**

Die Beschäftigung mit Sprachwandel verzeichnete Ende des 19. Jahrhunderts eine drastische Zunahme, da sich zu dieser Zeit viele historisch-vergleichende Sprachwissenschaftler mit der lautlichen und morphologischen Entwicklung der verschiedensten Sprachen und deren Verwandtschaftsverhältnissen beschäftigten. In Anlehnung an die zu jener Zeit sehr einflussreichen biologisch-genetischen Wissenschaften entwickelte sich in der Historisch-Vergleichenden Sprachwissenschaft eine **organizistische Sichtweise**, nach welcher eine Sprache als ein eigenständiger Organismus anzusehen ist, der eine Entwicklung bzw. „Lebensspanne" von seiner Geburt bis zu seinem Verfall bzw. Tod durchläuft. Parallel zum menschlichen Organismus wurden einer Sprache als Organ Phasen des Wachstums, der Blüte und des Alters zugeordnet, weshalb sprachliche Veränderungen häufig als Verfallserscheinungen gegenüber einem klassischen Ideal in der Blütezeit der jeweiligen Sprache angesehen wurden. Eine zentrale Rolle nimmt hier August Schleicher (1821–1868) ein, welcher als Begründer der **Stammbaumtheorie** anzusehen ist. Die Stammbaumtheorie, die als das zentrale Denkmodell zur Schematisierung von Verwandtschaftsverhältnissen zwischen Sprachen anzusehen ist, baut ebenfalls auf der biologischen Metapher auf, indem sie aus formalen Ähnlichkeiten (d. h. dem **Phänotyp**) auf genetische Verwandtschaft (d. h. den **Genotyp**) schließt.

> **Organizistische Sprachwandelmodelle**
> Organizistische Sprachwandelmodelle sehen Sprache als einen Organismus an, der von seiner Geburt bis zu seinem Tod eine mehr oder weniger eigenständige Entwicklung durchläuft.

- **Strukturalistische Sprachwandelmodelle betonen die Rolle des Systemcharakters der Sprache beim Sprachwandel**

Bei der strukturalistischen Sicht auf Sprachwandel steht der **Systemcharakter** der Sprache im Vordergrund. Das heißt, bei der Analyse von Sprachwandelphänomenen spielen die syntagmatischen und paradigmatischen Beziehungen zwischen den Einheiten im Sprachsystem die entscheidende Rolle. André Martinet verbindet diese Ausrichtung in seiner viel beachteten Sprachwandeltheorie zudem mit Überlegungen zur **Sprach-** bzw. **Systemökonomie**. Nach dieser Sichtweise neigen sprachliche Einheiten auf **syntagmatischer Ebene** dazu sich aneinander anzugleichen, oder aber sich deutlicher voneinander zu unterscheiden. Die Auswirkung davon haben wir für die lautliche Ebene in ▶ Abschn. 9.2 bereits unter den Begriffen „Assimilation" und „Dissimilation" kennengelernt:

> **▶ Beispiel**
> (a) Assimilation:
>   n → [bilabial]/ __[bilabial]: ahd. *enbore* > nhd. *empor*
> (b) Dissimilation:
>   l...l > n...l: ahd. *klobelouch* > nhd. *knobelouch* ◀

Martinet führt diese Prozesse auf die naheliegende Annahme zurück, dass die Sprecher die Lautkette vereinfachen, um sich einfacher bzw. ökonomischer artikulieren zu können, dass sie sie gleichzeitig unter Umständen aber auch stärker differenzieren müssen, um besser von den Hörern verstanden zu werden:

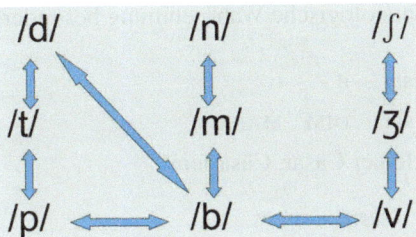

Abb. 9.1 Phonemsystem mit Druck- und Ziehkräften

pp	>	p		p	>	b		b	>	b
tt	>	t		t	>	d		d	>	-
kk	>	k		k	>	g		g	>	-

cuppa	>	copa		sapere	>	saber		---		
gutta	>	gota		vita	>	vida		cadere	>	caer
bucca	>	boca		amika	>	amiga		regina	>	reina

Abb. 9.2 Schwächung intervokalischer Konsonanten vom Lateinischen zum Romanischen als Zieh- oder Stoßkette

„Die gesamte Sprachentwicklung wird bestimmt von dem stets vorhandenen Widerspruch zwischen den kommunikativen und expressiven Bedürfnissen des Menschen einerseits und andererseits seiner Neigung, seine geistige und physische Aktivität auf ein Minimum zu beschränken." (Martinet 1981, S. 85)

? Frage 9.7
Geben Sie das Zitat von Martinet in eigenen Worten wieder und übertragen Sie die Argumentationsweise auf den aktuell beobachtbaren Wandel von /fynf/ zu /fymf/ im umgangssprachlichen Neuhochdeutschen.

Auf **paradigmatischer Ebene** ist zu bedenken, dass die Hauptfunktion von Phonemen per Definition die Unterscheidung von Wortbedeutungen ist (vgl. /kanə/ vs. /tanə/). Martinet schließt daraus, dass es einen systemischen „Druck" gibt, die Phoneme im Sprachsystem generell so verschieden wie möglich zu halten:

„[...] was wir von den distinktiven Elementen einer Sprache erwarten sollten, ist, dass sie sich nicht miteinander verwechseln lassen sollten. Wir dürfen deshalb annehmen, dass sie darauf abzielen, so verschieden voneinander zu [sein], wie es die Sprechorgane erlauben." (Martinet 1975, S. 163)

Daraus ergibt sich, dass jedes Phonem im jeweiligen Sprachsystem ein **Dispersionsfeld** besitzt, innerhalb dessen es in seiner lautlichen Realisierung variieren kann, solange es nicht in den Bereich benachbarter Phoneme „eindringt". Ein stabiles Lautsystem zeichnet sich demnach durch äquidistante Phoneme aus, die aufeinander ausgewogene „Druck- und Ziehkräfte" (Martinet 1975, S. 163) ausüben und sich auf diesem Wege gegenseitig stabilisieren. Abb. 9.1 illustriert grob die Druck- und Ziehkräfte zwischen Phonemen in einem Sprachsystem. Phoneme wie /m/ und /n/, die sich nur in einem artikulatorischen Merkmal unterscheiden (in diesem Fall [bilabial] vs. [alveolar]), werden **phonologische Nachbarn** genannt.

Gerät dieses System ausgewogener Kräfte, etwa durch externe Faktoren wie z. B. Sprachkontakt, ins Wanken, „können wir erwarten, dass es seine Stabilität [...] nicht eher wiedergewinnt, als bis alle Folgezustände aus dem [...] Mangel an Gleichgewicht weiterentwickelt und integriert worden sind" (Martinet 1975, S. 156). Eine klassische Lautwandelfolge zur Illustration derartiger Kettenreaktionen stellt die Lenisierung (d. h. in etwa Schwächung) intervokalischer stimmloser Plosive vom Latein zum Romanischen dar, wobei man sich diese Entwicklung im Rahmen von Martinets Ansatz folgendermaßen sowohl als „Ziehkette" als auch als „Stoßkette" vorstellen kann.

Abb. 9.2 zeigt, wie die lateinischen stimmlosen Doppelplosive /pp/, /tt/ und /kk/ in der Entwicklung zum Spanischen zwischen zwei Vokalen zu den einfachen Plosiven /p/, /t/ und /k/ wurden (Degemination). Damit einhergehend wurden die einfachen stimmlosen Plosive in derselben Position stimmhaft (Sonorisierung), und Plosive, die in dieser Position bereits im Latein stimmhaft waren, verschwanden ganz. Aus strukturalistischer Sicht ist dabei wahrscheinlich, dass der Wandel an einem „Ende", beispielsweise bei der Degemination, seinen Anfang nahm, und dass diese Veränderung die anderen zwangsläufig nach sich zog, weil z. B. die „neuen" (degeminierten) stimmlosen Plosive die Funktion der bisherigen einfachen Plosive beeinträchtigte.

Eine wichtige Rolle spielen allerdings auch die systematischen **Korrelationen** zwischen Phonemen aufgrund wiederkehrender **Merkmalsoppositionen**, welche die Phoneme in entsprechende Klassen einteilen. Eine der frequentesten Merkmalsoppositionen überhaupt ist beispielsweise diejenige zwischen stimmlosen Lauten wie /p/, /t/, /k/, /f/, /s/, /θ/, ... und stimmhaften Lauten wie /b/, /d/, /g/, /v/, /z/, /ð/, ... Auf diese Korrelation führt Martinet das Fortbestehen der Phonemopposition von /θ/ (wie in *theft*) und /ð/ (wie in *there*) im Englischen zurück, welche trotz minimaler „funktioneller Belastung" (es gibt ganz wenige Minimalpaare mit /θ/ vs. /ð/) erhalten zu bleiben scheint. Die strukturellen Gründe für Laut- bzw. Sprachwandel sind allerdings nicht als kausale Wirkursachen zu deuten, sondern es handelt sich lediglich um sprachliche Bedingungen, welche den Sprachwandel systematisch beeinflussen.

> **Strukturalistische Sprachwandelmodelle**
> Strukturalistische Sprachwandelmodelle betonen den Systemcharakter der Sprache. Wandelt sich das System an einer Stelle, zieht dieser Wandel sehr wahrscheinlich weitere Wandelprozesse an anderer Stelle nach sich. Häufig benutzte Oppositionen oder Relationen, d. h. solche mit hoher funktioneller Belastung, sind stabiler als sel-

> tene Oppositionen oder Relationen, die nur eine geringe funktionelle Belastung aufweisen.

- **Laut der Natürlichkeitstheorie wandelt sich Sprache immer in Richtung möglichst „natürlicher" Strukturen**

Auch die Proponenten der **Natürlichkeitstheorie** gehen davon aus, dass Sprachwandel durch die bestehenden strukturellen Voraussetzungen des jeweiligen sprachlichen Systems (mit)bedingt wird. Sprachliche Strukturen entwickeln sich nach dieser Ansicht generell in Richtung zu mehr Kongruenz, Systematizität, Regelmäßigkeit gemäß den Strukturen, die in der gegebenen Sprache bereits vorherrschen bzw. „normal" sind. Da beispielsweise Pluralmorpheme im Deutschen häufiger an die vollständige Singularform angehängt werden (Beispiel 16a), als an den Stamm (Beispiel 16b), kommt es zu einer Angleichung von stammflektierten Formen zu grundformflektierten Bildungen (Beispiel 16c). Hier ist also das „Natürliche" gleich dem „Normalen", d. h. dem Frequenten oder Produktiven. Diese „Natürlichkeitsbeschränkungen" fallen unter den Begriff der **Systemadäquatheit**.

16. a. *Krokus – Krokus-se, Auto – Auto-s*
    b. *Konto – Kont-en, Pizza – Pizz-en*
    c. *Kont-en > Konto-s, Pizz-en > Pizza-s*

Daneben wird aber in der Natürlichkeitstheorie auch berücksichtigt, dass sich Sprachen ihrer Struktur gemäß in drei große Typen einteilen lassen, nämlich in die agglutinierende, die fusionierende und die isolierende Klasse (▶ Kap. 4), wobei man davon ausgeht, dass sich Sprachen in ihrer morphologischen Entwicklung generell an den typologischen Eigenschaften der Sprachart ausrichten, der sie angehören. In einer agglutinierenden Sprache werden also neue Ableitungen und Flexionsformen ebenfalls agglutinierend sein, in einer fusionierenden Sprache hingegen tendenziell fusionierend etc., was generell als **Typadäquatheit** bezeichnet wird.

Abgesehen von diesen beiden eher sprachspezifischen Tendenzen gibt es laut Natürlichkeitstheorie noch das universelle Bestreben zu transparenten Strukturen, das seine Wirkung im Sprachwandel immer dann entfaltet, wenn es nicht durch die sprachspezifischen Tendenzen (d. h. Systemadäquatheit und Typadäquatheit) eingeschränkt wird. Die oben gezeigte Anhängung eines Pluralmorphems kann, je nach Einzelfall, zu einer Erhöhung oder Verringerung **morphosemantischer** oder **morphotaktischer Transparenz** führen. Komplexe lexikalische Einheiten sind z. B. morphosemantisch transparent, wenn es eine Eins-zu-Eins-Beziehung zwischen morphologischer Einheit und Bedeutungseinheit gibt, wie z. B. in den Pluralformen in Beispiel 16a, oder im spanischen Beispiel 17a. Entspricht dagegen in einem mehrsilbigen Wort ein Morphem genau einer Silbe, spricht man von morphotaktischer Transparenz (Beispiel 17b), was der Hypothese nach im Hinblick auf die morpho-phonologische Wahrnehmung besonders natürlich ist.

17. a. Cesar - it - o
        Cesar DIM MASK
        ‚kleiner Cäsar, Cäsarlein'

    b. en - terre - ment
        /ã/ /tɛʁ/ /mã/
        ‚Beerdigung'

Oft kommt es aber durch interne oder externe Einflussfaktoren zu Konflikten zwischen den verschiedenen Natürlichkeitsparametern, wie z. B. bei der Übergeneralisierung englischer Pluralformen im kindlichen Sprachgebrauch (z. B. *feet-s*), wo die morphotaktische Transparenz zu-, die morphosemantische Transparenz hingegen abnimmt. Aufgrund der Vielzahl und Komplexität von Einflussfaktoren ist damit zu rechnen, dass derartige Konflikte eher die Regel als die Ausnahme darstellen, sodass die Formgestalt einer Sprache letztlich immer einen Kompromiss aus verschiedenen Natürlichkeitsbestrebungen darstellt, und entsprechend die drei großen Sprachtypen (d. h. isolierende, agglutinierende und fusionierende Sprachform) als unterschiedliche systematische Antworten auf konfligierende Natürlichkeitsparameter aufgefasst werden können.

> **Natürlichkeitstheorie und Sprachwandel**
> Laut der Natürlichkeitstheorie wandelt sich Sprache immer in Richtung möglichst natürlicher Strukturen, d. h. zum Beispiel in Richtung größtmöglicher morphosemantischer Transparenz. Konflikte zwischen mehreren Natürlichkeitsparametern werden in Richtung der generellen Eigenschaften des jeweiligen Sprachsystems bzw. des Sprachtyps aufgelöst.

? Frage 9.8
Inwiefern ist die englische Pluralform *feet* morpho-semantisch transparenter als die Form *feets*?

- **Soziokulturelle Sprachwandelwandeltheorien betonen die Rolle der sprachlich handelnden Individuen beim Sprachwandel**

Seitens der soziokulturellen Sprachwandelmodelle wird an dem Sprachwandelmodell der Natürlichkeitstheorie vor allem kritisiert, dass der Mensch als sprachlich handelndes Individuum weitestgehend ausgeblendet wird. Die soziokulturell ausgerichteten Ansätze vertreten die Ansicht, dass die Prinzipien der Natürlichkeit und der Ökonomie (s. o.) weniger auf die Sprachen an sich als vielmehr auf die *Handlungen* der sprechenden Individuen zu beziehen sind. In diese Richtung argumentiert z. B. Eugenio Coseriu (1957) gegen den „Mystizismus des Systems" (1974,

S. 182), dass Sprache sich wandelt, wenn sich die Ausdrucksnotwendigkeiten der Sprecher wandeln bzw. wenn die sprachlichen Gegebenheiten nicht mehr zu den Zwecken der sprachlich handelnden Individuen passen. Nach dieser Sicht sind es also die Sprecher, die Sprache verändern, um einen bestimmten kommunikativen *Zweck* zu erreichen, was Coseriu (1974, S. 175) das „finalistische Prinzip" des Sprachwandels nennt.

Ganz ähnlich sind auch die kommunikationstheoretisch orientierten Sprachforscher Helmut Lüdtke und Rudi Keller der Ansicht, dass sprachlicher Wandel von **Handlungsmaximen** abhängt, die sich grob in drei große Kategorien einteilen lassen. Erstens möchten die Sprecher ihre kommunikativen Ziele mit möglichst geringem Aufwand erreichen. Auf diese Maxime werden alle Arten von Reduktion zurückgeführt, wie z. B. die Formreduzierung lexikalischer Einheiten, die wir beispielsweise bei der Entstehung des Lexems *heute* aus *hiu dagu* beobachten können. Zweitens müssen die Sprecher aber auch sicherstellen, dass sie weiterhin verstanden werden, weshalb auf eine zu starke Reduktion meist eine neuerliche Anreicherung folgt. Dies war z. B. bei dem altfranzösischen Begriff für *heute*, d. h. *hui* der Fall, der zur besseren Verständlichkeit mit *au jour de* (,am Tag von') angereichert wurde (Beispiele aus Keller 1994, S. 149):

▶ **Beispiel**

(a) germ. *hiu dagu* (,am heutigen Tag') > ahd. *hiutu* > nhd. *heute*

(b) lat. *hoc die* (,an diesem Tag') > afranz. *hui* (,heute') > nfranz. *aujourd'hui* (,heute') ◀

Die Sprecher möchten aber nicht nur ihr Kommunikationsziel mit möglichst geringem Aufwand erreichen, sondern sie sind drittens auch meist darauf bedacht, mit der kommunikativen Handlung eine bestimmte Wirkung auf ihre Mitmenschen zu erzielen, um mit ihrer Handlung das gewünschte Kommunikationsziel zu erreichen.

Wichtig ist dabei, dass der Sprachwandel nicht etwa direkt auf einem imaginären Bedürfnis der Sprecher beruht, sprachliche Einheiten zu verkürzen oder zu verlängern, sondern dass er sich *indirekt* aus dem Bedürfnis ergibt, effizient und sozial angemessen zu kommunizieren. Nach dieser Sichtweise entsteht eine sprachliche Veränderung in einer Sprachgemeinschaft also aus dem Grund, dass viele unter denselben Bedingungen handelnde Individuen durch dieselben Handlungsmaximen geleitet werden.

Eines der bekanntesten Beispiele für ein derartiges, auf unintendiert gleichförmigen Handlungen beruhendes Epiphänomen ist die Entstehung eines Trampelpfads, da dieser üblicherweise entsteht, wenn viele Individuen dasselbe Ziel verfolgen, ihren Weg zu verkürzen. Keiner der Beteiligten verfolgt dabei jedoch das Ziel, einen Trampelpfad anzulegen.

Die Struktur entsteht vielmehr durch das unsichtbare Zusammenwirken eines gleichen Zwecks vieler Individuen in der gleichen Situation, und kann daher auch als ,**Invisible-Hand'-Prozess** (Lüdtke 1986) bzw. **Phänomen der dritten Art** (Keller 1994) bezeichnet werden.

Aus dieser Perspektive können auch Sprachwandelphänomene als ,Invisible-Hand'-Prozesse bzw. Phänomene der dritten Art angesehen werden, da sie sich ja indirekt aus den Handlungsmaximen der auf kommunikative Effizienz und Angemessenheit bedachten Sprecher ergeben und weder naturgesetzlich sind, noch vom Menschen beabsichtigt werden. Dabei ist zu berücksichtigen, dass Sprachwandel in den hier angesprochenen Ansätzen auf der **gesellschaftlichen Ebene** verortet wird. Eine individuelle Abweichung von der Sprachnorm, d. h. eine Innovation (▶ Abschn. 9.3), ist zunächst nur eines von vielen Beispielen für die allgegenwärtige sprachliche Variation, welche lediglich die Vorbedingung für Sprachwandel darstellt. Der eigentliche Sprach*wandel* findet dagegen erst durch die (graduelle) Diffusion einer Innovation in einer Sprachgemeinschaft statt.

> **Soziokulturelle Sprachwandeltheorien**
> Laut sozio-kulturellen Sprachwandeltheorien ist Sprachwandel ein gesellschaftliches Phänomen, das sich ergibt, wenn viele Individuen auf gleiche Art und Weise handeln, um einen bestimmten kommunikativen Zweck zu verfolgen. Der Wandel selbst ist ein Phänomen der dritten Art, da er weder natürlich gegeben, noch von den Individuen direkt intendiert ist.

❓ **Frage 9.9**
Inwiefern kann die Entstehung des deutschen Temporaladverbs *heute* als ein Phänomen der dritten Art analysiert werden?

- **Mentalistisch orientierte Sprachwandelmodelle beziehen sich auf den Wandel des sprachlichen Wissens einzelner Sprecher**

Ganz anders wird der Sprachwandelbegriff meist in mentalistischen Ansätzen verstanden, deren Hauptziel es ist, grammatische Veränderungen auf der Ebene der individuellen Sprachkompetenz, d. h. das sprachliche Wissen der einzelnen Sprecher, zu untersuchen. Aus dieser Perspektive ist Sprachwandel gleichzusetzen mit der Neuordnung individueller Grammatiken und erfolgt als solcher abrupt (denn entweder der Sprecher besitzt eine gegebene grammatische Regel in seiner Kompetenz oder nicht). Diese abrupte Änderung des Regelsystems eines Sprechers kann aber durch graduelle Veränderungen auf der Ebene des Sprachgebrauchs (Performanz) ausgelöst werden, und sie kann ihrerseits wiederum weitere graduelle Veränderungen auf der Performanzebene auslösen.

Bekannte Ansätze dieser Art kommen aus dem Umfeld der Generativen Grammatik (z. B. Lightfoot 1999, Kroch

1989), wo angenommen wird, dass der individuelle Sprach- bzw. Grammatikwandel am ehesten im Kindesalter, in der Zeit des Erstspracherwerbs, stattfindet. Grundlegend hierfür ist die Annahme, dass ein Kind im Zuge des ungesteuerten Spracherwerbs nicht vermittelt bekommt, welche Strukturen in der Zielsprache ungrammatisch sind, und dass es somit allein aus den positiven Daten, mit welchen es in seinem Umfeld konfrontiert wird, auch schließen muss, welche Strukturen in der Sprache *unmöglich*, d. h. *ungrammatisch* sind.

Da dies laut der entsprechenden Ansätze ohne eine mentale Prädisposition zum Spracherwerb unmöglich wäre, geht man davon aus, dass die positiven Daten auf einen gewissen angeborenen und universalen sprachlichen Strukturmechanismus treffen, die sogenannte Universalgrammatik (UG), welche die grundlegenden (universalen) Optionen der zu erwerbenden Grammatik vorgibt. Die sprachspezifische Ausprägung erfolgt dann durch bestimmte Parametereinstellungen, welche durch die primären Sprachdaten während des Spracherwerbs ausgelöst werden. Unterschiede zwischen dem Erstspracherwerb und dem Lernen von Zweitsprachen im Erwachsenenalter sprechen laut der Befürworter dieser Theorie dafür, dass die UG nur bis zu einem bestimmten (frühen) Kindesalter verfügbar ist, sodass auch der grammatische Wandel auf dieses Zeitfenster beschränkt bleibt.

Da im Rahmen der entsprechenden Arbeiten stets hervorgehoben wird, dass Grammatiken trotz der defizitären sprachlichen Primärdaten anscheinend problemlos zielsprachlich rekonstruiert werden können, stellt sich in diesem Zusammenhang allerdings die Frage, wie es überhaupt zu der Herausbildung einer von der Zielsprache abweichenden Grammatik, und damit zu Sprachwandel, kommen kann. Generell ist man sich zwar darüber einig, dass ein grammatischer Wandel nur durch veränderte sprachliche Primärdaten, d. h. durch veränderten Sprachgebrauch, ausgelöst werden kann. Da der Sprachgebrauch (d. h. die Performanz) aber von der Grammatik (Kompetenz) gesteuert wird, sind die einzelnen Fälle von performativer Abweichung sorgfältig zu untersuchen und zu begründen.

Ein in diesem Kontext viel diskutiertes Beispiel für grammatischen Wandel ist die Veränderung von der sogenannten V2-Stellung zur SVO-Stellung, wie sie in vielen Arbeiten dem Englischen, dem Französischen und anderen Sprachen attestiert wird. Das grammatische Phänomen der V2-Stellung ist sehr gut im Neuhochdeutschen zu beobachten, wo das finite Verb immer an zweiter Konstituentenposition realisiert werden muss:

18. a. *Johann **geht** heute ins Kino.*
    b. *Heute **geht** Johann ins Kino.*
    c. **Heute Johann **geht** ins Kino.*

Aus generativer Sicht ist dabei insbesondere beachtlich, dass deutsche Muttersprachler diese grammatische Restriktion lernen, obwohl sie erstens nur über positive Primärdaten verfügen (finites Verb immer an zweiter Konstituentenposition, aber keine Evidenz für die Ungrammatikalität anderer Positionierungen), und obwohl zweitens der Großteil der in den Primärdaten vorkommenden relevanten deklarativen Hauptsätze zwischen einer V2-Struktur und einer SVO-Grammatik ambig ist (Beispiel 18a). Die Schlussfolgerung ist, dass für den Spracherwerb nicht alle Primärdaten im Input, sondern nur ganz bestimmte Strukturen, sogenannte **Trigger**, relevant sind, welche durch ihre besonderen (d. h. unmissverständlichen) Eigenschaften allein für die Herausbildung bestimmter grammatischer Eigenschaften relevant sind. Im hier zitierten Beispiel wären dies grob gesagt V2-Strukturen mit Subjekt-Verb-Inversion für Verb-Zweit-Stellung (Beispiel 18b) bzw. Verb-Dritt-Strukturen der Art von Beispiel 18c für eine SVO-Grammatik.

Käme es z. B. auf der Performanzebene, aus welchen Gründen auch immer, zu einer strukturellen Veränderung derart, dass beispielsweise in einer V2-Sprache wie dem Deutschen im Input der spracherwerbenden Generation viele Verb-Dritt-Strukturen vorhanden wären, würde sich in dieser neuen Generation eine SVO-Grammatik anstelle einer Verb-Zweit-Grammatik herausbilden.

> **Mentalistische Sprachwandeltheorien**
> Mentalistisch orientierte Sprachwandeltheorien verstehen Sprachwandel als performanzbedingte Neuordnung von Grammatiken individueller Sprecher im Spracherwerbsalter. Die Grammatiksysteme der Sprecher stellen sich zwar abrupt – mit der Bildung neuer Regeln – auf die neue Performanz ein, auf der Performanzebene selbst können die Veränderungen sich aber auch graduell bemerkbar machen.

Diese Auffassung von grammatischem Wandel als nichtzielsprachliche Rekonstruktion der Kompetenz auf der Basis modifizierter Performanzdaten im Laufe des Spracherwerbs führte zu zahlreichen Diskussionen bezüglich des Verhältnisses von Kompetenz und Performanz, bezüglich der Rolle der Trigger und deren Frequenz in den primären Sprachdaten und bezüglich des Reanalysebegriffs selbst, die in diesem Kapitel nicht alle nachverfolgt werden können.

? Frage 9.10
Erklären Sie den Begriff der Trigger im Spracherwerb anhand des Beispiels *Heute geht Johann ins Kino* vs. **Heute Johann geht ins Kino* mit eigenen Worten. Inwiefern kann die Grammatikalität des ersten Satzes als ein Trigger für eine zugrunde liegende V2-Grammatik verstanden werden?

9.5 Historische Daten

Ein großes Problem bei der Angabe von Gründen für nichtaktuelle Sprachwandelphänomene stellt für alle Theorien gleichermaßen die äußerst beschränkte Datenlage dar. Hier ist zunächst zu bedenken, dass wir für die Rekonstruktion historischer Sprachwandelprozesse lediglich über schriftliche Daten verfügen, die einerseits meist auf bestimmte hochsprachliche Register beschränkt sind, und die sich andererseits durch ihren deklarativen Charakter sowie ihren meist geringen Umfang kaum für verlässliche Urteile hinsichtlich der (Un-)Grammatikalität bestimmter Konstruktionen in der jeweiligen Sprache anbieten. Zur Untersuchung des Wortstellungswandels sind z. B. lyrische Quellen ebenso problematisch, wie alle anderen Textgattungen, die eine hohe Diskrepanz zwischen normalsprachlicher Ausdrucksweise und fach- bzw. registerspezifischen Konstruktionen erwarten lassen (z. B. Gesetzestexte, medizinische Kompendien).

Zudem ist zu beachten, dass Sprachwandelprozesse zum größten Teil in der gesprochenen Sprache ablaufen und sich oft nur indirekt und der Hypothese nach verzögert in der schriftlichen Textproduktion widerspiegeln. So stellt sich in Bezug auf Lautwandelphänomene z. B. die Frage, inwieweit aus einer konservativen Schreibweise geschlossen werden kann, dass ein bestimmter Lautwandel zum Zeitpunkt der Manuskriptredaktion noch nicht stattgefunden hatte. Ebenso kann der Schreiber ja aus Normbewusstsein lediglich auf eine konservative Orthografie zurückgegriffen haben.

Darüber hinaus lassen sich die sozio-kulturellen Beweggründe der Individuen einer Sprachgemeinschaft für den jeweiligen Sprachwandel historisch – wenn überhaupt – ohnehin nur äußerst selten rekonstruieren, da es über die Geschichte, Entwicklung und Befindlichkeiten des „einfachen Volkes" kaum historische Aufzeichnungen gibt. Bei der Bewertung einzelner Untersuchungen oder Theorien zu historischen Sprachwandelprozessen muss also bedacht werden, dass deren empirische Evidenz naturgemäß äußerst beschränkt ist, sodass bei der Interpretation der Ergebnisse stets Vorsicht geboten ist, insbesondere dann, wenn in den Arbeiten Grammatikalitätsurteile gegeben werden.

9.6 Weiterführende Literatur

Eine brauchbare und aktuelle Einführung in die Historische Linguistik ist Campbell (2021) mit vielen Beispielen aus den romanischen Sprachen und dem Englischen. Interessant ist auch die Einführung von Crowley und Bowern (2010), die allerdings auf recht „exotischem" Sprachmaterial basiert. Lesenswerte Einblicke in die Diskussion um Sprachwandeltheorien geben Cherubim (1975) sowie Windisch (1988). Nübling et al. (2017) stellt die historische Sprachwissenschaft des Deutschen vor. Die Monographie von Keller (1994) wurde im Jahr 2014 nochmals als unveränderte Neuauflage herausgegeben.

Antworten zu den Selbstfragen

Selbstfrage 1 Regressive Assimilation; Angleichung von /n/ an den Folgelaut /f/, Angleichung des Artikulationsortes (alveolar zu labial).

Selbstfrage 2 Dehnung in geschlossener Silbe ist kein regulärer Lautwandel im Deutschen, Dehnung in Analogie zur Pluralform zum Zwecke der paradigmatischen Regulierung, „unkorrekt" vor dem Hintergrund regulärer Lautwandelprozesse der Sprache.

Selbstfrage 3 Duell: altlateinisch für ‚Krieg', lateinisch als Nebenform koexistent mit ‚bellum', volksetymologische Verbindung mit lat. ‚duo'. Mittellateinisch: Wiederaufnahme von ‚duellum' mit volksetymologischer Uminterpretation zu ‚Zweikampf'.

Friedhof: ahd. frithof ‚Vorhof, Vorplatz, Begräbnisstätte' (9. Jh.), mhd. vrithof ‚eingefriedeter Raum um eine Kirche', dient(e) meist als Begräbnisstätte > Bedeutungsbeschränkung > volksetymologische Uminterpretation als ‚Ort der Ruhe und des Friedens' durch verwandtes Lexem ‚Friede'.

Maulwurf: Vermutlich ist der Ausgangspunkt ‚Haufenwerfer' mit einem Wort im Vorderglied, das ae. muwa, muha, muga, -anord. múgi, múgr ‚Hügel, Haufen' (am.-e. mow ‚Kornhaufen, Heuhaufen') entspricht (…) Dann eine Umdeutung zu mhd. molt(e), ahd. molta ‚Staub, Erde', also ‚Erdwerfer'. (Kluge 2011), ab 16. Jh.: volksetymologische Interpretation des ersten Bindeglieds zu ‚Maul', da das Tier die Erde mit dem Maul aufwerfe.

Mundtot: bis 17. Jh. Rechtsausdruck im Sinne von ‚unfähig, Rechtshandlungen auszuführen', von mhd. munt (‚Hand, Schutz'), ab 19. Jh. volksetymologische Uminterpretation und Rückführung auf nhd. ‚Mund'.

Hals- und Beinbruch: Jiddische Form „hatslokhe u brokhe" ist Segenswunsch mit der Bedeutung „Erfolg und Segen", im Anschluss volksetymologische Verballhornung und konkrete Uminterpretation im Deutschen.

Selbstfrage 4 Tisch: Entlehnt aus lat. ‚discus' < griech. ‚discos', ‚(Wurf-) Scheibe' bzw. kleine hölzerne Platten.

Möbel: Entlehnt aus franz. ‚meuble' < ml. ‚mobile' (‚bewegliches Gut').

Senf: Entlehnt aus lat. ‚sinapi' < griech. ‚sínapi' (daraus mhd. ‚senef', ahd. ‚sen(e)f')

Fatzke: Wahrscheinlich abgeleitet aus dem polnischen Personennamen ‚Wacek' (Anredeform: ‚Wacku'); evtl. Einfluss von älterem fnhd. ‚fatzen' (‚zum Narren halten')

Abenteuer: Entlehnt als ritterliches Fachwort aus franz. ‚aventure', Neutrum von mlat. *adventura n. Pl., ‚Ereignis' (Kluge 2011).

Selbstfrage 5 Beispiele: regressive Assimilation von alveolaren Nasalen an folgende labiodentale Frikative (*fünf*, *Senf*, etc.); dialektale Variation von Verneinungsoperatoren, z. B. *nicht*, *nich*, *net*, *nit*; definitem Artikel (*das*, *dat*, *des*, *det*), Auxiliaren (*haben*, *hab'n*, *ham*, *han*, etc.); Gerundivkonstruktionen für Gleichzeitigkeit (*Er ist das Auto am Waschen*); Possession durch Dativ mit nachgestelltem besitzanzeigenden Possessivpronomen (*Das ist dem Hans sein Auto*).

Selbstfrage 6 ‚Grund' ursprgl. = ‚Fundament', dann metaphorische Umdeutung zu ‚Zugrundeliegendes'; ‚Ursache' ursprgl.: ‚(Rechts-)Sache' + ‚Ur-' = ‚anfängliche Rechtsangelegenheit', dann Bedeutungsverallgemeinerung + Verschiebung; ‚Bedingung(1)' ursprgl. von ‚bedingen' = ‚aushandeln', dann Umdeutung zu ‚etw. zur Folge haben', weitere Umdeutung, Polysemie: ‚Bedingung(2)' im Sinne von ‚Kondition'; ‚Motiv': aus dem Lateinischen mit Bedeutung ‚Beweggrund, Antrieb' (d. h. psychosoziales Pendant zu ‚Grund'); d. h. diachron verwurzelte Bedeutungsunterschiede, die sich u. a. in dem Grad und der Art der kausalen Deutung niederschlagen: ‚Bedingung(1)' (tendenziell [+human]) < ‚Ursache' < ‚Grund' < ‚Motiv' [+human] < ‚Bedingung(2)'; Gemeinsamkeit = Bedeutungskomponente des Urspünglichen und anfänglich Gegebenen; zusätzlich umgangssprachliche Vertauschung der Begriffe bis hin zur kompletten Austauschbarkeit.

Selbstfrage 7 Der Sprecher muss/möchte sich einerseits möglichst verständlich ausdrücken/verstanden werden, andererseits möglichst wenig artikulatorischen Aufwand aufbringen; entgegengesetzte Prinzipien, deren Ausbalancierung zu den beobachtbaren Wandelerscheinungen führt; /fynf/ zu /fymf/ wäre demnach zurückzuführen auf einen geringeren artikulatorischen Aufwand durch Angleichung des Artikulationsortes.

Selbstfrage 8 *feet* = Eins-zu-Eins-Beziehung zwischen Form (morphologischem Ableitungsprozess, Stammallomorph) und Bedeutungsmerkmal ‚plural'; vs. *feets* = Zwei-zu-Eins-Verhältnis von Form (Stammallomorphie und Suffix *-s*) und Bedeutungsmerkmal ‚plural'.

Selbstfrage 9 Formreduktion ergibt sich epiphänomenal durch Sprecherbedürfnis nach effizienter Kommunikation/Artikulation; der letztliche Wandel entsteht durch Ausbreitung der Kürzung auf die gesamte Sprechergemeinschaft; Ausbreitung erfolgt (unintendiert), da die Sprecher alle mit denselben Bedingungen (dieselbe Sprache, dieselbe Ausgangsform) konfrontiert sind und von der/denselben Handlungsmaxime/n geleitet werden.

Selbstfrage 10 Wortstellung lässt sich nicht mit klassischer SVO-Grammatik (z. B. Englisch) generieren, ist also zwangsläufig ein (positives) Indiz gegen letztere bzw., aufgrund der spezifischen Verbposition, für eine V2-Grammatik.

Aufgaben

Die folgenden Aufgaben sind unterschiedlich schwierig zu lösen. Die Einschätzung der Schwierigkeitsgrade ist natürlich individuell verschieden. Sie sollten daher nicht an sich zweifeln, wenn Sie eine Aufgabe, die als einfach klassifiziert ist, als schwer empfinden.
- • einfache Aufgaben
- •• mittelschwere Aufgaben
- ••• anspruchsvolle Aufgaben, die fortgeschrittene Konzepte benötigen

9.1 • Analysieren Sie den Bedeutungswandel von dt. *Kopf* = SCHALE, GEFÄSS > SCHÄDEL anhand einschlägiger etymologischer Wörterbücher wie z. B. Kluge (2011). Handelt es sich um einen metaphorischen oder einen metonymischen Bedeutungswandel?

9.2 •• Wie verhält es sich Ihrer Meinung nach mit dem Deutschen *Wagen – Wagen*, *Bogen – Bögen* und *Gras – Gräser* im Vergleich zu *Auto – Autos* und *Konto – Konten*? Können Sie Abstufungen in der morpho-semantischen Transparenz der verschiedenen Pluralisierungsformen feststellen?

Literatur

Antilla, R. (2017). Analogy: The warp and woof of cognition. In B. Joseph, & R. Janda (Hrsg.), *The Handbook of Historical Linguistics* (S. 423–440). Oxford: Blackwell.

Antilla, R., & Brewer, W. A. (1977). *Analogy: A basic bibliography*. Dordrecht: John Benjamins Publishing Company.

Blank, A. (2001). *Einführung in die lexikalische Semantik für Romanisten*. Berlin: De Gruyter.

Bußmann, H. (2008). *Lexikon der Sprachwissenschaft* (4. Aufl.). Stuttgart: Krömer.

Bybee, J. L. (1985). *Morphology: A study of the relation between meaning and form*. Amsterdam: John Benjamins.

Campbell, L. (2021). *Historical Linguistics: An Introduction* (4. Aufl.). Cambridge: MIT Press.

Cherubim, D. (1975). *Sprachwandel: Reader zur diachronischen Sprachwissenschaft*. Berlin: de Gruyter.

Coseriu, E. (1957). *Sincronía, diacronía e historia: El problema del cambio lingüístico* (S. 201–355). Revista de la Facultad de Humanidades y Ciencias (Universidad de Montevideo).

Coseriu, E. (1974). *Synchronie, Diachronie und Geschichte. Das Problem des Sprachwandels*. München: Wilhelm Fink. Deutsche Übersetzung von Coseriu 1958. Übersetzt von H. Sohre.

Crowley, T., & Bowern, C. (2010). *An Introduction to Historical Linguistics* (4. Aufl.). Oxford: Oxford University Press.

Detges, U., & Waltereit, R. (2002). Grammaticalization vs. Reanalysis: A semantic-pragmatic account of functional change in grammar. *Zeitschrift für Sprachwissenschaft*, 21(2), 151–195.

Harnisch, R. (1988). Natürliche Morphologie und morphologische Ökonomie. *Zeitschrift für Phonetik, Sprachwissenschaft und Kommunikationsforschung*, 41, 426–437.

Harris, A. C. (2017). Cross-linguistic perspectives on syntactic change. In B. Joseph, & R. Janda (Hrsg.), *The Handbook of Historical Linguistics* (S. 529–551). Oxford: Blackwell.

Hock, H. H. (2003). Analogical change. In B. D. Joseph, & R. D. Janda (Hrsg.), *The Handbook of Historical Linguistics* (S. 441–460). Oxford: Blackwell.

Hopper, P., & Traugott, E. C. (2003). *Grammaticalization* (2. Aufl.). Cambridge: Cambridge University Press.

Keller, R. (1994). *Sprachwandel: Von der unsichtbaren Hand in der Sprache*. Tübingen: Francke.

Kluge, F. (2011). *Etymologisches Wörterbuch der deutschen Sprache* (25. Aufl.). Berlin: de Gruyter.

Kroch, A. S. (1989). Reflexes of Grammar in Patterns of Language Change. *Language Variation and Change, 1*, 199–244.

Kroch, A. S. (2001). Syntactic Change. In M. R. Baltin, & C. Collins (Hrsg.), *The handbook of contemporary syntactic theory* (S. 699–729). Malden and Mass: Blackwell.

Lehmann, C. (2002). *Thoughts on grammaticalization*. München: Lincom Europa.

Lightfoot, D. (1999). *The Development of Language: Acquisition, Change, and Evolution*. Oxford: Blackwell.

Lloyd, P. M. (1987). *From Latin to Spanish: Vol I: Historical Phonology and Morphology of the Spanish Language*. Philadelphia: American Philosophical Society.

Lüdtke, H. (1986). Esquisse d'une théorie du changement langagier. *La Linguistique, 22*(1), 3–46.

Martinet, A. (1975). Phonetik und Sprachentwicklung. In D. Cherubim (Hrsg.), *Sprachwandel* (S. 150–176). Berlin: de Gruyter.

Martinet, A. (1981). *Sprachökonomie und Lautwandel: Eine Abhandlung über die diachronische Phonologie*. Stuttgart: Klett-Cotta.

Meillet, A. (1912). L'évolution des formes grammaticales. *Scientia, 12*, 130–148.

Nübling, D., Dammel, A., Duke, J., & Szczepaniak, R. (2017). *Historische Sprachwissenschaft des Deutschen: Eine Einführung in die Prinzipien des Sprachwandels* (5. Aufl.). Tübingen: Narr.

Uth, M. (2022). Aspekte der Diachronie. In R. Klabunde, W. Mihatsch, & S. Dipper (Hrsg.), *Linguistik im Sprachvergleich* (S. 787–803). Stuttgart: Metzler. Kap. 41.

Windisch, R. (1988). *Zum Sprachwandel: Von den Junggrammatikern zu Labov*. Frankfurt am Main: Peter Lang.

Graphematik – die Beziehung zwischen Sprache und Schrift

Martin Evertz-Rittich, Kristian Berg und Trudel Meisenburg

Inhaltsverzeichnis

10.1 Definition und Abgrenzung – 198

10.2 Graphematik von Alphabetschriften – 198

10.3 Die Graphematik des Deutschen – 204

10.4 Graphematik der romanischen Sprachen – 205

10.5 Weiterführende Literatur – 216

Literatur – 217

© Der/die Autor(en), exklusiv lizenziert an Springer-Verlag GmbH, DE, ein Teil von Springer Nature 2023
R. Klabunde, W. Mihatsch (Hrsg.), *Linguistik*, https://doi.org/10.1007/978-3-662-66612-8_10

Die Graphematik ist ein eigenständiges Teilgebiet der Sprachwissenschaft, welches Schriftsysteme und ihre Korrespondenzen zu anderen Teilsystemen der Sprache untersucht. Obwohl es systematische Bezüge von geschriebener Sprache zur Phonologie, Morphologie und Syntax gibt, sind Schriftsysteme eigenständige Systeme mit eigenen, graphematischen Regularitäten.

10.1 Definition und Abgrenzung

Lange Zeit wurde die geschriebene Sprache als ein sekundäres Phänomen angesehen, während nur die gesprochene Sprache als „echte" Sprache – und somit als eigentlicher Untersuchungsgegenstand der Sprachwissenschaft – galt. So schrieb z. B. Bloomfield (1933): „Writing is not language, but merely a way of recording language by visible marks." Modernere Ansätze sehen Schriftsysteme inzwischen jedoch mehrheitlich als eigenständige Systeme an, die als Phänomene in eigenem Recht untersucht werden können und die mit anderen Subsystemen der Sprache (Phonologie, Morphologie und Syntax) korrespondieren. Darüber hinaus gibt es auch eigenständige Regularitäten innerhalb von Schriftsystemen, also Muster, die sich nicht durch Bezüge zu anderen Teilsystemen motivieren lassen.

> **Graphematik**
> Graphematik bezeichnet zum einen das Schriftsystem als Subsystem einer Sprache. Zum anderen kann der Begriff auch für die wissenschaftliche Beschäftigung mit Schriftsystemen stehen. So bezeichnet z. B. „die Graphematik des Deutschen" sowohl das Schriftsystem des Deutschen als auch die Lehre vom Schriftsystem des Deutschen (vgl. „die Phonologie des Deutschen")

Graphematik im Sinne eines Schrift**systems** sollte nicht mit der Orthografie eines Schriftsystems verwechselt werden.

> **Orthografie**
> Orthografie bezeichnet die normative Schreibung einer bestimmten Sprache.

Der Unterschied zwischen Graphematik und Orthografie wird häufig so verstanden, dass die Orthografie eine normative Auswahl graphematischer Möglichkeiten darstellt. Versuchen wir diese Ansicht anhand eines fiktiven Falles zu klären: Ein fiktives Substantiv wie [beːm] könnte z. B. <Bem>, <Behm> oder <Beem> geschrieben werden. Das Schriftsystem schließt keine dieser Möglichkeiten aus. Allerdings ist zu erwarten, dass es keine Variation zwischen diesen Formen geben wird: Nur eine Form wird als orthografisch korrekt gelten.

Betrachten wir die Nomen *Graphematik* und *Orthografie* als Bezeichner für akademische Disziplinen, besteht der wichtigste Unterschied in ihren Erklärungsansprüchen: Die Graphematik versucht, das Schriftsystem zu beschreiben und in seinen Zusammenhängen zu verstehen und zu erklären. Die Ortografie hingegen bleibt bei der Beschreibung der Daten stehen, die dann als Vorschrift, also präskriptiv verwendet wird. Eine Schreibung wie *<schpielen> ist orthografisch falsch, mehr sagt die Orthografie nicht dazu; die Graphematik hingegen kann Antworten auf die Frage liefern, warum eine solche Schreibung nicht normgerecht ist.

10.2 Graphematik von Alphabetschriften

Häufig werden Schriftsysteme nach den Korrespondenzen ihrer kleinsten selbstständigen Segmente typologisiert. So z. B. korrespondieren die Segmente der chinesischen Schriftsysteme vor allem mit Morphemen und die Segmente des Schriftsystems des Cherokee mit Silben. Man nennt diese Schriftsysteme dementsprechend **Morphem-** bzw. **Silbenschriften**.

Die Segmente der Schriftsysteme des Deutschen, Englischen und der romanischen Sprachen – also die Buchstaben – korrespondieren mit Lauten, oder genauer, mit Phonemen. Man nennt solche Systeme phonemische Schriftsysteme oder **alphabetische Schriftsysteme**. Das Buchstabeninventar der Schriftsysteme der genannten Sprachen basiert auf dem lateinischen Alphabet. Die lateinischen Buchstaben können durch Diakritika (z. B. <á, ä>) modifiziert werden; einige Schriftsysteme haben neben den lateinischen Buchstaben auch sprachspezifische Zeichen (z. B. <ß> im Deutschen).

Neuere Ansätze innerhalb der Graphematikforschung gehen davon aus, dass die Segmente alphabetischer Schriften in kleinere unselbstständige Segmente (z. B. Halbkreise, Striche) zerlegt werden können, und dass diese Buchstabensegmente bestimmte Funktionen haben (vgl. Primus 2010). In diesem Kapitel werden wir Buchstabensegmente und ihre Merkmale nicht behandeln, aber wir verweisen auf einschlägige Literatur am Ende des Kapitels.

Neben Buchstaben gehören auch Ziffern und Interpunktionszeichen zum Inventar alphabetischer Schriftsysteme. Diese drei Gruppen innerhalb des Schriftsysteminventars unterscheiden sich in ihrer Funktion: Buchstaben korrespondieren zu Lauten, Ziffern sind Zahlzeichen (sie sind sog. semasiografische Zeichen, d. h. Zeichen, die konventionell begriffliche Einheiten – hier Zahlen – repäsentieren), und Interpunktionszeichen steuern den Leseprozess (▶ Abschn. 10.2.3).

Die neuere Graphematikforschung geht aber nicht nur von einer segmentalen Ebene aus, sondern sie nimmt an, dass in der Graphematik, parallel zur Phonologie, eine

> **Vertiefung: Dependenz- und Interdependenzhypothese**
>
> Es gibt unterschiedliche Auffassungen über das Verhältnis von gesprochener und geschriebener Sprache: Geschriebene Sprache kann als vollständig ableitbar aus der gesprochenen Sprache angesehen werden (Dependenzhypothese); sie kann aber auch als – zumindest teilweise – autonom betrachtet werden (Interdependenz- oder Autonomiehypothese).
>
> Die Dependenzhypothese besagt, dass die gesprochene Sprache (mindestens) eine vierfache Priorität gegenüber der geschriebenen Sprache hat (Lyons 1972):
> 1. Phylogenetische Priorität: Geschriebene Sprache entwickelte sich später als gesprochene Sprache.
> 2. Ontogenetische Priorität: Ein Individuum erwirbt gesprochene vor geschriebener Sprache.
> 3. Funktionale Priorität: Gesprochene Sprache dient mehr Zwecken als geschriebene Sprache.
> 4. Strukturelle Priorität: Geschriebene Sprache dient der Repräsentation gesprochener Sprache
>
> Hieraus wird gefolgert, dass Schrift lediglich ein sekundäres Phänomen ist und keine „echte" Sprache darstellt.
>
> Zum einen sind einige dieser Prioritäten – zumindest zum Teil – strittig. Zum anderen kann durchaus diskutiert werden, ob diese Prioritäten überhaupt relevant sind (z. B. sagt der Entstehungszeitpunkt der mündlichen oder schriftlichen Realisationsform einer Sprache nicht notwendigerweise etwas über diese Realisationsform oder ihr Verhältnis zu anderen Realisationsformen aus).
>
> Dass eine logische Abhängigkeit von Schriftsystemen von gesprochenen Sprachen existiert, wird im Übrigen keineswegs von den Verfechtern der Interdependenzhypothese bestritten: Es gibt durchaus gesprochene Sprachen ohne ein korrespondierendes Schriftsystem; ein Schriftsystem hingegen setzt eine gesprochene Sprache voraus. Nach den Vertretern der Interdependenzhypothese bedingt diese logische Abhängigkeit aber nicht die Art und Weise, wie gesprochene und geschriebene Sprache in Beziehung zueinander stehen. Wenn ein Schriftsystem erst einmal existiert, kann es auch durchaus die gesprochene Sprache beeinflussen (vgl. schriftgeleitete Aussprache) und sogar die korrespondierende gesprochene Sprache überleben (z. B. Latein).
>
> **Literatur**
> — Neef, M. & Primus, B. (2001). Stumme Zeugen der Autonomie – Eine Replik auf Ossner. *Linguistische Berichte, 187*, 353–378.
> — Domahs, U. & Primus, B. (2014). Laut – Gebärde – Buchstabe. In E. Felder & A. Gardt (Hrsg.), *Sprache und Wissen*. Berlin/New York: de Gruyter.

graphematische Hierarchie existiert. Diese Hierarchie umfasst neben Buchstaben auf der segmentalen Ebene auch das Graphem, die graphematische Silbe, das graphematische Wort und den graphematischen „Satz". Die komplette Hierarchie beinhaltet noch die oben erwähnten Buchstabensegmente und den graphematischen Fuß (vgl. Primus 2010; Evertz und Primus 2013).

Im Folgenden werden wir die Bezüge von Alphabetschriften zu den anderen Subsystemen der Sprache darstellen und relevante graphematische Einheiten (wie z. B. das Graphem) an den gegebenen Stellen einführen.

10.2.1 Bezüge zur Phonologie

Wie oben beschrieben ist das kleinste eigenständige Segment in Alphabetschriften der Buchstabe, der manchmal auch als **Graph** bezeichnet wird. Neben dieser Einheit ist das **Graphem** von zentraler Bedeutung für alphabetische Schriftsysteme. Als Grapheme werden (wie in der Phonologie die Phoneme) die kleinsten funktionalen Einheiten eines Schriftsystems bezeichnet. Man braucht sie unter anderem, um Einheiten zu beschreiben, die aus mehr als einem Buchstaben bestehen (wie z. B. <qu> und <ch>).

Es gibt zwei Traditionen, wie das Graphem definiert wird (siehe oben die Vertiefungsbox „Dependenz- und Interdependenztheorie"). In Ansätzen, die der Dependenztheorie folgen, wird das Graphem durch seine lautlichen Korrespondenten definiert, d. h., ein Graphem kann aus einem Buchstaben oder einer Buchstabenfolge bestehen und korrespondiert mit genau einem Phonem. Nach dieser Definition ist die Folge <ie> ein Graphem des Deutschen, da sie zu einem Phonem, nämlich /i/, korrespondiert (s. Definition 2 in der Merkbox unten). In interdependenztheoretischen Ansätzen wird das Graphem hingegen rein graphematisch – ohne Bezug zur Phonologie – als kleinste distinktive Einheit in der geschriebenen Sprache definiert (s. Definition 1 in der Merkbox). Nach dieser Definition ist z. B. <ie> im Deutschen kein Graphem, sondern eine Folge aus zwei Graphemen, da man **Minimalpaare** sowohl für <i> als auch <e> finden kann (z. B. *Tier – Teer, Stiel – Still*).

Das bedeutet, dass die beiden Definitionen durchaus zu verschiedenen Grapheminventaren führen.

> **Graphem**
> Das Graphem ist die kleinste funktionale Einheit in der geschriebenen Sprache. Je nach theoretischem Rahmen wird es wie folgt definiert:
> 1. Das Graphem ist die kleinste distinktive (bedeutungsunterscheidende) Einheit in der geschriebenen Sprache.
> 2. Ein Graphem korrespondiert mit genau einem Phonem.

Im Folgenden wird aus methodischen Gründen (vgl. Eisenberg 1988; Günther 1988) Definition 1 zugrunde gelegt: Nur wenn Phonem- und Grapheminventare getrennt voneinander ermittelt und in einem zweiten Schritt aufeinander bezogen werden, lassen sich Abhängigkeitsverhältnisse neutral ermitteln. Andernfalls geht das Ergebnis der Analyse (Grapheme sind von Phonemen abhängig) als Voraussetzung in die Analyse ein.

> **Notationskonvention**
> Um die verschiedenen Repräsentationsebenen kenntlich zu machen, werden in der Graphematik verschiedene Notationsarten verwendet. Buchstaben bzw. Graphe werden durch gerade Striche gekennzeichnet, z. B. |a|, und Grapheme (manchmal auch Folgen von Graphen) werden in spitze Klammern notiert, z. B. <qu>.

Ein Beispiel für ein unumstrittenes Graphem im Deutschen, das aus mehreren Buchstaben besteht (komplexes Graphem), ist <qu>. Die Buchstaben |q| und |u| allein sind nicht im selben Maße funktional: Das Vorkommen von |q| bedingt immer das Vorkommen eines folgenden |u|. Das komplexe Graphem <qu> hingegen verhält sich wie andere Grapheme auch und ist in diesem Sinne funktional. Es kann daher auch Minimalpaare bilden, z. B. *Qualle – Falle*. Das Minimalpaarbeispiel zeigt, dass das Graphem <qu> sich wie eine Einheit verhält: Weder |q| noch |u| allein können in diesem Beispiel Minimalpaare bilden, nur beide Buchstaben zusammen als Einheit können durch ein anderes Graphem ersetzt werden.

> **? Frage 10.1**
> Überlegen Sie, in welchen anderen Sprachen, die auf dem lateinischen Alphabet basieren, komplexe Grapheme vorkommen. Versuchen Sie beispielsweise anhand der hier vorgestellten Definitionen zu prüfen, ob <qu> auch im Spanischen, Französischen, Italienischen und Englischen ein komplexes Graphem ist.

Eine Parallelität zur Phonologie ist, dass man (analog zu Allophonen) auch Allographe annehmen kann. So z. B. kann man die schriftartspezifischen Varianten |a| und |a| auf ein abstraktes Graphem <a> zurückführen. Aber auch innerhalb einer Schriftart kann man Allografien annehmen, so z. B. können |i| und |y| im Englischen als stellungsbedingte Allographen gesehen werden, z. B. *lady – ladies, die – dying* (vgl. Venezky 1970).

Auch wenn Grapheme unabhängig von Phonemen definiert werden können, stehen sie mit Phonemen in einer Korrespondenzbeziehung. Aus der Perspektive des Schreibers spricht man von Phonem-Graphem-Korrespondenzen (PGK) und aus der Perspektive des Lesers von Graphem-Phonem-Korrespondenzen (GPK).

Für jedes Phonem bzw. für jedes Graphem kann genau eine primäre Korrespondenz angenommen werden. So z. B. korrespondiert das Phonem /n/ mit dem Graphem <n> und umgekehrt. Andere Korrespondenzen werden als sekundär bezeichnet und treten auf, wenn bestimmte Schreibprinzipien sie verlangen. Ein Beispiel für eine kontextabhängige GPK ist die Korrespondenz von /k/ im Spanischen. Dieses Phonem korrespondiert primär mit <c> (z. B. in *cosa*), jedoch vor <e> und <i> korrespondiert es mit <qu> (z. B. in *quitar*).

Ein Beispiel für eine sekundäre Korrespondenz, die auf suprasegmentale Einheiten Bezug nimmt, ist beispielsweise die Korrespondenz von /n/ zu <nn>, die in der **Silbengelenkschreibung** auftritt. Die Silbengelenkschreibung kann z. B. im Englischen und im Deutschen beobachtet werden: Wenn ein ambisyllabischer Konsonant vorliegt, wird sein graphematischer Korrespondent – in der Regel – verdoppelt. So z. B. verschriftet man [zɔnə] als <Sonne>. Man kann daher die Silbengelenkschreibung als ein Beispiel für ein suprasegmentales Schreibprinzip auf der Ebene der Silbe (bzw. des Fußes) sehen, welches bestimmte sekundäre Korrespondenzen fordert.

10.2.2 Bezüge zur Morphologie

Viele alphabetische Schriftsysteme verfügen über regelmäßige Bezüge zur Morphologie. Sichtbar werden diese Bezüge immer dann, wenn sie nicht allein über Phonem-Graphem-Korrespondenzen erfasst werden können. So spricht beispielsweise phonografisch nichts gegen die Schreibung <Epfel> als Plural des deutschen Substantivs <Apfel>. Die tatsächliche Schreibung, <Äpfel>, ist nur mithilfe der Morphologie erklärbar: Die Formen innerhalb eines Paradigmas sind graphematisch möglichst einheitlich (das Paar <Apfel> – <Äpfel> ist ähnlicher als <Apfel> – <Epfel>).

Diese Spielart der morphologischen Schreibung wird meist als **Morphemkonstanz** bezeichnet. Es ist durchaus sinnvoll, hier weiter zu unterscheiden. Man kann genauer von Stammkonstanz und Affixkonstanz sprechen, denn Stämme verhalten sich in den Schriftsystemen der Einzelsprachen z. T. anders als Affixe.

Vertiefung: Das Graphem in der suprasegmentalen Graphematik

In einer suprasegmentalen Graphematik, also einer Graphematik, die annimmt, dass auch in alphabetischen Schriftsystemen Einheiten existieren, die größer sind als einzelne Segmente, wird das Graphem als eine suprasegmentale Einheit definiert, die aus einem oder mehreren Buchstaben besteht (vgl. hierzu Affrikate in einem suprasegmentalen phonologischen Modell).

```
      <G>              /C/         Graphem-/
     /   \            /   \        Skelettebene
   |c|   |h|        [t]   [ʃ]      Segmentebene
```

Somit besteht ein komplexes Graphem aus zwei Buchstaben, die von einer Skelettposition dominiert werden. Im obigen Beispiel bilden die Buchstaben |c| und |h| ein komplexes Graphem <ch>. So wird die Tatsache erfasst, dass einige Regeln wie z. B. die Großschreibung auf einzelne Buchstaben zugreifen können (z. B. *CHef vs. Chef), und andere Regeln, wie z. B. die Trennung am Zeilenende, auf Grapheme (z. B. *lac-hen vs. la-chen).

Literatur

— Primus, B. (2010). Strukturelle Grundlagen des deutschen Schriftsystems. In U. Bredel, A. Müller & G. Hinney (Hrsg.), *Schriftsystem und Schrifterwerb: linguistisch – didaktisch – empirisch* (S. 9–45). Tübingen: Niemeyer.

Vertiefung: Schreibsilben

In der suprasegmentalen Graphematik wird die Silbe als eine mediumübergreifende Einheit verstanden, die in der Schrift und der gesprochenen Sprache vorkommt.

Schreibsilben sind eigenständige Einheiten im Schriftsystem, die nicht ausschließlich durch ihren Bezug zu phonologischen Silben abgeleitet werden können. Dies wird z. B. dadurch deutlich, dass Schreibsilben, die z. B. durch Trennung am Zeilenende sichtbar werden, nicht immer mit phonologischen Silben übereinstimmen. So wird z. B. das deutsche Wort *eklig* nicht nach seiner phonologischen Silbengrenze [ʔeː.klɪç], sondern <ek-lig> getrennt.

Es gibt sogar manchmal Unterschiede in der Anzahl von phonologischen und graphematischen Silben: Wörter wie *Dirndl* oder *Stubn* sind phonologisch zweisilbig, aber graphematisch einsilbig; sie sind nicht trennbar im Gegensatz zu *Windel* oder *Stuben*. Dieser Unterschied ist erklärbar durch die Regel, dass graphematische Silben einen obligatorischen Silbenkern besitzen, der mit einem Vokalbuchstaben (<a>, <e>, <i>, <o>, <u>, <ä>, <ü>, <ö>) besetzt sein muss. Diese Regel kann auch erklären, warum ein <e> in englischen Wörtern wie *candle* [ˈkæn.dl̩] oder *pebble* [ˈpɛbl̩] vorkommt: Das <e> macht diese Wörter graphematisch zweisilbig.

Auch im Französischen gibt es systematische Unterschiede in der Anzahl graphematischer und phonologischer Silben: Die „zusätzlichen" graphematischen Silben markieren die phonologische Silbe als geschlossen; z. B. *chas* ‚Öhr' [ʃɑ] vs. *case* ‚Feld' [kɑz].

Literatur

— Primus, B. (2003). Zum Silbenbegriff in der Schrift, Laut- und Gebärdensprache – Versuch einer mediumübergreifenden Fundierung. *Zeitschrift für Sprachwissenschaft*, 22, 3–55.

Morphemkonstanz

Morphemkonstanz bezeichnet die invariante Schreibung eines Morphems. Morphemkonstanz kann weiter untergliedert werden in Stammkonstanz und Affixkonstanz:

1. Stammkonstanz bezeichnet die invariante Schreibung eines Stamms.
2. Affixkonstanz bezeichnet die invariante Schreibung eines Affixes.

Im Deutschen etwa ist Stammkonstanz ein wichtiges Strukturprinzip; Stämme werden weitestgehend konstant verschriftet, unabhängig von der morphologischen Umgebung, in der sie auftreten. Das sieht man neben der oben erwähnten Umlautschreibung auch an Doppelkonsonanten im Einsilber. Eine phonografisch plausible Verschriftung der Wortform /past/ wäre <past>. Stattdessen schreiben wir <passt>. Ein Blick auf ähnlich aufgebaute Lexeme zeigt, dass eine graphematisch mehrfach geschlossene Silbe normalerweise mit einem ungespannten Vokal korrespondiert (z. B. <fast>, <Rast>, <Ast>, <Mast>). Phonographisch wäre <past> also eine gute Schreibung. Das Gebot der Einheitlichkeit des Paradigmas führt hier aber zur Übernahme der Stammschreibung der zweisilbigen Form, [pasən] (<passen>), und damit zur Schreibung <passt>. Der Stamm wird konstant mit <pass> verschriftet. Das gilt nicht nur für die Flexion, sondern auch für die Wortbildung. Auch bei der Derivation (und der Komposition) bleibt die Stammform stabil (z. B. <Anpassung>, <anpassbar>). Von diesem Prinzip gibt es nur wenige Ausnahmen.

Affixe hingegen werden im Deutschen nicht immer konstant verschriftet. So ist der Singular von <Lehrerinnen> eben nicht *<Lehrerinn>, wie man analog zu <Sinne> – <Sinn> vermuten könnte, sondern <Lehrerin>. Das Affix -*in* hat also zwei Formen, <in> (in <Lehrerin>) und <inn> (in <Lehrerinnen>) – es wird nicht konstant verschriftet.

Im Englischen verhält es sich genau umgekehrt. Das Prinzip der Stammkonstanz ist nicht besonders wichtig: Obwohl bspw. in <swimming> das <m> verdoppelt wird, ist es im Einsilber <swim> einfach. Konsonantenverdoppelung wird – anders als im Deutschen – nicht auf alle Vorkommen des Stamms übertragen; der Stamm *swim* hat also zwei Formen, <swim> und <swimm>.

Einige Schriftsysteme, z. B. das Spanische, bilden phonologische Assimilationen graphematisch ab; das führt als Konsequenz ebenfalls zu Variation bei der Stammschreibung. So wird <cien> ‚hundert' in Wortbildungen mit Wörtern, die mit <p> beginnen, zu <ciem> (<ciempies>, ‚Tausendfüßler'), weil phonologisch das finale [n] vor bilabialen Lauten zu [m] wird. Entsprechend hat das Lexem für HUNDERT im Spanischen zwei Formen, <cien> und <ciem> (vgl. Meisenburg 1996, S. 269).

Affixe werden im Englischen auf der anderen Seite häufig konstant verschriftet, wie ein Blick auf das Präteritalund Partizipsuffix -*ed* zeigt. Lautlich kann das Suffix als /d/, /t/ oder /ɪd/ realisiert werden. Die konkrete Form hängt davon ab, ob der Stammauslaut ein alveolarer Plosiv ist (dann erscheint /ɪd/ wie in <fainted>). Wenn das nicht der Fall ist, erscheint bei stimmhaftem Stammauslaut /d/ (wie in <jammed>), bei stimmlosem Stammauslaut hingegen /t/ (wie in <locked>). Obwohl erhebliche Variation auf der Lautseite herrscht, wird das Suffix konstant als <ed> verschriftet.

Morphemkonstanz kann funktional als Lesehilfe interpretiert werden. Wenn Stämme und/oder Suffixe immer dieselbe schriftliche Form haben, können Leser einfacher auf das entsprechende Lexem zugreifen – so die Theorie. Das lässt sich zumindest zum Teil empirisch bestätigen (vgl. für das Deutsche Bredel et al. 2013).

Das systematische Gegenstück der Morphemkonstanz ist die **Lexemdifferenzierung** (auch Homografievermeidung). Während bei der Morphemkonstanz ein Stamm (oder ein Affix) eine – und zwar konstante – Form hat, ist es bei der Lexemdifferenzierung umgekehrt. Hier bezieht sich eine schriftliche Form auf ein – und nur ein – Lexem. Ein häufig für das Deutsche angeführtes Beispielpaar ist <Lied> – <Lid>: Beide Lexeme fallen lautlich zusammen (sie sind homophon), werden aber in der Schrift differenziert. Jeder schriftlichen Form entspricht ein Lexem, der lautlichen Form [liːt] hingegen zwei Lexeme. Die Perspektive ist also eine andere: Das Reden von der Morphemkonstanz nimmt die Verschriftung von morphologischen Einheiten in den Blick, die Lexemdifferenzierung hingegen die Interpretation von schriftlichen Einheiten.

Beispiele wie <Lied> – <Lid> sind im Deutschen allerdings marginal. An vielen Stellen fallen Lexeme sowohl lautlich als auch schriftlich zusammen, obwohl die Schrift Mittel hätte, sie zu differenzieren (z. B. <Ton> – *<Thon>, <Krebs> – *<Kreps>). Das Prinzip wirkt im Deutschen nicht systematisch; viele auf den ersten Blick einschlägige Fälle wie <Stelle> – <Ställe> sind bereits hinreichend durch die Stammkonstanz motiviert (der Umlaut in <Ställe> verweist auf das <a> im Singular <Stall>). Im Englischen hingegen werden wesentlich mehr Lexeme differenziert als im Deutschen (z. B. <break> – <brake>, <male> – <mail>, <sole> – <soul>). Wie Carney (1994, S. 401 ff.) zeigt, geschieht dies hauptsächlich durch Variation in der Verschriftung der gespannten Vokale.

Und auch im Französischen werden Lexeme häufig differenziert, wenn die Phonem-Graphem-Korrespondenzen es zulassen. So steht die Lautkette [ʃã] beispielsweise für die Lexeme *Feld* und *Gesang* – graphematisch werden die beiden hingegen differenziert: <champ> und <chant>.

Morphemkonstanz und Lexemdifferenzierung sind nur zwei Schreibungen, die auf morphologische Strukturen Bezug nehmen. Beide sind im weiteren Sinne paradigmatisch: Sie beziehen eine schriftliche Einheit A auf andere schriftliche Einheiten (B, C, ...), die im gegebenen Kontext nicht realisiert sind, aber „mitgedacht" werden: <passt> wird im Deutschen nicht *<past> verschriftet, weil eine morphologisch verwandte Wortform <passen> existiert. Daneben gibt es aber auch Beziehungen zwischen zwei gleichzeitig realisierten schriftlichen Einheiten; diese werden als syntagmatische Beziehungen bezeichnet. Die wahrscheinlich prominenteste ist die Getrennt- und Zusammenschreibung (daneben können auch Bindestrich- und Apostrophschreibungen als syntagmatische morphologische Schreibungen interpretiert werden).

Wir befinden uns hier an der Schwelle zwischen Morphologie und Syntax. Im Deutschen signalisiert Zusammenschreibung, dass es sich um ein Wortbildungsprodukt handelt (z. B. Komposition: <Haustür>). Getrenntschreibung hingegen signalisiert, dass beide Teile als syntaktisch autonome Einheiten analysiert werden müssen (z. B. <die Tür>). Das Deutsche schöpft hier die Möglichkeiten systematisch aus (Fuhrhop 2007). In anderen Sprachen ist das anders: Während im Englischen Zusammenschreibung auch den morphologischen Wortstatus einer Einheit signalisiert, sind Einheiten mit internem Leerzeichen dort teilweise Syntagmen (z. B. <the man>), teilweise aber auch Wörter (<apple cake>). Zum Teil kann dort durch Bindestriche desambiguiert werden: <old furniture dealer> vs. <old-furniture dealer> vs. <old furniture-dealer>. Auch wenn die Details in vielen Sprachen nicht geklärt sind – entscheidend ist: Mit dem Spatium (oder seiner Abwesenheit) können benachbarte schriftliche Einheiten potenziell auf die morphologische und syntaktische Struktur einer Äußerung bezogen werden.

❓ Frage 10.2

Im Französischen gibt es viele Wortformen, die phonologisch, nicht aber graphematisch zusammenfallen und sich nur in der Schreibung des Affixes unterscheiden. Die phonologische Form /mɔ̃te/ ‚hinaufsteigen' kann unter anderem <monter> (Infinitiv), <montez> (2. Plural Präsens) oder <monté> (Partizip Perfekt) verschriftet werden. Handelt es sich hier um eine morphologische Schreibung, und, wenn ja, was wird konstant gehalten oder differenziert?

10.2.3 Bezüge zur Syntax

Wie oben bereits angedeutet wurde, werden syntaktische Grundformen (grob „Wörter") durch Spatien voneinander getrennt; insofern handelt es sich bei der Getrenntschreibung um eine Schreibung, die – zumindest im Deutschen – auf die syntaktische Struktur von Äußerungen Bezug nimmt.

Etwas Ähnliches gilt für die satzinitiale Großschreibung. In vielen Schriftsystemen werden Satzanfänge mit einer Majuskel gekennzeichnet (z. B. <Er schreibt.> oder <Je viens.>). Diese Schreibung richtet sich also nach der (syntaktischen) Bezugsgröße „Satz" (zu Problemen der Bestimmung des Satzbegriffs kommen wir noch).

Auch die satzinterne Großschreibung im Deutschen wird in neueren Ansätzen syntaktisch verstanden (vgl. z. B. Maas 1992; Bredel 2006). Mit der Großschreibung werden danach die lexikalischen Kerne von Nominalgruppen ausgezeichnet. In einer Nominalgruppe wie <das tiefe Blau> ist <Blau> „ursprünglich" ein Adjektiv, es fungiert im gegebenen Kontext aber als Kern der Gruppe. Mit der satzinternen Großschreibung im Deutschen wird hier also auf syntaktische Relationen Bezug genommen.

❓ Frage 10.3

Nicht nur im Deutschen kann man Großschreibung beobachten. Welche Elemente werden in den Sprachen Spanisch, Französisch, Italienisch und Englisch groß geschrieben? Kann man auch deren Großschreibung syntaktisch erklären?

Schreibungen, die auf die Syntax Bezug nehmen, sind selbstverständlich auch die Satzzeichen wie z. B. Komma und Punkt. Hier wird allerdings gleichzeitig deutlich, dass es nicht immer möglich ist, die Bezugsgröße „Satz" rein syntaktisch zu bestimmen (vgl. Bredel 2011). In Fällen wie <Peter schläft. Lisa auch.> wird man die Einheit <Lisa auch.> nur schwerlich als syntaktischen Satz bezeichnen können. Hier ist es angemessener, den Punkt aus der Leserperspektive zu betrachten. Er signalisiert dem Leser, dass die vorangegangene Einheit abgeschlossen ist und nun semantisch verarbeitet werden kann (Bredel 2009; Bredel 2011).

10.2.4 Rein graphematische Regularitäten

In vielen Schriftsystemen existierten neben den Bezügen zu anderen Systemebenen auch noch Regularitäten, die sich am besten rein graphematisch fassen lassen. Diese Regularitäten sind ein gutes Argument dafür, dass die Schrift nicht allein aus der Lautung abgeleitet sein kann (▶ Abschn. 10.2.1).

Zum Teil lassen sie sich als reine Abfolgebeschränkung bestimmter Segmente und damit kontextlos formulieren. Dieses Teilgebiet der Graphematik wird – in Analogie zur Phonotaktik – meist als **Graphotaktik** bezeichnet. Es gibt im Deutschen bspw. keine Wörter, die die Graphemfolgen <jj>, <vv> oder <ww> enthalten, und das gilt – mit einigen Ausnahmen wie <divvy>, <savvy> etc. – auch für das Englische. Ähnliches gilt für komplexe Grapheme wie <ch>, die nicht verdoppelt werden (<lachen>, *<lachchen>).

In den meisten Fällen ist aber zur Formulierung graphematischer Regularitäten ein Kontext hilfreich. Das kann bspw. die Silbe sein, das können aber auch ihre Konstituenten sein. So lässt sich bspw. das silbeninitiale <h> im Deutschen erfassen. Es tritt im Anfangsrand einer Schreibsilbe auf, wenn ansonsten zwei einzelne Vokalbuchstaben, die zwei unterschiedlichen Silben zugeordnet sind, aufeinander treffen würden – man schreibt also <stehen> statt *<steen> und <Ruhe> statt *<Rue>. Auf diese Weise tritt die silbische Struktur geschriebener Wörter deutlicher hervor, Silbenkerne werden voneinander abgegrenzt und laufen nicht Gefahr, als komplexe Kerne *einer* Silbe gelesen zu werden.

Daneben können sich graphematische Regularitäten auch auf Morpheme beziehen. Im Deutschen ist beispielsweise die Abfolge <uu> durchaus möglich, z. B. in Wörtern wie <Bebauung> oder <Stauumleitung>. Innerhalb eines Morphems kommen Verdoppelungen von <uu> (und <ii>) aber nicht vor (z. B. *<Stuul>). Ebenso kommt die Abfolge <scht> im Deutschen zwar in Wörtern wie <Waschtag> oder <Wunschtraum> vor, aber nie gemeinsam im Anfangsrand eines Morphems (z. B. *<schtark>).

Neben der Silbe und dem Morphem gibt es auch graphematische Regularitäten, die sich auf das graphematische Wort beziehen. Inhaltswörter, also Substantive, Verben und Adverbien, haben im Englischen bspw. eine Mindestlänge von drei Buchstaben: Obwohl phonografisch möglich, sind *<eg>, *<eb> und *<ry> dispräferiert gegenüber <egg>, <ebb> und <rye>. Für Funktionswörter trifft das nicht zu (z. B. <in>, <of>, <do>).

Es gibt also – in Abhängigkeit von silbischen und morphologischen Bezugsgrößen – Regularitäten, die rein graphematischer Natur sind. Es ist wichtig, sich das noch einmal vor Augen zu führen: In einem Wort wie <kommen> hört man keine Verdoppelung des /m/, genauso wenig wie man eine Verdoppelung des /x/ in <lachen> hört. Phonologisch sind beide Silbengelenke gleich, graphematisch wird ein Unterschied gemacht. Ähnlich liegen die Verhältnisse bei der Verschriftung von /ʃt/: In phonologisch vergleichbaren Fällen wird der erste Laut mit <sch> verschriftet (<schwimmen>, <schlau>), bei /ʃt/ und /ʃp/ allerdings nicht. Und schließlich sind englisch <in> und <be> phonografisch gute Verschriftungen von /ɪn/ und /bi/ – für die homophonen Inhaltswörter aber fordert eine rein graphematische Beschränkung eine gewisse Mindestlänge (<inn>, <bee>).

10.3 Die Graphematik des Deutschen

Das deutsche Schriftsystem ist grundsätzlich alphabetisch. Es gibt regelmäßige Bezüge zwischen Lauten und Buchstaben. So fangen die meisten Kinder an, lesen und schreiben zu lernen: Das Graphem <n> steht für das Phonem /n/, und umgekehrt wird das Phonem /n/ mit dem Graphem <n> verschriftet. Es bietet sich an, von primären phonographischen Korrespondenzen zu sprechen. „Primär" bedeutet hier (wie oben schon angesprochen): Wenn nichts anderes angegeben ist, wenn es also keine speziellere Regel gibt, korrespondiert dieses Graphem mit diesem Phonem. In der Schreibrichtung (also von der Lautung zur Schrift) sind das für die deutschen Konsonantenphoneme (nach Eisenberg 2020, S. 317f.):

▶ **Beispiel**

1. /p/ → <p>   /t/ → <t>   /k/ → <k>
   /b/ → <b>   /d/ → <d>   /g/ → <g>
   /f/ → <f>   /z/ → <s>   /s/ → <ß>
   /ʃ/ → <sch>   /ç/ → <ch>   /v/ → <w>
   /j/ → <j>   /h/ → <h>   /m/ → <m>
   /n/ → <n>   /ŋ/ → <ng>   /l/ → <l>
   /ʁ/ → <r> ◄

Bei den Vokalphonemen werden oft Paare von gespannten und ungespannten Vokalen auf dasselbe Graphem bezogen. Sowohl /y/ wie in *Hüte* als auch /ʏ/ wie in *Hütte* wird mit <ü> verschriftet. Die Information über die Vokalqualität wird im Deutschen anders kodiert, nämlich über silbenstrukturelle Informationen (s. unten). Die Ausnahme bildet das gespannte /i/, für das es im Deutschen eine dezidierte Gespanntheitsschreibung gibt, nämlich <ie> wie in *Miete*. Das schließt nicht aus, dass /i/ in Sonderfällen auch mit einfachem <i> verschriftet wird wie bspw. in *Lid* – es handelt sich hier schließlich nur um die primären Korrespondenzen.

▶ **Beispiel**

2. /i/ → <ie>   /ɪ/ → <i>   /y, ʏ/ → <ü>
   /e, ɛ/ → <e>   /ø, œ/ → <ö>   /æ/ → <ä>
   /ɑ, a/ → <a>   /o, ɔ/ → <o>   /u, ʊ/ → <u>
   /ə/ → <e>   /ai/ → <ei>   /au/ → <au>
   /ɔi/ → <eu> ◄

Mit diesen primären Korrespondenzen lassen sich schon viele Wortformen des Deutschen schreiben – z. B. /hais/ → <heiß>, /[ʁatən]/ → <raten> oder /zibən/ → <sieben>. Für viele phonologische Wortformen geben die primären Korrespondenzen aber falsche geschriebene Formen an, z. B. /ʃpil/ → *<schpiel> statt <Spiel>, /ʃvimən/ → *<schwimen> statt <schwimmen>, oder /hʊnt/ → *<hunt> statt <Hund>. In solchen Fällen greifen speziellere Regeln; sie „überformen" die alphabetischen Korrespondenzen. Zum Teil sind das kleinteiligere phonographische Regeln, die nur in bestimmten Kontexten greifen wie in Beispiel 3.

▶ **Beispiel**

3. /ʃ/ → <s>/ #_p ◄

Diese Notation wird so gelesen: Das Phonem /ʃ/ wird mit <s> verschriftet, wenn die folgende Bedingung, nämlich ein phonologischer Kontext zutrifft, der hinter dem Schrägstrich angegeben ist. Nur wortinitial (# bedeutet Wortgrenze) vor /p/ wird /ʃ/ als <s> verschriftet (wie in *Spiel*, *Spaß*, *Spannung* etc.).

Andere Regeln beziehen sich auf silbische Informationen, wie bei der Doppelkonsonanzschreibung in <schwimmen>: Ein einfaches Konsonantenphonem (/m/) nach einem ungespannten Vokalphonem in betonter Silbe (/ɪ/) und vor einem Reduktionsvokal (/ə/) ist ein sogenanntes Silbengelenk. Es wird mit einem Doppelkonsonanten verschriftet (eben <schwimmen> und nicht *<schwimen>). Umgekehrt werden gespannte Vokale in graphematisch offenen Silben verschriftet (/ro.zə/ → <Ro.se>).

Für wieder andere Schreibungen braucht man Informationen über die morphologischen Verhältnisse: <Hund> bspw. wird mit finalem <d> verschriftet, obwohl der stammfinale Konsonant in der gesprochenen Sprache als /t/ realisiert wird. Im Plural ist das /d/ allerdings hörbar (/hʊndə/); die Schrift überbrückt die phonologische Variation und hält das Flexionsparadigma relativ einheitlich (<Hund>, <Hunde>, <Hundes>, <Hunden>).

Wir haben uns bislang nur um die Schreibrichtung gekümmert. Ausgehend von der Lautung wurden Regeln zur Verschriftung diskutiert. Genauso (und mit genau demselben Recht) lassen sich auch „Leseregeln" aufstellen (vgl. z. B. Neef 2005). Diese Regeln sind im Deutschen nicht grundsätzlich einfacher oder komplexer als die Schreibregeln, aber sie sind auch nicht deckungsgleich (vgl. Fuhrhop 2020).

10.4 Graphematik der romanischen Sprachen

Zum Abschluss werfen wir einen vertieften Blick auf die Graphematik der romanischen Sprachen Spanisch, Französisch und Italienisch. Die romanischen Sprachen sind aus dem gesprochenen Latein hervorgegangen; als Vorbild für ihre Schreibung diente seit dem Mittelalter vorwiegend das geschriebene Latein mit seinen gewachsenen graphischen Konventionen. Nach diesem Muster sind für die romanischen Sprachen durchweg phonographische Alphabetschriftsysteme entstanden.

Trotz dieser gemeinsamen Ausgangssituation haben sich für die romanischen Sprachen unterschiedlich komplexe Schriftsysteme herausgebildet. Als Extremfall kann hier das Französische gelten, dessen Orthographie den Ruf hat, besonders kompliziert und daher schwer erlernbar zu sein. Ihm stehen auf der anderen Seite der Skala das Spanische oder auch das Italienische gegenüber, die über eine vergleichsweise einfache Rechtschreibung verfügen. Bevor wir uns näher mit der Organisation der romanischen Schriftsysteme befassen, sollten wir uns noch einmal bewusst machen, dass – anders als bei phonologischen oder gar phonetischen Transkriptionen – mit der orthographischen Wiedergabe sprachlicher Äußerungen nie eine möglichst exakte Repräsentation der Lautung intendiert wird. Aufgabe der Schreibung ist es vielmehr, die Inhalte sprachlicher Äußerungen gut erschließbar zu übermitteln. Dafür bildet die Orientierung an der Lautung zwar meist die Basis, doch historisch gewachsene Schriftsysteme transportieren in aller Regel eine Vielzahl weiterer Informationen, die den Lautbezug ergänzen und oft auch beeinträchtigen. Die Lautung ist auch deshalb nicht das einzige Kriterium, weil sie in der Regel weniger stark normiert ist als die Schreibung: Während die Aussprache vor allem regional oft variiert, ist die Graphie einer Sprache meist durchgehend fixiert, und es gibt nur eine als richtig anerkannte Schreibweise oder Orthographie, die die lautliche Varianz im gesamten Sprachraum überbrückt. Diese Schreibung dient dann oft wiederum als Richtschnur für die korrekte Aussprache (nach der Schrift).

Das, was geschrieben werden soll, muss nicht nur lautlich zergliedert, sondern auch grammatisch/semantisch analysiert werden, und die Ergebnisse dieser Analyse gehen in unterschiedlichem Maß in die Graphie ein. Ein einfaches Beispiel sind die Abstände, die nach vornehmlich syntaktischen Prinzipien zwischen graphische Wörter gesetzt werden und zwar auch dann, wenn keinerlei prosodische Zäsur vorliegt, wenn die Lautung uns also keine Anhaltspunkte für einen Abstand gibt. Assimilationen oder ähnliche lautliche Prozesse, die über die graphischen Wortgrenzen hinweg erfolgen, werden in der Schreibung nur selten berücksichtigt. Der graphischen Wortform, der Wortschreibung also, kommt damit eine grundlegende Rolle zu, und sie wird nach Möglichkeit konstant gehalten. Darüber hinaus gibt es häufig Tendenzen, Wortformen, die in Flexions- oder Derivationszusammenhängen zueinander stehen, graphisch einander möglichst ähnlich zu machen, auch wenn sie lautlich voneinander abweichen; umgekehrt gibt es immer wieder Bestrebungen, Wörter, die zufällig homophon sind, aber von der Bedeutung her nichts miteinander zu tun haben, trotz der Homophonie unterschiedlich zu schreiben (vgl. etwa dt. [maʊ̯s] vs. [ˈmɔɪ̯zə] *Maus* vs. *Mäuse*, aber [ˈhɔɪ̯tə] *heute* bzw. *Häute*). Solche graphischen Annäherungen oder Differenzierungen sind allerdings nur möglich, wenn man dafür mehrdeutige Graphem-Phonem-Korrespondenzregeln in Kauf nimmt (etwa [ɔɪ] ↔ <eu> oder <äu>). Neben der Verdeutlichung synchroner Relationen geben historisch gewachsene Schriftsysteme häufig auch Auskunft über die Geschichte der betreffenden Sprache und die Herkunft ihrer Wörter, denn die Schreibung wird meist nur sehr zögerlich an die lautliche Entwicklung angepasst, sodass sie Spuren früherer Sprachzustände oft über einen langen Zeitraum bewahrt. Die Graphie transportiert dann also historisch-etymologische Information. Auch bei der Entlehnung von Wörtern aus anderen Sprachen sind immer wieder Tendenzen zur Beibehaltung der ursprünglichen Schreibung und damit zur Bewahrung der spezifischen Wortgestalt zu beobachten.

10.4.1 Die Bezüge zwischen Lautung und Schreibung

■ **Graphem-Phonem-Korrespondenzen**

Die unten angegebenen ◘ Tab. 10.1 bis 10.7 (die keine Vollständigkeit anstreben) stellen – ausgehend von der Lautung – die Graphem-Phonem-Korrespondenzen des Französischen, Spanischen und Italienischen einander gegenüber. Die linke Spalte enthält nicht nur die Phoneme der betreffenden Sprachen (deren Status als solche teilweise umstritten ist), sondern auch Allophone und gegebenenfalls Lautfolgen, sofern sie für die Lese- und/oder Schreibregeln von Relevanz sind. Mit den Lauten korrespondieren in der Schreibung neben den einfachen Buchstaben des lateinischen Alphabets (die teilweise mit diakritischen Zeichen versehen werden) auch Kombinationen aus zwei oder mehr Buchstaben zu einem Graphem. Die fettgedruckten, jeweils zuerst angeführten Grapheme geben die unmarkierte graphische Entsprechung des Lauts wieder, gefolgt von kursiv gesetzten Beispielwörtern nebst phonetischer Transkription. Der ersten Zeile lässt sich folglich entnehmen, dass der hohe Vokal [i] – ebenso wie der ihm entsprechende Gleitlaut [j] – normalerweise durch den Buchstaben <i> repräsentiert wird. Solche unmarkierten Wiedergaben können wir mit Catach (1980, S. 10ff.) als **Basisgrapheme** bezeichnen.

Daneben gibt es – insbesondere im Französischen – für fast alle Laute noch weitere mehr oder weniger häufige graphische Entsprechungen, von denen die wichtigs-

◘ **Tab. 10.1** Schreibung von Vokalen und Gleitlauten

Laut	Französisch	Spanisch	Italienisch
[i~j]	<i> livre [livʁ(ə)] ~ miel [mjɛl]	<i> libro ['liβro] ~ miel [mjel]	<i> libro ['libro] ~ miele ['mjɛle]
[i]	+<î>/<_.K> île [il], +<y> type [tip]	+<y> y [i] (Konj.)	
[j]	<y>/<V_V> payer [peje]	<y>/<V_#> rey [rej]	+<y> yogurt ['jɔgurt]
	<-(i)ll->/<V_V> railler [ʁaje], fille [fij]		
	<-il> /<V_#> rail [ʁaj]		
	+<ï> /<V_V> aïeul [ajœl]		
[y~ɥ]	<u> mur [myʁ] ~ nuit [nɥi]		
[y]	+<û> sûr [syʁ]		
[u~w]	<ou> bout [bu] ~ louer [lwe]	<u> muro ['muro] ~ nueve ['nweβe]	<u> muro ['muro] ~ nuovo ['nwɔvo]
[u]	+<oû> goût [gu]		
[w]	+<u>/<q,g_a> quadrige [kwadʁiʒ]	+<ü>/<g_i,e> güito ['(g)wito], cigüeña [si'(ɣ)weɲa]	
		+<hu>/<#_e> hueso ['(g)weso]	
[wa]	<oi> loi [lwa], +<oî> boîte [bwat]		
[wɛ̃]	<oin> foin [fwɛ̃]		
[e~ɛ~ə]	<e> chez [ʃe] ~ reste [ʁɛst] ~ peser [pəze]	<e> pera ['pera]	<e> pera ['pera] ~ bene ['bɛne]
[e]	<é>/<_.> été [ete]		
[ɛ(~e)]	<è>/<_.K> père [pɛʁ], <ai> clair [klɛʁ]		
	<a>/<_y> paye [pɛj], pays [pei]		
	+<aî> maître [mɛtʁ(ə)], +<ei> neige [nɛʒ]		
	+<ê>/<_.K> bête [bɛt]		
	+<ë>/<V._> noël [nɔɛl]		
[ɛ̃]	<iN> fin [fɛ̃], <aiN> faim [fɛ̃], <ein> plein [plɛ̃], <en>/<i,y,é_> chien [ʃjɛ̃]		
[ø~œ]	<eu> feu [fø] ~ seul [sœl]		
	+<œu> vœu [vø] ~ cœur [kœʁ]		
[ø]	+<eû> jeûne [ʒøn]		
[œ]	+<œ> œil [œj]		
[œ̃~ɛ̃]	<uN> brun [bʁœ̃] ~ [bʁɛ̃]		
[o ~ ɔ]	<o> pot [po] ~ port [pɔʁ]	<o> poco ['poko]	<o> pomo ['pomo] ~ poco ['pɔko]
[o]	<au> pause [poz], +<eau> peau [po]		
	+<ô>/<_.K> hôte [ot]		
[õ]	<oN> sombre [sɔ̃bʁ(ə)]		
[a(~ɑ)]	<a> barbe [baʁb], pas [pa] (~ [pɑ])	<a> barba ['barβa]	<a> barba ['barba]
	+<â>/<_.K> pâte [pat] (~ [pɑt])		
	+<e>/<_NN> femme [fam]		
[ã]	<aN> tant [tã], <eN> temps [tã]		

Kapitel 10 · Graphematik – die Beziehung zwischen Sprache und Schrift

Tab. 10.2 Schreibung von Plosiven

Laut	Französisch	Spanisch	Italienisch
[p~p:]	\<p\> *part* [paʁ], *cape* [kap]	\<p\> *parte* ['parte], *capa* ['kapa]	\<p\> *parte* ['parte], *capo* ['kapo]
	+\<pp\>/\<V_(L)V\> *applaudir* [aplodiʁ]		\<pp\>/\<V_(L)V\> *cappa* ['kap:a]
[b~β~b:]	\<b\> *base* [baz], *robe* [ʁɔb]	\<b\> *base* ['base], *robo* ['roβo]	\<b\> *base* ['baze], *roba* ['rɔba]
	+\<bb\>/\<V_V\> *abbé* [abe]	\<v\> *vaso* ['baso], *cava* ['kaβa]	\<bb\>/\<V_(L)V\> *labbro* ['lab:ro]
		+\<w\> *wáter* ['bater]	
[t~t:]	\<t\> *taupe* [top]	\<t\> *topo* ['topo]	\<t\> *topo* ['topo]
	+\<tt\>/\<V_(r)V\> *mettre* [mɛtʁ(ə)]		\<tt\>/\<V_(r)V\> *gatta* ['gat:a]
	+\<th\> *théâtre* [teatʁ(ə)]		
[d~ð~d:]	\<d\> *dame* [dam], *rude* [ʁyd]	\<d\> *dama* ['dama], *rudo* ['ruðo]	\<d\> *dama* ['dama], *rude* ['rude]
			\<dd\>/\<V_(r)V\> *addetto* [a'd:et:o]
[k~k:]	\<c\>/\<_a,o,u,K,#\> *cour* [kuʁ]	\<c\>/\<_a,o,u,K,#\> *cosa* ['kosa]	\<c\>/\<_a,o,u,K,#\> *cosa* ['kɔsa]
	\<qu\>/\<_e,i\> *quitter* [kite]	\<qu\>/\<_e,i\> *quitar* [ki'tar]	\<ch\>/\<_e,i\> *chetare* [ke'tare]
	+\<cc\>/\<V_a,o,u,L\> *accord* [akɔʁ]		\<q\>/\<_uV\> *quattro* ['kwat:ro]
	+\<qu\>/\<_a,o\> *quand* [kã]		\<cc\>/\<V_a,o,u,L\> *bacca* ['bak:a]
	+\<cqu\>/\<V_e,i\> *acquitter* [akite]		\<cch\>/\<V_e,i\> *bacche* ['bak:e]
	+\<ch\> *choléra* [kɔleʁa]		
	+\<q\>/\<_#\> *coq* [kɔk]		
[g~ɣ~g:]	\<g\>/\<_a,o,u,K\> *grand* [gʁã], *dégât* [dega]	\<g\>/\<_a,o,u,K\> *gran* [gran], *hago* ['aɣo]	\<g\>/\<_a,o,u,L\> *gran* [gran], *lago* ['lago]
	\<gu\>/\<_e,i,y\> *guide* [gid], *bague* [bag]	\<gu\>/\<_e,i\> *guita* ['gita], *cagueta* [ka'ɣeta]	\<gh\>/\<_e,i\> *ghiro* ['giro], *laghi* ['lagi]
	+\<gu\>/\<_a,o\> *intriguant* [ɛ̃tʁigã]		\<gg\>/\<V_a,o,u,L\> *aggrada* [a'g:rada]
	+\<gg\>/\<V_a,o,u,L\> *aggraver* [agʁave]		\<ggh\>/\<V_e,i\> *agghinda* [a'g:inda]
[ks~gz]	\<x\> *extra* [ɛkstʁa], *exil* [ɛgzil]	\<x\> *extra* ['e(k)stra], *exilio* [e(k)'siljo]	+\<x\> *extra* ['ɛkstra]

ten ebenfalls in den Tabellen aufgeführt sind. Auffällige Schreibungen sind durch ein Pluszeichen vor dem Graphem als **markiert** gekennzeichnet, so etwa, wenn der Vokal [i] durch \<y\> wiedergegeben wird, wie es im Französischen in Wörtern aus dem Griechischen typisch ist.

Viele GPK-Regeln sind **kontextsensitiv**, d. h. sie gelten nur in einer bestimmten lautlichen oder graphischen Umgebung. In der Tabelle ist – durch die spitzen Klammern angezeigt – in solchen Fällen stets der graphische Kontext angegeben. Er folgt wie in phonologischen Regeln auf den Schrägstrich, der als *wenn* zu lesen ist. Der Unterstrich fungiert als Platzhalter für das jeweilige Graphem; \<V\> steht für einen beliebigen Vokal-, \<K\> für einen beliebigen Konsonantbuchstaben, \<N\> für die Nasalbuchstaben \<n\> oder \<m\>, \<L\> für die Liquidbuchstaben \<l\> oder \<r\>. Runde Klammern zeigen Optionalität an, während mehrere mögliche Grapheme durch Kommata voneinander getrennt sind. Die Raute # symbolisiert Anfang oder Ende eines Wortes, und ein Punkt kennzeichnet die graphische Silbengrenze, die für Systematisierungen der französischen Graphie relevant ist (s. u.). So kann der Vokal [i] im Französischen vor einer graphischen Silbengrenze (auf die also noch Konsonant- und Vokalbuchstabe/n folgen) auch durch \<î\> wiedergegeben werden, und im Spanischen steht für den Gleitlaut [j] am Wortende stets das Graphem \<y\>.

Lautsegmente und ihre Schreibung im Französischen, Spanischen und Italienischen Siehe Tab. 10.1 bis 10.7.

Graphische Markierung des Wortakzents

Im Französischen fällt die Betonung immer automatisch auf die letzte volle Silbe einer syntaktisch und semantisch eng zusammengehörenden Wortgruppe (bzw. des einzelnen Worts als Minimalform der Gruppe), und eine graphische Kennzeichnung der Akzentstelle erübrigt sich daher. Im Spanischen und Italienischen kann die Betonung dagegen – nur bedingt vorhersehbar – eine der drei (in bestimmten Fällen vier) letzten Silben des Wortes treffen und hat dabei distinktive Funktion. Aus den Rechtschreibregeln des Spanischen lässt sich diese Akzentstelle eindeutig ermitteln: Der häufigste Fall, die Betonung der Pänultima, bleibt graphisch unmarkiert, wenn das Wort auf Vokal, [-s]

Tab. 10.3 Schreibung von Frikativen

Laut	Französisch	Spanisch	Italienisch
[f~f:]	<f> *feu* [fø]	<f> *feo* [ˈfeo]	<f> *fico* [ˈfiko]
	+<ff>/<V_(L)V> *effort* [efɔʁ]		<ff>/<V_(L)V> *effetto* [eˈfːɛtːo]
	+<ph> *photo* [fɔto]		
[v~v:]	<v> *veuve* [vœv]		<v> *vedovo* [ˈvedovo]
	+<w> *wagon* [vagɔ̃]		+<w> *wafer* [ˈvafer]
			<vv>/<V_V> *avviso* [aˈvːizo]
[θ]		<z> *zorro* [ˈθoro], *paz* [paθ]	
		<c>/<_e,i> *cine* [ˈθine]	
[s~s:]	<s> *seul* [sœl]	<s> *solo* [ˈsolo], *casa* [ˈkasa]	<s> *solo* [ˈsolo], *casa* [ˈkasa]
	<ss>/<V_V> *passé* [pɑse]	regional (seseo):	<ss>/<V_V> *cassa* [ˈkasːa]
	<c>/<_e,i> *face* [fas]	<z> *zorro* [ˈsoro], *paz* [pas]	
	<ç>/<_a,o,u> *façon* [fasɔ̃]	<c>/<_e,i> *cine* [ˈsine]	
	+<sc>/<_i,e> *scène* [sɛn]		
	+<t>/<V(n,r)__iV> *portion* [pɔʁsjɔ̃]		
[z]	<z> *zéro* [zeʁo]		<s>/<V_V> *rosa* [ˈrɔza]
	<s>/<V_(#)V> *poser* [poze]		
	+<x>/<V_V> *deuxième* [døzjɛm]		
[ʃ~ʃ:]	<ch> *chou* [ʃu]	regional (Argentinien/Uruguay)	<sci>/<_a,o,u> *sciarpa* [ˈʃarpa]
		<ll> *lleno* [ˈʃeno]	<sc>/<_e,i> *scelta* [ˈʃelta]
		<y> *yo* [ʃo]	+<sci>/<_e> *scienza* [ˈʃɛntsa]
			<sci>/<V_a,o,u> *ascia* [ˈaʃːa]
			<sc>/<V_e,i> *asce* [ˈaʃːe]
[ʒ]	<j> *jeu* [ʒø]	regional (Argentinien/Uruguay)	
	<g>/<_e,i,y> *gens* [ʒɑ̃]	<ll> *lleno* [ˈʒeno]	
	+<ge>/<_a,o,u> *geôle* [ʒol]	<y> *yo* [ʒo]	
[j]		<y>/<_V> *yo* [jo], *mayo* [ˈmajo]	
		<ll> *lleno* [ˈjeno]	
		+<hi>/<_e,a> *hielo* [ˈjelo]	
[x]		<j> *jinete* [xiˈnete], *bajo* [ˈbaxo]	
		+<g>/<_e,i> *gente* [ˈxente]	

oder [-n] auslautet: *pata/s* [ˈpata/s], *canto* [ˈkanto], *canta/n* [ˈkanta/n], *cantaba/s* [kanˈtaβa/s]. Endet es auf einen anderen Konsonanten, so wird Pänultimabetonung durch einen Akut auf dem Vokalbuchstaben der vorletzten Silbe angezeigt: *árbol* [ˈarβol], *lápiz* [ˈlapiθ]. Die Betonung der Ultima bleibt unmarkiert, wenn das Wort auf einen Konsonanten außer [-s] oder [-n] oder auf einen Diphthong endet: *feliz* [feˈliθ], *cantar* [kanˈtar], *virrey* [biˈrej]. Anderenfalls trägt der Vokalbuchstabe der letzten Silbe einen Akut: *cantó/n* [kanˈto/n], *cantáis* [kanˈtajs]. Fällt die Betonung auf die drittletzte oder auf eine noch weiter vorn liegende Silbe, so wird dies stets graphisch markiert: *cómodo* [ˈkomoðo], *fácilmente* [ˌfaθilˈmente]. In Kombinationen aus Vokalbuchstabe mit <i> oder <u> zeigt der Akut auf diesen zugleich einen Hiatus vor oder nach dem betonten Vokal an: *país* [paˈis], *grúa* [ˈgɾu.a].

Im Italienischen wird dagegen nur die Endbetonung graphisch gekennzeichnet. Dies geschieht in der Regel durch einen Gravis auf dem Vokalbuchstaben der letzten Silbe, z. B. *città* [tʃiˈtːa], *martedì* [marteˈdi], *pensò* [penˈsɔ]; nur im Fall von finalem <e> ist auch der Akut möglich, denn der graphische Akzent zeigt hier zugleich die Vokalqualität an: <-é> steht für den geschlossenen, <-è> für den offenen betonten Vokal, z. B. *perché* [perˈke], *caffè* [kaˈfːɛ].

Tab. 10.4 Schreibung von Affrikaten

Laut	Französisch	Spanisch	Italienisch
[ts~dz]			<z> zitto ['tsit:o], zero ['dzɛro]
[ts:~dz:]			<zz>/<V_V> tazza ['tats:a], mezzo ['mɛdz:o]
			+<z>/<V_V> azione [a'ts:jone]
[tʃ~tʃ:]		<ch> muchacho [mu'tʃatʃo]	<c>/<_e,i> celere ['tʃɛlere]
			<ci>/<_a,o,u> bacio ['batʃo]
			+<ci>/<_e> cielo ['tʃɛlo]
			<cc>/<V_e,i> uccello [u'tʃ:ɛl:o]
			<cci>/<_a,o,u> faccia ['fatʃ:a]
[dʒ~dʒ:]			<g>/<_e,i> gengiva [dʒen'dʒiva]
			<gi>/<_a,o,u> giudice ['dʒuditʃe]
			<gg>/<V_e,i> leggero [le'dʒ:ɛro]
			<ggi>/<V_a,o,u> peggio ['pɛdʒ:o]

Tab. 10.5 Schreibung von Nasalkonsonanten

Laut	Französisch	Spanisch	Italienisch
[m~m:]	<m> mille [mil]	<m> mil [mil]	<m> mille ['mil:e]
	+<mm>/<V_V> pomme [pɔm]	+<n>/<_v,m> envés [em'bes]	<mm>/<V_V> mamma ['mam:a]
[n~n:]	<n> peine [pɛn]	<n> pena ['pena]	<n> pena ['pena]
	+<nn>/<V_V> donner [dɔne]		<nn>/<V_V> donna ['dɔn:a]
[ɲ~ɲ:]	<gn> vigne [viɲ]	<ñ> viña ['biɲa]	<gn> gnocchi ['ɲɔk:i]
			<gn>/<V_V> vigna ['viɲ:a]

Tab. 10.6 Schreibung von Lateralen

Laut	Französisch	Spanisch	Italienisch
[l~l:]	<l> sel [sɛl]	<l> sal [sal]	<l> sale ['sale]
	+<ll>/<V_V> selle [sɛl]		<ll>/<V_V> spalla ['spal:a]
[ʎ~ʎ:]		regional (~ Nordosten Spaniens)	<gl(i)>/<#_> gli [ʎi], glielo ['ʎelo]
		<ll> lleno ['ʎeno]	<gl(i)>/<V_V> figlio ['fiʎ:o], figli ['fiʎ:i]

Tab. 10.7 Schreibung von Vibranten

Laut	Französisch	Spanisch	Italienisch
[r~ʁ~r:~ɾ]	<r> rire [ʁiʁ]	Trill:	<r> caro ['karo], ricco ['rik:o]
	+<rr>/<V_V> terrain [tɛʁɛ̃]	<rr>/<V_V> carro ['karo]	<rr>/<V_V> carro ['kar:o]
	+<rh> rhume [ʁym]	<r>/<#_> rico ['riko]	
		<r>/<K._> honra ['onra]	
		Tap:	
		<r> caro ['karo], brindar [brin'dar]	

- **Wortübergreifende Regelungen**

Die in der Lautung verbreiteten Elisionen gehen für gewöhnlich nicht in die Graphie ein, denn Wortschreibungen werden meist konstant gehalten. Das gilt insbesondere für das Spanische, während die Auslassung unbetonter finaler Vokale vor vokalischem Anlaut im Französischen und im Italienischen in bestimmten Fällen durch Ersetzung der entsprechenden Buchstaben (und des Zwischenraums) durch einen **Apostroph** auch in der Schreibung angezeigt wird. Im Französischen sind dies <-e> und <-a> in klitischen Pronomina und beim bestimmten Artikel, <-e> in der Negationspartikel *ne*, der Präposition *de* und der Konjunktion *que* sowie <-i> vor folgendem <i> in der Konjunktion *si*. Im Italienischen kann die Elision in größerem Umfang graphisch wiedergegeben werden, und der Gebrauch des Apostrophs ist weniger strikt geregelt. Vor Wörtern, die mit Vokalbuchstabe (oder <hV->) beginnen, ersetzt er <-o> oder <-a> in definiten und indefiniten Artikeln (auch in der Zusammensetzung mit einer Präposition), in Demonstrativa und in klitischen Pronomina. In letzteren (sowie in der Präposition *di*) können darüber hinaus auch <-i> und <-e> ausfallen. Unabhängig vom folgenden Wort signalisiert der Apostroph im Italienischen gelegentlich auch das Fehlen einer ganzen Silbe (◻ Tab. 10.8).

Der Apostroph zeigt zwar in erster Linie den Ausfall von Buchstaben an, drückt aber zugleich eine engere Verbindung der Einheiten aus, zwischen denen er eingesetzt wird. Mit der **Bindestrichschreibung** steht ein weiteres Mittel zur Verfügung, durch das die durch beidseitige Spatien (Abstände) vermittelte Eigenständigkeit des graphischen Wortes eingeschränkt werden kann. In den romanischen Sprachen wird die Bindestrichschreibung mehr oder weniger intensiv genutzt, um die Glieder von Zusammenrückungen oder Komposita enger miteinander zu verbinden, manchmal als Vorstufe zur Zusammenschreibung, die maximale Kohäsion ausdrückt. Im Fall von zusammengeschriebenen Komposita gelten an der Nahtstelle zwischen den Morphemen die wortinternen GPK-Regeln, die über die Wortgrenze hinweg in der Schreibung nicht greifen. Während proklitische Pronomina überall getrennt vom Verb und voneinander zu schreiben sind (ggf. mit Apostroph, s.o.), wird der stärkere Zusammenhalt zwischen enklitischen Elementen und ihrer Basis im Französischen durch Bindestriche, im Spanischen und im Italienischen durch Zusammenschreibung ausgedrückt (◻ Tab. 10.9).

- **Zu Organisation und Herausbildung der romanischen Schriftsysteme**

Vokale: Durch die fünf Vokalbuchstaben des lateinischen Alphabets können die fünf spanischen Vokalphoneme optimal wiedergegeben werden. Im Italienischen, das zumindest im toskanischen Standard bei den mittleren Vokalen zwischen offenem /ɛ, ɔ/ und geschlossenem /e, o/ unterscheidet, wird dies in der Schreibung nicht reflektiert, sodass auch hier die fünf lateinischen Vokalbuchstaben ausreichen. Nur in der betonten Endsilbe sowie in einigen Einsilbern zeigt <-é> geschlossene, <-è> offene Qualität an, z. B. *sé* [se] vs. *tè* [tɛ].

Das Französische hat ein sehr viel umfangreicheres Vokalsystem herausgebildet, das neben den genannten Differenzierungen bei den mittleren Vokalen auch vordere gerundete Vokale und eine Serie von Nasalvokalen enthält und damit je nach Varietät 10 bis 16 Vokalphoneme aufweist. Einige dieser Vokale sind aus Di- oder Triphthongen hervorgegangen und bewahren die Schreibung durch zwei bzw. drei Vokalbuchstaben wie <ai>, <au>, <eu> oder <eau>. Im Laufe der Geschichte sind verschiedene Verfahren zur graphischen Kennzeichnung der Vokalqualität entstanden. Im Fall von <e> sind dies vor allem die diakritischen Zeichen Akut, <é>, für die geschlossene und Gravis, <è>, (bzw. Zirkumflex, <ê>) für die offene Qualität, aber auch die Doppelschreibung des folgenden Konsonantbuchstabens wird zur Anzeige offener Qualität genutzt. Die Verfahren konkurrieren teilweise miteinander, während die Qualität in anderen

◻ **Tab. 10.8** Wortübergreifende Regelungen: Gebrauch des Apostrophs

sp.	*lo infinito*	frz.	*l'infini*	it.	*l'infinito*
sp.	*del amigo*	frz.	*de l'ami*	it.	*dell'amico*
sp.	*la amiga*	frz.	*l'amie*	it.	*l'amica / la amica*
sp.	*una amiga*	frz.	*une amie*	it.	*un'amica / una amica*
sp.	*esta amiga*	frz.	*cette amie*	it.	*quest'amica / questa amica*
sp.	*lo he visto*	frz.	*je l'ai vu*	it.	*l'ho visto / lo ho visto*
sp.	*se abre*	frz.	*il s'ouvre*	it.	*s'apre / si apre*
sp.	*te he hablado*	frz.	*je t'en ai parlé*	it.	*te ne ho parlato / te n'ho parlato*
sp.	*de invierno*	frz.	*d'hiver*	it.	*d'inverno / di inverno*
				it.	*un poco di vino / un po' di vino*

Tab. 10.9 Wortübergreifende Regelungen: Abstand, Bindestrich, Zusammenschreibung

sp.	*arco iris*	it.	*arcobaleno*	frz.	*arc-en-ciel*
sp.	*subyacente*	it.	*sottostante*	frz.	*sous-jacent*
sp.	*portavoz*	it.	*portavoce*	frz.	*porte-voix / portevoix*
sp.	*recién nacido*	it.	*neonato*	frz.	*nouveau-né*
sp.	*eco-incentivos*	it.	*eco-incentivi / ecoincentivi*	frz.	*éco-conception*
sp.	*franco-italiano / francoitaliano*	it.	*italo-francese*	frz.	*franco-italien*
sp.	*contra robo / antirrobo*	it.	*contro posto / contrapposto*		
sp.	*cien pies / ciempiés*	it.	*con piacere / compiacere*		
sp.	*¡dámelo!*	it.	*dammelo!*	frz.	*donne-le-moi !*
sp.	*para verte*	it.	*per vederti*	frz.	*que sais-je ?, ce stylo-là*

Fällen unbezeichnet bleibt, vgl. *jeter* [ʒəte], *il jette* [ilʒɛt]; *peler* [pəle], *il pèle* [ilpɛl]; *appeler* [aple], *il appelle* [ilapɛl]; *céder* [sede], *il cède* [ilsɛd]; *bête* [bɛt], aber *bêtise* [betiz]; *la botte* [labɔt], aber *le vote* [ləvɔt]. Mit der Folge Vokalbuchstabe plus <n> oder <m> spiegelt die Schreibung der französischen Nasalvokale einen älteren Lautstand wider, und auch da, wo verschiedene Vokalbuchstaben denselben Nasalvokal repräsentieren, verweist dies zumeist auf inzwischen aufgegebene lautliche Unterschiede. Aktuell lässt sich eine vergleichbare Entwicklung beim Zusammenfall von [œ̃] und [ɛ̃] zu [ɛ̃] beobachten: trotz verbreiteter lautlicher Identität wird auch hier graphisch weiterhin durch <un>/<um> (*aucun, parfum*) vs. <in>, <en>, <ain> o. ä. (*malin, lien, pain …*) differenziert.

Konsonanten: Im konsonantischen Bereich sind vornehmlich im Zuge von Palatalisierungsprozessen in allen romanischen Sprachen neue Affrikaten und gegebenenfalls in der Folge Frikative entstanden, für die das Lateinische keine Schreibungen vorhielt. Eine überall verbreitete Strategie bestand darin, in solchen Fällen einfach die bisherige Schreibung weiter zu nutzen, auch wenn ihr zumindest in bestimmten Kontexten nun ein anderer Laut entsprach. Palatalisiert wurden bspw. die velaren Plosive [k] und [g] vor vorderen Vokalen, wodurch Affrikaten wie [tʃ/dʒ] und [ts/dz] entstanden, die später stellenweise zu einfachen Frikativen geworden sind. Trotz der unterschiedlichen lautlichen Entwicklung ist hier überall die lateinische Schreibung durch <c> bzw. <g> beibehalten worden, die auch weiterhin in den Fällen gebraucht wird, in denen (vor hinteren Vokalen) keine Palatalisierung erfolgt war, sodass sich kontextsensitive GPK-Regeln herausgebildet haben (**Tab. 10.10**).

Durch weiteren Lautwandel, so z. B. durch den verbreiteten Ausfall von [w] nach [k], oder auch in Entlehnungen treten velare Plosive jedoch erneut vor vorderen Vokalen auf, wo sie von der Palatalisierung nicht mehr erfasst werden. Im Fall von [kw] > [k] führen Französisch und Spanisch trotz der veränderten Lautung die alte (lateinische) Schreibung <qu> weiter; das Digraphem <gu>

Tab. 10.10 Konsonanten: Kontextsensitive GPK-Regeln aufgrund von Palatalisierung

lat. CIVITATE [kiːwiˈtaːte]	>	[tʃiˈtːa]	it. *città*
		[tʃjuˈðað] > [tsjuˈðað] > [θjuˈðað]/[sjuˈðað]	sp. *ciudad*
		[tʃite] > [tsite] > [site]	frz. *cité*
lat. GENTE [ˈgɛnte]	>	[ˈdʒɛnte]	it. *gente*
	>	[ˈdʒente] > [ˈxente]	sp. *gente*
	>	[ˈdʒẽnt] > [ʒɑ̃]	frz. *gent*
lat. COLLU [ˈkɔlːu]	>	[k-]	it. *collo*, sp. *cuello*, frz. *cou*
lat. GUTTA [ˈgutːa]	>	[g-]	it. *gotta*, sp. *gota*, frz. *goutte*

● **Tab. 10.11** Konsonanten: neue GPK-Regeln durch weiteren Lautwandel und in Entlehnungen

lat. QUEM [kwɛm]	>	it. *che* [ke], sp. *que* [ke], frz. *que* [kə]
lat. QUINDECI [ˈkwiːndeki]	>	it. *quindici* [ˈkwinditʃi], sp. *quince* [ˈkinθe], frz. *quinze* [kɛ̃z]
lat. QUANDO [ˈkwandoː]	>	it. *quando* [ˈkwando], sp. *cuando* [ˈkwando], frz. *quand* [kɑ̃]
		it. *ghigliottina* [giʎːoˈtːina], sp. *guillotina* [gijoˈtina], frz. *guillotine* [gijɔtin]
		it. *linguistica*, sp. *lingüística* [liŋˈgwistika], frz. *linguistique* [lɛ̃gɥistik]

repräsentiert entsprechend [g]. Während diese Korrespondenzen im Spanischen auf den Kontext vor <e> und <i> beschränkt bleiben, führt die etymologisierende Ausrichtung der französischen Orthographie dazu, dass [k] auch in anderen Umgebungen meist dann durch <qu> wiedergegeben wird, wenn das lateinische Etymon <qu> aufwies. Soll <gu> vor vorderen Vokalen als Lautfolge [gw] (bzw. frz. [gɥ]) gelesen werden, so wird dies im Spanischen durch das Trema verdeutlicht (<gü>); im Französischen bleibt der Unterschied dagegen unbezeichnet. Hier zeigt das Trema an, dass <-güe> (wie in *aigüe* bzw. nach älterer Orthographie *aiguë*) als [-gy] und nicht als [-g] (wie etwa in *bague*) zu lesen ist. Im Italienischen schließlich ist [kw] – außer bei den Nachfolgern lateinischer Pronomina – mitsamt der Schreibung <qu> bewahrt geblieben; [gw] wird entsprechend durch <gu> repräsentiert. Zur Wiedergabe von [k] und [g] vor <e> und <i> werden hier systematisch <ch> und <gh> gesetzt (● Tab. 10.11).

Das Digraphem <ch> findet auch in der Schreibung des Spanischen und des Französischen Verwendung, doch steht es hier für die aus weiteren Palatalisierungsprozessen hervorgegangene Affrikate [tʃ], die im Französischen zum Frikativ [ʃ] reduziert worden ist. Für das stimmhafte Gegenstück [dʒ], das sich im Französischen zu [ʒ], im Spanischen zu [x] weiterentwickelt hat, wird außer dem schon erwähnten <g> vor <e> und <i> der Buchstabe <j> benutzt. Im Spanischen bezeichnet <j> den Frikativ [x] auch vor <e> und <i>, wenn er nicht auf ein <g> im lateinischen Etymon zurückgeführt werden kann. Im Italienischen dagegen wird [dʒ] vor <a, o, u> durch <gi> wiedergegeben. Auch it. [tʃ] und sp. [θ]/[s] bzw. frz. [s] (< [ts]) kommen nicht nur vor vorderen Vokalen vor, wo sie, wie wir gesehen haben, weiterhin <c> geschrieben werden. Sie sind vielmehr gelegentlich auch vor hinteren Vokalen entstanden. Im Italienischen wird für [tʃ] vor <a, o, u> wiederum die Kombination mit <i>, also <ci>, genutzt. Im Spanischen ist für den interdentalen Frikativ [θ] (bzw. [s] in *seseo*-Gebieten) in diesen Kontexten heute <z> generalisiert. Das im Altspanischen gelegentlich verwendete <ç> wurde im 16. Jh. in das französische Schriftsystem importiert; seitdem verdeutlicht es dort, dass vor <a, o, u> [s] (und nicht [k]) zu lesen ist, z. B. *façon* [fasɔ̃] statt *façon* (< lat. FACTIONE). Allein das Italienische hat auch die Affrikaten [ts] und [dz] bewahrt, die in der Graphie unter Vernachlässigung des Merkmals [±stimmhaft] durch den Buchstaben <z> wiedergegeben werden. Für den italienischen Frikativ [ʃ] stehen <sc> vor <e, i> und <sci> vor <a, o, u>. Nicht gesondert gekennzeichnet werden hier (wie auch bei <ci> oder <gi>) die Fälle, in denen die Lautung zwischen Frikativ bzw. Affrikate und hinterem Vokal ein [i] verlangt, sodass die Bestandteile der Kombination zumindest teilweise als einzelne Grapheme zu lesen sind: it. *sciarpa* [ˈʃarpa] vs. *sciare* [ʃiˈare]; *bacio* [ˈbatʃo] vs. *farmacia* [farmaˈtʃia], *cagione* [kaˈdʒone] vs. *magia* [maˈdʒia]. [ʃ] war auch im Altspanischen vertreten, wo es (wie heute noch im Portugiesischen und im Katalanischen) durch den Buchstaben <x> wiedergegeben wurde (vgl. *Don Quixote*). In der weiteren Entwicklung ist sp. [ʃ] zum velaren Frikativ [x] verändert worden, die Schreibung wurde entsprechend zu <j> angepasst (heute *Don Quijote*). Weitgehend etymologisch geregelt ist im Spanischen die Verteilung der Buchstaben <b> und <v>; ihre für das Altspanische vermuteten Lautwerte [b] und [v] sind bereits im Mittelalter zu /b/ zusammengefallen (● Tab. 10.12).

Doppelschreibungen: Als einzige der hier betrachteten romanischen Sprachen führt das Italienische die phonologisch relevante Konsonantenquantität des Lateinischen fort und hat sie weiter ausgebaut: außer [z] (das – ohne Berücksichtigung der Stimmhaftigkeit – wie [s] immer <s> geschrieben wird, vgl. *fuso* [ˈfuzo] ‚geschmolzen' vs. *fuso* [ˈfuso] ‚Spindel') können alle italienischen Konsonanten sowohl kurz als auch lang auftreten. Wie im Lateinischen wird die Länge graphisch durch die Dopplung des betreffenden Konsonantbuchstabens wiedergegeben (*fato* [ˈfato] vs. *fatto* [ˈfatːo], *casa* [ˈkasa] vs. *cassa* [ˈkasːa]). In den Digraphemen <ch, gh> ist dabei jeweils nur der erste Buchstabe zu doppeln: <cch, ggh> (*pochi* [ˈpɔki] vs. *pacchi* [ˈpakːi]). [ʎ], [ɲ], [ʃ] und [ts/dz] kommen intervokalisch nur lang vor, sodass in diesen Fällen kein Quantitätskontrast möglich ist. In der Schreibung wird die Länge hier folglich nicht gesondert angezeigt; <gn> bspw. steht sowohl für kurzes [ɲ] (wie in [ˈɲɔkːi] *gnocchi*) als auch (zwischen Vokalen) für langes [ɲː] ([ˈbaɲːo] *bagno*, [ʎiˈɲɔkːi] *gli gnocchi*). Nur <z> wird zwischen Vokalbuchstaben meist – aber nicht immer – gedoppelt, vgl. *pizza* [ˈpitsːa] vs. *azione* [aˈtsːjone], *mezzo* [ˈmɛdːzo] vs. *mazurca* [maˈdzːurka]. Die Längung initialer Konsonanten durch das sog. *raddoppiamento fonosintattico* geht nur bei Zusammenschreibung in die Graphie ein (z. B. *soprappensiero*, aber *sopra pensiero* [soprapːenˈsiɛro]).

Tab. 10.12 Konsonanten: Ausbildung weiterer GPK-Regeln

lat. OCTO [ˈɔktoː]		> [ˈotʃo] sp. *ocho*
lat. CAMERA [ˈkamera]	> [tʃãmbrə]	> [ʃɑ̃ʁ] frz. *chambre*
lat. GAMBA [ˈgamba]	> [dʒãmbə]	> [ʒɑ̃b] frz. *jambe*
lat. IURAT [ˈjuːrat]	> [ˈdʒura] > [ˈʒura] > [ˈʃura]	> [ˈxura] sp. *jura*
	> [dʒyrə]	> [ʒyʁ] frz. *jure*
		> [ˈdʒura] it. *giura*
lat. MULIERE [muˈljere]	> [muˈʒer] *muger*	> [muˈxer] sp. *mujer*
lat. BRACCHIU [ˈbrakːju]		> [ˈbratʃːo] it. *braccio*
	> [ˈbratso] *braço*	> [ˈbraθo]/[ˈbraso] sp. *brazo*
lat. FORTIA [ˈfortja]		> [ˈfɔrtsa] it. *forza*
	> [ˈfwertsa] *fuerça*	> [ˈfwerθa]/[ˈfwersa] sp. *fuerza*
	> [ˈfɔrtsə]	> [fɔʁs] frz. *force*
lat. COXA [ˈkoçsa]		> [ˈkɔʃːa], Pl. [ˈkɔʃːe] it. *coscia*, Pl. *cosce*
	> [ˈkoʃa] *coxa*	> [ˈkoxa] sp. *coja*
lat. VIVO [ˈwiːwoː]		> [ˈbiβo] sp. *vivo*
lat. BIBO [ˈbiboː]		> [ˈbeβo] sp. *bebo*

Im Spanischen wird die Doppelschreibung des <r>-Buchstabens eingesetzt, um den mit der Zungenspitze gerollten Vibranten /r/, den sog. Trill, vom alveolaren Schlag oder Tap /ɾ/ zu unterscheiden. Diese graphische Differenzierung erfolgt jedoch nur dort, wo die beiden Laute auch tatsächlich kontrastieren, nämlich zwischen Vokalen (z. B. *caro* [ˈkaɾo] vs. *carro* [ˈkaro]). Dort, wo die Realisierung des Trills vorhersagbar ist (am Wortanfang oder am Silbenanfang nach den Konsonanten /n, l, s/), wird er, wie der Tap, durch einfaches <r> wiedergegeben (z. B. *roca* [ˈroka], *honra* [ˈonra], *traer* [traˈer]). Der palatale Lateral [ʎ] hat sich zwar in weiten Teilen des spanischen Sprachraums zu [j] bzw. [ʝ] oder auch zu [ʒ] oder [ʃ] verändert, doch für seine Schreibung wird weiterhin <ll> verwendet, denn eine der Quellen für diesen Laut war das lange [lː] des Lateinischen, das durch <ll> wiedergegeben wurde. Im Französischen ist der palatale Lateral schon im 17. Jh. zum Approximanten [j] geworden, und auch hier sind die Schreibungen <-ill-> (bzw. <-ll-> nach <i>) und <-il> unverändert erhalten. Im Italienischen wird [ʎ] dagegen durch <gl> vor <i> bzw. <gli> vor anderen Vokalbuchstaben wiedergegeben. Auf die – durch den sog. Nasalstrich bzw. die heutige Tilde verkürzte – Doppelschreibung <nn> und damit ebenfalls auf eine seiner möglichen lateinischen Quellen geht das spanische <ñ> zurück, das in dieser Sprache für den palatalen Nasal [ɲ] steht. Im Italienischen und im Französischen wird für diesen Laut das Digraphem <gn> gesetzt (**Tab. 10.13**).

Wir haben oben schon gesehen, dass gedoppelte Konsonantbuchstaben im Französischen die offene Qualität eines vorangehenden mittleren Vokals anzeigen. Ansonsten haben sie nur im Fall von <s> einen unmittelbaren Lautbezug: Während einfaches <s> (außer am Wortende) meist als stimmloser Frikativ /s/ zu lesen ist, repräsentiert <-s-> zwischen Vokalbuchstaben das stimmhafte Phonem /z/ (das sonst durch <z> wiedergegeben wird, z. B. *zone* [zon]); stimmloses /s/ dagegen wird in dieser Position – unter anderem – durch die Doppelschreibung symbolisiert, z. B. *case* [kaz] vs. *casse* [kas] (aber auch *face* [fas], *façon* [fasɔ̃], *nation* [nasjɔ̃]). Weitere Dopplungen finden sich in historischen oder etymologischen Schreibungen; ihnen entspricht derselbe Laut wie dem einfachen Graphem. <nn> oder <mm> verweisen oft gegen die Etymologie darauf, dass der dem Nasalkonsonanten vorangehende Vokal früher einmal nasalisiert wurde (z. B. lat. POMA > frz. *pomme* [pɔ̃mə] > [pɔm]); viele andere Doppelschreibungen stellen dagegen nur einen Bezug zum lateinischen Etymon her (z. B. frz. *commettre* < lat. COMMITTERE, frz. *ville* < lat. VILLA).

„Stumme" Buchstaben: Etymologische Schreibungen und ihre Auswirkungen: Laute sind, wie der Name schon sagt, laut, und Buchstaben können prinzipiell nicht sprechen; dennoch ist die Rede von stummen Buchstaben und auch von stummen Lauten verbreitet. Mit ersteren sind Schriftzeichen gemeint, denen sich kein Lautwert zuordnen lässt. Wir haben schon gesehen, dass nach einem Lautwandel die alte Schreibung oft einfach beibehalten wird. Das gilt auch, wenn ein Laut in einer bestimmten Position mit der Zeit wegfallen und damit metaphorisch gesprochen „verstummt" ist. Die ihn repräsentierenden Buchstaben werden oft weiterhin geschrieben, denn der Ausfall vollzieht sich in der Regel über einen längeren Zeitraum und

◻ **Tab. 10.13** Doppelschreibungen von Konsonantbuchstaben

lat. VALLE [ˈwalːe]	>	sp. *valle* [ˈbaʎe]/[ˈbaje]		it. *valle* [ˈvalːe]
lat. PLENU [ˈpleːnu]	>	sp. *lleno* [ˈʎeno]/[ˈjeno]		
lat. FOLIA [ˈfɔlja]	>		frz. *feuille* [fœʎə] > [fœj]	it. *foglia* [ˈfɔʎa]
lat. ANNU [ˈanːu]	>	sp. *año* [ˈaɲo]		it. *anno* [ˈanːo]
lat. VINEA [ˈwinja]	>	sp. *viña* [ˈbiɲa]	frz. *vigne* [viɲ]	it. *vigna* [ˈviɲːa]

manchmal nur in Teilen eines Sprachgebiets. Er muss auch nicht endgültig sein: Ein Laut kann bspw. in bestimmten Konstellationen präsent bleiben, während er in anderen geschwunden ist. Wir sprechen dann von **latenten Lauten**, für die der Buchstabe also nicht immer „stumm" ist.

Besonders charakteristisch sind derartige Erscheinungen für die Schreibung des Französischen. Hier sind im Zuge der lautlichen Entwicklung Kodakonsonanten wortintern und wortfinal in großem Maße weggefallen. Während der Ausfall von silbenfinalen Konsonanten im Wortinneren in der Graphie meist nachvollzogen wurde und allenfalls ein Zirkumflex auf dem vorangehenden Vokalbuchstaben an den ehemaligen Laut erinnert (z. B. *bête* < lat. BESTIA, *pâte* < lat. PASTA), werden die Buchstaben für getilgte wortfinale Konsonanten meist nach wie vor geschrieben. Finalen Konsonantbuchstaben fehlt daher oft die lautliche Entsprechung, umgekehrt folgen einem auslautenden Vokal in der Schreibung häufig noch ein oder mehrere „stumme" Konsonantbuchstaben. Vergröbert kann das durch die Korrespondenz <-VK(K)> ↔ [-V] schematisiert werden (z. B. *coup*, Pl. *coups* ↔ [ku]). Ähnliches gilt für auslautendes Schwa, das ebenfalls weitgehend geschwunden ist. Dem wortfinalen <-e>, durch das es repräsentiert wurde, entspricht heute in der Regel kein eigener Laut. Es liefert vielmehr oft den Kontext für die lautliche Realisierung des ihm vorangehenden und folglich dann nicht wortfinalen Konsonantbuchstabens, so dass hier, ebenfalls vergröbert, eine Korrespondenz <-Ke> ↔ [-K] aufgestellt werden kann (z. B. *coupe* ↔ [kup]). Phonisch offener Silbe entspricht damit graphisch oft eine (auf „stummen" Konsonantbuchstaben endende) geschlossene Silbe, für eine phonisch geschlossene Silbe steht dagegen oft eine Folge aus zwei graphischen Silben, deren zweite als Vokalgraphem <e> aufweist.

Bestimmte finale Konsonanten des Französischen sind jedoch nicht restlos geschwunden, sondern latent geblieben. Vor allem in proklitischen Artikelwörtern und Pronomina, aber auch in vorangestellten Adjektiven, in Zahlwörtern oder in einsilbigen Präpositionen erscheinen sie als **Liaisonkonsonanten** regelmäßig an der lautlichen Oberfläche, wenn das folgende Wort mit einem Vokal beginnt. Das gilt besonders für /z/, /n/ und /t/, die vor Vokal den Anfangsrand der Silbe bilden: *les copains* [le.kɔpɛ̃], aber *les amis* [le.zami]; *un copain* [ɛ̃.kɔpɛ̃], aber *un ami* [ɛ̃.nami]; *un petit copain* [ɛ̃pəti.kɔpɛ̃], aber *un petit ami* [ɛ̃pəti.tami].

Wie aus den Beispielen ersichtlich, gibt die Schreibung keine Anhaltspunkte für die Realisierung der Liaison, da die latenten Konsonanten graphisch durchgehend repräsentiert werden. Gegenüber der lautlichen Allomorphie, die sich hier zeigt, wird die Graphie der Morpheme also konstant gehalten.

Über die „stummen" Buchstaben ist auch die sog. *orthographe grammaticale* des Französischen organisiert. Darunter verstehen wir den Teil der Flexionsmorphologie, der fast ausschließlich in der Graphie seinen Ausdruck findet, während die Formen in der Lautung homophon oder allomorph sind. So wird etwa in einer Äußerung wie *les bons copains* [lebɔ̃kɔpɛ̃] die Information Plural durch Anfügen des graphischen Flexivs <-s> an alle Glieder der Nominalgruppe ausgedrückt. In der Lautung (in der /z/, wie oben gezeigt, nur unter den spezifischen Bedingungen der Liaison erscheint) entspricht dem einzig die Modifizierung im Vokal des Determinanten ([lə] vs. [le]).

Auch in der Derivationsmorphologie des Französischen sind in unterschiedlichem Maße Annäherungen an **graphische Morphemkonstanz** auszumachen. So erscheint vor vokalisch anlautendem Suffix in der Regel das längere – konsonantisch endende – Allomorph des Grundworts, das generell in der Graphie repräsentiert wird; durch die Konstantschreibung werden also Grundwort und Ableitung optisch jeweils einander angenähert: *trois* [tʁwa] → *troisième* [tʁwazjɛm]; *champ* [ʃɑ̃] → *champêtre* [ʃɑ̃pɛtʁ].

Komplementär zur graphischen Morphemkonstanz gibt es im Französischen starke Tendenzen, das, was lautlich gleich, aber semantisch verschieden ist, in der Schreibung zu unterscheiden. Auch diese **graphische Homonymendifferenzierung** funktioniert nur, wenn auf regelmäßige und eindeutige Graphem-Phonem-Korrespondenzen verzichtet wird. So steht etwa [fɛ̃] *faim* graphisch in Bezug zu *famine* und ist vom homophonen [fɛ̃] *fin* (vgl. *final*) deutlich getrennt; [ʃɑ̃] *champ* verweist auf *champêtre*, [ʃɑ̃] *chant* auf *chanter* etc.

Während die Nulltendenz im konsonantischen Wortauslaut des Französischen schon im Mittelalter eingesetzt hat, lassen sich heute vergleichbare Entwicklungen im Spanischen beobachten, wo insbesondere silbenfinales /s/ in zahlreichen Varietäten zur Aspiration oder zum völligen Ausfall tendiert. In der Graphie wird dieser Schwund ebenfalls nicht reflektiert, sodass etwa phonisch identisch gewordene Singular- und Pluralformen nur mehr in der

Tab. 10.14 „Stummer" Buchstabe <h>

frz. *heure*	sp. *hora*	it. *ora*	< lat. HORA [ˈora]
		it. *ho, hai, ha, hanno*	< lat. HABERE
	sp. *huevo*		< lat. OVO
frz. *huile* [ɥil]			< lat. OLEO
frz. *hêtre* [ˈɛtʁ(ə)] < [ˈhɛtrə]			< frk. *HAISTR
	sp. *hoja* [ˈoxa] < [ˈhoʃa]		< lat. FOLIA

Tab. 10.15 Graphische Markierung von griechisch-lateinischem Bildungswortschatz

frz.	*chlorophylle*	sp.	*clorofila*	it.	*clorofilla*	‚Chlorophyll'
frz.	*chérubin*	sp.	*querubín*	it.	*cherubino*	‚Cherubin'
frz.	*théorie*	sp.	*teoría*	it.	*teoria*	‚Theorie'
frz.	*rhétorique*	sp.	*retórica*	it.	*retorica*	‚Rhetorik'
frz.	*sanctifier*	sp.	*santificar*	it.	*santificare*	lat. SANCTIFICARE
frz.	*substantiel*	sp.	*sustancial*	it.	*sostanziale*	lat. SUBSTANTIALE
frz.	*obtenir*	sp.	*obtener*	it.	*ottenere*	lat. OBTINERE
frz.	*admirer*	sp.	*admirar*	it.	*ammirare*	lat. ADMIRARI

Schreibung unterschieden werden: sp. [laˈtʃika] Sg. *la chica* oder Pl. *las chicas*.

Zu den „stummen" Buchstaben gehört in weiten Teilen der Romania auch das aus dem Lateinischen überkommene <h>, dem bereits in römischer Zeit kein Lautwert mehr entsprach. Im Italienischen wird es außer in den genannten Digraphemen nur in einigen Flexionsformen des Verbs *avere* genutzt. Spanisch und Französisch haben diesen Buchstaben dagegen beibehalten, wenn das lateinische Ausgangswort ihn aufwies. Gegen die Etymologie dient initiales <h-> in diesen beiden Sprachen auch dazu, die Aussprache eines folgenden <u> als Gleitlaut ([w] bzw. [ɥ]) zu kennzeichnen. Als historische Schreibung ist <h> ohne Lautwert zudem dort bewahrt worden, wo ein älterer Sprachzustand den Hauchlaut [h] aufwies (so als französisches *h aspiré* – ein vokalischer Anlaut, vor dem weder elidiert noch gebunden werden darf) (Tab. 10.14).

Zur Graphie von griechisch-lateinischem Bildungswortschatz und Fremdwörtern: Auch mit Blick auf die Schreibung griechisch-lateinischer Entlehnungen, die Bestandteil des Bildungswortschatzes geworden sind, ist das Französische (ähnlich wie Deutsch und Englisch) deutlich traditionell orientiert: In großem Umfang kommen hier weiterhin die sog. „griechischen" Buchstaben <y>, <th>, <ph>, <rh> und <ch> zum Einsatz, die im Italienischen und Spanischen seit langem durch <i>, <t>, <f>, <r> und <c> (bzw. durch it. <ch>, sp. <qu> vor <e, i>) ersetzt worden sind. In gelehrten Entlehnungen haben sich im Französischen auch silben- und wortfinale Konsonanten oft gegen die Schwundtendenz behaupten können und sind heute Bestandteil von Lautung und Schreibung. In geringerem Maße gilt dies auch für das Spanische, nicht jedoch für das Italienische (Tab. 10.15).

Bei Entlehnungen aus neueren Sprachen ist oft eine große Spannbreite zwischen unveränderter graphischer Übernahme und vollständiger Adaptation im Sinne von Integration in das aufnehmende Schriftsystem zu verzeichnen. Tendenzen zur graphischen Eingliederung fallen dabei im Spanischen deutlicher aus als im Französischen oder Italienischen (Tab. 10.16).

Tab. 10.16 Einige Entlehnungen aus dem Englischen

frz.	*rosbif*	sp.	*rosbif*	it.	*rosbif(fe)*	engl.	*roast beef*
frz.	*baseball*	sp.	*béisbol*	it.	*baseball*	engl.	*baseball*
frz.	*sweater*	sp.	*suéter*	it.	*sweater*	engl.	*sweater*

- **Fazit zu den genannten romanischen Sprachen**

Das umfangreiche Lautsystem des Französischen hat auch nach Beginn der Verschriftung noch starke Entwicklungen durchlaufen, und die Veränderungen haben teilweise in die Morphologie eingegriffen. Die daraus resultierende lautliche Allomorphie wird bei grundlegend etymologischer Ausrichtung tendenziell durch graphische Morphemkonstanz überbrückt, die zahlreichen Homophone unterscheiden sich nach Möglichkeit in der Schreibung, und für das Französische ist eine komplexe Orthographie entstanden. Die vergleichsweise geringen lautlichen Weiterentwicklungen im Italienischen und Spanischen ließen sich dagegen leichter in die Schreibung integrieren, die damit eine stärker phonologische Orientierung aufweist.

10.5 Weiterführende Literatur

- Primus (2010) stellt die Grundlagen des deutschen Schriftsystems vor. Fuhrhop und Peters (2013) ist eine umfangreiche Darstellung der Graphematik. Zur Stammkonstanz ist Bredel et al. (2013) zu empfehlen. Die Schriftsysteme der romanischen Sprachen werden in Meisenburg (1996) vorgestellt und erläutert.
- Für die Schreibung des Französischen sind die Arbeiten von Nina Catach grundlegend, vor allem Catach (1980). Die Graphie des Spanischen wird in der umfassenden *Ortografía de la lengua española* der Real Academia Española (2010) dargelegt. Einblicke in die Entwicklung der italienischen Orthographie gibt Reutner und Schwarzer (2011).

Antworten zu den Selbstfragen

Selbstfrage 1 Nach der phonem-basierten Definition ist die Frage, ob <qu> überhaupt ein Graphem ist, zumindest im Englisch und Deutschen problematisch, da die Buchstabenfolge <qu> eben nicht mit exakt einem Phonem, sondern mit zwei Phonemen (/kv/ bzw. /kw/) korrespondiert (Ausnahmen sind einige Lehnwörter, z. B. *Plaque*). Im Spanischen und Französischem hingegen korrespondiert <qu> mit einem Phonem, nämlich /k/.

Nach der funktionalen Definition ist in allen hier thematisierten Sprachen <qu> ein komplexes Graphem. In allen hier thematisierten Sprachen kommt |q| fast ausschließlich mit |u| vor und bildet als <qu> eine funktionale Einheit.

Selbstfrage 2 Ja, es handelt sich um eine morphologische Schreibung. Es werden jeweils Affixe (genauer: Flexionssuffixe) in der Schrift differenziert, die in der gesprochenen Sprache zusammenfallen. Insofern könnte man hier analog zur Lexemdifferenzierung von Affixdifferenzierung sprechen.

Selbstfrage 3 In allen hier thematisierten Sprachen werden Satzanfänge durch Majuskeln markiert. Diese Großschreibung ist syntaktisch motiviert. Wenn wir das Deutsche außen vor lassen, werden in allen hier thematisierten Sprachen Eigennamen und Dinge, die besonders hervorgehoben werden sollen, großgeschrieben. Diese Art von Großschreibung kann man eher semantisch (bzw. kommunikativ) begründen.

Aufgaben

Die folgenden Aufgaben sind unterschiedlich schwierig zu lösen. Die Einschätzung der Schwierigkeitsgrade ist natürlich individuell verschieden. Sie sollten daher nicht an sich zweifeln, wenn Sie eine Aufgabe, die als einfach klassifiziert ist, als schwer empfinden.

- • einfache Aufgaben
- •• mittelschwere Aufgaben
- ••• anspruchsvolle Aufgaben, die fortgeschrittene Konzepte benötigen

10.1 • Die Verwendungsweise des Apostrophs in *zwei Foto's, der Gang auf's Schützenfest, Tanja's Salon, freitag's geschlossen* ist oft Zielscheibe von Spott; den Schreibern wird meist mangelnde Intelligenz unterstellt. Dabei sind sie durchaus regelmäßig und beziehen sich auf die morphologische Struktur. Welche morphologische Einheit wird hier jeweils gekennzeichnet?

10.2 •• Die minimale graphematische Form englischer Wörter ist etwas komplexer als im obigen Text dargestellt. Wenn allein die Anzahl der Buchstaben entscheidend wäre, sollte man erwarten, dass es viele Wörter des Typs <gnu> gibt. Das ist aber nicht der Fall; von diesem Typ gibt es nur extrem wenige Wörter. Ein anderer Faktor scheint hier ausschlaggebend zu sein.

Wie muss ein minimales Inhaltswort im Englischen aussehen? Benutzen Sie zur Beantwortung der Frage die folgenden Daten!
1. *fee, sea, toe, cue*
2. **fe, *se *to, *cu*
3. *tree, plea, crow, glue*
4. **tre, *ple, *cro, *glu*

10.3 •• Auch im Deutschen scheint es ein Minimalitätsgebot für Inhaltswörter zu geben. Versuchen Sie es (unter Zuhilfenahme der englischen Daten und Aufgabe 1) anhand der folgenden Daten zu fomulieren:
1. *Fee, Zoo*
2. **Fe, *Zo*
3. *Klee, Knie*
4. **Kle, *Kni*

10.4 ●●● In der Literatur zum Grapheminventar des Deutschen ist der Status von <sch> als komplexes Graphem umstritten. Versuchen Sie mithilfe der oben genannten Definition des Begriffs „Graphem" Argumente für und gegen <sch> als komplexes Graphem zu finden.

Literatur

Bloomfield, L. (1933). *Language*. New York: Henry Holt & Co.

Bredel, U. (2006). Die Herausbildung des syntaktischen Prinzips in der Historio- und in der Ontogenese der Schrift. In U. Bredel, & H. Günther (Hrsg.), *Orthographietheorie und Rechtschreibunterricht* (S. 139–163). Tübingen: Niemeyer.

Bredel, U. (2009). Das Interpunktionssystem des Deutschen. In A. Linke, & H. Feilke (Hrsg.), *Oberfläche und Performanz* (S. 117–135). Tübingen: Niemeyer.

Bredel, U. (2011). Die Interpunktion des Deutschen. In U. Bredel, & T. Reißig (Hrsg.), *Weiterführender Orthographieunterricht* (S. 129–144). Baltmannsweiler: Schneider Hohengehren.

Bredel, U., Noack, C., & Plag, I. (2013). Morphologie lesen: Stammkonstanzschreibung und Leseverstehen bei starken und schwachen Lesern. In M. Neef, & C. Scherer (Hrsg.), *Die Schnittstelle von Morphologie und Graphematik* (S. 139–154). Berlin: de Gruyter.

Carney, E. (1994). *A Survey of English Spelling*. London: Routledge.

Catach, N. (1980). *L'orthographe française. Traité théorique et pratique*. Paris: Nathan. Avec la collaboration de Claude Gruaz et Daniel Duprez.

Domahs, U., & Primus, B. (2014). Laut – Gebärde – Buchstabe. In E. Felder, & A. Gardt (Hrsg.), *Sprache und Wissen*. Berlin/New York: de Gruyter.

Eisenberg, P. (1988). Die Grapheme des Deutschen und ihre Beziehung zu den Phonemen. In J. Baurmann, K.-B. Günther, & U. Knoop (Hrsg.), *Aspekte von Schrift und Schriftlichkeit* (S. 139–154). Hildesheim: Olms.

Eisenberg, P. (2020). *Grundriss der deutschen Grammatik. Das Wort* (5. Aufl.). Stuttgart: Metzler.

Evertz, M., & Primus, B. (2013). The graphematic foot in English and German. *Writing Systems Research, 5*(1), 1–23.

Fuhrhop, N. (2007). *Zwischen Wort und Syntagma: Zur grammatischen Fundierung der Getrennt- und Zusammenschreibung*. Tübingen: Niemeyer.

Fuhrhop, N. (2020). *Orthografie* (5. Aufl.). Heidelberg: Winter.

Fuhrhop, N., & Peters, J. (2013). *Einführung in die Phonologie und Graphematik*. Stuttgart: Metzler.

Günther, H. (1988). *Schriftliche Sprache: Strukturen geschriebener Wörter und ihre Verarbeitung beim Lesen*. Tübingen: Niemeyer.

Lyons, J. (1972). *New Horizons in Linguistics*. Middlesex, England: Penguin.

Maas, U. (1992). *Grundzüge der deutschen Orthografie*. Tübingen: Niemeyer.

Meisenburg, T. (1996). *Romanische Schriftsysteme im Vergleich: Eine diachrone Studie*. Tübingen: Narr.

Neef, M. (2005). *Die Graphematik des Deutschen*. Berlin: de Gruyter.

Neef, M., & Primus, B. (2001). Stumme Zeugen der Autonomie – Eine Replik auf Ossner. *Linguistische Berichte, 187*, 353–378.

Primus, B. (2003). Zum Silbenbegriff in der Schrift, Laut- und Gebärdensprache – Versuch einer mediumübergreifenden Fundierung. *Zeitschrift für Sprachwissenschaft, 22*, 3–55.

Primus, B. (2010). Strukturelle Grundlagen des deutschen Schriftsystems. In U. Bredel, A. Müller, & G. Hinney (Hrsg.), *Schriftsystem und Schrifterwerb: linguistisch – didaktisch – empirisch* (S. 9–45). Tübingen: Niemeyer.

Real Academia Española / Asociación de Academias de la Lengua Española (2010). *Ortografía de la lengua española*. Madrid: Espasa Libros.

Reutner, U., & Schwarzer, S. (2011). *Geschichte der italienischen Sprache. Eine Einführung*. Tübingen: Narr.

Venezky, R. L. (1970). *The Structure of English Orthography*. The Hague: Mouton.

Empirische Linguistik

Désirée Kleineberg und Inga Hennecke

Inhaltsverzeichnis

11.1 Einführung – 220

11.2 Grundlagen des empirischen Arbeitens – 221

11.3 Nicht-experimentelle Verfahren – 221

11.4 Experimentelle Verfahren – 227

11.5 Weiterführende Literatur – 232

Literatur – 233

© Der/die Autor(en), exklusiv lizenziert an Springer-Verlag GmbH, DE, ein Teil von Springer Nature 2023
R. Klabunde, W. Mihatsch (Hrsg.), *Linguistik*, https://doi.org/10.1007/978-3-662-66612-8_11

In diesem Kapitel werden wir die Grundzüge von empirisch-linguistischer Forschung kennenlernen. Dazu werden zuerst die Grundlagen des empirischen Arbeitens erläutert und mögliche empirische Ansätze in der Linguistik eingeführt. Im Fokus stehen dabei einerseits nicht-experimentelle Methoden, wie die Analyse von Korpusdaten, aber auch (soziolinguistische) Interviews, sowie andererseits experimentelle Verfahren, wie sie vor allem in der Psycho- und Neurolinguistik zum Einsatz kommen.

11.1 Einführung

Der Ausdruck *Empirie* stammt vom griech. *empeiría* (εμπειρια) ‚Erfahrung, durch Erfahrung gewonnene Einsicht, Kenntnis'. Die **empirische Linguistik** umfasst also einen Zweig der Sprachwissenschaft, der seine Erkenntnisse durch die systematische Beobachtung und Analyse wahrnehmbarer Sprachdaten gewinnt. In ▶ Abschn. 1.2 haben Sie bereits drei mögliche Datenklassen der Linguistik kennengelernt:
1. Von Linguist/innen selbst ausgedachte Sprachbeispiele
2. Große Textsammlungen, sogenannte Korpora
3. Durch Sprachexperimente erhobene Daten

Diese drei Datenklassen unterscheiden sich in erster Linie dadurch, wie sie entstehen, aber auch wer sie üblicherweise wie kategorisiert, analysiert und letztendlich linguistische Theorien darauf aufbaut. Die Analyse selbst konstruierter Sätze kommt hauptsächlich im Rahmen der generativen Linguistik zum Einsatz. Erkenntnisse über ein spezifisches sprachliches Phänomen werden hier gewonnen, indem dieses systematisch einer oder mehrerer Alternativen gegenübergestellt wird. Die verschiedenen Konstruktionen werden dann von dem Linguisten oder der Linguistin als kompetente/r Muttersprachler/in evaluiert, verglichen und in Grammatikalitätskategorien eingeteilt. Dieses Verfahren nennen wir auch **Introspektion**. Betrachten wir zur Illustrierung folgendes Beispiel (Freywald & Simon 2007):

> ► **Beispiel**
> 1. *Der Lehrer steigt oft in Paris um.*
> 2. *?Der Lehrer zwischenlandet oft in Paris.*
> 3. *?Der Lehrer landet oft in Paris zwischen.*
> 4. **Der Lehrer ehebricht oft in Paris.* ◄

Hier wurden Sätze von Linguist/innen ausgedacht, um die Möglichkeit der Verb-Zweit-Stellung von verschiedenen komplexen Verben wie *umsteigen*, *zwischenlanden* oder *ehebrechen* zu testen. Beispiel 2 und 3 wurden mit einem Fragezeichen versehen und somit als leicht abweichend klassifiziert, Beispiel 4 wurde durch einen Asterisk markiert und somit als ungrammatisch gekennzeichnet. Daraus könnte man nun eine Klassifikation von komplexen Verben im Deutschen ableiten, welche unter anderem auf diesen Kontrasten beruht.

Eine weitere Herangehensweise besteht darin, dass man große Textsammlungen konsultiert und untersucht, welche Verben wie häufig in welcher syntaktischen Position stehen. Eine solche **Korpusanalyse** würde dann beschreibende Aussagen über Häufigkeiten und Verwendung dieser Verben zulassen. Schließlich könnte man dieses Problem der komplexen Verben im Deutschen auch anhand von **experimentellen Daten** untersuchen. Beispielsweise könnte man messen, wie schnell Proband/innen Sätze wie die oben lesen, wo ihre Augen beim Lesen wie lange hängenbleiben usw. Die Untersuchung jeder dieser drei Datenklassen, bzw. jede dieser drei Herangehensweisen ließe sich streng genommen als *empirisch* bezeichnen, da sie in jedem Fall eine Beobachtung und Analyse von Sprachdaten beinhaltet. Der erste Ansatz der Introspektion unterscheidet sich jedoch von den anderen beiden darin, dass man sich hier allein auf das subjektive Urteil der evaluierenden Person verlässt. Häufig ist dies der Linguist oder die Linguistin selbst, es besteht also die große Gefahr, dass man zum Beispiel unbewusst genau das evaluiert, was man gerne als Ergebnis sehen würde. Scherzhaft werden solche Ansätze somit oft als *armchair linguistics* bezeichnet, da man für die eigene Forschung nicht einmal den heimischen Sessel verlassen muss. Als empirische Forschung im engeren Sinn wollen wir also im Folgenden ausschließlich solche methodischen Ansätze bezeichnen, die sich auf eine breite Basis von gesammelten authentischen oder von experimentell erzeugten Sprachdaten stützen.

> **Empirische Linguistik**
> Die empirische Linguistik ist ein sprachwissenschaftlicher Ansatz, der seine Erkenntnisse durch die Analyse einer breiten Basis von Sprachdaten gewinnt. Diese Daten können entweder als Sammlung in einem Korpus bereits vorliegen oder sie werden in einem Experiment elizitiert.

◘ Abb. 11.1 fast die möglichen methodischen Herangehensweisen in der Linguistik noch einmal zusammen.

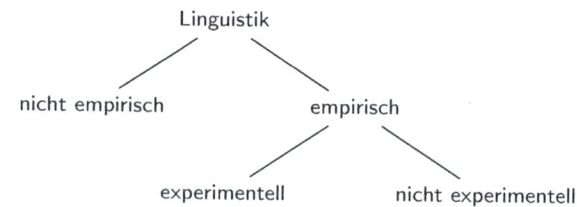

◘ **Abb. 11.1** Methodische Herangehensweisen in der Linguistik

11.2 Grundlagen des empirischen Arbeitens

Für die empirische Linguistik gelten genauso wie für jede andere empirisch arbeitende Wissenschaftsdisziplin bestimmte methodische Grundkonzepte. Somit beginnt jedes Forschungsprojekt mit einer **zentralen Fragestellung**, welche durch die empirischen Analysen beantwortet werden soll. Diese Fragestellung ergibt sich automatisch aus dem aktuellen Forschungsstand bzw. aus den daraus resultierenden Forschungslücken. Es lassen sich drei Typen von Fragestellungen unterscheiden:
1. Deskriptive Fragestellungen zielen auf die Beschreibung eines Phänomens ab
2. Kausale Fragestellungen wollen Gründe für ein Phänomen herausfinden
3. Korrelative Fragestellungen ergründen Zusammenhänge zwischen Phänomenen

Eine gute Fragestellung ist **präzise formuliert** und grenzt den Untersuchungsgegenstand ausreichend ein. Eine Fragestellung wie *Wie lernen bilingual aufwachsende Kinder Sprache?* ist zum Beispiel viel zu weit gefasst. Besser wäre eine Konkretisierung durch Bezugnahme auf ein konkretes Phänomen, eine bestimmte Zeitspanne, Region oder die Konditionen des bilingualen Spracherwerbs. Eine Fragestellung wie *Setzen deutsch-italienisch aufwachsende Kinder im Alter zwischen 3 und 5 Jahren das im Italienischen optionale Subjektpronomen häufiger, wenn Sie in Deutschland aufwachsen, als wenn sie in Italien leben?* ist dagegen sehr viel präziser. Alternativ wäre auch so etwas denkbar wie *Setzen deutsch-italienisch aufwachsende Kinder im Alter zwischen 3 und 5 Jahren das im Italienischen optionale Subjektpronomen häufiger als monolinguale Kinder?* Weiterhin sollten Forscher/innen darauf achtgeben, dass die Forschungsfrage keine Vorannahmen oder Wertungen beinhaltet. Besonders, aber nicht nur, bei studentischen Arbeiten ist die Durchführbarkeit des mit der Forschungsfrage untersuchten Projektes von zentraler Bedeutung. So ist es zum Beispiel nicht machbar, dass man in einer Haus- oder Abschlussarbeit Langzeitdaten selbst erhebt.

> **? Frage 11.1**
> Die folgende Fragestellung ist nicht gut gewählt, warum? Formulieren Sie einen Verbesserungsvorschlag.
> *Warum verwenden deutsche Jugendliche den Genitiv nicht mehr?*

In den meisten Fällen können Forscher/innen für die Beantwortung ihrer Forschungsfrage bereits auf Vorarbeiten und Ergebnisse aus angrenzenden Untersuchungsgebieten zurückgreifen. Sie können zu der formulierten Forschungsfrage also eine oder mehrere **Hypothesen** formulieren. Eine Hypothese ist eine als Aussagesatz formulierte, vor dem Hintergrund des Forschungsstands plausible, widerspruchsfreie und überprüfbare Annahme. Eine Aussage wie *der Genitiv wird in Zukunft aus der deutschen Sprache verschwinden* ist also keine Hypothese, da sie bspw. nicht überprüfbar ist. Die Formulierung einer Hypothese ist in der empirischen Linguistik von zentraler Bedeutung, da diese bereits die Untersuchungsvariablen vorgibt, sie ist also operationalisierbar. Welche Arten von Hypothesen und dazugehörigen Variablen in den verschiedenen Teilbereichen der empirischen Linguistik von Relevanz sind, wird in den beiden folgenden ▶ Abschn. 11.3 und 11.4 erläutert.

> **Vorplanung eines Forschungsprojektes**
> Jedes empirische Forschungsprojekt beginnt mit der Festlegung und Eingrenzung des **Untersuchungsgegenstandes**. Zu diesem formuliert man zuerst eine präzise **Forschungsfrage**, welche sich aus dem Forschungsstand bzw. den Forschungslücken ergibt. Ebenfalls basierend auf dem Forschungsstand können dann **Hypothesen** zur Forschungsfrage formuliert werden, die plausibel, widerspruchsfrei und überprüfbar sind.

In ▶ Abschn. 11.3 werden wir uns zuerst mit den nicht-experimentellen Herangehensweisen der empirischen Linguistik beschäftigen, wobei der Fokus auf der Korpuslinguistik liegen soll. ▶ Abschn. 11.3.2 gibt zudem einen kurzen Überblick über soziolinguistische Datenerhebungsmöglichkeiten. In ▶ Abschn. 11.4 soll es dann um experimentelle Verfahren in der Linguistik gehen, wobei wir uns hauptsächlich mit psycholinguistischen Methoden befassen werden.

11.3 Nicht-experimentelle Verfahren

11.3.1 Korpuslinguistik

Ein *Korpus* (*n.*) ist eine begrenzte Sammlung von Texten zu einem bestimmten Zweck. So gibt es neben linguistischen auch historische Korpora, die zum Beispiel mittelalterliche Quellen enthalten. In der Linguistik werden Korpora typischerweise zur Beobachtung und Analyse von Sprachgebrauch in einer bestimmten Epoche oder Varietät (vgl. ▶ Kap. 8) verwendet.

> **Korpus**
> Ein linguistisches Korpus ist eine zweckgebundene, begrenzte Sammlung von Sprachdaten. Diese Sprachdaten liegen entweder in geschriebener oder gesprochener Form vor. Sie sind meist digitalisiert, mit Metadaten versehen und linguistisch annotiert.

Ein Korpus besteht demnach aus sogenannten **Primärdaten**, den Sprachdaten an sich, sowie den **Metadaten**, welche erstere genau beschreiben. Als Primärdaten in einem Korpus können alle möglichen sprachlichen Erzeugnisse fungieren. So finden sich Korpora mit literarischen Texten, Zeitungsartikeln, Reiseberichten, Chats, Tweets, Reden, Interviews, Gesprächen unter Freunden usw. Somit gibt es Dialektkorpora, Korpora, die den Sprachgebrauch verschiedener sozialer Gruppen und Schichten widerspiegeln sollen, Korpora für formellen und informellen Sprachgebrauch usw. Dazu gibt es noch eine ganze Reihe an Korpora, die speziellere Themen wie die Sprache von Kindern (z. B. die ▶CHILDES-Korpora (*Child Language Data Exchange system*)), Fremdsprachenlerner/innen (z. B. das ▶*International Corpus of Learner English*) oder bilingualen Sprecher/innen (z. B. das ▶HABLA-Korpus (*Hamburg Adult Bilingual LAnguage*)) repräsentieren. Besonders interessant sind hier auch Parallelkorpora wie das ▶*Europarl Corpus* oder ▶*EUR-Lex*, in denen Reden des EU-Parlaments bzw. Gesetzestexte der Europäischen Union für alle Sprachen der EU parallel verfügbar sind. Streng genommen müssen Korpora nicht digitalisiert sein, um als ein solches gelten zu dürfen, heutzutage ist dies jedoch der Normalfall, da somit das Korpusmanagement, die Zugänglichkeit und verschiedene Arten von Suchanfragen erleichtert werden. Wichtig für die definitorische Abgrenzung eines Korpus ist seine Abgeschlossenheit, sodass Linguist/innen sich entsprechend auf die vorliegenden Quantitäten verlassen können. Zwar werden einige Korpora laufend durch zusätzliche Texte ergänzt, die dadurch entstehenden Versionen können aber meist genau eingesehen und entsprechend ausgewählt werden.

Je nach Art der Primärdaten sind auch unterschiedliche Typen von Metadaten notwendig, um diese adäquat zu beschreiben: Bei einem Romankorpus sind Informationen wie Autor, Titel und Jahr des Werkes sowie eventuelle Zusatzinformationen (handelt es sich zum Beispiel um eine Übersetzung oder eine Neuauflage) notwendig. Bei Gesprächsaufnahmen umfassen die Metadaten typischerweise anonymisierte Informationen zu den Gesprächsteilnehmer/innen (Alter, Geschlecht, sozialer Stand, Herkunft, ggf. Mehrsprachigkeit u. Ä.) sowie zu den Gesprächsumständen (Ort, Zeit, Nebengeräusche) und der transkribierenden Person. Die Metadaten zu Gesprächsaufnahmen zwischen zwei Dialogpartner/innen könnten zum Beispiel so aussehen:

▶ **Beispiel**
- Titel: Kinobesuch
- Dateiname: Kino01
- Gesprächsteilnehmer/innen: GAB (w, 26, Dortmund, Studentin); ANT (m, 24, Berlin, Student)
- Datum: 05.01.2016
- Ort: Köln
- Kategorie: informell, Dialog
- Dauer: 25 Minuten, 34 Sekunden
- Wörter: 4.536
- Tonqualität: B
- Transkribiert von: Julia Wolf, Revision: Simon Walter ◀

? **Frage 11.2**
Inwieweit lassen sich Suchanfragen in gängigen Internetsuchmaschinen als Korpusanalysen bezeichnen? Wo liegen ggf. Unterschiede zwischen einem Korpus und dem Internet als Sprachdatensammlung?

- **Repräsentativität von Korpora**

Die Erstellung eines Korpus erfolgt nach spezifischen Auswahlkriterien, wobei das Ziel stets eine größtmögliche Repräsentativität für die dargestellte Sprache oder Varietät ist. Eine besondere Stellung nehmen dabei sogenannte **Referenzkorpora** ein, welche den Anspruch erheben, eine für die jeweilige Sprache repräsentative Textauswahl zu bieten. Häufig unterliegt die Korpuserstellung jedoch zwangsläufig unterschiedlichen Schwierigkeiten, die nur bedingt beeinflusst werden können. So ist zum Beispiel die Darstellung gesprochener Sprache in Zeiten, in denen noch keine Aufnahmegeräte verfügbar waren, schlicht unmöglich. Aber auch für Korpora, die moderne Sprache repräsentieren sollen, stellt sich automatisch die Frage, welche Texte und Textsorten zum Korpus gehören, in welchem Verhältnis diese verteilt sind und inwiefern variationale Aspekte eine Rolle spielen. Während beispielsweise im spanischen *Corpus de Referencia del Español Actual* (▶CREA) ca. 56% der Daten aus Spanien kommen, sind es im sehr ähnlich konzipierten *Corpus del español del siglo XXI* (▶CORPES XXI) nur in etwa 30%. Laut den Daten von ▶www.ethnologue.com entspricht der Anteil der Spanischsprecher/innen in Spanien weltweit tatsächlich jedoch nur ca. 10%. Man kann sich folglich dem Anspruch, der gesamten, z. B. dialektalen, Bandbreite einer Sprache gerecht zu werden, zwar annähern, ein perfektes Abbild wird ein Korpus jedoch nie bieten können. Ähnliches gilt auch für das Verhältnis zwischen gesprochenen und geschriebenen Daten. Wie die spanischen Äquivalente will das englische *Corpus of Contemporary American English* (▶COCA) eine möglichst authentische Sammlung von Sprachdaten zum aktuellen Englisch in Amerika darstellen, tatsächlich beinhaltet es aber 90% geschriebene und nur 10% gesprochene Daten. Dies hat vor allem damit zu tun, dass es sehr viel mehr Aufwand bedeutet, gesprochene Daten für ein Korpus aufzubereiten, d. h. zum Beispiel zu transkribieren. Die Frage, inwieweit diese Proportionen nun aber den tatsächlichen aktuellen Sprachgebrauch des amerikanischen Englisch widerspiegeln, lässt sich aus praktischen Gründen gar nicht beantworten: Wie viele gesprochene vs. geschriebene Daten haben die Menschen in den letzten Jahren produziert? Aus diesen beiden Beispielen lässt sich somit die Schlussfolgerung ableiten, dass sich Korpora häufig zwar an den jeweiligen Sprachgebrauch annähern, aber selten absolut repräsentativ sein können.

Für sprachwissenschaftliche Analysen bedeutet dies, dass Ergebnisse von Korpusuntersuchungen streng genommen erst einmal nur für das Korpus an sich gelten, bei einem mehr oder weniger repräsentativen Korpus aber durchaus auf den tatsächlichen Sprachgebrauch verallgemeinert werden dürfen und sollen. Wichtig ist folglich ein bewusster Umgang mit Korpora als Datenquellen für empirische Analysen. Die Wahl des adäquaten (Teil)Korpus richtet sich schlussendlich auch immer nach der eigenen Forschungsfrage.

Da besonders historische Korpora sowie Korpora der gesprochenen Sprache einige Besonderheiten mit sich bringen, sollen diese im Folgenden etwas näher betrachtet werden.

▪ Historische vs. gegenwartssprachliche Korpora

Neben den oben bereits angeführten möglichen Typen von Korpora betrifft eine zentrale Kategorisierung den Zeitabschnitt oder -raum, den ein Korpus darstellen soll. So finden sich einerseits Korpora wie das *Referenzkorpus Mittelhochdeutsch* (▶ ReM), welche sich auf einen begrenzten Zeitraum in der jeweiligen Sprachgeschichte (hier 1050–1350) konzentrieren, der häufig einer spezifischen sprachgeschichtlichen Periode entspricht. Andererseits gibt es aber auch einige Korpora wie das italienische ▶ MIDIA-Korpus (*Morfologia dell'Italiano in DIAcronia*), welche sich mit den darin erfassten Texten über einen großen Zeitraum erstrecken (hier das 13.–20. Jhd.). Wiederum andere Korpora berücksichtigen nur den aktuellen Sprachgebrauch. Hier finden sich häufig relativ spezifische Korpora wie das ▶ *Dortmunder Chat-Korpus* oder auch das englische ▶ *Coronavirus Corpus*, welches Zeitungs- und Zeitschriftenartikel zu den Pandemiejahren umfasst. Referenzkorpora wie das bereits oben erwähnte COCA oder aber auch das *British National Corpus* (▶ BNC) versuchen hingegen ein möglichst breites Bild des aktuellen Sprachgebrauchs darzustellen. Besonders die korpuslinguistische Untersuchung von mittelalterlichen Texten, und darauf basierend mögliche Rückschlüsse auf den damaligen Sprachgebrauch, birgt einige methodische Probleme. Für alle in diesem Buch behandelten Sprachen sind Heldenepen zentrale Quellen für die Erschließung älterer Sprachstände. Diese wurden jedoch vormalig mündlich überliefert und an königlichen Höfen vorgetragen, eine Verschriftung erfolgte meist erst später (siehe dazu Frank-Job & Selig 2016, Abschn. 9.5). Für viele dieser Heldenepen sind heute mehrere Manuskripte überliefert, teils nur fragmentarisch, teils als Teil von sehr viel später datierten Werken. In historischen Korpora ist jedoch dann wiederum meist nur eines der überlieferten Manuskripte in bereits editierter Form digitalisiert und aufbereitet. Das altfranzösische Rolandslied aus der ersten Hälfte des 12. Jahrhunderts ist zum Beispiel in insgesamt neun Manuskripten überliefert, wobei meist die Oxforder Handschrift (zwischen 1140 und 1170) für Analysen herangezogen wird. In historischen Korpora des Französischen, z. B. dem Korpus ▶ *Frantext* oder der ▶ *Base du français médiéval*, ist das *Chanson de Roland* wiederum lediglich in einer bereits editierten Version aus dem 20. Jahrhundert verfügbar. Im Rahmen der historischen Korpuslinguistik muss sich folglich ganz besonders die Frage gestellt werden, welche Version eines Textes im Korpus aufgenommen wird, wie dieser datiert wird, sowie, welche Graphievarianten übernommen werden. Für historische Korpora spielte zudem sehr lange Zeit die Frage der Repräsentativität eine zentrale Rolle, da häufig vor allem literarische Texte als erhaltenswert galten. Dieser Tendenz wird in der aktuellen Korpuslinguistik jedoch immer mehr entgegengewirkt.

▪ Korpora der geschriebenen vs. der gesprochenen Sprache

In der Definition des Terminus *Korpus* oben wurde bereits angedeutet, dass Sprachdaten in Korpora entweder in geschriebener oder in gesprochener Form vorkommen können. Dies bezieht sich streng genommen erst einmal nur auf das Medium, mit dem Sprache transportiert wird: Entweder es liegen uns tatsächlich geschriebene Texte vor, oder aber Tonaufnahmen von gesprochener Sprache. Neben Korpora, die medial gesprochene, aber konzeptuell distanzsprachliche Sprachdaten enthalten, finden sich hauptsächlich Korpora der gesprochenen Nähesprache (zur Unterscheidung von kommunikativer Nähe vs. Distanz vgl. Koch & Oesterreicher 2022; ▶ Abschn. 8.2.3). Solche Korpora sind für Linguist/innen besonders wertvolle Werkzeuge, da sie das repräsentieren, was wir intuitiv als *authentischen umgangssprachlichen Sprachgebrauch* verstehen. Korpora wie das *Forschungs- und Lehrkorpus Gesprochenes Deutsch* (▶ FOLK), das *Santa Barbara Corpus of Spoken American English* (▶ SBCSAE), das ▶ *Ameresco-Corpus*, das italienische ▶ *KIParla* oder das *Corpus du français parlé de nos régions* (▶ CFPR) enthalten somit spontanen sowie häufig dialoghaften und informellen Sprachgebrauch.

Damit die Tonaufnahmen für sprachwissenschaftliche Analysen zugänglich werden, müssen diese zuerst **transkribiert**, also in eine schriftliche Form gebracht werden. Hier gibt es eine ganze Reihe an möglichen Konventionen und Systemen, die sich von Korpus zu Korpus durchaus stark unterscheiden können. Gängige Systeme sind hier u. a. das GAT (**G**esprächs**a**nalytisches **T**ranskriptionssystem; Selting et al. 2009), HIAT (**H**albinterpretative **A**rbeits**t**ranskription; Ehlich & Rehbein 1976) oder auch CHAT (**C**odes for the **H**uman **A**nalysis of **T**ranscripts; MacWhinney 2000). Für einige Korpora wurden zudem eigene Systeme entwickelt, dies ist zum Beispiel der Fall bei den romanischen C-Oral-Rom-Korpora (Cresti & Moneglia 2005). Das folgende Beispiel zeigt ein GAT-Basistranskript für einen Ausschnitt aus dem *Korpus Kiezdeutsch* (Wiese et al. 2010):

> **Beispiel**
>
> KiDKo, Transkript MuH9WT, zit.: Wiese et al., 112
>
> MuH9WT: wir GUCken so , da is so ein oberteil ja rischtisch SCHÖN ,
> Spk1: wie siehts AUS ?
> MuH9WT: so LIla , aber GLITzern , weißt doch so voll SCHÖN und (-)
> Spk1: war war dis auf TRÄger ?
> MuH9WT: nein. (-) dis war so TI:shirt und dann noch hier so OFfen , weißtu , so LOCker .
> Spk1: hier OFfen ?
> MuH9WT: ja .
> Spk1: in SILB so GRAU ?
> MuH9WT: nein , in LIla so .
> Spk1: isch habs in GRAU geholt von vera MOda , drei EUro wa ? ◄

Wie im Beispiel zu sehen ist, werden in Transkripten gesprochener Daten neben dem rein Gesagten auch prosodische Informationen wie Lautdehnungen (*TI:shirt*), Pausen (hier eine 0,2 Sekunden-Pause (-)) oder Akzentuierungen (*GUCken, MOda*) kodiert. Häufig werden wie in den GAT-Konventionen gesprochensprachliche Phänomene wie Wortverschmelzungen (*habs, weißtu*) oder auch varietätenspezifische phonetische Charakteristika (*isch, dis*) graphisch repräsentiert. So sollen die Transkripte eine möglichst genaue Repräsentation der Gesprächsaufnahmen darstellen.

Besonders hervorzuheben sind in der Gruppe der Korpora gesprochener Sprache auch sogenannte **multimodale Korpora**, die Gesprächsaufnahmen zusätzlich mit Videomaterial verbinden. Somit können neben den eigentlichen Sprachdaten auch Gestik, Mimik und Blicke der Kommunizierenden genau analysiert werden (z. B. die ▶ *Freiburg Sofa Talks* für Deutsch sowie die romanischen Sprachen).

■ **Tokenisierung und Annotation von Sprachdaten**

Bis hierhin haben wir Korpora vor allem als üblicherweise digitalisierte Sammlungen von Texten kennengelernt, die mit Metadaten versehen eine spezifische Schnittmenge einer bestimmten Sprache repräsentieren sollen. Damit Texte innerhalb eines linguistischen Korpus jedoch als solche durchsucht und analysiert werden können, reicht es nicht, analoge Texte einfach einzuscannen bzw. bereits digital vorliegende Texte zu einem Korpus zusammenzufügen. Stattdessen erfolgt die Erstellung digitaler Korpora i. d. R. mithilfe computerlinguistischer Methoden, die eine (teil)automatisierte Datenverarbeitung erlauben. Streng genommen gehört dieser Bereich also nicht mehr zur empirischen Linguistik, um aber die Funktionsweise eines Korpus zu verstehen, soll im Folgenden ein Überblick über die verschiedenen notwendigen Verarbeitungsschritte gegeben werden. Der erste Schritt von einer digitalen Datensammlung hin zu einem linguistischen Korpus ist das Festlegen der kleinsten Einheiten innerhalb des Korpus. Diese kleinsten Einheiten, sogenannte **Token**, sind üblicherweise Wörter, aber auch Satzzeichen, Abkürzungen, Zahlen usw., weswegen die Token-Anzahl in einem gegebenen Korpus oft auch größer ist, als die Wortanzahl. Alle Token desselben Typs werden zu sogenannten **Types** zusammengefasst.

> **Types und Token**
>
> Ein Token ist die kleinste Einheit in einem Korpus. Token können entweder sprachlicher (Wörter, Akronyme wie *USA* oder andere Abkürzungen wie *z. B.*) oder nichtsprachlicher Natur (Satzzeichen, Zahlen, mathematische Operatoren usw.) sein. Alle Instanzen eines Token im gegebenen Korpus werden zu einem Type zusammengefasst. Der Satz *Blaukraut bleibt Blaukraut und Brautkleid bleibt Brautkleid.* hat somit 8 Token und 5 Types (*Blaukraut Brautkleid bleibt und .*)

Die Tokenisierung eines Textes erfolgt typischerweise automatisch und setzt meist bereits ein gewisses theoretisches Auseinandersetzen mit den vorliegenden Sprachdaten voraus. Besonders betrifft dies die Frage von Wortgrenzen, wie folgendes Beispiel zeigen soll (zur Definitionsfrage von Wörtern vgl. auch ▶ Abschn. 4.3.1):

> **Beispiel**
>
> 5. dt. *Nähmaschine*
> 6. engl. *sewing machine*
> 7. frz. *machine à coudre*
> 8. span. *máquina de coser*
> 9. ital. *macchina da cucire* ◄

Wie hätten Sie diese Einheiten wohl unterteilt? Alle als ein einziges Token wie im Deutschen, oder als zwei wie im Englischen oder gar als drei wie im Französischen, Spanischen und Italienischen? Zur Festlegung der Wortkategorie für die Tokenisierung von Primärdaten werden üblicherweise mehrere Kriterien zugrunde gelegt, sodass meist eine Kombination aus semantischen und syntaktischen Eigenschaften ein Wort definiert. Die Beispiele oben werden somit üblicherweise als ein Token gezählt, da sie jeweils eine Bedeutung ausdrücken und auch nur als Ganzes modifiziert oder im Satz verschoben werden können.

? Frage 11.3
Entscheiden Sie, handelt es sich jeweils um ein Token oder um mehrere?
- dt. *grüner Tee*
- engl. *don't* ‚mach nicht'
- frz. *peut-être* ‚vielleicht'
- span. *has comprado* ‚(du) hast gekauft'
- ital. *c'è* ‚es gibt'

Der zweite zentrale Schritt hin zu einem Korpus ist die linguistische **Annotation** (von lat. *annotatio* ‚Anmerkung, Bemerkung') der Daten.

> **Annotation**
> Mit dem Terminus *Annotation* werden im Allgemeinen alle Prozesse bezeichnet, die Sprachdaten in einem gegebenen Korpus kommentieren und kategorisieren. Dabei können unterschiedliche sprachliche Ebenen berücksichtigt werden, von der Wortart, über die Bedeutung, morphologische Komponenten, syntaktische Strukturen, bis hin zu pragmatischen Aspekten. Jede dieser annotierten Kategorien nennen wir **Tag**, z. B. *Nomen*, *activity*, *Indikativ* usw. Welche Tags genau vordefiniert werden, ist sprach- und korpusabhängig. Die Gesamtheit der Tags, die für eine gegebene Sprachdatenmenge verwendet werden, nennt man **Tagset**.

Die folgende Liste gibt einen Überblick über typische Annotationsebenen, ist jedoch nicht erschöpfend.

1. **Lemma:** Den Begriff des *Lemmas* kennen Sie vermutlich bereits aus dem Umgang mit Wörterbüchern. Hier und auch im Rahmen der Korpuslinguistik bezeichnet ein Lemma die morphologische Grundform eines Wortes. Bei Verben ist dies üblicherweise der Infinitiv, bei Nomina der morphologische Singular und bei Adjektiven die maskuline Form im Singular. Während eines Lemmatisierungsprozesses werden nun alle zu dieser Grundform gehörenden Wortformen zusammengefasst, sodass diese wiederum einfach recherchiert werden können. Erst die Lemmatisierung erlaubt es, in einem gegebenen Korpus z. B. nach einem Infinitiv zu suchen und alle flektierten Formen ausgegeben zu bekommen. Bei historischen Korpora können zudem mithilfe der Lemmatisierung alternative Graphien erfasst und gebündelt werden. In den gängigen Korpora findet sich hier üblicherweise die Opposition zwischen der Suche nach der konkreten Wortform oder nach dem Lemma. Manchmal können Lemmata auch durch die Indikation durch Großbuchstaben gesucht werden.
2. **Wortart:** Eine weitere wichtige Annotationsebene betrifft Wortarten und dazugehörige Unterkategorien. Diese Annotationsebene wird im Rahmen der Korpuslinguistik üblicherweise mit dem englischen Begriff des **Part of Speech Taggings** (PoS-Tagging) bezeichnet. Hierzu werden sprachspezifische Tagsets entwickelt, welche nicht nur festlegen, was in einer bestimmten Sprache ein Verb ist, sondern auch, welche Unterkategorien vorgesehen sind. So finden sich einige Tagsets, in denen lediglich die Kategorie *Artikel* unterschieden wird, wiederum andere unterscheiden zusätzlich zwischen dem definiten und indefiniten Artikel.
3. **Syntaktische Strukturen:** Die nächsthöhere Komplexitätsebene in linguistischen Annotationen betrifft syntaktische Zusammenhänge. Hier werden die vorliegenden tokenisierten, lemmatisierten und nach Wortarten getaggten Sprachdaten zuerst in zusammenhängende Blöcke eingeteilt, sogenannte **Chunks**. Diese Chunks entsprechen im weitesten Sinn syntaktischen Phrasen (vgl. ▶ Abschn. 3.2.2). Sie werden dann gemäß ihrer syntaktischen Zusammenhänge hierarchisch angeordnet, sodass eine Baumstruktur entsteht. Diesen Prozess der Kodierung von syntaktischen hierarchischen Strukturen nennen wir **Parsing**. Aufgrund der dem Parsing zugrundeliegenden Baumstruktur nennen wir so annotierte Korpora auch *Treebanks*, ein Beispiel dafür ist das deutsche ▶ TIGER-Korpus.
4. **Sprachexterne und multimodale Aspekte:** Neben den rein sprachlichen Annotationsebenen können in Korpora auch sprachexterne Aspekte kodiert sein. Für Textkorpora können dies beispielsweise Kommentare zu typographischen Aspekten sein, die so in der bereinigten Version nicht mehr dargestellt werden können. Besonders bei multimodalen Gesprächskorpora sind zusätzliche Kommentare zum Verhalten der Gesprächsteilnehmer/innen unerlässlich, will oder kann man nicht immer wieder die Videodaten konsultieren.

Wie hier mehrfach angedeutet wurde, kann die Annotation von Sprachdaten heutzutage hauptsächlich automatisiert passieren. Computerprogramme und Tools, die dafür gebraucht werden, werden im Rahmen der **Computerlinguistik** entwickelt. Je komplexer die sprachlichen Strukturen jedoch werden und je weniger offenbar sie sind, desto eher muss eine automatische Annotation durch noch einmal manuell nachgearbeitet werden. Aus diesem Grund sind alle großen Korpora des Deutschen, Englischen, Spanischen, Französischen und Italienischen generell lemmatisiert und häufig auch PoS-getagt, seltener aber morphosyntaktisch annotiert.

■ **Die Auswertung von Korpusdaten**

Je nach Hypothese, Zielsetzung und auch dem theoretischen Rahmen einer Korpusanalyse kann die konkrete Auswertung von Korpusdaten recht unterschiedlich ausfallen. Die empirische Forschung im Allgemeinen und die Korpuslinguistik im Besonderen unterscheidet diesbezüglich zwei grundsätzliche methodische Ansätze, die ich sich häufig gegenseitig ergänzen: Einerseits finden sich **quantitative Ansätze**, bei denen Häufigkeiten unterschiedlicher sprachlicher Phänomene oder verschiedene Ausprägungen ein und desselben Phänomens miteinander verglichen werden. Andererseits gibt es **qualitative Ansätze**, bei denen einzelne Korpusbeispiele im Detail analysiert und diskutiert werden. Dieses methodische Zusammenspiel aus quantitativen und qualitativen Ansätzen im ständigen Dialog mit der Theoriebildung wird **Triangulation** genannt (◘ Abb. 11.2).

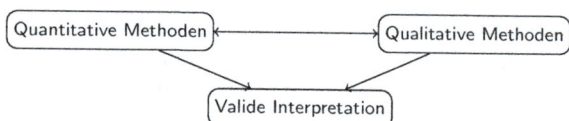

Abb. 11.2 Triangulation

Besonders im Bereich der quantitativen Methoden gibt es in der aktuellen empirischen Linguistik ein breites Spektrum an möglichen Ansätzen, die sich durch die Menge an analysierten Daten und der Art, inwiefern (inferenz)statistische Methoden zum Einsatz kommen, unterscheiden. Grundlegende deskriptive Statistiken (absolute vs. relative Frequenzen) sowie Kenntnisse zur Darstellung der ermittelten Häufigkeiten sollten zum Grundwerkzeug eines jeden Korpuslinguisten und einer jeden Korpuslinguistin gehören. Generell lässt sich sagen, dass korpuslinguistische Fragestellungen entweder deskriptiv oder korrelativ sein können, Kausalitäten lassen sich dagegen schwer an Korpusdaten festmachen. Diese Verallgemeinerung lässt sich an folgendem Beispiel illustrieren: In der französischen Umgangssprache wird häufig der erste Teil der zweiteiligen Negation *ne…pas* ausgelassen:

> **Beispiel**
>
> 10. Frz. Standard: *je ne sais pas* ‚ich weiß nicht'
> 11. Frz. Umgangssprache: *je ∅ sais pas* ‚ich weiß nicht' ◄

Um das Phänomen zu untersuchen, könnten Sie nun ein Korpus der gesprochenen Sprache konsultieren und hier die Frequenzen der Auslassung von präverbalem *ne* ermitteln. Dies wäre eine *deskriptive* Herangehensweise. Wenn sie nun die ermittelten Proportionen von ±*ne* in den umgangssprachlichen Daten mit den Proportionen in z. B. einem Romankorpus vergleichen, könnten Sie Zusammenhänge ermitteln: Der Anteil der Auslassungen von *ne* ist in den gesprochensprachlichen Daten höher als in den Romandaten. Dies wäre dann die Ermittlung von *Korrelationen*, die aber noch lange keinen Kausalzusammenhang bedeuten. Um Kausalitäten feststellen zu können, müssten Sie jeden möglichen Faktor, der die Setzung oder Auslassung von *ne* beeinflussen könnte, systematisch testen. Dies ist mit Korpusdaten nicht oder nur sehr schwer möglich, da sprachliche Aspekte wie die Art des Verbes, die Art des Subjektes, die Satzart usw. in natürlichen Sprachdaten nicht so auf ihren Kern reduziert werden können, wie es für ein solches Vorhaben notwendig wäre. Aus diesem Grund werden Korpusanalysen häufig mit experimentellen Daten kombiniert, die Sie in ▶ Abschn. 11.4 kennenlernen werden. Die Kombination von nicht-experimentellen mit experimentellen Daten wurde auch schon anhand des Beispiels der Partikelverben im Deutschen illustriert (vgl. Beispiel 1–4).

Fassen wir die zentralen Aspekte zu korpuslinguistischen Analysen noch einmal zusammen:

> **Korpuslinguistik**
> Die Korpuslinguistik ist eine sprachwissenschaftliche Teildisziplin, die sich mit der Erstellung und Auswertung von linguistischen Korpora beschäftigt. Im Bereich der Korpuserstellung bedient sich die Korpuslinguistik generell computerlinguistischen Methoden und entwickelt neue automatische Annotationswerkzeuge sowie Oberflächen zur Korpusrecherche. Im Bereich der Auswertung von Korpora stellt die Korpuslinguistik methodische Grundlagen, die in zahlreichen linguistischen Teildisziplinen zum Einsatz kommen.

11.3.2 Weitere nicht-experimentelle Verfahren

Neben Korpusanalysen gibt es vor allem im Rahmen von sozio- und varietätenlinguistischen Studien die direkte Befragung oder Beobachtung von Sprecher/innen. Auch diese empirischen Methoden sind nicht-experimentell, da bei ihnen keine Modalitäten gezielt beeinflusst, sondern wie bei den Korpusanalysen möglichst natürliche Kommunikationssituationen möglichst neutral von außen betrachtet werden. Die methodischen Grundlagen für diese Art von empirischer Forschung wurden hauptsächlich in den 60er, 70er und 80er Jahren des 20. Jahrhunderts gelegt (vgl. u. a. Labrov 1972; Milroy 1980).

Die **Beobachtung** kann sich je nach Beteiligung des Forschers oder der Forscherin, Offenheit und Steuerung der Beobachtung sehr unterschiedlich gestalten. Häufig entsprechen die Bedingungen dem, was wir intuitiv als typische Feldforschungsarbeit kategorisieren würden: Forscher/innen integrieren sich dabei so gut es geht in eine spezifische Sprachgemeinschaft und führen Beobachtungsprotokolle, machen sich Notizen und nehmen ggf. auch Ton- und/oder Videodaten auf. Besonders bei nach außen verschlossenen Gruppen kann sich eine solche Feldforschungsarbeit jedoch als recht schwierig herausstellen, da Misstrauen gegenüber Außenstehenden oft groß ist, die eigene Varietät als minderwertig angesehen wird usw. Hier zeigt sich deswegen ggf. auch das sogenannte *Beobachterparodoxon*: Man will etwas beobachten, kann dies aber nicht, gerade weil man es beobachtet. Will man beispielsweise als erwachsene Person Jugendsprache untersuchen, kann es gut sein, dass die beobachteten Jugendlichen diese gar nicht verwenden, da jemand von außerhalb ihrer Gruppe anwesend ist. Im Fokus solcher Beobachtungsstudien stehen üblicherweise die konkreten Kommunikationssituationen, d. h. die verbale und non-verbale Interaktion zwischen den Gesprächsteilnehmer/innen.

Eine direkte **Befragung** kann entweder anhand von schriftlichen Fragebögen oder mündlichen Interviews geschehen. **Fragebögen** zeichnen sich typischerweise dadurch aus, dass sie vor allem geschlossene Fragen und konkrete Auswahlmöglichkeiten enthalten, die von den Befragten nur noch in wenigen Worten beantwortet oder direkt angekreuzt werden müssen. Hiermit können mit recht einfachen Mitteln verschiedene Informationen ermittelt werden, hier einige Beispiele:

> ▶ **Beispiel**
>
> — Muttersprachen und Mehrsprachigkeit: Welche Sprache(n) sprechen Sie zu Hause/auf der Arbeit/mit Freunden?
> — Einstellungen: Wie sympathisch finden Sie Dialektsprecher/innen? Was verbinden Sie mit dem Österreichischen? (z. B. Prestige – Stigma – Stadt – Land – alt – jung …) Sollte man gendern?
> — Sprachwissen und -gebrauch: Kennen Sie Ausdruck *cringe*? Verwenden Sie ihn selbst? Wer, denken Sie, verwendet diesen Begriff? ◀

Durch die schriftliche Form und die stark eingegrenzten Antwortmöglichkeiten lässt sich mit solchen Fragebögen eine große Anzahl an Personen erfassen und die Ergebnisse können recht schnell ausgewertet werden, da Analysekategorien bereits durch die Fragen vorgegeben sind (z. B. die Werte auf einer Evaluationsskala). Aus diesem Grund werden soziolinguistische Fragebögen generell mit quantitativen Methoden, also der numerischen Erfassung des Forschungsgegenstands, assoziiert. Dies impliziert die Auswahl einer repräsentativen Stichprobe, mit der mit inferenzstatistischen Mitteln wiederum auf die Grundgesamtheit geschlossen werden kann.

Während mithilfe dieser stark strukturierten Fragebögen bestimmte Informationen für viele Sprecher/innen erhoben werden können, erlauben sie jedoch keine Kontextualisierung, Rückfragen oder Erklärungen zu diesen Aspekten. Solche Hintergrundinformationen, Begründungen und mit bestimmten Fakten verbundene Lebensgeschichten können dagegen besser durch soziolinguistische **Interviews** erforscht werden. Diese enthalten tendenziell eher offene Fragen und sind weniger strukturiert, da sie sich meist nur lose an einem vorgefertigten Fragenkatalog orientieren. Somit erlauben sie dem Sprecher oder der Sprecherin frei zu reden, Anekdoten zu erzählen, Themenschwerpunkte selbst zu setzen oder bestimmte Aspekte auch zu vermeiden. Solche Interviews sind sehr zeitaufwändig, sodass die Zahl der interviewten Sprecher/innen üblicherweise sehr viel kleiner ist als bei strukturierten Fragebögen.

Die drei hier vorgestellten methodischen Ansätze unterscheiden sich nicht nur durch das konkrete Vorgehen (z. B. offene vs. geschlossene Fragen), sondern auch durch die Art der Daten, die hier erhoben werden. Wie das Beispiel zeigt, werden bei Fragebogenstudien hauptsächlich Daten *über* Sprache erhoben. Stattdessen werden sowohl Beobachtungen, als auch soziolinguistische Interviews häufig auch zur Erforschung von z. B. varietätenspezifischen Merkmalen verwendet, sie können also auch als Korpus fungieren. Wir unterscheiden hier entsprechend zwischen **Metasprache** (Sprechen über Sprache) und **Objektsprache** (Sprache als Untersuchungsgegenstand).

Im Sinne einer methodischen Triangulation (vgl. ◘ Abb. 11.2) werden auch im Bereich der Varietäten- und Soziolinguistik normalerweise quantitative mit qualitativen Methoden verbunden, um valide Forschungsergebnisse zu erhalten. So können zur Erforschung eines bestimmten Dialektes oder einer spezifischen Sprechergruppe z. B. in einem ersten Schritt quantitative Daten erhoben werden, um sich einen ersten Überblick zu verschaffen. Anhand von einigen wenigen offenen Interviews können dann Einstellungen und Sprachbiographien analysiert und die quantitativen Daten somit mit Hintergrundinformationen unterfüttert werden. Ist man als Forscher/in gut in der Sprachgemeinschaft aufgenommen, sind zudem Beobachtungen des Sprachverhaltens denkbar.

11.4 Experimentelle Verfahren

Experimentelle Untersuchungen in der Linguistik finden unter kontrollierten Bedingungen statt und untersuchen das Verhalten von Versuchspersonen (*Proband/innen*) in einer bestimmten (Labor)Situation. Sie zeichnen sich dadurch aus, dass eine bestimmte Situation systematisch kontrolliert und manipuliert wird, um eine Vorhersage (*Hypothese*) zu verifizieren. Hierbei kann beispielsweise der Kontext oder auch das Material manipuliert und an einer nach bestimmten Kriterien ausgewählten Personengruppe getestet werden. Bei der Planung experimenteller Studien ist es sehr wichtig sich vorab über geltende Ethikrichtlinien zu informieren und die (negativen) Auswirkungen auf die Versuchspersonen gering zu halten. In der Regel verfügt jede Universität und jedes Forschungsinstitut über eine Ethikkommission, die über die Ethikrichtlinien informieren kann. Die genaue Einhaltung der Ethikrichtlinien ist besonders bei experimentellen Untersuchungen an Kindern, kranken oder psychisch beeinträchtigen Menschen zu berücksichtigen.

Eine experimentelle Untersuchung beobachtet und misst die Auswirkung der Manipulation einer Variablen auf das Verhalten von Proband/innen. Dabei müssen immer die Kriterien der *Objektivität*, *Reliabilität* und der *Validität* erfüllt sein. Das bedeutet, dass eine experimentelle Untersuchung unabhängig und verlässlich sein muss. Es muss außerdem einen direkten Zusammenhang zwischen dem untersuchten Merkmal und dem Messprozess geben. In einem Experiment muss zwischen zwei Arten von Variablen unterschieden werden. Die **unabhängige Variable** (auch **Faktor**) ist die Variable, die durch die Forschenden bewusst manipuliert wird. Dies bedeutet, dass in einem Experiment die Auswirkung der unabhängigen Variable auf andere Merkmale untersucht wird. Die **abhängige Variable** bezeichnet das Merkmal, das von der unabhängigen Variablen beeinflusst wird. Die abhängige Variable ist somit das Merkmal, das bei einem Experiment gemessen wird. In der psycholinguistischen Forschung sind typische abhängige Variablen beispielsweise die Reaktionszeit, die Fehlerrate oder auch die Blickbewegung einer Person. Vor der Durchführung einer experimentellen Untersuchung müssen die verschiedenen Variablen genau festgelegt und kontrolliert werden. Wie bereits in ▶ Abschn. 11.2 erwähnt, ist es ebenso wichtig, vor der Durchführung eine konkrete Hypothese zu formulieren. In der experimentellen Forschung wird zwischen experimentellen Hypothesen und der Nullhypothese unterschieden. Die **Nullhypothese** besagt, dass die kontrollierte Manipulation der unabhängigen Variable denselben Effekt in jeder Bedingung erzeugt. Es wird also in einem ersten Schritt immer davon ausgegangen, dass ein bestimmter Effekt oder eine Korrelation rein zufällig sein können. In diesem Fall gibt es keinen statistisch signifikanten Unterschied zwischen den verschiedenen Bedingungen der Variablen. Die experimentellen Hypothesen zeigen hingegen einen Effekt in eine bestimmte Richtung. Eine experimentelle Untersuchung dient dazu, eine bestimmte Nullhypothese zu verifizieren oder zu falsifizieren.

Dies lässt sich an einem bekannten Experiment, dem Stroop-Test bzw. Farbe-Wort-Interferenztest, verdeutlichen (vgl. Stroop 1935). In diesem Experiment sollen Proband/innen die Druckfarbe von dargebotenen Farbwörtern benennen. Als unabhängige Variable wird manipuliert, in welcher Druckfarbe die Wörter geschrieben sind. Als abhängige Variable werden die Reaktionszeit und die Fehlerrate gemessen. Die Nullhypothese sagt voraus, dass die unabhängige Variable, d. h. die Druckfarbe, keinen statistischen Unterschied in der Reaktionszeit oder der Fehlerrate der Proband/innen hervorruft. Die beiden experimentellen Hypothesen besagen, dass entweder Wörter mit Druckfarb-Farbwort-Kongruenz schneller und mit weniger Fehlern erkannt, bzw. langsamer und mit einer höheren Fehlerrate erkannt werden als Wörter mit Druckfarb-Farbwort-Inkongruenz.

kongruente Bedingung: ROT   BLAU
inkongruente Bedingung: BLAU   ROT

In der Benennaufgabe lasen die Proband/innen die Wörter in den verschiedenen Bedingungen laut vor und die Reaktionszeiten wurden mit einer Stoppuhr gemessen. Der Stroop-Test zeigt einen sehr robusten Effekt für höhere Reaktionszeiten und Fehlerraten, wenn Druckfarbe und Farbwort nicht übereinstimmen (vgl. Stroop 1935). Dies bestätigt die experimentelle Hypothese, dass Wörter mit Druckfarb-Farbwort-Inkongruenz langsamer erkannt werden und eine höhere Fehlerrate hervorrufen.

Bei dem Beispiel des Stroop-Tests handelt es sich um ein sogenanntes **online-Experiment**. Online-Experimente messen das Verhalten der Proband/innen in Echtzeit und erheben die Messdaten während die Proband/innen das Experiment durchführen. Zu den online-Experimenten zählen beispielsweise Reaktionszeitstudien oder Eye-Tracking-Studien, die im weiteren Verlauf des Kapitels erläutert werden. Im Gegensatz dazu findet bei **offline-Experimenten** eine Betrachtung der Reaktion der Proband/innen erst nach der Durchführung statt. Zu den offline-Experimenten zählen neben generellen empirischen Erhebungsmethoden, wie Akzeptabilitätsurteilen oder Fragebögen, auch verschiedene Gedächtnis- oder Bewertungsexperimente. In einem Gedächtnisexperiment können die Proband/innen beispielsweise dazu aufgefordert werden sich bestimmte Begriffe oder Begriffsfolgen zu merken, die sie zu einem späteren Zeitpunkt wieder abrufen müssen. Im weiteren Verlauf konzentriert sich dieses Kapitel vor allem auf online-Experimente. Linguistische online-Experimente dienen insbesondere dazu die Sprachverarbeitung, d. h. den Abruf, die Produktion und das Verständnis von Sprache, in Echtzeit zu untersuchen. Echtzeitexperimente können die Reaktion der Proband/innen während einer Aufgabe mithilfe verschiedener Messverfahren untersuchen und direkte Rückschlüsse auf die zeitlichen Abläufe der Sprachverarbeitung erlauben. Die Messung von Reaktionen erlaubt dabei jedoch nur indirekte Rückschlüsse auf die kognitiven Abläufe im Gehirn einer Person. Das bedeutet, dass psycholinguistische Methoden in der Regel nicht die kognitiven Abläufe direkt messen können, sondern andere Messgrößen, wie z. B. die Reaktionszeit oder die Blickbewegungen, mit den Prozessen der Sprachverarbeitung in Verbindung setzen.

> **Psycholinguistik**
> Die Psycholinguistik ist eine interdisziplinäre Teildisziplin, die die Abläufe des sprachlichen Verhaltens und die Verwendung von Sprache mit psychologischen Methoden untersucht. Die Psycholinguistik beschäftigt sich mit den zugrundeliegenden Prozessen in der Sprachverarbeitung. Wichtige Teilbereiche der Psycholinguistik untersuchen die Prozesse der Sprachproduktion und -rezeption, den Spracherwerb sowie die Speicherung und den Abruf von einer oder mehreren Sprachen im Gehirn. Die Psycholinguistik ist eine empirische Wissenschaft, die ihre Erkenntnisse durch die Anwendung experimenteller Verfahren ermittelt.

Im Gegensatz zu den psycholinguistischen Methoden, versuchen neurolinguistische Methoden, insbesondere sogenannte **bildgebende Verfahren**, die neuronale Vorgänge im Gehirn direkt zu messen und zu visualisieren. Zu den bildgebenden Verfahren zählen sowohl elektrophysiologische Verfahren, wie z. B. die Elektroenzephalographie (EEG) und die Magnetoenzephalographie (MEG), als auch hämodynamische Verfahren, wie die Positronenemissionstomographie (PET) und die Funktionelle Magnetresonanztomographie (fMRT). Bei elektrophysiologischen Methoden wird bei den Proband/innen die neuronale Aktivität, sogenannte Aktionspotentiale bzw. ereigniskorrelierte Potentiale (EKP) (*event related potentials (ERP)*), gemessen. Bei hämodynamischen Verfahren wird der erhöhte Stoffwechselumsatz aktiver Nervenzellen gemessen. Im weiteren Verlauf werden nur psycholinguistische Verfahren vertieft. Die Verwendung neurolinguistischer Methoden setzt in der Regel grundlegende medizinische und neurologische Kenntnisse voraus. Zudem sind für viele neurolinguistische Untersuchungen Geräte notwendig, die sehr teuer und daher häufig nur in Kliniken oder bestimmten Instituten vorhanden sind. Aus diesem Grund werden vor allem hämodynamische Methoden, wie PET- oder fMRT-Untersuchungen, in den meisten Fällen von speziell geschulten Personen durchgeführt. Weiterführende Informationen zu neurolinguistischen Verfahren finden sich im neurolinguistischen Tutorial der Universität Stuttgart unter: ▶ https://www2.ims.uni-stuttgart.de/sgtutorial/index.html.

? Frage 11.4
Sie möchten in einem linguistischen Experiment untersuchen, ob Wörter einer Sprache (z. B. *Haus*) von Proband/innen schneller erkannt werden als ausgedachte Pseudowörter (z. B. *Pleuf*). Bestimmen Sie die unabhängige und die abhängige Variable in diesem Experiment und formulieren Sie die Hypothesen.

- **Die Messung von Reaktionszeiten**

Die Messung von Reaktionszeiten ist ein sehr etabliertes und frequentes Messverfahren in der psycholinguistischen Forschung. Die Reaktionszeit bezeichnet die Zeitspanne zwischen der Präsentation eines Reizes oder einer Aufgabe und der Reaktion einer Versuchsperson. Die Proband/innen werden in Reaktionszeitstudien darauf hingewiesen so schnell und akkurat wie möglich zu reagieren. Es wird in der psycholinguistischen Forschung davon ausgegangen, dass ein direkter Zusammenhang zwischen den kognitiven Abläufen der Sprachverarbeitung und der Reaktionszeit vorliegt. In einer linguistischen Reaktionszeitstudie kann sowohl die Sprachproduktion als auch die Sprachrezeption untersucht werden. Die Reaktionszeit in der Sprachproduktion kann beispielsweise in Bildbenennaufgaben (*Picture Naming Task*) oder semantischen Kategorisierungsaufgaben gemessen werden. Bei Bildbenennaufgaben sollen die Proband/innen ausgewählte Bilder, Bildfolgen oder Bildergeschichten benennen. Bei Kategorisierungsaufgaben sollen die Proband/innen ausgewählte Bilder oder Buchstabenfolgen in Kategorien einordnen, beispielsweise ein Bild von einem Hund in die Kategorie ‚Tier'. Benenn- und Kategorisierungsaufgaben erlauben Rückschlüsse über die Speicherung und den Abruf von semantischer Information in der Sprachverarbeitung. Bei Sprachbenennaufgaben können auch bestimmte Informationen bewusst manipuliert, z. B. voraktiviert oder blockiert, werden. Bei der Bild-Wort-Interferenz wird mit dem zu benennenden Bild ein relatiertes oder unrelatiertes Wort eingeblendet oder auditiv präsentiert. Die Proband/innen sollen dieses ‚Distraktorwort' bewusst ignorieren. Es konnte jedoch nachgewiesen werden, dass die Art des Distraktorwortes trotzdem einen Einfluss auf den Prozess der Sprachverarbeitung hat. In Sprachproduktionsaufgaben wird die Reaktion der Proband/innen in der Regel per Mikrofon (bzw. *Voice Key*) aufgenommen. Dabei richtet sich die Messung der Reaktionszeit nach der SOT (*Speech Onset Time*). In Sprachrezeptionsaufgaben erfolgt die Reaktion der Proband/innen in der Regel per Tastendruck auf einer speziellen Box oder einer Tastatur. Es gibt jedoch auch Kritik an der Genauigkeit von Reaktionszeitmessungen, da bei Messung der Reaktionszeit nicht nur die kognitiven Abläufe der Sprachverarbeitung, sondern auch die motorischen Vorgänge bis zum Tastendruck gemessen werden.

In psycholinguistischen Sprachrezeptionsexperimenten ist die **lexikalische Entscheidungsaufgabe** (*Lexical Decision Task*) ein beliebtes und häufiges Experimentdesign. Die lexikalische Entscheidungsaufgabe existiert mittlerweile in ganz unterschiedlichen Versionen. In der klassischen Version, die von Meyer und Schvaneveldt in den 1970er Jahren etabliert wurde, wurden Proband/innen visuell verschiedene Buchstabenfolgen präsentiert. Die Proband/innen mussten daraufhin möglichst schnell per Tastendruck entscheiden, ob es sich bei der präsentierten Buchstabenfolge um ein echtes Wort, z. B. engl. *cat*, oder um ein ausgedachtes Pseudowort, z. B. *fla*, handelt (vgl. z. B. Meyer & Schvaneveldt 1971). Die Pseudowörter in vielen experimentellen Studien dienen jedoch nur als Ablenkung von der eigentlichen Aufgabe. Meyer & Schvaneveldt (1971) unterteilten beispielsweise die realen Wörter in der Aufgabe in zwei verschiedene Bedingungen. Die Hälfte der realen Wörter war semantisch relatiert, wie *nurse – doctor*. Die andere Hälfte der realen Wörter war nicht semantisch relatiert, wie *bread – doctor*. In ihrer Studie konnten sie feststellen, dass die Proband/innen semantisch relatierte Wortpaare schneller erkennen konnten als nicht-relatierte Wortpaare. In diesem Fall spricht man auch von semantischem **Priming**. Ein Primingeffekt beschreibt das Phänomen, dass ein ähnlicher Reiz (*prime*) einen Einfluss auf die Verarbeitung eines anderen Reizes (*target*) hat. Priming kann auf allen linguistischen Ebenen stattfinden und sowohl phonologisch bzw. orthographisch ähnliche Wörter betreffen (z. B. *Haus* und *Maus*) als auch syntaktische Strukturen (syntaktisches Priming), wie die Verwendung der Passivkonstruktion. Primingeffekte können zudem in mehrsprachigen Experimentdesigns bei mehrsprachigen Proband/innen auch sprachenübergreifend auftreten. Ein besonderer Fall von Primingexperimenten sind Designs mit maskiertem Priming (**masked Priming**). Hierbei wird der initiale Reiz, bzw. der Prime, nur für eine sehr kurze Zeitspanne (ca. 50 ms) präsentiert. Dadurch wird der Prime von den Proband/innen gar nicht bewusst verarbeitet. Obwohl der Reiz in diesem Fall von den Proband/innen nur unbewusst wahrgenommen wird, konnten trotzdem in vielen linguistischen Primingstudien maskierte Primingeffekte nachgewiesen werden.

? Frage 11.5
Bestimmen Sie, auf welcher linguistischen Ebene das Priming in den folgenden Beispielen stattfindet:
- engl. *cat* ‚Katze' – *dog* ‚Hund'
- frz. *bien* ‚gut' – *chien* ‚Hund'
- sp. *tener* ‚haben' – *tengo* ‚ich habe'
- dt. *Maus* – it. *topo* ‚Maus'

In psycholinguistischen Untersuchungen müssen neben den bereits erwähnten Primingeffekten auch noch andere Variablen berücksichtigt werden, die die Sprachverarbeitung beeinflussen können. Diese möglichen (Stör)Variablen müssen in einer experimentellen Untersuchung möglichst genau kontrolliert werden, damit sie die Ergebnisse nicht beeinflussen. Es können sowohl sprachexterne als auch sprachinterne Variablen die Reaktion der Proband/innen verlangsamen oder beschleunigen. Als sprachexterne Variablen gelten Informationen über den Spracherwerb und die Sprachverwendung der Proband/innen. So können das Erwerbsalter einer Sprache oder eines Wortes sowie die Verwendungshäufigkeit im Alltag die Reaktionszeit von Proband/innen beeinflussen. Ein besonders robuster Effekt in der psycholinguistischen Forschung ist der **Frequenzeffekt**. Der Wortfrequenzeffekt belegt, dass hochfrequente Wörter, die in einer Sprache häufig verwendet werden, schneller erkannt und verarbeitet werden können als niedrigfrequente Wörter, die eine geringe Gebrauchshäufigkeit aufweisen. Somit können Proband/innen ein Wort wie dt. *Haus* schneller erkennen als das Wort dt. *Yacht*. Frequenzeffekte können aber nicht nur für lexikalisierte Wörter, sondern auch für bestimmte Laut/Buchstabenfolgen (z. B. Bigramme und Trigramme), Silben und auch syntaktische Strukturen ermittelt werden. In der Praxis ist es jedoch nicht immer einfach die Frequenz eines Wortes oder einer Struktur richtig zu ermitteln. Zwar können Frequenzwörterbücher und Korpusdaten Hinweise auf die Verwendungshäufigkeit von Wörtern bieten. Häufig unterscheidet sich die Frequenz eines Wortes oder einer syntaktischen Struktur jedoch beispielsweise in der gesprochenen und in der geschriebenen Sprache. Außerdem ist ein frequentes Wort in der jeweiligen Sprache auch nicht zwingend ein Wort, dass ein bestimmter Proband oder eine bestimmte Probandin häufig verwendet. Die allgemeine und die individuelle Verwendungshäufigkeit können daher sehr unterschiedlich ausfallen. Ebenso muss bei einer psycholinguistischen Untersuchung darauf geachtet werden, dass kurze Wörter, wie dt. *Haus* schneller verarbeitet werden können als lange Wörter, wie beispielsweise dt. *Straßenverkehr*. In der gesprochenen Sprache muss zudem der Diskriminationspunkt (engl. *uniqueness point*) berücksichtigt werden. Diese Variable bezeichnet den Punkt, an dem ein Wort einzigartig wird und somit im lexikalischen Abgleich eindeutig erkannt wird (vgl. Radeau, Mousty & Bertelson 1989). So hat beispielsweise das Wort engl. *blackberry* einen späteren Diskriminationspunkt als das Wort engl. *strawberry*. Das Wort *blackberry* kann erst nach Artikulation der Folge *blackbe* erkannt werden, da einige Wörter der englischen Sprache mit der Folge *blackb* beginnen, beispielsweise *blackbird* oder *blackbeetle*. Das Wort *strawberry* hingegen kann schon nach Artikulation von *strawb* eindeutig erkannt werden, da kein anderes Wort der englischen Sprache mit dieser Lautfolge beginnt (Marslen-Wilson & Welsh 1978). Das bedeutet, dass die Reaktionszeit von Proband/innen auch dadurch beeinflusst wird, wieviele Wörter beim lexikalischen Zugriff aktiviert werden. Ein Wort wird langsamer erkannt, wenn ein Auswahlwettbewerb mit vielen ähnlichen Wörtern stattfindet. In diesem Fall spricht man auch von einem **Nachbarschaftseffekt**. So hat beispielsweise das deutsche Wort *Maus* viele phonologische bzw. orthografische Nachbarn, z. B. *Maul*, *Maut*, *Haus*, *Laus*, *raus* usw. Im Gegensatz dazu weist das deutsche Wort *Yacht* nur sehr wenige phonetischen oder orthografischen Nachbarn auf.

? Frage 11.6
Sie möchten in einem linguistischen Experiment herausfinden, ob hochfrequente Wörter schneller erkannt werden als niedrigfrequente Wörter. Dabei möchten Sie das Wort *Ball* und das Wort *Haushaltsauflösung* gegenüberstellen. Sind diese Wörter als Stimuli gut gewählt? Welche (Stör)variablen müssen Sie beachten?

- **Eye-Tracking**

Während der visuellen Wahrnehmung führen Menschen schnelle Augenbewegungen aus, um relevante Bereiche zu betrachten. Beim Eye-Tracking werden diese Blickbewegungen von Proband/innen beim Lesen oder bei der Betrachtung von Bildern oder Bildfolgen mit Hilfe eines *Eye-Trackers* aufgezeichnet. Ein Eye-Tracker besteht aus einer Infrarotkamera, die die Pupille und ihre Position erfasst und somit die Blickbewegungen messen kann. Dabei geht man davon aus, dass die Blickbewegungen zeitlich eng mit den kognitiven Prozessen der visuellen Wahrnehmung verbunden sind. Somit kann die Blickbewegungsmessung in Echtzeit den Prozess des Lesens oder der Wahrnehmung einer Abbildung erfassen.

Bei der Blickbewegungsmessung wird zwischen **Fixationen** und **Sakkaden** unterschieden. Bei einer Fixation ruht das Auge auf einem Punkt und es findet eine Informationsaufnahme statt. Fixationen können sich in ihrer Dauer voneinander unterscheiden. Im Gegensatz dazu beschreiben die Sakkaden die Sprünge zwischen den Fixationen. Für Eye-Tracking Experimente sind insbesondere die Fixationen von Interesse, da sie Aufschluss über den zeitlichen Ablauf der sprachlichen Wahrnehmung geben können. Be-

Abb. 11.3 Fixationen und Sakkaden (eigenes Bild)

reitet ein Wort oder eine syntaktische Struktur den Proband/innen beim Lesen besondere Schwierigkeiten, so wird es länger und/oder öfter fixiert. Außerdem kann es beim Lesen zu progressiven Sakkaden kommen, d. h. Sprünge in die Leserichtung, sowie zu regressiven Sakkaden, d. h. Rücksprünge gegen die Leserichtung. Die abhängigen Variablen in Eye-Tracking Studien sind in der Regel die Fixationsdauer, die Anzahl der Fixationen sowie die Reihenfolge der Fixationen.

Abb. 11.3 zeigt die Fixationen und Sakkaden beim Lesen des Satzes *J'ai acheté une maison au bord de la mer* ‚Ich habe ein Haus am Meer gekauft'. Die einzelnen Wörter bzw. Wortfolgen sind durch rot markierte *Interest Areas* markiert, damit die Blickbewegungen in der Auswertung der Daten bestimmten Bereichen zugeordnet werden können. Die blauen Kreise zeigen die Position und die Dauer der Fixation an. Je größer der Kreis, umso länger ist die Dauer der Fixation. Die schwarzen Linien repräsentieren die Sakkaden, d. h. die Sprünge zwischen den Fixationen.

In Eye-Tracking Studien können den Proband/innen auch gleichzeitig Bilder und auditiv dargebotene Sätze präsentiert werden. Mit diesem Experimentdesign kann untersucht werden, wie der auditive Stimulus die Bildwahrnehmung beeinflusst. In einem klassischen Experimentdesign untersuchten Tanenhaus, Spivey-Knowlton, Eberhard und Sedivy (1995) die zeitliche Verarbeitung und Desambiguisierung von Sätzen. Sie präsentierten in einem Experiment den Proband/innen gleichzeitig verschiedene Bilder und die Anweisung „Put the apple on the towel in the box". In der Ein-Referent Bedingung sehen die Proband/innen einen Apfel auf einem Handtuch, ein Handtuch und eine Schachtel sowie einen Bleistift als Distraktor. In der Zwei-Referenten Bedingung sehen die Proband/innen anstatt des Bleistifts einen weiteren Apfel. Die Blickfolgen der Proband/innen in den beiden Bedingungen geben Aufschluss über die Entschlüsselung der ambigen Präpositionalphase *on the towel*, die sich entweder auf den Apfel auf dem Handtuch beziehen kann oder die Aufgabe den Apfel auf das Handtuch zu legen. Abb. 11.4 zeigt die Abläufe der Blickbewegungen der Proband/innen in der Ein-Referent Bedingung (links) und in der Zwei-Referenten Bedingung (rechts).

Obwohl das Eye-Tracking in der psycholinguistischen Forschung fest etabliert ist, gibt es auch Kritik an dieser Methode. Diese Kritik bezieht sich vor allem auf die bisher ungeklärte Frage, wie eng die Blickbewegungen tatsächlich mit den kognitiven Prozessen der Sprachverarbeitung verknüpft sind. Bei einer Lesestudie mit Eye-Tracking werden zwar die genauen Fixationspunkte und die Fixationsdauer gemessen. Es ist jedoch nicht auszuschließen, dass die Proband/innen auch Information im peripheren Blickfeldes des Fixationspunkts, der sogenannten parafovealen Wahrnehmung, aufnehmen. Es ist also möglich, dass geübte Leser durch die parafoveale Wahrnehmung mehr als nur ein Wort gleichzeitig verarbeiten.

- **Die Auswertung experimenteller Daten**

Wie bereits in ▶ Abschn. 11.3.1 erwähnt wurde, kann die Auswertung von empirischen bzw. von experimentellen Daten sehr unterschiedlich ausfallen. Die meisten experimentellen Methoden erheben numerische Daten, beispielsweise Reaktionszeiten, Fehlerraten oder Fixationsdauern. Daher erfordern sie in der Regel eine quantitative Auswertung, für die (inferenz)statistische Grundkenntnisse nötig sind. In vielen experimentellen Studien werden große Datenmengen erhoben, die in einem ersten Schritt erst für die statistische Analyse aufbereitet werden müssen. Dies bedeutet, dass die erhobenen Rohdaten von Ablenkstimuli, Ausreißern und gegebenenfalls falschen oder zu langsamen Antworten bereinigt werden müssen. Möglicherweise müssen bestimmte Variablen in den Daten auch noch nachkodiert werden.

Die eigentliche statistische Analyse wird in der Regel mithilfe eines statistischen Analyseprogrammes, wie R oder SPSS, durchgeführt. Die Wahl des statistischen Verfahrens zur Analyse hängt sowohl von der Fragestellung bzw. der Hypothese als auch von der Anzahl der Variablen ab, die in die Analyse einbezogen werden sollen. Außerdem muss ein statistisches Verfahren danach gewählt

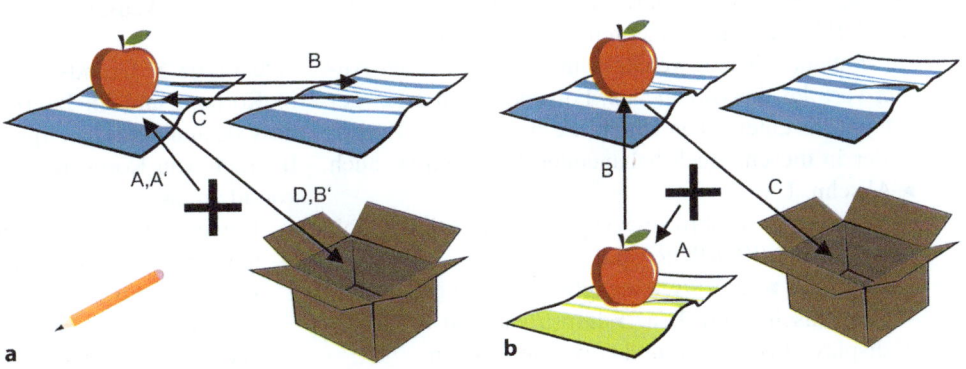

Abb. 11.4 Stimuli des Eye-Tracking Experiments (Tanenhaus, Spivey-Knowlton, Eberhard und Sedivy 1995, S. 1633)

werden, ob die numerischen Daten nominal-, ordinal- oder intervallskaliert sind und ob der Datensatz eine Normalverteilung aufweist. In einer Dependenzanalyse werden Zusammenhänge oder Unterschiede zwischen bestimmten Variablen untersucht. Übliche statistische Verfahren zur Überprüfung von Unterschieden zwischen Variablen, z. B. zentralen Tendenzen, sind der T-Test und die Varianzanalyse (ANOVA, *analysis of variance*). Die Wahl des Verfahrens hängt von der Anzahl der verschiedenen Bedingungen und Variablen ab. Zur Untersuchung von Zusammenhängen können in der Dependenzanalyse verschiedene Verfahren der Regressions- oder Korrelationsanalyse angewendet werden, beispielsweise der Chi-Quadrat-Test oder lineare bzw. additive Regressionsmodelle. Im Gegensatz zur Dependenzanalyse zielt eine Interdependenzanalyse darauf ab, bestimmte Strukturen zu entdecken. So können Clusteranalysen große Datensätze auf Grundlage der Merkmale der Daten zu Clustern zusammenfassen. Eine umfangreiche Einführung in die Wahl statistischer Auswertungsverfahren und in die statistische Datenanalyse mit R bietet Gries (2021).

Wie bei anderen empirischen Studien, so muss auch bei experimentellen Untersuchungen stets bedacht werden, dass sie nur eine kleine Stichprobe abbilden. In experimentellen Studien wird häufig nur eine relativ geringe Anzahl an Proband/innen untersucht. Außerdem wird in der Regel nur ein sehr spezifischer Aspekt als unabhängige Variable manipuliert. Daher muss bei Generalisierungen der Ergebnisse immer mit Vorsicht vorgegangen werden. Eine lexikalische Entscheidungsaufgabe, die untersucht, ob Wörter der L1 (z. B. Deutsch) schneller wahrgenommen werden als Wörter der L2 (z. B. Französisch), erlaubt beispielsweise keine generalisierten Aussagen über die Abläufe der Sprachverarbeitung bei mehrsprachigen Proband/innen.

11.5 Weiterführende Literatur

- Eine allgemeine Einführung in das **empirische Arbeiten in der Linguistik** und angrenzenden Disziplinen geben Albert und Marx (2016), Beißwenger, Lemnitzer und Müller-Spitzer (2022) sowie Settinieri et al. (2014).
- Unter den zahlreichen Einführungswerken in die **Korpuslinguistik** sind besonders Lemnitzer und Zinsmeister (2015) für einen theoretischen Überblick sowie Hirschmann (2019), welches einen praktischeren Ansatz verfolgt, hervorzuheben. Folgende Webseiten geben jeweils einen guten Überblick über gängige Korpora der in diesem Buch behandelten Sprachen (s. auch ▶ Abschn. 1.4):
    - Deutsch: ▶ https://www.gl.uni-bayreuth.de/pool/dokumente/KORPORA.pdf
    - Englisch: ▶ https://www.english-corpora.org
    - Romanische Sprachen: ▶ https://wikis.fu-berlin.de/display/tdr/Korpora+und+Textdatenbanken
- Für die verschiedenen Methoden, die im Bereich der **Sozio- und Varietätenlinguistik** zum Einsatz kommen, gibt Atteslander (2010) eine gut verständliche Einführung.
- Als Standardwerk für **statistische Analysen** empirischer Daten in der Linguistik im Allgemeinen gilt Gries (2008), welches in seiner englischen Fassung vor kurzem noch einmal neu aufgelegt wurde (Gries 2021). Bubenhofer (2006/2022) gibt einen exzellenten Überblick über die statistische Auswertung von Korpusdaten, Baroni und Evert (2009) geben einen solchen Überblick in englischer Sprache.
- Eine verständliche und gut aufbereitete Einführung in die **experimentellen Methoden** im Bereich der Psycho- und Neurolinguistik bietet Müller (2013).

Antworten zu den Selbstfragen

Selbstfrage 1 Die Forschungsfrage ist aus mehreren Gründen nicht gut gewählt. Einerseits präsupponiert sie bereits, dass deutsche Jugendliche den Genitiv nicht mehr verwenden, dies müsste durch eine empirische Untersuchung vorab analysiert werden. Andererseits ist sie in zweierlei Hinsicht zu allgemein gefasst: Erstens ist die Sprecher/innengruppe der *deutschen Jugendlichen* viel zu heterogen, als dass sie als ein sinnig abgesteckter Untersuchungsgegenstand gelten könnte. Zweitens stellt der Genitiv im Deutschen ein vielschichtiges Phänomen dar, welches sich zum Beispiel allein durch die Verwendung des syntaktischen Kasus (*der Hund meines Nachbarn*) und nach Präpositionen (*wegen des Unwetters*) differenziert. Mögliche Verbesserungsvorschläge könnten also sein:
1. Verwenden deutsche Jugendliche im Alter zwischen 13 und 18 Jahren den Genitiv generell weniger als junge Erwachsene im Alter zwischen 19 und 26 Jahren? (deskriptiv)
2. Inwieweit unterscheidet sich der Kasusgebrauch nach Präposition bei deutschen Jugendlichen im Alter zwischen 13 und 18 Jahren abhängig von der Schulform, die sie besuchen? (korrelativ)
3. Wie beeinflusst regelmäßiges Zeitunglesen den Genitivgebrauch bei deutschen Jugendlichen zwischen 13 und 18 Jahren in unterschiedlichen sozialen Gruppierungen? (kausal)

Selbstfrage 2 Grundsätzlich ähneln sich Sprachdaten, die in Korpora und im Internet verfügbar sind, insofern, als dass sie authentischen Sprachgebrauch repräsentieren. Was Internet- von Korpusrecherchen jedoch unterscheidet sind vor allem zwei Aspekte:
1. Daten im Internet sind nicht zwangsläufig mit Metadaten versehen und somit nachvollziehbar.
2. Die Menge der Daten im Internet wächst stetig, ohne dass die genaue Gesamtmenge bestimmt und entsprechend anteilige Häufigkeiten ermittelt werden könnten.

Dies heißt natürlich nicht, dass Sprachdaten aus dem *World Wide Web* nicht für linguistische Analysen verwendet werden dürften. Internet-Korpora wie z. B. die ▶ TenTen-Korpus-Familie stellen hier annotierte und mit Metadaten versehene Momentaufnahmen für zahlreiche Sprachen zur Verfügung.

Selbstfrage 3
- dt. *grüner Tee*: ein Token, da *grüner Tee* ähnlich wie *Pfefferminztee* ein zusammenhängendes Konzept ausdrückt.
- engl. *don't* ‚mach nicht': zwei Token, da hier die zwei voneinander unabhängigen Elemente *do* und *not* graphisch/phonisch zusammengezogen wurden.
- frz. *peut-être* ‚vielleicht': ein Token, da dieses Adverb im Gegensatz zu *peut être* ‚kann sein' als solches lexikalisiert ist.
- span. *has comprado* ‚(du) hast gekauft': ein Token, da das spanische Perfekt nur mit Hilfsverb und Partizip als solches funktioniert.
- ital. *c'è* ‚es gibt': zwei Token, da hier die zwei voneinander unabhängigen Elemente *ci* und *è* graphisch/phonisch zusammengezogen wurden.

Selbstfrage 4 Die unabhängige Variable, die im Experiment manipuliert, bzw. kontrolliert wird, ist der Status einer Buchstabenfolge als Wort oder Pseudowort. Die abhängige Variable, die gemessen wird, ist in diesem Experiment die Reaktionszeit. Die Nullhypothese besagt, dass es keinen Unterschied in der Reaktionszeit der Proband/innen zwischen realen Wörtern und Pseudowörtern gibt. Die experimentellen Hypothesen besagen, dass reale Wörter schneller erkannt werden als Pseudowörter, bzw. dass reale Wörter langsamer erkannt werden als Pseudowörter.

Selbstfrage 5
- engl. *cat* ‚Katze' – *dog* ‚Hund': Semantisches Priming, da Prime und Target semantisch relatiert sind.
- frz. *bien* ‚gut' – *chien* ‚Hund': Phonologisches bzw. orthografisches Priming, da sich Prime und Target nur in einem Laut unterscheiden und nicht semantisch relatiert sind.
- sp. *tener* ‚haben' – *tengo* ‚ich habe': Morphologisches Priming, da es sich um Wortformen des Wortes *tener* handelt.
- dt. *Maus* – it. *topo* ‚Maus': Übersetzungspriming zwischen zwei Sprachen.

Selbstfrage 6 Bei der Auswahl der Stimuli für ein Experiment muss immer darauf geachtet werden, dass sich die ausgewählten Wörter nur in einem Merkmal, z. B. ihrer Frequenz, unterscheiden. Das hochfrequente Wort *Ball* und das niedrigfrequente Wort *Haushaltsauflösung* unterscheiden sich zwar in ihrer Frequenz. Jedoch liegen hier weitere Störvariablen vor. Das Wort *Haushaltsauflösung* ist viel länger als das Wort *Ball*. Die Wortlänge beeinflusst auch die Sprachverarbeitung. Außerdem unterscheiden sich beide Wörter in ihrer Nachbarschaftsdichte und ihrem Diskriminationspunkt.

Literatur

Albert, R., & Marx, N. (2016). *Empirisches Arbeiten in Linguistik und Sprachlehrforschung* (3. Aufl.). Tübingen: Narr.

Atteslander, P. (2010). *Methoden der empirischen Sozialforschung* (13. Aufl.). Berlin: ESV.

Baroni, M., & Evert, S. (2009). Statistical methods for corpus exploitation. In A. Lüdeling, & M. Kytö (Hrsg.), *Corpus linguistics* (Bd. 2, S. 777–803). Berlin and New York: de Gruyter.

Beißwenger, M., Lemnitzer, L., & Müller-Spitzer, C. (Hrsg.). (2022). *Forschen in der Linguistik*. Paderborn: Fink.

Bubenhofer, N. (2006–2022). Einführung in die Korpuslinguistik. http://www.bubenhofer.com/korpuslinguistik/. Zugegriffen: 23. Sept. 2022.

Cresti, E., & Moneglia, M. (Hrsg.). (2005). *C-Oral-Rom: Integrated reference corpora for spoken Romance Languages (Bd. 15)*. Amsterdam and Philadelphia: John Benjamins.

Ehlich, K., & Rehbein, J. (1976). Halbinterpretative Arbeitstranskription (HIAT). *Linguistische Berichte*, 45, 21–41.

Frank-Job, B., & Selig, M. (2016). Early evidence and sources. In A. Ledgeway, & M. Maiden (Hrsg.), *The Oxford Guide to the Romance languages* (S. 24–34). Oxford: Oxford University Press.

Freywald, U., & Simon, H. (2007). Wenn die Wortbildung die Syntax stört: Über Verben, die nicht in V2 stehen können. In M. Kauffer, & R. Métrich (Hrsg.), *Verbale Wortbildung im Spannungsfeld zwischen Wortsemantik, Syntax und Rechtschreibung* (S. 181–194). Tübingen: Stauffenburg.

Gries, S. (2008). *Statistik für Sprachwissenschaftler*. Göttingen: Vandenhoeck & Ruprecht.

Gries, S. (2021). *Statistics for linguistics with R* (3. Aufl.). Berlin and Boston: de Gruyter.

Hirschmann, H. (2019). *Korpuslinguistik*. Stuttgart: Metzler.

Koch, P., & Oesterreicher, W. (2022). Mündlichkeit und Schriftlichkeit: Aspekte gesprochener und geschriebener Sprache. In R. Klabunde, W. Mihatsch, & S. Dipper (Hrsg.), *Linguistik im Sprachvergleich* (S. 649–662). Stuttgart: Metzler.

Labov, W. (1972). *Sociolinguistic patterns*. Philadelphia: University of Pennsylvania Press.

Lemnitzer, L., & Zinsmeister, H. (2015). *Korpuslinguistik: Eine Einführung* (3. Aufl.). Tübingen: Narr.

MacWhinney, B. (2000). *The CHILDES project: Tools for analyzing talk* (3. Aufl.). Mahwah, NJ and London: Lawrence Erlbaum.

Marslen-Wilson, W., & Welsh, A. (1978). Processing interactions and lexical access during word recognition in continuous speech. *Cognitive Psychology*, 10(1), 29–63.

Meyer, D., & Schvaneveldt, R. (1971). Facilitation in recognizing pairs of words: Evidence of a dependence between retrieval operations. *Journal of Experimental Psychology*, 90(2), 227–234.

Milroy, L. (1980). *Language and Social Networks*. Oxford: Blackwell.

Müller, H. (2013). *Psycholinguistik – Neurolinguistik: Die Verarbeitung von Sprache im Gehirn*. Paderborn: Fink.

Radeau, M., Mousty, P., & Bertelson (1989). The effect of the uniqueness point in spoken-word recognition. *Psychological Research*, 51(3), 123–128.

Selting, M., Auer, P., Barth-Weingarten, D., Bergmann, J., Bergmann, P., Birkner, K., & …Uhmann, S. (2009). Gesprächsanalytisches Transkriptionssystem (GAT 2). *Gesprächsforschung*, 10, 353–402. Zugriff am 26.09.2022 auf http://www.gespraechsforschung-online.de/fileadmin/dateien/heft2009/px-gat2.pdf.

Settinieri, J., Demirkaya, S., Feldmeier, A., Gültekin-Karakoç, N., & Riemer, C. (Hrsg.). (2014). *Empirische Forschungsmethoden für Deutsch* als *Fremd- und Zweitsprache: Eine Einführung*. Paderborn: Schöningh.

Stroop, J. (1935). Studies of interference in serial verbal reactions. *Journal of Experimental Psychology, 18*(6), 643–662.

Tanenhaus, M., Spivey-Knowlton, M., Eberhard, K., & Sedivy, J. (1995). Integration of visual and linguistic information in spoken language comprehension. *Science, 268*(5217), 1632–1634.

Wiese, H., Rehbein, I., Schalowski, S., Freywald, U., & Mayr, K. (2010). KiDKo: Ein Korpus spontaner Unterhaltungen unter Jugendlichen im multiethnischen und monoethnischen urbanen Raum. http://hdl.handle.net/11022/0000-0007-CC75-0